… nous méprisions l'ivresse imparfaite
de vivre.
YVES BONNEFOY

Ah! je les vois déjà …
Est-ce qu'il est encore chaud
Est-ce qu'il est déjà froid?
Ils ouvrent mes armoires …
Ils fouillent mes tiroirs
Se régalant d'avance
De mes lettres d'amour …
Ah! Ah! Ah! Ah! Ah! Ah! Ah …
JACQUES BREL

OLIVIER TODD
JACQUES BREL – EIN LEBEN
Übersetzt aus dem Französischen
von Sonia Nowoselsky und Kristina Maidt-Zinke;
die Chansons haben Cornelia Hasting und Heinz Riedel übertragen.

Titel der Originalausgabe:
»Jacques Brel une vie«
2. durchgesehene Ausgabe
Copyright Editions Robert Laffont, S.A., Paris, 1984

Copyright der deutschen Übersetzung bei
Achilla Presse Verlagsbuchhandlung GmbH,
Zöllnerstr. 24, 22761 Hamburg
Theresenstr. 8-10, 28203 Bremen,
ISBN 3-928398-23-7

OLIVIER TODD

JACQUES BREL – EIN LEBEN

ÜBERSETZT AUS DEM FRANZÖSISCHEN VON
SONIA NOWOSELSKY UND KRISTINA MAIDT-ZINKE
DIE CHANSONS SIND ÜBERTRAGEN VON
CORNELIA HASTING UND HEINZ RIEDEL

ACHILLA PRESSE VERLAGSBUCHHANDLUNG 1997

VORWORT

WARUM GERADE JACQUES BREL?

Es war vor allem seine Interpretations-kunst, die mich fasziniert hat. Als Chan-sonautor gibt er uns über die Gesellschaft, die Kultur und die Vorstellungswelt des zwanzig-sten Jahrhunderts ebensoviel Aufschluß, wie ein Filmemacher oder, auf anderer Ebene, ein Kos-monaut. Als Mensch beeindruckt Brel durch die stürmische Energie, mit der er mehrere Berufs- und Privatleben nacheinander und nebeneinan-der führte. Seine Persönlichkeit sprengte die Grenzen des Alltäglichen und Normalen.

Unter dem Einfluß des Fernsehens bildeten sich alsbald Legenden um den Sänger. Es besteht eine gewisse Gefahr, daß diese in die – histori-sche oder biographische – Geschichte eingehen und ihn zum Mythos machen, ohne daß der Mensch dahinter sichtbar wird.

Brel war ein Star der hochneurotischen Welt des Showgeschäfts. Der Chansonsänger ergriff irgendwann die Flucht vor diesem Milieu. Er hätte sich im Beruf des Filmschauspielers einrichten können, aber er wollte – ein Ehrgeiz, den in der französischen Varieté-Szene nur wenige hatten – Regisseur werden. Er scheiterte, zumindest teilweise, und fand ein Refugium auf einer Insel im Pazifik. Sein Ausdrucksvermögen als Sänger, Komponist und Liedertexter blieb ungebrochen, und er arbeitete sich wieder hoch.

Das Publikum, das bis heute seine Schallplatten kauft und sich immer noch in Brel wiederzuerkennen scheint, besteht in der Mehrheit aus Frauen (die er in seinen Texten unablässig brüskierte) und jungen Menschen (denen er gern Strafpredigten hielt). Identifikation und Projektion, die modernen Ersatzformen der Kommunion, binden dieses Publikum an die Helden und Antihelden von Showbühne, Leinwand und Bildschirm. Aber Brel war kein Fertigprodukt des Showbusineß. Nie hat er sich dazu überreden lassen, seinen Namen für einen Fanclub herzugeben, für Seife oder Käse zu werben. Er, der die schrankenlose Befreiung proklamierte, arbeitete andererseits eine eigene Moral und eigene Werte für sich heraus, die vielfach von traditionalistischer Beständigkeit zeugen.

Ich hatte weder vor, in die brüchige Privatsphäre des Stars einzudringen, noch wollte ich eine erbauliche Apologie des Heiligen Jacques Brel verfassen. Aber bei einem Mann, der die Liebe so oft besungen hat, als ersehnte Eroberung oder als unausweichliche Niederlage, ließen sich leidenschaftliche Affären und flüchtige

Abenteuer ebensowenig ausklammern wie dauerhafte Beziehungen und Freundschaften.

Die in dieser Biographie vorkommenden Namen sind der Realität entnommen, bis auf ›Sophie‹ und ›Marianne‹, zwei Frauen, die in Brels Leben eine wichtige Rolle gespielt haben und anonym bleiben wollten.

Der Leser wird hier Novellenfragmente, Gedichte und frühe Chansontexte finden, Entwürfe oder Bruchstücke, die noch unveröffentlicht waren, als 1982 die gesammelten Werke Jacques Brels bei Robert Laffont erschienen. Brels Leben erhellt zu einem guten Teil sein künstlerisches Schaffen, ob es sich nun um Dichtung oder Musik, Filmregie oder Schauspielerei handelt. Bei einem Sänger und Liedermacher ist es nicht anders als bei einem Romanautor oder Maler: alles überlagert einander, alles ist durch Erinnerungsarbeit und die Alchimie des schöpferischen Vorgangs miteinander verbunden.

Ich beziehe mich hier auch auf umfangreiches Briefmaterial, das zuvor noch niemand ausgewertet hat. Allerdings konnte ich nicht über die gesamte Korrespondenz Brels verfügen, die sehr weit verstreut ist. Als Briefschreiber hat er einen oft ›sängerischen‹ Tonfall und einen eigenwilligen typographischen Rhythmus, der bei der Wiedergabe zu respektieren war. Neben den veröffentlichten Werken kann auch der private Briefwechsel helfen, den Menschen und den Künstler innerhalb seiner Epoche zu begreifen, ihn im Spiegel der Länder und Landschaften zu sehen, die er durchwandert, geprägt und wieder verlassen, sich zuweilen auch nur erträumt hat.

Brel war berauscht von sich selbst und von anderen. Er wappnete sich mit einer Art Rüstung, die er aus seinem Reise- und Fluchttrieb, seinen Liebes- und Todesphantasien zusammenbaute. Dennoch nahm er sich Zeit zu leben. Er war stets seiner entschwundenen Kindheit auf der Spur und ist doch gereift, ohne dabei vom Zynismus zerfressen zu werden. Flugzeug und Segelboot spielten für ihn eine ähnliche Rolle wie Motorrad und Porsche für James Dean – vielleicht auch wie der tägliche Spaziergang für Kant oder der Morgenmantel für Diderot.

Brel hat sein Leben inszeniert wie ein Regisseur. Und immer wieder wußte sich der Mensch vor dem Star zu retten. Brel war begeisterungsfähig und voller Zweifel, großzügig und unerträglich. Er war ein Weltmeister im Verbreiten von Halbwahrheiten und platten Lügen, aber er war zu aufrichtig, um arglistig zu sein.

»Ich will nicht betrügen«, sagte er immer wieder, dieser Spieler, der vor allem ein schöpferischer Mensch war.

I KAPITEL

I KAPITEL

EIN ›KETJE‹[1] AUS BRÜSSEL

1 flämisch:
Großstadtkind

A m 8. April 1929 um elf Uhr mustert König Albert I. in Brüssel die Truppen der
Garnison: behelmt und im intakten Glo-
rienschein seiner Popularität tritt er in sein fünf-
zigstes Lebensjahr.

Um 17.30 Uhr sendet TSF-Radio Belgique
Werke von Massenet, Chopin und Messager, und
um 20.30 Uhr plädiert in einem Saal der Gemeinde Ixelles, die mit entzückenden Jugendstil-
häusern nur so protzt, Madame Corbett-Ashby
mit vehementer Begeisterung für die Frauenbe-
wegung.

An diesem 8. April kommt in einem Wohn-
viertel in der Nähe der Chaussée de Louvain und
des Boulevard Auguste Reyers, im ersten Stock
eines weißgestrichenen Hauses in der Avenue du
Diamant 138, Jacques Romain Georges Brel gegen drei Uhr morgens zur Welt. Am Nachmittag
zuvor, während seine Frau in den Wehen liegt,
läuft Jacques' Vater Romain auf der Radrenn-

[13]

I.
KAPITEL

bahn zwischen den Sitzreihen auf und ab. Octave Hombroeckx gewinnt die Tour de Flandre der ›Indépendants‹! Was für Athleten, diese Flamen!

Am Abend des 8. April gibt man *Siegfried* im Théâtre de la Monnaie und *Ces dames au chapeau vert* im Théâtre du Parc.

Romain Brel, ein französischsprachiger Flame, wurde 1883 in Zandvoorde geboren, einem Dorf mit rund tausend Einwohnern, das zum südflandrischen Bezirk Ypern gehört und ungefähr fünf Kilometer von der französischen Grenze entfernt liegt. Jacques Brel wird sich auf diesen Umstand ein Leben lang berufen und das Erbe eines Brüsseler Bastards nie loswerden. Seine Mutter hingegen kam wie er in der Brüsseler Kommune Schaerbeek zur Welt, im Jahre 1896.

Ein Vollblutgenealoge hat die Brels bis in die Zeit der Kreuzzüge zurückverfolgt.[2] Der Spötter Brel grinste bloß, als er erfuhr, man habe einem seiner vermutlichen Vorfahren, der in den Adelsstand erhoben worden war, das Recht eingeräumt, zu Pferd die Kirche zu besuchen. Bis zu seinem Tod sollte Jacques seine Scherze mit Gott treiben und ihm gegenüber ›auf dem hohen Roß sitzen‹. Es hätte ihn nicht weniger belustigt, mit einem Musiker der franko-flämischen Polyphonie-Schule namens Georget de Brelles in Verbindung gebracht zu werden, der im fünfzehnten Jahrhundert das Amt des Kirchenkapellmeisters von Cambrai innehatte. Will man weiter mit dem Namen Brel spielen, so kommt man auf Varianten wie Breel, Brijl oder gar Bruegel. In der Tat

2 Franz Van
Helleputte: *Pour
toi Jacques Brel*.
Polycopié.
Houdens-
Aimeries 1980.

haben Brels Porträts und Landschaften mehr mit dem barocken Flandern als mit dem stillen Wallonien zu tun.

Romain Brels Vater Louis betreibt in Zandvoorde eine Bäckerei und eine Trockenanlage für Zichorien. Die katholischen Flamen sind noch fruchtbarer als die Südseeinsulaner: Romain ist der Jüngste von zehn Geschwistern. Zuerst spricht er französisch. Mit zwölf lernt er Flämisch. Sein Studium der Chemie an der Universität von Leuven bricht er ab. Jacques erzählt gern, daß sein Vater infolge eines heftigen Sprachenstreits einige Tage im Krankenhaus verbringen mußte. Sein Bruder Pierre hat diese Heldenanekdote nie gehört. In Romains Haus gilt der Grundsatz: ›Ja‹ zu den vernünftigen Flamen, ›nee‹ zu der extremistischen Sorte! Nichts scheint ihm unsinniger, als eine Sprache durch Gewalt und Gesetze verbieten zu wollen. Der schwelende Sprachenkonflikt mit seinen sozialen, ökonomischen und kulturellen Auswirkungen kommt in Belgien immer wieder zum Ausbruch. Und immer wieder, 1984 genauso wie 1884, ist von einer Identitätskrise der Nation die Rede.

Ohne Diplom und ohne Vermögen schifft sich Romain Brel 1911 als Angestellter der Firma Cominex nach Kongo ein. Wenn man nicht dem Absinth verfällt, kann man sich in den Tropen – zwischen Abenteuer und Komfort – eine sichere Zukunft in der Import-Export-Branche aufbauen. Mit Ausdauer und Fleiß, zwei durchaus flämischen Eigenschaften, verkauft Romain Bier,

Konserven und Töpfe und kauft dafür Kaffee und Palmöl, ein wenig Elfenbein und große Mengen Kautschuk. Drei Jahre in Popocabaca genügen, um den Flamen an seiner Einsamkeit wachsen zu lassen und einen erfolgreichen Kartenspieler aus ihm zu machen. Er organisiert fünf- bis sechstägige Handelsexpeditionen, zu Fuß oder per Pferdekarren. Manchmal muß er vierzehn Tage auf einen langsamen Kollegen, einen schlitzohrigen Zulieferer oder einen phlegmatischen Verwaltungsbeamten warten. Während er in verschimmelten, zwei Monate alten Zeitungen blättert, läßt er Träger und Aushilfskräfte nicht aus den Augen. Die Firma Cominex vertraut dem soliden Mann aus Flandern schließlich ein Territorium an, das sich zwischen Leopoldville und Angola erstreckt. Er sieht Löwen, er lernt die düsteren Regenzeiten und die langen Trockenperioden kennen. Sein afrikanisches Abenteuer in jener seltsamen belgischen Kolonie, die sich lange Zeit im Privatbesitz des Königs befand, wird er später selten erwähnen. War Romain ein Kolonialist? Er pflegte zu sagen: »Die Schwarzen sind nett, aber ein Schwarzer bleibt eben ein Schwarzer.«

Belgien wird während des Ersten Weltkriegs besetzt. Romain Brel ist im Jahre 1915 als jüngster Sohn einer kinderreichen Familie nicht wehrpflichtig. Also verbringt er seinen Urlaub in London. Der ruhige Junggeselle feilt dort an seinem Englisch und verschlingt die Finanzseiten der Tageszeitungen, kurz: er vertreibt sich die Zeit.

Nach Afrika zurückgekehrt, festigt er dort seinen guten Ruf. 1919 kommt er nach Brüssel mit der Absicht, sein Junggesellendasein aufzugeben: Heiratsfähige Mädchen sind in Leopoldville Mangelware. In Brüssel wird Romain bei Madame Van Adorp eingeführt, der kinderreichen Witwe eines Kirchenfenster-Künstlers. Romain sieht Europa mit ganz neuen Augen.

Die französischen und belgischen Truppen sind jetzt in Düsseldorf und Duisburg einmarschiert, und man will Berlin zu Reparationsleistungen verpflichten. Der Sieg hat einen bitteren Beigeschmack. Belgien, vom Krieg verwüstet, richtet sich wieder auf. In der Heimat von Romain Brel breiten sich die Militärfriedhöfe auf den Wiesen, auf den Kartoffel-, Zichorien- und Tabakfeldern aus. Weiße Reihen englischer Gräber liegen neben dem Bauernhof, auf dem Romain zur Welt gekommen ist. Damals war dieser Teil Flanderns noch zweisprachig, heute spricht man dort nur flämisch. In Zandvoorde stehen die Brels auf der Seite der *bleus* und wählen liberal. Romains Frankophilie wird durch das französisch-belgische Kriegsbündnis noch verstärkt.

»Lisette, Monsieur Romain Brel möchte dich heiraten«, heißt es eines schönen Tages. Im Belgien jener Zeit darf eine bescheidene und wohlerzogene junge Frau solch eine verlockende Partie kaum verschmähen, und Romain bittet nicht vergeblich um die Hand von Elisabeth Lambertine, auch ›Lisette‹ und später, als Großmutter, ›Mouky‹ genannt. Diese Vernunftehe wird tat-

sächlich halten, ohne bei den daraus hervorge-
henden Kindern übermäßige Begeisterung für
die Institution der Ehe auszulösen. Die Hochzeit
wird am 3. Dezember 1921 gefeiert. Der Bräutigam, ein stattlicher Mann mit Melone und
Schnurrbart, den er bald darauf zu einem Voll-
bart wachsen lassen wird, sieht mit seinen achtunddreißig Jahren prächtig aus. Die Braut, eine
zierliche Brünette, lebhaft und hübsch obendrein,
ist gerade dreiundzwanzig. Zusammen reisen sie
in den Kongo, und dort werden am 13. August
1922 die Zwillinge Pierre und Nelly geboren,
mit denen niemand gerechnet hat: Vater und Arzt
wollen gerade auf das erste Kind anstoßen, als ein
Hausangestellter, sichtlich verwirrt, die Geburt
des zweiten verkündet. Beide Säuglinge sterben
an Typhus, das Mädchen kurz vor dem Jungen.

Doch das Leben hilft, über den Tod hinweg-
zukommen. Am 19. Oktober 1923 bringt Madame Brel in Brüssel ein weiteres Kind zur Welt.
Es wird mit einer Mischung aus Traditionsden-
ken und makabrem Eigensinn ebenfalls auf den
Namen Pierre getauft.

1926 siedelt das Paar endgültig nach Brüssel
über. Romain steigt in der Cominex weiter auf.
Der 1929 geborene Jacques, der so hübsche
Löckchen hat, wird von der Mutter einige Zeit
›Nelly‹ gerufen.

1929, Jacques Brels Geburtsjahr, ist auch das
Jahr des New Yorker Börsenkrachs. Die Familie
bezieht in der Avenue des Cerisiers 55 ein impo-
santes Haus, das Romain Brel hat bauen lassen.

1931 zieht man aus finanziellen Gründen wieder um, diesmal in den vierten Stock eines Wohnblocks auf dem Boulevard d'Ypres 66. Unangenehme Erinnerungen knüpfen sich daran: die ganze Parterreebene nehmen die Hallen eines Obstmarktes ein, die schon im Morgengrauen laut und überfüllt sind. Ab 1935 wohnt die Familie Brel dann auf dem Boulevard Belgica 26, einen guten Kilometer von der Basilique Nationale du Sacré-Cœur oder ›Koekelberg-Basilika‹ entfernt, die damals noch im Bau ist: ein scheußliches Agglomerat verschiedener Stile und Materialien, gegen das die Pariser Kirche Sacré-Cœur wie ein Juwel romanischer Baukunst wirkt.

Romain verläßt die Import-Export-Branche und wird 1931 Geschäftspartner seines Schwagers Amand Vanneste. Der will mit Romains Hilfe die Kartonagenfabrik vergrößern, die er 1921 gegründet hat, nachdem er das seit 1877 bestehende Unternehmen Bichon übernommen hatte. Die Vannestes werden stets 75 Prozent der Geschäftsanteile behalten, deshalb heißt es auch ›Vanneste & Brel‹ und nicht ›Brel & Vanneste‹. Der Firmenname ist von Bedeutung, er hat für Romain Brel etwas Belastendes.

Romain raucht, auch in den Werkstätten.

»Das ist sein gutes Recht,« sagen die Arbeiter, »aber der Duft seines guten Tabaks bringt uns leider auch auf den Geschmack!« Eigentlich ist das Rauchen in einer Kartonagenfabrik verboten. Der Chef müßte ein Beispiel geben.

Die Angestellten der Abteilungen, die Romain

leitet, arbeiten oft an hohen Stehpulten, auf denen die Geschäftsbücher liegen. Sie empfinden Respekt vor diesem ruhigen, pünktlichen Mann, der zugleich offen und undurchsichtig ist. Brel schreibt seine Chansons später gern im Stehen.

Ob in der Fabrik oder zu Hause: Romain ist ein ruhiger Zeitgenosse, er redet wenig. Und liest lieber Simenon als Plisnier. Politisch vertritt er liberale Ansichten und plädiert für einen ebenso handfesten wie gemäßigten Konservatismus. Romain ist kein praktizierender Katholik. Er arrangiert sich mit der Religion, ohne wirklich gläubig zu sein. Nein, die Brels haben nichts mit den Vannestes gemein, die an Gott, der Monarchie oder der öffentlichen Ordnung keinerlei Zweifel hegen. Wenn der Sänger Jacques Brel das Wohlstandsbürgertum und die Feigheit der Erwachsenen, die vollgestopften Onkel und die scheinheiligen Höflichkeiten, die Bigotten und die Wohltätigkeitsdamen in bissig-bösen Sprachbildern karikiert, denkt er dabei mehr an die Vannestes als an die Brels. Auch wenn ihm der schlichte Konformismus seines Vaters ein Dorn im Auge ist.

Mit Lisette spricht Romain nicht über die Angelegenheiten der Kartonagenfabrik. In Belgien dürfen die Frauen noch nicht wählen. Ihre Domäne sind Haushalt und Kinder. Der erwachsene Jacques Brel wird die Männerherrschaft in etwas fröhlicherer Manier fortsetzen. Unantastbarer Grundsatz: um Punkt 17.20 Uhr verläßt Romain Brel die Fabrik in der Rue Verheyden und hat sie spätestens um 17.50 Uhr, wenn er den Boulevard Belgica erreicht, vergessen. Die rigorose Trennung verschiedener Lebensbereiche hat Jacques vom Vater übernommen. Sollte der schwerblütige Romain jenseits der Familiensphäre und der Preisschwankungen des Papiers noch andere Leidenschaften pflegen, versteht er es, sie gut zu verbergen. Seine Frau, die zarte Lisette, wird sich jedenfalls einen Liebhaber zulegen. Für alle – Verwandte, Freunde, Dienstmädchen – verkörpert sie die Spontaneität, während ihr Mann als die personifizierte Zurückhaltung gilt. Das Temperament hat Jacques von der Mutter, die Kraft und die Neigung zum Schweigen vom Vater.

Der kleine Brel ist umgeben von zärtlichen Frauen und wortkargen Männern:

... Die Käseleute
Hüllten sich in Tabak
Schweigsame, weise Flamen
Und wußten nichts von mir.

Mir, der ich jede Nacht
Für nichts und wieder nichts auf Knieen
Meinen Kummer über die Saiten laufen ließ
Am Fuß des großen Bettes ... [3]

3 Mon enfance

Jacques Brel wird später wiederholt behaupten, seine Eltern seien für ihn wie Großeltern gewesen, doch das trifft für die Mutter nicht zu und mutet im Fall des Vaters etwas übertrieben an. Welcher Großvater würde sich im übrigen so unnahbar verhalten wie der verschlossene Romain?

I.
KAPITEL

Nicht, daß der kleine Brel, Jacky genannt, direkt unglücklich wäre, aber er fühlt sich einsam in seiner kindlichen Welt mit ihren Schranken aus Verhaltensregeln und guten Vorsätzen, unter dem Licht einer weltlich gewordenen Religion. Er spürt, daß ihn nichts mit den Männern seiner Familie verbindet. Sein fünf Jahre älterer Bruder Pierre liest bereits, als Jacques gerade zu stammeln beginnt. Beide tauschen sich wenig aus, doch von Feindseligkeit gibt es keine Spur. Auch die Cousins sind alle älter als Jacky. Der Kleine schmust gern, betet seine Mutter an. Er liebt seine Tanten, den Geruch der hausgemachten Kohlsuppe und den Duft der Marmelade bei der Großmutter mütterlicherseits.

Jacky dreht sich im Kreis, sucht Zuflucht unter Tischen. Oder sitzt, in wärmende Watte eingemummelt, dicht am Ofen, um sich von einer Bronchitis zu erholen. Er weigert sich konsequent, sich für die Familienalben fotografieren zu lassen, in denen meist nur sein Rücken zu sehen ist. Seine Launen werden geduldet.

> *… Meine Kindheit ging*
> *Von Dienstmädchen zu Dienstmädchen*
> *Ich staunte schon*
> *Daß sie keine Pflanzen waren*
> *Ich staunte auch über diese Familienkreise*
> *Schlendernd von einem Toten zum anderen …*
> *Ich staunte vor allem…*
> *Aus diesem Stall zu sein …*[4]

4 Mon enfance

Brel vereinfacht gern. Die Mutter ist zärtlich, aufmerksam, unternehmungslustig, veranstaltet Feste und Tombolas. Währenddessen liest Jacky *Les Exploits de Quick et Flupke*[5] – die Abenteuer zweier Lausbuben, die durch die Lande ziehen, um Schutzmänner zu ärgern: Belgien ist ja bekanntlich die Heimat der Comics. Quick sieht mit seiner Mütze genau wie der künftige Tintin aus – und Hergé, sein Erfinder, läßt ihn des öfteren mit einem Polizisten zusammenstoßen, der, vom Helm abgesehen, das Ebenbild von Dupont und Dupond[6] abgibt. Zwischen einem Gläschen Wein im ›Métropole‹ und dem ewig bunten Treiben auf dem Brouckère-Platz läßt es sich ganz passabel leben, auch wenn Romain Brel längst nicht soviel lacht wie die meisten Brüsseler, die sich – ähnlich wie die Juden – gern über sich selbst und ihren Akzent lustig machen.

Bourgeoisie verpflichtet: Romain schickt seine Söhne in eine Privatschule. Die langen, dünnen Beine in kurze Hosen gesteckt, auf dem runden Schädel ein sauber gezogener Scheitel – Jacky, immer gepflegt, benimmt sich in den Grundschulklassen der Schule Saint-Viateur auch stets artig. Während er in Rechtschreibung und Lesen recht gute Zensuren bekommt, sind seine Leistungen im Musikunterricht weniger glanzvoll. In einem Zeugnis jener Jahre funkeln Einsen in allen Fächern, nur in Flämisch fällt eine Fünf unangenehm auf.

Jacky, so will es der Brauch, verschickt Ge-

5 Die Abenteuer von Quick und Flupke

6 Schultze und Schultze

legenheitsgedichte, meist nach einem Muster, das er je nach Anlaß leicht abwandelt: »Lieber Papa, liebste Mama, könnte meine Feder so schnell wie mein Herz, gar so flink wie meine Zunge sein, dann würdet ihr von Eurem lieben kleinen Jacky einen langen, langen Brief erhalten …«

Anläßlich der diversen Feste des Jahres lassen Priester und Nonnen ihre Schüler Verse abschreiben oder diktieren ihnen welche. Am 25. Dezember 1936 setzt der siebenjährige Jacky seinen Namen unter folgenden Brief, dessen Kopf ein pausbäckiger Engel ziert:

Ich sage euch, was mir ein Engel heute nacht
Ins Ohr geflüstert hat:
»Mein Kind, alles schlummert im Dunkel …
… Allmächtiger
Schick mir vom Himmel
Glück für alle, die ich liebe
Das ist mein Wunsch zum Neuen Jahr …«

Welches einigermaßen sensible Kind würde diese serienmäßigen Heucheleien, diese Floskeln nicht verabscheuen?

Aber Jacky weiß auch von seinen wenigen Ausbruchschancen Gebrauch zu machen. Sämtliche Fotos der katholischen Pfadfindergruppe, der er als Wölfling[6] angehört, zeigen ihn mit einem breiten Lächeln. Bei den Ausflügen mit den obligatorischen Lagerfeuern tobt er sich aus – zu jedem Spaß aufgelegt, leicht überdreht. Seine

6 Frz.: Louveteau

Ferien verbringt er an der Nordsee. Auf ungefähr sechzig Kilometern, zwischen La Panne und Knokke-Heist, reihen sich Häfen und Badeorte aneinander: Ostende, Zeebrugge, Haan, Blankenberge. Diese Kulisse begeistert das neugierige Kind und später auch den träumenden Mann, wenn er sich auf der Suche nach seiner realen oder imaginierten Kindheit daran erinnert. Pappeln und Weiden, Kanäle, Belfriede und Kirchtürme, Hopfen- und Zichorienfelder wechseln einander ab, bei Regen oder Sonnenschein. Im Herbst verschwinden die Beine der Kühe in lauen Nebelschleiern. Möwen schweben sommers wie winters über den Sümpfen, stoßen im Sturzflug zu den hölzernen Pfählen, den steinernen Wellenbrechern hinab. Auf den Sand der unermeßlichen Strände zeichnet der Wind seine Muster. Die Kinder bauen, auch die Erwachsenen nehmen an den Sandburgwettbewerben teil. Beige, graue und blaue Töne, Himmel und Meer verschwimmen am Horizont – die Maler greifen zu Pastell- oder Ölfarben. Die schwarzen Frachtdampfer in der Ferne sehen robust aus, die weißen Boote, die dicht an der Küste entlangsegeln, wirken dagegen zerbrechlich; die Kinder stehen davor und träumen. In den Straßen weht der Wind, es riecht nach Zimt und Schokolade, nach Bier, Pommes Frites und Miesmuscheln, wenn man an den Cafés und Restaurants vorbeischlendert. Wie viele Belgier ißt auch Jacky liebend gern den *cramique*, ein Milchbrötchen mit Ei und Rosinen.

Wenn eine Kindheit besonders unglücklich war, wird sie entweder völlig verdrängt oder kommt später als dramatische Geschichte wieder an den Tag. Jackys frühe Kindheit erscheint Jacques Brel allzu glanzlos, geregelt wie ein perfekt tickendes Uhrwerk. Deshalb verkündet er, sie sei düster und einsam gewesen. Im Vexierspiegel seiner Sehnsüchte wird schnell Braun zu Grau, Grau zu Schwarz. Er behauptet, er habe sich nur gelangweilt:

> *Ich liebte die Feen und die Prinzessinnen*
> *Von denen es hieß, es gäbe sie nicht*
> *Ich liebte das Feuer und die Zärtlichkeit ...[7]*

7 J'aimais

Er war auf der Suche nach jener Grenze, die es zwischen der Welt der Erwachsenen und der Welt der Kinder einfach geben *mußte*. Nicht anders als Quick und Flupke spielt Jacky begeistert Cowboy und Indianer.

Man verwöhnt ihn mit einer klassischen Kindheit, aber er glaubt felsenfest, daß man sie ihm gestohlen habe. Sein ruheloses Gedächtnis neigt zur Verzerrung, bewahrt eher die Traurigkeiten als die Freuden des Kindes. Die Erwachsenen ließen ihn in Frieden. Zu sehr?

Er wird ihnen lebenslang den Krieg erklären.

Am 10. Mai 1940 marschieren die Deutschen in Belgien ein. Die sechshunderttausend Soldaten Leopolds III. können ihnen bis zum 28. Mai, die nicht weniger tapferen französischen Truppen bis zum Oktober 1940 standhalten.

Die Brels bleiben in Brüssel, wollen sich nicht dem elenden Strom der Flüchtlinge anschließen, der die Stadt durchquert.

Wie ein Greis sich an das kleine Kind erinnert, das er einmal war, wird Jacques fünfunddreißig Jahre später, vom Tod schon gezeichnet, auf den heranwachsenden Jungen zurückblicken, und die Erinnerung an die trauernden Frauen, die Entwaffneten und Dienstuntauglichen wühlt ihn tief auf. Zum ersten Mal wird er das Wort *belgitude*[8] gebrauchen:

8 Belgiersein: in Anlehnung an ›négritude‹

> *Von der Höhe meiner elf Jahre herab*
> *Entdeckte ich verblüfft*
> *Müde Krieger*
> *Die meine belgoide Natur bestätigten*
> *Die Männer wurden zu Männern*
> *Die Bahnhöfe verschlangen Soldaten*
> *Die taten als gingen sie nicht*
> *Und die Frauen,*
> *Die Frauen klammerten sich an ihre Männer ...*[9]

9 Mai 1940

In den zwanziger, dreißiger und vor allem in den vierziger Jahren zweifelt man bei den Brels keinen Augenblick daran, daß Belgien als Land, Staat und Nation eine lebendige Einheit verkörpert. Die Brels als etablierte, eingefleischte Brüsseler stehen nicht hinter dem Wortlaut jenes offenen, an Albert I. adressierten Briefs: »Majestät, lassen Sie mich Ihnen die Wahrheit offenbaren, die erhabene und erschreckende Wahrheit. Es gibt keine Belgier. Ich verstehe darunter,

[27]

daß Belgien wohl ein politischer, einigermaßen künstlich zusammengesetzter Staat, aber doch keineswegs eine Nation ist ... Sie herrschen über zwei Völker. Es gibt in Belgien Wallonen und Flamen, aber keine Belgier.« Der Urheber dieses Schreibens, Jules Destrée, war der Anführer der Wallonischen Bewegung, aus der die zentrifugale Kraft des Separatismus in Belgien entsprang. Dennoch blieb das belgische Nationalgefühl während des Zweiten Weltkriegs unvermindert stark.

Der elfjährige Jacky schaut zu, wie die ordnungsliebende Wehrmacht Konzerte veranstaltet und Miederwarengeschäfte plündert. Von Oktober 1940 an werden die Juden von der Gestapo mit Hunden gehetzt – vor allem in Antwerpen. In der Sippe der Brels und Vannestes finden sich weder Helden noch Widerstandskämpfer, aber auch keine Kollaborateure.

Da sind die Brels, wie die Vannestes, guter Durchschnitt. Für Jacques Brel wird Durchschnitt stets Mittelmäßigkeit bedeuten.

Brüssel hört auf zu ›brüsselieren‹[10]. Im ›Métropole‹ bekommt man keinen Kaffee mehr, im besten Fall Zichorie oder gerösteten Hafer. Die Konditoreien sind menschenleer. Der anglophile Romain hört regelmäßig die Nachrichten und Meldungen der BBC. Er maßt sich nicht an, Leopold III. zu verurteilen, der nicht ins Londoner Exil gegangen ist; er fragt sich nur beiläufig, ob Leopold es nicht lieber hätte unterlassen sollen, Hitler in seiner Alpenfestung auf dem

10 Anspielung auf das Lied »Bruxelles«, in dem das Wort »bruxeller« – eine Brelsche Wortschöpfung – vorkommt

Obersalzberg zu besuchen. Romains Tageszeitung *Le Soir*, die der Kontrolle der Besatzer unterliegt, ist viel moderater als *La Nouvelle Gazette* oder *Le Pays réel*. Die Partner Vanneste und Brel beliefern die Herstellerfirmen der berüchtigten grünen Uniformen Verpackungsmaterial: man muß schließlich die Existenz seiner Arbeiter und Angestellten sichern. Denn jedes Unternehmen, das sich gegen die Forderungen der Deutschen auflehnt, wird sogleich geschlossen und das gesamte Personal in die Listen der für Deutschland bestimmten Zwangsarbeiter eingetragen.

Amand Vanneste senior übernimmt den Vorsitz der Winterhilfe, die Bedürftige unter den belgischen Zivilisten unterstützt.

Pierre Brel, Jacques' älterer Bruder, kommt als Vorarbeiter in die Kartonagenfabrik. Um vom *Service du travail obligatoire*[11] unbehelligt zu bleiben, der überall im besetzten Europa Arbeitskräfte für die Industriebetriebe des Dritten Reiches rekrutiert, hält er sich eine Weile bei Georges Dessart auf, dem Paten von Jacques. Während des Krieges fallen in der Fabrik die Spannungen zwischen der flämischen Arbeiterschaft und den frankophonen Angestellten nicht sonderlich auf. Die Deutschen hofieren die Flamen: Germanen, vereinigt euch! Ein Kind wie Jacky hört eine vereinfachte Version der Geschichte. Später wird sich Brel viel leichter an die Allgemeine SS Flandern erinnern können als an die nicht weniger nationalsozialistisch

11 Zentralstelle für die Verteilung von Dienstpflichten

orientierte, französischsprechende Wallonische Legion, die von dem Monarchisten und notorischen Großmaul Léon Degrelle angeführt wurde.

Am 8. April 1941 feiert Jacky seinen zwölften Geburtstag: die wöchentliche Fleischration schrumpft auf fünfunddreißig Gramm pro Person. Von den fünfzehn Belgiern, die wegen Unterstützung englischer Soldaten vor Gericht stehen, werden zwei zum Tode verurteilt. Herzlichen Glückwunsch, Jacky! Wie kann dieses Kind überhaupt noch träumen?

Die Brels leiden kaum unter der Lebensmittelknappheit. Pierre und Jacques, beide leidenschaftliche Radfahrer, durchstreifen Feld und Flur auf der Suche nach Eiern, Butter oder Kartoffeln, wenn die Mutter auf dem Schwarzmarkt nichts ergattern kann. Auf Landkarten markieren Romain und Pierre mit Fähnchen zunächst den Rückzug der Bolschewiken – wie es ›Le Soir‹ auszudrücken pflegt –, später dann den Vorstoß der Roten Armee. Für Jackys Generation werden die Russen lange Zeit die fernen Befreier verkörpern.

Der kleine Brel, der keinerlei musikalische Ausbildung erhält, klimpert viel auf dem Klavier herum, einfach nach Gehör. Besonders liebt er *Für Elise*. Er liest Jack London, James Fenimore Cooper und Jules Verne, bastelt sich einen eigenen Wilden Westen zurecht und erdichtet erste Abschiede:

... Ich wollte einen Zug nehmen
Den ich nie genommen habe ...[12]

12 Mon enfance

An der Ost- wie an der Westfront nichts Neues:

Meine Kindheit verging
In Alltagsgrau und Schweigen ...[13]

13 Ebd.

Am Anfang des Schuljahres 1941 kommt Jacky in eine Privatschule, das Institut Saint-Louis, in der Geistliche, aber auch andere Lehrer unterrichten. Jedenfalls herrscht dort eine etwas großzügigere Hausordnung als in der Schule Saint-Michel, die von Jesuiten verwaltet wird. Jeder Brüsseler Bürger, der etwas auf sich hält, schickt seine Sprößlinge in eines dieser Institute, oder aber in die Schule Saint-Jean Berchmans. Die Mädchen besuchen den ›Parnasse‹ und die ›Dames de Marie‹. Geht es um die Bildung seiner Söhne, will sich Romain nicht auf die ›Athénées‹ verlassen, jene staatlichen Gymnasien, die in Frankreich damals ein viel höheres Ansehen genießen als in Belgien.

Wie auch Pierre kann man Jacques im engeren Sinne weder bilden noch verformen. Obgleich kein hoffnungsloser Fall, gibt er insgesamt einen schlechten Schüler ab. Er bleibt in der sechsten Klasse sitzen, schafft nur knapp den Sprung in die siebte, wiederholt die achte und kommt gerade noch darum herum, die neunte dreimal zu absolvieren. Man kann es in den Klassenbüchern von Saint-Louis nachlesen: er faulenzt und treibt sich herum, wann immer er kann. »Könnte, müßte eigentlich bessere Ergebnisse erreichen ...« heißt es immer wieder. Geschichte liegt ihm zwar, nicht aber Flämisch, diese eigenartige Sprachmixtur, die nichts anderes ist als ein akademisches Niederländisch. In Französisch erhält er oft die beste Zensur der Klasse. Auch in Sprech- und Vortragsübungen überflügelt er alle anderen – aber mehr als Lernen ist hier Begabung im Spiel. An eine seiner preisgekrönten Französischarbeiten, eine Kurzfassung des *Don Quijote*, erinnert man sich heute noch. Brel behauptet später, dies sei der einzige komische Roman, den er je gelesen habe. Der Abbé Jean Dechamps, sein damaliger Französischlehrer, ist immer wieder zutiefst gerührt, wenn er auf jenen exzellenten Aufsatz zu sprechen kommt, in dem Jacques sein Zimmer – seine kleine Tischlampe, eine Fliege – so hinreißend beschrieben hat. Der gute Abbé, ein kleiner, schmaler, stets zum Lachen aufgelegter Mann in wallender Soutane und Baskenmütze, zitiert auch gern eine Verszeile von Jacky, in der bereits ein sehr Brelsches Adverb erscheint: ›*La mer est belle et longue infiniment*‹ (›Das Meer ist schön und lang – unendlich‹). Dechamps klagt im übrigen über Jacques' miserable Orthographie. Und er behauptet, daß Brel von Emile Verhaeren stark geprägt worden sei. An der Wand des Klassenzimmers, in dem der Abbé unterrichtet, hängt ein Plakat mit allen Kirchen Flanderns. Die gelben Buchstaben eines Alexandriners leuchten dort auf schwarzem Hintergrund: ›*C'est la Flandre pourtant qui retient tout mon cœur*‹ (›Und dennoch hänge ich an Flandern mit ganzem Herzen‹).

Der Schüler Brel, der mancherlei Unfug treibt, wird oft vor die Tür gesetzt. Früh verspottet er die katholischen Pfarrer und Nonnen. Sie konfrontieren ihn zum ersten Mal mit jenen Institutionen, die ihn gleichermaßen beunruhigen und faszinieren. Zu Hause – oder in der Schule, wo er oft nachsitzen muß – faßt er seine Strafarbeiten in Versen ab. Seine Lehrer, ausnahmslos Geistliche, die für ihre Schüler stets ein offenes Ohr haben, sind für Ironie nicht unempfänglich. Wer könnte Jacques denn auch widerstehen, wenn er etwa eine Strafarbeit, die er seinen Eltern vorzeigen muß, von Hund und Katze mit unterzeichnen läßt! Mitten im Unterricht läßt er einen Wecker in seiner Hosentasche klingeln, und als er aufgefordert wird, ihn abzugeben, breitet er die Einzelteile eines offensichtlich ganz anderen Weckers mit bedächtig-feierlichen Bewegungen auf dem Tisch von Abbé Reinhard aus. Zugegeben: Der schlaksige junge Brel ist ein Faulpelz, der nichts als Faxen im Kopf hat, und obendrein ein Träumer. Trotzdem: ein prima Mitschüler. Er ist sehr groß für sein Alter, und er hat viel Mut gezeigt, als er mit bloßen Fäusten seinen Freund Alain Lavianne gegen Schüler der zehnten Klasse verteidigte.

1942 beginnt Jacky Brel zaghaft, Tagebuch zu schreiben. Daraus erfährt man, daß der starrsinnige Romain tagaus, tagein mit furchterregender Pünktlichkeit kommt und geht. Viel mehr wird dort über den Vater nicht gesagt.

»Jacques ist um zwei Uhr zur Tante gegangen dann mit ihr zurück wegen Jahrmarkt. Um fünf Uhr kleiner Imbiß mit Kakao dann zu Fuß zur Basilika gegangen (ich auf Rollschuhen und zurück mit der Straßenbahn) Haben auf Papa und Pierre bis acht Uhr gewartet.

Zu Abend gegessen (…).

Gelesen dann zu Bett um neun Uhr (Tante in meinem Bett und ich auf der Bettcouch)

Geschlafen

(Die Katze) um neun Uhr raus will nicht mehr rein (…).

Das Wetter

Herrlich«

Alles in allem ein sehr stilles Tagebuch. Man sucht vergeblich nach einer Äußerung des Vaters, des Bruders, der Mutter. Jacky gibt sich offensichtlich Mühe mit dem Schönschreiben, schmückt sein Heft mit Collagen und Zeichnungen.

Die Männer im Hause Brel geben ihr Inneres nicht preis, auch Jacky nicht. In dieser Familie wird man früh an Zurückhaltung gewöhnt. Außerdem geschehen rätselhafte, düstere Dinge: Jean Schoorman und Pierre Vandergoten – zwei Abbés, die dem Widerstand angehören – werden von den Deutschen verhaftet. Jacky, der beide kennt, staunt.

Bei den Pfadfindern wie in der Schule ist Jacques jetzt sehr gefragt, weil er für Stimmung sorgt: Gekonnt imitiert er Charlie Chaplin oder Hitler. Die Pfadfindertruppe ›Albert I.‹ von der 41. Armee Brüssel läuft in Zivil herum und gibt sich den Anschein der Wohltätigkeit – wie die anderen Pfadfinderverbände im besetzten Europa. Pierre – zuerst Scout, dann Rover[14] – wird ›Phlegmatisches Walroß‹ getauft. Sein Bruder Jacques, der so wundervoll erzählen kann, nennt sich nun ›Heiterer Seehund‹. Die 41. Armee schlägt ihr Lager auf den waldigen Hügeln der Ardennen auf, im Maastal oder im Forst von Fresnaye, nahe bei Brüssel.

14 Die Pfadfinder sind nach Altersgruppen in Wölflinge (7-11), Jung-Pfadfinder (11-14), Scouts oder Pfadfinder (14-17) und Rovers (17-20) gegliedert

In der sogenannten ›Hirschpatrouille‹ haben sich ›Heiterer Seehund‹ und ›Ulkiger Elch‹ alias Robert Kaufmann angefreundet. Robert, ein Jude deutscher Herkunft und zwei Jahre älter als Jacques, besucht ein staatliches Gymnasium und verkehrt in Widerstandskreisen. Der Lieblingssport der beiden Jungen heißt *ziverer*, um die Wette albern. Jacques' Repertoire reicht von Courteline bis Tristan Bernard.

Auch wenn die jungen Pfadfinder sich gern solidarisch geben, bleiben sie doch frankophone Bürgersöhne. Wer Sohn eines Kaffeehausbesitzers oder Lastwagenfahrers ist, kommt bei ihnen einfach nicht an. Die Brüsseler Pfadfinder reiben sich ständig an zwei verschiedenen Kulturen. In ihr Französisch mischen sich flämische

I.

Wörter und aus dem Flämischen übernommene Redensarten: ›*Ça ne va pas rester continuer durer*‹, das kann doch nicht so weitergehen – mit diesem Krieg, der Krise, den *Boches*.

Ob Pfadfinder oder nicht, die jungen Brüsseler haben kaum Kontakt mit den Flamen. Höchstens in den Ferien oder im Umgang mit Kaufleuten, Straßenbahnfahrern oder Hausangestellten. Robert Kaufmann kann sich nicht entsinnen, daß Jacques sich damals für diese Probleme interessiert hätte. Jacques fühlt sich ganz und gar als Belgier und Brüsseler – als ein braves Kind aus einem Land ohne Tadel, als ein *ketje* oder Großstadtkind. Er versteht nicht, warum einige Belgier, meist Flamen, sich mit den *chleuhs* verbrüdern. Auch nicht, warum die flämischen Gefangenen von den Deutschen in der Regel etwas früher aus der Haft entlassen werden. Und warum man in Brügge, Gent oder Antwerpen viel mehr Mädchen in Begleitung der *Boches* sieht als in Brüssel, Mons oder Charleroi.

Der ›*Heitere Seehund*‹ hat, wie man inzwischen weiß, keine besondere Affinität zum Flämisch-Niederländischen. Aber er bewundert das Argot und die farbige Brüsseler Mundart, die aus Französisch, Burgundisch und Flämisch gemischt und für Einflüsse anderer Dialekte offen ist. Sie mundet, diese Brüsseler Sprache, sie ist wahrhaftig begnadet, wenn es darum geht, Seele und Herz sprechen zu lassen. Will man aber beides lächerlich machen, so sträubt sie sich. Jacques verfällt früh der parodistischen Folklore. Ob er, wenn seine Schulleistungen in Flämisch besser gewesen wären, sich über den Brüsseler Akzent hätte lustig machen können, ohne dabei so schnell in billige Anzüglichkeiten und böswilligen Spott zu verfallen, sei dahingestellt. Vielleicht hätte ein vorbildlicher Jacques Brel, ein Musterschüler, der den linguistischen und politischen Fragen seines Landes kritisch und differenziert gegenübergestanden hätte, den Sänger in ihm gleichsam entmannt. Das Talent nährt sich nicht selten von Verstößen und Übertreibungen.

Robert Kaufmanns Vater verdankt es seinem hohen Alter, den gelben Stern nicht tragen zu müssen. Seine Frau hat seinen Fall der Gestapo vorgetragen. Die Brels haben ein Haus in der Rue Jacques-Manne 7 bezogen. Jeden Donnerstag nachmittag, wenn es keinen Fliegeralarm gibt, gehen die beiden Pfadfinder-Freunde ins Kino ›Pax‹. Ach! *Paradis Perdu* mit Micheline Presle und Elvire Popesco, die das ›R‹ so schön rollt, und dem belgischen Schauspieler Gravey! Ach! noch einmal diesen Film von Abel Gance sehen! Jacques wird nie ein richtiger Kinofan werden, weder mit fünfzehn noch mit fünfundvierzig, aber das Kino interessiert ihn, wie Robert feststellt.

Er staunt nicht wenig, als Jacques verkündet, daß er Plato liest. Ob das stimmt? Später wird Brel auch Teilhard de Chardin oder Proudhon erwähnen. Doch im Jahre 1944 fühlt sich der ›Heitere Seehund‹ eher zur Kinowelt hingezogen als zur Philosophie oder Religion.

I.
KAPITEL

Will man dem Abbé Dechamps Glauben schenken, so hat Jacques in der neunten Klasse eine mystische Krise durchlebt.

Der Geistliche schwört bei Gott und allen Heiligen, den jungen Brel mit eigenen Augen gesehen zu haben, wie er die Acht-Uhr-Messe, die für die Schüler des Institut Saint-Louis nicht obligatorisch war, zwei Trimester lang jeden Morgen besuchte. Dieser Eifer scheint allerdings Jacques' Klassenkameraden und Freunden – wie Alain Lavianne oder Robert Stallenberg – völlig entgangen zu sein. Der Abbé seinerseits räumt ein, daß Jacques wahrscheinlich schon wegen seiner prekären Schulleistungen den lieben Gott gern auf seine Seite gebracht hätte. Vielleicht nach dem Motto: Herr, gib mir eine Vier in Mathe, und befreie mich von der Zusatzprüfung in Flämisch! Und errette mich von den quälenden fleischlichen Versuchungen der Einsamkeit! Ob man deswegen von mystischer Berufung sprechen kann? Wohl eher von einer pragmatischen Lebenseinstellung! Aber wer weiß: Vielleicht verbarg sich hinter der Ausgelassenheit und den kirchenfeindlichen Spöttereien eine echte spirituelle Neigung. In der Pubertät hat es schon so manchen zu Gott gedrängt.

Nach Schulschluß schauen die Jungen begierig den Mädchen nach, die unweit des Institut Saint-Louis auf dem Boulevard du Jardin Botanique spazieren, und trauen sich nicht, darüber zu reden. Brel jedenfalls nicht. Wie wohl sein erstes Mädchen, seine erste Angebetete hieß?

... Da ist der Jardin botanique
Der den Jungen
Die im Regen auf die Mädchen
ihrer Träume warten
Eine lange Nase macht
Vor dem Bon Marché Leuchtturm
Der nicht aufhört sich zu drehen ...[15]

15 Bruxelles

Während der deutschen Besatzung dürfen die Belgier – von Ausnahmen abgesehen – bestimmte militärische Sperrgebiete nicht betreten. Wie soll man sich die Zeit vertreiben? Robert Stallenberg und Jacques Brel flehen den stets hilfsbereiten Abbé Dechamps an, eine Theatergruppe aufzubauen. Bei der *Dramatique Saint-Louis* gerät der sonst oft scheue und verschlossene Jacques außer Rand und Band und wird zum Anführer der Truppe. Er hat seinen Spaß. Hochfliegende Spielpläne gibt es nicht, man begnügt sich mit dem köstlichen Labiche. Und die Stücke von Marcel Dubois und Henri Ghéon erweisen sich als immer wieder verwendbar, unerschöpflich und verwandelbar. Der großgewachsene Brel mimt den brüllenden Hauptmann Crochard, klaut den Mitspielern ihren Text und improvisiert, steigt sogar in der Musketieruniform in die Straßenbahn.

Abends in Brüssel sind die
Funken der Tram von weitem zu sehen
Wie die Blitze
Wenn das Gras geschnitten wird...[16]

16 Bruxelles

I.
KAPITEL

»Dein Brel übertreibt!« sagt der Abbé Eugène de Coster bei einer Probe. Jean Dechamps für seinen Teil schwankt zwischen Irritation und Entzücken.

In der Tat verläßt sich Jacques bei seinem Spiel auf maßlose Überzeichnung der Figuren. Er weiß gar nicht mehr, wer er eigentlich ist. Sonntags ist er Fußballer und besessener Radfahrer, den Rest der Woche Schauspieler, Harlekin, Marquis de Kerhoz, Monsieur Poitrine. Könnte er nicht auch zur Bühne gehen? Sein Publikum verlangt doch schließlich nicht das Niveau eines Ghelderode![17]

17 Michel de Ghelderode (1898-1962), flämischer Dramatiker.

Die Ankunft der britischen Truppen bedeutet die Befreiung Belgiens. Zusammen mit seiner Familie und der Mehrheit der Belgier aus Brüssel und Wallonien feiert Jacques die Zukunft. Bei einem Bäcker, dessen Sohn den Wehrdienst ableistet, arbeitet er mit seinem Freund Robert Kaufmann als Aushilfe. Sonntags früh trägt er die runden Brötchen aus, die man in Belgien *pistolets* getauft hat, und verdient sich so sein Taschengeld. Nicht zuletzt auch, weil Romain die Meinung vertritt, daß dies der einzige Weg sei, sich über den Wert des Geldes klar zu werden.

... Wie sollen denn, ihr braven Leute, unsere braven Dienstmädchen und das brave Volk unserer kleinen Sparer je einen Sinn für unsere Werte bekommen?[18]

18 Grand-Mère

Als Jugendlicher hat Jacques Brel ein Geheimnis, das er der Öffentlichkeit nie verraten wird. Mehrmals hat er verkündet, sein erstes Lied bereits mit fünfzehn verfaßt zu haben. Er hat auch erklärt, daß er sich als kleiner Junge oft selbst Geschichten erzählt habe. Aber nie, daß er Geschichten schrieb.

Drei Novellen aus der Jugendzeit sind erhalten.[19]

Die erste, neunzehn Seiten lang, wurde am 3. Dezember 1944 beendet. Der Autor nimmt sie anscheinend ernst genug, um sie ordentlich zu tippen, zu binden und mit einem Umschlag zu versehen, auf dem eine Pyramide und zwei Palmen zu sehen sind. Jacky wird langsam zu Jacques, er ist jetzt fünfzehn und durchlebt eine schwierige Zeit.

Kho-Barim, so der Titel der Novelle, die aus fünf Teilen besteht, beschreibt in einer pompös und düster wirkenden Sprache die Schändung einer Pyramide durch den Engländer Lord Byrthon (manchmal auch Byrlton). Die von ihm geführte Karawane »zieht lautlos durch den Sand der Ewigkeit entgegen«. Ein Greis skandiert:

»… Und jeder, der seitdem versucht hat, das Grab des Kho-Barim zu schänden, wurde vom rächenden Geist jenes letzten Königs jäh mit dem Tode bestraft.«

Der Greis verkündet dem weißen Mann und dem jungen Träger namens Vibard (oder Vibar):

»Deshalb wartet der Tod auf uns alle.«

Jacques, der eine Vorliebe für litaneiähnliche

19 Im Besitz von Mme Jacques Brel.

I.
KAPITEL

Sätze hat, fährt fort: »In der Wüste, der Wüste ohne Ende, Wüste ohne Wasser, schlafen Männer in einem leichten Mantel aus Sand und Sternen.«

Auf Kamelen reitend und nach den »drei Pyramiden von Keops, Kephrem und Mikerinos suchend«, ist Lord Byrthon trotz »der fünfundzwanzig Jahre harter Arbeit« doch nur ein »armer kleiner Hampelmann«. Der Träger Vibar aber taucht seine Hand in Gold oder Sand. »Vibar träumt, und seine Träume sind wunderschön, wie alle Kinderträume.«

Mit fünfzehn beschließt Brel, daß alle Kinder Poeten sind. Mit sechsunddreißig singt er:

Ein Kind
das bringt dir einen Traum ans Licht
das trägt ihn auf den Lippen
Und zieht singend davon
Ein Kind
das hört mit ein wenig Glück
Die Stille
Und weint Diamanten ...[20]

20 Un enfant

Und mit achtunddreißig schreibt er:

... Alle Kinder sind Dichter
Sie sind Schläfer sie sind Heilige Könige
Sie haben Wolken um besser fliegen zu können ...[21]

21 Fils de ...

Vibar hebt eine Steinplatte hoch und steigt »in das Grab hinein. Kaum aber war er einige Schritte gegangen, da schlug die Steinplatte mit hartem Knall wieder zu und verschloß den Eingang der heiligen Grabstätte«.

Eine Illustration zeigt, wie Vibar Sand durch seine Finger rinnen läßt. Am Handgelenk trägt er, wie die Soldaten des zwanzigsten Jahrhunderts, eine metallene Erkennungsmarke. Vibar, der »unter sechs Fuß Sand und zwölf Zoll Stein, in einer undurchdringlichen Finsternis … auf dem Boden sitzt und, den Kopf in die Hände gestützt, lautlos weint«, wird von seinen Weggefährten gesucht.

Aber er kann seinem Schicksal nicht entgehen: »Die Götter rächen sich, o Weh und Ach!«

Auch Lord Byrthon muß sein Leben lassen. Besuchen Sie »in London den Club der britischen Entdecker. Hätten Sie vor drei Monaten Lust gehabt, dort Platz zu nehmen, hätte sich ein Lakai mit leichter Verbeugung und höflicher Stimme an Sie gewendet: Entschuldigen Sie, mein Herr, aber dieser Sessel ist für Lord Byrthon reserviert. Heute hingegen kann jeder darauf sitzen.«

Ein Haufen Pathos, ein Quentchen Humor – und der Tod.

Vom 13. September bis Ende Dezember 1945 füllt Jacques Brel siebenundvierzig Seiten eines neuen Heftes. Es liest sich spannender als die Geschichte von *Kho-Barim*, läßt an Novellenentwürfe oder den Anfang eines Romans denken. Das Ganze soll einmal die Überschrift *Le Chemineau ou Le Premier Jour* getragen haben, zu

deutsch: Der Landstreicher oder Der erste Tag.
Jacques besucht jetzt die achte Klasse und läuft
Gefahr, schon wieder sitzenzubleiben.

Die Hauptfigur ist verschwommen gezeichnet:
»Ein Landstreicher: ein Roman«, schreibt Jacques, »eine Tragödie, da alle Menschen Tragöden sind, sogar gute Tragöden.«

Und weiter heißt es: »Der Regisseur ist das
Leben selbst.«

So gehen der Landstreicher und sein Hund
Zoulou über einen Jahrmarkt – »einen Ort, wo
die menschliche Dummheit mehr als anderswo
in der Welt am Werk ist …: ein wahres Reich der
Dummheit …«

Denn auf dem Jahrmarkt

… das riecht nach Fett wo die Fritten tanzen
das riecht nach Fritten in Papier
das riecht nach Krapfen, die schnell gegessen werden
das riecht nach den Männern, die sie gegessen haben …[22]

22 La Foire

Der mürrische Landstreicher, erfährt man
später, »war nicht pessimistisch, sondern angewidert …«

Szenen- und Protagonistenwechsel: wir betreten nun die »Grande Epicerie Moderne«, das
große moderne Lebensmittelgeschäft. Didi, der
Sohn des Lebensmittelhändlers, trifft Madeleine.
Die beiden gehen auf den Jahrmarkt und schaukeln: »… Der Wind, der ihr durchs Haar und in
die großen verwöhnten Kinderaugen pustete,
machte sie so unendlich süß. Er kannte sie ja
kaum … Damals im Katechismusunterricht …

Plötzlich merkte er, daß Leute ihn beobachteten, und wurde rot.

›Warum bist du so rot geworden?‹

›Ich? Weil …‹

›Findest du nicht, daß wir zu hoch schaukeln?‹

›Das ist doch lustig (*gai*), oder?‹«

Wenn ein Belgier das Wort *gai* ausspricht, klingt es ganz anders als aus dem Mund eines Franzosen – fröhlicher, farbiger, mitreißender. Da schwingen all die guten Dinge des Lebens mit, die Spritztouren ins Grüne, die Gemütlichkeit in den Bierstuben, Feste wie die *Ducasse*[23] von Lille oder Valenciennes.

23 La ducasse: katholisches Gemeindefest in Belgien und Nordfrankreich.

»… Ihm war, als sei es der schönste Satz gewesen, den er je ausgesprochen hatte.

Und sie antwortete: ›O ja!‹

Und ihm war, als sei es die schönste Antwort gewesen, die er je gehört hatte …«

Der Junge und das Mädchen verlassen die Schaukel, und Didi – oder Jacques? – vermerkt ratlos:

»… Es ist schon komisch, aber die Mädchen sind sich anscheinend überhaupt nicht im klaren darüber, daß sie die Jungs völlig durcheinanderbringen, wenn sie sie ansprechen.

Die beiden trennen sich.«

… Nein Frauen die wir lieben
begreifen niemals daß
sie jedesmal auch sind:
Blüte das letzte Mal
Letzte Chance die wir haben …[24]

24 Dors ma Mie

I.

Auch wenn das zweite Kapitel des Romanversuchs konfus wirkt, so fällt doch seine rhythmisierte Sprache auf.

»Er wollte im Nebel die erste Blume sehen, die sich öffnet, denn er war ein Dichter, er wollte den ersten Sonnenstrahl im Nebel sehen, weil ihm kalt war ums Herz, er wollte die Natur, wollte die Blätter tanzen sehen ... Er wollte sehen, wie der Tag in der Nacht anbricht, wollte sehen, wie der Tag sich ins Gras einprägt ...«

Wie bei einem Lied kehren Refrains und Tempi wieder:

»... wenn Sie ein Dichter sind ...,

der wie César der Landstreicher lebt, dann werden Sie die Augen schließen und Worte hören, die Ihnen Gutes, die Ihnen Böses erzählen werden.

Es ist ein Rad, ein Rad, das sich dreht ...

die Armen werden ›ja‹ hören, weil sie es so brauchen,

die Reichen werden ›nein‹ hören, weil sie nicht daran glauben.

Es ist ein Rad, ein Rad, das sich dreht.

Es ist die Zeit, die vielleicht vergeht ...

Die jungen Leute werden ›ja‹ hören,

denn sie warten nur.

Die Alten werden ›nein‹ hören,

weil sie es anhalten wollen.

Es ist ein Rad, ein Rad, das sich dreht.«

Auch in den Liedern des Jacques Brel wird der Arme gut, der Reiche böse und das Vergehen der Zeit quälend sein.

Liest man dieses Manuskript mit lauter Stimme, wird deutlich, daß schon der Sechzehnjährige nach einem Stil, einem Rhythmus, einer eigenen Form gesucht hat. Freilich vermag das Ende nicht zu überzeugen. Der Dichter – Jacques? – kehrt nach Hause zurück, entwirft das Porträt seines Vaters, der ein verlogener Lebensmittelhändler ist, und schließlich noch eine Familienszene.

Zusammen mit Jean Meerts und Jacques Seguin, zwei Jugendlichen aus seinem Viertel, veröffentlicht Jacques Brel am 16. Mai und am 16. Juni 1947 zwei Ausgaben einer vierseitigen Zeitung, die *Le Grand Feu* (Das große Feuer) getauft wird. Jacques, gerade achtzehn Jahre alt, ernennt sich selbst zum Chefherausgeber.

Das von Seguin verfaßte Editorial gesteht die Unerfahrenheit der Zeitungsgründer ein, deren Anliegen es ist, die Jugend des nah bei Anderlecht gelegenen Molenbeek-Viertels für die Ideale der »Brüderlichkeit und Solidarität« und gegen die »Auswirkungen eines überall gegenwärtigen Materialismus« zu mobilisieren. Sie berufen sich auf Claudel, Rivière, Malraux und Alain-Fournier, wenn sie sagen, daß es darum gehe, »sein Leben auf einem größeren Spielfeld als dem eigenen Ich einzusetzen«. Und sie streben danach, »das bürgerliche konsum- und luxusorientierte Denken durch den Wunsch zu ersetzen, sein Leben in irgendeiner Form nützlich zu gestalten«.

In der ersten Ausgabe unterzeichnet Jacques

Brel mit dem etwas skurrilen Künstlernamen Raoul de Signac eine Novelle mit dem Titel *Frédéric*. Darin rät ein Sterbender seinem Enkelkind, einfach abzuhauen, während die versammelten Angehörigen ausführlich über die Vor- und Nachteile einer zweitklassigen Beerdigung debattieren. Hätte er einen Sohn gehabt, wird Brel später einmal bekennen, hätte er ihn gern Frédéric genannt.

Die Novelle liest sich flüssig. Raoul de Signac neigt zum singenden Satzbau, spielt mit freien Rhythmen: »›Ihm geht es schlechter.‹

Und dieses ›Ihm‹ galt seinem verbrauchten Gerippe.

Dieses ›Ihm‹ galt seinem allerersten Schrei, seinem allerersten Walzer, seiner allerersten Liebe.

Dieses ›Ihm‹ galt der Kirchenglocke am Tag seiner Hochzeit, galt einem Mädchen und einem Jungen, galt den vielen Freuden, der vielen Liebe, dem vielen Leid ...«

In dieser ersten Nummer von *Le Grand Feu* erscheint von ihm außerdem – unter dem Pseudonym Raphaël Boisseret – ein Gedicht. Es heißt *Pluie* (Regen).

> *Es regnet alle Schluchzer der Welt*
> *und der Reigen*
> *Der großen Wahnsinnsworte wiegt mein Herz*
> *und mein Unglück.*
> *Die traurige Ballade der alten Regenrohre*
> *die an den Häusern entlanglaufen*
> *trägt das sanfte Rauschen des Regenwassers ins Unendliche.*

Ich wollte mein Schmerz verflöge mit den frischen Winden
In einem Wassertropfen
Aber wenn all mein Kummer da hineinkönnte
Würde ich einen Ozean aus diesem Tropfen machen.

Vom selben Boisseret, der Baudelaire liest und, wie später der Sänger Brel, abgenutzte Reime nicht scheut, stammt das Gedicht *Spleen*:

Es ist einer dieser unergründlichen Abende
       wo nur deine Augen strahlen
Es sind jene unergründlichen Augen wo alles wunderbar ist
Selbst die großen Straßen, auf denen ich nicht gehe,
Oh Herr, wie bin ich müde.
Warum nicht lieben?
Warum?
Mein Gott was hat sich in mir geändert?
Ich werde weit fortgehen, weit fort von Ideen, Freunden,
       weit fort von einer Freundin
Singt Wolken, singt!
Für eine tödlich getroffene Seele
Die eine lange Reise macht …
Ich fliege auf einen Stern wo ich nachts funkeln werde.
Braunes Haar, das der Fliehende so gern geküßt hat.

Die Chefredaktion des *Grand Feu* verkündet wichtigtuerisch das Aussetzen der Zeitung während der Sommerferien: Erst im September sollen ihre getreuen Leser, mindestens zweihundert an der Zahl, sie in verbesserter Aufmachung wieder beziehen können. Ihre zweite und zugleich letzte Ausgabe enthält keinen von Brel signierten Text. Das Redaktionsteam verurteilt die »Perspektive eines langweiligen, zurückgezogenen bürgerlichen Lebens« und legt seiner Leserschaft die Suche nach »einer Oase« ans Herz – »fern der Mittelmäßigkeit, fern von allem, was unsere Träume zu verderben droht«. Man hört hier deutlich Jacques' Stimme heraus. Schon zu jener Zeit ist er davon überzeugt, daß ein Bourgeois und ein Schwein manches gemeinsam haben, »je älter, desto dümmer«:

... Bürger sind wie das Schwein im Stall,
Denn, je älter, um so mehr sind sie dreckig.
Bürger sind wie das Schwein im Stall,
Denn je älter, um so mehr sind sie ...[25]

25 Les Bourgeois

1947 bleibt Boisseret-Signac-Brel als einzige ›Perspektive‹ ein ziemlich peinlicher Abgang von der Schule. »Muß gehen, hat also gefaulenzt«, so kommentiert der Vater in einer schwerfälligen, zornigen Schrift Jacques' letztes Trimester in der neunten Klasse. Er wird also in der Kartonagenfabrik Vanneste & Brel arbeiten, das steht fest, und hat damit eine trübselige, mittelmäßige und in den Augen der Mitarbeiter des *Grand Feu* sehr bürgerliche Laufbahn vor sich.

Mit seinen vierundsechzig Jahren sieht Romain Brel, dem ein Schlaganfall zugesetzt hat, wie ein freundlicher Greis aus. Erst jetzt ähnelt er wirklich dem Großvater, den Jacques seit jeher in ihm sehen wollte.

Die familiären Machtverhältnisse in der Kartonagenfabrik sind heikel. Amand Vanneste junior bekommt einen Posten in der Verwaltung der Firma. René Mossoux, Vannestes potentieller Schwiegersohn, leitet die Produktion der einfachen Pappe, während Pierre Brel die der Wellpappe kontrolliert. Der Platz für Jacques in den Büros der Verwaltung wird warmgehalten.

Um eine führende Position in einem Brüsseler Unternehmen zu bekleiden, muß man zweisprachig sein. Die Vannestes sprechen alle Flämisch. Pierre hält sogar öffentliche Reden auf Flämisch . Jacques verbringt gezwungenermaßen einige Wochen in Tessenderloo, in der Provinz Campine, und bemüht sich dort, an dieser Sprache zu arbeiten, die er nicht besser beherrscht als seine Mutter.

Von der Schule befreit, bevor man ihn hinauswerfen konnte, kann Jacques eigentlich nicht klagen. Später wird er oft – im privaten Kreis und auch in seinen Liedern – bedauern, den klassischen Bildungsweg abgebrochen zu haben:

> *... Der Tango der Zeit der Nullen*
> *Ich hatte so viele kleine und große*
> *Daß ich Tunnel daraus baute für Charlot*
> *Heiligenscheine für Saint-Francois*
> *Das ist der Tango der Belohnungen*
> *Die denen zukamen die die Chance haben*
> *Von Kindheit an alles zu lernen*
> *Was ihnen nichts nützen wird*
> *Doch es ist auch der Tango der einem fehlt*
> *Wenn sich die Zeit erst einmal davonstiehlt*
> *Und man verdutzt bemerkt,*
> *Daß Dornen sind an den Rosa ...* [26]

26 Rosa

I.
KAPITEL

An einem Weihnachtsabend taucht Jacques Brel, begleitet von seinen Kameraden Robert Martin und Lucien Costermans, bei Hector Bruyndonckx auf. Er setzt sich auf den Teppich, ißt *cramique*, scherzt, redet mit lauter Stimme – um ihn herum etwa fünfzig junge Leute, Männer und Frauen. Was für eine Ausstrahlung er hat, dieser Brel mit den hektisch hin und her rudernden Armen!

Der Gastgeber, Hector Bruyndonckx – leicht ergrautes Haar, breite Stirn, Brille mit feinem Metallgestell – ist neben seiner Frau Jeanne der einzige Erwachsene in der Runde. Er gibt sich herzlich, ja sogar zärtlich. Ganz anders als Romain Brel, der im Vergleich noch unnahbarer wirkt.

Bruyndonckx hat sein Studium der Wirtschaftswissenschaft nicht abgeschlossen, was Jacques Brel beruhigend findet. Er hat das Unternehmen für Motorenöle und Schmiermittel übernommen, das sein Vater in Anderlecht gegründet hat. In dieser Gemeinde befindet sich auch ein Teil der Kartonagenfabrik. Hector ist aktiver Christ, aber nicht strenggläubig oder frömmelnd, und wird es noch zum stolzen Vater von zwölf Kindern bringen. Er diskutiert gern, neigt jedoch nicht zum Protest und ehrt nach wie vor Bischof und König. Er gilt überall als ein origineller Kopf, ein passionierter Prediger, der gelegentlich zum Moralprediger wird. Strahlend posaunt Bruyndonckx in die Welt, er sei ein Anhänger der rechtsgerichteten PSC, der *Parti social-chrétien*. Andererseits ist er ein unortho-

doxer Katholik, der nicht zögert, aus dem Prie-
steramt entlassene Priester bei sich zu Hause
willkommen zu heißen. Ein schräger Fort-
schrittsvertreter aus der rechten Ecke, jähzornig
und sentimental. Die römisch-katholisch-aposto-
lisch-monarchistische Kirche besitzt in Belgien
genug Macht, um sich Abweichler wie Bruyndonckx leisten zu können. Jacques findet in Hector einen spirituellen Mentor. Die beiden werden
eine Art Vater-Sohn-Beziehung eingehen – mit
all ihren Euphorien und Mißverständnissen.

Auf die ausdrückliche Bitte eines Pfarrers hin,
der die Jugend vom rechten Wege abgekommen
sah, haben Hector und seine Frau die Jugendbe-
wegung der *Franche Cordée* (etwa: ›freie Seilschaft‹) ins Leben gerufen, unerhörterweise als
gemischten Verein für Mädchen und junge Männer. Im September 1941 beruft Hector die erste
Mitgliederversammlung ein. Die jungen Leute
der FC dürfen den ›Studienkreis‹ besuchen,
nachdem sie eine Zeitlang das ›Lernen durch
Spaß und Entspannung‹ genossen haben. Denn
Hector glaubt mehr an Erziehung als an wissen-
schaftliche Bildung. Die Mitglieder der FC fordern das Verbot von Glücksspielen und verord-
nen eine gewisse Strenge in der Auswahl der ver-
einsfremden Gäste bei ihren Treffen. Weder die
sogenannte Swing-Attitüde weltanschaulicher
Beliebigkeit noch Bigotterie sei dort erwünscht,
weil beide sich schlecht mit den allgemeinen Zielen der FC vertragen: Gleichgewicht und Har-
monie der menschlichen Fähigkeiten, Pflege des

I.

Körpers, der Sensibilität, der Intelligenz und des Willens.

Diese Moralprinzipien könnten rapide zu einer Art belgischem Petainismus[27] verkommen, wäre Hector nicht ein überzeugter Antideutscher und Patriot. Den auf dem Frontispiz des Gruuthuse-Palastes in Brügge prangenden Spruch ›Plus est en vous‹ (In euch ist mehr) hat die *Franche Cordée* in ›*Plus est en toi*‹ (In dir ist mehr) abgewandelt und zu ihrem Motto erhoben. Die Krone des thronenden Christus wird zu ihrem Emblem. Jacques Brel wird sein Leben lang nach diesem Mehr in sich selbst suchen. Hector besteht nicht ohne Pathos auf der unbegrenzten Lernfähigkeit des Menschen. Essen und Trinken, Genuß und Arbeit können noch kein Lebensprogramm ausmachen. Disziplin und Ausdauer sind verläßliche Werte. Jacques Brel wird später seine Ausdauer bis zur Erschöpfung trainieren. Tennis, Schwimmen, Kanufahren, Wandern, Tischtennis erklärt die *Franche Cordée* für besonders geeignet, zum moralischen, intellektuellen und materiellen Aufbau der »benachteiligten Klassen der Gesellschaft« beizutragen.

Hector schätzt griffige Formeln. »Almosen sind Morphium für die Gesellschaft«, verkündet er. Oder auch, nach 1945: »Der Patriotismus hat sich in einen Parteiidiotismus verwandelt.«

»Belgien«, schreibt Hector, »liegt im Zentrum des Abendlandes, und bislang ist das Abendland immer noch das Zentrum der Welt. Also ist Belgien der Nabel der Erde ...«[28]

27 Der französische Marschall Henri Pétain wollte das politische System der Dritten Republik durch ein autoritäres Regime im Sinne katholisch-konservativer Kreise ersetzen

28 Zitiert nach Mme Jeanne Bruyndonckx

Anfangs lächelt Jacques nur, wenn er solche Glaubensbekenntnisse hört. Später wird er dagegen lautstark aufbegehren. Hector haßt die Streitereien zwischen den wallonischen und flämischen Separatisten: wozu die Nominierung von sechs blonden flämischen Beamtenköpfen gegen die von fünf dunklen wallonischen ausspielen? Hector reagiert auf die Ultraflamen aus Brügge und Gent so allergisch wie auf die Ultrawallonen aus Lüttich oder Charleroi.

Der gutmütige Autokrat und Autodidakt ermuntert die jungen Leute, sich sozial zu engagieren. Auch die Mädchen werden aufgefordert, an den Diskussionen der FC teilzunehmen, bei denen mit einer Mischung aus Ernst und Naivität die verschiedensten Probleme erörtert werden. Vor dem Krieg, wird festgestellt, hat man sich sehr um die Arbeitnehmer »bemüht«. Was aber ist mit den kleinen Kaufleuten, mit der Mittelschicht der Gesellschaft? Sollen bestimmte Geschäfte sonntags abends geöffnet bleiben? Die Ehe ist heilig, der kinderreichen Familie wird Lob und Ehre gezollt. Uneheliche Kinder sind ein heikles Thema. Hector kennt gegenüber dem Ehebruch kein Erbarmen: Er stellt in seinen Augen eine »Verletzung der sozialen Ordnung dar, also ein Verbrechen«, das mit einer Geldstrafe in Höhe von fünfundzwanzig belgischen Francs leider nicht entsprechend geahndet wird. Die Scheidung will Hector nicht abschaffen. Aber man sollte sie schwieriger gestalten! Später wird Jacques zwar Ehebruch begehen, doch er wird sich nie scheiden lassen. In Brüssel, Lüttich oder Amsterdam stellen sich die Nutten schamlos zur Schau. Die Prostitution läßt sich für den FC-Chef nicht wegdenken, aber sie muß unbedingt reglementiert werden. Hector, der das allgemeine Wahlrecht für unsinnig hält, plädiert für das Familienwahlrecht. Weder im Institut Saint-Louis noch bei den Brels zu Hause wird über solche Fragen debattiert. Hectors Persönlichkeit, sein offenes Haus faszinieren Jacques – wenn er auch darauf achtet, zu der dort herrschenden Religiosität gehörigen Abstand zu halten.

In der FC werden die Ungläubigen geduldet. Einer ihrer Anführer, Ivan Elskens – ein geschwätziger, mitreißender Rationalist mit einem Hang zur ›freien Forschung‹ –, entdeckt in dem ihm anvertrauten Jacques dieselbe Neigung. Seine Schlußfolgerung: »Brel ist kein Pfaffenknecht.« Für ihn ist Jacques gläubig, sträubt sich aber mit Händen und Füßen gegen jedes Dogma.

Zusammen mit Hector nimmt Jacques an trappistischen Exerzitien teil. Während eines Ausflugs der FC nach Ligneuville sagt Brel zu Jeanne Bryundonckx: »Sobald ich die Augen aufmache, fallen mir Gott und der Sinn des Lebens ein.«

Ist der lange Jacques mehr pantheistisch als katholisch eingestellt? Den beiden Bruyndonckx erklärt er, daß er seinen Glauben nicht ausübe. Dem robusten und frech dreinblickenden Jacques Zwick – Mitglied einer anderen ›Seilschaft‹

– erzählt er hingegen, er gehe während der Woche zum Gottesdienst: »Denn ein Pfarrer allein in seiner Kirche, das ist zu deprimierend.«

Jacques ist bei den Ausflügen der FC eifrig dabei. Sonntags leiht er sich einen kleinen Lieferwagen der Kartonagenfabrik aus und fährt mit seinen Freunden zu Kranken und Behinderten, um ihnen das Kulturprogramm der *Franche Cordée* vorzustellen.

Weil er die Leute mitreißen kann, wird er 1949 zum Präsidenten der FC gewählt.

Er setzt sich und seine Interessen durch – erfolgreicher als bei der *Dramatique Saint-Louis* – und führt *Le Petit Prince* (Der kleine Prinz) von Antoine de Saint-Exupéry als szenische Lesung auf. Aus einem verlorengegangenen Chanson von Brel ist nur der Refrain erhalten:

Saint-Exupéry in tiefer Nacht
Abends hängt der leuchtende Himmel den Stern auf …
Häng deine Flügel an den blinkenden Stern [29]

29 Zitiert nach Jacques Zwick

Brel adaptiert auch Villons *Ballade des pendus* und *Le Silence de la mer* von Vercors. Er schreibt zudem ein Stück mit dem Titel *Jeu de l'homme*, das ziemlich wirr gewesen sein soll und heute nicht mehr auffindbar ist. Er spielt im literarischen Kabarett der FC, das zur Tradition des Vereins gehört, und kümmert sich nebenbei um die Kinder des ärmlichen Marolles-Viertels, begleitet sie gar in den Urlaub aufs Land – mit den

I.

Marmeladengläsern seiner Mutter im Gepäck. Als Nikolaus mit Mitra verkleidet, steuert er sein Auto durch die Stadt, steigt aus und fängt an, mit dem Krummstab den Straßenverkehr zu regeln, inmitten der gelben Straßenbahnen, der schwarzen Tractions und malvenfarbenen Oldsmobiles.

In der FC lehnt man die letzten *Zazous*[30] mit ihren langen Haaren, dicken Sohlen und kurzen Hosen ab. Eines der dreizehn Gebote, mit denen Hector den ›Stil‹ der FC regelt, lautet: »Sei natürlich und genügsam. Befreie dein Herz und deinen Geist von überflüssigem Ballast. Wähle aus und bewahre das Wesentliche.«

Jacques benutzt den großen Studebaker seines Vaters. Nachts fahren die FC-Leute einfach drauflos oder unternehmen ausgedehnte Fußmärsche. Wie wär's mit einer Kneipentour in Antwerpen, auf der ›De Meir‹[31]? Jacques bezahlt selbstredend Bier und Benzin: Dem Bürgersohn wird das Geld immer locker in der Tasche sitzen.

Die jungen Leute wechseln übergangslos vom intellektuell anspruchsvollen Gedankenaustausch zum anstößigen Witz. Jacques zeigt gerne seinen Hintern:

> ... Doch ich, der Superarrogante,
> Ich wollte nur ich selber sein.
> Und um Mitternacht, wenn das Bürgerpack
> Heinwärts ging vom Hotel ›Goldfasan‹,
> Zeigten wir den Arsch diesen Kerls im Frack ...[32]

30 Zazou: während des Zweiten Weltkrieges entstandene Bezeichnung für junge Leute, die sich durch ihre Begeisterung für den amerikanischen Jazz und ihre demonstrative Eleganz auszeichneten

31 De Meir – Straße der großen Geschäfte, Kaufhäuser und Banken in Antwerpen

32 Les Bourgeois

»Heilige Zigarette!« flüstern Brel und Elskens, als sich die beiden während einer Mitter-
nachtsmesse in Brüssel erlauben, neben dem
Altar eine zu rauchen.

Jacques und Hector kriegen sich manchmal in
die Haare. Im Nationalstreit um Leopold III.
und die Monarchie hat sich Hector entschieden.
Er schreibt im Blatt der FC: »Leopold der
Leidende hielt Wache« – ein Opfer »tollkühner
Urteile« und »böser Verleumdungen. Was würde aus Belgien ohne seine vier Könige?« Das
elfte FC-Gebot lautet: »Sei, auch ohne Uniform,
der wachsame Soldat im Dienste deiner Nation
und deines Königs.« Der Spruch bringt Jacques
zum Lachen, wenn nicht zur Weißglut. Er fühlt
sich eher als Republikaner denn als Royalist.

Ansonsten steht Jacques unter dem Einfluß
Antoine de Saint-Exupérys, der bei den sozial
eingestellten Katholiken Anklang findet. Die
anderen kann man alle vergessen: Malraux stinkt
nach politischem Schwefel, Camus nach athe-
istischem Humanismus – und Sartre … reden wir
nicht davon! Dieser Satz Hectors könnte ohne
weiteres aus der Feder von Saint-Ex stammen: In
Belgien »wären wir beinahe an der substanzlosen
Intelligenz krepiert.« Saint-Ex' Schriften sind
voll von jener weichen, lyrischen Begrifflichkeit,
die auf Jacques und Hector wie ein leichtes Auf-
putschmittel wirkt: nicht siegen, sondern werden, das in heldenhafter Aufopferung geleistete
Werk zufrieden betrachten, die Überzeugung,
daß der Kopf den Händen und Füßen folgen

muß, daß die Intuition die Intelligenz beherrscht und mitreißt. Die Figur des zivilen Piloten in *Vol de nuit (Nachtflug)* verfolgt Jacques. Nie wird er ein melancholischer kleiner Prinz sein, so wie Hector nie ein König sein wird. Saint-Ex' und Hectors Überzeugung, daß man mit dem Herzen suchen muß und daß es schwieriger ist, über sich selbst zu urteilen als über andere, wird Jacques sich zu eigen machen. Wäre er weniger literarisch ambitioniert gewesen und schlichter gestrickt, hätte Saint-Exupéry wahrscheinlich das zweite und dritte Gebot des Hector Bruyndonckx gutgeheißen: »Stell dich dem Leben! Mach aus deinem Willen die stählerne Pflugschar, die in die Erde greift und eine gerade Furche zieht ... Hab Durst und Hunger nach Schönheit, Größe und Stille. Verschanze dich nicht hinter der Mittelmäßigkeit.« Wenn es um Pathos geht, ist Hector nicht knauserig.

Die Sekundarstufe in Belgien bietet den Schülern der Abiturklasse keinen Intensivkurs in Philosophie an. So ist es nicht verwunderlich, wenn junge Männer und Frauen, die wie Brel nach Taten und Nächstenliebe, nach Transzendenz und Metaphysik-Ersatz dürsten, sich schnell in den Netzen einer schwülstig-exaltierten Literatur verfangen.

Von Hector gefördert, hat Jacques jetzt seine Familie, das Institut Saint-Louis, die Pfadfinder hinter sich gelassen. Er befindet sich in einem Zustand naiver Begeisterung. *Niaiseux*, einfältig, würde man in Quebec sagen.

»Ein wenig bescheuert«, faßt Jacques später zusammen, als er auf das Ende seiner nicht enden wollenden Pubertät zurückblickt.

In der *Franche Cordée* wird viel geplaudert und geflirtet. Man verliebt sich, trennt sich wieder – oder heiratet. Thérèse Michielsen, genannt ›Miche‹, mag Brel nicht besonders, diesen 1,82 Meter großen Aufschneider, der einem selbst zum Angucken zu anstrengend ist.

Sie selbst mißt nur 1,59 Meter, ist aber ein Energiebündel, blond, rundlich und hübsch, mit sehr blauen, schelmischen Augen und Stupsnase. Am 30. Dezember 1926 in der Brüsseler Gemeinde Etterbeek als Tochter eines Handelsvertreters geboren, der außerdem Vater zweier Söhne ist, wächst sie bei den Nonnen von Sacré-Cœur auf und heimst etwa zwanzig Abzeichen bei den Pfadfindern ein. Sie erhält eine Ausbildung als Chefsekretärin – mit den Fächern Maschineschreiben, Stenographie, Buchhaltung, Handelsrecht und Marketing – und lernt Deutsch. Sie spricht gut Englisch und arbeitet bei der Firma Saks, die Kaffee einkauft, röstet und verpackt. Miche nimmt an den Theateraktivitäten der *Franche Cordée* nicht teil. Dafür organisiert sie hinter der Bühne, fühlt sich als Verwalterin und Begleiterin.

Miche und die Mitglieder der *Franche Cordée* hören Jacques einige seiner ersten Lieder zur Gitarre singen. Seine rechte Hand ist gelenkig, die linke, die die Akkorde greifen muß, unbeholfen. Einige Lieder klingen etwas süßlich und maniert:

I.
KAPITEL

... Ich hätte gern ein hübsches Boot
Um mich zu vergnügen
Ein schönes Boot aus vergoldetem Holz
Um mir ein Flittchen zu angeln

Ich hätte gern eine hübsche Kalesche
Um spazieren zu fahren
Und die Mädchen zu bespritzen
Die in den Avenuen tanzen ...[33]

33 Ballade

Andere Lieder erinnern an Jugendheim-Folklore:

Ich bin ein alter Troubadour
Der viele Geschichten erzählt hat
Lustige Geschichten, Liebesgeschichten
Ohne selbst recht dran zu glauben ...[34]

34 Le Troubadour

Einige bewegen durch ihren realistischen Ton:

Ich habe zwei grüne Sessel wiedergefunden
Alt und häßlich auf meinem Dachboden
Es ist der Sessel von meinem Großvater
Und von Großmutter ...[35]

35 Les deux
Fauteuils

Die *Franche Cordée* wird Brel dauerhaft prägen. Jahrelang bleibt er den Klischees einer christlichen Bilderwelt verhaftet:

Lang ist's her
Das ist der gute Saint-Pierre
Schwach geworden wie ein Pennäler

[62]

Bei einem Stern mit steinernem Herzen
Kaum erobert flog er fort
Und das Herz, den Bart, den Heiligenschein
Des guten Saint-Pierre in seiner Verzweiflung
Ließ er aufglühen mit seinem Blick
Saint-Pierre, der schrie und weinte
Auf den Straßen des Paradieses
Der schrie und weinte
Und mit ihm der ganze Himmel ...[36]

36 Saint-Pierre

Jacques ist bei Vanneste & Brel eingetreten und langweilt sich im Büro zu Tode. An der Fassade der Kartonagenfabrik haben die Vannestes eine Madonnenstatue angebracht.

Von 8.30 bis 12 Uhr und von 13.30 bis 18 Uhr arbeitet Jacques in der Abteilung ›Wellpappe‹. Er legt Preise fest und nimmt mit den Kunden Kontakt auf. Sein zwölf Jahre älterer Cousin, der gebildete und etwas steife Amand Vanneste junior, der inzwischen zum Generaldirektor der Firma aufgestiegen ist, gibt gern mit seinem abgeschlossenen Betriebswirtschaftsstudium an. Seinen Cousin Jacques findet er zwar sympathisch, aber »geistig ein bißchen unterentwickelt«. Wie sein Vater ist Amand junior ein treuer Diener der Kirche und hat den Vorsitz der *Action catholique des hommes*. Noch heute behauptet er, sehr früh von der heiligen Thérèse von Lisieux beeinflußt worden zu sein.

Jacques gibt seiner Mutter bald zu verstehen, daß seine Arbeit im Büro ihn anödet. Romain geht weiterhin in die Fabrik, öffnet gelegentlich ein paar Briefe, und die Kollegen müssen darauf achten, daß er sie nicht verlegt. Seit seinem Schlaganfall lebt er in der Vergangenheit. Den Taxifahrern gibt er statt der üblichen zehn Francs Trinkgeld bloß fünfundzwanzig Centimes. Man verheimlicht ihm die wirklichen Preise, um ihn zu schonen. Ob Jacques zu jener Zeit viel über seinen Vater nachdenkt?

> *... Die Leute auf den Straßen mit dem*
> *guten Gewissen*
> *Abends haben sie oft eine böse Erinnerung ...*[37]

37 Les Gens

Seit 1931 hat die Kartonagenfabrik expandiert. Ursprünglich in der Rue Verheyden 18-20 und 20 A beheimatet, dehnt sie sich jetzt bis zur Nummer 22 aus. Die Vannestes kaufen die Nachbargrundstücke auf und legen einen Großteil der Gewinne an.

Nur als Linksaußen in der *Gondole*, der betriebseigenen Fußballmannschaft, hat Jacques Berührung mit den Arbeitern, die seinen Bruder Pierre in der Produktionsabteilung viel öfter zu Gesicht bekommen. Damals sind es etwa hundert, später wächst ihre Zahl auf dreihundertfünfzig, bis die Automatisierung sie schließlich auf hundertneunzig zurückgehen läßt. Viele von ihnen stammen aus Flandern und sind Landarbeiter, bäuerliches Proletariat. Manche kommen von weit her, aus Ninove, Muizen oder Aalst. Jacques wird immer wieder mit ihren verbrauchten, ›angebundenen‹[38] Körpern konfrontiert werden.

38 Corps »en laisse«, aus dem Lied »Jaurès«

[64]

»Damit werden wieder zwei Kerle arbeitslos«, sagt er einmal zu Pierre, als man ihm eine neue Maschine vorstellt.

Vanneste & Brel sind ein reiner Verarbeitungsbetrieb. Ein Bestellzettel: fünfzigtausend Kartons ... Hartpappe, Wellpappe ...

In den Büros wird nicht getrödelt; die Angestellten tragen glänzende Manschetten und sind bei weitem nicht so kontaktfreudig wie die Arbeiter in der Werkstatt. Die Teilnahme am Gottesdienst ist zwar nicht vorgeschrieben, wird aber von der Firmenleitung gern gesehen. Trübe Gegenwart und aussichtslose Zukunft, denn wie auch immer er sich anstrengt: Jacques wird hier niemals der Chef sein. Jedenfalls nicht, solange die Vannestes 75 Prozent der Geschäftsanteile besitzen! Latein, Mathematik, Pappe oder Papier – es ist für Jacques alles einerlei: ohne Poesie.

Um den Wehrdienst möglichst schnell hinter sich zu bringen und zugleich der Kartonagenfabrik zu entkommen, meldet er sich mit neunzehn Jahren freiwillig, vor der offiziellen Einberufung. In Belgien werden die Männer erst mit zwanzig eingezogen.

Jacques Brel, Kennummer A 48-2567, leistet ab 1. Juni 1948 seinen Militärdienst, zunächst in Limburg. Dann wird er, ohne daß Beziehungen eine Rolle spielen, zu einer Truppeneinheit zur Verteidigung der Flugplätze – die *15e Wing de Transports et Communications* – versetzt und in der Groenveld-Kaserne in Zellik stationiert, einem Vorort im Nordwesten Brüssels, der knapp acht

Kilometer von Vanneste & Brel entfernt liegt. Glück gehabt!

Brel, der zum Bodenpersonal gehört, übt schon wieder eine prosaische Tätigkeit aus: Er sortiert, zählt und verteilt Hemden und Unterhosen.

Der Chauffeur seines Vaters fährt ihn regelmäßig zur Kaserne. Ab und zu fragt ein Leutnant, ob er nicht mal den Studebaker benutzen könnte. Aber ja, klar, kein Problem! Der Soldat Brel, der gerade zum Gefreiten aufgestiegen ist, stellt Chauffeur und Wagen großmütig zur Verfügung. Ein paarmal Wachdienst, ein Lazarettaufenthalt wegen einer Bronchitis, häufiger Ausgang: damit züchtet man wahrhaftig keinen unerbittlichen Antimilitaristen! Als Kind seiner Zeit sieht der Träger der Kennummer A 48-2567 zwar nicht ein, warum sich Belgien eine Armee halten sollte, doch er prangert sie auch nicht an. Erst in Liedern wie *Le Caporal Casse-Pompon*, *Le Colonel*, *Au suivant* oder *La Colombe* wird er das Militär aufs Korn und auf die Schippe nehmen.

In seinem Wehrpaß steht nicht ›vorbildliche‹, sondern nur ›gute Führung‹. Der Gefreite Brel paßt sich an, ohne zum Streber zu werden. Als die Truppe einmal nach Gent gefahren wird, wo man sie ohne Geld zurückläßt und auffordert, allein zur Kaserne zurückzufinden, winkt Brel einfach ein Taxi herbei und läßt sich zu seinen Eltern kutschieren. Die Taxirechnung begleicht natürlich die Mutter, die von ihrem Jüngsten entzückt ist: Wie er da steht, in seinem sehr englisch aussehenden Soldatenblouson, und einen anlächelt, mit dem frischen Teint und dem Jungengesicht unter dem Barett, macht er wirklich eine gute Figur!

Brel, unternehmungslustig und fröhlich, geht oft mit seinen Freunden von der *Franche Cordée* aus. Einmal sitzt er mit Jacques Zwick im ›La Bécasse‹, als zwei rot bemützte Soldaten der Kampftruppen ihn so anrempeln, daß er zu Boden fällt. Brel, der Prügeleien verabscheut, hält sich an das neunte Gebot der FC: »Benimm dich immer und überall tadellos.«

Nein, das Fleisch ist nicht traurig, und der Grand Jacques hat noch nicht viele Bücher gelesen.[39] Er zupft die Gitarre, klimpert, flirtet. Liebt eine gewisse Suzanne. Liebäugelt zugleich mit Miche Michielsen und setzt sich bei ihr zu Hause ans Klavier.

»Ich verlasse die *Franche Cordée*,« sagt Jacques eines Tages und schaut trübsinnig drein.

»Warum?« fragt Miche, während er melodramatisch weiterklimpert.

»Weil ich dich liebe,« antwortet er.

Miche, gut zwei Jahre älter als er, zeigt keine besondere Gefühlsregung, und er weiß nicht, ob sie für ihn das gleiche empfindet. Leiden möchte er jedenfalls nicht, erklärt er. Am Neujahrstag 1949 hält er beim Tanz um ihre Hand an.

So wie Miche nun einmal ist, will sie nichts überstürzen.

»Ich werd's mir überlegen.«

39 Anspielung auf die erste Verszeile von Mallarmés Gedicht »Brise marine«: »la chair est triste, hélas! et j'ai lu tous les livres«

I.

Am übernächsten Tag, in einer Toreinfahrt bei der Straßenbahnhaltestelle, willigt sie ein.

... Ich wollte man wäre nett
in den Tramways
Man würde bitte und danke sagen
Auf den Plattformen der Tramways[40]

40 Ballade

Sie wollte drei Tage Zeit zum Nachdenken haben. Jacques kann nicht warten und ringt ihr vorher die Antwort ab.

Nachdem er der blonden Miche versprochen ist, trifft er sich nicht mehr mit der dunklen Suzanne. Am 3. Januar 1949 schreibt er an Hector, seinen spirituellen Mentor, nicht etwa an Romain Brel oder einen gleichaltrigen Freund.

»Lieber Vater Hector,
eben habe ich mit Suzanne Schluß gemacht. Ich habe Jean Deblaer gebeten, für eine gewisse Zeit die Leitung der FC zu übernehmen.
Ich bin unglücklich,
sehr.
Ganz der Ihre,
J. Brel
PS: Wären Sie so nett, einen Ihrer Söhne (am liebsten den jüngsten) zu bitten, ein Ave Maria für mich zu beten.
Danke«

Pierre Brel hat seinen Bruder mit Suzanne gesehen. Jacques' Entscheidung überrascht ihn, aber er schätzt Miche. Das tut auch Lisette, die Mutter, obwohl sie anfangs Suzanne zugeneigter war.

Am 1. Juni 1949 wird der Gefreite Brel seiner Militärpflicht enthoben. 1951 muß Jacques noch zweiundvierzig Tage ›Nachschlag‹ dranhängen.

Brel erwägt, sich dem Schusterhandwerk oder der Hühnerzucht zu verschreiben, besorgt sich Fachliteratur, tauscht sich mit Miche darüber aus. Doch er kehrt zu Vanneste & Brel zurück. Manchmal geht er zum Handelsgericht, um sich mit zahlungsunfähigen Schuldnern zu streiten. Dort trifft er Jacques Zwick, der inzwischen Rechtsanwalt geworden ist.

Jacques schreibt weiterhin Lieder und Liedchen.

Eines soll – so Ivan Elskens – nach einer Reiberei mit Romain entstanden sein:

Es regnet
Das ist nicht meine Schuld
Es regnet
Die Fensterscheiben der Fabrik
Sind immer schlecht geputzt
Es regnet
Bei den Fensterscheiben der Fabrik
Sind viele zerbrochen ...[41]

41 Il pleut

Der junge Liedermacher will aus der Fabrik ausbrechen:

... Die Treppen die hinaufführen sind immer für mich

I.
KAPITEL

Die dreckigen Flure sind die einzigen die ich sehe
Doch wenn ich allein bin unter den Dächern
Allein mit der Sonne, mit den Wolken
Dann höre ich die Straße weinen
Ich sehe die Schornsteine der Stadt qualmen
Sachte
In meinem Himmel
Tanzt abends der Mond für mich ...[42]

42 Il pleut

Als Jacques einmal einen Arbeiter finanziell unterstützen möchte, schimpft der Vater:
»Wenn du dein Gehalt teilen willst, kann ich es ja gleich kürzen!«

Die Firma Vanneste & Brel, deren Gebäude auf der Grenze zwischen Molenbeek und Anderlecht liegen, gehört zu den wichtigsten in der Papierbranche. Anläßlich der Messe für Verpackungsmaterial kommt Jacques zum ersten Mal in seinem Leben nach Paris.

43 Starkes Pack-
papier, d. Üb.

Soll dies das Leben sein? *Kraft*[43]-Papier, besonders reißfest und strapazierfähig. Wieviel Gramm? Silikatgeruch. Zwei, drei Rollen. Die Furchen der Wellpappe. Auf 120°C erhitzen. Die Arbeiter stellen ihren Kaffee und ihr Essen auf die Heizplatten. Kartons für Kekse, für Schokolade und Milchprodukte, Kartons für Nägel und Elektrogeräte. Unsere Lieferzeit? Drei Wochen, Monsieur Van Luden. Es eilt? Na, wir haben heute Dienstag, sagen wir spätestens ...

Was für ein Dasein! So eintönig und endlos wie diese Bahnen von zwei Tonnen Papier, die in

Wolken von Papp- und Kohlestaub durch die Werkstätten gleiten.

Am Horizont ist nichts zu sehen, rein gar nichts. Nicht einmal mehr das behagliche Inselchen der Wehrpflicht. Zum Glück ist die gescheite, gewitzte Miche bei ihm und sieht nach dem Rechten. Sie verloben sich – und tun am Ende des Jahres das, was Hector Bruyndonckx zugleich verurteilt und geduldet hätte.

Am 1. Juni 1950 findet die Hochzeit statt, und der Ehevertrag wird unterzeichnet. Standesamtliche Zeremonie im Gemeindehaus, acht Tage später kirchliche Trauung im Beisein der ganzen Sippe. Romain Brel muß wegen Krankheit dem Ereignis fernbleiben. Während des Festessens ergreift ein Cousin – Mitglied der Assumptionisten – das Wort: »Liebe Cousine, lieber Jacques, die Geschichte wiederholt sich. Gottes Gesetz hat es so bestimmt ... Freude ... Dank sei dem Sakrament ... Persönliche Qualitäten ... Gott, der die Eheinstitution gewollt hat, hat daraus keinen Quell der Bitterkeit und des Schmerzes machen wollen, sondern einen unversiegbaren Born der Schönheit und Größe ... «[44]

Der Bräutigam zupft nervös an seinem Schnurrbart. Der Assumptionist zieht ein ganz anderes Register und singt:

»Wer kann Streiche aushecken?

Es ist Mimiche ...«[45]

Jacques ist einundzwanzig, Miche dreiundzwanzig. Beide Eltern haben einen Sinn für standesgemäße Verbindungen und stimmen einhellig

---

[44] Im Besitz von Mme Brel

[45] Qui sait faire des niches? / ... c'est Mimiche: alberne Reime, d. Üb.

dieser Heirat zu, trotz des jugendlichen Alters der Brautleute. Nur René Michielsen, der ältere Bruder der Braut, hat Bedenken und ahnt, daß das Leben mit diesem Jacques nicht gerade leicht sein wird.

Für die Hochzeitsreise stellt Romain den Studebaker zur Verfügung. Miche und Jacques wollen an die französische Riviera und nehmen einfach noch einen Börsenmakler und seine Frau mit. Das Auto ist so groß! Es wäre schade, zwei Plätze zu verschenken! Man fährt also mit Pierre und Denise Rens durch Reims, Saint-Flour, Salon-de-Provence. Und landet schließlich im Hotel ›Beau Rivage‹ in Nizza. Zurück geht es über Barcelonnette, Briançon und Annecy. Der junge Ehemann fährt wirklich tadellos. Nie hält er sich lange bei Kathedralen oder Landschaften auf.

In Brüssel ziehen die Brels in die Avenue Brigade-Piron 29 in der Kommune Molenbeek. Die Wohnung liegt parterre: zwei Zimmer, Küche, Bad für eine Monatsmiete von 4000 belgischen Francs. Miche arbeitet in einer Firma für Elektromotoren und Transformatoren. Jacques verdient in der Kartonagenfabrik monatlich 3000 Francs. In der neuen Bleibe empfängt das junge Paar die alten Freunde, zum Beispiel die Bruyndonckx. Am Wochenende werden deshalb die Möbel beiseitegeschoben, und Miche schmiert fleißig Brote. Jacques braucht viel Lärm und Leben um sich herum. Über seine Arbeit bei Vanneste & Brel flucht er, was das Zeug hält. Was kann man schon in einer Kartonagenfabrik veranstalten? Nein, Jacques hat kein Talent zum Manager oder Verwalter.

Lieber schreibt er – in seine Hefte, auf Fetzen von Papiertischdecken, auf die Rückseite von Prospekten und Katalogen.

Miche und Jacques, nach wie vor in der *Franche Cordée* engagiert, betreuen Ferienlager für Kinder. Sonntags besuchen sie Lisette und laben sich an der *moambe*, einem kongolesischen Hähnchengericht. Quirlig erzählt Lisette von ihren ganz persönlichen Kongo-Erlebnissen:

»Wir waren die zweiten Autobesitzer von Leopoldville!«

Romain bleibt schweigsam. Manchmal besuchen Vater und Sohn eine der wundervollen Konditoreien, von denen es in Brüssel so viele gibt, und verzehren *marie-josés*. Jacques ist auf Kuchen ganz versessen.

Am 8. August 1951 schreibt Jacques der verreisten Mutter:

»… Ich werde mich hüten, die üblichen idiotischen Fragen zu stellen: nach dem Wetter, der Gesundheit, der Qualität des Hotels und des Essens, der Verdauung.

Hier läuft alles bestens, Friede, Freude, Eierkuchen (und das hat natürlich nichts mit Deiner Abwesenheit zu tun!)

Papa geht's gut …

Pierre geht's gut

Tante geht's gut.

Romain geht's gut

Bertha (dem Dienstmädchen) geht's gut

I.

Miche geht's gut

Und meiner Ihnen ergebenen Person geht's ebenfalls gut

Nun bist Du, denke ich, vollkommen beruhigt, was uns Arme und Unwürdige hier betrifft.

Am Samstag heiratet René (Miches Bruder) (eine sehr traurige Angelegenheit, wenn man bedenkt, was Blumen heute kosten) ... und ich hole Miche am Freitag ab, um dann mit ihr jenem geistlichen Fest beizuwohnen, ein paar lächerlichen, barbarischen Stunden.

Miches Bauch sieht allmählich sehr komisch aus, fast wie das Vorderteil des neuen Studebaker ...

Hochachtungsvoll Ihr gehorsamer jüngster Sohn.«

Die erste Tochter von Jacques und Miche Brel kommt am 6. Dezember 1951 zur Welt. Halb im Spaß, halb im Ernst verkündet Jacques seinem Cousin Amand, er wolle zehn Kinder haben. Aber als Vater ist er nicht der Typ, der Babyflaschen spült und Windeln wechselt. Er staunt nur – über das Baby, dieses seltsame Wesen. Die Kindheit bedeutet ihm viel.

Beim Bier mit Alain Lavianne oder Robert Stallenberg macht Jacques keinen unglücklichen Eindruck, doch er träumt – vom Journalismus, vom Theater vielleicht, vom Rampenlicht auf jeden Fall. Er möchte sich ausdrücken. Lavianne wird Psychologie studieren und Stallenberg Medizin.

Man schreibt das Jahr 1952. Claire Mossoux –

Renés Gattin, eine geborene Vanneste – drängt ihre Freundin Angèle Guller, sich einen jungen Mann anzuhören, der Gitarre spielt. Die resolute Frau, eine angehende Musikwissenschaftlerin, reagiert entsetzt bei dem Gedanken, dem singenden Cousin zu begegnen. Die kleine Chantal im Arm haltend, taucht Jacques eines Tages bei den Mossoux auf, Miche begleitet ihn. Angèle registriert die graugrünen Augen und den überzeugten, ja leidenschaftlichen Ton, in dem Jacques seine Chansons vorträgt. Sie ermuntert ihn, weiterzumachen. Es tut ihm gut. Madame Guller moderiert im Rundfunk *La Vitrine aux chansons*, eine populäre Musiksendung, die sich zu einer Art belgischem *Petit Conservatoire de la Chanson*[45] entwickeln wird. So hört man jetzt zuweilen Jacques Brel in der frankophonen Vitrine.

Angéle Guller nimmt Brel auf Vortragsreisen mit. Brav legt er die Platten auf, die zur Illustration des Vortrags dienen. Danach darf er singen. Er wird von Flamen eingeladen. Der Direktor einer Antwerpener Bank veranstaltet einen ganzen Abend mit dem jungen Sänger. Überglücklich fährt er mit dem Rosengart des Abbé Dechamps dorthin. Angèle Guller schlägt Jacques vor, sich an einem Wettbewerb des französischsprachigen Rundfunks zu beteiligen. Angèle, stark erkältet, kann an dem Tag leider nicht in der Jury sitzen. Jacques fällt durch.

»Angèle«, fragt jemand, »warum legen Sie sich für diesen Pfadfinder ins Zeug? Völlig uninteressant. Und der Akzent noch dazu!«

45 Eine Fernsehsendung, die von der Sängerin Mireille moderiert wurde und in der unbekannte Sänger sich vorstellen konnten

War die Jury wirklich blind? Jacques behauptet, er sei einfach nicht gut gewesen.

Er ist mutig und stolz genug, nur eigene Lieder vorzustellen. Er kann seine Zuhörer packen, solange seine Themen konkret bleiben und seine Figuren feste Konturen haben, solange er von Jahrmärkten, Boulevards und dem Zeitgeist, von Opas und Omas Sessel singt. Oft genug aber läuft er Gefahr, sich in einem Pappmaché-Mittelalter zu verlieren. Dann gibt er Sentimentalitäten und Gefühlsduseleien zum besten, allerlei Abgedroschenes über Sonnen und Schwalbenflüge, Kindergebete und Wiegenlieder, über Königinnen und Schlösser, Bucklige und Gehängte, über schöne Märchen und böse Teufel.

Jacques Brel sucht nach seiner Eigenart, seinem Stil. Wenn er ein paar Zeilen lang den richtigen Ton getroffen hat, streicht er sie gleich weg, weil sie zu dem übrigen Text nicht passen wollen. So verschwindet die folgende Stelle:

> *... Die Moral von der Geschicht*
> *Man mußte nicht lange warten*
> *Nach Gide und Cocteau*
> *Um blöde Geschichten zu bekommen.*[47]

47 Le Fou du roi

Wer Gott sucht, trifft manchmal auf den Teufel. Brel singt vor den verzückten Mitgliedern der *Franche Cordée*, läßt Rezitativ und gesungene Strophen abwechseln:

»Prolog

Eines Tages kam der Teufel auf die Erde, kam

der Teufel auf die Erde, um nach dem Rechten zu
sehen, er sah alles, hörte alles, der Teufel, und
nachdem er alles gesehen und gehört hatte, kehrte er in die Unterwelt zurück. Und dort hatte
man ein großes Festmahl gerichtet, und am Ende
des Festmahls richtete sich der Teufel auf und
hielt ungefähr folgende Rede, er sagte:

Es brennt da oben überall
mein Feuerchen als Licht der Welt. Ça va.
Die Menschheit spielt mit lautem Knall
ihr Kriegsspiel das ihr toll gefällt. Ça va.
Züge entgleisen mit Krawall
wenn Jungens Bomben werfen, blind
begeistert für ein Ideal
Da sterben Mann und Weib und Kind.
Sie sterben ohne Konfession
und ohne Absolution. Ça va.

Nichts ist zu kaufen, alles käuflich,
selbst Ehre, Heiligkeit, o ja. Ça va.[47]

47 Le Diable
(ça va)

L'Ange déchu, ein unveröffentlichtes Lied,
zeugt von Jacques Brels seelischer Verfassung in
jener Zeit der Ungewißheit. Offensichtlich geht
es ihm nicht gut, *ça ne va pas!*

Nächtliche Liebe
Lichtlose Glut
Liebe
Die auf die erwartete Hoffnung hofft
In den Augen hattest du ein Bouquet inständiger Bitten
Ich habe dich auf morgen vertröstet, ich dachte ich lüge

I.
KAPITEL

Denn alle Wege nach Rom

tragen die Liebesgeschichten meines enttäuschten Herzens

Denn alle Wege nach Rom

Konnten aus mir nur einen gefallenen Engel machen.[48]

48 Mit der Ab-
druckerlaubnis
von Mme
Jacques Brel

Jacques fängt bereits an, seinen Hang zu Liebesdramen ohne Happy-End zu kultivieren. In *Belle Jeannette* skizziert er das Porträt eines verdorbenen Mädchens und hat einen hübschen Einfall, als er von dem »Zorn in Großbuchstaben« derjenigen spricht, die sich für glücklich halten, »weil sie bigott sind«.

Hinreißend parodiert er Charles Trénet in *Il peut pleuvoir*, aber seine eigene Welt mit ihren Schurken und armen Schluckern, den Bürgerkrieg, den sich Worte und Ideen in seinem Kopf liefern, hat er noch nicht für sich entdeckt. Er verirrt sich in vergangenen Zeiten, hängt sich an ätherische Frauengestalten, *ma mie, ma mie, ma mie*. Musikalisch schlägt er sich mit drei bis vier Gitarrenakkorden durch. Seine Stimme ist die eines sympathischen, begabten Amateurs – klar, aber ohne Volumen. Sein Akzent hört sich weniger nach Brüssel an als nach der nordfranzösischen Gegend zwischen Lille und Tourcoing.

Brel ist entschlossen, die Singerei zu seinem Beruf zu machen. Er tritt im ›Coup de Lune‹ auf, dann im ›La Rose Noire‹ in der Brüsseler Altstadtstraße Rue des Bouchers. Das ›La Rose Noire‹ – der Name ist eine Hommage an das ›La Rose Rouge‹ in Paris – ist ein zweistöckiges Lokal mit einem Jazzkeller im Erdgeschoß und

einer Art Speicher in der ersten Etage, der etwa
dreißig Personen aufnehmen kann. Betrieben
wird es von Louis Laydu, dem Bruder des Schauspielers Claude und des Jazzdirigenten Jean-
Jacques Laydu. Beim Bier oder Gin achten die
Kunden kaum auf den Sänger. Jacques Nellens,
ein Sohn des Spielkasinodirektors in Knokke,
erinnert sich an einen linkischen, verspannten
Brel, der im Publikum Geld einsammelt.

Wer auf sich hält, muß sein Image pflegen und
so etwas wie eine Visitenkarte vorweisen können.
Jacques läßt Briefpapier mit seiner neuen Adresse
drucken:

Jacques Bérel

Kleinkunstdarsteller

Avenue de la Peinture 21, Dilbeek, Brüssel

Im ›La Rose Noire‹ tatsächlich als Kleinkunstdarsteller engagiert, erzählt er zur Unterhaltung auch Geschichten:

»Ein Regierungszug kommt jeden Tag am
Bahnhof an. Der letzte Wagen fehlt. Jeden Tag
fehlt er. Man hat Experten befragt – Detektive,
die Armee. Aber jedesmal, wenn der Zug ankommt, fehlt der letzte Wagen. Immer. Bis der
Verkehrsminister eine wunderbare Idee hat. Er
läßt den letzten Wagen einfach abhängen!«

Ein anderer Kleinkunstdarsteller, ein Südfran-
zose und Rugbyfan namens Edouard Caillau,
leiert im ›La Rose Noire‹ tagaus, tagein seine
Kalauer herunter. Brel lernt ihn kennen und be-

gegnet auch Franz Jacobs, dem Barkeeper – ein hartgesottener Mann, der im Koreakrieg gekämpft hat. Caillau, Brel und Jacobs freunden sich an. Im ›La Rose Noire‹ schwankt Jacques' Stimmung sehr: er ist optimistisch, wenn das Publikum mitgeht, pessimistisch, wenn die Unruhe im Raum seine Stimme übertönt.

Das Leben ist anstrengend, und Brel müht sich ab – mit seinem Leben, seiner Gitarre, mit seinen Hoffnungen und Enttäuschungen. Er schreibt viel, auf kariertem Papier neuerdings. Er bewundert den Quebecer Félix Leclerc.

Bérel wird wieder zu Brel, als er erwägt, Brüssel zu verlassen.

Clément Dailly, Angèle Gullers Ehemann, arbeitet in Brüssel für die Schallplattenfirma Philips. Er stellt Jacques Brel dort vor. Am 17. Februar 1953 ist es soweit: Brel nimmt zwei Chansons – *La Foire* und *Il y a* – auf den damals üblichen 78er-Schallplatten auf.

Er geht allein ins Studio. Hier kann er Miche nicht gebrauchen. Rechtsanwälte und Ärzte nehmen ja auch nicht ihre Frauen mit zur Arbeit! Eine Platte, zwei Lieder. Zweihundert verkaufte Exemplare: etwa soviel wie bei einem ersten Gedichtband, dessen Autor die Herstellungskosten übernehmen muß.

Morgens in den Häfen ist mehr Nebel
Als Mädchen in den Herzen der Matrosen
Mehr Wolken sind da oben
Als Vögel

Da ist mehr Acker und Saat
Als glückliche Hoffnung
Da sind mehr Bäche und Flüsse
Als Friedhöfe ...[50]

50 Il y a

Da ist vor allem Klischee-Schlagsahne auf einem Pudding aus neorealistischen Platitüden.

In Paris bekommt der Talentsucher Jacques Canetti, Bruder des Schriftstellers und Nobelpreisträgers Elias Canetti, Brels Erstlingsplatte in die Hände. Er behauptet heute, sogleich Feuer und Flamme gewesen zu sein. Über Angèle Guller nimmt Canetti mit Brel Kontakt auf. Jacques will jetzt sein Glück in Paris versuchen. Romain steht ihm nicht im Wege, obgleich Jacques' Entscheidung bedeutet, daß es einen Brel weniger in der Kartonagenfabrik geben wird, was in Romains Augen schwerwiegende Konsequenzen hat. Jacques kann zurückkehren, wenn er will. Er hat ein ganzes Jahr Zeit, das macht zwölf Monate Gehalt, die er mit zehn Prozent Zinsen in Raten zurückzahlen darf.

»Auch wenn dein Vater dich rauswirft, auch wenn du mit eingezogenem Schwanz wiederkommst – was macht das schon? Dann kehrst du eben elend zurück, und das war's.«

So der Freund Stallenberg, dem Jacques seine Pläne anvertraut hat.

Man verweigert also dem verlorenen Sohn weder die Unterstützung noch die Rückfahrkarte. Lisette und Miche zeigen beide Verständnis und akzeptieren, daß er weggeht.

I.
KAPITEL

Jacques ist sich mittlerweile sicher, daß ihm in Brüssel der Durchbruch nicht gelingen kann. Das *Institut national de radiodiffusion* hat seine erste Platte prompt abgelehnt.

Auch der Chanson-Wettbewerb im Seebad Knokke, an dem achtundzwanzig Kandidaten teilnehmen, wird zum Flop: Jacques belegt den vorletzten Platz, knapp vor René-Louis Lafforgue. »Lächerlich, der junge Mann«, girrt Madame Samuel, eines der Jurymitglieder.

Der Erfolg kann nur in Paris kommen. Viele belgische Schauspieler, Sänger, Maler und Schriftsteller gehen damals nach Paris. Im Vergleich zu Frankreichs Hauptstadt ist Brüssel kaum mehr als ein Provinznest, wie Lyon, Marseille oder Brest. Erst dreißig Jahre später wird sich das ändern. Der bisherige Mißerfolg, der gesunde Menschenverstand und die Vernunft müßten Jacques eigentlich veranlassen, bei Vanneste & Brel Wurzeln zu schlagen. Aber nur abends und am Sonntag singen, als Hobby? Niemals. »*Plus est en moi*«, in mir steckt mehr!

Jacques Brel, im Gewirr seiner Stärken und Schwächen, wird nie vorsichtig sein, niemals Risiken aus dem Wege gehen.

II. KAPITEL

II KAPITEL

DAS MANNESALTER

Jacques verläßt die Kartonagenfabrik am 1. Juni 1953. Einige Tage später fährt er in einem Abteil dritter Klasse nach Paris.

> *... All die »au revoirs«*
> *All die Adieus*
> *Auf den Bahnsteigen*
> *Machen uns wieder Hoffnung*
> *Machen uns älter ...*[1]

1 Départs

Ruisbroek, Lot, Mons: zwischen den Bahnhöfen mit den weich oder hart klingenden Namen wechseln adrette Backsteinhäuser ab mit Autofriedhöfen und den Steinbrüchen des Hennegaus. Es regnet. Auf Wiedersehen, Belgien! Der Kleinkunstdarsteller begibt sich auf die Reise nach Frankreich. Noch weiß er nicht, ob er in Paris bleiben wird. In der Tasche hat er nichts als eine Visitenkarte und einen Termin – am 20. Juni, mit Jacques Canetti.

Letzterer befindet sich in strategischer Position – als Leiter des Theaters ›Les Trois-Baudets‹, das eine Art Sprungbrett darstellt zu größeren Häusern wie dem ›Bobino‹ oder dem ›Olympia‹. Das ›Olympia‹, ein ehemaliges Kino, wurde damals gerade in ein Varieté-Theater umfunktioniert. Canetti bekleidet zwei weitere, nicht weniger eindrucksvolle Posten: als künstlerischer Leiter der Schallplattenfirma Philips und als Chef des Senders *Radio-Programmes*. Nebenbei veranstaltet er noch Winter- und Sommertourneen. Brel kennt niemanden in der Pariser Szene. Niemand wartet auf ihn. Insofern hat er es viel schwerer als der Quebecer Félix Leclerc, der 1950 in Frankreich mit einem von Canetti unterzeichneten Vertrag ankam und sich dadurch in Kanada wie in seinem Gastland mit seinem Chansonstil rasch durchzusetzen vermochte.

Bei einem Konzert im ›Trois-Baudets‹ am 19. Juni 1953 sitzt Brel unter den Zuschauern. Auf der Bühne: Mouloudji, Vaillard, Aglaé ... Die Bühne: fünf Meter lang, drei Meter breit – und eine ausgezeichnete Akustik, viel besser als im ›La Rose Noire‹. Zwischen Pigalle und der Place Blanche strömt ein vielfältiges Publikum zu den Varieté-Vorstellungen des ›Trois-Baudets‹: ›Normalzuschauer‹ treffen auf Künstler, Liedertexter, Musiker, Kabarettisten. Brel findet die Varieté-Show »sehr gut«, kehrt dann in das Hotel Picardie in der Rue de Dunkerque 9 zurück und wäscht sich die Haare. Wenig später kauft er sich ein neues Hemd: »Denn das aus Nylon«, schreibt er an Miche, »fällt ganz auseinander.« Seine Briefe legen überhaupt präzise Rechenschaft ab von all seinen Bemühungen und Bittgängen, von Hoffnungen und Enttäuschungen. Seiner Mutter schwindelt er vor: »Alles läuft bestens, strahlendes Wetter.« Miche gegenüber ist er aufrichtiger, zeigt seine gelegentliche Mutlosigkeit.

Als er Canetti vorsingt, zeigt der sich weitaus weniger begeistert als am Telefon: »Was Sie da machen, ist nicht schlecht. Sind ein paar interessante Dinge dabei. Aber Sie wollen sie doch nicht selbst interpretieren – bei ihrem Aussehen, oder?« Jacques Brel ist gekränkt. Wiederholt muß er sich wenig schmeichelhafte Bemerkungen anhören: über seinen Körper, sein Gesicht, seine Arme ... »Ist sie denn so daneben, meine Fresse?«

Brel telefoniert, ruft zurück, wartet, telefoniert erneut mit Cabaret-Direktoren und Rundfunkproduzenten. – Jacques ...? Wie war noch gleich der Name? Der Moderator ist nicht im Haus. Ja, rufen Sie morgen an. Wie? Verreist. Ich bin dafür nicht zuständig ... Brel stellt sich überall vor: bei Gilles, in der von Pierre Prévert geleiteten ›Fontaine des Quatre Saisons‹, in der ›Villa d' Este‹, im ›College Inn‹. Brel notiert:

»Bei Gilles? Kaum eine Aussicht, zu snobistisch.« Und wie ist es mit dem ›L'Ecluse‹? Ein ganz kleiner Raum, siebzig Plätze, aber »eine Hochburg des französischen Chansons«.

Brel fühlt sich einsam, er kennt in Paris nur ein paar Belgier, Freunde seiner Familie. Er hat

Zahnweh und Zeit zum Nachdenken. Weiter Lieder schreiben, das will er unbedingt. Aber soll er sie selbst singen – oder sie von anderen, die sowieso kein Interesse daran haben, interpretieren lassen?

Brel sieht sich die Solokonzerte seiner künftigen Kollegen an und äußert sich darüber in seiner Korrespondenz:

Gilbert Bécaud ist »gut, mehr nicht; meiner Meinung nach viel zu locker, zu selbstsicher«. Suzy Solidor: »hatte ein recht hübsches Kleid an«. Und Montand: »ist noch besser, noch stärker als vor zwei Jahren. Niemand kann Lieder so in Szene setzen wie er. Aber es ist auch ein unglaublicher Vorteil, die Hände frei einsetzen zu können. So habe ich beschlossen, ein paar Gedichte zu schreiben, die ich einfach sprechen werde – ohne die Gitarre.« Montand hat ein schönes Gesicht, einen Körper, der sich auf der Bühne zu bewegen weiß, eine bestechende Technik – exakt wie ein Uhrwerk. Brel ist nicht schön, die Unbeholfenheit in Person, sagt man immer wieder.

Er trifft sich mit Georges Brassens, den Patachou 1952 lanciert hat. »Er ist wirklich äußerst nett«, der rundliche Georges. Er hört sich ein Chanson von Brel an. Doch mehr ist diesmal nicht drin, denn er tritt in zwei Stunden im ›Bobino‹ auf. Über Canetti läßt Brassens noch mitteilen, daß ihm Brels Chanson gefallen hat. Überzeugender wäre es sicherlich gewesen, wenn er es Jacques direkt gesagt hätte. Die Beziehung zwischen dem runden Georges und dem langen Jacques, dem Impressionisten und dem Expressionisten, wird immer kompliziert bleiben.

Jacques nimmt im August 1953 dreiundzwanzig Chansons im Limburger Regionalstudio der BRT-Hasselt[2] auf. Flanderns Rundfunk empfängt ihn mit offenen Armen und schenkt ihm Sendezeit.

2 BRT = Belgische Radio en Televisie

Alter Spielmann

Laß mich träumen

Bis zum Morgen

Bleib hocken

Über deinem Akkordeon

Deinem schneeweißen

Akkordeon

Laß meine zwanzig Jahre

Träumen, Walzer tanzen

Alter Spielmann

Laß mich träumen

An den vier Ecken des Lebens

Und damit man ihm vergibt

Legt sich das Leben graues Haar zu

Und spielt für uns Akkordeon...[3]

3 L'Accordéon de la vie. Unveröffentlichtes Lied.

Canetti, dem man eine gute Nase nachsagt, engagiert Brel im September an das ›Trois-Baudets‹. Jacques tritt dort innerhalb von fünf Jahren sechsmal auf. Beim ersten Mal erscheint er in einem komischen, ärmellosen Oberteil, unter dem ein schlechtgeschnittenes Hemd hervorguckt. Er ist eben Provinzler, ohne eine Spur von Styling und Trendbewußtsein!

Brassens, väterlich herablassend, will ihn dennoch ermutigen: er schreibt Brel eine Empfehlung für Suzy Lebrun. Die kleine, hektische Frau mit Pariser Schnauze, herrscht über das ›L'Echelle de Jacob‹, nur dreihundert Meter von der Kirche Saint-Germain-des-Prés entfernt.

Suzy bemuttert Jacques. Zusammen mit Raoul, dem Oberkellner, leiht sie ihm zwanzigtausend alte (!) französische Francs, als man ihm die Gitarre gestohlen hat. Ist er verstimmt, tröstet sie ihn. Ihr Lokal läuft gut. Bis zu zweihundert Personen zwängen sich manchmal abends hinein und schlürfen – im Sitzen oder Stehen – einen Whisky oder eine Orangeade für hundert Francs. Jacques' damalige Gage beträgt hundert Francs pro Abend für drei oder vier Lieder. Etwa sechzig Francs kostet 1953 ein Liter Tafelrotwein.

Nach der Vorstellung schleppt Suzy noch einige Künstler mit zu sich nach Hause, zu einem nächtlichen Omelette oder Avocado mit Thunfisch. Jacques ist oft dabei. Wenn sie es sich leisten können, dinieren sie alle im ›L'Echaudé‹. Suzy rät Jacques zu einem ordentlichen Haarschnitt – und bitte keine Pomade! Auch der Schnurrbart muß endlich weg.

In manchen Nächten zieht er mit der Gitarre vom Montparnasse bis zum Montmartre, tritt in sechs bis sieben Künstlerlokalen auf.

Zu seinem Bruder Pierre, der für Motorrad- und Autorennen schwärmt, sagt er mit bitterem Lächeln: »Rallyes? Die fahre ich doch Nacht für Nacht.«

In Belgien scheint seine Familie – seine *petites pommes*, »*Äpfelchen*«, wie er sie in seinen Briefen nennt – nicht zu sehr unter Geldknappheit zu leiden. Bei einem seiner kurzen Aufenthalte in Brüssel schafft er es gerade noch, seiner zweiten, am 12. Juli 1953 geborenen Tochter France einen Kuß aufzudrücken.

Nie wird er eine Woche lang auf einer öffentlichen Parkbank übernachten müssen – auch wenn er das später gegenüber der Boulevardpresse beteuert. Nie wird der Abbé Pierre, der sich für die Ärmsten einsetzt und ihnen Arbeit verschafft, indem er sie Altkleider und gebrauchte Möbel aus Speichern und Kellern einsammeln läßt, dem Sänger Kost und Logis anbieten. Jacques Brel lebt von der Hand in den Mund, aber das Elend kennt er nicht. Er erfährt nur jene Armut, die er sich aus freien Stücken eingebrockt hat. Ein Belgier würde im Flüsterton sagen: *Jacques a eu difficile.*[4]

Als Miche ihn besucht, bringt sie ein wenig Geld mit. Er ist im September in das Hotel ›Idéal‹, Rue des Trois-Frères 3, im achtzehnten Arrondissement umgezogen und kämpft dort mit den Flöhen.

Jacques wartet auf einen Anruf von Patachou, von Paris-Inter, von all denen, die er schon angesprochen hat und die ihm weiterhelfen könnten. In den Zimmern des Hotels ›Idéal‹ gibt es kein Telefon, und Jacques rennt die Treppen zur Rezeption herunter, wenn unter der Nummer MONtmartre 63-63 ein Anruf für ihn kommt.

4 Jacques hat es schwer gehabt.

Er richtet sich ein, mit Hilfe von Miche, die sich ungeachtet der Entfernung nach wie vor um ihn kümmert. Jacques schreibt ihr viel:

»... Auf jeden Fall solltest Du was für Dich haben (Geld natürlich, O. T.), wenn Du hierherkommst. Nach mehrmaligem Hin- und Herrechnen habe ich mich entschlossen, doch selbst zu kochen, und ich möchte dich bitten, mir ein Päckchen mit folgendem zu schicken (ich denke, alles, worum ich Dich bitte, befindet sich in der Kiste im Speicher): eine Pfanne ..., ein Teller (Metall), etwas Besteck, Salz- und Pfefferstreuer (bitte voll machen), ein Flaschen- und ein Dosenöffner.«

Als sein Bruder Pierre sich für ein paar Tage in Paris aufhalten soll, heißt es:

»... Da ich Pierre am Sonntag besuchen werde (ich habe an dem Tag keine Vorstellung), könnte er vielleicht das Päckchen mitnehmen, ansonsten schicke es per Post. Frag doch Pierre, ob er nicht zufällig einen alten (Spiritus-)Kocher hat (keinen Benzinkocher). Wenn ja, pack ihn dazu – mit einer Dose Nescafé bitte.

Ich freue mich, daß die zwei *petites pommes* gedeihen und artig sind.

... Dank für alles, Liebes.«

Als Pierre ihn zum Essen eingeladen hat, sagt er beim Nachtisch: »Du nimmst es mir nicht übel, wenn ich noch einmal mit der Vorspeise anfange ...?«

Miche erahnt bereits, ohne sie immer begrei-

fen zu können, die widersprüchlichen Eigenschaften dieses noch unfertigen Mannes: Unsicherheit und Ehrgeiz, mehr Stolz als Eitelkeit.
Miche wird von der Ehefrau und Mutter zu
Jacques' Allround-Verwalterin und engster Vertrauten. Wenn sie nicht zusammen sind, schickt
Jacques fast täglich Briefe, in denen er seine
halb ausgegorenen Projekte und Pläne mitteilt:
Er habe da einen Kontakt – vielleicht – zu
dem Freund (oder so) eines Bekannten, und
der wiederum kenne einen Schweizer, der ...
Kurz: Es lohne sich unbedingt, nach Genf zu
fahren ...

Trotz depressiver Verstimmungen behält
Brel seinen Humor: »... Ich wurde neulich von
einer Frau auf der Straße angesprochen, sie
fragte mich nach dem Titel des dritten Chansons, das ich in den *3 B* gesungen habe: – Sie
wissen doch, was ich meine? ... Das von Brassens!

(Reizend, nicht wahr?)«

Brel weiß noch nicht recht, ob er an erster
Stelle Chansonautor oder Sänger ist. Aber eines
weiß er jetzt: er hat Belgien wirklich verlassen.
Ungeachtet seiner Brüsseler Mißerfolge, ist er
begeistert, als sein Heimatland sich für ein Ten-
nisturnier in den Vereinigten Staaten qualifiziert.
Trotz allem: Belgien! Denn die Franzosen sind
Chauvinisten – und die Pariser, mit ihrem ausgeprägten Inselbewußtsein, benehmen sich schon
sehr merkwürdig, nicht gerade gastlich, auf Belgier und Schweizer blicken sie meist herab. Doch

Jacques will nicht aus der französischen Hauptstadt fort. »Ich muß in Paris bleiben, denn hier
entscheidet sich alles.«

Was sein Repertoire betrifft, so hat ihm neulich Brassens, plötzlich milde gestimmt, unter
vier Augen gesagt: »Es ist ausgezeichnet.« Brel
bittet Miche, die aufgehört hat zu arbeiten, in
Brüssel wieder nach einem Job zu suchen. Sie
wird Doktorarbeiten abtippen.

Steigt sein Stimmungsbarometer, prägt Brel
sofort mundgerechte Formeln: »Niederlagen ja,
Kapitulation, nein danke!«

Verheiratet und Vater, etwas vereinsamt, aber
nicht verloren – rastlos unterwegs, um sich selbst
und Paris zu erobern: so steht es damals um
Jacques Brel. Seine Briefe sind eine Art Tagebuch, dessen Rhythmus den seines Lebens wider-
spiegelt. Im November 1953 heißt es:

»Sonntag 0.30 Uhr
Meine Lieben,
ich komme eben aus dem ›Ecluse‹ zurück, wo
alles ganz gut gelaufen ist. Heute abend war es
draußen sehr kalt, und meine Nase ist etwas ver-
stopft. Morgen früh muß ich Léo Noël (den Chef
des ›Ecluse‹) anrufen, der mir einen Termin für
Radio Luxemburg geben wird. Um drei habe
ich Vorsingen bei Francis Claude und werde
dann den freien Abend ausnutzen, um die neuen
Chansons ein wenig zu überarbeiten. Morgen
früh hoffe ich sehr, einen Brief von meinen drei
petites pommes zu erhalten, die ich innig liebe und

an die ich in meiner kleinen Kammer sehr oft denke – vor allem, wenn ich abends ganz allein bin. Bis morgen, meine Lieben.«

»Montag 17 Uhr
... Bei Francis Claude ist alles gut gelaufen, aber der Programmwechsel findet erst im Mai statt! Jedoch gibt er mir Gelegenheit, etwas für den Rundfunk etwas zu machen, ich muß morgen mit ihm telefonieren, um einen Termin abzumachen, und er hat mir seine Adresse gegeben (es ist immer ein gutes Zeichen, wenn ein Produzent einem seine Adresse gibt).«

»18.30 Uhr
Die Sendung des INR *(Institut national de la radiodiffusion belge*, später RTB oder *Radio-Télévision Belge, O.T.)* ist wahrscheinlich gerade gelaufen, und so hast du ein bißchen von mir hören können. Ich selber konnte es nicht hören. Ich habe eben Gilles angerufen, der mir gesagt hat, daß noch nichts entschieden ist, denn es gibt nächsten Donnerstag noch ein drittes Probesingen, aber er meint, ich läge bisher ganz gut im Rennen, doch der Programmwechsel findet wahrscheinlich nicht vor Januar, Februar statt. Es ist im Grunde bei allen Cabarets das gleiche, und mir graut schon vorm Jahresende! Nun, Kopf hoch!«

»Dienstag 15 Uhr
Ich bin froh, daß ich heute abend arbeiten darf, denn die Ruhetage deprimieren mich sehr.«

Jacques, das Arbeitstier, haßt die Pausen, die Ferien, das Stillhalten.

»... Mit den neuen Chansons, an denen ich gerade arbeite, geht es gemächlich voran, und ich hoffe, Ende der Woche drei fertig zu haben.

Ich schicke Dir die Texte, sobald sie fertig sind.

Ich habe mit Francis Claude telefoniert, und ich schicke ihm jetzt die Chansontexte.

Ich soll ihn in ein paar Tagen wieder anrufen, um zu erfahren, welche ihn für seine Sendung interessieren.

Nun, siehst Du, das Leben besteht hier einzig aus Warten, Telefonieren und Hoffen.

Damit kann ich problemlos ganze Tage füllen.«

Jacques wird sich immer vor jener Zeit fürchten, die er ausfüllen und sich vertreiben muß.

»Ich hoffe, alles läuft weiterhin bestens in der Rue de la Peinture 21 – wo drei *petites pommes* wohnen, die ich innigst liebe.

Petit Papa Pitouche«

XXX

xxx

xxx«

Auf seinen neuen Spitznamen folgen meist diese Kreuzchen, die Küsse bedeuten.

Jacques verbringt den Neujahrstag 1954 allein. Bald darauf zieht er um. Ein Tanzlehrer, den er bei Patachou kennenlernt, bietet ihm an, für fünfhundert Francs im Monat in seinen Übungsraum einzuziehen. Brel nimmt das Angebot sofort an. Ein vages Filmprojekt, das Brassens ihm vorschlägt, verläuft im Sande.

An diesem 1. Januar 1954 rechnet Jacques sorgfältig ab: im Dezember hat er 50 900 alte Francs verdient. Zum Vergleich: das Monatsgehalt eines Grundschullehrers beträgt 1953 maximal 65 487 Francs, das eines Briefträgers 32 997, und ein Hochschulprofessor am Ende seiner Laufbahn bekommt 154 681 Francs. Zu jener Zeit kostet ein Kilo Brot 56 Francs.

Pierre Brel verbringt Ende Dezember erneut ein paar Tage in Paris. Auch bei ihm ist die Brel-Macke deutlich zu erkennen – jenes Quentchen Originalität, gepaart mit flämischer Ausdauer. Er hat vor, mit seiner Frau mit Motorrad und Beiwagen nach Kinshasa zu fahren: ein Trip von etwa neun Monaten – mehr als 30 000 Kilometer, darunter 25 000 auf Sandpisten!

Jacques Brel wird mit Charles Aznavour bei Geneviève, der Leiterin eines Cabarets am Montmartre, zum Geschirrspülen engagiert. Ansonsten hat er bei der ständigen Fluktuation im ›Trois-Baudets‹ noch Gelegenheit genug, anderen Künstlern über den Weg zu laufen – wie Raymond Devos, Francis Lemarque oder der Léo-Ferré-Interpretin Catherine Sauvage. Eine gute Freundin – aber sie findet Brels Chansontexte gräßlich und seine Musik primitiv. Konsequenterweise kreuzen sich ihre Pläne: so hätte Brel

II.
KAPITEL

gerne seine Lieder von der Sauvage interpretieren lassen, während sie sich für die von Jean-
Claude Darnals entscheidet, die eigentlich Juliette Gréco in ihr Repertoire hätte aufnehmen
sollen. Die Gréco wiederum zieht einen Text von
Brel vor. Das wird Jacques ihr nie vergessen.

Der unberechenbare Canetti, ebenso empfindsam wie autoritär, läßt Jacques im Februar 1954
acht Chansons auf Platte aufnehmen[5] – zur
Überraschung der skeptischen Kollegen bei der
Firma Philips in Paris. Jacques' Bewertung der
eigenen Platte lautet: »nicht besonders gut«. Der
Verkauf ist mäßig. Das markanteste unter den
acht Chansons ist zweifelsohne *Sur la place:*

5 La Haine, Grand
Jacques, Il pleut,
ça va, C'est
comme ça, Il
peut pleuvoir, Le
Fou du roi, Sur la
place

> *... Auf dem Platz flirrt Hitze und sticht*
> *Nicht ein Hund bewegt sich im Ort*
> *doch wie Schilf sich wiegend im Licht*
> *hüpft sie umher von hier nach dort*
> *Nicht Gitarre noch Schellenklang*
> *geben Rhythmus ihrem Schritt*
> *Ihre Hände – kurz kurz lang –*
> *schlagen den Takt und sie tanzt mit ...*

Am schwungvollsten klingt das Lied *Il peut
pleuvoir*, das besonders im Refrain den Einfluß
Charles Trénets verrät.

> *Soll es regnen*
> *Auf den großen Boulevards*
> *Mir ist's egal*
> *Ich habe mein Leben bei mir*

Soll es regnen auf den Trottoirs
Der großen Boulevards
Mir ist's egal
Denn mein Leben bist du ...

Diese Platte ist im Grunde nichts anderes als ein Stück *Franche Cordée*, durch die Pariser Brille gesehen. Während der Aufnahmen hat Jacques Lampenfieber: zum ersten Mal arbeitet er mit einem Orchester zusammen und hat Zugang zum Studio einer großen Plattenfirma.

In der Presse wird der Sänger verrissen. Ein Kritiker der Tageszeitung *France-Soir* erinnert ihn daran, daß es genug Züge nach Brüssel gibt.

In seinem Innern härtet sich ein unzerstörbarer Kern – »die Kühle des wahren Künstlers«, wie George Bernard Shaw das einmal genannt hat –, irgendwo zwischen Egoismus und Egozentrik angesiedelt. Brel konzentriert sich auf seine Arbeit.

Und weint sich bei Miche aus:

»Paris, den 18.5.1954, 22 Uhr
Ihr Lieben,
mir fällt nichts ein, ich bin so müde ... Etwas in mir ist zerbrochen. Wenn Du wüßtest, wie heftig manchmal mein Wunsch ist, eine Kirche zu betreten und zu beten. Wenn Du nur wüßtest, wie gern ich manchmal mein Schicksal in die Hände von irgend jemandem legen möchte ...«

Beten möchte er in der Kirche, nicht nur sich aufwärmen.

»Leiden, um es im Leben zu etwas zu bringen, ist schon schlimm genug, aber leiden für ein paar Ideen ist ganz furchtbar, glaub mir, vor allem wenn man in seinem Innersten spürt, daß man immer weniger daran glaubt.

Seit sieben Monaten habe ich kein Chanson mehr geschrieben, seit sieben Monaten trockne ich langsam aus.

Der Mensch – und der Dichter vor allem (entschuldigt, daß ich mich schon für einen Dichter halte) – braucht Inspirationsquellen, und ich habe keine mehr, sie sind 350 Kilometer weit weg von mir: Miche, Chantal, France. Dann ein paar Freunde (zwei oder drei) und Orte, die man verklärt, weil man dort geweint oder gelacht hat. Die einzige Quelle, die mir geblieben ist, bin ich selbst, doch aus ihrem Wasser kann ich jetzt nicht mehr trinken, da es bitter geworden ist.«

Zehn Jahre später wird man Texte von Brel in die Seghers-Reihe *Poésie et chansons* aufnehmen wollen – eine parallele Publikation zu der berühmten *Poètes d'aujourd'hui*-Reihe, in der Aragon, Eluard oder Senghor erschienen, bevor auch Léo Ferré, Eddy Mitchell oder Alain Souchon dort veröffentlichen durften. Brel wird bescheiden wiederholen: »Ich bin doch kein Dichter, bloß ein Varieté-Sänger.«

»… Ich wäre froh, nicht wirklich hinter dem zu stehen, was ich schreibe, doch leider stehe ich dahinter«, sagt er 1954.

»Ich glaube, Morgan hat geschrieben: ›Auf

den Gipfeln ist die Luft zu dünn, als daß man dort leben könnte‹. Unsere Eitelkeit ist es, die uns dazu treibt, Taten zu vollbringen, die unser Denken – und meine Kräfte – weitgehend überfordern; wenn man so weitermacht, entzieht man seinem Denken jede Stärke und erschöpft rasch seine Kräfte. Der Höhenflug des Ideals ist eine gefährliche Sache, denn im Gegensatz zum Laster kennt das Ideal keine Grenzen, und läuft man ihm trotzdem nach, so ist es eine endlose Verfolgungsjagd, die einem den Atem raubt. Ach! wäre ich schon ein Lump, dann bräuchte ich keiner mehr zu werden.«

Der junge Brüsseler verändert sich und verabschiedet sich von seinem blauäugigen Idealismus.

»Die Lösung? Ich suche sie seit Monaten.

Ach! Wie gern würde ich weinen – oder wirklich verrückt werden, um nicht mehr denken zu müssen.«

Doch einige Stunden Schlaf reichen völlig aus, um einen gesunden fünfundzwanzigjährigen Mann wieder auf die Beine zu bringen. Er schreibt:

»Mittwoch mittag

Ich habe gut geschlafen, es geht mir besser.

Ich schlage Dir folgendes vor: versuch mit Brassens nach Paris zu kommen (ich glaube, er fährt am Freitag zurück), und bleib ein paar Tage hier, um mit mir in Ruhe die ganze Lage zu besprechen – und eventuell auch eine Wohnung für die Zukunft zu suchen. Ich glaube, es ist Zeit, daß wir wieder zusammenleben. Schreib mir schnell zurück, um mir Bescheid zu sagen, wann Du ankommst, damit ich ein Hotelzimmer für Dich reserviere. Wenn Du noch ein bißchen Geld hast, nimm es mit (aber wir werden es nicht brauchen, nur als Reserve für den Notfall). Ich habe immer noch nichts gehört, was meine Arbeitserlaubnis betrifft ...«

Von der besorgten oder ängstlichen – nie besinnlichen – Nabelschau geht Jacques unmittelbar zum Aktionismus über. Er ist kein ziellos-zappeliger Typ, aber ein Handlungsfanatiker. Dasein bedeutet für ihn Bewegung.

Im Juni rechnet Jacques noch einmal alles durch. Er möchte gern, daß Miche, Chantal und France nach Paris ziehen, und gibt entsprechende Anweisungen. Seine Frau soll die Möbel des Brüsseler Hauses verkaufen – oder Romain das kleine Grundstück, das er besitzt. Brel könnte dann eine Dreizimmerwohnung in Paris oder Umgebung kaufen – trotz der Krise auf dem Wohnungsmarkt, die in Frankreich schlimmer ist als in Belgien. In Paris, meint er, brauche eine vierköpfige Familie 75 000 Francs für den Lebensunterhalt. Er könnte auch seine Aktien an der Kartonagenfabrik verkaufen. Vater und Mutter müssen ihnen helfen: »Pierres Reise hat sie doch auch genug gekostet.« Die Mutter schickt Jacques hin und wieder Geld und Päckchen, einmal sogar Vorhänge.

Canetti engagiert ihn für eine Tournee vom 25. Juli bis zum 31. August. Gage: viertausend Francs pro Tag, sechstausend bei zusätzlicher

Matinee. Brel findet Geschmack an der Sommertournee und ahnt noch nicht, daß sie wie eine
Droge wirkt.

Am ersten Tag, in Troyes, tritt er in einem
Zirkuszelt auf. In Divonne wirkt der Zuschauer-
raum des kleinen Theaters von der Bühne aus
beklemmend eng. In Aix-les-Bains hat Canettis
Ensemble gottlob über ein Gartentheater, und
vierzig Meter trennen hier das Publikum von den
Akteuren auf der Bühne. In Lausanne und
Annecy muß man mit einem großen Kino, in
Evian mit der Casino-Halle und in Megève mit
dem Festsaal eines Restaurants vorliebnehmen;
erst in Grenoble darf man wieder in einem geräumigen Theater auftreten. In Megève geht das
Publikum Jacques »gewaltig auf die Nerven«.
Alles ist in Savoyen unerschwinglich: ein Tages-
menü kostet zweitausend Francs! Aber das Konzert findet großen Anklang. Jacques stellt fest,
daß die »dicken Erfolge« andere Sänger wie Philippe Clay oder Dario Moreno verbuchen.

Eine Tournee kann zur Tortur werden, wenn
es Konflikte zwischen den Künstlern gibt, doch
hier scheinen alle sich recht gut zu vertragen,
»und selbst Clay ist sehr, sehr nett geworden. Ich
fahre mit im Auto von Catherine (Sauvage,
O.T.), ein Aronde, schön geräumig, und wir verstehen uns prima.« Die Canetti-Truppe fährt an
einem Tag fünfhundert Kilometer durch die Berge, um noch am selben Abend in Nizza aufzutreten: eine anstrengende Tour. Miche soll es
Jacques nicht übelnehmen, wenn er kaum Briefe

schickt. Er werde vor allem Postkarten schreiben, verspricht er, beim Mittag- oder Abendessen.

»Bei Catherine im Auto habe ich beten gelernt«, behauptet Brel. Die Sauvage beschleunigt
in den Kurven. Beide schwatzen gern miteinander – freundschaftlich zuerst. Catherine macht
sich über ihn lustig, über den Liedertexter vor
allem: eine Zeile wie *Derrière la saleté s'étalant
devant nous*, das sei doch Belgisch, sagt sie. Brel
singt trotzdem:

> *Hinter Gemeinheit, die*
> *sich auftürmt um uns her –*
> *hinter der Augen Gier*
> *in Fratzen schlaff und schwer –*
> *über die Hände hin,*
> *gefaltet oder leer,*
> *sich streckend ohne Sinn,*
> *erhobne Fäuste schwer –*
> *viel weiter als die Grenzen*
> *wo Drahtverhaue stehn –*
> *und hinter alles Elend*
> *muß unser Auge sehn ...* [6]

6 Il nous faut
regarder

Mit seiner Musik kommt er bei Catherine
nicht besser an: zur Gitarre greifen, um gerade
noch C-Dur und einen G-Septakkord hinzukrie-
gen! Brel setzt Worte und Musik zu vordergründig ein. Lange wird Catherine Sauvage an diesem
Urteil festhalten.

»Paß auf, Jacques«, sagt sie zu ihm. »Bei Lemarque in *Quand un soldat* (Wenn ein Soldat), da

gibt es ein stimmiges Bild: ›*Il est parti avec son bâton de maréchal dans sa giberne, il est revenu avec un peu de linge sale et puis voilà*‹ (Er war mit dem Marschallstab im Tornister weggegangen und kam mit ein wenig Schmutzwäsche zurück, mehr nicht). Es trifft einfach ins Schwarze. Und du, was singst du dagegen?: ›*Quand on n'a que l'amour à offrir aux canons …*‹ (Wenn man den Kanonen nur Liebe schenken kann …) Zeig mir einen Kerl, der einer Kanone Liebe schenken will, dann gebe ich dir einen aus.«

Catherine zitiert gerne den Satz Pierre Mac Orlans: »Ein Chanson arbeitet mit Bildern, die man malen kann.« Auch Darnal besingt die elenden Soldaten: »In den Gewehrlauf hat er eine Rose und Fotos in die Patronentasche gesteckt …« Schmutzwäsche, Fotos, Patronentasche: das alles ließe sich malen. Aber nicht Liebe, die einer Kanone geschenkt wird!

Brel sucht nach dem treffenden Ton – und nach einem Publikum:

> *Manche haben ein so großes Herz*
> *Daß man eintritt ohne anzuklopfen*
> *Manche haben ein so großes Herz*
> *Daß man nur so die Hälfte davon sieht …*[7]

[7] Les coeurs tendres, aus dem Film »Un idiot à Paris«

Catherine hält sich nicht bei Jacques' marineblauem Anzug auf, immerhin sitzt er besser als das unförmige Oberteil seiner ersten Auftritte. Jacques traut Catherines Lieblingssänger Léo Ferré nicht recht über den Weg. Daß er ein großartiger Musiker ist, kann er nicht bestreiten, aber die Texte? Sie wirken auf ihn doch sehr gesucht, beinahe manieriert. Catherine ihrerseits kann sich überhaupt nicht vorstellen, daß Jacques sich einmal zu einem phantastischen Interpreten entwickeln wird. Seine endlosen Litaneien über Nächstenliebe und Brüderlichkeit gehen ihr auf die Nerven. Dieser ungeschliffene, ewige Pfadfinder ist meilenweit von dem harten, verführerischen Serge Gainsbourg entfernt. Für Catherine Sauvage und viele andere heißt es damals: der große Léo, der große Georges und der kleine Brel. Catherine ist bereits ein Star und hat eben den *Grand Prix du Disque*[8] entgegengenommen – für ihre Interpretation von *Paris canaille*, einem Lied jenes verteufelten Ferré. Catherine plaudert gern über Literatur und Poesie, aber Jacques tauscht sich mit ihr nie darüber aus. Er fühlt sich da nicht in seinem Element.

Hat er die Bühne verlassen, scheint er sich zu langweilen. Und doch ist er, der noch unbekannte Belgier, von der schon berühmten Catherine sehr beeindruckt.

Sie haben eine kurze Affäre, eines von vielen schnellen Tournee-Abenteuern. Mit einem Mißverständnis fängt es an: Catherine hat sich gerade von einem Italiener getrennt, in den sie zwei Jahre verliebt war. Eher aus Versehen läßt sie sich von Jacques den Hof machen. Nach dem Motto: »Warum nicht? Es wird mich vielleicht auf andere Gedanken bringen!« Jacques bedeutet für sie nur Zeitvertreib. Schon bald zeigt er sich

8 Großer Schallplattenpreis.

feurig, besitzergreifend, eifersüchtig. Hätte diese Beziehung Aussicht auf Dauer gehabt, wenn beide die Freundschaft weiterhin gepflegt hätten? Verblüfft muß Jacques lernen, daß man ohne Hoffnung auf Gegenliebe lieben kann.

Catherine und Jacques verbringen ein paar Tage in Brüssel. Er hat ein schlechtes Gewissen und ist unleidlich zu seiner Frau. Miche, die das Ganze durchschaut, läßt sich nicht beirren und bleibt liebenswürdig gegenüber Catherine.

Im Oktober 1954 überquert Jacques das Mittelmeer und entdeckt Algerien. Auf dem Tourneeplakat steht sein Name an dritter Stelle. Seinen Aussagen nach feiert er jeden Abend »einen Triumph«. Doch herrscht diesmal eine miserable Stimmung im Ensemble. Jacques fragt sich manchmal, was er da soll … mit all den A… (»bande de c…«). Er braucht Jahre, bis er sich traut, das Wort *con* (etwa ›Arschloch‹) auszuschreiben oder auf der Bühne auszusprechen. Sydney Bechet und seine Musiker findet er »ordinär«, den Zauberkünstler, seine Frau und die Tänzerin »zwar nett, aber selten dumm«. Dario Moreno und die Moderatorin streiten sich dauernd über die Auftrittsreihenfolge im Programm. Diese Künstler, die kaum miteinander reden, erscheinen ihm wie fremdartige Wesen. Jacques erfährt die Einsamkeit eines Hintergrundsängers. Catherine ist nur noch ein guter Kumpel.

Pardon für das Mädchen
Das man zum Weinen gebracht hat

Pardon für den Blick
Den man lachend verläßt
Pardon für das Gesicht
das eine Träne verwandelt hat
Pardon für die Häuser
In denen jemand auf uns wartet
Und dann für all die Worte
Die man Liebesgeflüster nennt
Und die wir als Kleingeld
Benutzen
Und für all die Schwüre
Die im Morgengrauen ersterben
Pardon für die Niemals
Pardon für die Immer ...[9]

9 Pardons

Von Sfax aus schickt Brel – ganz Schuldge-
fühl und Reue – Miche seine *mea culpa*-Erklä-
rung:

»... ich bitte Dich demütig, mir den Schmerz
zu vergeben, den ich Dir zugefügt, und mehr
noch den Zweifel, den ich in Dir geweckt habe.
Ich bitte Dich, mir die seelische Wunde zu
vergeben, die ich Dir zugefügt habe, und Du,
die Du mich so gut kennst, wirst begreifen,
daß ich mich wirklich schämen muß, um Dir
so etwas überhaupt schreiben zu können. Ich
warte voller Ungeduld auf das Wiedersehen
mit Dir, um Dich endlich wieder lieben zu dürfen. Ich werde Dir den Hof machen wie ein
Schuljunge, ohne mich zu genieren, weil Du
das verdienst, und ich hoffe, daß Du mir dabei
helfen wirst.

Denn siehst Du, ohne Dich (ich habe es schon lange eingesehen) verliere ich meinen inneren Halt, und den brauche ich unbedingt, will ich beidem zugleich gerecht werden: dem Beruf eines Menschen, der sich bemüht, anständig zu sein, und dem Beruf eines anständigen Menschen, der sich bemüht, zu singen.

Meine Liebste (und dieses Wort meine ich ernst), ich komme von sehr weit zurück, und ich habe Dir nichts als meine Liebe und meine Begeisterung zu schenken, und vielleicht auch noch das Lachen von Chantal und France – doch bin ich völlig sicher, daß unser Leben wunderschön werden kann – für uns und für die Menschen, die uns nahestehen. Ich glaube, eine lange Nacht geht zu Ende, aber die Nächte sind nicht so wichtig. Wichtig ist, daß wir der Morgenröte körperlich und auch seelisch vereint begegnen. Bis bald, meine Liebsten, seid ganz, ganz fest umarmt.

Der neue Verlobte von Madame Brel …«

Jacques, wie er leibt und lebt: rührend, aufrichtig, weichherzig und mit allen Wassern gewaschen. Auch im Privatleben zeigt er seine exquisite Formulierungsgabe. Man lasse sich das auf der Zunge zergehen: »der Beruf eines Menschen, der sich bemüht, anständig zu sein«. Und es stimmt sogar – selbst wenn die Wahrheit die Selbstgefälligkeit nicht zu kaschieren vermag. Jacques schwingt das Banner des Pathetischen, des Melodramatischen, der Selbstgeißelung: In diesem Augenblick schiebt er allein sich selbst die Schuld zu, nicht der Frau oder den Frauen. Für Miche selber stellt sich alles halb so schlimm dar: Männer sind Männer, und Varieté-Künstler sind ohnehin ein Kapitel für sich. Kann man denn überhaupt ungestraft mit einundzwanzig heiraten? René Char schreibt, der Körper sei nicht treu. Doch gibt es noch andere Arten von Treue, die Treue der Seele, die des Herzens – und sie zählen mindestens genausoviel und dauern auch länger. tröstet sich Miche. Jacques' Karriere, der Rückhalt der Familie, das ist für sie das Allerwichtigste. Sie ermutigt ihn, schützt ihn, führt Buch über Einnahmen und Ausgaben. Manchmal scheint sie mehr an Brel zu glauben als er selber. Denn es klappt nicht immer gut. Brels erster Auftritt im ›Olympia‹, der im Juli 1954 kurz vor seiner Nordafrikatournee stattfindet und nur als Beiprogramm läuft, war nicht gerade ein Triumph.

Als Versöhnungsgeste schenkt Jacques seiner Frau einen Urlaub in Marokko. Brel, der aus einem nördlichen Land mit meist grauem Himmel kommt, ist entzückt von der blendenden Sonne. Die Natur an sich bedeutet ihm nicht viel, aber mit einem Übermaß an Schönheit, Süße oder Rauheit in hitzeflimmernder Luft vermag sie ihn zu berühren. Schon in seinen ersten Chansons erscheint das Bild einer Frau, die in Sonne getaucht ist:

Auf dem Platz von Sonne durchglüht

beginnt ein Mädchen ganz stumm
zu tanzen mit leichtem Schritt
wie Tänzerinnen im Altertum
Auf der Stadt liegt Hitze wie Blei
Menschen in leeren Fenstern schaun zu
schläfrig schwer. – Und das Mädchen tanzt frei
und nur für sich durch die Mittagsruh.[10]

10 Sur la place

Jacques ist empfindsam, doch Schwäche zeigt er nie. Resolut, arbeitssüchtig und mit einer ungeheuren Energie ausgestattet, kann er zupakken, weiß aber auch, wie man schnell Kraft auftankt, um den Tag und den nächsten Termin mit neuem Schwung in Angriff zu nehmen.

Mit Miche will er einen ganz neuen Anfang versuchen. Aus der Entfernung kann man einander zwar lieben, aber nicht besitzen.

Die Familie wird also nach Paris umziehen. Ein oder zwei Seitensprünge – das Abenteuer mit Catherine und jene flüchtige Affäre im ›La Rose Noire‹ – können eine Partnerschaft nicht zerstören. Miche war die erste Frau, mit der Jacques geschlafen hat. Das schafft körperliche, seelische und geistige Bindungen, die nur schwer aufzulösen sind. Jacques ist Miche unendlich dankbar, daß sie ihn nach Paris gehen ließ. Außerdem übernimmt sie alle Aufgaben, die ihn zur Raserei bringen würden – wie beispielsweise das Sammeln der Belege, die man beim Finanzamt einreichen muß: Hotelquittungen, Restaurantrechnungen … Die Zivilisation der belegbaren Kosten langweilt ihn zu Tode!

»Ohne Miche wäre ich ein Clochard geworden«, sagt er oft.

In Brels Brust kämpfen zwei Seelen miteinander: der lyrisch inspirierte Realist und der zur Sentimentalität neigende Romantiker. Im Augenblick gewinnt der erstere die Oberhand.

In Paris klappert Miche die Makler ab und findet schließlich ein Haus, vielmehr eine Bruchbude, in Montreuil-sous-Bois, Rue du Moulin-à-Vent 71. Sie muß einem Deutschen samt Mobiliar abgekauft werden. Eine Art Schlauch: vier Zimmer, Küche, kein Bad. Waschen muß man sich am Waschbecken in der Küche oder draußen auf der Straße, an der Pumpe, die im Winter einfriert. Jacques' Familie hilft mit Geld aus. Montreuil-sous-Bois, ein Pariser Vorort, ist ein tristes Nest. Miche sehnt sich nach der Brüsseler Luft, und das jetzige Haus ist bei weitem nicht so gemütlich wie das in Dilbeek, Rue de la Peinture.

Auch müssen die Raten für den ersten Wagen bezahlt werden – die Brels fahren die erste motorisierte Kellerassel der Welt, die Erfindung des Jahrhunderts: einen Renault 4 CV! Jacques muß probesingen, auftreten, auf Tournee gehen. Kaum hat sich die Familie in ihrem neuen Domizil eingerichtet, da quälen ihn rasende Zahnschmerzen. Unter der Zunge bildet sich eine entzündliche Geschwulst, der Kiefer ist bereits in Mitleidenschaft gezogen, und Jacques muß eine dreiwöchige Singpause einlegen.

Ein Chansonsänger, ob erfolgreich oder nicht, kann auf keinen Fall ein normales Leben führen.

Jacques geht spät ins Bett und steht spät auf. Morgens begleitet Miche ihre Töchter zum Kindergarten. Chantal und France sehen ihren Vater nur flüchtig. Zu Guy Bruyndonckx, einem der Söhne Hectors, der sich als Student vorübergehend in Paris aufhält, sagt Jacques: »Wenn ich viel herumgereist bin und es einigermaßen schwer gehabt habe, bin ich froh, zu Hause in einen Sessel sinken zu können und ein bißchen Komfort zu genießen. Ich bin gerne der König zu Hause. Aber nach drei Tagen geht es mir bereits auf den Geist. Ich muß wieder weg, mich wieder bewegen können.«

Brel möchte die Vorteile des Familienlebens genießen, ohne dessen Nachteile auf sich zu nehmen. Doch der Komfort, den er meint, hat mit jenem Luxus nichts gemein, dem er mißtraut und dem er auch nie nachjagen wird.

Jacques läßt sich auf das Spiel ein, und die Erfolge bleiben nicht aus. An den Monatsenden muß man sich ein wenig einschränken. Die Familie Brel kauft ein Fernsehgerät, weil Jacques im Fersehen auftritt. Nein, es ist kein Bohème-Leben. Robert Kaufmann besucht die Brels in Montreuil. Jacques wirkt angespannt, aber zufrieden. Zu seinem Freund sagt er: »Ich weiß, in Brüssel glauben alle, daß ich mich hier nur austobe.«

Er ist jetzt sicher, daß er niemals in die Kartonagenfabrik zurückkehren wird. Er arbeitet viel, schreibt, liest, holt die zwanzig bis dreißig Jahre Rückstand auf, die ihn von der Sensibilität jener Epoche trennten.

Das Jahr 1955, das Jacques eine ganze Reihe Engagements in französischen und belgischen Cabarets beschert, ist unter dem Strich gar nicht schlecht. Canetti sichert ihm eine Sommertournee durch Frankreich zu.

Es gibt Künstler, die Jacques für arrogant halten. Es stimmt, daß er zurückhaltend und stets auf der Hut ist und den Kollegen und Kolleginnen wenig Beachtung schenkt. Einen einzigen will er umgarnen: Brassens. Jacques' Verführungsstrategie liebt die subtilen Umwege. Während er in Angers vor den Mitgliedern der *Jeunesse Ouvrière Chrétienne* (JOC), der christlichen Arbeiterjugend, singen darf, tritt Brassens im Theater derselben Stadt auf. Die beiden Sänger treffen sich in einem Restaurant. Dabei sitzen auch eine junge Journalistin namens Danièle Heymann und Jacques Canetti, der sich bemüht, für Jacques die sehr nützlichen Verträge mit der JOC und der JEC (*Jeunesse Etudiante Chrétienne)*, der christlichen Studentenjugend, zu organisieren. Brassens, der eigene Witze gerne wiederholt, begrüßt Jacques mit einem »Grüß Gott, Abbé Brel!« – worauf sich sofort ein schneller Wortwechsel unter den anderen Tischgästen ergibt: – »Möchtest du etwa einen Bénédictine?« – »Aber nicht doch! Lieber einen Chartreuse!«[11]

Jacques verläßt abrupt den Raum. Denn Brassens hat, ohne sich dabei etwas Böses zu denken, von oben herab mit ihm gesprochen. Jacques spürt sehr wohl, daß die Kritik an seinem Repertoire berechtigt ist. Er redet zuviel von Gott.

11 Bénédictine und Chartreuse: zwei Liköre, die ursprünglich in einer Benediktinerabtei bzw. einem Kartäuserkloster hergestellt wurden.

Ein Mißverständnis, das lange nicht beseitigt werden kann, entsteht zwischen ihm und seinem Publikum, ihm und seinen Kritikern, aber auch zwischen Jacques und Brel.

Zu jener Zeit soll er in Belgien etwas selbstsicherer aufgetreten sein als in Frankreich. Das behaupten zumindest seine Freunde. Brel hat keinen ernsthaften Konkurrenten in seinem Heimatland. Außerdem kennt er alle Spielregeln dieses ihm vertrauten Terrains. Im privaten Kreis in Paris läßt er sich abfällig über die Belgier aus, beschimpft sie als *cons* und *bourgeois*.

In einem Lütticher Café begegnet er Jean-Pierre Grafé, der damals noch Jura studiert: einem angehenden Rechtsanwalt mit liberalen Ansichten, mehr oder weniger rechtsgerichtet oder konservativ, wie man im politischen Jargon zu sagen pflegt.

In Brüssel möchte man Jacques dringend sehen – aber er läßt sich bitten. Die lieben Bryundonckx würden sich freuen, wenn Miche und der Grand Jacques an einem Wochenendtreffen der *Franche Cordée* teilnehmen könnten! Miche, zur Verhandlung mit den alten Freunden vorgeschickt, beschwichtigt und erklärt wahrheitsgemäß, daß Jacques ab 1. Januar in einem neuen Cabaret auftritt. Mit dem Wochenende wird es unter keinen Umständen klappen. Am 25. Dezember schlägt Miche den enttäuschten Bruyndonckx eine Notlösung vor: »... Aber wenn ihr ein Tonbandgerät hättet, könnte er etwas auf Band aufnehmen und es euch hierherschicken.

Wir haben auch gedacht, ich könnte vielleicht an seiner Stelle kommen und einen Text von ihm vorlesen, den er vorbereiten würde. Aber ich glaube, daß das keine besonders glückliche Lösung wäre ...« Das Tonbandgerät ist eine wirklich praktische Erfindung! Jacques benutzt es sonst, um seine Chansons zu testen.

Miche drängt Jacques, im April oder Mai Urlaub zu nehmen. Den Bruyndonckx bietet sie gleichzeitig eine Art Trostpreis an: »... Was würdet ihr von zwei Wochen Balearen im Frühling halten? Ihr glaubt wahrscheinlich, ich denke nur an Urlaub. Aber ich weiß, daß mein Gatte ihn dringend braucht, wenn er seine Karriere eines Sängers und Bühnencharmeurs fortsetzen will.«

Im ›Trois-Baudets‹ begegnet Brel dem Mann seines Lebens: Georges Pasquier, ›Jojo‹ genannt. 1924 in Arras geboren und in der Bretagne aufgewachsen. Ein stämmiger Mann mit langer Nase, listigen braunen Augen und hohen Wangenknochen. Sein Ingenieurstudium hat er abgebrochen. Eine Weile arbeitet er als Toningenieur für das Milson-Trio.

Doch die Milsons haben leider keine Zukunft, und Jojo wechselt zum *Institut français des pétroles* in Reuil-Malmaison. Er wird nach Hassi-Messaoud geschickt, um Pipelines zu installieren. Das hindert die beiden Freunde nicht daran, sich zu sehen und immer vertrauter zu werden.

Nachdem sich die beiden kurz in Algerien

getroffen haben, gibt es ein Wiedersehen in Paris. Jojo schreibt nebenbei Liedertexte, die er aber nicht ernst nimmt. Der Junggeselle wohnt in einem winzigen Hotel, Rue de Tournon 18, in der Nähe des Jardin du Luxembourg. In seinem Zimmer stapeln sich alte Ausgaben von *Le Monde* und die Reifen seines pannenanfälligen tschechischen Tatra. Jojo hat Jacques liebgewonnen, und Jacques kann Jojo nicht mehr entbehren. Aber sie arbeiten nicht zusammen. Für Jacques bedeutet Jojo Erholung und vollkommene Entspannung.

Georges Pasquier taucht in Montreuil mit einer Dame, bald auch mit einer anderen auf. Doch die beiden Kumpel bleiben am liebsten unter sich – »unter Kerlen«. Vor Jojo hat Jacques nie Angst. Sie bechern zusammen. Jojo schwört auf Kronenbourg, Jacques auf belgisches Bier. In Paris endet die Zechtour gewöhnlich mit Kronenbourg. Jojo bewundert Jacques über alle Maßen. Aber er verliert dabei nie sein Urteilsvermögen. Er gehört zu den wenigen Freunden Brels, die in der Lage sind, ihm zu vermitteln, warum das eine oder andere Chanson schlecht oder dessen Thema ungeschickt verpackt ist:

… Sag dir von nun an
Daß kein Traum
Selbst kein ernstzunehmender
Einen Krieg wert ist
Refrain:
Man hat die Bastille zerstört

Und das hat nichts besser gemacht
Man hat die Bastille zerstört
12 La Bastille *Als wir uns lieben sollten ...*[12]

»Jacques, es ist doch völlig idiotisch, zu behaupten, daß der Sturm auf die Bastille nichts verändert hätte!«

Jojo verschlingt Tages- und Wochenzeitungen – am liebsten den *France-Observateur*, seine ganz persönliche Bibel. Er sympathisiert mit Pierre Mendès France, mit der neuen Linken, später mit der PSA, dann mit der PSU – jener damals sehr präsenten kleinen Partei, die fortschrittliche Christen und Atheisten vereinte, wie Michel Rocard, Gilles Martinet und Charles Hernu. Jojo macht sich daran, Jacques Brel über die französische Politik aufzuklären: er faßt für ihn Presseartikel zusammen oder schneidet sie aus.

Sie lachen viel zusammen. Jojo fängt meist mit den Witzen an, Jacques bauscht sie dann tüchtig auf. Jojo erzählt von seiner Schulzeit in Saint-Cast, vom Oberstufenunterricht bei den Franziskanern. Jojo ist ein kluger Mann – mit einer Neigung zur Ernsthaftigkeit.

Jacques schneit bei ihm herein: »Salut! Wie geht's? Frisch für eine neue Kampfrunde?«

Sie lassen an sämtlichen Pfaffenköpfen kein gutes Haar mehr und bauen die Welt immer wieder neu auf. Jacques ist dabei ganz Feuer und Flamme, aber Jojo hat ein fundiertes Wissen.

Wenn Jojo – einer jener unbeirrbaren Atheisten, wie man sie nur unter ehemaligen Klosterschülern findet – ihm zu pädagogisch wird, unterbricht ihn Jacques: »He, du Bretone, Piratensohn, jetzt reicht's!«

Brel kommt allmählich dahinter: Frauenbeziehungen vergehen, Männerfreundschaft ist von Dauer. Häufig wird man sich fragen, warum man diese oder jene Frau angebetet hat, aber die Gleichgültigkeit eines Freundes wird man nie verwinden. Brel entfernt sich allerdings von seinen Jugendfreunden Robert Kaufmann und Alain Lavianne: er lebt ja hauptsächlich nachts, und sie arbeiten tagsüber, weit weg. Von seinem unstillbaren Bedürfnis nach Freundschaft, gegenseitigem Vertrauen und Männerzärtlichkeit geleitet, hängt er sich an den treuen, warmherzigen Georges Pasquier.

Jacques ist im Grunde ein fröhlicher Mensch. Bedrückt und besorgt wirkt er nur, wenn er Mühe hat, ein Lied zu vollenden, wenn er ein Engagement verpatzt und wenn er unter Zahn- oder Kopfweh leidet. Im Pariser Bühnenmilieu fühlt er sich heimatlos wie ein *métèque*, ein Zugewanderter, fremd in der Stadt. In jeder Stadt? Er sucht, tastet, ohne sich den Moden zu unterwerfen.

Immerhin findet Brel jetzt in der französischen Chansonszene Beachtung. Brassens hat zehn, Ferré fünfzehn Jahre auf die Anerkennung warten müssen. Jacques geht davon aus, daß es keine Genies gibt. Der wahre Erfolg – der, den man sich selber zuerkennt, bevor er zur Ware wird – wurzelt allein in der Arbeit. Das, was man erworben hat, ist immer wichtiger als das angeborene

Talent, behauptet er. Begabung? Vielleicht. In erster Linie aber zählen Mühe, Schinderei und Schweiß.

Brel geht viel auf Tournee, in Frankreich, im Ausland. Er lehnt kein Engagement ab. Wieder darf er in Nordafrika auftreten. In Algerien sieht er zum ersten Mal einen Krieg mit den Augen des Erwachsenen. »Die Franzosen müssen da weg«, sagt er einmal zu Miche und Jojo.

Die Tourneen führen ihn noch nicht sehr weit fort: in die Niederlande – nach Amsterdam –, ins schweizerische Lausanne oder nach Belgien. Das Casino von Ostende und Namur laden ihn erneut ein. Dank seiner vielen Verpflichtungen wird er international allmählich bekannter. Er müßte eigentlich froh, wenn nicht gar zufrieden sein. Mit siebenundzwanzig kann er bereits auf eine knapp dreijährige Profisängerkarriere zurückblicken. Hin und wieder macht er eine Krise durch, die nur die ihm Nahestehenden zu spüren bekommen. Diese Belgier sind doch wahre »Arschgeigen«, und selbst die alten Freunde aus Brüssel wollen ihn nicht mehr verstehen! Doch die Nabelschnur, die ihn mit den Bruyndonckx verbindet, ist noch nicht durchtrennt.

Der deprimierte Jacques schickt am 3. Oktober 1955 aus Genf ein Prosagedicht an seinen Freund Hector:

»Mein lieber PSC. (Parti Social-Chrétien, O.T.)

Es war einmal ein schönes weißes Segelboot.

Es transportierte jene Ideenschätze durch die

weite Welt, die manche Menschen nicht alt werden lassen.

Eines Tages, kurz vor seiner letzten Reise,
nahm es einen Schiffsjungen an Bord. Und die
Schiffsmannschaft nahm sich vor, ihn zum Seemann auszubilden.

Und der Schiffsjunge lernte während der See-
reise diesen Beruf.

Als das Schiff in den Hafen zurückkam, war
der Junge gewachsen: er war fast ein Mann geworden und konnte die Meere selbst befahren.

Das Segelboot aber war alt geworden.

Man verkaufte es.

Die Schiffsmannschaft kaufte dann kleinere
Segelboote.

Und zu dritt oder viert machten sie sich wieder
auf den Weg – reich allein an dem erworbenen
Wissen.

Der Schiffsjunge ging auch wieder auf die
Reise – allein.

Zwei Jahre lang reiste er auf seinem Schiff,
überall lud er die großen Kisten voller Ideale aus,
die im Frachtraum seines Bootes gelagert waren.

Früher, als er noch mit den anderen reiste, lief
man stets bekannte Häfen an, in denen abends
immer irgendwelche Kumpel zu treffen waren.

Oft kam dann einer und bat, einige Kisten
oder Bücher in die weite Welt tragen zu dürfen.

Doch das kleine Segelboot wollte noch weiter
fahren.

Bis zu den schmutzigen, düsteren Häfen, wo
niemand einen kennt und Ware anbietet.

Er fuhr durch Meere voller Ölteppiche, die ein Segelboot mehr beschmutzen als alles andere auf der Welt.

Durch Meere voller Klippen,
zwei Jahre lang.

Eines Tages lief es auf ein Riff, nahe der Küste eines unbekannten Landes.

An Deck wartete der Schiffsjunge auf Hilfe.

Und sie kam auch.

Doch zu spät.

Das Segelboot, das von den Wellen hin- und hergeworfen worden war, befand sich in einem traurigen Zustand.

Es war am Ende seiner Fahrt angekommen.

Nachdem das Schiff bis zum nächsten Hafen geschleppt worden war, bedankte sich der Schiffsjunge bei seinen Rettern und begann, das Schiff instand zu setzen.

Männer kamen und halfen ihm dabei.

Unbekannte.

Sie leiteten die Reparaturarbeiten und sagten zu dem staunenden Schiffsjungen: ›Nein, so nicht, so ist es besser.‹

Heute befährt das Schiff wieder die Meere.

Aber es hat sich sehr verändert.

Es ist kein Segelboot mehr.

Es ist eine Art Handelsschiff, das Chansons verkauft.

Eine Art Handelsschiff, eine Art Händler.

Manchmal steuert es Ihren Hafen an.

Sie wissen ja, gemeint ist der Hafen, wo das alte Schiff verkauft wurde.

Und sollte diese Geschichte wahr sein – um so schlimmer.

Herzlich Jacques«

Hat ihn am Abend im Hotelzimmer ein Tief überfallen? Oder war es nur das Bedürfnis, einen literarischen Text zu schreiben? Weder das eine noch das andere reicht aus, um diesen Brief zu erklären.

Brels Chansons halten sich nicht beim Anekdotischen, bei einer bestimmten Person oder Situation, bei einem bestimmten Gefühl auf. Jacques weiß es intuitiv und immer klarer: ein Chanson ist erst gelungen, wenn es sich von dem singulären Erlebnis verabschiedet und sich vom Einzelnen zum Allgemeinen bewegt, ohne dabei an Leben, an Fleischlichkeit zu verlieren. In den verschiedenen Fassungen werden die Lieder sozusagen entschlackt: Jacques geht nicht selten vom ›ich‹ zum ›er‹ über.

Dieser an Hector adressierte Brief ist hingegen ein rein autobiographisches Zeugnis.

Das kleine Segelboot: das ist Brel selbst, der tatsächlich zwei Jahre – von 1953 bis 1955 – herumgereist ist. Was bedeuten aber die schmutzigen, düsteren Häfen? Ist er an jenen Klippen gestrandet, die jeder Liedertexter, Sänger und Chansoninterpret aus eigener Erfahrung kennt? »Diese Geschichte ist wahr«, schreibt er und nennt sich einen Chansonverkäufer, wie andere ›Kanonenverkäufer‹ sagen würden. Schon hat er Zweifel an dem gewählten Beruf. Dies sollte man

sich stets vergegenwärtigen, will man Brels ver-
blüffende Entscheidung im Jahre 1966 nachvollziehen.

Der liebe Hector, der Jacques gern helfen würde, kann aus Krankheitsgründen weder verreisen
noch selbst zur Feder greifen. Überzeugt, daß
der junge Freund vor allem seinen beruflichen
Weg überdenkt, diktiert er seiner Frau eine lange
Antwort auf Jacques' Brief:

»... Mein Schutzengel flüstert mir ins Ohr:
›Sag ihm, daß er all seine Patachous, seine Gilles
und so weiter im Stich lassen soll.‹ Wo kann es
einem besser gehen als im Schoß seiner Familie?
Und wenn es nur für ein Wochenende ist ...«

Fühlt sich Jacques momentan erschöpft? Um
so besser!

»... Wenn man die Leere seines aufreibenden
Lebens – fernab der erneuernden Kraft eines
himmlischen Lichts – erkannt hat, wenn man
sich wieder nach Schönheit, Größe und den
Wohltaten der Intelligenz und der Spiritualität
sehnt, und wenn man sich seiner geistigen Entwicklung – mitsamt den Fehlern und Irrwegen –
bewußt wird und auch der allmählichen Beruhi-
gung seines Temperaments, hat man dann
Gründe, an sich selbst zu zweifeln? Ganz im
Gegenteil ...«

Hector will immer noch den Soldaten Gottes
mobilisieren: »... In den Nachtlokalen, in denen
Du täglich auftrittst, verkehrt offenbar ein
Publikum, das sich – wenn es Dir auch begeistert
applaudieren mag – doch leider wenig bereit

zeigt, aus Deinen gesungenen Predigten einen wahren Nutzen zu ziehen ... Mir scheint, als hättest Du den Chansonverkäufer auf Pappkartonverkäuferniveau flachgeklopft ...«

Kanonen, Kartons, Chansons. Hector hört Jacques zu, ohne all das zu verstehen, was Brel, der sich gern hinter Allegorien verschanzt, nicht klar auszudrücken vermag. Mit gesundem Menschenverstand fährt Hector fort: »... Chansons, Kartons, Öl und so weiter ... sind lauter Elemente, die für ein gutes Funktionieren von Gottes Staat unentbehrlich sind ...«

Eine Predigt in homöopathischen Dosen ist Hectors Sache nicht: »... Der Herr ist ganz nah bei Dir ... Hör auf seine Stimme, und unterbrich nicht den Dialog ...«

Jacques gibt seine Gefühle nicht preis. Hector dankt ihm dennoch für sein Vertrauen: »... Ich bin kein Troubadour, der in herzergreifenden Bildern seine Gefühle schildern kann. Eher bin ich der stumme alte Seemann mit dem empfindsamen Herzen ...«

Hector bleibt in seiner eigenen Welt im Schatten der Basilika gefangen. Brel hat den mittelalterlichen Troubadour samt Blumen, Engeln und Wolken längst hinter sich gelassen.

Hinter Symbolik, Poesie und Inszenierung verbirgt Brel seine tiefe Verunsicherung. Davon hat er Jacques Zwick, einem anderen Freund aus Brüssel, erzählt. Er denkt über sein Leben nach, während er seinem Sängerberuf nachgeht, und seine Lieder – ob spöttisch oder nicht – sind autobiographisch geprägt. Einige davon fassen gleichsam seine Beziehungen zu all den Menschen zusammen, die ihn umgeben, ihn lieben und ihn immer wieder verlieren.

Man kann sich Jacques förmlich vorstellen, wie er zu Hector sagt:

> *Es ist zu leicht nur zum Beichtstuhl zu treten*
> *sündig gemein so daß selbst der Curé*
> *im grauen Dämmerlicht vor unserem Beten*
> *die Augen schließt für sein »absolvo te« ...[13]*

13 Grand Jacques

Worauf der gotterfahrene Hector antworten könnte:

> *... Sei doch still Grand Jacques*
> *denn was weißt du schon von Gott*
> *Ein Choral eine Ikone*
> *Nichts vom Leben nichts vom Tod ...[14]*

14 Grand Jacques

Der gläubige Bruyndonckx wird die Entwicklung des Texters Brel bedauern, der noch einige Zeit biblische Motive verwendet. Und so redet Jacques sich selber an:

> *... Also sag dir Grand Jacques*
> *sag es dir jedes Mal:*
> *es ist zu leicht*
> *zu tun als ob ...[14]*

14 Grand Jacques

Für die Verwirrung, die aus dem langen Brief an Hector herauszulesen ist, gibt es noch einen

Grund: Seit dem Sommer hat Jacques Brel eine Geliebte, die für ihn eine größere Rolle spielen wird als Catherine Sauvage oder die belanglosen Affären nach Konzertende irgendwo in der Provinz.

Suzanne Gabriello ist die zweite wichtige Frau in Brels Leben. Ihre leidenschaftliche Beziehung dauert fünf Jahre. Suzanne, Zizou genannt, ist die Tochter eines Kabarettisten, der ihr das gewisse Montmartre-Flair vererbt hat. Dreiundzwanzig Jahre alt, schwarzes, kurzgeschnittenes Haar, dunkle Augen – sie sprüht vor Frechheit. Nicht berühmt, doch bekannter als Brel, hat sie diesen Neuling in der Chansonszene, diesen nicht einmal gutaussehenden, linkischen Finsterling zunächst nur flüchtig wahrgenommen. Wie all seine Frauen findet sie Brel im ersten Augenblick unsympathisch.

Moderatorin, Geschichtenerzählerin und Sängerin in einem, gehört sie mit Françoise Dorin und Pierrette Souplex zum Trio ›Les Filles à Papa‹. Als Töchter von bekannten Kabarettisten machen sich die drei, wenn nicht einen Namen, so doch einen Vornamen. Am Ende der gemeinsamen Nummer versteckt jede ihr Gesicht hinter der Maske des eigenen Vaters. Canetti hat Brel und die ›Filles à Papa‹ für die Sommertournee 1955 engagiert. Zizou verläßt bald das Kabriolett der ›Filles‹, in dem es sich zwischen den Tourneezielen so schön sonnenbaden läßt, und steigt zu Jacques in den Renault 4 mit dem belgischen Kennzeichen.

Nichts als Freundschaft zwischen den beiden. Fürs erste. Aber in Saint-Valéry-en-Caux kommt Zizou an Jacques' Tisch: »Möchtest du tanzen?«

Danach schauen sie zusammen das Meer an. Und dann verbringen sie die Nacht miteinander. Suzanne erheitert Jacques. Aber nach seiner schmerzhaften Erfahrung mit Catherine Sauvage schafft er gleich klare Fronten: »Sobald ich in Paris zurück bin, ist es aus.«

Suzanne kennt Jacques' Lebenssituation – die Familie, der kranke Vater, Belgien. Einverstanden! Man leistet sich nur ein bißchen Urlaub während der Tournee! In La Bourboule erklärt Jacques, er sei verliebt in Zizou. Doch in Paris werde man sich nicht wiedersehen.

»Ich jedenfalls werde mich daran halten«, sagt Zizou.

Das kleine Schiff aus dem Brief an Hector steuert brav den Hafen an. Sie kehren zurück – Jacques nach Montreuil, Zizou zu ihrer Mutter in die Rue Junot. Es ist aus, für immer, ich schwöre es. Adieu. Ich liebe Dich. Adieu, kein Wiedersehen.

Sie sehen sich wieder in der Salle Pleyel, als sie in Canettis Büro ihre Gagen abholen. Jacques fängt Suzanne am Ausgang ab:

»Wie geht's?« fragt Zizou.

Brel mit finsterer Miene: »Sehr schlecht.«

»Mir auch.«

Natürlich nehmen sie die Beziehung wieder auf. Jacques ist verheiratet. Suzanne ist zwar im Prinzip frei, aber sie hat Eltern, die keinen Spaß verstehen. Jacques Gabriello, der Vater, macht ausgerechnet Miche am Telefon eine ordentliche Szene, in der er damit droht, dem Sänger die Arbeitserlaubnis wegnehmen zu lassen. Denn man kann als Künstler vom Montmartre pflichtschuldigst seine Zoten reißen und trotzdem etwas dagegen haben, daß die eigene Tochter mit einem verheirateten Mann verkehrt.

Miche mag das Leben in den Pariser Vororten nicht. Sie fühlt sich dort einsam, und auch die Wohnung ist nicht schön. Als sie zum dritten Mal schwanger ist, will sie in Brüssel entbinden. Jacques ist einverstanden: seine Familie wird in Belgien besser aufgehoben sein. Im Februar 1958 beziehen Miche, Chantal und France eine Wohnung unweit der Basilika, in der Avenue du Duc-Jean 71. Die Tochter Isabelle kommt im August zur Welt. Jacques äußert nur Freunden gegenüber, was er öffentlich nie eingesteht: daß er sich einen Sohn gewünscht hätte.

Die Liebesbeziehung zwischen Jacques Brel und Suzanne Gabriello gestaltet sich jetzt unbeschwerter. Brel verläßt Montreuil und mietet ein Zimmer in der Cité Lemercier, einen Katzensprung von der Place Clichy entfernt. Mit ihren efeubewachsenen Häusern aus dem neunzehnten Jahrhundert und den Vogelbauern an den Fenstern besitzt die Cité Lemercier viel Charme. Auch wenn Jacques' Zimmer keine Dusche hat und nichts ist als eine Nomadenbleibe! Marie, die Vermieterin, herrscht wachsamen Auges über ihr Haus.

II.
KAPITEL

16 Eckcouch mit
Regal (in den
fünfziger Jahren
sehr verbreitet)

Jacques Gabriello, besänftigt, besorgt Zizou eine Wohnung – einschließlich *cosy-corner*[16] – in der Nähe der Mairie des achtzehnten Arrondissements, in der Rue Versini.

Wie Catherine Sauvage findet Zizou Jacques' Repertoire langweilig: »Von den Arbeiterpriestern hat man die Nase voll. Sing lieber Liebeslieder!«

Er hat schon einige verfaßt, die ziemlich süßlich geraten sind. Also noch ein Versuch: mehr Wirklichkeitsnähe, weniger Glückseligkeit, mehr Qualen! An Qualen und Trennungsschmerzen mangelt es in seinem Leben nicht. Jacques leidet anfallsweise unter Schuldgefühlen: »Meine Frau, meine Kinder ... Ich muß weg von hier. Ich gehe, ich muß es, ich kann nicht, wir dürfen uns nicht mehr sehen, ich komme zurück, diesmal gehe ich wirklich.«

Ein Dutzend Pseudo-Trennungen verbindet Brel und Zizou. Jacques hält es jedesmal ganze vierzehn Tage aus und schreibt dabei »wundervolle« Abschiedsbriefe, die Suzanne angeblich verbrannt hat: »Die lange wunderschöne Reise geht zu Ende, bald wirst Du leiden, bald werde ich es auch«, schreibt Brel. Leiden, Lieben, Reisen verschmelzen schon jetzt in Brels Leben und Werk zu einer Einheit.

Nur Suzanne gegenüber spricht Jacques von Scheidung. Gute Vorsätze zählen nicht weniger als Taten. Jacques und Suzanne sind verliebt, treffen sich in der Rue Versini, in der Cité Lemercier, auf Flughäfen.

Suzanne Gabriello beharrt darauf, daß sie Brel zu einem seiner berühmtesten Lieder inspirierte:

Geh nicht fort von mir
und was war vergiß
wenn du kannst vergiß
die Vergangenheit ...[17]

17 Ne me quitte pas

Brel hat dieses Chanson bei Zizou in Gegenwart von Danièle Heymann und ihrem Mann Jean Bertola gesungen. Später wird Brel behaupten: »Es ist einfach die Geschichte eines Arschlochs und Versagers. Es hat nichts mit irgendeiner Frau zu tun.«

Suzanne will sich aber erinnern, daß Brel ihr gesagt hat: »Ich habe ein Lied für dich geschrieben und singe es dir jetzt vor.«

Suzanne hat sich in den Kopf gesetzt, daß Brel als Star im ›Olympia‹ auftreten soll. »Das kommt nicht in Frage. Brel geht mir auf den Geist«, erwidert der ›Olympia‹-Direktor Bruno Coquatrix.

Doch von Zizou gedrängt, erklärt sich Coquatrix' Assistent, Jean-Michel Boris, einverstanden, Brel mit Philippe Clay zusammen zu engagieren. Brel erhält mehr Beifall als Clay.

Suzanne, in schwarzer Strumpfhose, stellt dem Publikum den Sänger Brel vor: »In der Welt des Chansons ist es wie beim Sport: Nur Qualität setzt sich durch, und die französischen Schallplattenfirmen, die vor zwei Jahren den Erfolg von Jacques Brel voraussagten, haben sich nicht geirrt.«[18]

18 Archiv von Suzanne Gabriello

Jacques, der eigentlich mit einer Gemeinheit gerechnet hatte, wird sich hinterher bei Suzanne für die nette Ankündigung bedanken. Beide machen gerade ihre fünfzehnte Trennungsphase durch. Aber Liebe ist Liebe und Arbeit ist Arbeit. Und beide sind Profis.

An diesem Abend betritt Brel als *vedette américaine* die Bühne. Wie hoch ein Sänger im Kurs steht, läßt sich am Zeitpunkt seines Auftritts innerhalb der Gesamtshow ablesen. Die niedrigste Stufe der Profession stellt das sogenannte *lever de rideau* oder *lever de torchon* dar: der Sänger oder die Sängerin darf gleich nach dem Aufgehen des Vorhangs drei oder vier Lieder singen, um die Stimmung im Zuschauerraum anzuheizen, während in der Regel die Verspäteten noch flüsternd Platz nehmen. Danach absolvieren Akrobaten und Jongleure ihre Nummern, bevor die *vedette en anglaise* an der Reihe ist und vier oder fünf Songs interpretiert. Dann kommt wieder Abwechslung ins Programm, mit der Vorstellung eines Illusionisten oder den Einlagen eines kleinen Orchesters. Anschließend tritt die *vedette américaine* auf, die mit fünf oder sechs Liedern ihr Können demonstrieren darf.

Danach können die Zuschauer sich die Beine vertreten, Erfrischungen zu sich nehmen, rauchen und plaudern. Die Pause ist das Vorspiel zu jener gespannten Stille, die sich auf den Zuschauerraum legt, kurz bevor der eigentliche Star des Abends, der allein den zweiten Teil des Programms bestreitet, auf der Bühne erscheint. Seinen Namen sieht man überall in der Stadt – auf Plakaten, Lichtreklamen, Litfaßsäulen und Werbetafeln – in riesigen Buchstaben leuchten. Wie heftig wird oft über die Schriftgröße debattiert! Während es selbstverständlich ist, daß Interviews mit dem Star in den lokalen und überregionalen Blättern abgedruckt werden, müssen sich die Künstler des *lever de rideau,* die *anglaise* und die *américaine* mit knappen Notizen begnügen. Denn die ganze Show ist auf den einsamen Triumphzug des Superstars abgestimmt.

Das Publikum, in die Nacht entlassen, wird sich – zufrieden oder irritiert – einzig an ihn, seine Bühnenpräsenz und seine Chansons erinnern. Ihm zuallererst gelten Lob und Verriß von Presse und Funk. Spätestens eine halbe Stunde nach Ende der Veranstaltung schreiben die Journalisten ihre Kritiken, wenn sie nicht schon vorher bei einer Probe waren.

Sobald er diesen begehrten zweiten Teil der Show ausfüllen darf, stellt sich für Brel – schneller als für andere – die Frage nach den Grenzen des Erreichten, zumal er konstatiert, daß seine erfolgreichsten Titel nicht unbedingt seine besten sind: Wie kann man noch höher steigen, noch weiter und in eine andere Richtung gehen? Es war ein schöner Aufstieg, voller Süße und Härte, von der *vedette américaine* zum großen Star. Aber was hat man von dem Ruhm und dem Staunen, es schon so weit gebracht zu haben, wenn man sich noch mit ganz anderen Sehnsüchten trägt und von Natur aus nie zufrieden ist?

II.
KAPITEL

In Paris wissen nur wenige, daß Brel verheiratet und Familienvater ist. Einige sind über seine stürmische Beziehung zu Suzanne im Bilde. Kein Boulevardblatt kommt aber auf den Gedanken, Zizous Selbstmordversuch auszuschlachten.

Bei Presse und Publikum ist der Sänger Jacques Brel jetzt keine unbekannte Größe mehr. Seine dritte Langspielplatte wird allseits sehr gut aufgenommen.

20 RTBF: Radio-Télévision Belge de la Communauté Culturelle Française

Weckt die RTBF[90] täglich die Belgier mit *La Brabançonne* und wiegt die BBC Abend für Abend ihre Hörer mit *God save the Queen* in den Schlaf, so erklingt im französischen Rundfunk von nun an Jahr für Jahr zum Frühlingsanfang Jacques Brels *Au printemps:*

> *Im Frühling im Frühling*
> *Sind mein Herz und dein Herz mit Weißwein aufgefrischt*
> *Im Frühling im Frühling*
> *Bitten die Liebespaare Notre Dame um gutes Wetter*
> *Im Frühling …*

Jacques ist so beansprucht von seinem Beruf, von den Plattenaufnahmen, von seiner Leidenschaft und seinen Gewissensbissen, daß er dem Regierungsantritt de Gaulles im Mai 1958 kaum Beachtung schenkt, trotz der Schimpftiraden Jojos, der alle Militärs verabscheut und schleichenden Faschismus vermutet. Brel beschließt, diesen General nicht zu mögen, obwohl er zugeben muß, daß der Kerl einen gewissen Stil hat. Die Freunde Jojo und Jacques verehren Pierre

Mendès France: zu Lebzeiten von jenen angebetet, die von seiner Doktrin wenig Kenntnis
hatten, wurde er von seinen ärgsten Feinden
postum anerkannt und bewundert, seines eigenwilligen Tons wegen. Jacques Brel mag Menschen, die einen Ton, Haltung, kurzum einen Stil
pflegen.

Jacques verheimlicht sein privates Doppelleben überaus geschickt. Ob sie schon wisse, daß
Brel ein Mädchen habe, wird Suzanne Gabriello
eines Tages von Ernest Blondel, dem Direktor
des Belgischen Fernsehens, gefragt. Zuerst versteht Zizou nicht, was er meint. Hat sich Brel nebenbei ein Mädchen ›geangelt‹? Warum nicht?
Dann begreift sie, daß es sich um ein Kind handelt – um Brels dritte Tochter! Diesmal will sie
mit ihm definitiv Schluß machen, vorläufig zumindest. Pathetisch werden kann sie auch, wenn
es darauf ankommt: »Ich hoffe, daß Isabelle nie
erfahren wird, wie feige ihr Vater ist!«

Brel kultiviert sein angeborenes dramatisches
Talent. Braucht er das zum Leben, Schreiben,
Singen?

Suzanne hat ihm den Laufpaß gegeben, aber
Jacques spielt dasselbe Stück weiter. Als Suzanne
in einem Cabaret am Montmartre auftritt, schaut
er zu später Stunde vorbei, setzt sich mit finsterer
Miene, bestellt einen Whisky und geht wieder.
Bis er sie eines Abends sie doch anspricht:
»Komm, ich bring' dich nach Hause.«

Zizou, die Brel an Stärke wie an Schwäche
ebenbürtig ist, wird sich erst 1961 wirklich von

ihm trennen, als sie erfährt, daß er jene mysteriöse Sophie kennengelernt hat, die sich nie mit
ihm fotografieren ließ, obwohl ihre Liaison mit
dem Sänger kein Geheimnis blieb.

III. KAPITEL

III. KAPITEL

SCHÖPFERISCH UNTERWEGS

Jacques begegnet François Rauber am 23. Juli 1956 im Musikpavillon von Grenoble. Rauber ist Pianist und begleitet eine von Canetti veranstaltete Tournee mit Pierre-Jean Vaillard, Nicole Louvier und den ›Trois Ménestrels‹. Brel kann erst am vierten Tag nachkommen, da er sich davor in Brüssel aufhalten muß. In Clermont-Ferrand, Dieulefit und Besançon ist für ihn ein gewisser Guy Béart eingesprungen. »Sie sind jedenfalls nicht so schlecht wie der von gestern«, sagt Rauber zu Brel.

Zwischen Rauber und Brel springt der Funke über – trotz aller Gegensätze. Rauber, ein lebhafter Mann mit grünen, spöttischen Augen, ist 1933 in Neufchâteau geboren, studiert am Konservatorium in der Meisterklasse und staunt darüber, daß Brel keine Partitur lesen kann. Unterwegs im selben Auto hören die beiden Rundfunkprogramme, die klassische Musik senden, und raten die Namen der Komponisten um die Wette. Strawinsky ... Ravel ... Debussy. Jacques' Gedächtnis verblüfft François.

Durch Rauber entdeckt Brel die Komponisten Fauré und Wagner. François verdient seinen Lebensunterhalt in der Varieté-Szene. Wenn er Instrumentierungen schreibt, wird er impressionistisch, arbeitet an der Klangfarbe, variiert und moduliert. Er mag Jacques Brels Baritonstimme, die ein ganzes Spektrum von hohen und tiefen Tönen beherrscht: den sogenannten Martin-Bariton, der in der gesamten Stimmlage zu Hause ist. Es gibt Baritonstimmen, die mit den Tiefen oder Höhen große Mühe haben. Jacques aber kann in der Parodie so dunkel singen wie ein Opernbariton:

> *Mutter der Sorglosen*
> *Mutter der sogenannten Starken*
> *Mutter der heiligen Gewohnheiten*
> *Prinzessin der Gewissenlosen*
> *Sei gegrüßt Dame Dummheit*
> *Du deren Macht verkannt wird*
> *Sei gegrüßt Dame Dummheit ...¹*

1 L'Air de la bêtise

Brel braucht einen neuen Ansporn – und einen musikalischen Mentor, der ihn nicht erdrückt. François kann ihm dabei helfen, mehr aus seiner Gitarre herauszuholen. Jacques hat von Montand gelernt, daß auch der Körper seine eigene Sprache hat. Félix Leclerc und Georges Brassens legen mehr Gewicht auf das Gitarrenspiel. In seinen ersten Jahren als Berufssänger glaubt Brel, keines dieser Talente zu besitzen.

Rauber seufzt: »Es ist nicht zu sagen, welchen Schaden die Gitarre dem Varietégesang zufügt! Mehr als fünf Akkorde bringt kaum jemand zustande.«

Je weniger Akkorde man beherrscht, desto weniger kann man modulieren. Für Rauber sind Modulationen die Quintessenz der Musik, ihr Atem. Viele glauben, Gitarre spielen zu können, und vergessen dabei die großen Vorbilder: Charles Trénet, Mireille oder Jean Nohain.

François begleitet von nun an Jacques am Klavier und wird später sein Arrangeur.

Rauber tritt genau zum richtigen Zeitpunkt in Jacques' Leben. Sie fabrizieren – im besten Sinne des Wortes – ein paar Chansons zusammen, Jacques an der Gitarre und François am Klavier.

In Paris treten sie bei Patachou, im ›L'Echelle de Jacob‹, in der ›Villa d'Este‹ und im ›Le Drap d'Or‹ auf. Vor und zwischen den Shows bleibt genügend Zeit zum Komponieren. Singen bedeutet nur noch, den warmen Regen des Beifalls entgegenzunehmen.

»Wenn man es erst geschafft hat, daß sie auch bei den Crêpes Flambées noch zuhören, dann heißt das, daß man wirklich besser geworden ist,« sagt Jacques einmal beim Verlassen der ›Villa d'Este‹.

Rauber paßt sich dem eigenwilligen Brel an. Jacques verfolgt François' Arbeit aufmerksam:

»Vielleicht könntest du hier und da noch etwas Klavier hinzufügen.«

Jacques stimmt die Saiten seiner Gitarre einen halben Ton tiefer. Wenn er den C-Akkord anschlägt, erklingt der H-Akkord. Am Klavier beginnt Rauber also mit H-Dur.

Rauber, der Kammermusik und Fuge studiert, denkt sich veritable kleine Kontrapunktsätze für Brels Chansons aus.

Sind einige von recht klassischer Inspiration, hört man aus anderen noch deutliche Anklänge an die Pfadfinderschnulzen heraus. Doch daneben gibt es jetzt – immer häufiger – wirkliche Meisterstücke, die auch zu Publikumserfolgen werden.

In einigen schwachen Texten liebäugelt Brel noch immer mit einem verwaschenen Christentum:

> ... *Das Licht wird erstrahlen*
>
> *Und mein Schweigen*
>
> *Mit seligem Lächeln schmücken*
>
> *Das erstirbt und wieder auflebt*
>
> *Das Licht wird erstrahlen*
>
> *Das mein Herz der ewig Reisende*
>
> *Umsonst suchen wird*
>
> *Und das in meinem Herzen war*
>
> *Das Licht wird erstrahlen*
>
> *Und den Horizont fortschieben*
>
> *Das Licht wird erstrahlen*
>
> *Und deinen Namen tragen.*[2]

2 La Lumière jaillira

In anderen Liedern trifft er, offen und ehrlich, den richtigen Ton – auch wenn seine Freunde und Mitarbeiter diese Offenheit nicht immer wahrnehmen:

> *... Ich der ich meine Freunde betrogen habe*
> *Von einem falschen Schwur zum nächsten*
> *Ich der ich meine Freunde betrogen habe*
> *Von einem Neujahrstag zum nächsten*
> *Ich der ich meine Geliebte betrogen habe*
> *Von einem Gefühl zum nächsten*
> *Ich der ich meine Geliebte betrogen habe*
> *Von einem Frühling zum nächsten*
> *Ach, das Kind von Marie das würde ich lieben.*[3]

3 La Statue

Rauber sortiert die Sänger, mit denen er zusammenarbeitet. »Für manche kann man keine Begleitung und kein Arrangement schreiben, ohne vorher den Text gelesen zu haben. Bei anderen darf man sich auf keinen Fall den Text zu Gemüte führen. Bei Jacques liegt die treibende Kraft im Text. Man liest ihn und weiß, worum es geht. Dazu kann man keine billige Zeichentrickfilmmusik abspulen. Mit dem geschriebenen Wort und seiner Interpretation, mit Zäsuren und Wiederholungen gelingt es Brel, das durchzusetzen, wonach er sucht.«

»Wir machen jetzt ein Lied«, kündigt Jacques an. »Es soll eine Fuge werden. Die ersten drei Einsätze instrumental, beim vierten: meine Stimme.«

Noch nie hat François jemanden getroffen, der

sich so etwas zugetraut hätte. Sie nehmen *Voici* in einer Kirche an der Orgel auf, aber dieses Produkt wird nicht vermarktet.

Anläßlich des Kompositionswettbewerbs an der Pariser Musikhochschule verlangt François von Jacques, ein dreiteiliges Werk zu schreiben: *Les Trois Histoires de Jean de Bruges*. Jedem Teilnehmer stehen fünfzehn Minuten Zeit und das Symphonieorchester des Konservatoriums zur Verfügung. Jacques kann die Partitur nicht selbst singen. Der Opernbariton Jean-Christophe Benoît wird das Stück interpretieren. Was die Musik betrifft, so versucht Rauber, den Brelschen Hang zum Überhöhten im Zaum zu halten.

Jacques' Extravaganzen und Liebesdramen ärgern François, der zwar kein praktizierender, doch ein gläubiger Katholik ist. Er wirft Jacques sein reibungslos organisiertes Gefühlschaos vor. Der will davon nichts hören: »Laß mich in Ruhe, du Teutone!«

François verabscheut die Freundschaftsdienste und Botengänge, die Jacques ihm aufbürden möchte. So soll er 1957 Suzanne Gabriello verständigen, daß Jacques sich nach dem ›Bobino‹-Konzert nicht mit ihr treffen kann, weil Miche im Saal ist.

François' Frau, Françoise, scheint in dieser Hinsicht toleranter zu sein. Sie ist kräftig und üppig, begeisterungsfähig und mit Scharfsinn begabt, lebhaft und rational zugleich, von Beruf Textilngenieurin. Allerdings ist sie wie ihr Mann der Ansicht, daß Jacques mit dem Feuer spielt und sich daran verbrennt. Sie liest viel und empfiehlt Brel einige Bücher. Auch bringt sie ihm bei, virtuos aus Büchern zu zitieren, die er nicht gelesen hat, etwa denen von Teilhard de Chardin Françoise ist eine der Frauen, die der Mann Brel wie seinesgleichen behandelt.

François ist überzeugt, daß Jacques seine Gesundheit ruiniert, viel zuviel trinkt und viel zu spät ins Bett geht. In Françoises Augen aber gehört dies zu Jacques' Wesen: sie kann sich nicht vorstellen, daß irgend etwas ihn von seiner exzessiven Lebensweise abbringen könnte. Jacques bemüht sich zwar, seine Bildungslücken zu schließen, doch er kann nicht vernünftig diskutieren. Seine Scherze, Einfälle, Wortspielereien und Launen bereiten den Raubers nicht soviel Vergnügen wie Jojo. Beißt er sich an irgend etwas fest, weisen sie ihn ohne Umschweife darauf hin und lassen sich von den manchmal naiven, nicht wirklich ernst zu nehmenden Äußerungen eines echauffierten Brel nicht beeindrucken. So auch nicht, als er beschließt, daß das Leben nur durch Mißverständnisse erschwert werde! Wenn Männer und Frauen nur die Zeit fänden, sich zu verständigen und miteinander zärtlicher und liebevoller umzugehen, würden viele Probleme einfach verschwinden ...

Die Raubers lernen Jacques' Familien kennen, oder besser gesagt, seine erweiterte Familie: Miche, die Töchter, Mouky und Romain Brel, aber auch die Mätressen und Lebensgefährtinnen. Jacques' Pate in Brüssel gibt Rauber den Beinamen ›der Franzose‹. Jacques nimmt seinen Begleiter und Arrangeur mit zu seinen Eltern. Für François ist Mouky, Jacques' Mutter, zu neun Zehnteln die Verkörperung ihres Sohnes. Mutter und Sohn verstehen sich, obwohl sie wenig miteinander reden. Mouky scheint alles, was von ihrem Wunderkind kommt, zu akzeptieren.

Wie Jacques ist sie stets verfügbar, aber sie ist nicht so unnachgiebig wie er. Die gesundheitlich labile Mouky muß sich mehreren Magenoperationen unterziehen, während Romain unbeirrbar sein streng geregeltes Uhrwerkdasein führt, langsam, zunehmend vergeßlich und mit kleinen Schritten.

François wird Isabelles Pate. Für seine dritte Tochter schreibt Jacques ein zauberhaftes Wiegenlied:

Nichts regt sich mehr wenn Isabelle schläft
Wenn Isabelle schläft in der Wiege ihrer Seligkeit
Weißt du daß die Schelmin dann
Die Oasen der Sahara stiehlt
Die Goldfische aus China
Und die Gärten der Alhambra
Nichts regt sich mehr wenn Isabelle schläft
Wenn Isabelle schläft in der Wiege ihrer Seligkeit
Dann stiehlt sie die Träume und die Spiele
Einer Rose und einer Goldknospe
Um sich einem in die Augen zu schleichen
Wenn sie schläft die schöne Isabelle.[4]

4 Isabelle

Zu Hause in Brüssel spielt Jacques das Wiegenlied auf dem Klavier vor. Die achtjährige Chantal interessiert das nicht sonderlich. Die sechsjährige France hingegen packt die Wut. Warum macht er ein Lied für das Baby und nicht für mich? Während Isabelle in der »Wiege ihrer Freude« fröhlich kräht, schmollt Schwesterchen France.

Brel erzählt François von der Musik, die ihm durch den Kopf geht, erläutert, wie die Texte vom Klavier, Schlagzeug oder Akkordeon unterstützt werden könnten. Er macht Vorschläge. »Was ist das hier für ein Instrument? Es hat etwas Gleitendes, Fließendes! Wir müssen es unbedingt einsetzen«, sagt er einmal, nachdem er *Jeanne au bûcher* (Johanna auf dem Scheiterhaufen) von Arthur Honegger gehört hat. »Das sind die Ondes Martenot[5]. Fragen wir doch Sylvette Allart!« antwortet Rauber. Die Allart ist eine hervorragende Interpretin für Darius Milhaud, Jolivet und Messiaen.

Ab und zu, wenn Jacques findet, daß es »nicht genug knallt«, daß das Blech »richtig knattern« müsse, protestiert François – oder beißt die Zähne zusammen.

Zwei unterschiedliche Charaktere, zwei gegensätzliche Temperamente ergänzen und unterstützen einander. Rauber rettet Brel vor dem Plingpling, Plongplong seines primitiven Gitarrenspiels.

Es kann eben nicht jeder ein Django Reinhardt sein. Der Sänger Brel begreift allmählich, daß das Einfache zugleich das Schwerste ist. Um

5 Von M. Martenot 1928 erfundenes elektroakustisches Tasteninstrument

III.
KAPITEL

Raubers positiven Einfluß auf Brel ermessen zu können, genügt es, die sogenannte ›Arbeitskassette‹, die Brels engste Mitarbeiter zu hören bekommen, mit der fertigen Schallplatte zu vergleichen: zuerst die Rohfassung, schon reich an melodischen Elementen, und dann das fertige, verfeinerte Produkt. Es geht nicht darum, die Originalität des Interpreten und Liedertexters Brel in Frage zu stellen, sondern darum, Leistungen zu würdigen, die vom Publikum oft nicht wahrgenommen werden. Die Profis wissen, daß in einer Show bestimmte Berufe auf Kosten anderer in den Vordergrund treten. Die Zuschauer, die den Varietéstar auf der Bühne bewundern, achten in der Regel wenig auf Begleiter und Arrangeure.

Am Anfang seiner Karriere, als er noch ganz unter Canettis Einfluß stand, arbeitete Brel mit anderen Arrangeuren zusammen, aber weder der distinguierte André Grassi noch der originelle André Popp oder das ungestüme Wunderkind Michel Legrand vermochten Jacques vor seinen Übertreibungen zu bewahren.

In Rauber begegnet Jacques einer schöpferischen Sensibilität, die seiner eigenen folgt und ihr zugleich Grenzen setzt, so wie ein Wildbach von seinen Ufern gebändigt wird.

Allmählich findet er seine Richtung. Für seine dritte Schallplatte, die er 1957 in Paris aufnimmt und die seine zweite Langspielplatte[6] ist, hat Brel mehrere Arrangeure beschäftigt, auf der A-Seite André Popp und Michel Legrand. Neben dem

6 L'Air de la bêtise; Qu'avons-nous fait; Bonnes gens; Pardon; Saint Pierre; Les Pieds dans le ruisseau; Quand on n'a que l'amour; J'en appelle; La Bourrée du célibataire; Heureux; Les Blés; Demain l'on se marie.

[148]

poetischen Höhenflug mit *Quand on n'a que l'amour* gibt es hier, vor allem in *L'Air de la bêtise*, einen harten, kritischen, angriffslustigen Brel:

> *… Mutter unserer femmes fatales*
> *Mutter unserer Vernunftsehen*
> *Mutter der Mädchen in den Absteigen*
> *Bleiche Nerzprinzessin*
> *Sei gegrüßt Dame Dummheit*
> *Sag, wie machst du das? …*

Mit Rauber zusammen komponiert Brel zehn Chansons für die B-Seite, von denen jedes seinen eigene Farbton hat. Rosenfarbige Melancholie entsteht aus der schlichten Reihung von Wörtern in der Manier von Desnos oder Breton:

> *… Mein Flor mein Stern mein Ton mein Nichts*
> *mein Blut mein Wille mein Fieber mein Ich*
> *mein Lied mein Schmerz mein Wein mein Land*
> *mein Leben mein Schrei mein Strahl mein Band …*[7]

7 Litanies pour un retour

Grau färbt sich die Nostalgie, wenn Brels Blick eine gewisse Pariser Szene streift:

> *… Die Snobs, die Bummler aus der Nacht.*
> *Sie diskutieren ohne End'*
> *Die Poesie, die man nicht kennt,*
> *Romane, die man noch nicht schrieb,*
> *Das Mädchen, das bei keinem blieb,*
> *Die Wahrheit, die nicht glücklich macht …*[8]

8 Les Paumés du petit matin

Gedichte lesen, Romane schreiben … Sind das Anspielungen auf Brels eigene Sehnsüchte und

Träume? Rauber verfügt über eine breite Palette. Er kennt den Menschen hinter dem Sänger, der an seine eigene Biographie rührt, wenn er an sein Liebesleben, an Zizou oder Miche denkt:

11 La Statue

… Ich wollte meine Kinder sähen mich nicht an …[9]

Seine Kinder – wie seine Frauen auch – sind für Jacques potentielle Spiegel seiner selbst.

Ein glücklicher Zufall führt im Dezember 1958 zu Brels und Raubers Zusammenarbeit mit dem Pianisten Gérard Jouannest.

Als Jouannest in Marokko seinen Militärdienst ableistet, hat er noch nie von dem Sänger Brel gehört. Im Radio verwechselt er ihn zunächst mit Armand Mestral, denn Jacques hat damals eine tiefere Stimme. Woher kommt denn dieser Brel? Wie im Arabischen bedeutet *brêle* im französischen Militärjargon ›Maultier‹.

Um die Gelenkigkeit seiner Finger zu trainieren, besucht Gérard in den letzten Monaten seines Aufenthalts in Meknès das dortige Konservatorium. Mittlerweile weiß er auch ungefähr, wer Jacques Brel ist.

Jouannest, 1933 in Vanves geboren, ist ein feinsinniger Musiker, der schon den ersten Preis des Pariser Konservatoriums gewonnen hat. Mit seiner hohen Träumerstirn und den glatten, rosigen Babywangen sieht er fast wie ein Engel aus. Er redet wenig, und wenn, dann mit dem ausgeprägten Akzent eines Pariser Straßenjungen. Nach dem Militärdienst kehrt er nach Paris

zurück und verdient zuerst sein Brot als Klavierbegleiter der ›Trois Ménestrels‹, was nicht gerade als der Höhepunkt seiner Musikerkarriere
betrachtet werden kann.

François kann Jacques auf seinen Tourneen
nicht mehr begleiten. Er muß die Kompositions-
klasse am Konservatorium absolvieren, und die
endlosen Autofahrten belasten ohnehin seine
Wirbelsäule. Im übrigen hat er als Komponist
und Arrangeur seinen Traumberuf gefunden.

Jacques soll eines Abends im ›Trois-Baudets‹
auftreten, nachdem er am Morgen desselben
Tages im ›Gaumont-Palace‹ für die JOC (Jeunesse Ouvrière Chrétienne) eine Galavorstellung
gegeben hat, die schlecht organisiert war. Gilbert
Leroy, einer der am ›Trois-Baudets‹ verpflich-
teten Pianisten, fordert eine Gage, die Jacques
unverschämt findet. So fragt er Gérard Jouannest, ob er für Leroy einspringen könne. Jouannest nimmt das Angebot an und stellt nicht einmal Honorarbedingungen. Er begleitet Jacques
nach Partituren, die François vorbereitet hat, und
ist offensichtlich mit seinem neuen Job rundum
zufrieden. Brel fasziniert ihn als Sänger, nicht als
Mensch. Denn Brel spielt sich als Chef auf, und
Jouannest schätzt diese lautstarke Seite an ihm
nicht besonders. Wo Jacques hektisch reagiert,
zeigt Gérard Zurückhaltung. Kurzum: Es ist eher
Mißtrauen als Freundschaft auf den ersten Blick.
Aber Brel läßt niemanden unbeeindruckt, weder
Frauen noch Männer. Er erzeugt unmittelbare
Sympathie oder heftige Abneigung, entzückt

oder stößt ab, bezaubert oder lähmt. Erst unter vier Augen kann man ihn wirklich reizend, entwaffnet und entwaffnend erleben. Jacques beschließt, Gérard einzuwickeln. Jouannest durchschaut das Spiel und will nicht darauf hereinfallen. Fürs erste stürzen sich beide in die Arbeit.

Ihre Freundschaft festigt sich in den langen Tourneemonaten durch das tägliche Zusammenleben. Jouannest freut sich über Brels Entwicklung, sein Naturtalent, seine ungewöhnliche Kraft und Arbeitswut. Brel ist glücklich über die Freundschaft und erklärt, daß er einem Freund alles verzeihen werde. Dafür erwartet er aber auch viel Verständnis und Anteilnahme.

Die beiden liefern sich einen regelrechten Zweikampf: Obgleich Brel sich konsequent nicht mitteilt, erwartet er, daß Jouannest sich ihm anvertraut – was der natürlich ablehnt.

Wie François hat Gérard Kinder, die er ab und zu sehen möchte. Es liegt ihm nicht, die Tage auf der Autobahn und die Nächte im Hotel zu verbringen, während Brel keineswegs darunter leidet. Jacques schafft es nicht – oder will er es nicht? –, sich die Zeit so einzurichten, daß er seine Familie besuchen und wieder zu sich kommen kann.

So müssen sich Jacques und Gérard immer wieder trennen. »Gut, wir machen also vierzehn Tage Urlaub«, seufzt Brel. Aber schon am nächsten Tag ruft er an, Unersättlichkeit in der Stimme: »In drei Tagen geht es weiter!«

Was die Politik betrifft, so kreist Rauber um

das Zentrum, und Jouannest versichert, Kommunist zu sein. Auf der Bühne wird Gérard von Brel oft so vorgestellt: »Am Klavier – Nikita Jouannest.«

Gérard und François teilen mit Brel seine produktivsten Jahre. Gérard erlebt mehr als jeder andere, wie Jacques' Texte entstehen, wie Brel im Auto, im Café, in seiner Garderobe oder im Hotelzimmer Papier vollkritzelt. Wenn der Chansontext fertig ist und jemand ihn anschließend säuberlich abgeschrieben hat – was ihm einen definitiven Charakter verleiht –, dann kann das Copyright dafür geltend gemacht werden. Diese Textfassung unterscheidet sich allerdings nicht selten von der später aufgenommenen Version.

Vom musikalischen Entwurf bis zur Phase des Ausfeilens breitet Jacques vor seinen Kollegen sämtliche Schulhefte aus, in denen er seine Ideen festgehalten hat. Bei jedem Text weiß er genau, welche Art von Musik dazu paßt. Ohne Partitur, nur mit dem Text im Kopf, hat er bereits eine präzise Vorstellung von den Rhythmen, die dem Charakter des Chansons entsprechen. Melodie und Begleitung, Sätze und Verszeilen: alles nimmt gleichzeitig Form an. Stimmt ein Grundstock von etwa drei Strophen, folgt der Rest mühelos. Während der Proben vor der Show wird um die Wette improvisiert – besonders dann, wenn Brel über mehrere Musiker verfügen kann und das Akkordeon dazu einsetzt. Das Chanson bekommt immer deutlichere Konturen. Oft ist es die Musik, die Brel zur Gliederung des Textes in-

spiriert. Julien Clerc hat die Arbeit des Lieder-
machers treffend geschildert:

> *Und über mein Klavier gebeugt*
> *Wie über ein magische Werkbank*
> *Versuchte ich meine Worte zu stimmen*
> *Für meine Musik.*[10]

10 Un assassin
assassiné

Im Auto, wo er so viele Stunden verbringt,
probiert Brel Wörter und Sätze aus. Einige seiner erfolgreichsten Melodien sind auf diese Weise entstanden, unter dem Eindruck wechselnder
Landschaften und Tagträumereien. Olivier Messiaen sieht Farben, wenn er seine eigene Musik
hört. Jacques Brel hört Melodien, wenn er sich
bewegt. Zum Leben und Komponieren braucht
Brel Bewegung. Auf der kurvenreichen Straße
nach Tanger fällt ihm ein beschleunigter Walzer
ein. Brel beginnt langsam:

> *Schon beim ersten Takt vom Walzer*
> *bist du da und lächelst mich an.*
> *Schon beim ersten Takt vom Walzer*
> *bin ich da weil ich nicht anders kann.*
> *Und Paris das dazu den Takt schlägt*
> *regt uns auf und schlägt uns in Bann.*
> *Und Paris das dazu den Takt schlägt*
> *murmelt leis seinen Walzer und dann ...*[11]

11 La Valse à mille
temps

Dann steigert er das Tempo:

> *... schlägt im Dreivierteltakt*
> *das Herz den ersten Akt*
> *das Herz den ersten Akt*

das Herz das noch nicht weiß
die Liebe macht dich heiß ...[12]

Schließlich tobt er sich aus, und das Publikum trampelt vor Begeisterung:

... Mit Zwanzig bist du nackt
im Hundertvierteltakt
im Hunderviertteltakt
denn der gibt erst Kontakt
und gibt das Paradies ...

Gérard ist kein so großer Feinschmecker wie Jacques. Zu Anfang seiner Karriere in Paris hat Brel nicht besonders auf seine Ernährung geachtet. Aber Belgier – ob Flamen oder Wallonen – schätzen in der Regel die gute Küche, und Jacques markiert jetzt mit rotem Stift Restaurants im Guide Michelin. Bald wird er sich den Luxus leisten können, seine Galakonzerte nach den Standorten bestimmter Restaurants festzulegen. »Na, prima! Wir nehmen diese Veranstaltung in Roanne an und machen einen kleinen Abstecher zu Troisgros.«

Einige Restaurants, von so viel Ehre geschmeichelt, halten abends extra lange offen, um Brel und seine Clique bewirten zu können.

Damals fühlt sich Jacques nicht verpflichtet, in renommierten Lokalen zu verkehren. Er notiert statt dessen die Empfehlungen von Handlungsreisenden. Zu den unzähligen Projekten, die er nie verwirklichen wird, gehört auch die Zusam-

menstellung eines Restaurantführers für Nacht-
menschen.

Brels Marotte, nicht ins Bett finden zu können,
bringt Jouannest an den Rand der Erschöpfung.
Er versteht nicht, warum man sich bis zum Morgengrauen herumtreiben und diskutieren und
sich dabei ein Bier nach dem anderen und dann
noch einen Whisky-Cola reinziehen soll.

Gérard geht so früh wie möglich schlafen.
»Gérard ist ein Schlappschwanz!« behauptet
Jacques einmal.

Weil er sich weigert, öffentlich seine Seelenzustände preiszugeben? Weil er nicht wie Jacques
bis fünf Uhr morgens durchhält?

Brel bewundert Jouannest und Rauber gleichermaßen. Die Zusammenarbeit zwischen dem
redseligen Jacques und dem wortkargen Gérard
trägt schöne Früchte. An die vierzig Chansons
haben sie gemeinsam produziert. Brel weiß, daß
Rauber und Jouannest ihm eine Menge zu
verdanken haben, aber er vergißt auch nicht, was
er selbst ihnen schuldig ist.

Gérard hat keine Lust, sich in Jacques' Privatleben einzumischen. Trotzdem entgeht ihm
nicht, wer und was gemeint ist, wenn Brel singt:

> *... Ein Bahnsteig, wo noch spät*
> *Ein letzter Riß entsteht ...*[12]

12 Les Prénoms de
Paris

Oder:

> *... ein Brief, den du schreibst,*
> *Daß du doch bei mir bleibst ...*[13]

13 Ebenda

Daß einige Brel-Chansons recht anspruchsvoll geraten, ist nicht zuletzt Gérard zu verdanken. Mit ihm erfindet Jacques die Melodien, in die er seine reale oder imaginierte Kindheit kleiden kann. Jouannest und Rauber verfolgen beide, wie Brel allmählich von der billigen Effekthascherei Abstand nimmt und sich zum Berufsmusiker entwickelt. Mit Jouannest eilt Brel von Erfolg zu Erfolg. Er perfektioniert den Spott:

> *Ich sehe sie schon heut,*
> *Bedächtig, kalt wie Stein,*
> *Schauspielernd folgen*
> *Meinem holzgeschnitzten Kleid ...*[14]

14 Le Tango
funèbre

Er singt von der Angst vor dem Tod und vor dem Altwerden – und von der Freundschaft:

> *... Wäre ich der liebe Gott*
> *Dann hätte ich wohl ein schlechtes Gewissen*
> *Wenn man bedenkt daß es regnet*
> *Wenn man bedenkt daß Fernand tot ist ...*[15]

15 Fernand

Überall und immer kommt Gott ins Spiel. und der Atheist Jouannest dekoriert Brels Chansons, wie der Filmemacher Cocteau eine Kapelle ausleuchtet.

Gérard versteht jene *Femme fatale*, die Jacques in die Hölle treibt:

> *... Mein Herz, laß doch nicht hinreißen mein Herz*
> *Tu als wüßtest du nicht*
> *Daß Mathilde zurück ist ...*[16]

16 Mathilde

Ne me quitte pas, eines der ersten berühmt gewordenen Chansons von Jacques Brel, war ein
Produkt der Zusammenarbeit von Jacques und
Gérard. Jouannest war damals noch nicht bei der
*Société des auteurs, compositeurs et éditeurs de musi-
que* gemeldet. Brel hat also Jouannest nicht ›be-
stohlen‹. Die Umstände haben hier ihre Rolle
gespielt. Erst mit dem Titel *On n'oublie rien*
kommt Gérard in die SACEM:

> ... Nicht das Lebwohl und manches Schiff,
> Die Reisen nicht von Riff zu Riff,
> Von einem Land zum andern Land
> Von einer Hand zur nächsten Hand.
> Die Häfen nicht und nicht die Bars,
> Kaschemmen, wo man sagt: das war's
> Und wartend, daß der Morgen graut,
> In leere Whiskygläser schaut.
> Das alles nicht, nichts auf der Erde ...

Gérards Instrument, das Klavier, das als König
der Instrumente gilt, wird nicht nur von den
Kennern der klassischen Musik und Besuchern
der Konzerte von Beethoven, Liszt, Ravel, Bartok oder Debussy geschätzt, sondern hat inzwischen auch die Fangemeinde eines Keith Jarrett
erobert. Das Akkordeon hingegen wird als Instrument des Volkes betrachtet. Brel setzt es
schon bald bewußt ein – nicht nur wegen seines
volkstümlichen Charakters, sondern weil er als
Nordeuropäer diesen ›körperbetonten‹ Klang
liebt. In Belgien ist das Akkordeon so populär wie
vielleicht nur noch in den Ländern der ehema-

ligen Sowjetunion. Einer vergleichbaren Beliebtheit erfreut sich die Drehorgel in den Nieder-
landen. Der Akkordeonist Jean Corti – als Nach-
folger von Roger Damin und Vorgänger von
Marcel Azzola in Brels Musikerensemble – wird
Jacques alle Möglichkeiten seines Instruments
erschließen.

In Jacques' Orchester sind zwar alle Instrumente wichtig, aber das Klavier und das Akkordeon stehen im Vordergrund. Auch wenn das
Schlagzeug von Philippe Combelle nicht zu
überhören ist.

Es sind Glücksjahre für Jacques, was musikalische Begegnungen angeht: 1956 trifft er Rauber, 1958 Jouannest, 1960 Corti.

»Corti, paß auf! Heute abend kommt Jacques
Brel«, sagt Suzy, die Besitzerin der ›Suzy Bar‹.

»Ich kenne Sie vom Hörensagen, durch das
Radio«, sagt Corti, als Brel seinen Weg kreuzt.

Die Szene spielt im Sommer 1960, in Bandol.

Nach dem Konzert oder im Urlaub – wie jetzt
– spricht Brel eigentlich ungern über die Arbeit.
Doch er besucht abends mehrmals die ›Suzy
Bar‹, um Corti zuzuhören. Wenig später wird
Corti von Canetti als Begleiter der Sängerin
Claude Sylvain engagiert. Dann schließt er sich
Brels Truppe an.

Die Pianisten Rauber und Jouannest spielen
eine Weile im Duo, so daß Jacques für die Bühne
zwei Klaviere anfordern muß. Diese sind leider
nicht immer perfekt gestimmt, und der Sänger
wird einmal am Ende eines Konzerts in der süd-

französischen Stadt Remoulins demonstrativ ins Instrument pinkeln, um sein Mißfallen kundzutun.

Corti, italienischer Herkunft wie Azzola, dunkelhaarig und schlank, ist 1929 in Bergamo geboren.

»Dein faules Land hat drei Vollidioten hervorgebracht: den Papst, den Rennradfahrer Gimondi und den erbärmlichen Akkordeonisten Jean Corti!« scherzt Brel.

Mit einem Klavier – Brel und Corti wissen es – kann man tausend Probleme lösen. Mit einem Akkordeon – vor allem, wenn Rauber einen Kontrapunkt geschrieben hat – werden Hunderte von Fragen aufgeworfen, die ihre Antwort in den Herzen der Zuhörer finden. Corti benutzt ein modernes Instrument, das über reichere Bässe verfügt als die traditionelle Musette. Auf den Diskant wird eine Echokammer gesetzt, um einen gewissen Halleffekt zu erzeugen, der die emotionale Klangwirkung verstärkt. Jacques weiß, was er aus dem Instrument herausholen will und kann. Für Corti, der sonst für Ravel und Debussy schwärmt, ist die Situation kurios. Jacques erwartet von ihm, daß er die ganze Klangskala des Akkordeons ausschöpft, einschließlich des mitreißenden Musette-Walzers.

»Spiel was Rhythmisches!« sagt Jacques zu Corti. Es gelingt ihm stets, sich auch ohne Fachjargon verständlich zu machen.

»Ich möchte hier etwas Russisches, Sehnsüchtiges. Und dort einen Fünfvierteltakt.«

Rauber und Jouannest stimmen zwar mit Jacques nicht immer überein, doch sie verstehen ihn, wenn er sie mit einer weit ausholenden Bewegung des rechten Armes anfeuert und nicht lockerläßt: »Jean, los, schlag ordentlich zu!«

Einst – bevor der nackte Affe kam,
War Blume, Katz und uns die Erde untertan.
Doch seit sie auf der Welt, sind die Kater kastriert
Und die Blumen im Topf, und wir sind numeriert.
Denn sie erfanden schnell: Zuchthaus und Urteilsspruch,
Das Strafregister und das Schlüsselloch als Fluch
Und den Maulkorb als Schmuck, denn es wird zensuriert.
So treiben sie's, denn sie sind zivilisiert
Die Affen, die Affen, die Affen von nebenan ...[17]

17 Les Singes

Brel arbeitet mit Corti an der Musik von ›Les Bourgeois‹ und gibt einer bekannten Melodie neue Frische, als er im Refrain Akkordeon und Cembalo einsetzt.

In den Augen seiner Musiker, der bedeutenden und der weniger genialen, besitzt Brel eine Art sechsten Sinn – ein bildliches Vorstellungsvermögen, das zwischen dem Gehör und der Sprache vermittelt. Es ermöglicht ihm, zu spüren und anderen begreiflich zu machen, was er auf der musikalischen Ebene sucht. Er spielt zwar nur mittelmäßig Gitarre und ist am Klavier ein Amateur. Alle Bereiche aber, mit denen er in Berührung kommt, wecken seine Neugier. Das Akkordeon muß er unbedingt anfassen und ausprobieren. Ab und zu wird er – ganz unprätentiös – vor

Marcel Azzola darauf klimpern. Für die Musiker kann er seine Ideen zu Papier bringen, ohne ganze Partituren füllen zu müssen.

»Dieser eigensinnige Kerl! Ein Ungeheuer!« sagen sie, hin- und hergerissen zwischen Verblüffung und Bewunderung.

Bei den Proben zeigt er sich härter als in der Show. Seinem Publikum gibt er sich hin, so wie auch er völlige Hingabe verlangt.

Aber vorher kann er regelrecht bösartig werden: »Nein! Du bist ein Arschloch, hast gar nichts kapiert. Das ist völlig daneben, meilenweit von dem, was ich will! Hör auf, wir machen morgen weiter.«

Brel hat eine Melodie im Kopf. Sie ist nahe daran, sich mit einem Text zu verbinden. Etwas Langsames, Trauriges schwebt ihm vor. »Das würde eine sehr schöne *valse musette* geben«, sagt Corti. »Laß hören«, sagt Brel.

Corti fängt an zu spielen. Jacques hört konzentriert zu. »Ganz lustig, aber das Gegenteil von dem, was ich mir vorstelle. Es muß wie eine Spieldose klingen. Es handelt doch von alten Leuten, verstehst du? Die *valse musette* ist zu fröhlich. Laß dir war Trauriges einfallen.«

So komponiert Jacques, zusammen mit Jouannest und Corti, eins seiner Meisterwerke:

Die Alten reden nicht, und fällt manchmal ein Wort,
dann nur so nebenbei.
Sogar reich sind sie arm, ohne Wunsch, ohne Traum,
das Herz schlägt nur für zwei.

*Das Wort ›Es war einmal‹ und Duft nach Lavendel durch
die Zimmer weht,
Lebt man auch in Paris, es ist wie die Provinz, wenn
man zu lange lebt ...*[18]   18 Les Vieux

Wenn sie auf dem Weg nach Valence, Marseille oder Nizza vor dem Mittagessen ein Stündchen Pause machen, dann spielen sie eine Partie Boule. Keiner der Freunde ist ein guter Spieler. Jacques liegt das Werfen mehr als das Zielen. »Aufpassen! Weg da!« schreit er.

Manchmal schließt sich Miche oder eine andere Gefährtin Brels unterwegs der Truppe an. Brel erträgt die Frauen der anderen besser als seine eigenen. Er empfängt die Damen auf seine Weise: »Guten Tag, Madame Corti. Sie kommen gerade recht. Ihr Gatte muß gepflegt werden. Er hat sich einen Tripper geholt. Und er macht ganz schön was durch! Jeden Tag eine Ladung Penicillin!«

Brel lebt nur für die Tournee, den Aufbruch, die Reise. Da kann er sich austoben, seine unglaubliche Energie ausleben. Jahrelang wird die Tournee sein Leben sein, *das* Leben schlechthin. »Man geht auf Tournee, wie es Herbst oder Winter wird«, sagt der Quebecer Sänger Gilles Vignault. »Man ist auf Tournee, wie man auf Wache ist. Es ist ein Provisorium, und für eine Weile kann es zu einer Existenzform werden.«[19]   19 Angèle Guller, Le 9e Art, Vokaer, 1978 / Die neunte Kunst, gemeint ist das Chanson.

Auf Tournee wird Jacques mit Haut und Haaren zu Brel. Seit er mit vierzehn radfahren lernte, hat sich in ihm die monströse Idee festgesetzt, immer und überall einen Rekord aufstellen zu müssen. Was die Anzahl der Konzerte angeht, wird er sie alle schlagen: Brassens und Bécaud, Aznavour, Sauvage und Gréco. Nach dem Motto: Lieber marschieren als krepieren. Ja, er ist ein Ungeheuer. Unverwüstlich. Zwei Monate Sommertournee, dann Herbst- und Wintertournee. Rom oder Paris, kleine Provinznester oder große Städte. Die Tournee ist wie eine Drehkrankheit, die es immer neu zu überwinden gilt. Das ›Trois-Baudets‹ bleibt ein Muß, will er neue Tourneeverträge einheimsen. Auch im ›Alhambra‹ und ›Bobino‹ muß er weiterhin auftreten, um seinen Bekanntheitsgrad zu steigern. Und dann, eines Tages, als Star des Abends im ›Olympia‹, der Ehrenlegion des Varietés!

Jacques geht auf Tournee, um weiterarbeiten zu können. Und Brel arbeitet, um auf Tournee zu gehen. Auf Tourneen ist er besonders kreativ, sie sind wie ein Rauschmittel.

Wenn eine Show in einem großen Pariser Varieté richtig ›läuft‹, kann man hinterher ein gutes Jahr von Tourneen in der französischen Provinz leben. 1957 hat Brel einen schönen Erfolg im ›Alhambra‹, wo er neben Zizi Jeanmaire und Michel Legrand auftritt. Mouky, Jacques' Mutter, schreibt an Hector und Jeanne Bruyndonckx, die ›Adoptiveltern‹ ihres Sohnes: »Erstklassiges Publikum. Volles Haus, alle zweitausendfünfhundert Plätze besetzt. Dabei bestimmt fünfhundert Stars und Prominente – Botschafter und und und ...« Maurice Chevalier, Fernandel,

Eddie Constantine, André Luguet, Arletty, Daniel Gélin saßen im Zuschauerraum, vermerkt die Mutter stolz. Und Jacques? »... Lampenfieber, sogar Angst, und Miche: doppelt soviel Lampenfieber wie er.«

Jetzt ist Brel überall gefragt.

Damals sind bereits die protzigen Verstärkeranlagen und die bunten Scheinwerfer in Mode. Manche Sänger sind ausgerüstet wie Weltraumfahrer.

Wenn Brel mit seinen vier Musikern aus dem Auto steigt, wundern sich die Veranstalter: »Wie? Habt ihr keine Mikrofone? Keine Verstärker? Keine Beleuchtungsanlage?« »Nein. Wir arbeiten so. Haben Sie ein Mikro?« Allerdings hat die Truppe einen Schwenkscheinwerfer im Kofferraum – für alle Fälle: den kann man in gottverlassenen Ortschaften noch im letzten Moment aus dem Wagen holen und einsetzen.

Jacques spielt nie die Diva. Welcher Veranstalter hat ihn je verspätet erlebt? Brel ist ein Pünktlichkeitsfanatiker, ein Uhrenanbeter. Ernst und angespannt ist er immer zwischen 17 und 18 Uhr – in der kurzen letzten Probe – und dann natürlich während seines Auftritts. Zehn bis fünfzehn Chansons, und niemals eine Zugabe oder ein vorgetäuschter Abgang. Nach der Vorstellung der Musiker erklingt das unwiderruflich letzte Lied des Abends. »Haben Sie schon einen Theaterautor gesehen, der nach der Aufführung noch eine Szene oder einen Akt an sein Stück anhängt? Bei mir ist es genauso.«

Das ist seine individuelle Note, sein Stolz. Der dicke Georges, der große Brassens, zögert lange, bevor er sich für eine Galaveranstaltung entscheidet, aber er kommt auf die Bühne zurück, wenn das Publikum schreiend nach ihm verlangt: »*Bras-sens! Bras-sens! Une-autre! Une-aut'! Une-aut'!*« Brassens! Zugabe! Zugabe! Jacques, der Grandseigneur, hat seine eigene Auffassung vom Sängerberuf und von öffentlichen Auftritten.

»*Brel! Une-autre, Brel. La-valse! La-valse!*« Brel dankt und verneigt sich, deutet mit ausgebreiteten Armen auf die Musiker. Sie hatten die Mühe, nun sollen sie auch die Ehre haben. Im Varietémilieu wird gemunkelt, daß er anders sei als die anderen. Ein schlauer Werbetrick? Hier entspricht die Legende der Realität. Er ist wirklich anders als seine Kollegen und Kolleginnen der Chansonszene.

Fröhliche, ironische oder parodistische Lieder schreibt er nur selten. Aber auf Tourneen kommt es hin und wieder zu komödiantischen Vorfällen. Wie auf jenem Gemeindefest in Roquevaire bei Aubagne, wo Brel mit seinen Musikern unter freiem Himmel auftritt. Ein trostloses Kaff, aber man muß ja alles mitnehmen! Brel hat gerade das realistische Lied *Le Moribond* (Der Sterbende) beendet und setzt zum nächsten Chanson an, als das Festkomitee der Gemeinde die ›Miss Roquevaire‹ mit einem Riesenstrauß in der Hand – Chrysanthemen hätten noch gefehlt! – auf die Bühne schiebt. Brel schließt das junge Mädchen in die Arme. Wohin mit den Blumen? Er legt sie auf das Akkordeon von Corti, der Tränen lacht. Warum hat das Komitee nicht gleich einen To- tenkranz geschickt?

Jede Tournee bringt unvermeidlich eine Reihe von großen und kleineren Pannen mit sich. In Tel Aviv, nach einer schlechten Show, tobt sich Brels Truppe mit einheimischen Musikern aus und improvisiert um die Wette. Gegen sechs Uhr früh sitzen sie endlich – Franzosen und Israelis – gemütlich bei einem Gläschen Wein zusammen, als der Chef des Lokals auf eine Leiter klettert, um ein Arrangement aus Neonröhren und kaput- ten Glühbirnen an der Stuckdecke anzubringen. Der Stuck löst sich, und die ganze Konstruktion stürzt auf die Tanzfläche herab. Aus einer dichten Gipsstaubwolke ertönt Brels Donnerstimme: »Ich gebe einen aus!«

Während eines Freiluftkonzerts nimmt der Wind zu und wirbelt immer mehr Sand auf. Jacques singt trotzdem weiter. Plötzlich wird mit einem Riesenkrach der Deckel des Flügels auf- gerissen. Die Truppe spielt, als wäre nichts ge- wesen. »Wir hatten wahnsinnig viel Spaß!« erin- nert sich Corti voller Nostalgie. »Na ja, es gab schon gute Momente«, fügt Jouannest hinzu, der für Situationskomik nicht so viel übrig hat.

Brel muß sich erst einen Zeh brechen, um ein paar Tage Urlaub einzulegen. Sofort hat er Entzugserscheinungen, vermißt die ständigen Hochleistungen, die Müdigkeit, die Erschöpfung und die enormen Fahrstrecken. Tunis, ein Zwischenaufenthalt in Sardinien, dann Marseille, Genf und von dort aus nach Chamonix, wo die Truppe nach fünfzehn Stunden Autofahrt noch probt, weil Jacques am selben Abend singen muß. Zum Glück ist schon seit langem eine Veranstaltung in Bourg-en-Bresse geplant, und vorher ein kleiner Abstecher nach Montreal. Inzwischen ist das Ensemble auch schon im kanadischen Chicoutimi gewesen.

Jacques entdeckt die weite Welt jenseits Westeuropas und Nordafrikas. Er schreibt an Miche:

»Montréal, den 28 Mai 58, Mittag
Ma Petite Pitouche
Endlich ein ruhiger Tag (eine Sendung heute morgen und zwei weitere heute nachmittag), und ich habe etwas Zeit, Dir zu schreiben.

Die Reise verlief reibungslos ... und wir haben im Flugzeug sehr gut geschlafen.

Alles hier (Quebec soll sehr anders sein) ist total amerikanisch und wirkt ungeheuer vital. Und doch hinterläßt es einen Eindruck von Brutalität, von Niveaulosigkeit, von fehlgeleiteter Kraft.

Beim Abflug dachte ich, der Amerikaner schlechthin sei fünfzehn Jahre alt. Es stimmt aber nicht: er ist allerhöchstens zehn.

Ansonsten ist hier alles sauber, klar, ruhig – selbst das Essen, das absolut unbeschreiblich ist.

Die Leute sind äußerst nett, zuvorkommend, und wir können uns vor Einladungen kaum retten (unter anderem Félix Leclerc am 11.)

Man hat mir N.Y. angeboten, aber ich glaube, ich werde keine Zeit haben, dort hinzufahren.

Das seltsamste hier: alles funktioniert scheinbar mit einem Mordstempo, doch in Wirklichkeit geht alles langsam. Kurzum: Kanada ähnelt einem von Schuljungen modernisierten Antwerpen.

Ich weiß mein Rückflugdatum noch nicht, aber ich singe am 21. in Tournai, und ich möchte um den 19. herum in Brüssel ankommen und bis zum 26. bleiben.

Was die berufliche Zukunft betrifft, werde ich hier Zeit haben, nachzudenken und alles in Ruhe und mit dem nötigen Abstand abzuwägen.

Ich werde meine Entscheidung noch vor meiner Ankunft treffen.

Ich glaube, daß ich wirklich ein bißchen alt werde.

Ich umarme euch alle ganz herzlich.

Petit papa Pitouche

XXX xxx xxx …«

Miche, die weiterhin für die häusliche Logistik zuständig ist, erhält Aufträge:

»PS: 1. Bitte beim Touring-Club nachfragen, ob ich jetzt mit einem französischen Auto über die Grenze nach Belgien fahren darf,

2. Die Teppiche?

3. Sag den Leuten von der FC, daß sie A… sind. Ich werde sie mir demnächst vorknöpfen

4. *Vive la cuisine Française!*

Félix Leclerc hat Frankreichs Publikum erobert, Jacques Brel will im französischen Kanada Furore machen. Aber im Winter meidet er Quebec.

Die Nebel Belgiens haben seine Seele geprägt, und die Sonne Marrakeschs, die er so liebt, hat er im Blut. Aber die extreme Kälte, der zwei Meter hohe Schnee, der eisige Wind Nordamerikas – das ist zuviel für ihn, wo er doch so häufig an Zahn- und Kopfschmerzen leidet.

Von ein paar Rückfällen mit Zizou und einer Reihe belangloser Affären abgesehen, ist Jacques wieder sehr verliebt in Miche. In Brüssel teilt er wie eh und je das Bett mit seiner Frau, und jedes Wiedersehen ist ein Fest.

Aus einem Hotel im Geschäftszentrum Montreals, dem Manoir Charest, schreibt ein heiterer Jacques an Miche, die unbeirrbar die Stellung hält. Miche ist der Anker für das inzwischen großgewordene Schiff. Im gegenseitigen Einverständnis haben sie einander ihre Freiheit gelassen. *Our way of life,* sagen beide dazu. Vielfältige Verbindungen und gefährliche Spiele – die dennoch ein gelungenes Wiedersehen möglich machen. Aus Quebec schreibt Jacques im Juni 1958 an Miche:

»Ich will dich schön und ganz für mich, *ma pitouche.*

Vielleicht, weil ich ein Egoist bin, aber vielleicht auch, weil es wundervoll wäre.

So sei für mich schön und neu.

Ich will dich wieder nehmen.

Ich möchte so gern, daß du mich wieder nimmst.

Ganz, Herz und Körper. Vor allem den Körper, er fühlt sich am tiefsten verloren.

Du mußt mich halten.

Siehst du, es ist leider unmöglich, gewisse Dinge zu verlangen. Das ist zu roh, zu ernüchternd. Doch diese Dinge müßten wieder geschehen, wie früher, diese Dinge und viele andere noch, die einer Frau Macht verleihen und sie zur Königin machen.

Du wirst mich alten Bock wieder verführen müssen, und das Tag für Tag.

Mit allen denkbaren Mitteln.

Sei meine Frau.

Sei mein.

Sei schön.

Denn ich liebe dich, *Pitouche chérie* und wir verdienen Besseres.

Ich rufe dich am Samstag von Paris aus an.«

Wer könnte Jacques Brel halten oder zurückhalten? Nicht einmal er selbst.

Miche, das ist Liebe und Logistik in Personalunion.

Der ›Anker‹ und Brel finden immer wieder zueinander, gehen durch all die Landschaften und Unwetter, die das Los vieler Paare sind. Ein Brief ist nicht immer ganz aufrichtig, und manch ein Schriftsteller führt seine Korrespondenz nur im Hinblick auf die Nachwelt. Brel hat zwar den Schriftsteller verdrängt, doch nicht den Wort-

künstler. Er hat für sich eine andere Ausdrucks-
form entdeckt als die unvollendete Novelle oder
den Roman, den er mit sechzehn schreiben wollte: das Chanson. Seine Stimme weist ihm den
Weg. Nichts läßt darauf schließen, daß er je eine
Veröffentlichung seiner Briefe in Erwägung gezogen hat. In jedem Fall erhellen sie Jacques
Brels Befindlichkeit in bestimmten Phasen seines
Lebens.

Wie viele Höhen und Tiefen hat die Beziehung zwischen Miche und Jacques!

> *... Glück ist: wie wir verliebt zu sein*
> *und: auch entfernt einer vom anderen*
> *Liebe sein. Liebe sein*
> *Ewig Liebe bleiben*[20]

20 Heureux

Und die Frauen im allgemeinen? Für Miche
wie für all jene, die ihn zu halten hofften, könnte
Brel singen:

> *... Und morgen früh bin ich*
> *schon wieder ohne dich*
> *du wolltest mich zu sehr*
> *darum verlierst du mich*
> *hast mich vergeudet denn*
> *du sahst ein Glück bedroht*
> *das ein Leben lang währt*
> *langweilig wie der Tod ...*[21]

21 Dors ma mie

Georges Rovère, ursprünglich für zwei Jahre
als Jacques' Sekretär angestellt, wird von Brel

quasi aufs Abstellgleis geschoben und mit der undankbaren Aufgabe betraut, Miche bei der Einrichtung ihres neuen Brüsseler Domizils zur Hand zu gehen. Jacques stellt gerne eine gewisse Aversion gegen Homosexuelle zur Schau. Der arme Rovère wird gehänselt: »He, Georgette ...!« »Tunte!« Das ist eines von Brels bevorzugten Schimpfwörtern. Er sagt es sanft, lächelnd und ohne Rücksicht darauf, wer gerade in der Nähe ist.

Brel wendet sich an seinen Freund Georges Pasquier:

»Jojo, ich brauche jemanden, der ständig in meiner Nähe ist, jemanden, dem ich gänzlich vertraue. Der ideale Job für dich. Du bist doch ein zuverlässiger Typ.«

Jojo geht nach Hause – er wohnt in Nanterre, einem Pariser Vorort, unweit von Rueil und vom Sitz des *Institut français des pétroles*. Er holt sich Rat bei seiner Lebensgefährtin Alice, die in einer Schiffahrtsgesellschaft arbeitet.

»Soll ich es machen oder nicht?«

»Also, ich bin dafür. Was hast du zu verlieren? Sicherlich kannst du dich im Institut noch verbessern, aber begeistert bist du von dem Job ohnehin nicht. Mit Jacques wird es wundervoll sein. Es ist doch hochspannend, mit so einem Menschen zu leben!«

So wird aus dem Bruder und Kumpel fürs Leben, dem Genossen aller Zechgelage und Späße, dem Beichtvater und Partner endloser Nachtgespräche der Sekretär, Chauffeur, Berater, Garderobier, Laufbursche und Geheimbriefkasten des Freundes – und nicht zuletzt sein treuer Wachhund. Jojo erzählt Jacques ungefähr fünfundneunzig Prozent von dem, was er denkt. Brel hat seinen Hofstaat. Auf der untersten Rangstufe befinden sich die rückhaltlosen Bewunderer des Sängers. Jojo, der ganz oben steht, hält gar nichts vom Persönlichkeitskult.

Neun Jahre lang sind Jacques und Jojo – Ribouldingue und Filochard[22] – unzertrennlich. Jacques schätzt an Jojo besonders, daß er trinkend, diskutierend, zuhörend die Nacht zum Tage machen kann.

22 Comic-Figuren aus den »Pieds Nickelés«

Während der Tourneen sitzt Jojo am Steuer des schwarzen DS. Aus dem Autoradio tönt klassische Musik. Jacques schreibt, döst oder schläft, auf dem Rücksitz ausgestreckt. Kaum sind sie in dem französischen oder ausländischen Veranstaltungsort angekommen, gehen sie in einem guten Restaurant essen. Erst dann bezieht die Truppe die Hotelzimmer. Danach macht sich Jojo auf den Weg und schaut sich den Kino-, Theater- oder Casinosaal an, in dem Jacques singen wird, kontrolliert Verstärkeranlage und Beleuchtung.

Während der Show bleibt er in den Kulissen oder in der Nähe der Beleuchtungstechniker wie angewurzelt stehen. Mit einem Auge beobachtet er die Bühnenarbeiter, mit dem anderen das Publikum, sein Herz aber ist bei Jacques.

Nach dem Konzert kümmert sich Jojo um die vielen Fans. Vor der Garderobe wird streng aussortiert: die einen werden zum Star hineingelassen, die anderen zurückgedrängt.

Die Polizei greift bei Brel seltener ein als bei anderen Sängern. Brels Publikum versucht nicht, seine Schweißtropfen oder Zigarettenstummel aufzufangen, ihm die Haare vom Kopf, das Hemd vom Leibe zu reißen. Und Brel ist nicht daran interessiert, seine Bewunderer in Trance zu versetzen.

In der Provinz schließen die Restaurants früh, und Jojo und Jacques dinieren meist in einem Bistro, das Jojo vorher ausfindig gemacht hat. Erst die Arbeit, dann das Vergnügen. Aber darin sind sie sich einig: Auf Tournee – ob während oder nach der Arbeit – werden keine *bonnes femmes* geduldet! Jacques lädt nur seine eigenen Musiker, manchmal auch Künstler an seinen Tisch ein, die an der Show teilgenommen haben: die Mitglieder der ›Delta Rhythm Boys‹, Maurice Fanon oder Jacques Martin.

Brel beschließt, daß er kein Solokonzert geben will. Seit er ein Topstar ist, besteht er auf dem ersten Programmteil, der *première partie*. Ein Solokonzert aber würde anderen die Chance nehmen, zu arbeiten oder zu debütieren.

Aus Belgien, aus der Schweiz, von überall aus Frankreich telefoniert und korrespondiert Jacques spät abends mit seinen diversen Frauen in Brüssel und anderswo. Unverwüstlich, dieser Nachtvogel, ein veritabler ›Nachtfresser‹! Nachdem er drei oder vier Packungen starker Zigaretten geraucht hat, geht er endlich ins Bett – um drei, vier oder fünf Uhr früh. Er müsse doch nach der Show etwas verschnaufen, pflegt er zu behaupten. Spätestens um zehn Uhr morgens ist er schon wieder unterwegs, um den nächsten Veranstaltungsort rechtzeitig zu erreichen. Nachmittags eine kurze Probe, abends die Show, dann wieder die Entspannung.

Brel kann bis zu dreihundert Konzerte im Jahr geben. Man muß sich die Ruhe stehlen, die man sich nicht gönnt. Brel schläft in kleinen Portionen. In seiner Garderobe, kurz vor dem Auftritt, schließt er die Augen, legt sich eine Zeitung auf das Gesicht, döst. Jojo läßt keinen an ihn heran und macht sich dadurch eine Menge Feinde.

Jojo ist Brels Mädchen für alles und Busenfreund zugleich, er weiß fast alles von Jacques, der von ihm alles weiß. Ihr Sinn für Witz und Situationskomik verbindet sie täglich aufs neue. Sie kommen mit dem Auto in Bourg-en-Bresse an, Gérard und Jean sitzen hinten, Jacques und Jojo vorne. Es ist Winter, die Fensterscheiben sind alle heruntergekurbelt, und die vier fahren mit nackten Oberkörpern durch die Stadt. Die Passanten erkennen Brel nicht. Wo kommen diese Irren her?

Jacques und Jojo haben sich einen Gag ausgedacht, der ihnen nie langweilig wird: Sobald sie eine Soutane oder eine Nonnenhaube erblicken, formen beide die Hand zum Revolver und schießen: »Peng! Ab in den Himmel! Eine Nonne weniger! Ein Curé weniger!« In der nächsten Stadt findet dasselbe Spielchen statt: »Was? Immer noch welche? Haben wir sie noch nicht alle erledigt?«

In den Hotelzimmern verstecken sich die Spaßvögel in den Schränken. Man schmuggelt ein Mädchen in Jacques' Bett, bevor der seinen Schlüssel von der Rezeption holt. Zuweilen wird das Zimmer eines Musikers gestürmt: »Na, es sieht ja unmöglich bei dir aus!« Im Nu werden Schränke und Koffer leergeräumt, Klopapier genüßlich ausgerollt. Auch liefert sich die Brel-Bande gern Sahnetortenschlachten in Stummfilm-Manier.

Gérard, Jean und andere, selbst der bedingungslos ergebene Jojo sind einhellig der Meinung, daß Jacques »etwas übertreibt«. Aber Brel kann nicht ohne Gelächter und Provokationen leben.

Immer wieder hat er auch seine Tiefs. Dann hängt er in seinem Garderobensessel und stöhnt:

»Ich glaube, ich schmeiß' alles hin.«

»Hast du eine Zahnfleischentzündung?«

»Nein.«

»Was hast du dann?«

»Das Ganze ödet mich an. Was für ein Idiotenleben! Ich habe Probleme.»

»Was für welche?«

»Ach! Laß es!«

Außerhalb der Tourneezeiten erlaubt sich Brel manchmal, für zwei oder drei Tage zu verschwinden.

Charley Marouani wird Brels Agent. Die Beziehung der beiden, rein beruflich zuerst, entwickelt sich zur Freundschaft. Charley, ein attraktiver Mann mit dunklem Teint und braunem, welligem Haar, hat als Fotograf in Nizza gearbeitet. Die vielköpfige jüdische Familie Marouani, die aus dem tunesichen Sousse stammt, ist überall im Showgeschäft präsent. An die vierzig Marouanis sind im Musikverlagswesen, im Fernseh- und Chansonbereich tätig. »Wenn Sie an Schlaflosigkeit leiden, zählen Sie die Marouanis«, scherzt Brel.

Charley hat anfangs mit Félix Marouani zusammengearbeitet und sich dann selbständig gemacht. Brel gehört zu den ersten großen Stars, die er betreut. Bis Brel der Showbühne den Rücken kehrt, werden sie einander siezen.

»Jojo ist mein Bruder und Charley mein Cousin«, soll Jacques in einem hellen Moment gesagt haben.

Georges Olivier, ein angeheiratetes Mitglied des Marouani-Clans, wird Brels Tourneeorganisator. Oft folgt er dem Sänger von Stadt zu Stadt. Nach der Show zieht er Jacques beiseite: »Komm mit, großer Star!«

»Wenn der Vorhang gefallen ist, gibt es keinen Star mehr!« antwortet Brel.

Jacques wirkt oft direkt, ehrlich und ungezwungen – und es stimmt: er kann nett, warmherzig und zuvorkommend sein.

Er liebt Herausforderungen und erklärt Olivier, er wolle hundert Konzertveranstaltungen hintereinander geben, da niemand im Showgeschäft das bisher geschafft habe. Er muß dann zwar mit ›nur‹ einundsiebzig vorliebnehmen, doch schlägt er damit trotzdem Rekorde. Ein Ungeheuer!

Allein Bordeaux, die allerletzte Bastion, widersteht ihm noch – die Veranstaltung ist nicht ausverkauft. »Es ist das letzte Mal, daß wir hier auftreten«, bestimmt Olivier. »Nein«, sagt Brel. »Guckt euch diese Stadt genau an. Wir werden zurückkommen, und sobald wir ein volles Haus hatten, lassen wir uns hier nie mehr blicken.«

1966 ist es soweit. Die Leute prügeln sich um die Eintrittskarten. Der Direktor des Konzertsaales gerät in Panik: Die werden doch alles kurz und klein schlagen, wenn nichts geschieht! Olivier und der Direktor beraten sich. »Jacques, wir werden um neun und um zwölf spielen«, sagt Olivier. »Einverstanden. Aber dann nie wieder Bordeaux!«

In Rouen beschließen Jojo und Jacques, Georges Olivier, der eigentlich eine ganze Menge Alkohol vertragen kann, besoffen zu machen. Sie haben einen Tisch in einem Restaurant reserviert.

»Heute abend trinken wir Wodka«, verkündet Brel.

Die Gläser folgen immer rascher aufeinander. Olivier beginnt zu schwanken, er begreift nicht, wie Jojo und Jacques noch durchhalten können. Während Olivier einen Wodka nach dem anderen hinunterkippte, haben die beiden Freunde ihre Gläser in die Blumentöpfe geleert. Jacques muß die Nacht am Bett des kranken Olivier verbringen.

Brel empfindet für Hotelzimmer eine Art Haßliebe. Er mag sie, weil man dort in Ruhe arbeiten kann, und er haßt sie, weil sie meist düster aussehen. Hier fallen ihm – in besonders fruchtbaren Produktionsphasen – einige seiner besten Chansons ein: *Amsterdam, Mathilde, Ces gens-là* ... Hier feilt er, überarbeitet und poliert. Danach sinkt er erschöpft in sich zusammen.

Jojo, Miche, Gérard, Jean, Charley machen sich Sorgen. Jacques scheint plötzlich deprimiert, sieht aus, als wolle er sich gleich in den Kanal stürzen. Aber er bringt schließlich ein kleines Meisterwerk zu Papier, das seinen Weltschmerz ausdrückt:

> *... Nein, Jef, bist nich allein.*
> *Mach kein Theater mehr.*
> *Heb deine Zentner auf*
> *Und komm doch endlich her.*
> *Weiß, daß du traurig bist,*
> *Doch laß uns endlich gehen.*
> *Nein, Jef, bist nich allein.*
> *Nu laß das Heulen sein*
> *Und mach dich nich gemein*
> *Und schrei nich immerfort,*
> *Daß du ins Wasser willst,*
> *Dich hier gleich killst.*
> *Nein, Jef, bist nich allein,*
> *Doch das is Straße hier.*
> *Du machst ein Kino draus,*

Und alles sieht nach dir.

Na nu komm, Jef, komm, komm. ...[24]

Der Vergleich mag kühn erscheinen, aber man muß hier an Sartre denken, der gesagt hat: »Jedesmal, wenn ich mich an einen angenehmen Ort zurückzog, um zu schreiben – nach Saint-Tropez zum Beispiel –, habe ich nichts zustande gebracht.«

Jacques gelingt selten ein Chanson auf Anhieb, beim allerersten Entwurf oder Impuls. Alles wird be- und überarbeitet.

»Gérard, dein Einfall von gestern, zwischen der ersten und zweiten Strophe, der war groß-artig. Wir probieren es noch einmal«, sagt Brel. Oder zu Corti, im selben verbindlichen Ton: »Es war wirklich sehr gut.«

Brel ist gefragt und anerkannt. Er erlebt wahre Triumphe, aber auch schwierige Momente – wie in Le Havre oder Beauvais –, wenn die Häuser fast leer und die Abende mißlungen sind. Wenn sie vor hundert Leuten spielen müssen – und vor neunhundert leeren Sitzen ...

Wenn es einigermaßen gut läuft und ein Großteil der Plätze besetzt ist, pflegt Jacques zu kommentieren:

»*On a un petit bourré*« (etwa: »Wir haben eine kleine Verstopfung«). Ist das Haus restlos ausver-kauft, handelt sich um ein »*gros bourré*«.

Der totale Flop, die große Leere, belastet ihn. Er mag nicht für ein Verlustgeschäft des Veran-stalters verantwortlich sein. Und wenn er es sich leisten kann, lehnt er seine Gage ab, sorgt aber dafür, daß seine Musiker entschädigt werden. Anständigkeit oder schlaues Kalkül? Mißlingt es ihm einmal, das Publikum von Pornichet, La Baule oder Saint-Malo für sich zu gewinnen, wird man ihn trotzdem im Jahr darauf erneut engagieren wollen, und er wird dann ganz bestimmt die Häuser füllen.

Der Künstler fährt allein nach Roquebrune-Cap-Martin, wo er 1961 ein Häuschen am Meer gekauft hat. Dort verfaßt er eins seiner schönsten Chansons: *Le Plat Pays* – einen so klaren und kraftvollen Text, daß er in die französischen Schulbücher Eingang gefunden hat. Zehn Tage hat er gebraucht, um ihn zu schreiben. Selbst die, die Brel nicht ausstehen können – seine Persönlichkeit und sein Künstlerimage, seinen Stil und seine Musik –, müssen einige seiner Leistungen anerkennen. Der künstlerische Direktor der Firma Philips allerdings findet das Lied »unmöglich, viel zu lang«.

Nur noch die See im Nord ist letztes Niemandsland
und die Wogen der Dünen sperren den Wogen den Strand
Wenn das unstete Riff von der Tide umspült
und wenn manch Herz auch nur flach wie Ebbe fühlt
in diesem Nebelschwall der dich ertrinken läßt
in diesem Wind von Ost halt ich mich an dir fest
Mein flaches Land du bist mein Land ...

Sind vier Strophen wirklich zu lang?

Dieser Ostwind, der weht und nicht abflaut – das ist auch Brel. Es ist Jacques, der durchhält, kommt und geht, fordert und singt – zerrissen und aufs äußerste angespannt.

François Rauber erreicht, daß *Le Plat Pays* auf einer Schallplatte der Firma Barclay erscheint.

Miche trifft sich mit den Bruyndonckx. Jacques möchte ihnen eine Freude machen und ihnen eine Urlaubsreise schenken. Aber sie gehören nicht mehr wirklich zu Brels Welt – sie sind wie eine längst abgestorbene Haut, die doch hartnäckig an ihm haften bleibt.

Jacques verursacht in Brüssel einen kleinen Zwischenfall: Was ihn und seine Tourneetruppe amüsiert, vermag belgische Bürger zu irritieren. Als Guy Bruyndonckx das Haus der Brels verläßt, ruft Jacques ihm aus dem Fenster nach: »He! Sie, Sohn des Monsieur Bruyndonckx! Raus hier! Sie kommen hierher, um meiner Frau den Hof zu machen, während ich auf Reisen bin. Ich werde das nicht länger dulden. Diesmal habe ich Sie erwischt!«

Guy lacht, erzählt seinem Vater den Scherz. Am selben Abend greift Hector zur Feder:

»Mein lieber Jacques, ich glaube, daß ich berechtigt bin, die erzieherische Wirkung zu mißbilligen, die einige Deiner Extravaganzen auf andere ausüben.

Denn ich bleibe bei meiner Überzeugung, daß es nicht nötig ist, ohne Not bestimmte Regeln zu verletzen, die die Bau- und Prüfsteine eines verfeinerten Soziallebens bilden.

Es ist nur logisch, wenn ich Maßnahmen treffe, um Menschen, die mir nahestehen, vor solchen Spielchen zu schützen wie jenem, an dem Guy letzten Sonntag wider Willen teilnehmen mußte.

In Dir ist mehr!   Trotzdem ohne Groll«.

Bruyndonckx läßt sich von Brel nicht beeindrucken. Vorbei sind auch die schriftlichen Ergüsse an den »*Cher PSC*« oder an »*Monsieur*« Bruyndonckx. Jacques antwortet knapp. Der ›Adoptivsohn‹ rebelliert und wirft folgendes Kärtchen in den Briefkasten:

»Lieber Hector,

Tut mir leid, ich begreife gar nichts mehr.

Tut mir leid, daß das Wort ›Christ‹ für Dich von dem Wort ›Humor‹ völlig abgekoppelt ist ... Tut mir vor allem leid, daß ich Predigten nicht mehr so zu schätzen weiß.«

In Jacques' Augen leidet Hector an Humormangel, während für Bruyndonckx der Künstler Brel vom rechten Weg abgewichen ist. Seine spirituellen Neigungen hat er weit hinter sich gelassen. Er ist unter schlechten Einfluß geraten, unser Jacky, unser Grand Jacques!

Der Sänger Brel, das ist in erster Linie der außerordentliche Interpret, dicht gefolgt vom Liedertexter. An dritter Stelle steht der Musiker, ein hochempfindsamer Autodidakt.

Jacques Brel muß man unbedingt live erlebt oder wenigstens in einer Fernsehaufzeichnung gesehen haben, selbst wenn einem dort mit ›illustrativen‹ Landschaftskulissen und dem Pathos zähflüssiger Wortbeiträge oft der Spaß verdorben wird ... Erst wenn man von Brels Bühnenpräsenz überwältigt wird, versteht man seinen großen Erfolg.

Außer Edith Piaf, Sammy Davis, Judy Garland oder Oum Kalsoum und vielleicht noch ein paar anderen gibt es kaum einen Interpreten, der sich so sehr wie er auf der Bühne verausgabt. Über sich selbst hinausgehen, sich selbst übertreffen heißt hier: das Herz des Publikums treffen. Die Piaf aber sang nur, sie schrieb nicht.

Auf dem Höhepunkt seiner Karriere behauptet Brel nicht mehr, daß das Schreiben für ihn wichtiger sei als das Singen.

Fehlte es seiner Stimme im Jahre 1953 noch an Festigkeit, so gewinnt sie um 1959 an Fülle und Kraft, wirkt zunehmend warm und überzeugend. Geschult hat er sie ganz allein auf den unzähligen Tourneen. Gesangsunterricht wollte er nie nehmen.

Nebenbei hat er inzwischen seinen belgischen Akzent fast ganz abgelegt, rollt nur noch ein wenig das R. Er hat geübt, mit einem Kugelschreiber zwischen den Zähnen zu sprechen. Zu seinen Freunden sagt er: »Wenn ich die Zeit und die Fähigkeit hätte, einen Roman zu schreiben, könnte ich mich nuancierter ausdrücken.« *Je pourrais mieux expliciter ma pensée*[24] (Jacques gebraucht jetzt den Pariser Jargon). »Aber in vier Minuten hat man einfach nicht die Zeit, differenziert zu sein. Will man, daß die Leute eine Idee aufnehmen und behalten, dann muß man mit der Tür ins Haus fallen.«[25]

Indem man Figuren mit Leben erfüllt, kann

24 Ich könnte meine Gedanken besser verdeutlichen, d. Üb.

25 An Jean Clouzet, in: Jacques Brel, »Poésie et chansons«, Seghers. Auch an Jean-Pierre Grafé.

man tiefe Wahrheiten sagen: *Jef, Marieke, Grand Jacques, Madeleine.*

Unmittelbar vor seinem Auftritt hat Jacques immer Angst. Da kann er mit Jojo noch so scherzen, da kann der Saal überfüllt sein, da kann ihm die Kritik bereits zu Füßen liegen – es hilft nichts. Er braucht die Angst. Jeder Abend ist ein Kampf. Doch der mutige Kämpfer überwindet bekanntlich seine Furcht.

Brel läuft privat gerne in Cordhose, Pullover und Blouson herum. Auf der Bühne trägt er nach wie vor einen dunklen Anzug mit Krawatte. In diesem Aufzug könnte er auch in der Kartonagenfabrik arbeiten. Nach ein paar Chansons knöpft er gewöhnlich den Kragen auf. Leder, Pailletten, rosa und lila Hemden meidet er konsequent.

Wie ein Tänzer macht er sich hinter der Bühne warm. Er hüpft auf der Stelle, schüttelt Arme und Beine – bald wird er die paar Meter zurücklegen, die ihn noch von seinem Publikum trennen.

Brel hat sich angewöhnt, sich jedesmal zu erbrechen, bevor er seine Garderobe betritt. Er übergibt sich vor Lampenfieber. Alice und Georges Pasquier, François Rauber und Gérard Jouannest – alle haben ihn dabei beobachtet. Zu Beginn seiner Sängerkarriere kann Jacques die Panik seines Körpers nicht in den Griff bekommen. Später wird das Erbrechen wohl zum Ritual – genauso wie das eigenhändige Schuheputzen, kurz bevor er sich dem Publikum zeigt. Edith Piaf betete. Auch das war ein Ritual.

In einem Augenblick, den er allein bestimmt, holt er tief Luft und rennt auf die Bühne. Während sich der Vorhang hebt, ist die Spannung spürbar. Brel leidet noch immer unter seinem Aussehen, findet sich häßlich. Er hat noch nicht begriffen, daß zur Zeit seines Aufstiegs das Publikum gerade für etwas schräge, unregelmäßige Gesichter zu schwärmen beginnt, jedenfalls bei Schauspielern und Schauspielerinnen. Jacques Brel gelingt der Durchbruch zwischen Gérard Philipe und Gérard Depardieu, zwischen der Epoche von Micheline Presle und der von Nathalie Baye. Brel hat eine *gueule*, eine Fresse, selbst wenn ihm das nicht paßt. Belmondo contra Delon? Die Unvollkommenheit des Erscheinungsbildes – große Zähne und dicke Lippen – spricht den neuen Zuschauertypus mehr an als feine, regelmäßige Gesichtszüge. Brel strahlt die Schönheit seines rauhen Charmes aus, die Schönheit des Exzesses. Kurzum: er hat Charisma. Ab 1958 braucht er ganze drei Minuten, um das Publikum aufzurütteln, zu erobern, zu fesseln. Aber der Zeitpunkt seines Auftritts in der Show ist entscheidend. Ob Star oder nur zweite Garnitur – er kann unmöglich nach der Nummer eines Komikers singen. Als er einmal gleich nach Sim auftreten muß, der in rosa Strumpfhose und mit Schmetterlingsflügeln ein Lied vorgetragen hat, findet er keinen Kontakt zu den Zuhörern. Im ›Palais d'Hiver‹, unmittelbar nach den Grimassen der Brutos, muß er zunächst den Lärm im Saal übertönen, aber er bleibt Sieger.

Nach 1959 füllt er ganz allein die zweite Showhälfte. Brel stürmt förmlich die Bühne. Er wirft seine Netze aus, inszeniert seine Texte, fängt sein Publikum durch Dramaturgie, Sprachsinn, musikalisches Gespür. Er verwandelt das Chanson in ein Tableau. Brels Chanson-Theater wendet sich an all jene, die intensive Erfahrungen kennen oder suchen. Die Gitarre benutzt er nur noch für *Le Plat Pays* und *Quand on n'a que l'amour*, sonst kann er sich frei bewegen. Im Gegensatz zu Brassens, der sich in der Körpersprache nicht sonderlich zu Hause fühlt, setzt Brel seinen ganzen Körper ein. Er runzelt die Stirn, die Adern schwellen ihm an Schläfen und Händen. Brel ballt oder reckt die Faust, öffnet seine großen Hände. Er trägt mit dem ganzen Körper das Lied, das ihm die Richtung gibt, setzt Arme und Beine ein, beherrscht seine Mimik. Nur bei Interpretationen von Parodien wie *Les Bonbons* übertreibt er, wie ich meine, maßlos. Da taucht wieder für einen Augenblick der Geschichtenerzähler, der Chansonnier von damals auf – und vermag mit einer etwas dick aufgetragenen Mimik doch Stürme der Begeisterung zu entfesseln.

Brel schwitzt, mit dem Rücken zum Publikum entfaltet er ein Riesentaschentuch, wischt sich das nasse Gesicht ab. Der Arzt und Kritiker Jean Clouzet wiegt Brel mehrere Tage hintereinander vor und nach der Show. In anderthalb Stunden nimmt der Sänger manchmal bis zu achthundert Gramm ab. Köstliche Fehldiagnose: ein Herzspezialist, der Brel am 6. März 1948 gründlich untersucht hatte, beschrieb ihn als einen »schmalen jungen Mann, 1,80 Meter groß und 60,5 Kilo schwer, der offenbar an Kreislaufstörungen leidet ...« Er empfahl dem Patienten, »ein ruhiges Leben zu führen« und viel frische Milch zu trinken!

Die Zuschauer nehmen am Bühnengeschehen teil, leiden mit dem Sänger. Rasch unterbricht Brel den Applaus, den er nach jedem Chanson bekommt. Mit einem Blick gibt er Gérard Jouannest das Zeichen zum Weitermachen. Er will sein Publikum in Atem halten und atemlos machen.

Auf der Bühne wie anderswo zeigt Brel sein inneres Feuer und seine leidenschaftliche Liebe zum Leben. Kein Rocksänger, wie hektisch er auch gestikulieren mag, verausgabt sich so wie er. Und achten Sie nur auf Montands oder Béarts Gesichtsausdruck nach ihren Soloauftritten: sie haben sich unter Kontrolle, sind völlig beherrscht. Jeder hat seine eigene Technik. Schauen Sie sich jetzt Brel an. Wie verwundbar er aussieht. Seine Erschöpfung ist nicht gespielt. Jedesmal singt er so, als sänge er zum letzten Mal. Man glaubt es gerne. Bereits nach den ersten Chansons hat der Mensch und Star Jacques Brel es den meisten Zuschauern so angetan, daß sie denken: »Er stellt wirklich alles auf den Kopf. Ich habe Glück. Dies ist das schönste Konzert, das er je gegeben hat.«

Weil Brels Leistung auf der Bühne so spontan wirkt, verfällt man leicht der Illusion, es handle sich täglich um eine Neuschöpfung. Doch Brels

Programm ist bis ins kleinste durchdacht, alle Risiken sind abgewogen und einkalkuliert. Die Fachwelt staunt: »Was für eine Professionalität!« Worauf die Zuschauer unbeirrt entgegnen: »Diese wunderbare Ehrlichkeit!«

Und was denkt er selbst darüber? Ehrlichkeit hin oder her – Jacques lehnt Beleuchtungseffekte und Schminke kategorisch ab. Ein einfacher Schwenkscheinwerfer und ein wenig Tönungscreme genügen völlig.

Brel sorgt bei der Zusammenstellung seines Repertoires für die richtige Dosierung: Traurigkeit und Witz, langsames und schnelles Tempo, starke Akzente und sanfte Töne wechseln einander ab. Die Darbietung erinnert, mehr als bei jedem anderen Sänger, an einen Stierkampf. Brel macht keinen blasierten Eindruck. Jedes seiner neuen Chansons ist ihm wichtig, er steht mit Leib und Seele dahinter. Noch ein paar Stunden vor dem Konzert probt er sie mit seinen Musikern. Er ist aufgeregt, sie sind konzentriert – und besorgt. Wie wird das Publikum reagieren? Bis 1967 wird Brel jedes neue Lied vor Publikum testen, bevor er es aufnimmt. Seit er sich in der Pariser Varietészene bewegt, erzählt Brel auf der Bühne keine Geschichten mehr und macht keine Bemerkungen. So gibt es keine Mißverständnisse. Er singt nur seine Chansons, seine Wahrheiten oder seine Lügen.

Brels atemberaubendes Vortragstempo, die Verbindung von Trauer und Lachen, Spott und Emotion, diese Art zu singen, wie ein Boxer boxt, diese leicht brüchige Stimme, diese unglaubliche Bühnenpräsenz – das alles beweist, daß es so etwas gibt wie die Spezies des singenden Tiers.

Brel legt sein ganzes Gefühl in seine bebenden Lippen. Die hochgradige Sinnlichkeit seines Mundes haben Karikaturisten gut erkannt und auch festzuhalten gewußt.

Auf der Bühne überragt der Interpret den Text- und Melodienschreiber. Brel wird zum trinkenden Matrosen, zum Menschen, der auf den Tod wartet, zum Rekruten, der seine Kleider ablegen muß. Er verwandelt sich in sämtliche Figuren seiner Phantasiewelt. Sogar in den Stier, der sich sonntags bei Tangomusik langweilt. Und hat er einmal die törichte Idee, sich als Torero zu verkleiden, so fügt er damit seiner Darbietung keinen Schaden zu.

Das Publikum, diese namenlose Masse, die sich im Dunkel versteckt, sucht er zu provozieren. Genauso wie er seine Familie und Freunde genüßlich provoziert. Er ist Herr über die Zuschauer, fordert sie heraus, brüskiert sie immer wieder, ohne von seiner Verführungskunst Gebrauch zu machen.

»Es gibt Säle mit schlechter Architektur, aber kein wirklich schlechtes Publikum!« behauptet er.

Egal wie groß der Saal ist, Brel will seine Zuschauer in die Tasche stecken, in seinen Bann ziehen.

Im Casino von Knokke tritt Jacques zunächst im großen Saal auf, wo ihn fünfzehn Meter vom ersten Gästetisch trennen. Nach Mitternacht gibt er dann, wie es bei allen Sängern üblich ist, ein weiteres Konzert unten im Cabaret. Dort ist das Publikum weniger zahlreich, man trägt Smoking und Abendkleid. Der Raum ist so klein, daß Brel beinahe auf dem Schoß der Dame in der ersten Reihe singen muß. Während oben im großen Saal ein Zuschauer, der sich die Brelschen Publikumsbeschimpfungen anhört, sich immer noch mit dem Gedanken trösten kann, nicht er sei gemeint, sondern bloß sein Nachbar oder seine Nachbarin, funktioniert diese Abwehrstrategie in der Enge des Cabarets kaum noch. Man ist hier gleichsam unter vier Augen. Es findet eine Zerreißprobe, ein Machtkampf statt: auf der einen Seite sitzen die Beschimpften, diese Bourgeois und Schweine, diese berühmt-berüchtigten Leute vom Mediziner bis zum Industriemagnaten, samt ihren mit Diamanten beladenen Gattinnen, und auf der anderen Seite steht der Sänger, gnadenlos und triumphierend.

Jacques Nellens, der als Direktor des Casinos von Knokke die Nachfolge seines Vaters angetreten hat, ist etwas unruhig: »Hör mal, Jacques, meinst du wirklich, es ist hier in Knokke angebracht, *Les Flamandes* zu singen? Wir haben doch auch flämische Kundschaft, viele Leute aus Antwerpen.« Darauf Jacques: »Ob es denen paßt oder nicht: das Lied gehört in diesem Jahr zu meinem Repertoire. Also singe ich es.«

Léo Ferré sagte: »Wir sind alle Huren.« Das betrifft auch Jacques, und er weiß es. Aber er zieht die Attacke der Verführung vor. Wäre er Catcher, würde er die Rolle des Schrecklichen, des Bösen übernehmen – vorausgesetzt, er bliebe Sieger. Seine Verführungsstrategie ist die Herausforderung. Andere Chansonsänger bemühen sich, ihren Zuhörern zu gefallen, um sie zu überzeugen. Jacques provoziert mit seinen Texten, während seine Musik schmeichelt oder betroffen macht.

Er wütet, er tobt – und scheint dabei zu denken: Ob es euch gefällt oder nicht, ist mir völlig egal. Er schlägt zu, er legt zum Schuß an, er erobert. Immer öfter macht er von der Crescendotechnik Gebrauch und mißbraucht sie – sie wird zur Masche, wie einige meinen. Man vergleiche die Aufzeichnungen von ein und demselben Chanson zu verschiedenen Zeitpunkten. Bei *Mathilde* beschleunigt er das Tempo von Aufnahme zu Aufnahme. Brel stellt immer aufs neue sein Repertoire in Frage. Auch sich selbst und seinen Sängerberuf.

Anfang 1960 ist Jacques Brel bereits berühmt und mit allen Ehrungen der Chansonszene überhäuft. Jacques, Belgiens erfolgreichster Sänger, wird überall in Frankreich und in der Schweiz gefeiert und schafft sogar den Durchbruch in Kanada. Nur der angelsächsische Raum widersteht ihm noch. Brel erzählt gern, daß er für sein Debüt fünf Jahre veranschlagt hatte. Aber sein Aufstieg war steil. Der lange Jacques schlug Ende 1959 auf den Brettern des ›Bobino‹ wie eine Bombe ein. Und diesen Erfolg verdankte er vor allem seiner Arbeitswut.

III.
KAPITEL

Für die Zufriedenheit ist er nicht gemacht. Während einer Tourneepause im marokkanischen Mohammedia schreibt Brel, für den Erfolg eine Niederlage bedeutet, an Miche:

»Was nun?

Nichts mehr, man ist schon träge:

man macht weiter, man richtet sich ein,

für mich gibt es keinen Wilden Westen!

Weißt du, es ist schwer, im Frühling zu leben ...«

In *Le Moribond* wird er singen:

... 's ist schwer wenn man im Frühling stirbt du weißt ...[26]

26 In einem Heft hat Jacques Brel zwei Verszeilen notiert, als er an diesem Chanson arbeitete: »Toi qui était l'amant de ma femme
Tu prendras soin de la Thérèse.« (Du warst der Liebhaber meiner Frau, und du wirst für meine Thérèse sorgen.) Miches richtiger Vorname ist Thérèse, auch wenn sich kaum jemand daran erinnert. Der autobiographische Charakter vieler Brel-Chansons läßt sich an den Veränderungen der Texte, ihrer allmählichen ›Läuterung‹ ablesen. Brel geht vom Ich zur dritten Person über, vom Anekdotisch-Subjektiven zum Künstlerisch-Objektiven.

Jacques wendet sich hier ebenso an sich selbst wie an Miche, und seine Briefe enthalten Verszeilen, die er später in seine Chansons aufnimmt. Brel hofft, ein guter, ein hervorragender Sänger zu werden, der beste überhaupt. Das Komponieren hat er aufgegeben, aber er schreibt unablässig weiter. »Er ist die ganze Zeit mit seinen Chansons beschäftigt. Er schreibt überall. Das hat absoluten Vorrang«, berichtet Jojo.

Jacques lebt schnell, und er denkt viel an den Tod. Schon mit dreißig besingt er den Tod mindestens so oft wie das Leben:

... Der Tod ist in den Fliederstrauß verliebt,

Den man mir in die Grube kippt.

Sein Weizen blüht: die Zeit entgleitet.

Im großen Bett Vergessenheit

Hält er sich lange schon bereit.

Bald ist die Zeit hin die entgleitet. ...[27]

27 La Mort

IV. KAPITEL

IV. KAPITEL

CHANSON, POESIE UND SHOWBUSINESS

W enn man nicht auf den Text achtet, geht man an Brel vorbei. Aber wie könnte man seine Texte vergessen? Nur in etwa zehn Chansons hat die Musik Vorrang gegenüber dem Wort, so etwa in der schwachen *Bourrée du célibataire* oder in dem kurios-konfusen Lied *Les Singes*. Auf der Bühne hätte Brel das Telefonbuch singen können, und das Publikum hätte sämtliche Nachnamen, Vornamen und Adressen behalten. Jacques ist stolz darauf, so viel zu arbeiten. Aber er wirft sich vor, sich nicht genug auf das Helldunkel der Sprache einzulassen.

Er möchte einen Roman und Novellen schreiben.

Seine Emotionen und Empfindungen, seine Erfahrung von Dauer und Vergänglichkeit, die Menschen, denen er begegnet, all das legt er in seine Chansons. Er heult und schreit auf der Bühne wie in seinen Briefen. Und mag er sich auch etwas vormachen, wenn er allein ist – seine Texte kommen alle aus dem Herzen. Brassens schreit nicht. Ferré brüllt. Aber ist er immer ehrlich? Brels Blick auf die Wirklichkeit – im Gegensatz zu dem von Brassens – ist längst nicht mehr wohlwollend und nachsichtig. Weder privat noch in den Chansons. Er will nicht mehr das Evangelium verkünden. Nach 1959 hört man ihn nicht mehr wie im Jahre 1953 raunen:

> *... Ich hätte gern ein hübsches Flugzeug*
> *Um den lieben Gott zu besuchen*
> *Ein schönes Flugzeug leicht und wendig*
> *Das mich hoch in den Himmel brächte*[1]

1 Ballade

Obgleich er das Gegenteil behauptet, versucht er doch, singend eine Botschaft zu vermitteln. Der Text spielt bei ihm die entscheidende Rolle – so sehen es auch seine Kollegen und das Publikum. Ferré pflegte zu sagen: »Das Chanson bekommt erst durch die Musik sein Geschlecht.« Für Brel müßte man die Formel umkehren. Denn die Musik hält bei ihm ohne den Text nicht stand. Selbstredend besteht ein Lied aus beidem, Musik und Wort. Als aber seine erste Schallplattenfirma, Philips, eine Scheibe nur mit Kompositionen Brels produzieren will, ist man sich einig, daß sie zu schwach sind. Der Sender RTL, der später das Projekt verwirklicht, hat damit keinen Erfolg.

Die Melodien Brels leben zwar nur durch die Worte, doch seine etwa zweihundert Texte brauchen auch die musikalische Begleitung, um ihre volle Kraft zu entfalten. Den Text trägt die Musik, die Jacques selbst entwirft und dann mit seinen Musikern fertigstellt: mit Jouannest, Rauber, Corti, aber auch anderen – Zufallsbegegnungen – wie Lou Logist, Charles Dumont oder Jacques Vigouroux.

Auf Tournee, in seiner Bude in der Cité Lemercier, in Brüssel oder anderswo, fallen ihm nur dann Sätze ein, wenn er in Bewegung ist: »Ich bin nicht in der Lage, im Sitzen zu schreiben, ich kann nur stehend, unter Anspannung des ganzen Körpers schreiben. Die Leute sagen zu mir: Du hast geschrieben, du siehst müde aus. Ja, sage ich, und ich habe Kreuzschmerzen, entsetzliche Kreuzschmerzen, wenn ich geschrieben habe, zumindest bei bestimmten Liedern. Weil ich den ganzen Körper anspannen muß, weil mir kein Wort einfällt, wenn ich nicht angespannt bin, als wäre ich ein feuerspeiender Hahn! Und ich habe tatsächlich Kreuzschmerzen, wenn ich schreibe, das ist völlig lächerlich. Und es ist zum Lachen, daß ich obendrein Waden- und Schenkelschmerzen habe ... Es ist ein völlig animalisches Phänomen ... Und außerdem habe ich noch Kopfschmerzen ... Mein Körper diktiert mir einfach Schmerzen.«[2]

Schmerzen und Sätze.

1964 verfaßt Jean Clouzet das Vorwort für die schon erwähnte Auswahl der Brelschen Texte, die bei Seghers erscheinen. Jacques gibt seine Erlaubnis zum Abdruck der Liedertexte und des

2 Gespräche mit Dominique Arban, INA, gesendet von France-Inter.

Interviews, das ihnen vorangestellt ist – beides wird er hinterher bedauern.

Clouzet insistiert: Warum meint Jacques, daß das Liedermachen eine niedere Kunst sei?

»Das Liedermachen ist weder eine höhere noch eine niedere Kunst«, antwortet Brel. »Es ist gar keine Kunst. Es ist ein sehr beschränktes, armseliges Metier, weil es von allerhand Regeln im Zaum gehalten wird. Versuchen Sie doch einmal, in drei Strophen und drei Refrains auch nur die bescheidenste Idee klar auszudrücken! Ich arbeite gerade an einem Lied, das ›Ein Kind‹ heißen wird. Geben Sie mir zehn Seiten, und ich kann Ihnen erklären, was Kindheit für mich bedeutet. Aber weil das Chanson nur drei Minuten dauert, müssen die zehn Seiten auf einen Vers zusammenschrumpfen: ›Die Kinder ... sie töten eure Liebhaber, unsere Mätressen.‹ Und wahrscheinlich hören die meisten Leute darüber hinweg.«

Schreibend will Brel Gefühle vermitteln, Ideen entwickeln, Menschen und Landschaften skizzieren, aber er stößt dabei an handwerkliche Grenzen. Er kann nur schreiben, wenn er sich bewegt, in einem Raum hin und her geht, wenn er sich im Auto, im Flugzeug oder im Lärm eines Restaurants befindet. Die ideale, reine Poesie, sagt er, erfordere viel mehr Zeit, Talent und Einbildungskraft, als er jemals haben werde. »Ein Gedicht schreiben heißt: sich hinsetzen, zur Feder greifen und seiner Phantasie folgen.«

Da er sich nun einmal auf das Chanson eingelassen hat, bleibt er abhängig von seinen Melodien. »Es gibt nichts Lästigeres«, behauptet Brel, »als unter jedes Wort eine Note setzen zu müssen. Das Liedermachen ist die starrste, unbeweglichste aller Künste ...«

Das Liedermachen ist also doch eine Kunst? Hat Jacques nicht eben verkündet, daß es keine Kunst sei?

Er fährt fort: »Man darf nicht vergessen, daß ... das Chanson ... dazu bestimmt ist, im Radio gesendet zu werden, und das bedeutet, daß jeder es hören kann, aber niemand richtig zuhört. Ausserdem wird es im Varieté gesungen, als Lückenfüller zwischen einer Jongleur- und einer Seiltänzernummer. Das Ganze ist äußerst schwierig.«

Brel ist ein schöpferischer Mensch, er ist Schriftsteller, Liedermacher, Poet, und man kann ihn nach Belieben schlecht, mittelmäßig oder hervorragend finden. Anders als Brassens, Ferré, Lemarque, Gréco, Sauvage verkehrt er nicht in der Brüsseler oder Pariser Literaturszene. Die Poesie ist für ihn ein Teil der Kultur, den er sich mit einer gewissen Ehrfurcht aneignet. Brel ist sich seiner Schwächen bewußt. Und er fühlt sich oft unwohl unter Menschen, die er für klüger und begabter hält als sich selbst. Er kann sich mittlerweile nicht mehr vorstellen, als Dichter anerkannt zu werden. Andererseits läßt ihn eine bestimmte Art von Poesie, wie man sie in Paris gerade schätzt, völlig gleichgültig. Die Werke seines Landsmannes Henri Michaux findet er unerträglich. Brel, den Schwärmer und Romantiker, fasziniert das Bild des einsamen Poeten nach Art eines Arthur Rimbaud, eines Dylan Thomas. Der Dichter hat es in Brels Augen nicht nötig, sich zu zeigen, er entflieht dem Medienrummel. Michaux lehnt es ab, sich fotografieren zu lassen, und gewährt auch kein Interview. Bedeutende Dichter und Schriftsteller weigern sich oft, sich im Fernsehen zu entblößen. Doch in den sechziger Jahren macht das Fernsehen vor niemandem halt. Brel denkt in diesem Zusammenhang an Sartre, dessen Werke er nicht besonders schätzt, oder auch an Graham Greene, dessen Romane er förmlich verschlingt. Ein Schriftsteller ist in erster Linie sein literarisches Werk, nicht eine Person, die sich den Mikrofonen und Kameras preisgibt. Der Schriftsteller-Poet, wie ihn Brel auffaßt, stellt sich nicht zur Schau wie ein Sänger.

Ab 1959 wird Brel in der Chansonszene nicht mehr als Abbé oder Frömmling beschimpft. Nonnen und Ordensbrüder, die die Bedeutung der Schallplatte und ihrer Vermittlungsfunktion begriffen haben, treten mit verblüffendem Erfolg als Chansonsänger auf: der Jesuitenpater Père Aimé Duval, der französische Franziskaner Père Didier und sein kanadischer Ordenskollege Père Bernard, der Dominikaner Père Cocagnac. Die belgische Dominikanerin Sœur Sourire stellt sie alle in den Schatten, zumindest was die Verkaufszahlen betrifft. Auch gläubige Laien wie die Kanadierin Jacqueline Demay entdecken das Geschäft. Alle verbreiten demonstrativen Optimismus. Brel dagegen zeigt sich in seinen Chansons pessimistisch. Ende der fünfziger Jahre schlachten die singenden Pfaffen alle Trends, alle Musikrichtungen aus – vom Rhythm and Blues bis zum Rock 'n Roll. Sie meiden allerdings den sogenannten Yéyé-Stil, dessen Mischung aus Rock und Twist mit der frohen Botschaft weniger gut harmoniert. Gottes Wort kann zum Blues werden, aber Gott ist nicht »Yéyé«.

Zusammen mit Rauber und Jouannest erarbeitet sich Brel eine Originalität, die den Moden seiner Zeit und selbst den überall nachgeäfften Beatles so gut wie nichts zu verdanken hat. 1959 hat Brel einen seiner größten Erfolge mit dem Lied *Ne me quitte pas*, in dem die Ondes Martenot und das Klavier zum Einsatz kommen. Zur selben Zeit hat der phänomenale Elvis Presley einen Welterfolg mit *Heart-break Hotel*. Ein Gesetz des Showbusineß tritt immer deutlicher zutage: Ein amerikanischer Sänger macht eine schnellere und international bedeutendere Karriere als ein Franzose, ein Deutscher oder ein Russe. Die Universalsprache Englisch beschleunigt zweifelsohne diese zentrifugale Bewegung, die Amerikaner und Briten weit in die Welt trägt. Aber auch ihr Talent, ihr Fleiß und die Strukturen des Showgeschäfts in diesen Ländern, wo der Akzent mehr auf das Geschäft als auf die Show gelegt wird, spielen dabei eine Rolle. Die amerikanischen Vertriebsnetze sind mit ihrer enormen Weitläufigkeit und Geschwindigkeit ein wahres Abbild des amerikanischen Kontinents.

IV.
KAPITEL

Jacques nimmt eine Platte in flämischer Sprache auf, aber er wagt sich niemals ans Englische. Er ist nicht sprachbegabt. Er beschränkt sich auf Sprüche oder Sarkasmen wie in *Le Lion*, um seiner schlechten Laune Luft zu machen: *»Too much, c'est too much«*. »Du hast recht«, sagt Jojo.

Als Brel in einem anderen Lied Französisch und Flämisch auf gekonnte Weise mischt, schert er sich nicht um Syntax und Orthographie. Er hört auch nicht auf Guy Bruyndonckx, Hectors Sohn, der die Entstehung des Liedes miterlebt und gerne Korrekturen vornehmen würde, hätte er nur die Zeit dazu. Jacques und seine Inspiration sind schneller als die Grammatik. Für die wachsamen Puristen ersetzt er im flämischen Textteil (der hier in einer niederdeutschen Übertragung wiedergegeben ist) vergnügt *warme* durch *waarmde*, *de* durch *het* oder *zwarte* durch *zwaste*.

> *Ay Marieke Marieke ein Leben lang*
> *lieb ich dich zwischen Bruges und Gand*
> *Ay Marieke, Marieke die Zeit wird lang*
> *im flachen Land von Bruges und Gand*
>
> *Ohne Leev ohn warme Leev*
> *weiht de Wind de stumme Wind*
> *Ohne Leev ohn warme Leev*
> *weent de See de griese See*
> *Ohne Leev ohn warme Leev*
> *schint dat Licht dat dustre Licht*
> *un treckt de Sand över min Land*
> *min platte Land min Flandernland ...*[3]

3 Marieke

Brel braucht sich nicht von Moden abzugren-
zen, weil er nicht von ihnen beeinflußt wird. Zu
Zangra hat ihn die Lektüre des Romans *Le Désert
des Tartares* inspiriert:

> Also ich bin Zangra und ich bin Leutenant
> im Fort von Belonzio. Das beherrscht das Plateau
> und der Feind kommt nur da, der mich zum Helden macht ...

Ansonsten bezieht Jacques seine Inspiration
nicht aus Büchern, Filmen oder Theaterstücken.
Seine Helden und Antihelden sind aus *seinem*
Leben gegriffen. Er schöpft aus den eigenen
Erfahrungen und Träumen: »... Das ist eine Art
Kompensation. In der klinischen Fachsprache
gibt es dafür noch schrecklichere Begriffe. Begnügen wir uns mit den Worten Duhamels oder
anderer, die es schon früher gesagt haben: Man
erzählt das, woran man scheitert. Man erzählt
das, was man nicht erreichen kann ... Ich wollte,
daß mir diese Kompensation gelingt. Dafür mußte ich sehr viel arbeiten, weil ich davon überzeugt
bin, daß es so etwas wie Talent nicht gibt. Talent
ist nur die Lust, etwas zu tun. Ich behaupte: ein
Mann, der plötzlich davon träumt, daß er Lust
hat, einen Hummer zu essen, besitzt in diesem
Augenblick das Talent, einen Hummer gesittet
zu verspeisen und ihn zu genießen. Ich glaube,
daß die Lust, einen Traum zu verwirklichen, das
Talent selbst ist. Der Rest ist Schweiß. Es ist
Transpiration. Es ist Disziplin. Ich bin mir dessen
ganz sicher. Was Kunst ist, weiß ich nicht. Ich
kenne keine Künstler. Ich glaube nur, daß es

IV.
KAPITEL

4 »Brel parle«
(Brel spricht).
Eine Sendung
von Marc Lobet
und Henri Le-
maire. Produk-
tion: Costia de
Rennesse, RTB
(Radio Télévision
Belge), 8. Juni
1971.

Leute gibt, die mit großer Energie an einer Sache arbeiten. Naturtalent, daran glaube ich nicht. Es existiert für mich nicht.«[4]

Anfang der fünfziger Jahre verbreiten sich französische Chansons hauptsächlich über das Radio, die Showbühne oder die Jukebox. Niemand konnte damals nur mit dem Verkauf von Schallplatten Karriere machen. Die Kassette war technisch noch entwicklungsbedürftig.

Frankreichs Sänger stützen sich auf eine doppelte Tradition: die hundertjährige des Varietés und die tausendjährige des Chansons, des französischsprachigen Liedes. In den sechziger und siebziger Jahren erhalten Schallplatte und Rundfunk Verstärkung durch Fernsehen und Kassette. Die Vertriebsnetze konsolidieren sich. Damit steigt der Chansonkonsum, und der *tube* wird geboren (die Wortbedeutung ›Röhre‹ läßt an ein vollgestopftes Publikum denken): der Schlager, der trostlos oder auch hinreißend sein kann, ein kommerzieller Erfolg mit einem meist geringen ästhetischen Anspruch.

Zwischen Sängern und Chansonindustrie herrschte ein kompliziertes, verworrenes Verhältnis, ihre Beziehungen sind förderlich und nützlich, belastend und verheerend zugleich. Diese Industrie lanciert Schlagersängerinnen wie Sheila oder Dalida, von der Brel privat behauptet: »Sie hat bestimmt ihren Teilhard de Chardin auf dem Nachttisch liegen.« Diese Industrie etabliert aber auch Ferré, Brassens, Brel, Béart, Barbara und Leclerc auf dem Markt, die alle Inter-

[206]

preten, Liedertexter und Musiker in Personalunion sind.

Wenn man von der Provinz Quebec absieht,
wo zahlreiche Sänger sich im kulturellen und
politischen Kampf engagieren, bleibt das Chanson im französischsprachigen Raum, ob Belgien
oder Frankreich, nach wie vor eine zweitrangige
Kunst – selbst für das Publikum des ›La Rose
Rouge‹ in Saint-Germain. Mögen auch Sartre
und Mauriac der Sängerin Juliette Gréco einmal
ein Lied geschenkt haben – kann man deswegen
behaupten, daß die Intellektuellen das Chanson
als die »neunte Kunst« (Zitat Angèle Guller) ansehen? Das Varieté-Genre ist den meisten nicht
ganz geheuer, es wird nicht sakralisiert wie die
Poesie und besitzt nicht die Glaubwürdigkeit des
Romans. In den Augen der kritischen Intelligenz
gilt das Chanson als vulgär, als eine Art Instant-
produkt wie bestimmte Kaffees. Ein kurzes Vergnügen, drei bis fünf Minuten. Das Chanson des
zwanzigsten Jahrhunderts ist weder aristokratisch
noch proletarisch. Nur wenige Intellektuelle bekennen sich dazu, es ernst zu nehmen. Der flämische Schriftsteller Hugo Claus, der das Chanson als Teil der Volkskultur betrachtet, ist eine
Ausnahme unter all den Kulturpäpsten in Flandern und Wallonien, die es hochmütig ablehnen.

Boris Vian hat es hübsch umrissen: »Als eine
Art pausenloser Kommentar zum Leben in all
seinen Erscheinungsformen ist das Chanson
überall zu Hause. Man singt bei Taufen, Hoch-
zeiten und Beerdigungen. Man singt morgens

beim Aufwachen, man singt mittags und abends unter dem Fenster irgendeiner Hexe. Man geht singend aufs Schlachtfeld und läßt sich umbringen, der Sieg wird besungen, und man singt für euch ein Requiem, wenn ihr tot seid!«

Allen Vorurteilen zum Trotz verteidigt Boris Vian das Chanson mit der Waffe des Spotts und ruft Mozart zu Hilfe. In den fünfziger Jahren haftet dem Chanson eine anti-elitäre Aura an, sofern es nicht kitschig-nostalgisch die Arbeiterbewegung besingt.

Die feindseligen Intellektuellen haben im übrigen allen Grund, der Sache zu mißtrauen. Denn die Schallplattenindustrie lebt vom Klüngel. In den großen Plattenfirmen arbeitet das Fußvolk der Abteilungen für Presse- und Öffentlichkeitsarbeit Hand in Hand mit den Moderatoren und Diskjockeys beim Rundfunk. Einige von ihnen – wie Daniel Filipacchi und Frank Ténot in der berühmten Europe-1-Sendung *Salut les copains* – üben ihren Beruf aus Leidenschaft aus. Manche dieser Jockeys bleiben unabhängig und führen nur Vollblut-Rennpferde zum Sieg, andere werden Zyniker und treiben Esel an. Angebliche Schlager werden bis zu dreißigmal am Tag gesendet, wenn der Produzent dafür bezahlt. Die Jugendlichen, die zur Zielscheibe der Marktanalysen geworden sind, haben die Zugaben nicht verlangt!

In Frankreich gehört das Chanson nicht zum Adelsstand der wahren Künste: Ein ausländischer Staatschef mag sich mit dem Präsidenten der

französischen Republik wohl in die Oper be-
geben, doch nicht ins ›Olympia‹ oder ›Bobino‹.
Schriftsteller oder Filmschauspieler sind des
öfteren zu Gast im Elysée-Palast. In der Ära de
Gaulle erscheint Brigitte Bardot auf der Freitrep-
pe des Präsidenten-Amtssitzes. Aber die Gesellschaft, das Establishment und das Protokoll reagieren allergisch auf Varietésänger. Frank Sinatra wird im Rosengarten des Weißen Hauses
spazierengehen, lange bevor Dalida am 14. Juli
1981 neben anderen offiziellen Gästen den Ely-
sée-Rasen zieren darf. Belgien ist in diesem
Punkt genauso rückständig wie Frankreich.

Wie läßt sich die Ware Chanson am besten
vermarkten? Durch den Text oder durch die Musik? Über den Marktwert dieser beiden vergäng-
lichen Größen streiten sich die Chansonverkäufer. Die Autoren meinen naturgemäß, das Wichtigste am Chanson sei der Text, während für die
Komponisten die Melodie das Wesen des Chansons ausmacht. Jacques Canetti weiß aus Erfahrung, daß die letzteren recht haben – leider. Rauber und Jouannest haben den Mut und auch das
Verdienst, Brels Sätze zur Geltung zu bringen,
ohne dabei als Musiker ein Schattendasein zu
fristen. Der Text ist für sie nicht bloß kraftloses
Füllwerk für ein paar Sekunden. In den fünfziger
Jahren und in der Folgezeit, als das Chanson im
psychedelischen Gebrüll der Elektrogitarre
förmlich verschwindet, werden die Texte immer
dürftiger, bis nur noch ein lautmalerisches Knur-
ren übrigbleibt.

Für viele gebildete Franzosen verkörpert allein ein Valéry oder Saint-John Perse die wahre Poesie und ein Xénakis oder Boulez die einzig wahre zeitgenössische Musik.

Die Teenager zwischen dreizehn und achtzehn werden zu großen Konsumenten von Kassetten und Schallplatten und bilden etwa siebzig Prozent der gesamten Käuferschaft. Die Chansonproduktion nimmt gigantische Dimensionen an: 1965 melden die *Société des auteurs compositeurs et éditeurs de musique* (SACEM) und ihr belgisches Pendant, die SABAM oder *Société belge des auteurs-compositeurs*, fünfzigtausend eingetragene Chansontitel.

Intellektuelle und Kulturbürokraten begreifen nicht, wie man von den Cabarets des linken oder rechten Seineufers, vom ›Rose Rouge‹ oder vom ›Trois-Baudets‹, den Sprung ins ›Alhambra‹-, ›Bobino‹- oder ›Olympia‹-Theater schaffen und dann von peripheren Rundfunkstationen wie RTL und Europe 1 aufgesogen, künstlich aufgeplustert oder anerkannt werden kann. Darunter sind ein paar Begabungen wie Jacques Brel, die ihren Aufstieg wirklich verdienen, und zahllose Scheintalente. In den Tageszeitungen und Wochenzeitschriften, die die öffentliche Meinung zu bilden versuchen, nehmen Plattenkritiken einen sehr bescheidenen Platz ein, und die Kritiker sind selten Glanzlichter der journalistischen Zunft. Hat eine Platte Erfolg, tritt der Produzent schon mal ins Fettnäpfchen: »Nehmen Sie irgendwas, egal was, und geben Sie's in ein gutes Tonstudio mit guten Tontechnikern, dabei kommen immer gute Chansons heraus«, behauptet Plattenfirmenchef Eddie Barclay.

Das kulturell versierte Publikum hat von Sartre oder Wittgenstein gehört. Aber wer sind Popp und Rauber? Die Intellektuellen mögen keine Hitparaden und keine Charts, denn sie wittern mehr oder weniger Schwindel dahinter.

Die Chansonwettbewerbe, allen voran der *Grand Prix de l'Eurovision*, rufen bis 1970 genauso viele ungnädige Kommentare hervor wie die französischen Literaturpreise nach 1980. Ein abgekarteter *Grand Prix de l'Eurovision* kann aber niemals das Chanson insgesamt disqualifizieren, genausowenig wie ein umstrittener *Prix Goncourt* die Literatur an sich gefährdet. Das Buch bleibt. Anders ergeht es dem Chanson, das sich trotz Platte und Kassette wieder verflüchtigt, wenn es im Radio oder Fernsehen nicht mehr gesendet wird. Was passé ist, verschwindet.

Nicht zuletzt die Abhängigkeit der Sänger von den multinationalen Konzernen der Plattenindustrie nährt das Mißtrauen gegen die Chansonszene, vor allem bei jener Linken, die das kapitalistische Unwesen an den Pranger stellt und auf die sich auch Jacques und Jojo berufen.

Pathé-Marconi, Polydor und Philips – Jacques' erste Plattenfirma –, die später miteinander fusionieren werden, CBS (später Columbia), Barclay und einige kleinere Firmen wie Odéon, die CBS aufkaufen wird, beherrschen damals den französischen Markt. RCA gibt es noch nicht.

1984 ist Philips-Polydor Frankreichs größter Schallplattenproduzent, was etliche berechtigte und manche unberechtigte Sängerkarrieren erklären mag.

Jacques Canetti nimmt Jacques Brel 1953 mit progressiver Umsatzbeteiligung unter Vertrag. Im ersten Jahr bekommt der Sänger fünf Prozent vom Schallplattenverkauf, im zweiten sechs, im dritten sieben, im fünften acht Prozent – was für die Firma profitabler ist als für den Künstler. Zur selben Zeit debütieren französische Romanschriftsteller auf der Vertragsbasis von zehn Prozent Umsatzbeteiligung. Wenn Platten gut laufen, erreichen sie in der Regel höhere Auflagen als Romane. Ein Star der Varieté- wie der Literaturszene kann natürlich in viel größerem Ausmaß am Umsatz beteiligt werden.

Zwischen 1953 und 1958 beklagt sich Brel des öfteren: Er mag das Milieu des Showbusineß nicht, in dem es nur um Geschäfte und Profit geht, und Canetti, sein künstlerischer Direktor, attestiert ihm zwar Ehrlichkeit und ein überzeugendes Vibrato, macht aber keinen Hehl daraus, daß er Brassens vorzieht. »Sie mögen mich nicht,« erklärt Brel. Sie, das sind die Plattenproduzenten, die kommerziell orientierten wie die künstlerisch interessierten, alle miteinander.

Jojo schimpft auf die kapitalistische Gesellschaft, was Jacques' Verachtung für die ›Chansonverkäufer‹ noch verstärkt.

Das Leben der Familie Brel gestaltet sich zwischen 1953 und 1957 äußerst schwierig. 1958 und 1959 verbessert sich die finanzielle Situation. Danach können alle aufatmen. Mit dem Erfolg kommt auch die Unabhängigkeit, und Brel zeigt plötzlich mehr Verständnis für die Probleme der Schallplattenindustrie, zumindest bis 1977.

Ein Indikator des Erfolgs sind die Verkaufszahlen. Im Februar 1953 werden von Brels erster Platte kaum zweihundert Stück verkauft. Zum Vergleich: Von Boris Vians Debütplatte gehen etwa dreihundert weg. Die zweite Platte von Jacques, eine LP mit Arrangements von Popp, kommt im März 1957 auf den Markt und erreicht eine Auflage von zehntausend. Im Juni 1958 kommt der Durchbruch. Vierzigtausend Exemplare, erzählt man, werden von seiner neuen LP in zwei Monaten verkauft. Als im November 1959 seine vierte Platte herauskommt und er im ›Bobino‹ auftritt, ist Jacques Brel ein Star. Man würdigt ihn im Dezember desselben Jahres mit dem *Grand Prix de l'Académie du Disque Francis Carco*. Nichts zieht den Erfolg so zuverlässig an wie der Erfolg selbst.

Jacques' Verhältnis zum Geld ist weniger kompliziert als seine Beziehungen zu Frauen. Den Umgang mit großen Bargeldsummen überläßt er Jojo. Jacques ist großzügig. Wenn er mehr als genug zum Leben hat, kauft er hin und wieder ein paar Aktien, doch das Spekulieren an der Börse langweilt ihn, und er gibt es bald auf. Jojo prangert den Skandal der Mehrwertsteuer an, die man der Arbeiterklasse abpreßt. Auch wenn

Jacques jederzeit weiß, wie seine Konten aussehen, bleibt Miche für die Verwaltung der Bankangelegenheiten zuständig.

Die Einkünfte eines Sängers sind vielfältig. Handelt es sich um Galaveranstaltungen oder Tourneen, kann man die Gagen aufgrund seines guten Rufes in die Höhe treiben, wie es zum Beispiel Charles Aznavour tut. Jacques macht sich darüber lustig, erkennt aber dankbar an: »Er ist der einzige, der mir je fünf Francs geliehen hat.« Sowohl aus Überzeugung als aus taktischen Gründen verlangt Jacques von den Theaterdirektoren keine überhöhten Gagen. Olivier, sein Tourneeorganisator, hält sich strikt an seine Direktiven. Jacques achtet darauf, daß die sozial Schwachen die Karten für seine Konzerte noch zahlen können. Die Eintrittspreise sollen in einem vernünftigen Rahmen bleiben. Hier macht sich auch seine alte Rekordbesessenheit bemerkbar: Er gibt so viele Matineen und Abendvorstellungen wie nur möglich. Nach dem Motto: Je weniger man verlangt, desto mehr wird man gefragt. Auf Charles Aznavours Vorwurf, er verderbe die Preise und schade dem Metier, antwortet Jacques Brel: er schlage sie doch alle, was die Zuschauerzahlen betreffe.

Zum Vergleich: eine Auflistung der Gagen, die 1963 von folgenden Künstlern gefordert und vom Casino de Knokke auch bezahlt wurden – dies zu einer Zeit, in der Petula Clark oder Colette Renard beim Publikum bei weitem nicht so beliebt waren wie der belgische Sänger:

Jacques Brel	23. Juli	5.500 Francs
Petula Clark	21. Juli	5.000
Sacha Distel	13. April	6.750
Gilbert Bécaud	20. Juli	10.000
Raymond Devos	10. August	5.000
Colette Renard	17. August	4.250[5]

5 Die Informationen stammen von M. Jacques Nellens

Jacques schreibt längst keine süßlichen Litanei-Imitate mehr, sondern echte Chansons, die zwischen Schlager und ästhetischem Anspruch, Lyrik und Realismus angesiedelt sind. Er taucht auf der Varietébühne auf, als das Spektrum der musikalischen Moden von Kurt Weill bis Tino Rossi reicht. Mit Aragon, Queneau oder Mac Orlan hat die Dichtung in das Chanson Einzug gehalten. Liebe, Tod, Freundschaft, Antimilitarismus, Ablehnung von Konformismus, Heuchelei und Mittelmäßigkeit: Brassens, Lemarque, Vian und Gainsbourg geben den zeitlosen Themen, die auch Brel bearbeitet, eine neue Aktualität.

Durch seine Art, ein Chanson wie eine Erzählung – meist um eine Hauptfigur herum – aufzubauen, verschafft sich Brel eine Außenseiter-Originalität. In bestimmten Schickerialokalen wie ›La Fontaine des Quatre Saisons‹, ›Le Tabou‹ oder ›Quod libet‹ ist er überhaupt nicht gefragt. Dort hat allerdings der Jazz den Vorrang vor dem Chanson.

Die französische Dichtkunst, die in schmalen Bändchen und Broschüren ihr Dasein fristet, erscheint der breiten Öffentlichkeit als eine her-

metische, unzugängliche Welt. Brel weiß seinen
Nutzen daraus zu ziehen. Das Chanson wird zu
einem Kommunikationsmittel, das auch dem
Interesse für Poesie gerecht zu werden vermag.
Einige Sänger interpretieren Werke von anerkannten Dichtern, die bei Seghers, Mercure de
France oder Gallimard verlegt werden. Andere,
wie Brassens oder Brel, die eigene Texte singen,
sind selber Dichter – oder werden für solche
gehalten.

Diese *nouvelle chanson française* profitiert davon, daß die lyrischen, syntaktischen und se-
mantischen Eigenarten der französischen Nach-
kriegsdichtung von den meisten Leuten nicht
mehr verstanden werden, die in der Zeit der Besatzung und der Résistance noch Zugang zur
Poesie fanden. Ob das den Dichtern zur Ehre
oder zur Schande gereicht, mag dahingestellt
bleiben.

In den Vereinigten Staaten sieht es anscheinend ganz anders aus. Erfolgsdichter benutzen
dort – ohne deshalb ihre Qualitätsansprüche aufzugeben – eine Sprache, die jeder verstehen
kann, der Stahlarbeiter aus Pittsburgh wie der
Hochschulprofessor aus Princeton. In den USA
und in der damaligen Sowjetunion lesen Dichter,
allen voran Allen Ginsberg, ihre Werke vor
großem Publikum. In Frankreich oder Belgien ist
man weit davon entfernt. Ein Yves Bonnefoy
könnte den großen Hörsaal der Sorbonne nicht
füllen.

Die Dichtkunst bleibt in einem Ghetto. Boris

Vian, der Sänger, Autor und Musiker, wird erst nach seinem Tode berühmt. Ein Bergarbeiter aus Charleroi oder Alès steht vor seinem Werk wie vor einem Buch mit sieben Siegeln. Stéphane Goldman, ein in Vergessenheit geratener Avantgardist, ist ein Geheimtip für Literaturkenner geblieben.

Brels Trümpfe sind sein einfacher Wortschatz, die Klarheit seiner Sätze, seine direkte, wie gesprochene Sprache. Selbst ein Anfänger im Französischen wird seinen Stil schnell erfassen:

> *Deine Kais, Amsterdam,*
> *hörn den Seemann der singt*
> *von dem Traum der ihm bringt ...[6]*

6 Amsterdam

Seine sentimentalen Höhenflüge sind leicht nachzuvollziehen:

> *... und vergiß die Zeit*
> *die verloren war*
> *Mißverstehen war ...[7]*

7 Ne me quitte pas

Ab 1962 sind Brel-Texte in Schulbüchern zu finden und werden von Zwölf- bis Dreizehnjährigen mit Hilfe des Lehrers entschlüsselt:

> *... Mein flaches Land du bist mein Land ...*
> *Da ist der Himmel tief daß ein Fluß sich verliert*
> *Da ist der Himmel tief daß man nur Demut spürt ...[8]*

8 Le Plat Pays

In all seinen Stücken, erfolgreichen und weniger gelungenen, spricht Jacques Klartext, auch dann, wenn er grammatische Regeln verletzt:

IV.
KAPITEL

> *… Wenn man nur die Liebe hat*
>
> *Um zu den Kanonen zu sprechen*
>
> *Und nichts als ein Lied*
>
> *Um einen Trommler zu überzeugen*
>
> *Dann Freunde*
>
> *Haben wir doch*
>
> *Mit nichts als der Kraft zu lieben*
>
> *Die ganze Welt in unseren Händen.*[9]

9 Quand on n'a
que l'amour

Dies ist übrigens einer seiner dürftigeren Texte, geradezu demagogisch im Vergleich mit anderen Brel-Erfolgen. Jedenfalls besitzt Jacques die Eigenart, zugänglich und verständlich zu bleiben, ob er nun gute oder schlechte Texte schreibt, ob er es sich leicht macht oder im Einfachen das Originelle sucht.

Jacques hinterfragt das Verhältnis des modernen Chansons zur Dichtung. Über *Le Plat Pays*, eines der wenigen echten Gedichte, die er geschrieben hat, äußert er sich abfällig, weil es ihm so rasch von der Hand ging: Das sei »billige Poesie«.

Daß einige seiner Werke in den Augen des Lesers auch ohne musikalische Einrichtung bestehen könnten, findet er ganz abwegig.

Unmittelbar nach seiner Ankunft in Paris hat Jacques noch die ›Schwäche‹, sich für einen Dichter zu halten. Überhaupt gebraucht er den Ausdruck »Ich habe die Schwäche …« recht häufig. Nach ausgiebiger Lektüre kommt er zu der

Überzeugung, alles andere als ein Dichter zu sein: Eine unüberwindliche Barriere, glaubt er, trenne das Chanson von der Poesie. »Brel«, bemerkt der belgische Schriftsteller Pol Vandromme, »hat poetisches Gespür, doch nicht das sprachliche Vermögen, es umzusetzen. Sein Drama besteht darin, daß er sich dessen völlig bewußt ist. Und seine Würde besteht darin, daß er akzeptiert, was ihn schier verzweifeln läßt. Er schreibt Chansons, weil das Gedicht bei ihm im Entwurf steckenbleibt. Der poetische Impuls macht noch kein Gedicht. Ohne eine Sprache, die ihn zur Entfaltung bringt und ihm eine Form gibt, bleibt er eine Sehnsucht ohne Vollendung. Das Gerede von einer poetischen Atmosphäre ist völlig nichtssagend ...«[10]

Er sei doch ein Varietékünstler, wiederholt Jacques in unzähligen Interviews.

Brel bemüht sich, den Modeströmungen aus Paris, Frankreich, Belgien und Quebec, aus Amerika und der Schweiz zu entgehen. Er möchte ein befreiter Sänger sein, ein *chanteur dégagé* im Gegensatz zum *chanteur engagé*, zum engagierten Sänger. Es gelingt ihm nicht ganz.

»... Ich war nie auf der Höhe meiner Epoche. Außerdem lehne ich diese Epoche ab«[11], sagt er einmal.

Als Liedertexter verzichtet er ab 1959 auf die Attitüde des singenden Predigers und Weltverbesserers, ohne sie restlos zu verleugnen. Romantiker im Privatleben, bleibt er in seinem Werk überwiegend Realist.

10 Jacques Brel: l'exil du Far West / Das Exil des Wilden Westens

11 »Brel parle« / Brel spricht, Labor, 1977

IV.
KAPITEL

Kaum sechs Jahre nach seinem Debüt nimmt das Universum des Jacques Brel Konturen und Farben an, die dem Rhythmus seines Lebens entsprechen. Die Gesellschaft, die er in Haupt- und Nebenfiguren darstellt, ist düster und ungerecht. Unter Jojos Einfluß beschließt er, daß Nächstenliebe eine niedere Regung sei, die man verwerfen müsse, um der Gerechtigkeit zum Sieg zu verhelfen. Dieser Gedankengang ist damals das Steckenpferd nichtkommunistischen Linken von Paris und Brüssel. Soziale Ungerechtigkeit, Dummheit und Heuchelei werden bei Brel nicht vom Bourgeois im allgemeinen verkörpert, sondern von bestimmten Typen wie dem Notar und dem Apotheker, die den ersten Rang in der Brelschen Dämonologie besetzen, obwohl sie einem Milieu entstammen, in dem Jacques kaum jemals verkehrt.

In seiner Erzählung *Le Chemineau* sieht der fünfzehnjährige Jacky in der Gestalt eines Lebensmittelhändlers die Inkarnation der Erstarrung – das totale Grauen. Später greift er höher in der sozialen Hierarchie, wenn er seine Haßgefühle zum Ausdruck bringen will. Nie fragt er sich, ob die Bourgeoisie nicht auch ein paar Verdienste hat. Ist sie im Licht der Zeitgeschichte denn nicht die wichtigste Kulturvermittlerin und -produzentin überhaupt? Wie die Intellektuellen, denen er eigentlich mißtraut, glaubt Brel an eine Arbeiterklasse als Avantgarde der Geschichte – oder vermittelt zumindest in seinen Chansons gern diesen Eindruck. Er bewegt sich in jenem ›Archäoprogressismus‹, der in den Jahren 1945 bis 1968 weit verbreitet ist.

»Botschaften bringt nur der Briefträger«, behauptet Jacques.

Dennoch ist es eine simple Botschaft, die er unters Volk trägt: Bourgeois sind Schweine. In Belgien und Frankreich bekommt er dafür Applaus von bourgeoisie-abtrünnigen Bourgeois.

Er singt von Armen und Hoffnungslosen, von Geprügelten und Frustrierten. Seine Botschaft ist in der Tat schlicht: ich brauche Zärtlichkeit, wir alle brauchen sie. Das ist mehr als eine Botschaft – ein Schrei.

Doch damit beginnen die Mißverständnisse. Liebevoll ist Jacques zweifelsohne zu Jojo und anderen – manchmal auch zu Unbekannten, für die er sich während der Autogrammstunde in einen sensiblen Berater für Herz- und Seelenangelegenheiten verwandelt. Wenn seine Bewunderer ihn um Rat fragen, ist er unschlagbar.

Zärtlichkeit setzt Zuneigung voraus, die Liebe, die man gibt und empfängt. Liebt denn Jacques die anderen – den anderen? *L' Autre:* Damals wird dieser ominöse Begriff überall großgeschrieben und selbst in den Garderoben der Varietés noch diskutiert. Wer ist dieser Andere, den Brel zu lieben meint?

Im Umgang mit Apothekern und Lebensmittelhändlern oder mit dem Brüsseler Freund und Notar Jacques Delcroix zeigt sich Jacques selbstredend von seiner höflichsten Seite. *Grand bourgeois* – wenn auch Außenseiter und Exilant –, revoltiert Brel vor allem gegen die Institutionen. Er denunziert das Spießertum, weil er sich selber von seiner bürgerlichen Kindheit nicht lösen kann. Er legt sich mit der Religion an, vor allem mit dem Klerikalismus. Für Jojo allerdings sind die Arbeiterpriester prima Kerle. Das muß man ihnen schon lassen. Haben nicht auch einige die algerischen Nationalisten während des Krieges unterstützt? 1961 singt Jacques:

> *... Adieu Curé, dich schätzt ich sehr.*
> *Adieu Curé, dich schätzt ich sehr, du weißt,*
> *Wir sprachen nie dasselbe Wort,*
> *Wir hatten nie denselben Weg,*
> *Wir suchten nur denselben Port ...*"

11 Le Moribond

Brel versteht die Frömmler des neunzehnten Jahrhunderts besser als die Gläubigen des zwanzigsten, und er pöbelt sie auch überzeugender an.

Die Religion erteilt der Institution Familie ihren Segen. Jacques haßt die Familie, die einem den Katechismus wie den Schulunterricht aufzwingt und die Ehe zum Heiligtum erhebt. Brel ist für die Rolle des klassischen Ehegatten nicht geschaffen. Die Familie, findet er, beraubt die Kinder dessen, was er den ›Wilden Westen‹ nennt. In seinen Chansons äußert er eine glaubwürdige und zugleich zweideutige Zärtlichkeit für Kinder und alte Menschen, diese fragilen und schutzlosen Helden seines imaginierten Kosmos, die nicht in Bordellen und Kasinos verkehren.

Die Brelsche Welt wimmelt geradezu von unterdrückten, geduckten Persönlichkeiten meist männlichen Geschlechts – Menschen im Erwachsenenalter, die sich gelangweilt von Niederlage zu Niederlage durchschlagen. Aber ›die Erwachsenen‹ gibt es eigentlich nicht! Es gibt nur die Frau oder den Mann. In der Öffentlichkeit erklärt Brel gerne, daß er Frauen sowieso nicht versteht. In seinen Texten klagt er sie an in einem Ton, der eher satirisch als zärtlich genannt werden muß. Als Zwanzigjähriger war Jacques ein Anhänger von Rousseau: die menschliche Natur erschien ihm damals von Grund auf gut. Da brauchte Gott nur ein bißchen nachzuhelfen, und schon waren Frauen und Männer in der Lage, trotz der Unterdrückung durch Gesellschaft und Institutionen sich selbst zu erlösen. Der dreißigjährige Brel verbarrikadiert sich hinter einer dualistischen Weltanschauung: Die Gesellschaft ist grundsätzlich böse, weil erwachsene Menschen sie beherrschen – und die menschliche Natur ist sowieso schlecht. Manche sprechen von einem ›metaphysischen Pessimismus‹ bei Brel. Aber mit Philosophie hat Brel wenig im Sinn. Er ist in erster Linie Beobachter, und der einzige metaphysische Begriff, der in seinen Chansons auftaucht, ist die Zeit. Aus der Perspektive des Sängers sind ›die anderen‹ unbeweglich, fixiert, während er allein sich irgendwo weit weg befindet, ›auf hoher See‹. Je mehr er von Zärtlichkeit und Liebe singt, desto weniger glaubt er daran.

Seine dualistische Weltauffassung bezieht sich vor allem auf das weibliche Geschlecht – Mütter und Großmütter ausgenommen. Die Psychoanalyse mag darin einen unverarbeiteten Ödipuskomplex erkennen. An keiner Stelle des Brelschen Chansonwerks wird angedeutet, daß sich der Mann Brel gegenüber Frauen, jenen seltsamen Wesen, ungeschickt und hilflos, feige oder erbärmlich verhalten könne. Die Frau aber, die Schöne von einst, verwandelt sich bei ihm in die Erzfeindin des Mannes, die arrogante, berechnende Betrügerin und Verräterin, gleichermaßen eigensüchtig, hinterhältig und heuchlerisch als Mutter, Wohltätigkeitsdame oder Hure.

Sie sind unsere ersten Feinde
Wenn sie lachend
Aus den Weiden des Weltschmerzes entwischen
Die Kühe …

Sie sind unsere letzten Feinde
Wenn ihre Brüste schlaff sind vor Müdigkeit
Von zu vielen durchwachten Nächten
13 Les Biches   *Die Kühe …[13]*

Die Frau ist die Quelle allen Unheils für den Mann. Die Frau ist die Falle. Sie verschlingt ihn, den armen Hund, den armen Jacques, der immer wieder gegen die gleichen Windmühlen in den Kampf zieht, der sich stets von neuem auf ein Spiel einläßt, von dem er weiß, daß es absurd, hoffnungslos und nicht zu gewinnen ist. Es war oft von Brels Frauenfeindlichkeit die Rede. In der Tat: mit der Zeit wird man in seinen Liedern immer seltener freundlich-üppigen Frauentypen wie Frida begegnen, dafür um so mehr scheinheiligen Halbweltdamen. Allenfalls besingt er noch eine verbannte Mathilde. Nach Brels Ansicht kann eine dauerhafte Zuneigung nur zwischen Männern bestehen. Unter Kerlen erlebt man zwar nicht jeden Tag das Paradies, aber doch ein ganz passables Fegefeuer. Brel verzeiht den Männern alles. Die Frauen sind die Hölle. Nach 1959 verschwinden die *gentilles*, die schönen Lucies, die Freundinnen und treuen Liebsten restlos aus seinem Repertoire. Vorbei ist die Zeit, da er sich auf der Bühne singend dafür entschuldigte, ein Mädchen zum Weinen gebracht zu haben. Er schätzt das Wiedersehen mit der Geliebten und das reale Erleben der Liebe, aber genauso das Warten darauf – die Vorstellung von einer Frau ist ihm oft lieber als ihre Gegenwart. Mit Gides Nathanael könnte Brel sagen: »Jedes neue Begehren hat mich reicher gemacht als der trügerische Besitz des Objekts meiner Lust.«

Die Paare in Brels Chansons lieben sich vor allem, wenn sie weit voneinander entfernt sind. Erst in der Trennung blüht die Liebe auf. Die frisch Verliebten, die in der Brüsseler Rue Royale oder auf den öffentlichen Bänken in Paris Händchen halten, wissen das nur noch nicht!

Als Star sieht sich Brel von vielen Mädchen umgeben. Aber der Spötter weiß, daß ihre Zuneigung dem berühmten Sänger gilt und nicht dem Mann. Zuweilen hat er einen romantischen

Rückfall und singt wieder von seiner Liebsten, um gleich darauf die Eintönigkeit einer Paarbeziehung zu attackieren. Ja, man muß alles hinter sich lassen, ruft er dann aus und stimmt ganz andere Lieder an, die von verblühter Liebe, Irrungen und Wirrungen, von verlorener Zeit und Mißverständnissen, von altgewordenen Herzen, von Flammen und Asche erzählen. Die nächste Liebe kommt bestimmt – die nächste Niederlage!

In seinem Privatleben ist Jacques konsequent untreu. Vor allem der Idee, die er von sich selbst entworfen hat, und jener anderen, die Hector Bruyndonckx ihm aufdrängen wollte. Seine Untreue entbehrt allerdings nicht einer gewissen Eleganz. Er weiß seine Inseln der Ruhe zu schützen. In den Klatschspalten von Boulevardblättern wie *Samedi-Soir* taucht er nicht auf.

»Alle Frauen sind Schlampen!« Jojo und Brel macht es anscheinend Spaß, immer wieder diesen idiotischen Spruch herunterzuleiern, der damals kursiert, so wie in den zwanziger und dreißiger Jahren ein ähnlicher Schwachsinn über ›Frauenzimmer‹ und ›Weibsbilder‹ im Umlauf war. In Briefen und Interviews verbreitet Jacques, daß Frauen für ihn ein Geheimnis seien, und er beschimpft sich dort gern – in einer Mischung aus Ehrlichkeit und Selbstgefälligkeit – als Feigling.

Der Chansonsänger aber gefällt sich darin, die Frauen mit allen erdenklichen Untugenden auszustatten: Weichlichkeit, Schlamperei, Treulosigkeit, Egoismus, Bestechlichkeit. Um 1955 herum hören sie auf, die umworbenen Prinzessinnen und Königinnen seiner Lieder zu sein. Jacques wird selbst allmählich zum Gefangenen der bösen Rolle, die er der Frau zugeteilt hat. Der Brelsche Liebhaber findet Geschmack daran, sich den Enttäuschungen des Gefühls bedingungslos auszuliefern. Jacques, der Trennung und Versöhnung zur Genüge aus eigener Erfahrung kennt, hat keine Mühe, sein Publikum daran teilhaben zu lassen. Und ausgerechnet die Frauen, denen er so viel Macht zugesteht, liegen ihm zu Füßen.

Zwei oder drei Platitüden sind es, die der Sänger mit seinem Talent und seiner Erfahrung immer neu ausschmückt: Der Ehealltag mündet unweigerlich in unheilbare Langeweile. Mann und Frau, ganz gleich, welcher sozialen Schicht sie angehören, können ihre Sinnlichkeit auf Dauer nicht befriedigend miteinander ausleben. Seine Mutter, seine Großmutter, seine Kinder kann man dauerhaft lieben, aber die Beziehung zu einer Lebensgefährtin, ob mit oder ohne Trauschein, findet ihr unvermeidliches Ende in der Mittelmäßigkeit. Jojo faßt es so zusammen: »Sex hat kein Herz.«

Je mehr Jacques Brel »*Je t'aime, je t'aime*« singt, desto weniger glaubt er an Liebesgeschichten und an die große Liebe. In seinen Liedern lebt er Hoffnungen und Rückfälle aus. Im Lauf der Jahre wird er immer radikaler. 1957 heißt es noch:

IV.
KAPITEL

> *... Rupfen wir den Flügel eines Engels ab*
> *Um zu sehen ob sie an mich denkt*
> *Rupfen wir den Flügel eines Engels ab*
> *Um zu sehen ob sie mich lieben wird,*
> *Ob sie mich lieben wird ...* [13]

13 Saint Pierre

Zwanzig Jahre später klingt es nun so:

> *... Nein, kein Zweifel*
> *Heute abend regnet es in Knokke-le-Zoute*
> *Heute wie jeden Abend*
> *Geh ich heim*
> *Mit verstörtem Herzen*
> *Und den Anker unterm Arm ...* [14]

14 Knokke-le Zoute

Auf der Bühne gibt er sich düsterer und pathetischer als im Privatleben. Aber Brel glaubt an die Freundschaft. Die vom Leben besonders hart geprüften Existenzen umgibt er in seinen Texten mit Zärtlichkeit, auch kann Brel zuweilen liebevoll mit Jacques umgehen. Der Mensch wie der Sänger Brel klammert sich an eine bestimmte Idee der Brüderlichkeit. Diese hat weniger gemein mit einer heldenhaften Männlichkeit à la Malraux oder der humanistisch geprägten Solidarität eines Camus, der beim gereiften Brel die Nachfolge von Saint-Exupéry antritt, als vielmehr mit der Freundschaft, dem Beisammensein und Zusammenhalten unter Kumpeln.

Die Brelsche Welt erfindet ihre eigene Ordnung und erstarrt darin.

Auch wenn Brel 1956 einmal feierlich von

seiner »Philosophie« spricht (in *Ce qu'il vous faut*), sollte man sich doch hüten, zuviel Metaphysik in seine Texte zu legen.

Jacques fühlt sich verfolgt von der Zeit, die dem Körper ihre Spuren einprägt, von der Vergänglichkeit, dem physischen Verfall. Vergleicht er in einem seiner Lieder die Brüste der Frauen mit Sonnen und mit Früchten, deutet er sogleich ihr Erlöschen, ihr Vertrocknen an. Brel fürchtet sich vor dem Altern weit mehr als vor dem Tod, der ihn zu Gott zurückführt – zum Jenseits, dem er hin und wieder einen kleinen Tribut entrichtet.

Der Sänger Brel hat seine individuelle Geographie aus Regen- und Nebellandschaften, die er kennt wie seine Westentasche, die belgischen besser als die französischen, von der Hauptstadt bis zu den Kleinstädten der Provinz.

Brüssel, Ostende, Knokke, Antwerpen, Amsterdam, Hamburg, Honfleur, Vesoul – seine Städte sind heiter und trist zugleich. Wenn er die Hauptstadt seines Landes heraufbeschwört, findet er einen fröhlichen Ton, der an den Charme vergilbter Postkarten erinnert.

Er widmet seiner Heimatstadt zwei Chansons. 1953 besingt er sein Brüssel:

> *... die Funken*
> *Der Trams sieht man von weitem*
> *Da ist der Jardin botanique*
> *Der den Jungs von Saint-Louis*
> *Eine lange Nase macht ...*[15]

15 Bruxelles (unveröffentlicht)

1962 versetzt er sich in die Epoche seiner Eltern und Großeltern zurück, um ihre Hauptstadt zum Leben zu erwecken:

> ... *Das war zur Zeit, in der der Stummfilm flirrt,*
> *Das war zur Zeit, wo Bruxelles tremoliert,*
> *Das war zur Zeit, wo Bruxelles brüsseliert ...*[16]

James Joyce, auch er ein Exilant, liebte und haßte Dublin genauso inbrünstig – nur war er mit einem schärferen Blick und einer subtileren Sensibilität begabt als der Brüsseler Sänger.

Bahnhöfe, Häfen, Flughäfen, Schiffe: Brel bevorzugt Orte, die eher den Abschied und die Trennung symbolisieren als die Rückkehr und das Glück des Wiedersehens.

Brels Chansons sind keine Fabeln. Mit La Fontaine ist er lange nicht so vertraut wie Brassens. Trotzdem schafft er sich eine Art Bestiarium. Tiere tauchen auf – Hunde, wie Hunde angebundene Menschen, die *biches* der Halbwelt, die wie läufige Hündinnen herumstreunen, die Taube als Sinnbild des Friedens (wie bei Picasso und anderen) und das Pferd, in dem sich Brel personifiziert sieht. Jacques hat sich oft genug anhören müssen, er habe ein Pferdegebiß.

Jacky, Grand Jacques, Jojo, aber auch Pierre, Emile, Fernand, Jef, Zangra ... Jacques braucht einen Vornamen, um eine Neben- oder Hauptfigur greifbar zu machen. Die Vornamen seiner weiblichen Gestalten beginnen oft mit dem Buchstaben M: Marieke, Madeleine, Mathilde,

Maria. Reiner Zufall? Oder hat es doch etwas mit Mouky und Miche zu tun, mit seiner Mutter und der ihm angetrauten Frau? Oder vielleicht mit Marianne[17], einer späteren Lebensgefährtin? Miche reimt sich ja auch auf *biche* … Trotzdem: vergessen wir La Fanette, die Mutter Françoise, Clara und Isabelle nicht! Jacques hat sich generell die Sprech- und Denkweise der Pariser – und der Franzosen überhaupt – angeeignet und gebraucht hier und da bewußt altmodisch und grotesk wirkende Vor- und Spitznamen wie Léon, Germaine, Jules, Gaston, Paulo, Prosper oder Titine.

Die Orte der Brelschen Phantasiewelt, wo seine Figuren ihr Glück oder Unglück erleben, sind präzise eingegrenzt: die Place de Brouckère in Brüssel, der Bahnhof Saint-Lazare in Paris. Auch landet Brel immer wieder im Casino von Knokke, um es genauso regelmäßig wieder zu verlassen. Und nie verliert er ein Wort über den wunderbaren, von Magritte dekorierten Saal, denn Museen und Malerei lassen ihn nach wie vor kalt.

Der Sänger lebt mit den fernen Helden seiner Kindheit: Vasco da Gama, Charlie Chaplin, Don Quijote. Gelegentlich erwähnt er einen Heiligen – Joseph, Thomas oder Franziskus –, aber nur, um ihn verächtlich zu machen.

Die Menschen in seinen Liedern haben Fehler, keine Farben. Jacques, der sich seiner Intelligenz bewußt ist, wäre gern schön (»und blöd«):

17 Ihr wirklicher Vorname beginnt auch mit »M«.

IV.
KAPITEL

... Eine Stunde, ein Stunde nur
Eine Stunde, manchmal eine Stunde
Eine Stunde, nur eine Stunde lang
Schön schön schön sein und doof zugleich ...[18]

Manche Sprachbilder des frühen Brel sind ziemlich fragwürdig und werden auch angegriffen. »Erklär mir bitte, was das heißt: ›ein von Tränen aufgehaktes Gesicht‹,« verlangt Catherine Sauvage.

Mit der musikalischen Technik entwickelt sich auch sein literarisches Vermögen, das zwischen 1954 und 1959 den wohlfeilen Herz-Schmerz-Reim hinter sich läßt.

Als Gegengewicht zu seinem schlichten Vokabular entwickelt er eine Vorliebe für Neologismen.

Das Brelsche Universum ist bevölkert von *fonctionnarisés, alcoolisants, cocufiés,* die *toupient* und sich *racrapotent.* Brel kann, sobald er an einem Text arbeitet, dem Reiz der Wortschöpfung nicht widerstehen. Er spielt – einsamer Wortritter unterm Sternenhimmel – mit Infinitiven wie *barber, apotiquer, embarber.* Bei einem Text für ein Musical, das übrigens niemals aufgeführt wird, gelingt es ihm, die Süße, Sehnsucht und Unschuld früherer Zeiten mit dem Wort *luneur* (etwa: Mondmut) wiederzugeben. Und in einem für den Film *Mon oncle Benjamin* geschriebenen Lied heißt es, er wolle »sein Leben sterben« – *mourir sa vie.* Jacques liebt es, mit seinen Neologismen (ungefähr vierzig sind es in zweihundertzweiundneunzig Texten) den Zuhörer über den Sinn und Eigensinn der Wörter stolpern zu lassen und Anstoß zu erregen. Selbst François Rauber hat Mühe, ein *bondieurisé* – eine gewagte Mixtur aus *Bon Dieu* und *pasteurisé* – zu schlucken.

Es ist für den Sänger so wichtig wie für den Politiker oder den Schriftsteller, daß er eine klar umrissene Thematik erkennen läßt. Der Leitgedanke in Brels Chansonwerk läßt sich in dem Wort ›Liebe‹ zusammenfassen. Göttlichen oder menschlichen Ursprungs, als Zärtlichkeit oder Sinnlichkeit, erscheint sie mindestens dreihundertundsiebzehnmal. An zweiter Stelle folgt der Tod.

Er sei kein Dichter, versichert Brel, weil er erkennt, daß seine Verse nicht ›klassisch‹ sind. Mit oder ohne Wörterbuch: ihm fällt eher ein abgenutzter oder einfacher Reim ein als ein reicher und volltönender. Zwar erklärt ihm Charles Aznavour, daß das völlig unwichtig sei, aber Brel weiß, wie sehr die vollkommene Metrik eines Brassens geschätzt wird. Georges greift souverän auf Archaismen zurück, die Jacques am Anfang seiner Karriere noch schlecht beherrscht. Die Elision, die bei Brassens bewußt eingesetzt wird, wirkt eher zufällig bei Brel, der sich großzügig der dankbaren Mittel von Assonanz und Alliteration bedient.

Mit der Zeit und der gewonnenen Routine gelingt es Brel, immer längere, sogar achtzehnsilbige Verse zu schreiben – eine schwierige

Übung, die nur wenigen französischen Dichtern gelingt:

> *... Die Katzen sind schon tot und das halbe Glas Wein,*
> *mein Gott, wer singt darum!*
> *Wer alt ist, rührt sich kaum, die Welt engt sich so ein*
> *durch die man zitternd geht ...*[19]

Clouzet hält den ebenso dehnbaren wie tückischen achtzehnsilbigen Vers für ›bequem‹. Ich bin davon nicht überzeugt. Doch eins ist sicher: der Brelsche Satz, der sich Raum verschafft und sich der leidigen Reimkunstprobleme entledigt, vermag »den Winterschlafzustand, in dem die alten Menschen überleben, vorzüglich auszudrücken«. Brel ist nun einmal kein Meister der klassichen Prosodie.

Nach 1959 hat der Liedertexter Brel kein Vorbild mehr, nicht einmal Brassens. Er hat zu seiner eigenen schöpferischen, künstlerischen Freiheit gefunden.

Es ärgert ihn um so heftiger, daß journalistische und akademische Kritiker ihn immer wieder mit Brassens vergleichen.

Die beiden kennen sich. Sind sie deshalb Freunde? Jacques, leicht nachtragend, vergißt nicht, daß der dicke Georges, der ihn zuvor so oft ermutigt hatte, sich 1953 weigerte, im ›Trois-Baudets‹ nach ihm aufzutreten. Canetti erzählte damals jedem von der unbestreitbaren Überlegenheit Brassens' als Liederschreiber. Gemeinsame Bekannte der beiden Sänger, wie der Journalist Louis Nucera, bringen sie manchmal an einem Tisch zusammen.

Der acht Jahre ältere Georges hat vor Jacques den Durchbruch zum Erfolg erlebt. Er, der Nestor, läßt den jüngeren Kollegen, der langsam zum ernsthaften Konkurrenten heranwächst, gern ein bißchen zappeln. In den Augen der breiten Öffentlichkeit verbindet beide eine lässig anarchistische Lebenseinstellung. »Ich bin so sehr Anarchist, daß ich beim Überqueren der Straße immer den Zebrastreifen benutze, damit die Polizei mich in Ruhe läßt!« sagt Brassens. Jojo gibt ohne weiteres zu: »Im Grunde sind wir alle Anarchisten aus der linken Ecke. Und die sehen oft denen aus der rechten Ecke zum Verwechseln ähnlich.«

Die Ähnlichkeiten zwischen Brassens und Brel sind eher oberflächlich. Beide behandeln dieselben Themen, das Schicksal des Menschen, Lichtblicke der Liebe. Claude-Edmonde Magny behauptete vom Kriminalroman, daß er nur eine beschränkte Anzahl von möglichen Verwicklungen enthalten könne. Kaum anders ist es beim Chanson, das von Japan bis Frankreich, von Vietnam bis Amerika schnell an seine eigenen unüberwindlichen Grenzen stößt und sich auch dadurch von der Poesie grundsätzlich unterscheidet.

Sowohl Brassens als auch Brel wiederholen unablässig ihr moralisches Credo: Wir sollen einander lieben. Aber Brassens neigt privat zu größerer Nachsicht als Brel, verzeiht Kränkungen und Beleidigungen, während Brel sie speichert: »Der Typ kommt bei mir auf die Abschußliste!« heißt es dann.

Daß man nicht unbedingt Christ sein muß, um eine Moral der Liebe zu praktizieren, das verbreiten beide gleichermaßen. Beide sind auf der Suche nach einer moralischen Orientierung, die ohne Gott auskommt. Brel ist damit – in seinem Werk wie in seinem Privatleben – überfordert. Georges hingegen, zwischen Sète und Paris pendelnd, fühlt sich ausgesprochen wohl. Er wird nicht wie Brel von Bewegungsdrang und Reisesucht gepackt und getrieben. Er verspürt auch nicht das Bedürfnis, seine Auftritte im atemberaubenden Tempo Brels zu absolvieren, und läßt sein Leben nicht so heftig von Frauen durcheinanderbringen.

Brassens wahrt einen gewissen Abstand zu seinen Figuren, verwirft Pathos und Schwulst. Brel sucht und kultiviert den Ver- und Überdruß, die Verzweiflung, den Exzeß. Der Interpret Brassens, der zuerst komponierte, bevor er zu schreiben begann, tritt auf der Bühne hinter seine eigenen Texte zurück, während Jacques den seinigen sozusagen die Schau stiehlt.

Brel hat große Achtung vor der Bildung des älteren Kollegen und beneidet ihn zugleich darum. Lateinische Dichter, Villon, Verlaine, Musset kann Brassens mühelos zitieren, und wenn sie sich über Bücher austauschen, empfiehlt er Brel dieses oder jenes Werk, bringt ihn oft auf eine interessante Fährte. Jacques wird *L'Homme* von

Jean Rostand kaufen, den ihm Georges besonders ans Herz gelegt hat.

Die beiden Stars, die im Radio gern die
Grandseigneurs spielen, lassen sich herab, sich
vor dem Mikrofon zu unterhalten. Jean Serge,
Rundfunkproduzent und -moderator, hat sie ins
Studio von Europe 1 eingeladen. Sie kommen
dort leicht beschwipst an. In solchen Rundfunksendungen erfüllt Jacques die Erwartungen einer
bestimmten Kategorie von Fans, während seine
Freunde und die ihm nahestehenden Menschen
ihn dort meist unerträglich und unnatürlich
finden. Vier Sendungen lang[20] kaspern die beiden
Sänger herum und tauschen allerlei Liebenswür-
digkeiten und doppelbödige Höflichkeiten aus:
»Du erlaubst doch, Jacques?« fragt Brassens mit
schleppender, hinterhältiger Stimme.

Jacques schlittert von Paradox zu Paradox:

»Wir haben einen zu ausgeprägten Sinn für
Luxus, als daß wir vom Komfort verführt werden
könnten ... Niemand ist unschuldig ... Brassens
und ich haben das Pech gehabt, erfolgreich zu
sein.« Dazu Brassens: »Weil wir eine gute Fresse
haben.« Und Jacques:«Wir verkaufen Platten an
Leute, die relativ wenig Bücher kaufen ... Neben
Tino Rossi oder Charles Aznavour sind wir beide
Dilettanten ... Wir tun nichts anderes, als in den
Varietés unsere Liedchen zu singen ... Man ver-
blödet ziemlich, wenn man immer noch von Gott
spricht ... Nur wenn es einem irgendwo weh tut,
ruft man nach Gott. Das Glück kann auf die
Metaphysik wunderbar verzichten.«

20 Am 3. und 23.
Dezember 1965
und am 18. und
24. Februar 1966.

Hin und wieder sind die beiden entwaffnend ehrlich. So hält Georges seinen Kollegen für den besseren Interpreten. Und als Jean Serge behauptet, daß man sie beide mit den Helden ihrer Chansons »identifiziert« und damit die Meinung des Publikums in etwa wiedergibt, erläutert Jacques: »Ja, man erzählt von sich selbst ... relativ viel ... man schmückt die Sachen ein bißchen aus.«

Manchmal legen Brel und Brassens auch das ganze Höflichkeitsgetue ab, tauschen sich über technische Aspekte ihres Metiers aus:

»Hure«, sagt Jacques, »ist doch ein hübsches Wort.« Und fügt in überheblichem Ton hinzu: »Auch Gott ist für mich nur ein Wort.« Worauf Brassens versöhnlich erwidert: »Aber ein hübsches Wort.« Privat äußert sich Jacques nicht immer bewundernd über Georges: »Mit Brassens«, heißt es einmal, »ist es wie mit Austern – bei der ersten muß man sich ein wenig überwinden ...«

Diese Mischung aus Reserve und Anerkennung drückt er seiner Tochter Chantal gegenüber so aus: »Man muß Brassens nicht mögen, aber es ist schier unmöglich, ihn nicht zu probieren.« Georges ist ja auch eine Auster der ersten Preisklasse! Jacques liebt kulinarische Bilder.

Erlaubt sich Brel gelegentlich Sticheleien gegen Kollegen wie Dalida oder Aznavour, wagt er doch nie, sich in der Öffentlichkeit negativ über Brassens auszulassen, dessen Format für ihn außer Frage steht. Brel, der sich mit Brassens wie

mit keinem anderen französischen Sänger beschäftigt, erkennt dessen tadellose Verskunst an,
ohne ihn darum besonders zu beneiden. Sänger
dürfen sich des freien Verses bedienen, ob sie
Dichter sind oder nicht. Was allerdings die musikalische Leistung von Brassens angeht, ist Brel
reservierter. Klingt denn bei seinem berühmten
Kollegen nicht alles einerlei? So scheint es ihm
zumindest – und seine Musiker Rauber und
Jouannest widersprechen ihm da nicht. Selbst
wenn Brassens von seinem Bassisten begleitet
wird – wie eintönig wirkt doch sein Gitarrenspiel!

Wenn Jacques sich mit Georges vergleicht, so
gibt es für ihn in einem Punkt gar keinen Zweifel: der einmalige Interpret, der geborene Büh-
nenmensch, diszipliniert und wild zugleich – das
ist er, Brel. Wortkünstler sind beide – doch jeder
auf seine eigene Art.

Jacques Brel gehört zu den wenigen Sängern,
die sowohl im Tonstudio als auch im Fernsehen
das Playbackverfahren ablehnen. Höchstens
zwei- oder dreimal wird er sich darauf einlassen,
die Lippen vor der Kamera zu bewegen, während
eine Schallplatte läuft. Die Gréco schätzt er besonders deshalb, weil sie sich genauso wie er von
dieser Praxis konsequent distanziert.

Einige Tonexperten beteuern, daß sich mit
dem Playbackverfahren ein besserer Klang, sub-
tilere und differenziertere Effekte erzeugen lassen. In der Tat kostet es weniger, Sänger und
Musiker nacheinander einzeln aufzunehmen und

die verschiedenen – heute bis zu vierundzwanzig!
– Tonaufnahmen später zu mischen. Das Aufnehmen einer Schallplatte verkommt dabei zu
einer reinen Routineübung – ohne Herz und
ohne Seele. Der Sänger oder die Sängerin wird
zuerst aufgenommen, dann kommt jeder Musiker einzeln an die Reihe. Die Tontechniker
schneiden, kleben, verstärken, reduzieren Ton-
stärke und -höhe, basteln nach Belieben. Aus einem früheren kollektiven Vergnügen ist eine bloße Abfolge individueller Leistungen geworden –
Stückwerk.

Trotz seiner großen Klappe wird Jacques im
Metier geschätzt, gemocht und respektiert, weil
er zu den wenigen zählt, die nicht nachgeben.
Die Stars, die nicht in der Lage sind, mit einem
Orchester zusammenzuarbeiten, nimmt er so-
wieso nicht ernst.

Wer hat schon Sheila in einer Livesendung
auftreten sehen? Brel hat längst die Nachteile
und die lächerlichen Seiten des Playbackver-
fahrens im Fernsehen erkannt. Nie wieder wird
man ihn auf einem Pferderücken oder an einem
Fenster singend ertappen, während seine Lippen
offenbar Mühe haben, der Platte zu folgen, in
einer dieser spießigen Fernsehkulissen, die die
unvollkommene Synchronisation noch komi-
scher wirken läßt.

Die playbackverpackten Sänger mitsamt ihren
Vermarktungsstrategen findet er erbärmlich:
»Die lassen sich wie Zahnpasta verkaufen!«

Für Brel ist der direkte, anregende Kontakt

mit den Musikern unersetzlich. Nimmt er eine Platte auf, sind in der Regel nicht mehr als drei Takes pro Lied nötig. Die Produzenten brauchen bei ihm nicht zu fürchten, ein kostspieliges Tonstudio längere Zeit beanspruchen zu müssen. Brel überarbeitet zudem seine Texte bis zuletzt, bevor er sich mit Jojo, Gérard und François zusammen die Aufnahmen anhört.

»Nur zweimal habe ich bei Plattenaufnahmen erlebt, daß Musiker einem Künstler Beifall klatschen. Brel ist einer davon«, sagt Gerhard Lehner, langjähriger Toningenieur der Firma Barclay.

Die andere war Sarah Vaughan.

Der Interpret Brel schwitzt im Tonstudio genauso wie auf der Bühne.

Als er 1953 nach Paris übersiedelt, gibt es in Frankreich 59 171 Fernsehapparate und pro Woche fünfzig Stunden Sendezeit. 1959 wird die magische Zahl von einer Million Geräte überschritten, und die ORTF sendet fünfundfünfzig Stunden Programm wöchentlich, darunter viele Varietésendungen. Mit dem zweiten Kanal kommt auch die Farbe ins Fernsehen – man schreibt das Jahr 1966. Wie zuvor der Rundfunk wird jetzt das Fernsehen zum wichtigen Erfolgsfaktor in der Karriere eines Sängers. Jacques ist durchaus telegen. Viele entdecken erst auf dem Bildschirm die Kraft seiner Körpersprache. Im übrigen hilft ihm die Fernsehpraxis, das schwierige Handwerk des Interviews zu verfeinern.

Brel hat Gelegenheit, an Lieblingsformeln

und Bonmots zu feilen und sie in immer neuen Variationen aufzutischen. Hier eine kleine Auswahl:

»Sobald Männer über Frauen sprechen, kommt nur dummes Zeug heraus.«

»Ich versuche wohl, Kränkungen zur Sprache zu bringen ... aber der Tod ist mir egal, völlig egal.«

»Es gelingt mir nicht, herauszufinden, was Erwachsensein bedeutet.«

»Man muß wohl sein Leben lang vor den Frauen zittern.«

Nun könnte man sich fragen, warum er so viel über Frauen spricht und so oft vom Tode singt. Und ob er wirklich herausbekommen will, was Erwachsensein bedeutet.

Hier und da äußert Brel ein paar wohlabgewogene Sätze: »Nie habe ich Männer glücklicher gesehen, als wenn sie in Viehwagen gesperrt in den Krieg zogen ... Alle Epochen sind unmoralisch ... Das zwanzigste Jahrhundert ein bißchen weniger.«

Oder er kokettiert mit falscher Bescheidenheit: »Ich gehe ständig allen möglichen Dingen aus dem Weg. Ich bin, wenn ich schreibe, vollkommen unehrlich ...« Was im Klartext bedeutet: Meine Chansons sind nicht vordergründig autobiographisch. Ich bin insgesamt fröhlicher als meine Helden.

In seinen Interviews öffnet und verschließt er sich, ist auf der Hut und liefert sich aus: »Ich habe gar keine Lust, glücklich zu sein ... Warten ist immer eine Niederlage ... Freiheit heißt, die Fehler der anderen zu tolerieren ... Ich liebe die Leidenschaft in all ihren Formen ... Ob jemand recht oder unrecht hat, ist mir völlig gleich.«

An anderer Stelle analysiert er sich selbst: »Ich bin klug genug, um zu träumen, doch nicht klug genug, um Lösungen zu finden ... Ich bin kein ernst zu nehmender Mensch, ich habe im Hinblick auf die meisten Dinge gar keinen eigenen Standpunkt ... Die Journalisten sind heute die eigentlichen Richter ... Ich bin so froh, eine farblose Kindheit gehabt zu haben. Es muß doch grauenvoll sein, ein glückliches Kind gewesen zu sein ... Ich übe einen ganz bescheidenen Beruf aus. Es ist eine bloße Laune der Natur, daß Sänger heutzutage besser bezahlt werden als Schmiede.«

Brel ist ein Interviewkünstler, der abwechslungsreich mit ausgefeilten und schlichten, pathetischen und spöttischen, knappen und bildhaften Antworten zu jonglieren weiß. Sänger, Schauspieler, Maler drücken sich oft ungeschickt aus, aber Jacques durchschaut das Spiel. Er ist sich seiner Position im System von Medien und Showgeschäft vollkommen bewußt. Seine erstaunliche Wortgewandtheit hat er sich freilich erarbeitet, denn er besaß sie noch nicht, als er Brüssel verließ. »Ich bin ein Exhibitionist,« erklärt er gern.

Manche seiner Interviews klingen unaufrichtig. Für Brel sind sie nichts als Stilübungen und Spielereien. Er beherrscht die Wortakrobatik bis zur Perfektion. In den Redaktionen weiß man längst, daß jedes Brel-Interview Kostbarkeiten enthält und daß seine Antworten sich schriftlich gut wiedergeben lassen.

Jacques behauptet alles mögliche – und das Gegenteil davon. Auf der Suche nach sich selbst will er nicht, daß andere herausfinden, wer er ist – aus Angst, womöglich mehr über sich zu erfahren, als ihm lieb wäre. So lehnt er wiederholt ab, Gast in der Sendung von Angèle Guller zu sein – nicht nur weil er sich mit ihr ein wenig überworfen hat. »Ich würde Ihnen heute dies und das erzählen und morgen das Gegenteil,« warnt er sie.

Dies und jenes und das Gegenteil – mit einer Mischung aus Inkonsequenz, Offenheit und Herzlichkeit.

Jojo und Alice Pasquier fungieren als Jacques' Sekretäre, *Postillons d'amour* und Briefkasten. Die Briefe von Bewunderern und von Institutionen, die sich bei Brel für gagenfreie Galaveranstaltungen bedanken, türmen sich zu Haufen. Jojo sortiert die Post der Fans und reicht einiges davon an Jacques weiter.

Bei Alice, die nicht weiß, ob Jacques die Briefe je geöffnet und gelesen hat, bin ich auf zwei dicke Hefte gestoßen, die über die seelische Verfassung eines damaligen weiblichen Fans Aufschluß geben. Jacques weiß ja, daß sein Publikum vor allem aus Jugendlichen und Frauen besteht.

Claire M. hat diese Hefte an Brel geschickt und zwischen die Seiten Briefe, Zeitungsausschnitte, Fotos von ihrem Sänger und von Miche, getrocknete Blätter und Blumen gelegt. Claire führt ein Tagebuch.

Sie ist sechzehn, Gymnasiastin, lebt mit ihrer Familie in einer Sozialwohnung. Sie erzählt Jacques von ihren Eltern, die sie verachtet, von einem Lehrer, den sie anhimmelt, von Freundinnen und ersten Liebeserfahrungen – und von dem, was Jacques ihr ganz persönlich gibt. Claire zählt auch ihre Lieblingsautoren auf: Saint-Exupéry, Camus, Rimbaud, Verlaine, Jehan Rictus.

Unter Brels Bewunderern gibt es Abertausende von Claires. Claire schickt ihm diesen Brief:

»Sonntag, den 24. Juli 1966

(Claire hat Ferien, O.T.)

Ich habe das Plakat am Rande der Stadt gesehen, das Deinen Auftritt hier ankündigt. Ich bekam einen Schock. Es hing neben anderen Plakaten – von Künstlern, die eine Tournee durch die Badeorte machen. Aber Du gehörst doch nicht dazu! Wie könnte ich die Verzweiflung ausdrücken, die mich ergriffen hat, als ich dich so sah: mir schien, als wäre ich gar nichts mehr und als wäre alles, was ich tue, irreal. Du bist kein Star, Jacques ...«

Das soll heißen: Für mich, für Claire, bist du allzu menschlich.

Und weiter: »... Es tut mir weh, so weh. Jacques, ich liebe Dich. Wohin wird mich dieser Schmerz führen?«

Sie schreibt weiter am Freitag, dem 29. Juli:

»Ich bin jetzt in einem Jugendlager …

… Ich werde ein Kind zur Welt bringen, werde es großziehen und dafür sorgen, daß es schön wird, und es wird dir ähnlich sein, ohne es jemals zu wissen. Ich will nicht, daß mein Sohn mit dem Gefühl groß wird, daß er sich zu Deinem Niveau erheben muß.«

Und am 11. August:

»Irrungen. Schimären.«

Claire macht Brel zum Mythos. Die Werbung für seine »einzige und einzigartige Galaveranstaltung« im ›Olympia‹ am Dienstag, dem 14. Dezember, klebt sie sorgfältig in ihr Album – genauso gewissenhaft vermerkt sie, daß der Mitschnitt dieser Veranstaltung am 19. Dezember um 13 Uhr auf Europe 1 gesendet wird. Auch Fotos von ihrem Idol werden in das Heft aufgenommen: sie zeigen Brel mit Brassens, »an den Kais seiner Kindheit entlangschlendernd« (in Gent!, O.T.), oder Brel, »an einem Antiatommarsch teilnehmend«. Claire klebt Wörter zusammen, die sie aus Zeitungen herausschneidet, oder trägt in Schönschrift ein: Brel ist der Größte, Brel ist der Schönste. Brel ist und bleibt der Erste.

Miche taucht ebenfalls auf. Eine Aufnahme zeigt sie in Brüssel, bildhübsch, wie sie gerade vom Einkaufen zurückkommt. Claire schreibt dazu: »Thérèse Brel hat sich mit der Einsamkeit abgefunden und für die Karriere ihres Mannes ihr Eheglück geopfert«. Ein paar Seiten weiter, als wollte sich das Mädchen überzeugen, daß Brel – trotz seines Vagantenlebens – nach wie vor die

Hälfte eines perfekten Paares bildet, prangt ein Foto von Jacques neben einem Spruch in Groß-buchstaben: »Ich bin kein Deserteur der Ehe.«

In Claires Augen ist Jacques sehr wohl ein Star – aber einer mit menschlichem Gesicht.

1961 springt er für die erkrankte Marlene Dietrich ein und tritt als Superstar im ›Olympia‹ auf. Er gehört jetzt zu den zehn Chansongrößen Frankreichs. Seinen ersten wahren Triumph auf einer Pariser Bühne hat er aber bereits zwei Jahre zuvor gefeiert, im ›Bobino‹ – was sich unmittel-bar und dauerhaft in den Plattenverkaufszahlen niederschlug.

Bei den zehn Superstars des französischen Va-rietés sind alle Altersklassen vertreten. Johnny Halliday, achtzehn Jahre alt, vollführt auf der Bühne einen Liebesakt mit seiner Gitarre und nicht, wie Jacques, mit dem Publikum. Der acht-undzwanzigjährige Sacha Distel ist ein liebens-würdiger, charmanter Sänger. Jacques Brel ist zweiunddreißig. Gilbert Bécaud, dreiunddreißig, der genau wie Johnny Halliday einen kome-tenhaften Aufstieg erlebt hat, schwimmt mit dem Strom, während sein Profil allmählich ver-schwimmt. Charles Aznavour, siebenunddreißig und ein Arbeitstier wie Jacques, hat, bevor er selber sang, Chansons für Edith Piaf geschrie-ben; die Liebe gerät bei ihm leicht zur par-fümierten Romanze. Georges Brassens, neun-unddreißig Jahre, klares Image, ist der einzige, mit dem Jacques sich beharrlich messen will. Yves Montand ist damals schon vierzig, aber seine Kunst, die er so meisterhaft beherrscht und die seinen Ruhm bis nach Japan trägt, ist zeitlos. Jacques Brel wird dergleichen zu Lebzeiten nicht gelingen – aber Montand schreibt weder seine Chansontexte noch seine Musik selbst. Der fünfundvierzigjährige Léo Ferré erreicht eher ein elitäres Publikum, das an die Qualität der Texte hohe Ansprüche stellt – was verhindert, daß er in Frankreich oder im Ausland einen so durchschlagenden Erfolg erzielt wie Brel. Ferré läßt sich fast ebenso schwer ins Englische übersetzen wie Mallarmé.

Charles Trenet, achtundvierzig Jahre alt, ist der Meister aller Genannten und bleibt unbeirrbar sich selber treu. 1983 löst seine Kandidatur bei der *Académie Française* ein allgemeines Hohngelächter aus und zeigt ihm die sozialen und institutionellen Grenzen, die ein Varietékünstler in dieser Gesellschaft nicht überschreiten darf. In der zweiten Hälfte des zwanzigsten Jahrhunderts ist die Kandidatur eines Chansonsängers noch immer unvorstellbar – selbst für die fortschrittlichsten unter den Mitgliedern der *Académie*. Zum Schluß dieser Aufzählung muß Maurice Chevalier, dreiundsiebzig Jahre alt, erwähnt werden. Chevalier ist Chevalier ist Chevalier, wie Gertrude Stein sagen würde.

Unter den zehn Größen des französischen Varietés sind fünf Dreifachbegabungen – Interpreten, Autoren und Komponisten in Personalunion: Jacques Brel, der jüngste, Charles

Aznavour, eher im Parterre, und Georges Brassens, Léo Ferré und Charles Trenet, die in den oberen Etagen der Chansonwelt zu Hause sind.

Am 7. März 1962 unterzeichnet Jacques einen aufsehenerregenden Vertrag mit Eddie Barclay. »Auf Lebenszeit«, heißt es gerüchtweise. Das Ganze entpuppt sich als ein Märchen, denn das französische Gesetz erlaubt nur Verträge über maximal dreißig Jahre. Der ursprüngliche Kontrakt über fünf Jahre wird 1967 um sechs Jahre verlängert – bis zum 7. März 1973. Der Schallplattenproduzent und der Sänger werden schließlich am 3. März 1971 einen Zusatzvertrag abschließen, der den Vertrag von 1973 erneut um dreißig Jahre verlängert.[21]

21 Von Eddie Barclay angegeben.

Wenn Brel älter als zweiundsiebzig Jahre geworden wäre, hätte er die Plattenfirma wechseln können. In der sensationshungrigen Öffentlichkeit spricht man weiterhin von einem Vertrag »auf Lebenszeit«. Eddie Barclay, ehemaliger Musiker, risikofreudiger Geschäftsmann, Feinschmecker und Angeber, bietet eine Art Refugium für alle begabten und minder begabten Exhibitionisten des Showgeschäfts. Sein Firmenkatalog, in den Brels Titel – unter Mitwirkung von Jacques' Agenten Charley Marouani – aufgenommen werden, ist so umfangreich wie vielfältig. Barclay selektiert sowohl das Edle als auch das Vulgäre. Manchmal entdeckt er Talente, wie Michel Sardou oder Michel Delpech. Er wird auf Eddy Mitchell von der Gruppe ›Les Chaussettes Noires‹ aufmerksam. Und er herrscht über Sän-

ger wie Pierre Perret, Nicoletta, Claude Nougaro oder Dalida, ohne sie freilich stets unter
Kontrolle zu haben.

Brel ist zu Barclay übergewechselt, weil er daraus finanzielle Vorteile zieht. Aber auch deshalb,
weil er einen multinationalen Plattenkonzern
verlassen wollte. Hinter der Firma Barclay steht
nur ein Mann, hinter Philips ein ganzer Konzern.
Jacques versucht außerdem, sich von seiner Vergangenheit und seinen mühsamen Karrierean-
fängen zu lösen. Barclays flinkes und draufgän-
gerisches Naturell, aber auch seine gelegent-
lichen Auftritte im weißen Smoking und die
Partys an seinem Swimmingpool faszinieren
Brel. Hinzu kommt, daß Jacques Canetti bei Philips nicht mehr den Einfluß von früher besitzt.
Und Jacques fühlt sich jetzt selbstsicher genug,
um allein seinen Weg zu gehen.

Dennoch bindet er sich nicht ohne Vorbehalte
an Barclay. Sophie, seine Pariser Lebensgefährtin, würde mit ihrer eigenwilligen Mischung aus
Vernunft und Utopie viel lieber sehen, daß er frei
bleibt. Brel sucht häufig bei ihr Rat. Warum,
fragt sie, produziert er nicht seine Platten einfach
so, wie es gerade kommt? Aber das bedeutet einen großen finanziellen Aufwand. Kein Sänger,
keine ›alternative‹ Plattenfirma hat damals je
solche Geldmittel auftreiben können. Eine Platte
selbständig zu produzieren ist genauso schwierig,
wie ein Buch oder einen Band mit Zeichnungen
im Selbstverlag herauszubringen. Die Don-
Quijote-Seite an Brel ermutigt ihn dennoch, sein

eigener Verleger zu werden. Miche, damals nicht ausgelastet, unterstützt ihn darin.

»Die Jüngste geht jetzt zur Schule, Jacques. Ich kann doch nicht den ganzen Tag Däumchen drehen«, sagt sie.

»Gut, du wirst meine Chansons verlegen.«

»Aber ich kenne mich darin überhaupt nicht aus.«

»Die anderen auch nicht.«

So werden am 1. Oktober 1962 die ›Editions Musicales Arlequin‹ gegründet. Sechs Monate später, nachdem die Brels festgestellt haben, daß die Firmenbezeichnung schon vergeben ist, entscheiden sie sich für einen neuen Namen: die ›Editions Pouchenel‹ – im Brüsseler Dialekt nach dem Wort *polichinelle* (Hampelmann).

Rein theoretisch bringt die selbständige Produktion mehr ein als die abhängige. Tatsächlich kollidieren aber ihre Interessen mit denen der eingespielten Vertriebsnetze und den zwischen etablierten Firmen und Massenmedien bestehenden Vereinbarungen.

Charley Marouani stimmt für Barclay, aus Überzeugung, aber natürlich auch deshalb, weil er zehn Prozent Umsatzbeteiligung kassiert.

Anfang der sechziger Jahre steht Jacques als ein nach allen Kriterien des Erfolges ›arrivierter‹ Künstler da. Um Neues zu probieren oder auch nur Freunde nicht zu enttäuschen, läßt er sich zu einigen Rundfunkexperimenten verlocken, die ziemlich peinlich und unter seinem Niveau sind.

So moderiert er eine Radiosendung für klassi-

IV.
KAPITEL

22 »Rendez-vous Madame la Musique«, Europe 1, 21. April 1963

sche Musik[22], präsentiert Lullys *Marche des régiments du roi*, Werke des von ihm verehrten Mozart, aber auch von Vincent d'Indy, mit dem ihn nichts verbindet. Auch Manuel de Fallas Ballett *Der Dreispitz* darf er einmal anmoderieren. Aber die Zwischentexte, diese von Werbespots unterbrochenen Variationen über Herbert von Karajan, die nicht aus seiner Feder stammen, passen überhaupt nicht zu ihm, und er liest sie schlecht vor. Warum präsentiert er nicht Komponisten, die er wirklich mag – Strawinsky oder Tschaikowsky? Jacques ist ein vielbeschäftigter Mann und möchte seine Freunde immer zufriedenstellen! Aus denselben Gründen läßt er sich auf Gérard Sires *Armes de l'amour, Komedi Musikal en trente-deux minutes*[23] ein. An dem dubiosen Unternehmen ist auch Patachou beteiligt.

35 Europe 1, 30. Juli 1963

Brel verfällt dort in die Vulgarität eines drittklassigen Chansonniers.

Den Plot dieser Komödie kann man nur grotesk nennen: der Direktor einer Waffenfabrik verliebt sich in seine Sekretärin, die eigentlich eine getarnte Journalistin ist. Auf einer gemeinsamen Reise enthüllt sie ihm ihre List. Clara, die Sekretärin, war also Béatrice, die Journalistin! Der Direktor beginnt mit der Lektüre des bösen Zeitungsartikels. Worauf sich die Liebenden trennen müssen. Die Journalistin trifft dann irgendwann den Direktor wieder, der, betrogen und inzwischen auch entlassen, seine Brötchen jetzt auf einem Rummelplatz verdienen muß – als Inhaber einer kleinen Schießbude! Das Traurigste an der Geschichte: Brel macht sich in einer albernen Chansonniersprache lächerlich und liefert völlig entbehrliche Parodien von *Le Moribond* und *On n'oublie rien*, während seine Partnerin Patachou alias Béatrice alias Clara den *Bal chez Temporel* von Guy Béart malträtiert, der wahrhaftig Besseres verdient hätte.

Doch Brel erzählt auch Brüsseler Geschichten für eine Sendereihe mit Jacques Danois: eine hübsche, gelungene Sache, die leider nie ausgestrahlt wird.

Freundschaften können einen manchmal dazu verleiten, sich selbst zu verraten. Aber was bedeuten schon ein paar Schönheitsfehler in solch einer Karriere! Erinnern wird man sich viel eher an die komischen Lieder, zum Beispiel an die *Dame Patronnesse*:

> *… Und eine Nadel rechts und eine Nadel links*
> *Für Sankt Sebastian zwei und eine für den Frings …*

Oder auch an die tragischen Chansons wie *Le Moribond, Le Prochain Amour, Madeleine, Le Plat Pays, La Fanette, Amsterdam* und viele andere.

Um 1964 herum ist Brel als Sänger mit sich selbst im reinen. Für den Privatmenschen trifft das viel weniger zu. Ach! die Frauen, immer die Frauen, seine Frauen! In seinen Chansons beginnt er, rein rhetorisch, die Grenzen zwischen Geliebten und Freunden zu verwischen.

In sarkastischen Tönen nimmt er seinen Tod, seine Beerdigung samt Grab und Grabstein vorweg.

IV.
KAPITEL

... Ich sehe ihn schon heut
Den lieben falschen Freund.
Trotz Lächeln ist er's leid,
Daß er dabei sein muß.
Ich sehe dich schon heut
Mit Unbehagen und
Mit falscher Traurigkeit,
Dann heulst du wie ein Hund.
Ahnst du, daß du nicht weit
Vom Platz, wo du grad stehst,
In deine Hölle gehst?
Dann kommt auch deine Zeit.
Die Hand von irgendwem
Greift dich zum letzten Mal,
Dann weinst auch du vor Qual,
Noch mehr als ich vordem
Ha ha ha ha ha ha ha...[24]

24 Le Tango
funèbre

Liebt er sich selbst? Zu sehr oder zu wenig, um
sich derart über sich selbst lustig zu machen?

V. KAPITEL

V. KAPITEL

PRIVATLEBEN, MEHR ALS GENUG

Die Journalisten versuchen immer wieder, Brel nach seinen Tourneeauftritten zu erwischen, um ihn über sein Privatleben zu befragen. Ob er sich bald scheiden lassen werde? Ein Star wie Brel kann sich solchen Fragen nicht mehr entziehen. Reporter und Fotografen wissen längst, daß er eine Ehefrau und drei Töchter in Brüssel und auch eine Geliebte in Paris hat, mit der er seit 1960 zusammenlebt. Selbst wenn letztere, Sophie, sich einer vorbildlichen Diskretion rühmen darf.

Manchmal empfängt Brel einen Journalisten in seiner Garderobe. Sobald das Familien- oder Scheidungsthema auf den Tisch kommt, nimmt Brel seine Gitarre, stimmt und zupft und klimpert vor sich hin, während er die vierzigste Zigarette des Tages raucht. Er möchte weder lügen noch die Wahrheit sagen. Seine Strategie des defensiven Angriffs bleibt immer dieselbe: Er sei natürlich kein normaler Ehemann und habe auch keinen Allerweltsberuf. Wenn er nicht singe, dann schreibe er an seinen Chansons. Jeden Tag, jeden Abend habe er Termine, Verabredungen ... in immer neuen Städten. »Und warum mischen Sie sich in mein Leben überhaupt ein, warum unterstellen Sie mir, kein guter Ehemann zu sein? Es geht Sie gar nichts an.«

Brel schwört, den nächsten Schreiberling zum Teufel zu jagen, der wagt, ihn über seine Ehe auszuquetschen. »Was die Leute erzählen, das ist mir doch egal! Ich habe also angeblich meine Familie verlassen! Da kann ich doch nur laut lachen. Als gäbe es heutzutage keine Autos, keine Züge und keine Flugzeuge! Und auch kein Telefon, was?«

Jacques und Jojo amüsieren sich köstlich über Schlagzeilen wie die folgende: »Die Einsamkeit bedeutet mir alles, ich habe nur eine einzige Geliebte: die Gitarre!«

Ab 1960 bittet Brel Miche, keine Interviews mehr zu geben. Er selbst wiederholt vor den Journalisten: »Ich bin zwar kein Mustergatte, aber ich lasse mich nicht scheiden.«

Mit Pseudo-Bekenntnissen laviert er sich durch:

»Also gut, ich gestehe, ich habe eine Geliebte, und zwar eine, die mich völlig im Griff hat und meine Zeit verschlingt: das Chanson.«

Gibt der Journalist zu verstehen, daß er sich nicht auf den Arm nehmen lasse und Jacques schon des öfteren in Begleitung von Sophie ge-

sehen habe, erwidert Brel mit seinem schönsten
Lächeln: »Wer sagt Ihnen denn, daß ich mir
nicht das Familienleben für später aufbewahren
möchte?«

In seinen Liedern erhellt und verdeutlicht er
so manches:

> ... Gewiß,
> Gewiß, sie war zu schön,
> Wie zarter Harfenton,
> Gewiß, sie war zu schön,
> Und was war ich denn schon!
> Gewiß,
> Sie war so braungebrannt
> Und weiß der Dünensand;
> Nahm man sie bei der Hand,
> Hielt die Welt man im Arme ...[1]

1 La Fanette

Den Zeitungen mit großen Auflagen für kleine
Gehirne sagt er immer dasselbe: »Scheidung?
Dafür muß man Gründe haben. Und ich habe
keine.«

Am Anfang seiner Karriere läßt er noch zu,
daß man Miche samt Töchtern fotografiert und
die Kinder sogar für kleine Werbegags einspannt.
Chantal und France, deren Vater gerne verbreitet, daß sie ihm den Schlagersänger Claude François vorziehen, finden sich eines Tages in einem
Brüsseler Rundfunkstudio wieder, als ahnungs-
lose Akteurinnen einer billigen Rührseligkeits-
nummer. Träume, Tränen, trautes Heim und Fa-
milienglück: Die Presse greift sofort zu. IHR

PAPA IST WEIT WEG: Brels Töchterchen schicken dem Vater einen Gruß über den Äther ... Diese und ähnliche Überschriften prangen bald in fetten Buchstaben auf den Titelseiten gewisser Blätter. Brels Privatleben verkauft sich damals zwar nicht so gut wie das von Prinzessin Margaret, aber immerhin! Chantal und France erinnern sich ungern an diese Aktion, die noch peinlicher war als die seinerzeit in der Brasserie Lipp für die Presse inszenierte Begegnung von Giscard d' Estaing und Pompidou, die damit aller Welt demonstrieren wollten, daß sie sich wieder versöhnt hatten. Solche Spielchen, deren Verlogenheit Chantal und France, so jung sie sind, durchaus wahrnehmen, passen nicht zu dem Bild, das Brel von sich verbreitet, und auch nicht zu der Vorstellung von einer Kindheit, die man »ihrer Träume beraubt«.

Wo ist der Mann geblieben, der in Brüssel gegen Klüngelei und Intrigenwirtschaft, gegen Tricks, Dummheit, Heuchelei und Unehrlichkeit wetterte?

Wenn Brel es genehmigt, versteht Miche zu repräsentieren und spielt ganz passabel die Rolle der Frau eines aufsteigenden Stars. Sie zeigt sich gewandt im Spiel der Fragen und Antworten. Vor der Presse, im Rundfunk und Fernsehen versucht auch sie, nicht zu lügen, ohne die Wahrheit zu enthüllen. Im Fernsehstudio ist die Zeit knapp bemessen. Miche, die jeder in der Medienwelt weiterhin mit dem Vornamen Thérèse anspricht, antwortet geschickt:

»Er kann ein Leben nach Stundenplan nicht ausstehen ...«[2] Was soviel heißt wie: Jacques liebt seine Unabhängigkeit über alles. Miche redet ruhig und überlegt. Für die Presse wiederum muß nuanciert und ausgeschmückt werden.

2 »Miroir d'Eve« (Evas Spiegel), RTB, 9. April 1960.

JACQUES BREL, wie ihn seine Frau sieht:

»Sind Sie eifersüchtig?«

»Das nun ganz gewiß nicht.«

Besonders in Frauenzeitschriften muß man schlagfertig und vieldeutig sein:

»Ist er Ihnen gegenüber genauso zuvorkommend wie in den ersten Jahren ihrer Ehe?«

»Zuvorkommender denn je.«

»Schaut er sich nach anderen Frauen um? Nehmen Sie es ihm übel?«

»Also, ich hoffe sehr, daß er nicht wie blind durch die Welt geht! Das macht mir überhaupt nichts aus.«

»Wenn er sich weit entfernt von Ihnen aufhält, versucht er dann zu erfahren, was Sie gerade machen? Ist er eifersüchtig?«

»Er ist überhaupt nicht eifersüchtig und möchte auch nicht unbedingt wissen, wie ich meine Zeit verbringe.«

»Hat er Freundinnen? Stört Sie das?«

»Ja, ich glaube schon, daß er welche hat. Aber das stört mich keineswegs ...«

Brel singt immerhin vom Ende seiner Liebschaften genauso oft wie von ihren Anfängen:

> *... Ich weiß, es wird auch dieses nächste Mal*
> *Den nächsten Sommer nicht ganz übersteh'n.*

3 Le Prochain
Amour

Die Zeit, die Straßen miteinander geh'n,
Sie dauert doch nur eine Kreuzung lang ...[3]

»Ist er gläubig?« fährt die Journalistin fort.

»Ja, aber er ist immer auf der Suche.«

»Ist er praktizierender Christ? Besucht er den Gottesdienst?«

»Nein, er praktiziert nicht, aber hin und wieder geht er zur Messe,« antwortet Miche, die gläubiger ist als Jacques.

»Verwöhnt er seine Töchter?«

»Nein.«

»Welche Eigenschaft, glauben Sie, ist für ihn die wichtigste bei einer Frau?«

»Zärtlichkeit – und Ausgeglichenheit.«

Miche, der Anker des Brel-Schiffes, ruht in sich selbst.

»Wie lenkt er sich ab?«

»Er guckt sich Sportsendungen im RTB oder ein Fußballspiel im Stadion an. Aber er hört auch gerne Schallplatten und besucht ab und zu ein klassisches Konzert. Oder er bleibt einfach zu Hause und macht sich mit Freunden einen gemütlichen Abend.«

»Hat er Angst vor der Zukunft?«

»Überhaupt nicht.«

»Haben Sie den Eindruck, daß er sich selbst verwirklicht hat, daß sein Leben ihm gut gelungen ist?«

»Er ist dabei, sich zu verwirklichen. Man kann mit dreißig Jahren noch kein gelungenes Leben hinter sich haben. Bislang ist er nicht gescheitert.«

»Ist er politisch tätig? Wenn ja, für welches Lager?«

»Nein, aber er ist politisch interessiert. Er ist eher linksorientiert.«[4]

Manchmal verrät Miche, daß ihr Mann irgendwann noch eine Ballettmusik, einen Roman oder Drehbücher fürs Fernsehen schreiben möchte.

Hunderte von Presseartikeln erscheinen über Jacques Brel. Miche schneidet sie gewissenhaft aus und klebt sie in dicke Alben. Die Fotos, die diese Reportagen illustrieren und Jacques allein oder in Begleitung seiner *petites pommes* zeigen, sind in jeder Hinsicht aufschlußreich. Während seiner Fernsehauftritte fällt es Brel leichter, sich zu verstellen, weil er sich dort bewegen kann. Die Fotos ertappen ihn entweder lächelnd, charmant, mitten in einem Anfall von Selbstlosigkeit – oder mit verspannten Zügen und kaltem Blick, die Zigarette im Mundwinkel.

In Belgien verfolgt man Brels Entwicklung und den Einfluß, den Paris und Frankreich auf ihn ausüben. Er ist bekanntermaßen kein Streiter für den Glauben und auch kein Verfechter der Monarchie. Gern gibt er Blättern aus dem linken Spektrum, vorwiegend sozialistischen, gewerkschaftlichen Zeitungen, ausgedehnte Interviews.

Wenn Jojo auf Artikel und Fotos stößt, die die Musterfamilie Brel präsentieren, murmelt er vor sich hin:

»Was sein muß, muß sein, aber es ist trotzdem beschissen.«

Ab 1960 wird Miche schweigen. Sie gehorcht

4 Interview von Janine Eriès, 1959.

Jacques, der es sich leisten kann, bestimmte Fragen einfach abzulehnen. Brel verbringt drei bis fünf Tage im Monat in Brüssel – oft begleiten ihn Jojo, François Rauber, Gérard Jouannest und Jean Corti. Über Miche und Jacques sagt Mouky einmal zu Rauber:

»Sie wartet auf ihn an der Garagentür, und wenn der Wagen zurückkehrt, wird sie da sein.«

Miche ist nicht nur der Anker, nicht nur der Argus, der über die Machenschaften der Presse wacht. Brel spielt sich in Brüssel gerne als Pascha auf, ruht sich dort vom Lebenskampf aus und teilt das Bett mit seiner Frau. Gegen elf Uhr nimmt er sein Frühstück zu sich, meist in Morgenmantel, Hut und Pantoffeln, die Beine nackt. Sobald er aufgestanden ist, beginnt er zu rauchen und verstreut die Asche auf Untertassen. Das ärgert Miche.

Madame Brel hat ihre Arbeitsmappe voller Fragen bei sich:

»Es tut mir leid, wir müssen jetzt ein halbes Stündchen Formulare ausfüllen. Und dann hat sich Armand Bachelier gemeldet. Der möchte sich gern morgen mit dir treffen.«

Bachelier arbeitet als Journalist beim RTB, dem französischsprachigen Fernsehkanal. Er hat einmal ein feinfühliges Rundfunkinterview mit Brel geführt.

Miche und Jacques überprüfen ihre Finanzen. Der Sänger tut es äußerst unwillig. 1962 ist Chantal elf, France neun, Isabelle vier Jahre alt. Miche, die Jacques an Arbeitseifer nicht nachsteht, widmet einen Großteil ihrer Zeit den ›Editions Pouchenel‹.

Madame Jacques Brel und ihre Töchter bewohnen damals in der Gemeinde Schaerbeek ein gutbürgerliches Haus, Boulevard du Général-Wahis 31. Jacques wird bestens betreut. Miche kümmert sich um das Verlegen der Chansons, Charley Marouani um das Unterzeichnen der Verträge und um die Beziehungen zu den Produktionsfirmen, Georges Olivier um die Tourneen und Jojo um alle Sekretariatsangelegenheiten, seien sie allgemeiner, privater oder spezieller Natur. Er reserviert auch die Hotelzimmer und überwacht das Einladen des Gepäcks in den Wagen.

»Nun bist du dran«, pflegt Brel vor dem geöffneten Kofferraum zu sagen – ein kleines Ritual.

Miche, der Fels in der Brandung, mag keine Halbheiten. Sie und Jacques besitzen dieselbe Charakterstärke, sie drückt sich nur unterschiedlich aus. Jacques wird von seiner Emotionalität, Miche von ihrem Ordnungssinn und ihrem Organisationstalent geleitet. Das Verhältnis zwischen den beiden ist so, als hätte sich Miche seit langem damit abgefunden: Ich brauche mein eigenes Gefühlsleben nicht zu zeigen, denn Jacques hat Gefühl genug für zwei. Miche hat sich ihrem Mann ganz ergeben – und sie bekennt sich voller Stolz dazu. Wenn fünfzehn Gäste um den Tisch sitzen und Jacques um Mitternacht anordnet, daß jetzt Crêpes gegessen werden, eilt Miche sogleich in die Küche.

Miches Hingabe ist absolut und unerklärlich – abartig, sagen einige. Ihre Pflichten als Mutter von Jacques' Kindern erfüllt sie mit Hilfe von Au-pair-Mädchen – der Französin Andrée, der Irin Maria oder der Engländerin Helen.

Für Jacques ist Miche an erster Stelle seine Frau vor dem Gesetz. Und manchmal eine seiner Geliebten, wenn sie die Kinder in der Obhut des Au-pair-Mädchens lassen und ihn in Frankreich für ein paar Tage besuchen kann. Hin und wieder werden die Töchter auch für ein paar Tage in Plege gegeben. Doch Mißverständnisse und Differenzen sind längst aufgetaucht und werden immer deutlicher. Miche und Jacques ergänzen sich, sind aber auch völlig gegensätzlich. Miche begleitet Jacques nicht bis in die Depressionen, in die seine Suche nach Quellen schöpferischer Inspiration ihn zuweilen führt. Existentielle Angst, die Absurdität des Lebens spürt Miche nicht mit derselben Intensität wie der Sänger und der Mensch Brel – jedenfalls zeigt sie es nicht. Brel bezieht seine Lebenskraft aus der Bewegung, Miche aus der Dauer und der Beständigkeit.

»Ich bin das Feuer, du bist die Erde,« sagt Jacques. Die Erde überdauert das Feuer.

Praktisch verlangt Brel von Miche, unbeweglich zu sein oder zumindest so zu tun, als ob sie es wäre. Gleichzeitig nimmt er ihr diese Unbeweglichkeit übel. In Paris wie in Brüssel behauptet er dennoch, daß er ohne Miche nicht überleben könnte. Er erfindet gern Geschichten oder schmückt schon bestehende Legenden aus:

»Ich komme mit meiner neuen Platte bei ihr an und möchte, daß sie sich die sofort anhört, und sie sagt: ›Gleich, da steht gerade was auf dem Herd!‹«

Jacques verbreitet allerlei Anekdoten, die er schließlich selbst glaubt, hübsche kleine Fabeln voller Symbolik:

»Ich knie vor Miche nieder, sage ihr, daß ich sie liebe. Und was fällt ihr dazu ein? ›Komm, steh auf, du zerknitterst deine Hose.‹«

Miche beklagt sich selten. Nie gibt es Szenen. Jacques will, daß man ihn feiert, wenn er nach Hause kommt. Er hält es nicht für nötig, Miche zu erklären, was er im Leben und in seiner Arbeit sucht. Daß Miche nicht jene Idealpartnerin verkörpert, mit der man abends plaudernd die Welt verändern kann, weiß er längst. Seinen Töchtern gegenüber verhält er sich nicht anders. Um Reuegefühlen und schlechtem Gewissen keine Chance zu geben, spielt er den unverstandenen Künstler. Miche akzeptiert ihn so, wie er ist. Sie liebt und bewundert ihn, wenn sie ihn auch nicht immer begreift. In Paris, wo er damit besser ankommt als in Brüssel, beklagt sich Brel bitter über Miches Mangel an Phantasie und Begeisterungsfähigkeit. Warum wendet sie sich ihm nicht intensiver zu? Er wünscht sich so innig, daß sie ihn neugierig ausfragt. Im Chanson verkündet er, wie er die Ehe sieht:

> Wir sind zwei, mon amour
> wenn die Liebe uns lacht
> doch am Ende des Tags

V.

in den Tüchern der Nacht –
5 Seul   *da bleibt man nur allein ...*[5]

Brel braucht die Sicherheit der Familie und verabscheut sie zugleich. Miche steht für eine stets mögliche, realisierbare Zukunft, während Jacques rasend schnell im Hier und Jetzt lebt. Miche unterstützt ihn Tag für Tag, Woche für Woche, Monat für Monat. Jacques wird es – jedenfalls bis 1976 – immer wieder zugeben: er findet in Miche einen Rückhalt wie in niemandem sonst. Zwar gewährt er Frau und Töchtern eine gewisse finanzielle Sicherheit – aber ist er ihnen deshalb eine wirkliche Stütze? Er nährt sich von flüchtigen Schwärmereien und kurzen, aber tiefen Depressionen. Miche sieht sich eher mit seinen depressiven Verstimmungen als mit den Hochstimmungen konfrontiert. Fügsam, wie sie ist, kann Miche trotzdem hart sein und kühl wirken – die Töchter bleiben da nicht verschont. Doch so egozentrisch wie Jacques ist sie nicht.

Auf die banale Frage »Was ist für Sie das Wichtigste?« gibt Brel in einem Interview die ebenso hochmütige wie offenherzige Antwort: »Also, um die Wahrheit zu sagen: ich.«

Seine Frau, seine Töchter, seine Geliebten sollen sich gefälligst damit arrangieren.

Kommt er in Brüssel an, wird Jacques augenblicklich zu einem autoritären, strengen Paterfamilias. Der Oberst mustert seine Truppen. Zärtlich-jovial umarmt er seine Töchter:

»Na, wie geht's, *bonhomme*? Wie ist die Stimmung? Wie fit sind die Truppen?«

Er sieht die Mädchen prüfend an, mißbilligt es, wenn sie Jeans oder Hosen und später Miniröcke tragen.

»Hast du dich verkleidet?« fragt er dann.

Was ihren Haarschnitt betrifft, hat er auch feste Vorstellungen: die Stirn muß frei bleiben!

»Ich freue mich schon auf den Tag, an dem eine meiner Töchter mir endlich ›*merde*‹ ins Gesicht sagt,« behauptet er einmal vorschnell. Was für ein Drama, als Chantal soweit ist und ihm das ersehnte Wörtchen an den Kopf wirft!

Immer höflich, doch keinen Widerspruch duldend, läßt er die Töchter seine Schuhe putzen.

Er bewundert gute Familienväter wie François Rauber, Gérard Jouannest, Charley Marouani, Jean Serge oder Lino Ventura. Und spricht mit Vorliebe von den Kindern der anderen. Den eigenen Töchtern gegenüber bleibt er hilflos und konventionell. Jacques entspricht weder dem steifen noch dem kumpelhaften Vater, den die Regenbogenpresse mit ihren Fotos für das Fanpublikum aufzubauen versucht.

Die Ältesten, die in der Schule den Brüsseler Akzent aufgeschnappt haben, werden deshalb, Jacques besteht darauf, im französischen Gymnasium der Hauptstadt angemeldet.

Bei Tisch verlangt er tadelloses Benehmen:

»Sitz gerade!« sagt er und unterstreicht den Befehl mit einem Klaps auf den Rücken.

»Vaterschaft ist nur ein Wort«, verkündet er

gerne im Rundfunk – was bedeutet, daß er große Mühe hat, den Kontakt zu seinen Kindern herzustellen. Aber »Mutterschaft, die gibt es«, erklärt er – eine schöne Hommage an Miche.

Die kleinen Mädchen machen Front gegen den Vater: Chantal – blondes Haar, blaue Augen – ist überschwenglich und aufsässig, die dunkle, grünäugige France eher schweigsam, und Isabelle – braunes Haar, graue Augen – ist fürs Reden oder Schweigen ohnehin noch zu jung.

Jacques ruft Chantal und France zu sich, er wünscht sie ab und zu bei seinen Tourneen zu sehen. Er will seinen Töchtern zeigen, was ihr Vater macht, wenn er nicht zu Hause ist.

In Brüssel redet er prinzipiell nicht von der Arbeit. In Paris beklagt er sich dann darüber, daß das nicht möglich sei. Als Chantal sich gegen ihn auflehnt, bestraft er sie wie ein Vater aus dem neunzehnten Jahrhundert, sperrt sie in eine Rumpelkammer. Wagt sie es, ihn mit »Pa« (statt Papa) anzureden, entrüstet er sich: »Ich lege Wert darauf, daß du mich Papa nennst!«

Worauf sie – selbst eine Brel – provozierend erwidert: »Ja, Pa.«

Die Ohrfeige hat natürlich gleich gesessen.

Im Frankreich und Belgien der fünfziger und sechziger Jahre wird es in vielen Familien zur Gewohnheit, daß die Kinder ihre Eltern mit dem Vornamen ansprechen. Eine Modeerscheinung, die Jacques partout nicht ausstehen kann.

Der schulische Werdegang von Chantal ähnelt dem ihres Vaters. Kein Wunder bei dem familiären Klima, daß das Mädchen verstört sei, jammern Lehrer und Schuldirektorinnen.

Miche, die meint, auch die Rolle des Vaters übernehmen zu müssen, ist in den Augen ihrer älteren Töchter keine perfekte Mutter. Sie erscheint ihnen kühl und distanziert. Vor allem dann, wenn sie sagt: »Es ist alles eine Frage der Entscheidung. Entweder bin ich zuerst die Frau meines Mannes oder die Mutter meiner Kinder. Ich habe mich entschieden, die Frau meines Mannes zu sein.«

In Brüssel hält Brel an all seinen Ritualen fest. Der Reihe nach lädt er seine Töchter ins Restaurant ein. Sie haben sich kaum etwas zu sagen. Auch wenn Jacques mit einem Blumensträußchen ankommt, erinnern diese Treffen peinlich an die herzzerreißenden Samstags- und Sonntagsausflüge geschiedener Väter mit ihren Kindern. Chantal, dreizehn Jahre alt, wird im Gymnasium und im Freundeskreis immer unausstehlicher. Miche telefoniert mit Jacques, der sich an der Côte d'Azur aufhält:

»Du mußt sie für eine Weile zu dir nehmen.«

Die entzückte Chantal wird in ein Flugzeug gesteckt.

»Spiel dich nicht als Gewinnerin auf,« warnt Miche, »du kriegst gleich eins drauf.«

Brel aber empfängt Chantal, ohne sie auszuschimpfen. Vier Tage lang hört er ihr aufmerksam zu. Welch ein Glück für eine Tochter! Er stellt sie Gilbert Bécaud vor und nimmt sie zum Boule-Spiel mit Henry Salvador mit, packt sie in seine dicksten Pullover ein. Vier Tage lang spürt das heranwachsende Mädchen eine tiefe Zärtlichkeit bei diesem sonst so abwesenden Vater.

Jacques hat seine eigenen Erziehungsmethoden. Aus seinem Hotel in Juan-les-Pins schreibt er an Miche:

»Salut Prinzessin!

Es regnet auf Deine älteste Tochter und auf mich. Heftiges Gewitter seit heute früh. Der Tag ist futsch, grau in grau.

Chantal? Nun, wie vorauszusehen war, ist sie hier absolut hinreißend und nett und überhaupt, aber ich finde sie etwas zurückhaltender, mehr auf der Hut als sonst.

Am besten, man redet nicht so viel mit ihr, denn sie denkt zur Zeit weder wie ein kleines Mädchen noch wie eine Frau.

Sie ist in diesem idiotischen Alter. Das heilt man, glaube ich, mit Bädern und Spaziergängen im Wald. Sie muß unbedingt lesen!«

Brel vermittelt seinen Töchtern seine literarischen Vorlieben: Saint-Exupéry, Camus, Rostand. – Das muß man einfach gelesen haben!

Bei seinen Empfehlungen berücksichtigt Jacques nicht immer das Alter von Chantal oder von France.

»Doch über alles weitere«, fährt er in seinem Brief an Miche fort, »werde ich Dir bald in Brüssel berichten können.

Näheres erfährst Du in etwa acht Tagen, es hängt vom Wetter und vom Flugzeug ab.«

Keine der Töchter teilt Jacques' Begeisterung für die Fliegerei, die sich mit der Zeit zu einer veritablen Passion entwickelt.

»Ich hoffe, Du bist gut in Form am Steuer Deines königlichen Wagens, welchen ich mit dem größten Vergnügen taufen werde.

Ich umarme Dich mit allem Respekt, der einer Frau Direktorin gebührt.

Ergeben

Dein *Auteur Compositeur*

PS: Chantal ist sehr gut erzogen! Bravo und danke!«

Die Tochter kehrt besänftigt nach Hause zurück. Was sie nicht daran hindert, sich in Brüssel bei der nächsten Gelegenheit mit dem Vater zu überwerfen. Genau wie France findet Chantal, daß er sich allzusehr als Nabel ihrer Welt betrachtet. Dieser Komödiant! Aber er ist nun einmal – zur Freude und zum Leid aller – das Zentrum seiner Familienwelt! Auch wenn man in seinem Brüsseler Zuhause – vergeblicher Versuch einer Teufelsaustreibung? – seine Schallplatten nur selten auflegt.

Chantal und France ertragen es schlecht, wenn Jacques den Chef herauskehrt. Auch seine abrupte, herrische Art, von ihnen morgens absolute Ruhe zu verlangen, weil er selbst niemals vor zehn Uhr aufsteht, sorgt für Irritation. Andererseits improvisiert er gern Feste, und das Leben mit ihm kann sehr amüsant sein. »Heute abend gehen wir alle als Hippies verkleidet ins Restaurant!« verkündet er, als er einmal zur

Blütezeit der Hippiebewegung aus Paris zurückkehrt.

Chantal ist ein nervöses, quirliges, impulsives
Kind. Sie reagiert schnell und opponiert gegen
den Vater. France – zurückhaltender und überzeugt, daß die älteste Schwester die schönste ist –
bleibt bei ihrer Beobachtungshaltung, staunt
über manches und schweigt. Die kleine Isabelle,
etwas mißtrauisch, behält meist ihre Ruhe und
hängt am Rockzipfel der Mutter. Streiten die
Kinder miteinander, greift weder Miche noch
Jacques ein. Aus Paris und von anderswo ruft
Jacques öfters bei Miche an, doch nie läßt er seine Töchter ans Telefon holen. Kommt es einmal
vor, daß er ausgerechnet am Tag der Zeugnis-
ausgabe auftaucht, poltert er los:

»Also wenn es im gleichen Stil weitergeht,
Mädchen, da kenne ich eine Klosterschule im El-
saß, wo ihr beide euren Schulabschluß machen
könnt. Das geht dann ganz schnell. Beschissen
sind eure Noten. Es ist kaum zu fassen! Ich sage
dir, France, wenn du die fünfte Klasse nicht wiederholen willst, dann mußt du dich ganz schön
anstrengen!«

Wer ist eigentlich dieser Mensch, der manchmal so witzig und so nett sein kann und der auf
einer Platte brüllt:

> *… Glück ist: zu singen für ein Kind*
> *Glück ist: laut zu weinen vor Lust*
> *wenn endlich man an die Liebe glaubt …*[6]

6 Heureux

Die Familie Brel hat 1965 ein geräumige Wohnung bezogen: fünf Zimmer im achten Stock eines modernen Hochhauses an der Avenue Winston-Churchill, mitten in einem noblen Viertel Brüssels. Von dort aus kann man den Bois de la Cambre sehen. Die Idee mit dem Kloster findet France verlockend. Bloß weg von der Familie! So schreibt sie an ihren Vater, besorgt eine Krawatte, die sie samt Brief auf Jacques' Kopfkissen legt, und teilt der Mutter mit, daß sie eine Nachricht für Papa hinterlassen habe. Die Kleine versucht auf diese Weise, ihren Vater als Vertrauten zu gewinnen. Brel, der öffentlich wie privat ein Oberfeigling sein kann, reagiert zuerst nur mit Schweigen.

»France«, sagt er drei Tage später, »was du da geschrieben hast – das ist ein Brief, den man persönlich überreichen muß.«

»Aber was sagst du dazu?« fragt die Tochter.

»Es kommt nicht in Frage.«

Und er fügt noch einen Satz hinzu, den das enttäuschte Mädchen nicht begreift: »France, du bist für das Gleichgewicht der Familie unentbehrlich.«

Nein, der Aufstand gegen die väterliche Autorität will den heranwachsenden Mädchen nicht recht gelingen. Ihren Vater finden doch alle so fröhlich, so großartig und originell. Man beneidet sie um ihn. Sie aber kennen nur allzugut seine Ansprüche, die konventionell bis zur Absurdität sind. Jacques, der die Harfe in seinen Arrangements nur selten benutzt, wünscht sich, daß seine

Töchter dieses edle Instrument spielen. Ein Mädchen aus gutem Hause, das sich anmutig über seine Harfe neigt – das sieht so hübsch und weiblich aus!

Natürlich übt Jacques auch Faszination auf seine Töchter aus. Er kann wunderbar erzählen, auch wenn er nicht immer alles genau erklärt. Warum ereifert er sich über diese Frau namens Gabrielle Russier, die sich in einen viel jüngeren Mann verliebt hat? Warum ergeht er sich in Schimpftiraden gegen Georges Pompidou?

In Brüssel ist Brel entweder ein Spaßvogel oder unnahbar wie eine Wand. Für seine Töchter ist er ein Mann von Welt, ein Angeber, der gerne Ratschläge erteilt, oder einfach Gottvater: »Tue im Leben, was du willst, aber sei großartig in dem, wofür du dich entschieden hast, Chantal. Sei Straßenfegerin, aber sei eine großartige Straßenfegerin.«

Jacques Chardonne würde diesem Brelschen Prinzip voll zustimmen.

Brel will zwar, daß seine Töchter das Wort ergreifen, doch vorher sollen sie schweigen und zuhören. Brel stellt sich als überzeugter Atheist hin, schimpft auf Kirche, Armee und Staat.

Chantal ist sechzehn und France vierzehn Jahre alt. Unberechenbar, wie er ist – das gehört zu seinen Reizen –, sagt er zu der Ältesten: »Genieße die Liebe, nimm die Pille, sei eine Frau. Lebe dein Leben. Los! Belgien ist ein Land, das es eigentlich gar nicht gibt. Die richtigen Männer, die muß man anderswo suchen. Heirate nicht! Du mußt aufbrechen, dich woanders umsehen.«

Was mag dieses »woanders« für Jugendliche bedeuten? Die Mädchen wissen nicht, daß Jacques Brel in Paris noch ein zweites Privatleben führt. In der Schule werden sie geärgert: – Sag mal, dein Vater, der hat bestimmt eine Freundin, oder?

Miche bringt ihnen bei, den Klatsch zu ignorieren.

Chantal und France protestieren, zucken mit den Achseln oder schenken den Unterstellungen demonstrativ kein Gehör. Aber sie denken schon darüber nach. Wenn Chantal gefragt wird, ob sie die Tochter von Jacques Brel sei, antwortet sie: Nein, keineswegs.

Den heiteren, gelösten Kostümfesten folgen Auseinandersetzungen zwischen dem Vater und der ältesten Tochter. Chantal hat Miche am Telefon weinen sehen. Eines Abends bei Tisch greift sie ihren Vater an:

»Du hast eine Frau, die du allein läßt. Du machst Kinder, die du vernachlässigst.«

Jacques sieht seine Älteste scharf an:

»Ist dir kalt?«

»Nein.«

»Hast du Hunger?«

»Nein.«

»Hast du Zahnweh?«

»Nein.«

»Dann brauchst du mich auch nicht.«

Nach dem Essen verkündet er, ganz Brel:

»So, jetzt verschwinde ich. Heute abend gehe ich mit meiner Tochter Chantal tanzen.«

Es ist im wirklichen Leben nicht anders als in seinem Repertoire: nach einem aggressiven Lied kommt ein Decrescendo, ein liebliches, sanftes Stück. Die beiden machen sich auf den Weg zu Franz Jacobs, einem Freund, der in Brüssel eine Bar betreibt.

Seine Töchter wissen nie, was sie von ihm zu erwarten haben. Aber fast immer – Miche besteht darauf – sagt er Bescheid, wann er in Brüssel ankommt. Es kommt vor, daß er plötzlich aus der Haut fährt:

»Mädchen, mir gefällt es nicht, wie ihr euch entwickelt. Ich mag eure Art nicht. Ich mag die Richtung nicht, die ihr einschlagt.«

Chantal hat in der Schule miserable Zensuren.

»Glaub nicht, daß du einfach so weitermachen kannst. Das wäre ja noch schöner! Arbeiten wirst du in den Sommerferien und nicht wieder faulenzen!«

Brel kann sich für die Älteste zweierlei vorstellen: ein Praktikum in einem Krankenhaus oder in der Kartonagenfabrik Vanneste & Brel. Die Tochter wird gar nicht gefragt.

»Chantal, zieh einen Kittel an, du arbeitest für einen Monat in einem Krankenhaus.«

Die Sechzehnjährige kommt in eine Pädiatrieabteilung. Jacques Brels väterlicher Einfall erweist sich als gar nicht so schlecht! Auf einmal ist er nicht mehr Feind, sondern auf der Seite seiner

Ältesten: nach einem kurzen Praktikum in der Säuglings- und Kinderpflege beschließt Chantal nämlich, Krankenschwester zu werden.

Jacques verteilt gerne Spitznamen. Chantal, die in der Gegenwart lebt, sich schminkt und weiblich aussehen will, Chantal, die viel redet, extrovertiert und auf der Suche nach sich selbst ist, wird von ihm ›Straußenfeder‹ genannt.

> *... Sie sind unsere schönsten Feinde*
> *Wenn sie die Pracht der Blüte haben*
> *Und schon den köstlichen Geschmack der Frucht*
> *Die Kühe ...*

Aber France weigert sich, mit ›Wellenbrecher‹ angeredet zu werden.

»Du hast recht, ›Gitarre‹ ist besser,« gibt Brel zu.

»Warum Gitarre?«

»Weil sie die Form annimmt, die man ihr geben will.«

> *... Sie sind unsere schlimmsten Feinde*
> *Wenn die ihre Macht kennen*
> *Aber auch ihre Gnadenfrist*
> *Die Kühe ...*

Isabelle, die Jüngste, wird zur ›Wolke‹, weil sie, sinniert Brel, über den Dingen zu stehen scheint. Zumindest sähe er das gerne so.

> *... Nichts regt sich mehr wenn Isabelle schläft*

V.

Wenn Isabelle schläft in der Wiege ihrer Seligkeit
Dann stiehlt sie den Samt und die Seide
Die die Guitarre dem Kind schenkt
Um sich einen auf die Stimme zu legen
Wenn sie schläft die schöne Isabelle.

Jacques, der sich unter vier Augen wohler fühlt als in der Gruppe, pflegt seine Töchter getrennt einzuladen. Isabelle darf ihren Vater nach Dinard oder Saint-Malo begleiten. Sie wundert sich kaum darüber, daß Miche nicht mitkommt und sie ihre Ferien allein mit Jacques verbringt.

Brel vergleicht seine Töchter mit den Mitgliedern eines Schwurgerichts – ohne zu verraten, ob er sich für den Angeklagten oder den Schuldigen hält: Chantal spielt den Part der Inquisition, France den Strafverteidiger, Isabelle, die immer Herrin der Lage bleibt, den Gerichtspräsidenten.

France beschließt, während der Schulferien ganz allein wegzufahren. Jacques schenkt ihr einen Reiterurlaub in den Cévennen – einen kleinen Ausflug ins Anderswo. France, die seit ihrem siebten Lebensjahr Ballettunterricht hat, möchte klassische Tänzerin werden. Brel lehnt das kategorisch ab:

»Die Ballettszene ist viel zu hart. Da muß man unbedingt ganz vorne sein. Sein Leben lang zur zweiten Garnitur zu gehören, das ist doch nichts.«

Der Name Brel kann zu einer Last werden. Mit seinen Töchtern führt Jacques eher Selbstgespräche als Dialoge und wundert sich hinterher, daß Chantal und vor allem France ihn nicht öfter ansprechen.

Marihuana, Kokain, LSD, die weichen und harten Drogen machen Schlagzeilen. Jacques diskutiert darüber mit Jojo und monologisiert vor Tochter France: man dürfe auf keinen Fall Drogen nehmen, das sei sehr schädlich.

Er hat erlebt, wie Musiker sich selbst zerstören. Es heißt ja, Marihuana sei nicht gefährlicher als Tabak. Alles Quatsch!

»Ich bin entschieden dagegen,« bekräftigt er.

Jacques Brel verabschiedet sich von seiner Tochter mit dem Gefühl, daß ein fruchtbarer Austausch stattgefunden hat. Sehr förmlich drückt er ihr die Hand:

»Es freut mich, daß wir über dieses Thema gesprochen haben.«

Der redegewandte, berühmte, humorvolle Jacques beeindruckt die heranwachsenden Töchter. Doch wer ist dieser Kerl, der in seinen Chansons kein gutes Haar am Bourgeois läßt und sich in Brüssel wie ein echter Bourgeois verhält?

Die Mädchen hören sich nicht alle Chansons des Vaters an, und er nimmt es ihnen nicht übel. Vielleicht ist es sogar Wasser auf seine Mühle! Ein fabelhaftes Alibi: nicht nur bei der Ehefrau, sondern auch noch bei den eigenen Töchtern auf Unverständnis zu stoßen! Chantal und France haben aus dem Werk des großartigen und unberechenbaren Wundervaters sehr wohl den

Grundton herausgehört. Bei einem Familien-
essen, an dem auch sein Bruder Pierre teilnimmt,
läßt Jacques eine lange, mit deftigen Ausdrücken
gespickte Rede vom Stapel: Arsch, Arschloch und
wieder Arsch ... Chantal unterbricht ihn:

»Man fragt sich, wie er einerseits so reden und
dann wieder so schöne einfühlsame Sätze schreiben kann.« Brel antwortet nicht.

Sicherlich gibt es im Hause Brel Abende voller
Ausgelassenheit, aber es ist bei weitem nicht immer die ›Wiege der Freude‹, die Jacques besungen hat.

Isabelle mag nicht mit dem Au-pair-Mädchen
allein zurückbleiben, wenn Miche Jacques auf
seine Tourneen folgt. Auch jammert sie morgens,
wenn ihr Vater zu Hause ist, weil die Mutter an
diesen Tagen gar nicht aufsteht. Isabelle ist
Jacques' Popularität nicht so bewußt wie ihren
Schwestern. Sie erinnert sich vor allem an schöne
Ferien mit den Eltern auf Guadeloupe.

Auf dem Höhepunkt seines Erfolges denkt
Jacques oft über seine Beziehung zu Miche nach.
Er erwähnt kaum jemals seine Gefährtinnen in
Frankreich, und wenn, dann nur im Scherz. Ein
paar von ihnen wünschen sich, daß er die Scheidung einreicht. Was wäre naheliegender? Um
diesem heiklen Thema aus dem Wege zu gehen,
erfindet er ein belgisches Gesetz, das, wie er beteuert, seit zehn Jahren in Trennung lebenden
Eheleuten verbietet, sich scheiden zu lassen. Seine Abneigung gegen die Scheidung wurzelt vielleicht im Katholizismus seiner Kindheit.

Wenn Jacques von Miche weit entfernt ist, versäumt er nie, ihr zu schreiben. Im Juni 1960 notiert er in Béziers, bevor er nach Tunis, dann nach Nîmes und weiter nach Madrid fährt:

»… Du hättest, *ma Mie*, vor allem mehr Liebe verdient – während ich es gerade eben schaffe, Dir die Zärtlichkeit und Zuwendung zu geben, deren ich fähig bin. Tausendmal habe ich von Dir erwartet, daß Du mir sagst, Du möchtest dich von mir trennen, aber vielleicht bist Du weniger unglücklich, als ich es mir vorstelle. Vielleicht kennst Du auch gar nicht dieses Bedürfnis, an der Liebe zu verbrennen, das mich quält und das Männer manchmal umbringt? Aber vielleicht sind wir im Grunde schon über die Liebe hinweg oder vielmehr jenseits der Liebe: Verbündete, die zärtlich und liebevoll miteinander umgehen. Denn eigentlich müßten wir einander längst hassen, aber ich glaube, daß Du mich sehr magst, und ich, wenn ich auch immer wieder dem erliege, was die Dummköpfe ›verwerfliche Schwächen‹ nennen, richte mich doch in allem, was ich tue, nur nach Dir und der Familie. Schwäche, das ist wahrscheinlich auch bei mir das eigentliche Problem, denn in manchen Situationen, muß ich gestehen, werde ich ganz schwach; ich ertrage es nicht, eine Frau weinen zu sehen.

Aber es kommt mir völlig bescheuert vor, Dir das alles zu erzählen. Vielleicht bin ich einfach nur ein wenig erschöpft.

Ich passe auf mich auf, ich umarme Dich und denke sehr an Euch.

Pitouche (der – ja, auch er – Dich so schlecht zu lieben weiß)«

Jacques stört es nicht, auf die Einrichtung seines Zimmers in der Cité Lemercier keine Sorgfalt verwendet zu haben. Eher legt er Wert darauf, daß seine Frauen ihm in ihren jeweiligen Wohnungen in Paris oder Brüssel ein angenehmes Ambiente zaubern. Während er sich mit Sophie gern über Sessel, Lampen oder Bilder streitet, riskiert er bei Miche höchstens einen kurzen Kommentar zu den Vorhängen. Er hat denselben Geschmack wie Miche.

»Ich sehe Dich schon die Nase rümpfen, wenn Du unsere Freunde zu Hause empfängst.

Jedenfalls kann ich Dir nicht oft genug sagen, wie hübsch Du alles gemacht hast.

Ich denke oft an Dich, und oft tut es mir leid, Dir kein schöneres Leben bieten zu können, denn Du hast Besseres als einen reisenden Ehemann verdient.«

Miche weiß im übrigen, daß der Reisende zurückkehrt, denn er will:

... Eine Liebe aufblühen sehen
Und sich (...) daran verbrennen ...[9]

9 Voir

Für Jacques gehört es zu den selbstverständlichen Aufgaben einer Frau, sich um das Haus oder die Wohnung zu kümmern. Miche hat darin im Lauf ihrer Ehe schon Routine erworben. Für die Einrichtung der Wohnung in der Avenue Winston-Churchill oder des 1963 im Lavandou

gekauften Drei-Zimmer-Appartements läßt Jacques ihr freie Hand. Er besteht jedoch auf kom-
fortablen Chesterfield-Sesseln und schweren
Stofftapeten und verlangt warme Farben, die
Rottöne der Jahrhundertwende. Dunkelheit
kann er nicht ausstehen, und er beschwert sich
immer wieder über die schlechten Lichtverhält-
nisse im Haus, bis er die Frage der Beleuchtung
selbst in die Hand nimmt. Für den geräumigen
Brüsseler Salon hat er einen rot-schwarzen Teppich mit Blattwerk und Rankenmustern ausgesucht. Eine Wohnung muß wie ein Chanson-
repertoire wirken und durch atmosphärisch kon-
trastierende Landschaften führen. Brel hängt
nicht an Gegenständen, aber er liebt ein paar
Dinge: ein Barometer, die von Negerfiguren
gestützten Leuchten, das Petrof-Klavier, den
Schaukelstuhl … Pendeluhren begeistern ihn,
aber sie quälen ihn auch. Diese Symbole der ver-
rinnenden Zeit scheinen sich mit ihrer Zerbrech-
lichkeit dafür zu entschuldigen, daß sie unser Altwerden Schlag für Schlag buchstabieren.

… Und die Hand zittert nur, weil das Pendel der Uhr leis
im Zimmer sich
Tick-tack-tick-tack bewegt. Es sagt ›Ja‹ und sagt ›Nein‹
und sagt: Ich wart auf dich …[10]   10 Les Vieux

Es gehört zu Brels Marotten, darüber zu
wachen, daß die Uhren in Brüssel und anderswo
richtig gestellt und aufgezogen werden. Auch
steht eine Zeitlang ein Billardtisch, ein ander-

mal ein aufgeschlagenes Berberzelt mitten im Salon.

Brel hat eine Schwäche für den englischen Stil und für jene Schiffsmöbel, die in den fünfziger und sechziger Jahren in Frankreich wie in Belgien Furore machen. Eine Mischung aus Barock und Rokoko ist ganz nach seinem Geschmack. Er legt großen Wert auf feine Tischdecken und auf Karaffen, in denen der Wein atmen kann. Ob Ausdruck von Traditionsbewußtsein oder bloß Reflex eines belgischen Durchschnittsbürgers: er vermittelt seinen Kindern gern all diese Dinge nebenbei. In den Bordellen Frankreichs und Belgiens kostet Jacques die Vergoldungen und Schnörkel des Jugendstil-Dekors genauso aus wie die vollen Formen der dort tätigen Damen: »Ich bin kein Kind meiner Zeit«, kokettiert er. Doch der Jugendstil ist damals gerade *en vogue*. Man bleibt immer ein Kind seiner Zeit, in seinen Vorlieben wie in seinen Abneigungen.

Chantal und France fragen sich als Jugendliche, warum ihre Eltern nie mit ihnen über ihr Doppelleben gesprochen und ihnen nicht die Wahrheit gesagt haben. Wäre es nicht einfacher und auch anständiger gewesen?

Miche, von France befragt, antwortet darauf:

»Wir wollten, daß ihr ein bestimmtes Bild von uns im Kopf habt.«

Sollen die Mädchen für dumm verkauft werden?

Jacques und Miche sind freilich nicht die einzigen Eltern, die sich mit solchen Problemen konfrontiert sehen. Die Brel-Töchter verstehen allmählich, daß Jacques sich nie scheiden lassen wird. Nie verleugnet er seine Ehe, auch wenn er sich ständig darüber beklagt.

Dieser für das Eheleben so wenig begabte Mann wird ab 1960 in Paris mit Sophie eine Art parallele Ehe führen, die etwa zehn Jahre dauert. In Belgien läßt er weiterhin keine Zweifel daran aufkommen, daß es ihm sehr viel bedeutet, mit Miche verheiratet zu bleiben. Die Familie im allgemeinen ist zwar ein Gefängnis, aber seine eigene sieht er nicht so – und wenn, dann als ein fortschrittliches, freizügiges Gefängnis.

Der Frau eines Freundes, die sein Verhalten, seinen *way of life*, zu kritisieren wagt, erwidert er mit eisiger Kälte: »Ich mache mir keine Vorwürfe. Und niemand macht mir welche, ist das klar? Sie gehören, Madame, zu jenen Frauen, die glauben, einen Diamanten zwischen den Beinen zu haben. Außerdem haben Sie einen Mann, den Sie nicht verdienen.«

Hat Miche demnach einen Mann, den sie verdient?

Jacques' Persönlichkeit erdrückt die beiden ältesten Töchter. Selbst in der Opposition, die Chantal in heftigen Ausbrüchen kundtut, während sich France in Schweigen hüllt, hören sie nicht auf, ihren Vater zu lieben und zu bewundern. Für ihre Ambitionen, ihre Rückzüge und ihre Revolten bleibt er das Leitbild.

Chantal, France und Isabelle brauchen Zeit, um die Ehe ihrer Eltern und diesen nur sporadisch anwesenden Vater zu durchschauen und zu verstehen.

Miche beruft sich unablässig auf seine Autorität: euer Vater hat beschlossen ..., darüber muß ich mit eurem Vater sprechen ..., euer Vater meint ...

Ob er an- oder abwesend ist, er bestimmt ihr Dasein als Schülerinnen, Heranwachsende, junge Frauen, Ehefrauen und Mütter, er besetzt ihre Lebenswelten.

Auch Miche lebt nur sein Leben.

Einem Prachtexemplar westlicher Männlichkeit wie Jacques fällt es schwer, seiner Frau jene Rechte zuzugestehen, die er selber genießt. Eines Tages kommt er nach Hause und findet die Wohnung leer. Der einsame Jacques schreibt an Miche:

»Brüssel, Freitag abend (zu Hause)
Kleiner Indianerhäuptling,
heute abend fehlt hier jemand,
und zwar ganz arg: Du.
Heute nachmittag war ich froh, Dich zu hören und zu erfahren, daß alles bestens läuft ...«

Der Brelsche Mechanismus der grenzenlosen Selbstbezüglichkeit wird in Gang gesetzt. Jacques schwelgt in Selbstmitleid:

»Ja, es ist trüb hier.

So beginnt also die Geschichte jenes Mannes, der all seine Träume verbraucht hat und allein zurückbleibt. Und sich dann Vorwürfe macht, das Ganze überhaupt gewagt zu haben.

Ich weiß ja um Deinen Schmerz, deine Angst.

Ich weiß um Deinen Kummer (ein idiotisches Wort!)

und stehe da, ohne etwas tun zu können.

Schon machtlos.

Wenn die Welt freundlich gewesen wäre, hätte ich sehr groß und sehr stark werden können.

Nun bin ich nur sehr einsam und sehr machtlos.

Absurd ist das passende Wort für unser Leben, und ich wollte doch noch viel mehr.

Gott möge diejenigen strafen, die uns das Hoffen lehren: es ist viel zu schwer zu tragen, viel zu schwer zu schaffen! ...

... Da stehe ich, verpackt, verschnürt und katalogisiert – und ich habe noch nicht einmal angefangen zu leben.«

Er spielt auf der Violine seines Ichs und entlockt ihr laute, gellende Töne. Während Jacques im Berufsleben keine Kompromisse toleriert, ist er in seinem Privatleben hin- und hergerissen.

»Und schon schließt sich die Tür.

... Aber seid Ihr wenigstens glücklich, ich flehe euch an. Ein wenig glücklich.

Miche, verzeih mir bitte diesen etwas verrückten Brief, dieser Abend ist so schwer zu ertragen. Und so lang ...

Scheiße, ich werde alt!«

Damals ist Jacques noch nicht einmal fünfunddreißig.

»... Bis bald. Ich umarme Dich, umarme Euch alle. Und ich höre nicht auf zu hoffen.«

Diese Untergangsstimmung wurde durch eine

simple Flugzeugverspätung ausgelöst. Natürlich
hat Miche ihn nicht verlassen.

Brel trennt konsequent sein Pariser Leben von
dem in Brüssel. Nur François, Gérard, einige
Musiker, Charley, Alice und Jojo haben das Pri-
vileg, weil die Tourneen und auch Jacques es so
wollen, im belgischen und im französischen
Freundeskreis des Sängers zu verkehren.

Brel liebt es, wie ein Schotte oder ein Talmu-
dist, endlos zu diskutieren – um des Diskutierens
willen. In Belgien hat er für diesen Zweck ein
paar bereitwillige Gesprächspartner wie Jean-
Pierre Grafé. Der schlanke, lebhafte Rechtsanwalt verfolgt als PSC-Abgeordneter eine politische Karriere, gehört also wie Hector Bruyndonckx zur klassischen Rechten. Später wird er
Kultusminister. Jacques hat Jean-Pierre in Lüttich kennengelernt, als dieser gerade sein Studium an der Universität abschloß.

Lüttich liegt nur hundert Kilometer, eine
knappe Autobahnstunde, von Brüssel entfernt.
Ein Katzensprung, da Belgien neben Deutschland bekanntlich über die besten Autobahnen Europas verfügt, kostenlos und sogar beleuchtet!
Brel liebt auch in Lüttich das Nachtleben, fühlt
sich im Viertel um den Pont d'Avroy wohl, wo es
von Bistros und Restaurants wimmelt. Abgesehen
davon, daß Jean-Pierre und Jacques beide Nacht-
eulen sind, gründet sich ihre Freundschaft ver-
gnüglicherweise darauf, daß sie in rein gar nichts
übereinstimmen. Der Rechtsanwalt staunt immer
wieder über die für Brel typische Mischung aus

Lebensfreude und Rastlosigkeit. Er wundert sich über diesen sonderbaren Mann, der ständig im Wettkampf mit der Zeit um sein Leben zu laufen scheint. Wo endet bei ihm die Unruhe, wo beginnt die Angst?

In der Nähe des Pont d'Avroy betreibt eine Art Tausendsassa – Pianist, Komponist, Buchhalter und Bastler in Personalunion – ein Stripteaselokal. »Laß uns Mac Arden kurz begrüßen«, sagt Jacques. »Seine Show ist tiefster Provinzmief, aber wenn wir nach vier Uhr morgens kommen, kriegen wir sie nicht mit.«

So treffen die beiden Freunde kurz vor Sonnenaufgang ein.

»Monsieur Brel!« ruft Mac Arden aus. »Sie haben meine Show verpaßt! Los, Mädchen, dalli, dalli! Eine Zugabe für Brel!«

Jacques und Jean-Pierre, die wieder einmal die Nacht durchmachen, verlassen den Lütticher Nightclub ›Champs-Elysées‹, überqueren den Boulevard de la Sauvenière und gehen auf das Rotlichtviertel der Stadt zu. Jacques hat gerade ein seelisches Tief und sieht düster aus. »Komm, Jef, du bist nicht allein«, sagt Jean-Pierre, ihm auf den Arm tippend. Und Jacques antwortet, mit einem Klaps auf Jean-Pierres Rücken:

»Ja, wir gehen nach Amerika.«

Jacques mag Bordelle. Dieser und ähnliche Abende haben ihn zu *Jef* inspiriert:

> *... Sehn wir die Weiber an,*
> *Die bei Madame Andrée*

Neu aus den Fenstern lehn'n.
Dann singen wir zu zweit.
Dann sind wit gut auf einmal,
Wie damals zu der Zeit ...

Grafé, der überzeugte Lokalpatriot, bringt ihn auf eine Idee:

»Du kommst doch immer wieder nach Lüttich, Jacques. Offenbar magst du diese Stadt. Machst du nicht aus allem, was du magst, ein Lied?«

Und Jacques schreibt:

... Es schneit es schneit auf Liège
Schwarze Sichel der Meuse auf der Stirn eines weißen Clowns
Er ist zerbrochen der Schrei
Der Stunden und der Vögel
Der Kinder mit den Reifen
Und des Schwarz und des Grau
Es schneit es schneit auf Liège
Das lautlos der Fluß durchquert ...

Vorläufig will Brel dieses Lied noch nicht auf Platte aufnehmen.

»Nicht, daß ich zur Musik oder zum Text nicht stehen würde, aber Lüttich hat Besseres verdient. Die jetzige Fassung würde auch auf Lille oder Charleroi zutreffen. Ich habe noch nicht Lüttich als solches, noch nicht die Seele dieses Ortes und seiner Menschen erfaßt.«

Das Lied erscheint später auf dem Album »*Jacques Brel chante la Belgique*«[11], das anläßlich eines internationalen Kongresses in Brüssel an die teilnehmenden Bürgermeister verschenkt wird. Diese Schallplattenrarität, mit einer flachen Einführung von Paul Henri Spaak – dem wohl international bekanntesten Politiker Belgiens – versehen, enthält auch Titel wie *Jean de Bruges*, *Bruxelles* und *Le Plat Pays*. Ein Freundschaftsdienst: François Rauber wird mit der Komposition des synfonischen Gedichts *»Les Trois Histoires de Jean Bruges«* beauftragt.

Auch in dieser Stilübung verrät sich Jacques:

> … *Jean de Bruges, hier ist dein Glas*
> *Jean de Bruges, hier ist dein Bier*
> *Der Hopfen wird dich gesprächig machen*
> *Du wirst leichter lügen.*

Jacques und Jean-Pierre ziehen den endlosen Diskussionen dann doch die Spritztouren nach Lüttich vor. Grafé vertritt die Interessen von Unterhaltungskünstlern. Zu seinen Klienten gehört auch Salvatore Adamo, ein Belgier italienischer Herkunft. Jean-Pierre arrangiert im Lütticher Palais des Congrès ein Treffen zwischen beiden Sängern, befürchtet aber, daß sich Brel dem Kollegen gegenüber herablassend verhält. Doch alles läuft bestens, und Jacques schreibt für Adamo eine Widmung, die immer wieder in dessen Programmzetteln auftauchen wird: »Dem zärtlichen Gärtner«.

Bei den Brels nimmt Grafé an »Abenden« teil, die erst im Morgengrauen enden. Er und Miche hören zu, wenn sich Gilbert Bécaud und Jacques Brel, neben dem Billardtisch im Salon auf Stühlen stehend, bis fünf Uhr morgens über die Existenz Gottes streiten, mit Exkursen zu Themen wie ›Abtreibung‹ und ›wilde Ehe‹. Der gläubige Bécaud verteidigt die Ehe und lehnt die Abtreibung ab. Brel, der sich in Paris so freizügig gibt, scheint in Brüssel um so mehr den Werten der Institution Familie verhaftet. Oder warum sollte er sie derart vehement attackieren, wenn er sich nicht davor schützen müßte?

In Belgien gibt Jacques eindeutig zu verstehen, daß er Brassens für Frankreichs größten Sänger hält. Dennoch fühlt er sich in Bécauds Gesellschaft wohler und will sogar mit ihm an einem gemeinsamen Chansonprojekt arbeiten. Das Thema gibt Jacques vor: »Wenn wir unsere Liebe beerdigen, wird Paris zu Berlin.« Aber die Idee, die Gilbert begeistert, mündet nicht in ein gemeinsames Chanson. Jacques hat bereits für Juliette Gréco, Sacha Distel oder Charles Dumont Lieder geschrieben: *Vieille, Je suis bien, Les Crocodiles, Je m'en remets à toi, Hé! m'man* ... Woran scheitert das Unternehmen mit Bécaud? An den unterschiedlichen Mentalitäten. Bedeutet das Ende einer Liebe für Jacques ein hochdramatisches Ereignis – vergleichbar mit der Errichtung der Berliner Mauer –, läßt es sich für den mediterran geprägten Gilbert Bécaud viel müheloser verkraften. Die nächste Liebe kommt bestimmt! So gesehen wundert es kaum, daß der Brelsche Text zu der Musik Bécauds nicht passen will.

Wie jene Politiker, die sich im Ausland hüten, ihre Heimat öffentlich zu kritisieren, zeigt sich Jacques gegenüber Belgien um so ungnädiger, wenn er sich in Brüssel oder Lüttich aufhält.

Jean-Pierre Grafé besucht ihn einmal in Roquebrune-Cap-Martin an der Mittelmeerküste. Unter Belgiern tauscht man sich gerne über Belgien aus.

»Ich liebe mein flaches Land, aber die Leute sind mir zu klein,« sagt Brel.

Sophie bleibt im Schatten. Sie verbringt viel Zeit im inzwischen ausgebauten Landhaus in Roquebrune. Miche zieht sich – in stillschweigender Übereinkunft – allmählich von dort zurück. Jacques, der in einer Art Zweitehe mit Sophie lebt, wendet sich trotzdem in vertrautem Ton an Miche:

»Großer Indianerhäuptling«

(Miche wird befördert! Bürgerliche Ehefrauen werden sonst nur mit ›Indianerin‹ angesprochen.)

»Ich glaube, es ist schon lange her, daß ich Dir Kostproben meiner Prosa geschickt habe.

Viel zu lange her.

Laß Dich nicht täuschen: ich denke oft an Dich. Zu oft.

Hier ist das Haus fast fertig – ziemlich hübsch und einfach zugleich.

Viele Blumen.

Und das Meer, das ewige …

… Ein Schlußsatz.

Ich bin kein reiner Geist und werde es niemals sein.

V.
KAPITEL

Ein Tier bin ich, und über diesen Teil von mir
bist Du die absolute Herrin.
Ich bleibe Dir also sehr ergeben,
Dein vollkommen verzweifelter
Pitouche,
der noch kämpfen will
und manche Nacht von Deinem Körper und
Deiner Geduld träumt.«

> ... *Ich kenne all deine Zauberkünste*
> *Du kennst all meine Verzauberungen*
> *Von Falle zu Falle hast du mich gehalten*
> *Von Zeit zu Zeit habe ich dich verloren*
> *Gewiß du hast dir ein paar Geliebte genommen*
> *Man mußte etwas anfangen mit der Zeit*
> *Der Körper soll doch jauchzen*
> *Zuletzt zuletzt*
> *Brauchten wir einiges Talent*
> *Um alt zu sein ohne erwachsen zu sein ...*[11]

11 La Chanson des
vieux amants

Brel, der sich nie verstanden fühlt, versucht
sich selbst zu verstehen und fragt sich wie mit
zwanzig: Wer ist Jacques Brel?

Ein Kind? ein Jugendlicher? oder etwa doch
ein Erwachsener?

Auf jeden Fall eine Führernatur, die auch in
der Lage ist, anderen mit Rat und Tat beizu-
stehen:

> ... *Immer gut drauf*
> *Dabei zerbrech ich mir Kopf und Herz*
> *Weil ich die Menschen trösten möchte ...*[12]

12 La Chanson de
Jacky

[296]

Nein, Jacques ist nicht ganz allein. Brel ist für die Freundschaft begabt, kultiviert geradezu sein Talent für diese Kunst und diese Wissenschaft. Denn es ist nicht selbstverständlich, in jedem Alter Freunde zu finden. Je größer allerdings sein Ruhm wird, desto mehr Leute geben sich als seine Freunde aus. Er läßt sich nicht davon blenden. Er steht manchen Menschen sehr nahe, denen er zufällig begegnet ist und die ihn nicht hofieren, und andererseits solchen, die ihn in demselben Maße brauchen, wie er selber sie benutzt.

Der Chirurg Arthur Gelin operiert France Brel am Blinddarm. So wie Grafé zur Rechten gezählt wird, gilt er als eingefleischter Linker. Eine wuchtige, imposante Erscheinung mit lebhafter Mimik, und wie Jacques ein kraftvoller, geradezu verschwenderischer Geschichtenerzähler, der Paul Valéry und Saint-John Perse verehrt.

Belgien ist 1961 das erste europäische Land, in dem ein Generalstreik der Mediziner stattfindet. Die sozialistische Regierung, die das heikle Thema der staatlichen Krankenversicherung in Angriff genommen hat, will kraft eines königlichen Dekrets, ohne Verhandlungen mit der Ärzteschaft geführt zu haben, Maßnahmen durchsetzen, die die betroffenen Ärzte für unzumutbar halten. Pierre Falize zeichnet für den umstrittenen Gesetzentwurf verantwortlich. Von Beruf Apotheker, ist er außerdem Generalsekretär der sehr einflußreichen sozialistischen *Mutuelles* (Krankenkassen auf Gegenseitigkeit) und Stell-

vertreter von Edmond Leburton, dem Minister
für Soziale Prävention. Miche, die politisch ein-
deutiger als Jacques mit dem Zentrum sympathisiert, lädt Falize samt Gattin zu einem Essen ein,
an dem auch die Gelins und Jacques teilnehmen
sollen. Man trifft sich im Restaurant Ravenstein,
in der Nähe des Brüsseler Palais des Beaux-Arts.
Brel kann sich seine Schadenfreude über das
Unbehagen des Apothekers nicht verkneifen.
Falize hat nämlich einen Fehler begangen, als er
versuchte, Gesundheitsämter, kostenfreie ärztliche Behandlung und eine staatlich-zentral orga-
nisierte Krankenpflege durchzusetzen. Jacques
zeigt damals schon Interesse für das Problem,
wie sich ein gut ausgebautes soziales Netz mit
dem elementaren Recht des Patienten verein-
baren lasse, seinen Arzt selbst zu wählen. Brel
fühlt sich an diesem Abend in seinem Element:
Falize und Gelin, zwei aus der linken Ecke,
liefern sich vor ihren Ehefrauen und Miche ein
Wortgefecht, ohne aus der Rolle zu fallen. Ab
und zu gießt Brel ein bißchen Öl ins Feuer. Um
zu vermeiden, daß der Abend in einer technischen Unterhaltung steckenbleibt, unterbricht
er plötzlich Falize:

»Du trägst also immer noch die Schirmmütze
von Leburton mit dir herum und kriechst ihm in
den Arsch.«

Jacques besitzt die Fähigkeit, sich innerhalb
einer Viertelstunde gleichermaßen liebenswürdig
und unangenehm zu benehmen.

Der humorvolle und gebildete Arthur Gelin

ist für Jacques eine Entdeckung, obwohl er für die Kunst des Chansons nichts übrig hat.

In Gelin findet Jacques einen Spiegel: denselben Spaß am Spott, dieselbe Art, gegen Dummheit, Eitelkeit und Borniertheit – »gegen die Arschlöcher«, sagt Jacques – zu kämpfen.

Brel hat das Ausmaß der intellektuellen Mittelmäßigkeit vieler großer und kleinerer Stars des Showgeschäfts bekümmert zur Kenntnis genommen. Arthur ist ein anregender Gesprächspartner, dem man vieles anvertrauen kann, ohne daß er versucht, es aus einem herauszulocken. Arthur liest Jacques eine Seite aus Paul Valérys *Intimité* vor. Je näher man jemanden kennenlernt, desto wichtiger ist es, Rücksicht zu üben. Die Scham, die *pudenda*, das, was man verschweigt und versteckt, wiegt weit mehr als das, was man sagt. Diese Überlegungen sprechen Jacques' Sensibilität stark an. Er kann schweigsam wie sein Vater und gesprächig wie seine Mutter sein. Er gibt sehr wenig preis, attackiert aber heftig die abscheulichen Prinzipien, von denen sich andere leiten lassen.

Brel ahnt, wieviel er vom Umgang mit Männern wie Grafé oder Gelin, von dieser Mischung aus Zurückhaltung und Großzügigkeit profitieren kann. Sie bewegen sich in ganz anderen Welten als die Bruyndonckx.

Jacques hat sich mit Hector versöhnt, doch er hält einen gewissen Abstand zu ihm. Brel, gewiß kein Mustervater, bleibt ein vorbildlicher Sohn. Regelmäßig besucht er seine Eltern, und er ist selbstverständlich dabei, als Romains achtzigster Geburtstag am 13. Februar 1963 im Kreis der Familie mit einem Festessen gefeiert wird. Jacques, der für seine Mutter immer eine tiefe Zärtlichkeit empfunden hat, scheint jetzt seine Zuneigung für Romain neu zu entdecken. In jenem Jahr schreibt er auch *Les Vieux* fertig, eines seiner schönsten Lieder. Romain und Mouky sind schließlich die einzigen alten Menschen, die er wirklich gut kennt.

Brel hat manchmal Vorahnungen, die Anhänger des sechsten Sinns – allen voran Tochter France – in ihrer Überzeugung bestätigen. Anfang 1964 schreibt Jacques aus Paris an Hector Bruyndonckx. Er spricht ihn nicht mehr mit *Monsieur* an, sondern findet einen ganz neuen Ton:

»Lieber Hector,

… Danke für die Herzenswärme und auch für die Zärtlichkeit. Von ganzem Herzen.

Und ich wünschte, ich könnte Ihnen in diesem gottverfluchten neuen Jahr, das über uns hereinbricht, das gleiche zurückgeben.«

Einige Tage später, im Januar 1964, stirbt Romain Brel. Jacques kommt am Morgen der Beerdigung in Brüssel an. Seinetwegen hat man den Sarg noch offen gelassen. Am selben Abend singt er in Lille. Ein Journalist stellt die gewagte Frage:

»Wie ist es, singen zu müssen, wenn man gerade seinen Vater zu Grabe getragen hat?«

Jacques hat die Journalisten nie sonderlich

geschätzt, weiß aber ihre Fragen geschickt zu beantworten und sie auch manchmal an der Nase herumzuführen. Sein zunächst diffuser Haß auf die Zunft verfestigt sich. Zu seinen Freunden zählen auch Journalisten, ebenso wie Apotheker und Notare, aber das sind für ihn Ausnahmen, glückliche Einzelfälle, die die Regel nur bestätigen.

Jacques' Mutter ist seit langem krank und wiegt nach mehreren Operationen nur noch dreiunddreißig Kilo.

... Und der andere bleibt da, der der bessere war,
vielleicht auch schlechter war,
Nicht mehr wichtig für ihn, denn für den, der da bleibt,
ist doch die Hölle da.
Vielleicht sieht man ihn mal, manchmal sieht man ihn da;
im Regen und im Leid
Geht er noch durch die Zeit und entschuldigt sich schon,
er sei auch bald so weit ... [13]

13 Les Vieux

Unmittelbar nach dem Tod ihres Mannes vertraut sich Mouky ihrem Sohn Pierre an:

»*Maneken*, ich bin jetzt zu nichts mehr nütze.«

»*Maanke*, sag so was nicht.«

»Doch, doch.«

Völlig entkräftet stirbt Mouky achtundsechzigjährig im März 1964. Solange Romain sie gebraucht hat, konnte sie nicht sterben. Sie, die in Jacques Augen vielleicht nie wirklich begonnen hatte, ihr Leben zu leben, sieht ihre Pflicht erfüllt, als ihr Mann stirbt. Inwieweit wird Jacques

mit dem Gedanken spielen, daß man sich den
Zeitpunkt und die Art seines Todes aussuchen
kann? Brel bricht zwar alle Beziehungen zur Kartonagenfabrik ab, hofft aber doch, daß der Teil-
haber Brel weiterhin eine gewisse Rolle neben
den Vannestes spielen darf, die ja unverändert
drei Viertel der Geschäftsanteile besitzen. Auch
wenn er seinen Bruder selten sieht, hat er durchaus noch Familiensinn. Auch wenn er Familien
im allgemeinen nicht ausstehen kann, liebt er
seine Familie, seinen Clan auf seine ganz persönliche Weise.

Sophie – grüne Augen, dunkles Haar – ist eine
schöne Frau, die sich stets im Hintergrund hält,
was sie nicht daran hindert, sich im Privatleben
besitzergreifend zu zeigen. Den Sänger hat sie im
Chansonmilieu kennengelernt, sie hat ihm ihre
Lebensgeschichte erzählt, kurz bevor er sich von
Suzanne Gabriello getrennt hat. Und er – halb
aufrichtig und halb im Scherz – hatte dazu gesagt: Wenn du dich eines Tages zu sehr lang-
weilst, dann rufst du mich einfach an – und ich
komme sofort zu dir.

Das alte Helfersyndrom des Jacques Brel ... Er
hält Sophie für sehr gebildet, weil sie sich mit
Boris Vian und Serge Gainsbourg gut versteht.
Jacques macht gerade eine Tournee durch Südfrankreich. Als Sophie ihn sehen will, kommt er
sofort zu ihr.

Der einunddreißigjährige Jacques kann sich
verrückt, ja närrisch aufführen wie ein Fünfzehn-
jähriger. Zwischen zwei Konzertveranstaltungen

taucht er plötzlich in Paris auf. Es ist, das steht
für alle außer Frage, der Beginn einer großen
Liebe. Aber auch der Anfang eines Doppelle-
bens, das für eine ebenso hingebungsvolle wie
anregende Geliebte wie Sophie schwer zu ertragen ist.

Weihnachten 1960 empfängt Sophie Alice,
Jojo und Jacques in ihrem Haus. Brel trägt sein
Geschenk für Sophie unter dem Arm, einen Per-
sianermantel.

»Wie schrecklich! So etwas werde ich nie
anziehen!« Hausbacken sei der Mantel, findet
Sophie – nicht ganz zu Unrecht. Jacques ist be-
leidigt. Spät abends kommt noch ein von Sophie
eingeladenes Paar dazu: Marianne mit ihrem
Mann. Jacques findet den Mann, einen passio-
nierten Sportler, sehr sympathisch.

Brel ist von Sophie höchst beeindruckt. Von
unterwegs, aus Frankreich oder dem Ausland,
ruft er sie jeden Abend an. Er hat sie überzeugen
können, ihre Arbeit aufzugeben: sie soll verfügbar sein, wann immer er Zeit für sie hat. Sie liest
viel – und träumt bestimmt von einem völlig anderen Leben. Welche Frau, zu einer Untätigkeit
gezwungen, die gar nicht zu ihr paßt, würde nicht
gern den Geliebten heiraten und mit ihm ein
Kind haben? Sophie möchte gern schreiben.
Aber es wird nichts Rechtes daraus.

In Brüssel läuft immer wieder derselbe Film
ab: »Miche,« sagt Jacques, »wir lassen uns scheiden. Ich bin zuviel von dir getrennt. Du hast die
Möglichkeit, ein ganz neues Leben anzufangen.

»Einverstanden. Wir lassen uns scheiden. Willst du dir einen Anwalt nehmen?«

Worauf Jacques, beunruhigt, erwidert: »Mach das, wie du willst. Weißt du, es ist nur so ein Gedanke ... Für dich wäre die Scheidung vielleicht ganz gut.«

Miche entwaffnet Jacques mit ihrem Entschluß: ja, man werde sich scheiden lassen. Punkt. Als er sich das nächste Mal in Brüssel blicken läßt, denn das tut er immer wieder, verkündet Miche: »Ich gehe jetzt mit dir zum Rechtsanwalt.«

Brel zögert, und Miche nutzt den Augenblick aus: »Nein. Ich glaube, es hat doch keinen Sinn. Wir lieben uns zu sehr. Es wäre vollkommen unnatürlich. Gut, du bist jetzt mit Sophie zusammen, und es wird dauern, solange es dauert, aber wir beide, wir haben einen Bund fürs Leben.«

Diese Version erzählt Jacques in Paris den Pasquiers. Brel ist im Grunde Wachs in den Händen seiner Ehefrau. Sie ist ihm zwar zu kühl, zu perfekt organisiert und zu sehr Haushälterin – aber andererseits wünscht er sie sich genauso.

Miche verblüfft ihn auf eine ganz andere Art als die Pariserin Sophie. Zu Jojo sagt er oft: »Miche, das ist eigentlich eine ganz prima Frau.«

Sophie, die Jacques zuliebe ihre berufliche Identität aufgegeben hat, wird sie nicht mehr zurückgewinnen. Sie mag nicht allein in Paris untätig abwarten, während Jacques auf Tournee ist, aber sie fühlt sich jedesmal unbehaglich, wenn sie zu ihm fährt, um ihn in der Provinz für eine Weile zu begleiten.

Natürlich kränkt es sie, wenn Jacques während eines gemeinsamen Aufenthaltes in New York aus Gedankenlosigkeit oder Tölpelhaftigkeit erwähnt: »Miche hat mich gebeten, Bettlaken für sie zu besorgen.« Oder: »Wir dürfen Miches Schallplatten nicht vergessen.«

Sophie erinnert Jacques gewissenhaft an die Geburtstage seiner Töchter. Sie liest Bücher bis zum Ende und erweist Jacques damit einen unschätzbaren Dienst. Aber sie erscheint ihm immer angespannter, immer wachsamer und lauernder. Ihre Abneigung gegen Schiffe und Flugzeuge hält er für bloßen Widerspruchsgeist. Wenn Jacques sie darum bittet, begleitet sie ihn widerwillig mit Marianne und ihrem Mann auf Segeltouren.

Obgleich er sich in Paris bei Sophie einquartiert hat, gibt Jacques sein Refugium in der Cité Lemercier nicht auf. Er beschließt, eine Wohnung zu kaufen. Ein Freund schlägt ihm ein Objekt in der Avenue Foch vor, der teuersten Straße von Paris, in der Nähe des Arc de Triomphe. Aber die Zimmerflucht mit hohen Decken schreckt Jacques ab. Mit der Hilfe von Charles Marouani erwirbt er schließlich eine Wohnung in der Rue Dareau im vierzehnten Arrondissement. Dort herrscht, anders als in der Avenue Foch, eine fast dörfliche Atmosphäre. Georges Brassens wird einige Zeit im selben Haus wohnen. Jacques hat eine Maisonette gewählt: unten liegen das große Wohnzimmer und die Küche. Eine Treppe führt zum Büroraum und zum

Schlafzimmer. Jacques möchte die Wohnung fachmännisch einrichten lassen.

»Was? Ein Dekorateur? Der kommt mir nicht ins Haus!« ruft Sophie aus.

Aber er beharrt darauf und bestellt jemanden. Den zuerst vereinbarten Stil der zwanziger Jahre findet Sophie entsetzlich. Sie stellt ihre Bedingungen:

»Ich werde nur dort wohnen, wenn ich mich darum kümmern darf.«

»Ich gebe dir freie Hand. Kaufe, was dir gefällt.«

Aber Sophie weigert sich, nur schmückend tätig zu werden. Jacques bleibt unbeugsam und gibt schließlich den Pasquiers seine Anweisungen:

»Richtet ihr bitte für mich die Wohnung ein.«

Brel ist brummig. Der Nomade möchte ein schönes Zelt in Paris haben, möchte nach Hause kommen und dort seine Freunde empfangen können. Jacques nimmt Sophie übel, daß sie sich nicht wie Miche bereit erklärt, die Rolle der ›Hausverschönerin‹ zu spielen. Sophie aber lehnt solche Halbheiten ebenso ab wie Jacques' Geschmack.

Während seines Aufstiegs hat Jacques oft gefürchtet, vom Geld verdorben zu werden. Inzwischen hat sich diese Angst in Verachtung verwandelt. Aber die Wahl zwischen einem guten und einem weniger guten Restaurant fällt ihm nicht schwer, und er reist immer erster Klasse, während sich seine Musiker mit der Touristenklasse begnügen müssen. Anders als viele Stars umgibt sich Brel nicht mit äußerlichen Attributen des Reichtums. Zwar werden die Wohnverhältnisse seiner Familie in Brüssel immer besser, und er verschönert im Lauf der Jahre auch sein Landhaus in Roquebrune. Doch sein einziger wirklicher Luxus wird seine Passion für das Segeln und das Fliegen bleiben. Villen und Swimmingpools nach Hollywood-Manier, Kunstsammlungen, die manchen Sängern und Schauspielern ein Gefühl der Sicherheit geben, und mondäne Empfänge gehören nicht zu Brels Lebensstil.

»Geld ist Nebensache«, behauptet er. »Ich verdiene das alles gar nicht, und es ist mir auch völlig egal.«

Das ist natürlich nur die halbe Wahrheit. Man könnte sagen, er hat gerade Geld genug, um darauf keinen Wert legen zu müssen. In der Tat hat er sein Kapital nicht konsequent verwaltet.

Jacques wirft Sophie vor, anhand der Presse jede seiner Bewegungen zu kontrollieren wie eine Seemannsbraut, die Ausfahrt und Ankunft der Schiffe von Hafen zu Hafen verfolgt. Sophie quält sich. Es ist schwer für sie, sich zu behaupten. Jacques ist ruppig, schwierig, abweisend und hat die ewigen Vorwürfe satt. An einem Morgen des Jahres 1971, nach gut zehn Jahren eines fruchtbaren, stürmischen Zusammenlebens, verabschiedet sich Jacques. Er hinterläßt in der gemeinsamen Wohnung Bücher, Manuskripte und Kleidungsstücke und trifft sich mit Miche in dem

Hotel in der Rue Saint-Dominique, das sie für gewöhnlich bezieht, wenn sie ein paar Tage in Paris verbringt. Frau Brel hält sich ganz zufällig dort auf. Wenn er ihn dringend braucht, findet Jacques wieder zu seinem Anker zurück.

Sophie versucht, Jacques zurückzugewinnen, aber er will sie nicht wiedersehen. Sein Herz und sein Körper sind schon ganz woanders, haben sich in eine andere Leidenschaft gestürzt. Marianne, die Sophie als Freundin bezeichnet, kennt Jacques schon lange, als sich die beiden 1970 ineinander verlieben. Sophie fühlt sich doppelt verraten.

Jojo und Alice Pasquier kehren die Scherben zusammen, filtern Briefe und Telefonate.

Mit Männern, mit seinen *mecs*, bleibt Jacques stets nachsichtig:

> *Aus den Augen*
> *Eines Freundes*
> *Werde ich das Wärmste und das Schönste nehmen*
> *Und auch das Zärtlichste*
> *Das man im ganzen Leben*
> *Nur zwei oder dreimal sieht*
> *Und das bewirkt daß dieser Freund unser Freund ist …*[14]

14 Je prendrai

Bei Frauen aber, seinen *bonnes femmes*, zeigt kennt er kein Pardon:

> *… Man jagt sie fort aus seinem Leben*
> *Und mögen auch sie uns jagen weil es Zeit ist*
> *Sie bleiben unser letzter Feind*
> *Die Kühe die wir zu lange hatten …*[15]

15 Les Biches

Für Jacques Brel sind Männer und Frauen ganz und gar verschieden:

Les hommes pleurent les femmes pleuvent.[16]

16 Wortspiel: pleurer / pleuvoir. Zwei mögliche Bedeutungen: 1. Männer weinen, und dabei regnet es doch Frauen, d. h., es gibt sie im Überfluß, 2. Männer weinen wirklich, während bei den Frauen nur die Tränen fließen wie Regengüsse.

VI. KAPITEL

VI. KAPITEL

VON DER SCHWIERIGKEIT, »BRELGIER« ZU SEIN

*Sie wissen doch, daß Gott Belgier ist
Und die Namen der Blumen nicht kennt*[1]

D as Wort *belgitude*, das sich mit »Belgier-sein« nur unzureichend übersetzen läßt, hat kulturelle, religiöse und politische Bedeutungsschichten.

Claude Javeau, der den Begriff *belgitude* geprägt hat, bemerkt: »Ich habe das Wort zwar erfunden, aber das ist kein besonderes Verdienst, denn ich brauchte ja nur Senghor[2] zu plagiieren. Vergessen wir das. Manche Schöngeister – Belgien wimmelt geradezu davon – haben seinerzeit die Zeitungsleser darüber aufgeklärt, warum das Wort und auch die Sache verabscheuungswürdig seien. Mit den Gehässigkeiten dieser Leute will ich nichts zu tun haben.«[3]

Wie die *négritude* entstand die *belgitude* zuerst aus dem Bewußtsein eines Defizits und wurde später positiv besetzt. Es gelang den belgischen Intellektuellen, im Gegensatz zum herrschenden

[1] Eintragung in einem Arbeitsheft Brels (um 1971). Weitere Notizen im selben Heft:
Elle est dure a chanté
Ma belgitude.
(Rechtschreibfehler im Originaltext, d. Üb.).
Und weiter heißt es: Elle est dure à chanter La Belgitude. (Archiv von Mme Brel).

[2] Léopold Sédar Senghor: senegales. Politiker u. Lyriker, Vertreter der *négritude*, einer polit. u. philos. Ideologie, die eine Rückbesinnung der Farbigen auf afrikan. Kulturtraditionen forderte.

[3] La Belgique malgré tout (Trotzdem Belgien), éd. de l'université de Bruxelles, 1982.

4 »J'aime le non-
Etat qui est ce
pays.«

5 »Les gens esti-
mables n'ont pas
de patrie«. Aus:
La Belgique mal-
gré tout.

Chauvinismus ihre nostalgische Haltung zu überwinden und für eine Philosophie der Vielfalt und des Unterschieds einzutreten. »Ich habe ein Herz für den Nicht-Staat, der dieses Land ist«[4], sagte Willems, als wollte er damit Marcel Mariens Äußerung bekräftigen: »Die rechtschaffenen Menschen sind staatenlos.«[5]

Geht es um Fragen der Literatur, Musik, Religion oder Politik, bleibt Brel stets gelassen, doch er verabscheut das Wort ›Kultur‹: »Ich muß dabei zuerst an Kartoffeln denken … und dann an Prothesen … Alle Menschen sind übrigens Krüppel.«

Jacques pflegt alle Probleme auf seine halb intellektuelle, halb emotionale Art anzupacken. Seine Intuitionen und plötzlichen Einsichten dienen ihm vorwiegend dazu, wirklichen Auseinandersetzungen aus dem Wege zu gehen. Viele seiner Gesprächspartner haben den Eindruck, daß er sich herausredet, sich durch geschickte Winkelzüge aus der Diskussion zieht, sobald sie ernst wird. Sieht er aber eine Möglichkeit, die Unterhaltung zu dramatisieren, dann dehnt er sie endlos aus. Spät abends, wenn der Alkohol die Zunge gelockert hat, oder auch früh morgens kann er mit Jojo oder Franz endlos palavern.

Vor seinesgleichen nimmt Brel sich in acht. Fremde Bewunderer lassen sich leichter von ihm beeindrucken als Menschen wie Rauber oder Sophie, die ihn gut kennen. Brel meidet die belgischen wie die französischen Literatenkreise.

Unter Sophies Einfluß gewinnt er mehr Selbstsicherheit. Er sucht nach ebenbürtigen Gesprächspartnern und intellektuellen Gegenspielern. Sophie spielt mit.

In Brels Augen ist Kultur in erster Linie das, was man durch Zuschauen und Zuhören lernt. Er liest, was ihm gerade in die Hände fällt, und kommt immer wieder auf bestimmte Romane zurück, die seine Phantasie beflügeln. So kauft er mehrfach Robert Merles Roman *L'Ile*, den er an seine Freunde verschenkt und in seinen verschiedenen Bibliotheken aufbewahrt. In diesem großartigen Werk werden Spontaneität, Edelmut und Leidenschaft der ›wilden‹ Polynesier auf Tahiti der berechnenden Engherzigkeit der Weißen gegenübergestellt. Brel sieht darin das Plädoyer für ein Leben fern der Zivilisation. Ist eine Insel der Ort, den sich Jacques erträumt, um einen Roman zu schreiben?

… Eine Insel
Eine Insel in den Weiten der Liebe
Auf dem Altar des Meeres
Satin auf Samt gebettet
Eine Insel
Warm wie die Zärtlichkeit …[6]

6 Une île

Jacques behauptet, daß manche Träume sich verwirklichen lassen. Er selbst bringt es darin ziemlich weit.

Brel, der gerade eben Saint-Exupéry kennt, als er damals Brüssel verläßt, entdeckt in Paris die moderne Literatur. Er lehnt Sartre ab, mag Camus und lernt dank Louis Nucera, dem er in Nizza begegnet, Céline schätzen. In den sechziger Jahren wagt er sich an schwierigere Autoren wie Paul Valéry oder Saint-John Perse heran. Dabei wird er nie seine Passion für populärwissenschaftliche Geschichtswerke wie *Le Jour le plus long*[7] oder *La Nuit des longs couteaux*[8] verleugnen. Surrealismus, *nouveau roman*, Cobra oder *nouvelle vague* sind ihm verdächtig: Brel hält Abstand zur Avantgarde.

Seine Bücher sind auf mehrere Häuser, Wohnungen und Möbellager verteilt. Niemand liest alle Bücher, die er im Laufe der Zeit angesammelt hat, doch schon die Entscheidung, sie zu erwerben, ist von Bedeutung. Zwischen 1953 und 1978 trägt Brel allerlei zusammen, ohne daß genau zu bestimmen wäre, was ihn daran fasziniert. Ich habe lediglich den Bestand seiner letzten Bibliothek[9] rekonstruieren können. Die Bücher, die man mit in die Fremde nimmt oder die man sich bringen läßt, wenn man den Tod nahen fühlt, und auch jene, die man immer wieder von neuem liest, zählen zweifellos mehr als ein Taschenbuch, das *en passant* auf irgendeinem Flughafen gekauft wurde.

Brels Literaturverständnis ist kaum von Belgien, noch weniger von Flandern geprägt. Bei ihm findet man nicht die leiseste Anspielung auf Guido Gezelle[10], allenfalls ein paar Hinweise auf Michel de Ghelderode. Ob Brel Suzanne Lilar oder andere belgische Autoren gelesen hat, ist

7 Der längste Tag: Gemeint ist der 6. Juni 1944, Tag der Invasion der Alliierten in der Normandie, d. Üb..

8 Wörtlich »Die Nacht der langen Messer«: Gemeint ist der sog. Röhm-Putsch am 30. Juni 1934, d. Üb.

9 s. Anhang.

10 Guido Gezelle (1830-1899) gilt als bedeutendster flämischer Lyriker, d. Üb.

nicht sicher. Er eignet sich ein originelles, wild-wucherndes literarisches Wissen an, dessen wesentlicher Nährboden in Frankreich liegt.

Auch seine musikalische Bildung hat keinen Bezug zur belgischen Heimat. Jacky hat durch Radio und Schallplatten seinen ersten Kontakt zur Musik gefunden: »Ich liebte die Klänge. Diesen Zustand, in den man durch Musik versetzt wird. Ich glaube, sie wirkt körperlich.«

Als Kind hat er seine ersten musikalischen Erlebnisse mit Beethoven, Mozart, Ravel und Debussy. In Sachen Musik zeigt Brel ausgeprägte Vorlieben. Zu seinen Lieblingsstücken gehören, wie viele seiner Freunde bestätigen, Ravels Klavierkonzert für die linke Hand und das Konzert in G-Dur, beim letzteren insbesondere der zweite Satz, der ihn zur Instrumentierung des Chansons *Désespérés* inspiriert:

> ... *Und ich kenne ihren Weg weil ich ihn gegangen bin*
> *Schon mehr als hundertmal hundertmal weiter als zur Hälfte*
> *Weniger alt oder noch verletzter werden sie ihn zu Ende gehen*
> *Schweigend wandern sie dahin die Verzweifelten ...*

Von Debussy liebt Brel *La Mer* und *Pelléas et Mélisande*. Er wählt die Ouvertüre von Rossinis Oper *Semiramide*, um eine Sequenz seines zweiten Films, *Far West*, zu untermalen, schwärmt aber ansonsten mehr für Beethoven und Mozart. Und immer wieder kommt er auf Strawinsky zurück, auf *Le Sacre du printemps* und den *Feuervogel*. Er hat ein Faible für Stakkatorhythmen.

Als Sänger setzt er mit Hilfe seiner Atemtechnik den Text kontrapunktisch zur Musik ein. Beim Schreiben hört er sich oft Schubert an, dessen anmutige, einnehmende Melodik seine Feder beflügelt.

In *Franz*, dem ersten Film, bei dem er Regie führt, wird sich der reifere Brel mit einer etwas herablassenden Geste auf Richard Wagner beziehen. Denn Wagner gilt in den sechziger Jahren als *pompier*, als konventionell, schwülstig, pompös. Aber sein Sinn für Theatralik und Inszenierung kann Brel nicht kaltlassen. Die sinfonischen Steigerungen Wagners haben mit den Brelschen Crescendi mehr gemein als die Variationen eines Debussy oder Ravel.

Wagner entspricht der Brelschen Rhetorik, während Ravel und Debussy eher mit seiner Gefühlswelt korrespondieren. Aber Jacques läßt sich auch gerne von der Romantik Chopins mitreißen. Unter den vielen Aufzeichnungen, die er hinterlassen hat, findet man ein paar Notizen über Musiker, doch meines Wissens nichts über Schriftsteller oder Maler.

»Lieber Freund, Chopin rührt mich unendlich, denn seine Sehnsucht, seine Suche sind zeitlos, und ich finde in ihm alles, was mir lieb und teuer ist:

Dieses Auflehnen gegen die eigene Verzweiflung. Einen Hunger nach Zärtlichkeit wie nach Gerechtigkeit. Und dann jene Liebe, die ihn verzehrt und die er weiterschenkt, wie kein Erwachsener es sonst mehr tut.

Er ist nicht zur Pose erstarrt, sondern ein Mensch, der mich mit jeder Note tief berührt.«[11]

11 Im Besitz der
Fondation Brel.

Gegenüber den Experimenten der musikalischen Avantgarde gibt Brel seine Vorbehalte durchaus zu. Bartok, Stockhausen? »Davon verstehe ich nicht viel ... Xenakis? Ich komme mir sehr dumm vor, aber ich begreife dabei nicht richtig, worum es geht.«

Bestimmte Musikinstrumente können Brel, den Sänger des Volkes, genauso begeistern wie einige Komponisten. Jedes hat in seinen Augen eine spezifische Funktion und Symbolik. Die Gitarre war sein allererstes Instrument und blieb lange das einzige, das er spielte. Sie wurde zwar nicht erst Mitte des zwanzigsten Jahrhunderts aus den Vereinigten Staaten nach Europa eingeführt, doch sie ermöglichte damals vielen jungen Menschen den Zugang zur Musik. Sie symbolisiert für Brel den Straßensänger und das Chansonhandwerk, Nomadentum und spontane Feste.

Das Klavier hingegen drückt für ihn romantische Zerrissenheit und Sentimentalität aus. Gérard Jouannest, mit dem er so oft zusammenarbeitet, ist ein Virtuose auf dem Klavier. Jacques hat seine Gitarre überallhin mitgenommen, aber seinen Flügel muß er in Brüssel lassen. Das Klavier ist ein königliches, ein seßhaftes Instrument – und zugleich ein bourgeoises Dekorations- und Möbelstück. In einem seiner letzten Lieder bringt Brel das Verstummen des Klaviers mit dem Tod in Verbindung:

VI.
KAPITEL

> *... Das Klavier ist nur noch ein Möbel*
> *Die Küche weint ein paar Sandwichs*
> *Und beide erinnern an zwei Derwische*
> *Die in demselben Haus umherkreiseln*
> *Sie hat vergessen daß sie sang*
> *Er hat vergessen daß sie sang*
> *Sie morden ihre Nächte*
> *Indem sie in geschlossenen Büchern lesen ...*[12]

12 L'Amour est
mort

Und dann ist da noch die Geige – ein Sinnbild der Grazie, der Poesie, des Wunderbaren, an das Jacques mit der Zeit immer weniger glaubt. In *La Chanson des vieux amants* benutzt er die Geige à la Frank Sinatra:

> *... Ja meine Liebe*
> *Meine süße meine zärtliche meine wunderbare Liebe*
> *Vom frühen Morgen bis zum späten Abend*
> *Lieb ich dich immer noch weißt du ich liebe dich ...*

In der zweiten Strophe von *Fils de ...* setzt zuerst das Klavier ein, dann folgt die Geige, um die Melancholie des Themas zu unterstreichen:

> *... Sultanssohn Fakirsohn*
> *Alle Kinder haben ein Kaiserreich*
> *Unter einem goldenen Gewölbe unter einem Strohdach*
> *Alle Kinder haben ein Königreich*
> *Eine heimliche Ecke eine zitternde Blume*
> *Einen toten Vogel der ihnen gleicht*
> *Sultanssohn Fakirsohn*
> *Alle Kinder haben ein Kaiserreich ...*

[320]

Das Akkordeon, das nicht in demselben Maße wie die Geige oder das Klavier als ein klassisches Instrument der abendländischen Musik gilt, verwendet Brel, ähnlich wie die Gitarre, um eine Feststimmung zu erzeugen, um einen Ball, ein Bankett, ein Volksfest herbeizuzaubern: Das Akkordeon bringt die Zuhörer rasch zum Weinen oder Lachen. Im übrigen scheint sich Brel in dem Lied *Vesoul* fast dafür zu entschuldigen, daß er das populäre Instrument so häufig eingesetzt hat:

> ... *Ja ich sag es dir noch einmal*
> *Weiter gehe ich nicht*
> *Ja ich warne dich*
> *Die Reise ist zu Ende*
> *Außerdem verabscheue ich*
> *Das ganze Dideldidum*
> *Des Musette Walzers*
> *Und des Akkordeons ...*

Aber er widerlegt den Text, indem er seinen Akkordeonisten Azzola kräft anfeuert, als das Lied aufgenommen wird: »*Chauffe, Marcel, chauffe ...*« (Heiz ihnen ordentlich ein!)

Brel mag das Akkordeon und weiß sich dieses Instruments, das in nordischen Breiten beliebter ist als das Klavier oder die Geige, intelligent zu bedienen.

In Belgien spielt der Katholizismus auf der Ebene von Politik und Kultur eine gewichtigere Rolle als in Frankreich. Hier verfängt sich Brels *belgitude* in lauter Wahrheiten, Widersprüchen

und Irrtümern. Gegenüber dem Protestantismus
der Niederlande vertreten Belgien und insbesondere Flandern seit Jahrhunderten den katholischen Glauben. Man mag zwar den Einfluß des
katholischen Fundamentalismus in Flandern
überschätzen, aber es gibt ihn – wenn auch
vielfach nur im Verborgenen. Rechts neben
dem Titel der flämischen Tageszeitung *De Standaard* ist noch immer folgendes Sigel zu sehen:

A

V V K

V

Von oben nach unten: *Alles voor Vlaanderen*
und von links nach rechts: *Vlaanderen voor Christus*. Zu deutsch: »Alles für Flandern« und »Flandern für Christus«. Dieses Sigel kann man nicht
nur auf der Spitze des Yser-Turms, sondern auch
an dessen Gittern und bleigefaßten Fenstern, in
seiner Krypta und auf den dort ausgestellten
Fahnen entdecken. Der Turm, kurz nach dem
Ersten Weltkrieg errichtet, wurde 1946 gesprengt und zwischen 1952 und 1965 neu aufgebaut. Er stellt eher ein Symbol für den Sieg des
flämischen Nationalismus dar als ein Mahnmal
zum Gedenken an die Soldaten des Ersten Weltkriegs, die für die Verteidigung des belgischen
Territoriums ihr Leben auf dem Schlachtfeld
ließen.

Ein Experte für belgische Fragen schreibt:
»Bis heute pilgern die flämischen Nationalisten
jedes Jahr gegen Ende August die Straße der

Schützengräben entlang. 1967 waren sie – will man ihren Gegnern Glauben schenken – etwa 50 000 an der Zahl. ... Die Gedenkveranstaltung, die am Vorabend mit einem Fackelzug durch die Straßen von Dixmude beginnt, besteht aus einem religiösen, einem romantischen und einem politischen Teil ... Alle drei Teile sind unentbehrlich.

... Der Gottesdienst wird vor dem Turm abgehalten. Es hängt vom Jahr und vom politischen Klima ab, ob der niedere Klerus dabei schwach oder stark repräsentiert ist. Man betet laut für den Frieden in der Welt – denn die Lektion der Schlacht von Yser, mehr noch als die der Marneschlacht, ist pazifistischer Natur. Doch aus den Herzen steigt auch ein leises Gebet für den Sieg der flämischen Sache und bisweilen gar für die dauerhafte Abwendung der französischen Gefahr.

... Der romantische Teil der Zeremonie ist der prachtvollste. Folkloristische Gruppen, wie allein Flandern sie hervorbringt, führen sogenannte Fahnenspiele vor, schwingen die gelben Banner mit dem flandrischen Löwen derart, daß sie sich harmonisch drehen und zu tanzen beginnen; aus den Lautsprechern ertönt Beethoven, *Alle Menschen werden Brüder*. Jugendbewegungen marschieren im Trommeltakt vorbei, während Tauben freigelassen werden. Durch eine geschickte Tonmontage wird eine Art Dialog zwischen dem alten verfallenen und dem neuen gewaltigen Turm inszeniert: ›Ich bin ein geschändetes Grab‹, sagt der erste. Worauf der zweite antwortet: ›Ich bin der Turm der unendlichen Geduld.‹

... Die Menge wendet sich nach hier und dort, schaut gen Himmel ... singt den *Vlaamse Leeuw*, die flämische Nationalhymne, bevor sie Flandern die ewige Treue schwört ... Bei diesem Schauspiel gewinnt man den Eindruck, daß Belgien als Staat hier nicht existiert, daß es weder in den Herzen noch in den Liedern noch inmitten der vielen Fahnen einen Platz hat.

... Der politische Beitrag zur Veranstaltung besteht in einer oder mehreren Reden, die je nach Konjunkturlage das Publikum mitreißen oder einfach einen Forderungs- und Beschwerdenkatalog präsentieren. Der festliche Tag endet entweder in blutigen Auseinandersetzungen mit der Polizei oder einfach in einer langsamen Auflösung der Menschenmassen in Richtung der Kneipen und Wohnstraßen.«

Religion und Nationalismus sind in Flandern eng miteinander verbunden, vielleicht mehr als irgendwo sonst im heutigen Europa, von Irland und Polen abgesehen.

Seit es Belgien gibt, haben französische Beobachter regelmäßig seinen Untergang prophezeit, weil sie unfähig sind, sich etwas anderes als das altbewährte Staatsmodell der Jakobiner vorzustellen. Sicherlich hegte selbst der Gründer der belgischen Monarchie heftigen Zweifel an der Stabilität seiner Dynastie. Aber immerhin hat sie schon ihren hundertfünfzigsten Geburtstag erlebt. Mag es in allen Institutionen krachen und knirschen – die Belgier trennen sich nicht. Unter dem Druck des flämischen Nationalismus beschließt die Gesamtheit der Brüsseler Anwälte, sich in zwei Sprachflügel aufzuspalten. Sobald die Trennung droht, Realität zu werden, nehmen die gegenseitigen Sympathiebekundungen zu. Rechtsanwälte, die festgestellt haben, daß zwischen Wallonen und Flamen vor der Trennung ein ausgezeichnetes Klima herrschte, erklären nun, daß sie sich noch besser verstehen werden, wenn sie sich trennen. Auf der Rednertribüne des Senats unterstreicht Roger Lallemand dieses belgische Kuriosum: »Es ist wahrlich ein sonderbares Land, dieses Land, in dem Leute, die sich auf beruflicher Ebene vortrefflich verstehen, sich aus berufsfremden Gründen doch trennen müssen. Das ist wohl die äußerste Manifestation des Rechts auf Anderssein. Man glaubt beinahe, einen Verfechter der maoistischen Logik reden zu hören: Zwei sind mehr wert als einer allein, Trennung macht stark! Auf Korsika demonstrieren die Franzosen die Einigkeit ihres Staates mit Maschinengewehren. Belgien bekräftigt den unwiderruflichen Charakter seiner Teilung in einem Klima allgemeiner Eintracht oder zumindest im Rahmen einer erstaunlichen Koexistenz.«

Hier muß auch berücksichtigt werden, was die Flamen mit der frankophonen Bevölkerung verbindet: ihre Wohnkultur, ihre Eßgewohnheiten und ihre Witze, ihr Verhältnis zur Autorität und Religion und dessen Einfluß auf ihr politisches Verhalten.

Jacques Brel, der gebürtige Brüsseler flämischer Herkunft – darauf besteht er –, der zwar religiös, aber glaubenslos erzogen wurde, der das Institut Saint-Louis besuchte, aber auch Pfadfinder und Mitglied der *Franche Cordée* war und sich für einen Vertreter des *libre examen* hält, findet sich in all dem nur schlecht zurecht.

Von 1953 bis 1978 kreisen Brels Gedanken ohne Unterlaß um den Gottesbegriff. Sartre, sagte Mauriac, rede so viel von Gott, daß es schon wieder verdächtig sei. Das gleiche gilt für Brel. Gewisse ›Rückfälle‹ und Praktiken dieses sonst nicht praktizierenden Katholiken stimmen nachdenklich. Jacques gehört einer Gesellschaftsschicht an, die, wenn es wirklich darauf ankommt, Zuflucht bei der Kirche sucht. Er läßt seine drei Töchter taufen und wohnt der Kommunion von Chantal und France bei. Nur Isabelle, die jüngste, wird von dieser katholischen Pflichtübung befreit.

Sein Leben lang ist Brel von Priestern ebenso fasziniert wie von Ärzten. So wie sich sein musikalischer Geschmack nach dem dreißigsten Lebensjahr nicht mehr verändert, wird er auch seine religiösen Kenntnisse nicht mehr vertiefen. Er hat die Evangelien gelesen und, mit weniger Aufmerksamkeit, auch das Alte Testament.

Mit seinem Bruder Pierre hat Jacques Brel nie über Gott gesprochen. Mit den Bruyndonckx, vor allem mit ihrem Sohn Guy, diskutiert Jacques die Problematik des Leidens und der sozialen Ungerechtigkeit. Wie jedermann stolpert er über die ewigen theologischen Fragen: Wenn Gott gut und der Schöpfer aller Dinge ist, warum ist dann seine Schöpfung so unvollkommen und so grausam? Ein Freund von Guy Bruyndonckx, ein Jesuit, behauptet sogar, das Leiden in der Welt sei Brels Hauptproblem gewesen.

Ob *La Lumière jaillira*, *Dites, si c'était vrai* oder *Le Bon Dieu* – immer wenn Jacques Texte singt oder rezitiert, in denen das Wort ›Gott‹ vorkommt, versetzt er die ihm nahestehenden Menschen in Staunen.

Im Jahre 1964 machen Jacques und Miche Urlaub in Zoute. Sie stehen in salopper Freizeitkleidung vor dem Eingang der Benediktinerabtei Saint-André bei Brügge. Der Pförtner zögert, sie dem alten Mönch anzuvertrauen, der normalerweise die Führungen durch die Abtei übernimmt. Dom Thierry Maertens, der fortschrittlicher ist als manch anderer Pater und eine Zeitschrift für Liturgik herausgibt, eignet sich zweifellos besser dafür. Maertens ist in der belgischen Kirche schon damals ein Außenseiter. Später wird er die Kutte ablegen, heiraten und Essays zur Anthropologie veröffentlichen, um sich auf diesem Wege ein wenig vom Einfluß der Theologie reinzuwaschen, wie er meint.

Da nach den Klausurregeln ein Teil des Klosters für Frauen nicht zugänglich ist, bleibt die Führung kurz. Dom Maertens bringt die Brels in sein Büro zurück, wo er gerade eine Platte gehört hatte:

»*Le Grand Jacques*. Kennen Sie den Sänger?«

»Aber das bin ich doch.«

Maertens und Brel verbindet sofort ihre Son-
derstellung innerhalb einer belgisch-bürgerlich-
katholisch geprägten Umgebung. Beide träumen
davon, Institutionen zu sprengen oder sie zumindest zu reformieren.

Beim Abschied reicht Jacques dem Benediktiner ein paar Geldscheine: »Ich verdiene zuviel.
Befrei mich davon. Es ist aber nicht für deine guten Werke gedacht.«

In Belgien duzt man sich schneller als in
Frankreich, vor allem unter französischsprechenden Flamen.

Bald darauf ruft Jacques den Pater an. Ob er
bereit sei, Isabelle zu taufen? Brel findet diese
Taufgeschichten eigentlich lästig, aber man muß
ja seinen familiären Verpflichtungen nachkommen. Maertens soll sich eine originelle Feier
fernab der gängigen Muster einfallen lassen. Er
hält sich gerade noch soweit an den katholischen
Ritus, daß das Sakrament seine Gültigkeit behalten darf. Der Benediktiner, der in den Augen
seiner orthodoxen Glaubensbrüder längst auf die
schiefe Bahn geraten ist, will die Atmosphäre
einer heidnischen Tauffeier erzeugen, wobei der
Aspekt der Wiedergeburt eine zentrale Rolle
spielt, und erläutert nebenbei die Taufliturgie auf
französisch – damals eher eine Seltenheit. Isabelles Pate, François Rauber, findet das Ganze
durchaus rechtgläubig. Brel hat einen Geistlichen entdeckt, der ihm hilft, die rein rituelle
Glaubenspraxis zu unterlaufen.

Brel singt im ›Ancienne Belgique‹. Maertens taucht eines Nachmittags auf, als er mit Rauber an der Harmonisierung eines Chansons arbeitet. Brel und Maertens beginnen sogleich, über den Gebrauch des Wortes *amant* (Liebhaber) zu debattieren. Jacques möchte zeigen, daß Sexualität nur die reduzierte Form von etwas Umfassenderem ist, das körperliche Liebe, menschliche Liebe, göttliche Liebe heißt …

Nach dem Konzert essen die beiden zusammen. Dann fährt Brel Maertens nach Brügge zurück. Brel spricht vom Tod, bei hundertvierzig Stundenkilometern. Die Idee eines Jenseits weist er heftig zurück. Sein Begehren, behauptet er, sei noch größer als Gott.

Maertens und Brel sehen sich in Paris wieder. Jacques greift erneut das Thema des Liebhabers auf, klagt über das Scheitern seiner Frauenbeziehungen. Maertens sieht es so: Was Jacques als Scheitern hinstellt, sei weder auf Frauenfeindlichkeit noch auf chronische Untreue zurückzuführen, sondern auf eine von ihm bisher schlecht formulierte Grundüberzeugung, die da laute: die Begierde ist stets größer als das Lustobjekt, von dem sie angezogen wird oder das sie sich selbst erfindet. Und so muß die Begierde – zumal die eines Brel – traurig verkümmern.

Als Brel in der Anfangsphase seiner Karriere das Christentum thematisiert oder auch ausschlachtet, folgt er einem Trend und erfüllt jene Erwartungen, die eine Sœur Sourire zum Singen ermutigen:

VI.
KAPITEL

> *Zieh deinen hübschen Rock an meine Seele*
> *Denn ich hab ein Rendez-vouz ...*
> *Mit dir oh Herr.*

Brel allerdings fragt sich, ob das Rendezvous mit IHM, dem Herrn, überhaupt möglich ist.

Er möchte seine Zuhörer verunsichern, sie dazu bewegen, die Dinge zu hinterfragen. Er erklärt Maertens, warum er keine Musik zum Text *Dites, si c'était vrai* geschrieben hat. Wenn er zu Silvester in irgendeinem Cabaret ein paar deftige Lieder gesungen hat und die Feiernden bei ihrer dritten Flasche Champagner ihm nur noch sehr unkonzentriert zuhören, hält Brel einen Moment inne und spricht dann seinen Text – nur um die Leute zu beunruhigen, wie er sagt:

> *... Wenn es wahr wäre das Wunder der Hochzeit von Kanaan*
> *Und das Wunder von Lazarus ...*
> *Wenn all das wahr wäre*
> *Dann würde ich ja sagen*
> *Oh, ganz sicherlich würde ich dann ja sagen*
> *Weil all das so schön ist*
> *Wenn man glaubt daß es wahr ist.*[13]

13 Dites, si c'était vrai

Der reinste Rap!

Die religiösen Bilder Brels seien keine »Darstellungen einer einengenden Wirklichkeit«, meint Maertens. »Sie sind Elemente eines Märchens, eines Mythos. Brel läßt die Phantasie, das Begehren stets in der Schwebe, und das Begehren bleibt immer unbefriedigt.«[14] Maertens ist

14 Auszug aus einem Brief an den Autor (Olivier Todd).

davon überzeugt, daß Jacques »von keinem Religionsunterricht vereinnahmt werden kann«.

Jacques hat Maertens sein Verhältnis zur Religion so geschildert: »Vor den Pfaffenköpfen singe ich wie ein Kommunist. Vor den Kommunisten singe ich wie ein Frömmler.«

Schon vor dem Ende aller Ideologien und ihrer Leitfiguren weigert sich Brel, sich in irgendein System einsperren zu lassen. Statt Gott für tot zu erklären, wendet er das Heilsversprechen des Neuen Testaments ins Heidnische. Er singt ebenso vor der JOC oder JEC wie vor den *Jeunesses communistes* in Helsinki und den alten Genossen der PC *(Parti communiste)* bei der großen *Fête de l'Humanité* (Fest der Menschlichkeit). Zwar beklagt er sich darüber, daß seine Texte politischen oder religiösen Zwecken dienstbar gemacht werden, aber er singt. Die Christen beuten die Fundgrube Brel noch mehr aus als die Kommunisten. So trug eine religiöse Sonntagssendung in Quebec den Titel seines Chansons *La Lumière jaillira*, das im übrigen kein Meisterwerk ist:

Ganz plötzlich wird das Licht
Hell und klar eines Tages erstrahlen
Vor mir
Irgendwo unterwegs
Wird das Licht erstrahlen
Und ich werde es erkennen ...

In seinen Texten verspottet Brel die Frömmler, zeigt aber stets eine gewisse Sympathie für Geistliche. Von Gott spricht er in einem Ton der Ehrfurcht und im Konditional: Wenn Gott existierte, wenn ich der liebe Gott wäre … Privat hingegen gleitet er schnell ins Anzügliche ab. Als Maertens ihn einmal mit seiner künftigen Frau besucht, kann er einen Scherz nicht unterdrücken:

»Warum hat der liebe Gott, der uns ein Ding zum Pipimachen gegeben hat, versäumt, uns mit einem Ding zum Nettsein auszustatten?«

Darauf hätte Maertens erwidern sollen: Damit es einen Jacques Brel geben kann!

Daß Jacques sich je wie Maertens eingehend mit »der oralen Phase von Jacky und der bösen Brust seiner – allmächtigen? – Mutter, vielleicht auch seiner Zigarettensucht und seinen sinnlichen Lippen« befassen könnte, ist schier undenkbar. Jacques reagiert auf die Psychoanalyse allergisch und Jojo ebenso.

Der gesamten Geistlichkeit gelten Brels Verse:

… Adieu Curé ich liebte dich
Adieu Curé ich liebte dich du weißt
Wir waren nicht vom gleichen Ort
Wir hatten nicht denselben Weg
Wir suchten nur denselben Port …[15]

15 Le Moribond

Bei Franz, der in Knokke die Bar ›The Gallery‹ eröffnet hat, fällt es Jacques leichter, von Gott zu sprechen. Denn Franz interessiert sich überhaupt nicht für Gott. Zozo, seine Lebensgefährtin, ist offenbar genauso gläubig wie Franz atheistisch.

»Jacques hat keinen Glauben,« sagt sie. »Aber er fragt sich wenigstens, ob er damit nicht unrecht hat.«

François Rauber äußert über Brels Verhältnis zu Gott: »Ich möchte Ihnen nicht sagen, was er dachte. Ich weiß oft selbst nicht, was ich denke. Aber ich glaube, daß er sich in diesen Dingen nicht wirklich zurechtfand.«

Gegenüber dem Schauspieler, Journalisten und Dichter Jacques Danois, der auch mit Miche befreundet ist, deutet Jacques an, daß Gott auf keinen Fall ein Anhänger von Descartes sei. Vielleicht ist Gott ein Atem, der uns alle durchdringt? Brel sieht Gott in allem, was er anschaut, und auch im Blick der anderen, meint Danois. Er – wie auch Raymond Devos oder Jacques Martin – ist fest davon überzeugt, daß Brel ein tiefgläubiger Mensch sei. Aber woran glaubt er?

Jedenfalls nicht an einen flämisch-katholischen Gott.

Was für eine seltsame Mischung aus Christentum und Heidentum! Manchmal ist Brel sich sicher, weder gläubig noch Christ zu sein. Aber er dichtet christliche Themen weiter, um ›heidnische‹ Gefühle auszudrücken. Darin ist er ein Kind des zwanzigsten Jahrhunderts: alle Glaubensrichtungen sind erlaubt – und keine ergibt einen Sinn. Brel hätte gerne geglaubt.

Lange wird er Hector Bruyndonckx um seine Gewißheiten beneiden. Am 7. September 1962 schickt er ihm aus Roquebrune eine Art Lied ohne Musik:

»Lieber Freund, guten Tag,

ja, es ist lange her, aber bei diesem Lebensstil kommt man kaum zum Schreiben.

Jetzt ist die Zeit der Ruhe da, die Zeit, in der man endlich an die schreiben kann, die man liebt und nicht so oft sehen kann.

Ich hoffe, Sie sind voller Kraft, voller Feuer, voller Freude. Stark wie der Frieden und biegsam wie die Zärtlichkeit.

Das Haar ganz durcheinander und die Pfarrer unter Ihren Fittichen.

Oft denke ich an Sie, an Ihre Familie, an Ihren Weg.

Das tut mir wohl …«

Der »Weg« ist lang, besänftigend und verführerisch. Für tiefgründige metaphysische Diskussionen schlecht gerüstet, gibt Brel sich mit einem vagen Humanismus zufrieden. Dem Gottesgedanken stellt er die Greuel der Inquisition gegenüber. Aber er verbreitet sich nicht über den ontologischen Gottesbeweis, die Kommunion der Heiligen oder die Freiheit, die Gott dem Menschen gewährt – dieses furchtbare Geschenk.

Brels Haltung ist nicht eindeutig. In der Öffentlichkeit, im Fernsehen oder Rundfunk prägt er griffige Formeln und stellt seine Beschäftigung mit Gott zuweilen als ein bloßes literarisches Verfahren dar.

»Ich bin Sänger«, sagt er. »Wenn ich Gott erwähne, ist das nur etwas Äußerliches, ein Begriff, weil ich wie alle Flamen Symbole mag. Der

Mensch verlangt unentwegt nach Wundern, und die Wunder wollen sich nicht einstellen. Und Gott erscheint nie. Also zitiere ich Gott, obwohl er nie etwas geschrieben hat. Wäre Gott ein Schnellkochtopf, würde ich vom Schnellkochtopf sprechen – wenn dieser für die Menschen dieselbe Bedeutung hätte wie Gott!«[16]

Andererseits sind Priester und Nonnen Brels – und Jojos – Lieblingszielscheibe für verbale Angriffe aller Art. Im Grunde dreht sich bei Brel alles um das Christentum, genauer: um die Botschaft der Evangelien. Nie hat er sich vom Polytheismus oder von den Sekten angesprochen gefühlt, die in den fünfziger Jahren in Amerika eine Renaissance erleben und sich in Europa erst in den siebziger Jahren Gehör verschaffen. Könnte sich Brel zu einem Glauben bekennen, wäre er zweifelsohne ein Monotheist und würde zwischen dem Gott der Christen und einem rationalistischen Denken, das den Menschen mit der Gottheit gleichstellt, seinen Weg suchen. Er legt zwar Wert auf sein Flamentum, aber die großen flämischen Mystiker hat er nie gelesen. Brel verkündet, er sei Atheist.

Man versucht ihn zur Freimaurerei zu bekehren. »Kommt nicht in Frage«, sagt er zu Jacques Zwick. »Ich bin nur ein einfacher Maurer.«

Wenn man bei Brel auch nicht von einer existentiellen Angst im Sinne Pascals sprechen kann, ist es doch nicht abwegig zu behaupten, daß das Problem der Existenz Gottes sein Leben und sein Werk durchdringt. Hat er es je gelöst?

16 Radiosendung, Europe 1, 23. Dezember 1965.

VI.
KAPITEL

Jacques sucht das Seelenheil in der menschlichen Solidarität. Monique Watrin, eine Ordensschwester, die über Brel zwei Doktorarbeiten geschrieben hat, bemerkt: »Wir wollen aus Brel nicht gegen seinen Willen einen Christen machen ... Doch können wir nicht umhin, festzustellen, daß er sein Leben an einer Moral orientiert, die in der Tradition des Christentums steht und zugleich von deren Grundlagen abgeschnitten ist.«[17]

17 Monique Watrin, La Quête du bonheur chez Jacques Brel / Die Suche nach dem Glück bei Jacques Brel, Université de Strasbourg, 1982.

Und wie hält es Brel mit den drei Tugenden Glaube, Hoffnung und Nächstenliebe? Gegen letztere hat er eine ausdrückliche Aversion, zumindest theoretisch. Den Glauben sucht er in demselben Maße, wie er ihn ablehnt. Und seine Hoffnung setzt er auf den Menschen. Hat Monique Watrin recht, wenn sie behauptet: »Die Brüderlichkeit spielt bei Brel jene Rolle, die in der Theologie der Gnade zugeteilt wird«?

Brel vermag Gott nicht vom Tod zu trennen – vor allem nicht nach 1964, dem Todesjahr seiner beiden Eltern. Er singt jetzt nicht mehr von edlen Gefühlen, macht einen großen Bogen um Moralpredigten und dramatisiert den Tod, der für ihn nicht nur die Schwelle zum Jenseits darstellt: »Der Tod, das ist die Gerechtigkeit, die wahre Gerechtigkeit. Wenn dieser Gedanke in meinen Chansons vorkommt, dann deshalb, weil es der absurdeste Gedanke ist, den es gibt, und er ist jedem zugänglich.«

Der Gedanke an den Tod verfolgt ihn, verstärkt durch den Alterungsprozeß, den körper-

lichen Verfall, die Schwächen des eigenen Kör-
pers. Er sieht nicht mehr so gut und muß zum
Lesen eine Brille tragen. Gerade hat er noch über
Miche und Jojo gelacht, die schon vor ihm eine
Sehhilfe brauchten. Der Tod wird zum Bösen
schlechthin. Wenn er existiert, ist Gott wirklich
kein netter Kerl. Nicht nur, daß er seine
Schöpfung verpatzt hat: Er überläßt obendrein
seine Kreaturen sich selbst. »Es ist der Gipfel der
Unhöflichkeit, uns über den Zeitpunkt unseres
Todes nicht zu unterrichten.«

Jacques, der Tod und Leben ständig gegen-
einander ausspielt, spottet: »Ich finde, Leben ist
ein Ding der Unmöglichkeit.«[18]

18 Martin Mone-
stier, Le Livre du
souvenir, Tchou,
1979.

Brel malt sich gerne seinen eigenen Tod aus,
besingt ihn im Fernsehen und auf der Bühne. Er
setzt seinen Tod in Szene wie sein Leben.

... Seitdem weiß ich schon
Daß man zufällig stirbt
In einem großen Schritt ...[19]

19 La Ville s'endor-
mait

Für Brels ›unerreichbaren Stern‹ (aus *L'Homme de la Mancha*) gibt es viele Deutungen. Monique Watrin will darin ein ›Verlangen nach
Ewigkeit‹ sehen. Aber ihre Behauptung, daß
›Brassens in erster Linie ein Moralist und Brel
ein Metaphysiker ist‹, scheint mir übertrieben. In
seinen Liedern zeigt Brel eine nicht weniger mo-
ralisch geprägte Haltung als Brassens, der im
übrigen mit seinen anarchistischen, aber auch
schon wieder erstarrten Moralvorstellungen viel
unbeschwerter und hoffnungsvoller leben kann

als sein Sängerkollege. Brel, Sarkast aus Überzeugung, beharrt geradezu darauf, an Gott und
der Welt zu verzweifeln. Jedenfalls bleibt er in
einem elementaren Antiklerikalismus und Humanismus verwurzelt.

»Gott, das sind die anderen, und eines Tages
werden sie es auch wissen.«

Nach einem Konzert in Toulouse besucht Brel
den Abbé Casy Rivière, Curé in La Bastide-de-
Besplas, einem Dorf im Departement Ariège.
Wie mit Maertens setzt sich Brel mit ihm über
Gott, das Absolute, das Unendliche auseinander.
Rivière begleitet ihn auf seinen Tourneen nach
Pamiers, Carcassonne, Béziers. Eines Abends in
Montpellier vertraut Brel dem Abbé an:

»Ich glaube an den Menschen.«

»Das tue ich auch,« antwortet Rivière.

»Ja, aber du glaubst noch an etwas anderes,
und damit hast du Glück.«

Rivière versucht zu erklären, daß es sich dabei
gerade nicht um ein Etwas handelt, sondern um
einen Jemand. Als sie an der Kirche vorbeikommen, sagt Brel:

»Wenn du deinen Kram am Altar erledigst,
denk ein bißchen an mich.«

Jacques Brel, in Glaubensdingen ein gut-
erzogener Schlingel, sichert sich ab – wie jene
vorsichtigen Reisenden, die auf den Flughäfen
noch eine Lebensversicherung abschließen. Oder
ist das nur ein flüchtiger Rückfall in den Kinder-
glauben des kleinen Jacky?

Jedenfalls ist Jacques Brel weit davon entfernt,

einen gläubigen Flamen abzugeben. Er scheint auch zu vergessen, daß die berühmten Türme von Brügge und Gent, die er besingt, das Werk glaubensbeseelter Baumeister sind. Zweimal bezieht er sich auf Voltaire. In *La … la … la*:

> *… Wenn die blöde Schicksalsstunde kommt*
> *In der uns dann wohl jemand ruft*
> *Werde ich den geistlichen Flic beschimpfen*
> *Der sich da über mich beugt wie ein Domestik des Himmels*
> *Und umringt von lustigen Brüdern werde ich sterben*
> *Und mir sagen daß er toll war Voltaire …*

Und in *Les Bourgeois:*

> *… Mal ein Glas mit Pierre,*
> *Mal ein Glas mit Klaas,*
> *Man säuft viel wenn man zwanzig wird.*
> *Freund Pierre, der hielt sich fast für Voltaire,*
> *Klaas wollte Casanova sein,*
> *Doch ich, der Superarrogante,*
> *Ich wollte nur ich selber sein …*

Was auch immer er singen mag – Jacques Brel entspricht nicht dem Bild eines Voltaireschen Bourgeois, denn er neigt weder zur Mäßigung noch zur Aufrichtigkeit noch zum Zynismus.

Er glaubt, er sei er selbst. Aber wer ist er?

Gott bleibt in seinem Leben an der Tagesordnung und -unordnung.

Belgien gibt es mindestens dreifach. In alphabetischer Reihenfolge: Brüssel, Flandern und Wallonien. Als Staat entstand Belgien 1830. Kaum ein Zitat bejahen Brüsseler, Flamen und

Wallonen einhelliger als den berühmten Aus-
spruch Cäsars: »Unter allen Völkern Galliens
sind die Belgier die tapfersten.« Der Satz steht in
den Schulbüchern. Aber stehen wirklich alle Flamen dahinter?

Es bleibt ungewiß, ob Brel sich zu derart pro-
vokativen Angriffen gegen Belgien und Flandern
hätte hinreißen lassen, ob er diese poetische Obsession entwickelt und diesen Lieblingsschau-
platz für seinen politischen Negativismus gefunden hätte, wenn der Freund Jojo in Antwerpen
oder Charleroi zur Welt gekommen wäre. Jojo,
der beim Stichwort ›Französische Revolution‹
hellhörig wird, der im Geiste der Geschichts-
bücher von Mallet und Isaac groß geworden ist,
lacht und nickt nur, wenn Jacques den belgischen
Partikularismus aufs Korn nimmt.

Mit seinen abstrakten Attacken gegen die
Bourgeoisie möchte Brel vergessen machen, daß
er das verwöhnte Kind einer etablierten, schein-
heilig-katholischen, bürgerlichen Brüsseler Mittelschicht ist, die sich für ›rechtdenkend‹ hält.
Diese Selbstgefälligkeit bringt Brel in Rage. Er
verleugnet zwar nicht seine Wurzeln, aber die
ständigen Querelen zwischen Flamen und Wallonen gehen ihm gegen den Strich. Seine Reiz-
barkeit in diesem Punkt ist jener zum Verwechseln ähnlich, die man als Kind gegenüber
seiner Mutter empfinden mag: Wie kann sie nur
diesen Hut tragen? Warum schminkt sie sich so?

So selten sich Brel in Belgien aufhält, so sehr
ist sein Inneres von Belgien besetzt. Er schaut auf

dieses Land und lauscht auf dessen Stimmen, ohne es zu verstehen, trotz der vielen Gespräche mit seinen sich politisch präzis artikulierenden Freunden – dem linksliberalen Christen Jacques Zwick, dem Christdemokraten Jean-Pierre Grafé oder dem parteilosen Linken Arthur Gelin. In der Gesellschaft von gröber gestrickten Menschen wie Franz Jacobs, einem vagen Poujade-Anhänger, spart Jacques nicht mit Ratschlägen, wie und was man politisch denken soll. Darauf antwortet Franz nur mit einem freundlichen Achselzucken. Brels Faible für die französischen Kommunisten betrachtet er als bloßen Scherz. Marx sagte einmal in (ungerechter) Anspielung auf John Stuart Mill, daß vom Flachland aus die Hügel wie Berge aussähen. Im Vergleich zu Franz und anderen hält sich Jacques für einen Himalaja der politischen Philosophie.

Regionalisierung, Verfassungsreform, Föderalisierung, Europäische Gemeinschaft, frankophoner Imperialismus, kulturelle Renaissance Flanderns, Unitarismus, Sprachgesetze: Jacques entfernt sich allmählich von den Themen, die die belgische Nation in Aufruhr versetzen. Vom Sprachkonflikt ist er zunächst wie besessen, aber in seiner Monomanie gelangt er nicht darüber hinaus. Und der Republikanismus, für den er eintritt, kann kein gültiges Programm für Belgien sein.

Was weiß Brel, der internationale Star, überhaupt noch von den Flamen oder den Belgiern? Zweifelsohne kennt er die Brüsseler, von Kindheit an und aus eigener Erfahrung. Einfache, derbe Leute, wie etwa das Inhaberpaar von ›Chez Stans‹, dem Bistro in der Rue des Dominicains, verkörpern für ihn diesen Menschenschlag am ehesten, aber auch das Publikum der Nachtlokale und die Gäste, die an den Tischen des ›La Nation‹ an der Porte Louise schwadronieren. Auch in Lüttich kennt er vor allem das Nachtleben.

Trotz seines Mißtrauens gegenüber Politikern hat er snobistische Anwandlungen. Als er vom belgischen Premierminister Théo Lefèvre persönlich eingeladen wird, ist er vorübergehend tief beeindruckt. Er teilt Danois sein Hochgefühl mit.

»Na, Jacques – du machst dir doch wohl nicht wirklich was daraus?«

»Es ist unglaublich! Weißt du überhaupt, was das bedeutet? Der Premierminister empfängt Jacques Brel!«

In Brels Gepäck wiegt Belgien schwer. Belgien sei »*un faux pays*«, ein Scheinland, wiederholt er in vielen Rundfunk- und Fernsehinterviews, in denen er einen bissigen Spruch an den anderen reiht. Zwar behauptet er nicht wie de Gaulle, Belgien sei keine Nation. Aber er wünscht sich so sehr, daß dieses künstliche Land wieder eine Selbstverständlichkeit werden möge wie das gute alte Belgien seines Vaters Romain! Auch registriert er die Niederlassung zahlreicher internationaler Organisationen in und um Brüssel, wie zum Beispiel des Nato-Hauptquartiers SHAPE in Casteau. Brel stellt nüchtern fest:

»Wenn man Belgier ist ..., wird man dazu gezwungen, sich als Europäer zu fühlen.«

Eine durchaus richtige Einschätzung, die ihn aber nicht motiviert, seine Gedanken konstruktiv weiterzuführen. In der Tat ist ein rasch geeintes Europa, in dem die Querelen um Ausgleichsabgaben und Fleischpreise überwunden sind, vielleicht »die größte Chance für die beiden belgischen Nationalgemeinschaften«.[20] Hin und wieder läßt Brel einfach dummes Zeug über Belgien vom Stapel. In Brüssel verkehrt er nicht in intellektuellen und universitären Kreisen. Hat etwa Paris oder auch Frankreich zu sehr auf ihn abgefärbt?

»Sie sind ein bißchen gedächtnisbehindert«, sagt er einmal über die Belgier.

Doch gerade in den fünfziger und sechziger Jahren setzen sich viele Intellektuelle und Künstler in Flandern und Wallonien mit ihrer Geschichte auseinander. Auch Bauern, Kleinbürger, Arbeiter, jenes »Fußvolk unseres Herrn«, wie Joinville sie nennen würde, entdecken ihre flämische oder wallonische Geschichte neu.

Jacques rettet sein Gesicht mit einer malerischen Romantik, die seine Kreativität stimuliert. Flamen seien, findet er, vor allem bildende Künstler, Wallonen eher Musiker. Im übrigen zeichnen sich seine öffentlichen Angriffe gegen die Heimat durch einen Mangel an Eleganz und Fingerspitzengefühl aus. Aber er steht voll und ganz dahinter. In seinen Liedern macht er sich über den Brüsseler Akzent lustig, streitet das frei-

20 In: Albert du Roy, La Guerre des Belges, Le Seuil, 1968.

lich heftig ab oder legt es gar als einen Beweis für seine innige Zuneigung zu Belgiens Hauptstadt aus. Während die Sänger aus Quebec ihren Akzent bewußt pflegen, ist Brel darauf bedacht, aus seinem eigenen jede Brüsseler Spur zu tilgen. In seinen Briefen und Chansons tauchen trotzdem einige hübsche ›Belgizismen‹ auf.

Von Belgien und Brüssel sei nichts zu erwarten, findet er. Ob er dann aus rein praktischen Gründen seine Töchter dort aufwachsen läßt – um ungestört sein Privatleben führen zu können? Und warum denunziert er derart die belgische Bourgeoisie, wenn er darauf besteht, Chantal, France und Isabelle nach den Grundsätzen der bürgerlichen Tradition, wenn auch im Geiste der Emanzipation, zu erziehen? Auch will er nicht, daß seine Töchter Flämisch lernen, obwohl er sich teilweise doch für einen Flamen hält. Privat wiederholt er gerne, daß alle Belgier – seine Freunde natürlich ausgenommen – Arschlöcher seien. In der Öffentlichkeit hingegen macht er Liebeserklärungen: »Also, damit es vorweg klar ist: Ich mag die Belgier und bin selbst Belgier. Ich schreibe nicht gerade weltbewegende Dinge, aber Dinge, die durchaus wirklich sind und die mit den Belgiern oder mit Flandern zu tun haben. Es gibt andererseits eine ganze Reihe von Leuten, die gar keine Lust haben, Belgier zu sein, und die bedauern, nicht in Oxford groß geworden zu sein. Ich für meinen Teil spreche über dieses Land – manchmal mit Akzent, doch immer klar und deutlich.«[21]

Jacques Danois, damals Reporter bei RTL, fragt ihn einmal: »Sie sind Flame und sprechen kein Flämisch?«[22]

22 In: Germinal, 1967, Nr. 883.

»Meines Wissens war Emile Verhaeren Flame, hat aber deshalb nicht *Le Vent et les Moines* in niederländischer Sprache verfaßt ...«

»Irritiert es Sie manchmal, Belgier zu sein?«

»Nein, niemals.«

Brel widerspricht sich in einem fort. Was er am tiefsten bedauere, fragen ihn junge Leute. »Belgier zu sein«, erwidert er.

»Nur wenn ich ganz weit weg bin und einige Zwischenfälle mitkriege, sage ich mir, verdammt noch mal, die sollten längst kapiert haben, daß all diese belanglosen Querelen, die bis in die erste Hälfte des neunzehnten Jahrhunderts zurückgehen, jetzt endlich vorbei sein müßten.«

Daß Brel stolz ist, Belgier zu sein, und sich zugleich dafür schämt, läßt sich aus der Bissigkeit wie aus dem Witz seiner Aussagen ablesen.

Ihm, der ständig Bewegung braucht, ist dieses Land viel zu lahm: Es soll sich regen – von Comines bis Les Fourons, von Charleroi bis Anvers. Aber Brel blättert häufiger in *Le Monde* als in *Le Soir* und kennt sich in der französischen Innenpolitik ganz passabel aus – was natürlich auch mit Jojos Einfluß zusammenhängt. Über die Spaltungen und Entwicklungen der neuen französischen Linken weiß er genauer Bescheid als über die Unruhen, die Flanderns *Volksunie* erschüttern – die föderalistisch-nationalistische Partei, die für die Einrichtung eines Zwei-Sprachen-Staats eintritt. Ebensowenig ist er über das *Rassemble-ment Wallon* informiert, das aus den Turbulenzen der wallonischen Föderalismusbewegung hervor-gegangen ist. Jacques Brel, sonst immer bereit, die Welt neu zu erschaffen, macht von seinem Wahlrecht keinen Gebrauch – obwohl in Belgien eine Wahlpflicht besteht. Das freilich verbindet ihn mit vielen Linken in Frankreich.

Die PSC *(Parti social-chrétien)* sei nicht kon-fessionsgebunden, erklärt ihm Jean-Pierre Grafé. Sie berufe sich nicht auf die Lehre der katho-lischen Kirche, sondern auf einen Humanismus christlicher Prägung. Jacques aber verabscheut diese politische Gruppierung, die für ihn den belgischen Konservatismus pur verkörpert.

»Die Hälfte unserer Mitglieder sind weder praktizierende Katholiken noch Protestanten«, erwidert Grafé, der im Lütticher Stadtrat die PSC vertritt. Jacques, dem das völlig egal ist, preist gegenüber dem Freund die Verdienste der französischen PSU *(Parti socialiste unifié)* und na-türlich die Tugendhaftigkeit des Pierre Mendès France. Brel importiert sein Pariser Bezugssy-stem nach Belgien, angereichert mit den Mei-nungen und Überzeugungen Jojos.

Im Dezember 1965 kommt Brel auf die Idee, eine neue belgische Partei oder zumindest in Lüttich eine neue politische Formation ins Le-ben zu rufen, die sich durch besondere Origina-lität hervortun und sich dabei auf Werte wie Freiheit, Gerechtigkeit, Gleichheit, Brüderlich-keit stützen soll.

»Aber keinesfalls auf Nächstenliebe.«

Daß man nach Gerechtigkeit und Liebe streben, dabei aber die Nächstenliebe ausklammern könne, ist ein Denkfehler der Pariser Szene, den Jacques übernommen hat. Gewöhnlich produziert er zehn verrückte Ideen am Tag, aber die Parteigründungsidee beschäftigt ihn eine ganze Weile. »Ich bin bereit, mich zu engagieren und etwas zu riskieren«, sagt er zu Grafé. »Laß uns doch eine Kandidatenliste für die Gemeindewahlen von Lüttich zusammenstellen!« Zum Vergleich stelle man sich vor, der Gaullist Alain Delon würde sich für ein Bündnis mit der PSU-Fraktion des achten Arrondissements in Paris stark machen.

Jacques möchte ein paar politische Spitzenkräfte aus Lüttich kennenlernen, die damals die öffentliche Bühne betreten: zuerst François Perin, Hochschulprofessor für öffentliches Recht und Regionalisierungsbefürworter sozialistischer Tendenz, der sich nicht in den wallonischen Flügel der sozialistischen Partei Belgiens einreihen will.

In Paris blickt Jacques verächtlich auf alle herab, denen der brillante Perin kein Begriff ist. In Lüttich möchte er auch Jacques Yerna treffen, den theoretischen Kopf der *Fédération Générale du Travail de Belgique*, eines sozialistischen Gewerkschaftsverbands. Yerna, aufsässig und unabhängigkeitsliebend, hat ständig Ärger mit der sozialistischen Partei. Brel, Perin, Yerna und Grafé verabreden sich in Lüttich in der Bar des

›Hôtel Moderne‹. Brel besitzt ein sicheres Gespür für Außenseiter und weiß sie um sich zu scharen. Perin und Yerna wiederum sind froh, mit einem so bekannten und sympathischen Menschen wie Brel kurz vor den Parlamentswahlen plaudern zu dürfen. Später wird Brel auch dem Präsidenten der belgischen sozialistischen Partei, André Cools, begegnen.

Die sozialistische Partei Belgiens hat sich noch nicht aufgespalten: sie sammelt flämische und wallonische Sozialisten. Der Sprachenstreit aber setzt ihr zu, so wie er alle belgischen Institutionen unterminiert.[23]

23 Seit 1978 haben sich alle Parteien in zwei Lager aufgespalten. Bürger und Proletarier Belgiens, entzweit Euch!

André Renard, ein Lütticher Gewerkschafter, hat im Anschluß an die umfassende Streikbewegung des Winters 1960–1961 das *Mouvement populaire wallon* (Wallonische Volksbewegung) gegründet. Nach einigem Abwägen beschließen die Gewerkschafter, keine neue Dissidentenpartei aus der Taufe zu heben, und schlagen damit der sozialistischen Führung, die befürchtet hat, daß ihre Anhänger in das MPW eintreten, ein Schnippchen. Doch viele Mitglieder des MPW bleiben weiterhin Mitglieder der sozialistischen Partei. Und sie werden dafür auch nicht in die Mangel genommen. Andere wiederum stürzen sich in eine etwas kuriose Wahlkampagne.

Brel ist wütend und entzückt zugleich. Er hat ohnehin mit den traditionellen Parteien ein Hühnchen zu rupfen. Sein Herz, immer auf dem linken Fleck, schlägt höher für alle Traditionsabtrünnigen. Er lehnt Indoktrinierung und Dogmatismus ab. Auf die flämischen Nationalisten und Chauvinisten, die die flämische Sprache wie eine Wunderwaffe schwingen, ist er schlecht zu sprechen.

Wie bei den meisten Belgiern, ob im In- oder Ausland, haben die 1962 und 1963 stattfindenden Flamenmärsche auf Brüssel, diese jubelnden Menschenmassen, auch bei Brel einen nachhaltigen Eindruck hinterlassen.

François Perin wird nie erfahren, warum Brel ihn unbedingt sehen wollte. Jacques tut so, als wäre er bereit, sich für eine Sache mit Leib und Seele einzusetzen, dafür seine Gagen und sein letztes Hemd herzugeben. Doch um welche Sache es sich dabei handelt, bleibt unklar. Um vier Uhr morgens ist es für Brel ein leichtes, sowohl Belgien als auch Frankreich mit einem großzügigen und kunstvollen Weichzeichner neu zu erfinden.

Brels Großherzigkeit und Spontaneität wirkt auf den Linken Perin wie auf den Rechten Grafé politisch ziemlich wirr und unausgegoren.

Was verbindet Perin und Brel?

Perin, der eine Universitätskarriere verfolgt, tummelt sich von 1965 bis 1980 in der politischen Arena, wechselt einmal die Partei und erwirbt sich als Senator den Ruf eines originellen, streitlustigen Kopfes, der nicht davor zurückschreckt, in aller Öffentlichkeit den Premierminister einen »Totengräber« zu schimpfen. Selbst seine Gegner bescheinigen dem ewigen Außenseiter eine subtile Intelligenz. Das genügt, um Jacques zu überzeugen.

Im Jahre 1965 besitzen Brel und Perin, einer wie der andere, eine überwältigende Naivität und Unverfrorenheit. Brels Ideen sind edel, seine Sätze erbarmungslos. Sein Realitätssinn freilich läßt sehr zu wünschen übrig. Profis des Sozial-, Verwaltungs- oder Gewerschaftsrechts, belgische Politiker, die mit Brel verkehren, belächeln ihn liebenswürdig als idealistischen Utopisten und anarchistischen Libertin.

Jacques Zwick (wie die meisten seiner Landsleute) begreift nicht, warum Brel auf der in einem Pariser Vorort stattfindenden *Fête de l'Humanité* unentgeltlich singt. In Frankreich setze sich die PC, die kommunistische Partei, doch für die Armen, die Entrechteten, die Arbeiterklasse ein, erklärt Brel. Er ist nicht der einzige, der diesem soziologischen Irrtum aufsitzt.

Und gleich fällt ihm wieder etwas ein, das ihm die Grundsatzdiskussion erspart: »Du weißt, ich bin kein Kommunist, trotzdem finde ich, diese Leute kämpfen für großartige Ideale, und man sollte ihnen helfen, also gehe ich hin, ich Idiot, und singe ohne Gagen, wo ich gar kein Kommunist bin. Und Ferrat, der gewiß kommunistischer ist als ich, der geniert sich nicht und kassiert!«

Ob es um Belgien oder Frankreich geht: Jacques ist kein Theoretiker. Er verschlingt eine gewisse Sorte historischer Literatur, aber Bücher zu politischen oder ökonomischen Themen liest er nur selten. Er profitiert viel mehr von Begegnungen als von seiner Lektüre. Brel zieht in

einem Rundumschlag gegen die belgischen Industriemagnaten, die Kaufleute und die kurzfristige
Rentabilität zu Felde und schafft es, sich mit
Grafé in die Haare zu kriegen. Sie verabschieden
sich eines Abends in frostigem Ton. Miche versucht die Situation zu entschärfen. Schon am
nächsten Tag ruft Jacques den Freund an, um
sich mit ihm zu treffen.

Aber kann er denn aus der Entfernung die Unruhen, die Belgien bis in die Grundfesten erschüttern, wirklich nachvollziehen? Wie manche
Pariser Linken will Brel *tout tout de suite*: Alles,
und zwar sofort. Für die Gemeinschaft und für
sich selbst, für die Belgier und die Franzosen:

»… wenn man etwas verändern möchte, dann
macht man eine Revolution wie 1789 in Frankreich oder 1917 in Rußland – dagegen habe ich
nichts –, aber man verbringt nicht sein ganzes
Leben mit Jammern. Sonst ist man mit vierzig
schon verbittert! Es gibt Leute, die sagen: ›Wir
armen Belgier, wer sind wir schon? Wir sind rein
gar nichts. Wir werden überall verarscht!‹ Es
stimmt, nicht jeder weiß, wo Belgien liegt. Man
muß aber doch bescheiden bleiben. Es ist wie
morgens beim Rasieren vor dem Spiegel. Man
sieht plötzlich seine Fresse aus dem Seifen-
schaum hervorgucken: Und peng, da ist man sofort ernüchtert. In Peru oder San Salvador haben
die Leute nur sehr vage Vorstellungen davon, wo
Belgien liegt. Wenn ich dort hinkomme, erzähle
ich ihnen was darüber … Jetzt glauben sie alle,
daß Amsterdam in Belgien liegt. So oder so: all

24 »Brel parle«

diese Typen, die so tun, als wären sie keine Belgier, gehen mir auf den Zeiger, wie man in Südfrankreich sagt.«[24]

Brel, leicht erregbar, läßt sich in gewaltige Wortstrudel hineinreißen. Er hört nicht auf, seine Wahlheimat Frankreich mit Belgien zu vergleichen. Sein Unbehagen, die Mißverständnisse oder Zusammenstöße mit seinen Landsleuten, die Diskrepanz zwischen der Zärtlichkeit seiner Lieder und der Unerbittlichkeit seiner Aussagen über das Land seiner Herkunft – das alles rührt daher, daß er, ohne Franzose zu sein, wider Willen zu einem der wichtigsten Vertreter der frankophonen Kultur avanciert ist. Er hat eine ambivalente Beziehung sowohl zu Frankreich als auch zu Belgien. Aber seine Heimat wird häufiger als sein Gastland zur Zielscheibe seiner Beleidigungen.

Auf der Bühne entlarvt Brel den Mief der französischen Provinz, die er von seinen Tourneen her kennt, die bornierte Welt der Präfekturen und Unterpräfekturen. Doch bleibt er überzeugt, daß Frankreich ihn zuerst als Künstler anerkannt hat, lange bevor er in Belgien bejubelt oder ausgebuht wurde. Ein ewiger Streitpunkt.

»Es ist schon komisch (er lacht, O.T.), wie verschieden Frankreich und Belgien sind. Hier, in Frankreich, war ich anfangs nur Brel. Aber sobald ich ein bißchen bekannt wurde, bin ich für alle gleich Jacques geworden. Und bei mir zu Hause hat man mich zuerst nur Jacques genannt, und jetzt bin ich Monsieur Brel.«[25]

25 L'Humanité Dimanche, 31 janvier 1965.

Jacques erlebt Belgien, als wäre es ein Teil von ihm, und verstößt es im selben Atemzug. In den sogenannten Belgierwitzen, die in Frankreich gierig konsumiert werden, spiegeln sich Kolonialdenken und imperialistisches Machtstreben der Franzosen und speziell der Pariser. Kein Wunder, daß sie alle Mühe haben, Belgien zu verstehen, da sie es sich am liebsten einverleiben und mit Frankreich gleichschalten möchten. Gegenüber einem Land, dessen Eigenart ihnen widersteht und dessen Komplexität ihnen entgeht, reagieren diese – potentiellen oder tatsächlichen – Kolonisatoren mit einer gewissen Ratlosigkeit. Was ist das für ein Land, dessen langgezogenes Französisch für ein in Paris oder Tours geschultes Ohr so seltsam klingt, mit diesen komischen Sätzen, die auf *»une fois«* oder *»s'il vous plaît«* enden? Die Franzosen vergessen allzu schnell, daß Ludwig XIV. gern einen Teil jenes Gebiets, das später Belgien ausmacht, annektiert hätte und daß Napoleon Lüttich zu einer Präfektur des französischen Kaiserreichs machte. »Ach, Sie sind Belgier? Sie haben ja gar keinen Akzent.« Wie oft müssen – heute genauso wie 1954 – frankophone Belgier sich diese Bemerkung anhören?

Andererseits waren viele belgische Intellektuelle und Künstler lange von der Notwendigkeit überzeugt, sich in Paris einen Namen zu machen. Einige versuchen sogar, ihr ›Belgiersein‹ zu verheimlichen.

Belgier, Schweizer und Quebecer werden oft

so behandelt, als wären sie Abweichler von einer Norm, dem französischen Ideal, so wie viele Leute aus Lille, Marseille, Bordeaux oder Lyon sich nur noch an Paris orientieren, der Hauptstadt, die sich gern als Nabel Europas und der Welt betrachtet.

Jacques ärgert sich durchaus über den kulturellen Egozentrismus Frankreichs. Gérard Jouannest allerdings behauptet, Brel »hätte es vielleicht vorgezogen, Franzose zu sein«.

Das wäre für Jacques viel zu leicht gewesen. Er braucht es, sich in einer vertrackten Situation abzumühen, damit er das Gefühl hat, intensiv zu leben. Während seiner Auslandstourneen hat er die Cité Lemercier, die Nachtlokale, Restaurants und Cafés von Paris im Kopf, Vierzon, Honfleur, Pigalle, das Cantal-Département und Saint-Lazare.

Für die meisten, denen er begegnet, ist Brel kein belgischer, sondern ein französischer Sänger.

Jacques' Faible für die traditionelle französische Linke hängt mit seiner Einschätzung der Bedingungen zusammen, die in Frankreich das Leben der sozial Schwachen bestimmen. Er habe, erklärt er, auf Veranstaltungen der PCF gesungen, weil das »unter sozialen Gesichtspunkten« angebracht sei. »Ich finde, die Not ist in Frankreich größer als in Belgien. Wenn ich überhaupt helfe, dann eher dort,« sagt er einmal in Brüssel.

In den fünfziger und sechziger Jahren hat Belgien tatsächlich einen höheren Lebensstandard als Frankreich, und die Situation auf dem Wohnungsmarkt ist dort nicht so kritisch wie im Nachbarland. Jacques hat das am eigenen Leib erfahren, als er seine Familie nach Montreuil holte.

Jacques zeigt sich mit französischen Politikern wie Pierre Mendès France oder François Mitterrand und läßt sich im März 1967 mit Gaston Defferre, dem Bürgermeister von Marseille, in der Garderobe des ›Gymnase‹ fotografieren. Defferre, damals eingefleischter Antikommunist, ist gekommen, um dem Sänger zu gratulieren. Die Zeitung *Le Provençal*, an deren Spitze Defferre steht, bringt die Aufnahme, auf der die beiden Männer einander anlächeln, unverzüglich auf der Titelseite. Kurz vor der Show gelingt es den Journalisten, Brel ein paar Sätze zu entlocken: »Es stimmt, ich stehe auf der Seite von Menschen, die den Fortschritt vertreten. Der Kampf um die Würde des Menschen und um die Verbesserung seiner Lebensbedingungen – das ist ein politisches Ideal, für das eher Jaurès als Napoléon III. eingetreten ist, nicht wahr?«[26]

26 In: Le Provençal, 3. März 1967.

Es scheint kein ähnlich brisantes Foto von Brel mit einem französischen Politiker aus dem rechten Lager zu geben, schon gar nicht in Verbindung mit einem Wahlaufruf. In Belgien läßt sich Brel auf ›klassischere‹ Aufnahmen mit Politikern der PSC ein – ›zur Rechten‹ hat er einmal sogar, nach einem Konzert im Casino von Knokke, einen Premierminister auf Urlaub.

Die Bürger kleiner Nationen wie der Schweiz, Österreichs, Griechenlands, Portugals, Norwegens oder Belgiens haben meist ein gespanntes, problematisches Verhältnis zur eigenen Kultur. Der belgische Schriftsteller Pierre Mertens, der früher mit dem Gauchismus geliebäugelt hat und jetzt zur traditionellen Linken gehört, formuliert es so: Belgien »schätzt die Originalität seiner eigenen Kultur oft nicht, es vermag weder sie durchzusetzen noch vollkommen zu ihr zu stehen. Es wartet brav darauf, daß andere darüber urteilen. Uns fehlt es schmerzlich an – im Sinne Nietzsches – ›unzeitgemäßen‹ Talenten. Wir sind allenfalls in der Lage, diejenigen zu feiern, die in den sogenannten niederen Künsten wie Chanson, Comic oder Krimiliteratur wirken: Brel, Hergé, Simenon. Ansonsten zieht uns das Land herunter. In dieser Hinsicht hat uns Brel nicht gerade den besten Dienst erwiesen[27] ...«

Auf die endlosen, elenden Kabinettskrisen in Brüssel reagiert Brel, der das politische und kulturelle Leben seines Heimatlandes nur aus der Ferne wahrnimmt, nicht anders als viele Franzosen während der Vierten Republik.

Eine Haßliebe ist, es, die Brel für Belgier empfindet. Er hat nicht dieselben Gründe wie Baudelaire, dieses kleine Land zu hassen: Baudelaire fand in Belgien das wieder, wovor er in Frankreich geflüchtet war, und gab es getreu oder überzeichnet wieder. Brel wagt nicht oder erlaubt sich nicht, in Paris Frankreich zu kritisieren. So greift er lieber Belgien an, auf das er stolz ist und für das er sich zugleich schämt. In Rundfunksendungen und Gesprächen erinnert er gerne daran, daß die belgische Revolution von 1830 im Théâtre de la Monnaie begann. Der Brüsseler Aufstand brach während der Aufführung der Oper *La Muette de Portici* aus, als die Sänger das Lied *Amour sacré de la patrie* ... anstimmten.

»Revolten, die von einem Theater ausgehen, sind eine Rarität« sagt Brel, der mehr von einer Summe individueller Revolten als von einer Revolution der Massen hält. Von der Bühne, vom Orchestergraben aus lassen sich noch eher Revolten als Revolutionen entfachen.

Jacques bekommt Schwierigkeiten mit einigen Landsleuten wegen der berühmt-berüchtigten *Flamandes*. Man kann heute kaum mehr nachvollziehen, warum dieses Lied wie eine Beleidigung gewirkt hat. Man mag es oder mag es nicht, es ist aber trotz seines spöttischen Tons ein zärtliches Lied:

Wenn die Flämin tanzt dann sagt sie nichts
sagt kein Wort. So geht das jeden Sonntag
Wenn die Flämin tanzt dann sagt sie nichts
Denn die Flämin schwätzt kein Wort zuviel
Denn sie tanzt nur weil sie zwanzig ist
Mit zwanzig Jahren da verlobt man sich
verlobt man sich nur um zu heiraten
denn Heiraten schafft Erben sicherlich
Strenge sagtens ihre Eltern stets
so salbadern sonntags von den Kanzeln

> *die Pastöre während des Gebets*
> *Das ist der Grund, der einzge Grund zum Tanzen*
> *Les Flamandes*
> *les Fla*
> *Les Fla*
> *Les Flamandes ...*

1960 soll Brel in Louvain auftreten. Zu seinem Repertoire gehören etwa zwölf Chansons, darunter auch *Les Flamandes* – was den Theaterleiter und Veranstalter aus der Ruhe bringt:

»Der Saal ist voll. Sie dürfen *Les Flamandes* nicht singen, sonst schlagen sie alles kurz und klein.«

»Doch. Mein Repertoire steht fest. Es tut mir leid, aber ich ziehe dieses Lied nicht zurück, nur weil ich mich gerade hier befinde. Ich werde doch nicht klein beigeben.«

In Louvain gibt es damals eine französische und eine flämische Universität und oft wird hart gekämpft. Jacques hat die – imaginären – Verletzungen, die sich sein Vater seinerzeit bei einem Sprachenstreit zuzog, nicht vergessen.

Brel verhandelt weiter mit dem Theaterleiter, der schließlich einen Kompromiß vorschlägt:

»In Ordnung, aber dann singen Sie das Lied ganz am Ende.«

»Nein, auf keinen Fall.«

So bleibt das Chanson wie geplant an siebter Stelle seines Programms. Im Saal geht es bereits hoch her. Das Publikum setzt sich an diesem Abend vorwiegend aus französischsprechenden und flämischen Studenten zusammen, die ersteren sitzen unten, die letzteren auf dem Olymp. Der Veranstalter, mit den Nerven am Ende, hat von einem Störkommando gehört, das mit faulen Tomaten und Eiern werfen will. Jacques stimmt endlich das berühmte Lied an. Trotz einer anfänglichen Unruhe, einem Gemisch aus Applaus und Pfiffen, singt er unbeirrt weiter. Das Lied wird insgesamt nur lau aufgenommen. Brel, stets Provokateur und Bösewicht, wiederholt entgegen aller Gewohnheit und ohne Aufforderung das Chanson noch einmal.

Jetzt bricht der Beifallssturm los. Es war zu erwarten.

Das Seltsamste: Als er mit der Arbeit an dem Lied beginnt, denkt Brel zuerst an Bretoninnen. Doch *Les Bre, les Bre, les Bretonnes* – das klingt nicht so gut wie *Les Fla, les Fla, les Flamandes*. Jacques erläutert oft, was er mit diesem Lied beabsichtigte: »Ich wollte ein kleines Porträt zeichnen ... Niemals wollte ich einen feindseligen Ton anschlagen ... Es ist eine Form von Humor ... eine Karikatur ... wie eine kleine Skizze von Forain.«[28]

Und er fügt hinzu:

»... Ich bin doch flandrischer Herkunft. Deshalb habe ich mich für die Fläminnen entschieden und nicht für Walloninnen, Normanninnen oder Bretoninnen.«

In einem Anfall von Bescheidenheit fährt er fort:

»... Ich mag auch eine falsche Vorstellung von

28 »Neuf millions«, RTB, 17. Juli 1960.

den Fläminnen haben. Ich sehe sie mit den Augen Breughels – mit üppigen Formen ausgestattet. Vielleicht weil alle flandrischen Frauen, die ich im Kreis meiner Familie kennengelernt habe, ziemlich kräftig gebaut waren. Aber daran ist doch nichts Unangenehmes. Außerdem gab es etwas, das mich als Kind sehr stark beeindruckt hat: daß die Leute in Flandern bei Beerdigungen tanzen. Das taucht in meinem Lied wieder auf. Einige Leute haben das offenbar in den falschen Hals bekommen.«

Im Lauf der Jahre erhält Brel unzählige Drohbriefe und beleidigende Anrufe. Warum hat dieses schöne Lied so sehr die Gemüter erregt?

... Strenge sagten ihre Eltern stets
so salbadern sonntags von den Kanzeln
die Pastöre während des Gebets
Das ist Grund, der einzge Grund zum Tanzen
Les Flamandes
Les Flamandes
Les Fla
Les Fla
Les Flamandes ...

In einer weiteren Strophe spricht Brel schon nicht mehr von »salbadern«, sondern von »faseln«: In *Les Flamandes* stellt er vor allem den Klerikalismus und einen Teil der katholischen Kirche Belgiens, den er für reaktionär und mit politischen Gruppierungen verquickt hält, an den Pranger.

Dennoch bleiben die Beziehungen Jacques Brels zur flämischen Gemeinschaft lange Zeit in den Grenzen des guten Tons.

Das ändert sich 1966. Mit *La ... la ... la ...* schlägt Brel über die Stränge:

> *... Ich werde in irgendeinem Belgien wohnen*
> *Das mich genauso beschimpfen wird wie jetzt*
> *Wenn ich ihm Vive la Republique vorsinge*
> *Es leben die Belgier scheiß auf die Flamen ...*
> *La ... la ... la ...*
> *La ... la ... la ...*

Er tobt sich aus, hantiert demonstrativ mit Formeln, die viele ihm nie verzeihen: *quelconque Belgique* (»irgendein Belgien«), *merde aux Flamingants* (»Scheiß auf die militanten Flämischsprechenden«). Und posaunt, er sei Republikaner und *belgien*. Als wollte er so viele Belgier wie möglich gegen sich aufbringen, versäumt er nicht, noch von *flic sacerdotal* (»Priesterbulle«) und *larbin du ciel* (»Dienstbote des Himmels«) zu sprechen und somit die zahlreichen praktizierenden Katholiken des Landes zu beleidigen. Aber auch François Rauber schätzt diese Brelschen Wortschöpfungen nicht besonders.

Um das Maß voll zu machen, sucht sich Brel ausgerechnet den Festtag der belgischen Dynastie aus, um im Brüsseler Palais des Beaux-Arts seine Attacke loszulassen.

Diesmal hat man es nicht mit harmlosen Studententumulten wie in Louvain oder mit ver-

kniffenen Antwerpener Bourgeoisgesichtern wie
in Knokke zu tun. Zu Brels Entzücken bricht ein
Skandal nationalen Ausmaßes los. Eine Sektion
des extremistischen *Mouvement populaire flamand*,
das für die Linke als neofaschistisch gilt, gibt
eine offizielle Erklärung ab: »Brel ist ab sofort Persona non grata im belgischen Küsten-
gebiet ... Er wird dort nie mehr singen dürfen ...«

Das *Mouvement populaire flamand* betrachtet
jenes Lied als »einen Affront gegen die Ehre des
flämischen Volkes« ... Klerikalismus, Monarchie
und jene Flamen, die er ausdrücklich als *flamingants* beschimpft, sind die Zielscheibe seiner
Angriffe. Es sind jedoch nicht die Flamen im allgemeinen, mit denen Brel sich anlegen will.

Guillaume Jorissen, Senator und Mitglied der
Volksunie, wirft der Arnold-Regierung vor, gegen
ein »antiflämisches und republikanisches Lied«
keinen Protest erhoben zu haben. Daß Brel im
Casino von Ostende aufgetreten ist, ärgert Jorissen besonders.

Der Stellvertreter des Premierministers, Willy
de Clercq, antwortet ihm mit vorsichtiger Ironie:
»Meine Regierungskollegen und ich teilen die
Ansicht, daß der Vorwurf von Herrn Jorissen
nicht begründet ist. Der Beifall des Publikums
galt allein dem Künstler Jacques Brel, der zu den
Meistern der Chansonkunst zählt. Ob man diesen Sänger mag oder nicht – niemand kann ihm
sein außergewöhnliches Talent absprechen. Das
wird übrigens von zahlreichen flämischen Zei-

tungen und Kritikern, deren loyale Zugehörig-
keit zu Flandern nicht bezweifelt werden kann,
bestätigt. Daß ihm manchmal Sätze oder Aus-
drücke unterlaufen, die etwas verletzend oder
nicht ganz angebracht sein mögen, muß als
selbstverständlich angesehen werden. In allen
Ländern, wo Meinungsfreiheit und -vielfalt herrschen, werden Chansons und Pamphlete als ein
Ventil geschätzt, das frustrierte Menschen vor
der Verbitterung bewahrt ...«

Vor dem Hintergrund der sprachbedingten
Spannungen und Empfindlichkeiten in Belgien
schließt der Stellvertreter des Premierministers
mit den Worten:

»Herr Jorissen verfügt, wie ich glaube, über
genug Humor, um sich der Meinung eines Mitar-
beiters von *De Standaard*, der Brel neulich interviewt hat, anschließen zu können: ›Lassen Sie ihn
doch singen, selbst wenn er manchmal entgleist.
Wir brauchen solche Leute wie Brel, die uns dazu
bringen, hin und wieder Selbstkritik zu üben.‹«

Brel jauchzt vor Wonne, gibt Interview auf Interview, tut so, als hätte man ihn gesucht und
endlich gefunden. Kurz vor seinem Benefizkon-
zert für das Erholungsheim von Coq-sur-Mer im
Palais des Beaux Arts hält Brel, unrasiert und im
Glencheck-Anzug, eine Pressekonferenz ab.

Der Leiter des Erholungsheims überreicht
ihm eine Medaille und beginnt – der offiziellen
Sprachregelung folgend – seine Rede in niederländischer Sprache, um sie dann auf französisch
fortzusetzen. Brel unterbricht ihn:

»Aber ich verstehe ...«

Nein, Brel versteht nicht gut Flämisch.

Die Journalisten versäumen natürlich nicht, auf das »*merde aux flamingants*« aus *La ... la ... la ...* anzuspielen. Jacques antwortet: »Ich sage das, weil ich es denke. Fertig. Ich darf doch wohl noch meine Meinung äußern, oder? Man bezichtigt mich des Extremismus. Aber ich für meinen Teil habe niemals den Unbekannten Soldaten mit Parolen beschmiert. Ich verlasse nicht das Terrain der Prinzipien. Im übrigen habe ich mich auf der sprachlichen Ebene immer nur mit dem Brüsseler Akzent beschäftigt. Mein Vater hat 1897 Chemie in Louvain studiert. Er war ein wahrer *flamingant*, ein militanter Flämischsprechender. Schon damals haben sich Flamen und Wallonen die Fresse poliert. Er selber hat sich mit den Kerlen aus Arlon oder Bastogne, ich weiß nicht mehr genau, ordentlich geprügelt. Über diesen Schwachsinn, glauben Sie mir, lacht man im Ausland nur.«

Warum behauptet er, Republikaner zu sein? »Ich meine es wirklich ernst«, sagt er. »Ich glaube, daß am Ende des zwanzigsten Jahrhunderts die Monarchie ziemlich überholt ist. Abgesehen davon habe ich persönlich rein gar nichts gegen Könige oder Prinzen. Aber es gibt Dinge, die man überdenken sollte.«

Brel läßt allerdings außer acht, daß die konstitutionelle Monarchie unter Umständen zur Stabilisierung der Demokratie beiträgt – ein Phänomen, das man in Westeuropa in der ersten

Hälfte des zwanzigsten Jahrhunderts durchaus beobachten kann: in Großbritannien, Schweden, Dänemark, Belgien und später auch in Spanien. Die Monarchie gehört außerdem zu den wenigen Institutionen in Belgien, die kaum umstritten sind. Die sozio-politischen Überzeugungen Jacques Brels sind zwar radikal, aber auch oberflächlich.

Im Hinblick auf die flämische Problematik bleibt Brel einer primitiven Sichtweise verhaftet. Es gelingt ihm gerade noch, das Schimpfwort *flamin-boche* zu vermeiden.

Die katholische Kirche Flanderns läßt sich gewiß nicht als die fortschrittlichste in der westlichen Welt bezeichnen. Doch darf man sie deshalb zu einem Haufen nazismusbesessener Pfaffen und Gegner des ›gottlosen Bolschewismus‹ degradieren? Es gab schließlich auch Sozialisten, die sich während des Krieges Hitlerdeutschland anschlossen. Der niedere Klerus Flanderns wußte immerhin die Interessen der armen Leute zu vertreten.

Was also verbindet Brel mit den Flamen? Seine einzigen flämischen Freunde sind auch frankophon. Für ihn sind Flamen die Einwohner des belgischen Flandern, fleißige Arbeiter und Bonvivants mit einem gewissen Hang zum Irrationalen. Eine Mischung aus Schwein und Mystiker? So ungefähr ...

Flamingant wiederum heißt für ihn: Faschist und Arschloch.

Er mag Gérard Jouannest gegenüber immer

VI.
KAPITEL

wieder beteuern, daß er Flamen und *flamingants*
nicht miteinander verwechselt: In seinem provo-
kantesten Lied, *Les F*...[29], das sich derselben Inspiration wie *Les Flamandes* oder *La ... la ... la ...*
verdankt, erweckt er bei Flamen wie bei Frankophonen den Eindruck, als wolle er eine simple
Gleichung aufstellen und alles miteinander ver-
mengen: Flämischer Nationalismus = Faschisten
= militante Flämischsprechende = Flamen.

Jacques Brel fehlt es an historischem Über-
blick. Wie sein Vater ist er Brüsseler und Uni-
tarist. Offenbar begreift er nicht, daß die Flamen
tatsächlich ihre Kultur und ihre Sprache fast verloren hätten und daß sie von der frankophonen
Bourgeoisie, von den sogenannten *fransquillons*,
ausgebeutet und gedemütigt wurden. Brel überzeichnet die Geschichte Flanderns während der
deutschen Besatzung bis zur Karikatur und läßt
sich in *Les F*... zu jenem unverzeihlichen Satz
hinreißen:

»... Nazis während der Kriege und Katholiken
in der Zwischenzeit ...«

Zwei Belgier schreiben: »Als die Nationalsozialisten in Belgien einmarschierten, war die Flämische Bewegung – unter der Fuchtel des *Vlaams
Nationalistisch Verbond* – bereits eindeutig faschi-
stoid. Haben die Sozialisten diesen Umstand zu
verantworten, weil sie sich für die flämische
Sache wenig interessierten und dadurch auch der
sogenannten ›Rückbesinnungskampagne‹, die ja
den wallonischen Rexismus überwand, im Wege
standen? Oder ist dies eher auf die ideologische

Schwäche der flämischen Nationalisten selber zurückzuführen, die zwischen den Kriegen nicht mit einem ernst zu nehmenden sozioökonomischen Programm aufwarten konnten? Wie auch immer: die damalige Tendenz, sich an den autoritären Gesellschaftsmodellen aus Italien oder Deutschland zu orientieren, war nicht typisch für die Flämische Bewegung. Diese Neigung bestand auch in einigen großen politischen Parteien, in der Geschäftswelt, und selbst am königlichen Hof war man dafür nicht unempfänglich... Es stellte nicht nur ein flämisches Problem dar, sondern ein allgemein belgisches. Für die Flämische Bewegung aber waren dessen Folgen besonders verhängnisvoll.

Der Logik der nationalsozialistischen Blut-und-Boden-Ideologie folgend, benahmen sich die Deutschen dem Flamenvolk gegenüber, als hielten sie es für ein germanisches ›Brudervolk‹, das dem deutschen kaum unterlegen war. Wieder betrieben sie eine ›Flamenpolitik‹, indem sie die Flamen besonders gut behandelten, die ja dank der Verwandtschaft der beiden germanischen Sprachen viel schneller Deutsch lernten als die Frankophonen. Dennoch: Obgleich die belgische Bourgeoisie eher ein autoritäres Gesellschaftsmodell nach deutschem Muster herbeiwünschte, hielt die Mehrheit der Flamen an ihrer *klein katoliek*-Seite fest, an ihrem intellektuellen und politischen Rückstand, an ihrer praxisorientierten Schlauheit und ihrem grundsätzlichen Mißtrauen gegen jegliche Zentralmacht[30] ...«

30 H. et P. Willemart, S. Van Etzen, La Belgique et ses populations (= Belgien und seine Bevölkerungen), éd. Complexe, 1979.

Aber stimmt es wirklich, daß die belgische
Bourgeoisie den autoritären Gesellschaftsmodellen ›rechter‹ Couleur verfallen war? Ist diese
Annahme, in Belgien wie in Frankreich, nicht
eher das Produkt einer vorsintflutlich-marxi-
stisch angehauchten Mythologie, die die Bourgeoisie als böse Kollaborateurin hinstellt? Das
Proletariat Flanderns hat, passiv und aktiv, ebenso fleißig kollaboriert wie das Bürgertum. Brel,
der hier sein Renommee sinnvoll einsetzen
könnte, hilft den Wallonen in keiner Weise, die
falschen und echten Probleme des flämischen
Nationalismus sachlich unter die Lupe zu nehmen. Macht er sich vielleicht einen Spaß daraus,
überall Verwirrung und Zwietracht zu säen?
Leider läßt sich nicht leugnen, daß er dabei
schrankenlos ehrlich ist.

Brel hetzt – bewußt oder unbewußt? – die
frankophilen Wallonen undifferenziert gegen
Flamen und *flamingants* auf. Gegen Ende der
sechziger Jahre hat der Sänger feste, insgesamt
sehr individualistisch geprägte politische Posi-
tionen. Allzuoft und mit der typisch Brelschen
Verve verwendet er den Begriff ›Rasse‹: »... Ich
meine, daß ich, ein Angehöriger der flämischen
Rasse, das Recht habe, alles, was mir durch den
Kopf geht, auf französisch zu erzählen. Ich
glaube allerdings zu wissen – es sei denn, ich bin
ein extremer Schwachkopf –, daß viele Flamen
genau das tun. Es ist kein Majestätsverbrechen,
ich sehe keinen Grund, deshalb jemanden von
den Felswänden in Douvres herunterzuwerfen.

Ich bin nicht der König, aber angenommen, ich wäre der König – den ich im übrigen einmal getroffen habe und der ein sehr anständiger Mensch ist –, dann würde ich den Wehrdienst auf sechs Monate beschränken und während der restlichen sechs Monate die jungen Männer Flanderns nach Wallonien und die jungen Männer Walloniens nach Flandern schicken. Das würde einiges wieder zurechtbiegen, denn Zahnweh kriegt man überall, überall gibt es Mütter und Frauen, die man auf die und die Weise anguckt, überall gibt es Leute, die Spinat mögen oder nicht, es ist überall dasselbe.«[31]

Spinat, den er nicht leiden kann, *cramique* und Schokolade, auf die er versessen ist: Sie kommen von weither, aus seiner Kindheit, und reißen ihn mit wie ein Westwind über der Nordsee. Aber die flämische Sprache läßt ihn kalt: »Der Flame ist ein rauher Franzose ... Der militante Flämischsprechende ist ein schlaffer Deutscher ... Flämisch ist eine holprige Sprache, ein steiniges Feld.«

Brel geizt nicht mit unsachlicher Kritik an den verschiedenen flämischen Dialekten, die das Fernsehen mittlerweile gleichgeschaltet hat. Als Knabe fiel es ihm schwer, diese Sprache zu erlernen. 1977, gegen Ende seines Lebens, wird er sie gar mit Hundegebell vergleichen.[32] Die militanten Flämischsprechenden bellen, während die anderen Flamen über ihre Sprache stolpern ... Brel scheint zu vergessen, daß Flämisch lange als eine Mundart der Hausangestellten betrachtet

33 Die Kollaboration läßt sich ohne weiteres unter- oder überschätzen. Der *Vlaams Nationalistisch Verbond,* die flämische politische Organisation, die am eindeutigsten unter dem Einfluß der nationalsozialistischen Ideologie stand, zählte nicht mehr als 100 000 Mitglieder. Die flämische Legion (»Allgemeine SS Flandern«) bestand aus 3000 Mann, die Wallonische aus 2000. Nach der Befreiung hat man etwa 600 000 Verfahren eingeleitet und letztlich 57 000 Kollaborateure – die sogenannten »inciviques« – angeklagt. Prozentual gesehen stellt die Zahl der in Flandern wohnenden Verurteilten 0,73% und die der in Wallonien wohnenden 0,52% der Gesamtbevölkerung dar. Eine Kontrollkommission registrierte 2000 flämische und 8000 wallonische Widerstandskämpfer. Natürlich sind diese Zahlen jeweils umstritten. So oder so: Die Geschichte der Widerstandsbewegung und der

wurde. Und diejenigen, für die es die Muttersprache ist, reagieren äußerst empfindlich auf jede Be- und Verurteilung.

Brel bauscht den Sprachenstreit auf und vernachlässigt den sozialen und ökonomischen Aspekt des Konflikts – wobei er in Belgien mit dieser Haltung nicht allein ist. Es mangelt ihm gewiß an Kenntnissen auf diesem Gebiet, aber das erklärt nicht alles. Jacques Brel ist offenbar vom Zweiten Weltkrieg sehr tief, vielleicht zu tief geprägt worden. Im Gepäck trägt er Wahrheiten und Mythen, wie man ihnen noch heute im frankophonen Belgien begegnen kann: Die Kollaboration mit den Deutschen sei in Flandern intensiver als in Wallonien gewesen, wenn es auch einige Widerstandskreise, in Antwerpen vor allem, gegeben habe; die Kampflust der flämischen Truppen sei im Mai 1940 ziemlich flau gewesen; die Flamen hätten sich während des deutschen Gegenangriffs des Generalfeldmarschalls von Rundstedt im Winter 1944-1945 gleichgültig gezeigt.[33] Das alles hat Brel beeindruckt. Aber hat er je begriffen, daß das flämische Volk als Kollektiv im Lauf seiner Geschichte wiederholt vor der dramatischen Frage seines Überlebens stand? Manche Antworten darauf waren gewiß absurd – und sind es bis heute.

Seine Erziehung stand Brel im Wege: Er vermochte nicht, die Situation der Flamen nachzuempfinden und zu verstehen, wie sehr sie sich von den Frankophonen bedroht fühlten. Vielleicht wäre alles anders gekommen, hätte er noch vor dem Krieg eine katholische Schule in Gent besucht und mit eigenen Augen gesehen, daß Schüler bestraft wurden, weil sie während der Pause flämisch gesprochen hatten. Auch Elsässer und Bretonen hüten solch unangenehme Erinnerungen.

Trotzdem: Jacques bewahrt sich seinen Sinn für das Menschliche – über die Konflikte und Scheinkonflikte hinweg, die Belgien vergiften und lahmlegen. Er weiß sich einig mit seinen erklärten Feinden von der *Volksunie*, wenn diese beharrlich die Amnestie für die flämischen Kollaborateure des Zweiten Weltkrieges fordern. Und er setzt sich für das Vergessen, das Vergeben ein. Schon früh vertritt er diese Position vor Ivan Elskens und rückt davon auch nicht mehr ab:

»Die Täter verurteilt und die Schuld abgebüßt, fertig! Es sind Menschen wie alle anderen.«

Schade, daß er das in der Öffentlichkeit nicht öfter gesagt oder gesungen hat!

Daß der Zweite Weltkrieg Brel nachhaltig erschüttert hat, ist wenig bekannt. Jene Zeit, die für ihn zugleich Kindheit hieß und die er als Künstler und Sänger mehr als alles andere zum Heiligtum erhoben hat, birgt auch verstörende Erinnerungen. Das Publikum – ob in Belgien oder Frankreich – hat wenig Gelegenheit gehabt, Brels ergreifendes Lied *Mai 40* kennenzulernen. Bis dato unveröffentlicht, ist es in dem Film zu hören, den Fréderic Rossif Brel gewidmet hat:

Kollaboration in Belgien wie in Frankreich verlangt eher nach kühlen Analysen und klarem historischem Denken als nach echauffierten Attacken, und seien sie noch so hübsch in Lieder verpackt. In Frankreich haben die gaullistischen und kommunistischen Mythologien den Widerstand verherrlicht. Den Belgiern wurde nicht die Chance zuteil, einen De Gaulle zu haben.

VI.
KAPITEL

> ... Ich habe den Flüchtling entdeckt, einen Bauern
>> der Nomade wird
> Einen Vorstädter der sich davonmacht
> Aus einer offenen Stadt die sich verschlossen hat
> Ich habe den Flüchtling entdeckt,
> Einen Bewaffneten den man entwaffnet hat ...

Daß viele Flamen lange mit dem Gefühl gelebt haben, im eigenen Land Abgewiesene und Entwaffnete zu sein, hat Brel nicht wahrgenommen.

Flame oder Wallone zu sein ist zweifellos nicht leicht. Schwierig, manchmal schmerzlich und oft kompliziert ist es jedenfalls, »Brelgier« zu sein.

VII. KAPITEL

VII. KAPITEL

EIN MAI 1968 IM JAHRE 1967

Jacques Brel singt 1967 zum letzten Mal die Chansons seines Repertoires auf einer Bühne.

Er wird also nicht als ›Chansonverkäufer‹ enden. Geht man davon aus, daß die Ereignisse des Mai 1968 nicht nur die Gesellschaft und speziell das westliche Gesellschaftsmodell, sondern auch das Individuum selbst und seine Lebensform in Frage gestellt haben, so darf man behaupten, daß Brel ein gutes Jahr vor den Pariser Studenten seinen ganz persönlichen Mai 1968 erlebt hat. Er scheint eine Art Intuition gehabt zu haben – so wie Künstler oft den Vorhersagen der Soziologen weit voraus sind.

Aber auch auf der Höhe des Zeitgeistes bleibt Brel Individualist.

Es gibt einen Teil der Welt, den Brel fast so gut wie Frankreich und Belgien kennt, weil er dort oft aufgetreten ist: Kanada und vor allem Quebec.

VII.
KAPITEL

Jacques setzt seine europäischen Marathon-tourneen fort und erobert, der Logik des Erfolges gemäß, auch andere Kontinente. Regelmäßig fährt er nach Quebec und tritt in der ›Comédie-Canadienne‹ in der Rue Sainte-Catherine auf. Nach der Show besucht er Clairette Oddera, eine Französin, die 1958 ein etwa hundert Besucher fassendes Nachtlokal eröffnet hat. Clairette, eine fröhliche Blondine, hat das Herz auf dem rechten Fleck. Sie stammt aus Marseille und hat in Filmen von Marcel Pagnol mitgespielt, bevor sie nach Kanada auswanderte. Bei ihr dürfen junge Liedermacher aus Quebec debütieren, während sie im Stil der zwanziger Jahre französische Chansons vorträgt. Sie sammelt Brels Schallplatten, begeistert sich für ein paar Lieder von ihm, traut sich aber noch nicht, sie zu singen, weil sie sie zu schwierig findet. Jacques gehört zu den Leuten, die sich mit jemandem anfreunden, um sich in einer fremden Stadt heimisch zu fühlen. Er kann einfach nicht früh schlafen gehen: »Ein Typ, der von der Arbeit kommt, schmeißt sich nicht sofort ins Bett. Ich auch nicht.«

›Chez Clairette‹ erinnert Jacques an das ›L'Echelle de Jacob‹. In diesem Ambiente – Fischernetze sind um eine bootsförmige Theke gespannt – wird es ihm heimisch zumute. Das erste Mal kommt er in Begleitung von Gérard Jouannest. Er produziert sich, macht Faxen, zeigt sein schauspielerisches Talent. Je reifer er wird, desto größer wird auch sein Sinn für Humor, mit dem er der Tragik des Lebens einen Riegel vorschiebt.

Clairette ist warmherzig, ein unkompliziertes Naturell. Zu ihr hat Jacques eine ähnliche Beziehung wie 1953 zu Suzy Lebrun. Brel ist ja nicht mit seiner Gitarre allein, sondern wird von Jojo und Gérard, seinen treuen Kumpels und Freunden, begleitet und umsorgt. Nach dem Auftritt der jungen Sänger aus Quebec fällt die Brel-Clique bei Clairette ein. Jacques hält alle mit einer Flasche Johnny Walker bis sechs Uhr morgens wach.

Brel hat sich vorgenommen, Clairette zu trösten, die ihren Lebensgefährten ganz plötzlich verloren hat. Sie bemuttert und bekocht ihn – Rinderfilet, Chicoreegerichte, Kuchen stehen auf der Speisekarte. Er wiederum kümmert sich wie ein Freund und Vater um sie: »Dieser Schmerz, Clairette, gehört allein Ihnen. Niemand kann Ihnen helfen. Es bleibt Ihnen nichts weiter übrig, als den Kopf oben zu behalten – wie ein Soldat. Aber Sie machen das schon sehr gut.«

»Niemand kann Ihnen helfen« ... das klingt aus Brels Mund wie »Niemand kann mir helfen.« In Quebec – wie auch in Frankreich oder Belgien – kann Brel übergangslos die tragische mit der komischen Maske vertauschen: »Sag mal, habe ich denn heute abend genug Unfug angestellt?«

Jacques, der selbst liebend gern seinen Spott mit Leuten treibt, erträgt durchaus, daß man sich über ihn lustig macht. In Montreal erntet er mit *Marieke* einen Riesenerfolg. »Als hätte er es nötig, in Brügge oder Gent zu bumsen!« kommentiert der Kabarettist Raymond Devos, der auch in Kanada auf Tournee ist.

»Quebec ist ein wenig wie Belgien. Auch dort gibt es zwei Kulturen. Zwei Kulturen – das ist nicht leicht«, sagt Jacques.

Nicht leicht, aber bereichernd.

Brel ist nicht dabei, als die Verfechter der Unabhängigkeit ihre ersten Wahlerfolge feiern und De Gaulle vom Balkon des Rathauses in Montreal seinen berühmten »Vive le Quebec libre« ausruft. Er mischt sich nicht in die Streitigkeiten zwischen Föderalisten und jenen Separatisten ein, die sich später in der *Parti Québecois* organisieren werden. Er begnügt sich damit, sich über die Chansonkunst aus Quebec ein Urteil zu bilden, ohne jedoch ihre soziale und politische Tragweite in Betracht zu ziehen. Ist er ausreichend informiert? Gegen das Kunstwerk als Vehikel politischer Botschaften hat er Vorbehalte. Clairette ist nicht imstande, ihn über die Feinheiten der kanadischen Innenpolitik oder die kulturellen Forderungen der Separatisten – mögen sie berechtigt sein oder nicht – aufzuklären. Bei den Liedern seiner Kollegen schenkt Brel der Form mehr Aufmerksamkeit als dem Inhalt. Als er einmal eine ganze Nacht mit Pierre Calvet, Jacques Blanchet und anderen Quebecern bei Clairette verbringt, fragt sie ihn nach seiner Meinung über deren Texte: »Man sollte ihnen ordentlich in den Arsch treten, weil sie zu faul sind. Es gibt zwar hier und da ein paar großartige Passagen. Aber der Rest ist Scheiße.«

Seine Bewunderung für Félix Leclerc läßt nicht nach. Jacques trifft sich oft mit Leclerc und Gilles Vignault. Er hütet sich aber davor, über das Verhältnis zwischen der französischen und der englischen Sprache in der *Belle Province* Quebec zu diskutieren.

Auch zur Lage der Länder Nordafrikas, wohin seine Tourneen ihn immer wieder führen, gibt er keine aufsehenerregende Stellungnahme ab. In der Öffentlichkeit nimmt er sich stets in acht.

Er tritt in Algier im Hotel ›Aletti‹ auf – vor dem Putsch der Generäle. Die Besucher werden durchsucht. »*Algérie française!*« schreit plötzlich jemand während des Konzerts, »Algerien den Franzosen!« – was eigentlich mit dem, was Brel gerade singt, nichts zu tun hat. »Wissen Sie, das ist mir völlig egal! Ich bin Belgier«, erwidert Brel.

Nach dem Konzert wird er von Jacques Danois für eine Sendereihe interviewt. Brel schlüpft mit Hose und T-Shirt ins Bett: »Worüber könnte man wohl in Algier sprechen?«, fragt er – und gibt sich selber gleich die Antwort: »Über Algerien.«

Die Dekolonisation sei unumgänglich, meint er und läßt sich zu einer Schilderung Algiers hinreißen. *Alger la blanche* (Algier die Weiße): Diese Umschreibung von Algeriens Hauptstadt verhülle wie ein Schleier der Heuchelei das Gesicht der Wahrheit. Was verbirgt sich unter der weißen Farbschicht?

Brel erzählt auch Dinge, die Danois nicht auf Tonband festhält – eine durchaus begreifliche

Vorsichtsmaßnahme in dem politisch überreizten Klima Algeriens: »Gestern haben mich ein paar Typen angesprochen, *Fellaghas* (algerische Aufständische). Sie möchten mich sehen«, erklärt er.

Jacques Brel trifft sich tatsächlich in der Casbah mit diesen Nationalisten, die der Ansicht sind, daß er mit seinen Chansons ihren Kampf unterstützt. Jacques zeigt sich mehr überrascht als geschmeichelt: »Also, stell dir das vor! Warum haben sie sich denn ausgerechnet mich ausgesucht?«

Er weiß es sehr gut: diese islamischen, französischsprechenden Algerier haben aus seinen Liedern einen deutlichen Appell zur Solidarität und Brüderlichkeit herausgehört. Denn Brel nimmt in diesem nordafrikanischen Land – wie auch in Belgien oder Frankreich – die soziale Ungerechtigkeit genau wahr. Er sieht, wie sie an die Oberfläche gespült wird, wie sie sich rächt und unerbittliche Kämpfe hervorruft. Daß die Araber und Kabylen Algeriens als *»Français musulmans«*, islamische Franzosen, bezeichnet werden, findet er unerhört. Wie kann man Menschen nach ihrer Religionszugehörigkeit sortieren? Spricht man denn von *»Français catholiques«*, katholischen Franzosen?

Der Algerienkrieg und der Krieg im allgemeinen inspirieren Jacques zu dem Lied *La Colombe*:

Warum Trompetenklang
Denn diese grauen Horden
erwarten nur das Morden

am Bahnsteig mit Gesang
Warum der Zug so feist
Der rattert stöhnt und sirrt
bevor er uns entführt
mit uns ins Unglück reist
Warum Geschrei und Lied
der Meute die uns schmückt
die uns ganz einfach schickt
wenn der Wahnsinn in ihnen glüht ...

»Kann sein, daß wir zum letzten Mal hier sind,« sagt Jacques zu Danois, nachdem mehrere Attentate in der Casbah verübt worden sind.

Danois, der als Journalist häufig in Saigon arbeitet, sieht Jacques 1969 im flandrischen Damme wieder.

»Was machst du bloß die ganze Zeit in Vietnam? Wie sieht es dort aus?« fragt der Freund.

Jacques neigt dazu, zu allem und jedem seinen Kommentar zu geben. In bezug auf Vietnam nimmt er keine eindeutige Position ein. Er ist Kriegsgegner, aber nicht so vehement wie Jojo oder Gérard. Die Angelegenheiten der Generäle und Politiker interessieren ihn wenig. Etwas anderes ist es mit den zweihunderttausend Kindern, die in den Straßen Saigons umherirren. Jacques Danois wird ihnen ein Buch widmen: *Les Moineaux de Saigon*.

Brel, mehr Franzose als Belgier, bewahrt sich zwar ein paar ebenso edle wie vage Überzeugungen – beispielsweise die, daß man unmöglich etwas anderes als links sein könne –, doch die

VII.
KAPITEL

Weltpolitik läßt ihn ziemlich unbeteiligt. Für die Sowjetunion zeigt er Interesse – ohne Begeisterung. Er paßt sich der westlichen öffentlichen Meinung an, die ja immer dem dortigen politischen Geschehen hinterherhinkt. Die französische nichtkommunistische Linke entmythisiert allmählich das kommunistische Weltbild als ein totalitäres. Jacques weiß, daß Kommunismus in erster Linie Polizeistaat bedeutet.

Er achtet darauf, nicht mit den Kommunisten in einen Topf geworfen zu werden. Als die deutschen Kommunisten die Berliner Mauer durch die Stadt ziehen, attackiert Brel Gérard Jouannest, als wäre dieser für jeden dort errichteten Wachturm verantwortlich. Später wird sich Brel gelegentlich fragen, ob die Kommunisten mit dem Mauerbau nicht doch recht hatten.

Was die Vereinigten Staaten betrifft, begnügt sich der Sänger damit, die Profis des Showgeschäfts zu bewundern. Er liest ein paar amerikanische Autoren in der Übersetzung, vorzugsweise Henry Miller. In der Öffentlichkeit käut er Klischees wieder: »In den Staaten war die mir am häufigsten gestellte Frage: Wieviel Geld verdienen Sie?«[1]

Brel ist sich dessen bewußt, daß er die Vereinigten Staaten kaum kennt. Er ist ein Belgier, dessen politische Haltungen und Verhaltensweisen sich im Frankreich der Fünften Republik verfestigen. Doch Jojo paßt auf, sortiert die Fehlinterpretationen und politischen Platitüden der

1 »Journal inattendu«, Sendung mit Jean-Pierre Farkas, RTL, 1968.

nichtkommunistischen Linken aus – die allerdings manchmal der Wahrheit entsprechen. Brel hat – wie viele seiner Generation – von Ökonomie keine blasse Ahnung. Hin und wieder nimmt er das Wort ›Arbeitslosigkeit‹ in den Mund.

Jacques bezieht sich auf Lenins Ausführungen über die Pariser Kommune, obwohl er Wladimir Iljitsch ebensowenig gelesen hat wie Jojo. »Die Kommune, das war vielleicht die erste große proletarische Revolution überhaupt ...«, sagt er.

Von den Sowjets spricht er auf eine sehr Brelsche Art, die im Zusammenhang mit dem Sturm auf den Petersburger Winterpalast, Lenins Truppen und dem kommunistischen System eher komisch anmutet: »Welch eine Warmherzigkeit ... welch ein Edelmut ...«

Jacques ist ein Weltverbesserer, ein Idealist und Anarchist. Aber seine Helden heißen weder Marx noch Jesus. In seiner privaten Mythologie nehmen Till Eulenspiegel und Don Quijote die ersten Plätze ein. Wollte man Wörter verwenden, die in den fünfziger und sechziger Jahren noch nicht im Umlauf waren, obgleich George Orwell sie schon vor dem Kriege benutzt hatte, müßte man Jacques als einen *anti-totalitaire*, einen Gegner des Totalitarismus, einen Humanisten und Humanitarier bezeichnen. In Sachen Politik läßt er sich eher von gefühlsmäßigen Impulsen als von durchdachten Ideen leiten. Er gehört einer Generation an, die den Totalitarismus der Rechten schneller demaskiert als den der Linken. Die ziemlich verschwommene Ideologie, die er zur Schau trägt, hindert ihn nicht daran, zwischen Menschen und Institutionen zu unterscheiden. Der Künstler Brel spürt, daß die rauhe politische Wirklichkeit in seinen Werken nichts zu suchen hat. Er ist kein engagierter Sänger und will es auch niemals werden – Chansons wie *Les Bourgeois* und *Jaurès* bilden Ausnahmen in seinem Repertoire.

»Weißt du, man hat mich bespuckt, man hat mich verachtet. Bei Philips, am Anfang, wurde ich wie Scheiße behandelt. Jetzt bin ich Napoleon, und das werden sie alle zu spüren bekommen,« wird Brel allen Ernstes zu Guy Bruyndonckx sagen.

Guy versteht Brel zweifellos besser als Hector, sein Vater – das ist eine Generationsfrage. Balzac wollte der Napoleon der Literatur werden. Brel, in einer Mischung aus grenzenlosem Hochmut und Mangel an Selbstvertrauen, weiß um den eigenen Größenwahn. Roman und Chanson sind zweierlei. Stolz und Bescheidenheit gleichermaßen treiben ihn dazu, immer öfter und immer lauter zu wiederholen, daß er nichts als ein Handwerker sei, ein Chansonmacher.

Seine gesellschaftliche Rolle, sein Status als Star verleitet ihn zur Lüge und Heuchelei, während er sich im Grunde nach Ehrlichkeit sehnt. Absurde Fragen werden an ihn gerichtet: Glauben Sie an das Glück, an die Biologie? Was halten Sie von der Architektur der Weltausstellung in Brüssel? Sobald jemand berühmt wird und eine Machtposition – als Regierungschef, Minister, Nobelpreisträger für Literatur oder Medizin – bekleidet, belästigt ihn die Presse, ungeachtet seiner realen Kompetenz, mit tausend Fragen und schert sich dabei wenig um seine Würde und seine Rechte. In den fünfziger und sechziger Jahren fragte man Filmschauspielern und Sängern Löcher in den Bauch, heute läßt man eher die Cartoonisten salbadern. Rar sind Persönlichkeiten wie Claire Brétécher, die den Mut haben, zu gestehen: »Ich weiß es nicht.« In Amerika engagieren sich Film- und Gesangsstars von Frank Sinatra bis Bob Dylan, von John Wayne bis Shirley MacLaine für die Sache der Demokraten oder Republikaner. In Paris wird man 1984 die Apotheose des Yves Montand erleben, der sich vom Sänger und Schauspieler zum Vordenker und Bilderstürmer wandelt.

Jacques fühlt sich manchmal von dem, was er auslöst, überfordert. In der frankophonen Showszene – sei es in Brüssel oder in Wallonien – ist man zu Recht stolz auf ihn. Welcher Interpret und Liedermacher kann ihm das Wasser reichen? Für Bruno Brel, Jacques' singenden Neffen, ist sein Name ein schweres Handicap. Und Julos Beaucarne, der mit Jean Vallée zu den jungen belgischen Interpreten gehört, die in Frankreich bekannt geworden sind, beackert thematisch das Feld der Ökologie und des Regionalismus. Diese Nachwuchssänger verfügen weder über Brels Gestaltungskraft noch über sein musikalisches Gespür. Auch der Weg zum Chanson kann mit guten Vorsätzen gepflastert sein! Beaucarne

VII.

wendet sich in Liedern an Henry Kissinger, verschanzt sich hinter Texten von Verlaine, Baudelaire, Apollinaire oder Desnos und propagiert
belgische Dichter wie Max Elskamp. Jacques
Brel tut nichts von alledem. Ein wesentliches
Problem der jungen belgischen Sängergene-
ration wird es sein, diesen Brel hinter sich zu
lassen.

Jacques, der die Sonne liebt, war im Libanon,
Israel, Ägypten, Griechenland, Nordafrika, in
Madagaskar, Guadeloupe und Martinique auf
Tournee. Aber ein Politiker oder auch ein Sänger
darf sich in Frankreich erst dann als international
anerkannt betrachten, wenn er eine Einladung
nach Moskau und Washington erhalten hat. Brel
ist Teil des frankophonen und französischen Kul-
turguts. Im Ausland laden ihn die französischen
Botschaften viel eher als die belgischen ein, ob er
nun dieses Entgegenkommen zu schätzen weiß
oder nicht.

Er tritt in der Sowjetunion und in den Vereinigten Staaten im selben Jahr auf: im Oktober
und Dezember 1965.

In der Sowjetunion verbringt er fünf Wochen
und hält sich in Baku, Eriwan, Tiflis, Leningrad
und Moskau auf.

Die größte Unannehmlichkeit auf dieser Reise
besteht für ihn darin, daß viele Restaurants
bereits um 22.30 Uhr schließen und die Leute
vor Mitternacht zu Bett gehen. Brel mag nicht
um elf Uhr morgens konzertieren, auch nicht
ausnahmsweise.

Überall hat er volle Häuser. Die Zuschauer kommen mit Eintrittskarten, die sie über Partei, Gewerkschaften und Komsomol erhalten haben. In Moskau sind immerhin zahlreiche Mitglieder des diplomatischen Korps im Publikum, Franzosen und Briten, die den Sinn seiner Chansons ohne Mühe erfassen können. In Baku sehen sich Brel und sein Ensemble zuerst mit verschlossenen Gesichtern konfrontiert. Die Zuhörer verstehen den Sänger schlecht. Ein Moderator erläutert vier bis fünf Chansons auf einmal, man hat versäumt, die Übersetzungen der Texte zu verteilen. Jacques erträgt es nicht, wenn man ihm in den Rhythmus seines Konzerts hineinpfuscht. Er schwitzt Blut und Wasser. Aber es gelingt ihm schließlich, das Eis zu brechen. Er springt, zappelt, redet mit Armen und Beinen. Der Kerl hat bestimmt etwas zu sagen! denken die Leute im Publikum. Ein solcher Kampf auf der Bühne löst hier Erstaunen und Verwirrung aus. In Leningrad wirkt der Erfolg etwas spontaner. In der UdSSR läßt sich Brel sogar auf eine Zugabe ein: Die Zuschauer hören einfach nicht auf zu klatschen und zu rufen – er muß noch einmal singen.

Brel mag die Georgier, ihre ausgedehnten, von Reden und Trinksprüchen begleiteten Mahlzeiten. Das russische Essen verabscheut er, mit Ausnahme von Wodka und Kaviar. Der Rotwein geht ja noch, aber der zuckersüße Weißwein zu Brathähnchen oder Bœuf Stroganoff – unsäglich! Und den russischen Champagner kann man vergessen. So haben Jacques Brel und Jean Corti

VII.

etwas zu schimpfen, wenn sie sich gegen 23 Uhr im Hotel treffen, um Karten zu spielen. Während Jouannest sich freut, früh ins Bett zu kommen, machen Corti und Brel ihrem Ärger Luft.

Nach seiner Rückkehr aus der Sowjetunion äußert sich Brel öffentlich nur knapp über den realen und irrealen Sozialismus. Er versteigt sich nicht wie Sartre zu der Erklärung, daß die Sowjetbürger frei seien. Gelegentlich behauptet er, daß man dort nicht über Geld rede. Überhaupt sei es dort ganz anders als in Amerika!

Er achtet darauf, Gérard nicht allzusehr zu beleidigen, der mit dem Kommunismus liebäugelt. Wie vielen anderen Staatsgästen und Stars wurde ihm kein Einblick in das Alltagsleben der Sowjets gewährt. Man bot ihm Museumsbesuche, aber natürlich keine Konzentrationslagerbesichtigungen an.

Er hat am Festival der Jugend für den Frieden in Helsinki teilgenommen. Im nüchternen wie im betrunkenen Zustand hat er sich mit dem Dichter Jewtuschenko ausgetauscht. Von der Sauferei mit dem russischen Poeten erholt er sich ausnahmsweise nur langsam. Brel hat, wie viele andere, nur sehr vage Vorstellungen vom Archipel Gulag und dem sowjetischen Imperium. Er erinnert sich lieber an die »Zärtlichkeit« der Georgier: »Leute, die sich mehr auf Träume als auf die Wirklichkeit berufen«, sagt er in einer Fernsehsendung.[2] Eine poetische Formel mit einer Spur politisch-kritischer Zweideutigkeit?

Brels Durchbruch in der Sowjetunion ist nicht

2 »Discorama«,
Fernsehsendung
(ORTF), 1967.

so spektakulär wie in den Vereinigten Staaten. Im übrigen kann die Zahl seiner in den sowjetischen Republiken verkauften Schallplatten nicht ermittelt werden.

Ein paar Wochen nach seiner sowjetischen Tournee hat er einen großartigen Auftritt in der New Yorker Carnegie Hall. Das Haus ist restlos ausverkauft, aber Jacques macht sich keine Illusionen: Die meisten Zuschauer sind Franzosen. Die Amerikaner, die im Saal sitzen, sind anspruchsvolle und blasierte Kenner, die auf die mangelnde Professionalität der Franzosen herabzublicken pflegen. Doch Brel schafft es, sie in seinen Bann zu ziehen. In einem Mordstempo, jeden Applaus mit dem nächsten Chanson abschneidend, absolviert er sein Programm. Der gestrenge Robert Alden, Kritiker der *New York Times*, einer der wichtigsten Tageszeitungen der Ostküste und der bedeutendsten Zeitung New Yorks, schreibt sogar, die Beine Brels seien »auf schalkhafte Weise humoristisch«[3]. Brel hält keine Predigten mehr – weder vor diesem ausgesuchten New Yorker noch vor dem breiten Pariser Publikum. Er lebt in seinen Chansons. Die New Yorker haben das Glück, sich nicht jene Brelschen Lieder anhören zu müssen, zu denen er noch in seiner Pfadfinder- und *Franche-Cordée*-Zeit inspiriert wurde. Jacques Nellens ist beim Konzert in der Carnegie Hall zugegen und fragt hinterher begeisterte Zuschauer, ob sie Französisch verstünden. »Nein«, lautet die Antwort.

Was den Erfolg in den Vereinigten Staaten an-

3 New York Times,
7. Dezember
1965.

geht, übertrifft Brel, den Alden zuerst für einen »Nachtlokalsänger« hielt, Brassens und Ferré. Jacques schmeichelt der warmherzige Empfang der Amerikaner. Ohne die Bedeutung des Ereignisses zu überschätzen, weiß er doch, daß ein Triumph in der Carnegie Hall im Metier zählt. Eine Flut von Telegrammen französischer Sängerkollegen erreicht ihn. Das absurdeste und realistischste zugleich stammt vom geschäftstüchtigen Aznavour: »... Und wann nach Las Vegas?« Jacques sagt: »Aznavour ist der einzige Mann, den ich kenne, der in einem Rolls Royce aufrecht stehen kann.«

Im November 1966 empfängt Brel in London die Weihen der Royal Albert Hall. Obwohl die Kritiker und das Publikum Großbritanniens für den kraftvollen Realismus Brels prinzipiell nicht so empfänglich sind wie die amerikanischen Zeitgenossen, gelingt es dem Sänger, sie alle für sich zu gewinnen. Damals stehen ›Swinging London‹ und ganz Großbritannien im Bann der ›Beatlemania‹. Kann man John Lennon, Paul McCartney, Ringo Starr, George Harrison *und* Jacques Brel mögen? Gewiß, aber es gelingt nicht jedem. Die Beatles und Brel haben jedenfalls zwei Dinge gemeinsam: Sie finden ihre Grundlagen in der klassischen Musik und sind im Begriff, sich aus dem Konzertleben zurückzuziehen.

In London wird für Jacques in einem intimen Rahmen ein Festessen gegeben, an dem dreißig Personen teilnehmen. Charles Aznavour ist dabei. Gegenüber der Herzogin von Bedford er-

wähnt Brel seine Absicht, mit den Tourneen aufzuhören. Aznavour entfaltet seine ganze Über-
zeugungskunst, um ihn von diesem Plan abzubringen. Er habe kein Recht dazu, weil so viele
Menschen ihn liebten.

»Wir sollten nicht übertreiben, wir sind keine
Götter«, sagt Brel, und seine Bescheidenheit ist
ausnahmsweise echt. Er habe gewissenhaft gearbeitet und sei jetzt am Ende angelangt. Mit
einigen Texten habe er die Grenzen des traditionellen Chansons gesprengt und ihm eine neue
Dimension eröffnet. Er könne aber nicht darüber
hinausgehen. Er habe den Höhepunkt erreicht,
danach könne es nur bergab gehen, das jedoch
lasse sein Stolz nicht zu.

Worauf Aznavour erwidert:

»Man kann immer noch weiter.«

»Sind wir denn immer gewissenhaft? Tun wir
wirklich jeden Morgen nach dem Aufstehen unser Bestes?« fragt Brel.

Aznavour, im Predigtton:

»Aber ja! Ich habe doch mein Berufsethos.«

Brel haut auf den Tisch, steht auf und verkündet erbarmungslos:

»*Mesdames, messieurs*, ich werde für Sie jetzt
La Mamma singen.«

Seit Jahren stellt sich Brel immer wieder dieselbe Frage, die etwas vage formuliert ist, aber
ihn quält:

... Ist es denn unmöglich, in aufrechter Haltung zu leben?[4]   4 Vivre debout

[391]

VII.
KAPITEL

1966 wird in Tages- und Wochenzeitungen, in der seriösen Presse wie in den Boulevardblättern das Problem Brel erörtert: Hört er auf oder nicht? Ist es nur ein Werbetrick, daß er nicht zum Sklaven seines Metiers werden will? »Brel nimmt seinen Abschied vom Chanson.« »Der Deserteur«, heißt es sogar. Kaum jemand glaubt, daß er wirklich aufhören wird. Man hat im Showbusineß schon so viele endgültige Abschiede gesehen. Und viele werden noch folgen, von Maurice Chevalier bis zu den ›Frères Jacques‹. Greta Garbo ist wohl die einzige, die sich tatsächlich auf dem Höhepunkt ihrer Karriere zurückgezogen hat.

»Es gibt nur einen einzigen Luxus im Leben, und das ist der, Fehler machen zu dürfen ... Was mir am meisten auf die Nerven geht, sind Vorsicht und Unbeweglichkeit«, sagt Brel.

In Kreisen des Showgeschäfts und seiner Parasiten laufen die Spekulationen auf Hochtouren. Jetzt möchten alle Näheres über Brels Zukunftspläne erfahren. »Das Ganze ist in meinem armen Wasserkopf noch ziemlich verschwommen. Ich bin zuviel und zu schnell herumgekurvt. Ich habe Lust, meinen Weg neu zu beginnen und mir dabei Zeit zu lassen. Ich höre auf, weil ich schon seit zwanzig Jahren in diesem Beruf bin. Es gibt irgendwann einen Punkt, an dem man aufhören möchte. Die Fünfzigjährigen lieben zwar besser als die Zwanzigjährigen, aber sie können nicht mehr jeden Tag lieben.«

Ungefähr zehn Jahre zuvor hat Jacques aus

Genf einen Brief an Hector geschrieben, in dem er sich selbst als »Chansonverkäufer« bezeichnete. Auch teilte er dem Abbé Dechamps kaum zwei Jahre nach seinen beruflichen Anfängen in Frankreich seine Zweifel über den eingeschlagenen Weg mit: »Schade, daß man gezwungen wird, sich zum Erfolgsschreiber zu erniedrigen. Man muß sich ja nach dem Markt richten.«

Als der Abbé wissen will, welche Lieder er selber schlecht findet, weicht Jacques der Frage aus.

Brels innere Vorbehalte und vor allem der Entschluß, seine Bühnenlaufbahn zu beenden, sind über lange Zeit gereift. So schickt er bereits am 13. Februar 1956 dem lieben Freund Hector folgenden Brief, obwohl sich das neue Jahr beruflich ganz positiv anläßt:

»... Es gibt nichts zu sagen, denn nichts geschieht. Ein sehr belastendes, sehr flaches und, wie mir scheint, sehr unnützes Leben nagelt mich dummerweise fest und läßt mich eigentlich das Ende der Welt herbeisehnen ...«

Zwar steht damals noch nicht die nukleare Apokalypse auf der Tagesordnung, aber immerhin die Niederwerfung des Volksaufstandes in Budapest und die militärische Intervention Frankreichs und Großbritanniens in der Suezkanalzone.

»... Es gibt nichts Besonderes über diesen Beruf zu sagen, der mir jetzt, wo ich erwachsen bin, plötzlich zu bequem, auch zu komfortabel erscheint.

Auch über mein spirituelles Leben, das durch

mein eigenes Verschulden beinahe verkümmert ist, gibt es nichts zu sagen. Nichts zu sagen über ein Leben, in dem man nicht mehr verrückt genug ist, zu hoffen, daß alles sich noch zum besten wendet, aber auch nicht weise genug, um zu glauben, daß man völlig kaputt ist.

Vielleicht habe ich ganz plötzlich Lust, Glück zu erleben, ein Glück, das man sich nicht allzu mühevoll aufbauen muß? ...«

Diesen Gedanken, daß der Mensch sich aufbauen läßt, daß er fähig zum Wachstum ist, wird Brel sogleich ausbeuten: Im Lied *J'en appelle* brüllt er, daß er lieber schwach als hochmütig, lieber feige als abscheulich sein möchte.

Im Februar 1956 heißt es:

»... Habe weder Lust, etwas zu sagen noch etwas zu tun.

Bin müde.

Und habe nicht die Kraft zu glauben, daß ich selber daran schuld bin.

Und vielleicht werde ich auch den Dingen nicht gerecht, die ich zu begreifen vermag.

Gute Nacht, schöner Prinz

Aufrichtig ...

Ihr Jacques«

Ist Brel wirklich aufrichtig in diesem Brief? Mit Sicherheit, was die Problematik des Sängerberufs angeht. Daß er 1967 von der Bühne abtritt, ist der unwiderlegbare Beweis dafür. Mit den Menschen in seiner näheren Umgebung hat er kaum über den geplanten Abschied gesprochen. Nur Jojo weiß Bescheid und verrät nichts.

Gérard Jouannest fragt Jacques nach dem Wahrheitsgehalt der kursierenden Gerüchte. Dem Freund antwortet Brel:

»Es stimmt, ich höre auf. Ich wollte nicht mit dir darüber sprechen, weil ich nicht weiß, wie es weitergeht, auch nicht, was du dann machen wirst.«

Jacques' Zurückhaltung zeugt nicht von Mißtrauen. Eher von seiner Sorge um die berufliche Zukunft von Jouannest. Aber dieser wird sein Talent bald für Régine und später für Juliette Gréco einsetzen können.

Brel fällt es leichter, seine Entscheidung Leuten mitzuteilen, die ihm nicht nahestehen. Auf der Croisette in Cannes trifft er Jacques Martin: »Ich mache Schluß. Ich habe es satt, mit meinen Musikern zusammenzuleben.«

Martin glaubt keinen Augenblick daran und schließt gleich eine Wette ab, die er verlieren wird.

Zu Charles Aznavour, dessen Ausdauer und Kampfgeist er bewundert, sagt Brel: »Ich höre auch deshalb auf, weil ich kein Altstar werden möchte.«

Schon als Sechsunddreißigjähriger setzt er sich mit der obsessiven Vorstellung des Altwerdens auseinander:

Selbst wenn ich eines Tages in Knokke-le-Zoute
Wie ich befürchte
Sänger für alternde Frauen werde
Und ich ihnen mit der Bandoneonstimme

VII.

Eines Argentiniers aus Carcassonne
»Mi Corazon« vorsinge
Selbst wenn man mich Antonio nennt
Und ich für ein paar Geschenke
Mein letztes Feuer abbrenne
Madame dann tue ich was ich kann
Selbst wenn ich mich mit Met vollsaufe
Um besser von der Männlichkeit reden zu können ...[5]

5 La Chanson de
Jacky

Im Sommer 1966 ist Brel auf Tournee in
Vittel. Jojo, Charley Marouani und Tochter
France begleiten ihn. François und Françoise
Rauber, die Urlaub machen, kommen nach. Brel
überrascht die Raubers, als er beim Diner im Restaurant des Grand Hotels verkündet, er verlasse
die Bühne. Eine solche Abtrittserklärung verlangt nach einer angemessenen Atmosphäre.
Und Brel hat bei seinen kurzen rhetorischen
Höhenflügen das Glück, das auch guten Regisseuren zuteil wird. An diesem Abend entlädt sich
ein heftiges Gewitter über der Stadt. Das Shakespearesche Ambiente mit prachtvollen Blitzen
und langen Stromausfällen beeindruckt Françoise, France und Brel, nicht aber François, der
zwischen zwei heftigen Blitzschlägen ruhig fragt:
»Warum?«
»Ich habe nichts mehr zu sagen.«
François versteht und bewundert diesen
Mann, der noch hinzufügt:
»Ich will nicht schlechter werden. Ich will es
einfach nicht.«
Das klingt großartig, ergreifend, rührend.

Und dann macht sich Jacques auch noch Sorgen um seine engsten Mitarbeiter:

»Was wird aus dir?« fragt er François.

Er und Gérard leben weitgehend in beruflicher Symbiose mit dem Sänger, während Jean Corti das Leben aus dem Koffer längst satt hat. Bereits in der Sowjetunion hat er der Truppe ohne Vorwarnung mitgeteilt, daß er aufhören wird. Er eröffnet ein Nachtlokal in einem Pariser Vorort. Brel kann es nur schwer ertragen, verlassen zu werden. Mißmutig ersetzt er Corti durch André Dauchy.

In Vittel entspannt sich die Stimmung im Hotelzimmer. Man tauscht sich über Chansons und Sänger aus. Auf dem Höhepunkt seiner Karriere äußert sich Jacques etwas differenzierter über seine Kolleginnen und Kollegen. Er möge Amália Rodrigues sehr, sagt er und kommentiert sogar väterlich-distanziert, in der Manier des alten Brassens, Michel Polnareffs Konzert im ›La Rose d'Antibes‹: »Es ist schon interessant, man kann seinen Beitrag nicht einfach ignorieren.« Und meint damit: »Ich mag die Art zwar nicht. Aber es ist in dieser Art durchaus gelungen.«

Am nächsten Tag fliegt Brel mit France und Charley Marouani von Vittel aus zum nächsten Tourneeort. France, die nicht neben den beiden Männern sitzt, hört nur Bruchstücke eines Gesprächs, das zum Streit zu eskalieren droht: »Nein, Jacques, Sie haben nicht das Recht, so etwas zu tun«, protestiert Marouani.

VII.
KAPITEL

Mit France spricht Jacques mehr über seinen bevorstehenden Abschied von der Bühne als mit Chantal oder der damals achtjährigen Isabelle. France ist diejenige unter seinen Töchtern, in der er sich ein wenig wiederzuerkennen meint. »Du kannst dir nicht vorstellen, wie wichtig es einige Leute nehmen, daß ich aufhöre. Die einen wollen sich umbringen, die anderen rufen mich ständig an oder kriegen Depressionen ...« France hört aus den Worten ihres Vaters genausoviel Verwunderung wie Stolz heraus.

Warum will er aufhören? Ein paar Gründe hat er mitgeteilt. Andere sind ihm nicht ganz bewußt. Er wolle nicht mogeln, posaunt Brel überall aus. Er spürt, daß er sich einem Punkt nähert, an dem es kein Zurück mehr gibt. In Wirklichkeit hat er schon mit dem Mogeln begonnen, schlachtet seit langem dieselben Themen, dieselben musikalischen Effekte aus. In seinen Interviews kehrt regelmäßig der Satz wieder: »Eines Tages bin ich mit anderthalb Promille Fähigkeiten im Blut aufgewacht.«[6]

6 »Le Grand Echiquier« (Das große Schachbrett) von Jacques Chancel, Fernsehsendung, 1972

Er hat im Augenblick nichts Neues mehr zu sagen. Aber er singt immer noch überzeugend. 1964 und 1965 meldet er bei der SACEM anspruchsvolle Titel, beispielsweise *Un Enfant:*

> *... Ein Kind*
> *Das hört eine Amsel*
> *Die ihre Perlen*
> *Auf dem Atem des Windes ablegt*
> *Ein Kind das ist der letzte Dichter ...*

Oder *Les Désespérés:*

> *Sie halten sich an der Hand und wandern schweigend*
> *In den erloschenen Städten die der Sprühregen im*
> > *Gleichgewicht hält*
> *Hallen nur ihre Schritte, geträllert Schritt für Schritt*
> *Sie wandern schweigend die Verzweifelten …*

Zur selben Zeit kann man aber auch schwächere Lieder von ihm hören – wie *Les Bergers*, eine folkloristisch arrangierte Banalität mit Hirtenflöte:

> *… Sie haben die gleichen Falten und die gleichen*
> > *Gefährten*
> *Und die gleichen Düfte wie ihre alten Berge …*

In einem Zeitraum von fünfundzwanzig Jahren wird Jacques hundertzweiundneunzig Liedertexte bei der SACEM melden. 1964, 1965 und 1966 leidet er keineswegs an einer Schaffenskrise. Man möge mir die Zählerei verzeihen: Brel hat theoretisch – auf fünfundzwanzig Jahre verteilt – durchschnittlich 7,8 Chansons pro Jahr geschrieben. 1964 macht er sein Urheberrecht auf zwölf weitere Chansons geltend, 1965 auf acht neue Texte. Einige darunter zählen zu seinen Meisterwerken: *Jef, Le Tango funèbre, Mathilde.* In *Ces Gens-là* attackiert er wieder die Bourgeois – jene, die beten, betrügen und rechnen –, ohne sie ausdrücklich so zu nennen. Bei diesen Leuten

> *… geht man nicht weg.*

VII.
KAPITEL

Er aber wird weggehen. Aufbrechen.

Brel hat nicht das Gefühl, am Ende seiner Inspiration oder seiner Kräfte angelangt zu sein: künstlerische Qualität und Produktivität haben bei ihm nicht nachgelassen. Eher lebt er mit dem Eindruck, daß er immerfort gibt, ohne dafür etwas zu empfangen. Er liebe die ganze Welt und sei auf der Suche nach Zärtlichkeit, behauptet er. Könnte es sein, daß sein Publikum ihn mißversteht? Wenn einer hinreißend davon singt, daß er die Menschen liebt, heißt das noch lange nicht, daß er von liebevollen und freundschaftlichen Gefühlen für die ganze Menschheit überfließt.

Wie schon 1953 verspürt Brel im Jahre 1967 das Bedürfnis, aufzubrechen. Nur heißt die Familie, die er jetzt verlassen will, ›Showbusineß‹. Immer wenn Brel sich entscheidet, sucht er das Weite.

Natürlich ist es klug kalkuliert, auf dem Gipfel des beruflichen Erfolges abzutreten. Es mangelt ja nicht an Beispielen für steile Aufstiege, die mit einem jähen Absturz endeten. Wo sind Philippe Clay und Richard Anthony geblieben? Und Gilbert Bécaud? Fürchtet sich Brel vor der Konkurrenz der jungen Generation? 1966 ist er ganze siebenunddreißig Jahre alt.

Dem Bühnenrausch folgt die Tourneeverdrossenheit. Jacques will kein Lampenfieber mehr haben. Er sehnt sich nach anderen Herausforderungen, will sich nicht mehr auf einer Bühne bis zum Umfallen austoben. Will er nur seine Haut retten? Auf einmal erscheint ihm dieses

Leben eines Stars, der gefeiert und verfolgt wird, der Autogramme schreibt und sich um Kopf und Kragen redet, als völlig abnorm.

»Es ist doch nicht normal, in der Öffentlichkeit zu singen. Es ist in Ordnung, wenn man in seinem Badezimmer singt, weil man glücklich ist, weil man allein ist. Aber vor einem Publikum: Niemals!«[7]

Wie kann man dem Quantum an Fähigkeiten entgehen, das man im Blut und im Kopf hat? Während einer schlaflosen, reichlich begossenen Nacht monologisiert Brel vor dem belgischen Schauspieler Robert Delieu: »Ich will dir was sagen, Delieu: Nach mir wird es in der Chansonszene niemanden mehr geben!« Die Grenze zum Größenwahn ist erreicht.

Von seinem Instinkt getrieben, macht sich Brel an eine Art Marktanalyse für das Chanson. Wiederholt erklärt er seiner Tochter France:

»Die Leute werden nicht mehr ins Varieté gehen. Chansonprogramme sind überholt. Niemand wird mehr aus dem Haus gehen, um Sänger zu sehen. Die totale Show wird gefragt sein. Man wird tanzen und schauspielern lernen müssen, man wird alles können müssen. Die Amerikaner haben das längst begriffen.«

Brels Abschied von der Bühne ist Ausdruck einer Suche und einer Flucht, aber auch eines sicheren Gespürs für die Zeichen der Zeit. Jacques hört im richtigen Moment auf. Niemand wird je behaupten können, er wiederhole sich und komme immer wieder mit den alten Kamellen.

7 »Le Grand Echiquier«.

VII.
KAPITEL

Er verläßt eine Welt, die ihn an den Rand der Erschöpfung gebracht hat. Schließlich kann man Brel auf Schallplatte oder Kassette hören – obwohl man einiges verpaßt, wenn man ihn dabei nicht sieht. Brel will etwas anderes sehen – woanders. Wie ein Heranwachsender fragt er sich immer noch, wer er ist. Brel ist das, was er gerade macht. Also wird er etwas Neues anfangen. Hinter der Fassade seiner Selbstsicherheit, die so leicht in Arroganz umschlägt, stellt er sich ernsthafte Fragen.

Brel will sich ausruhen, aufatmen, leben. Damals deutet noch kein ärztliches Untersuchungsergebnis darauf hin, daß die vier Packungen Gauloises oder Gitanes, die er pro Tag raucht, wenn er sich nicht gerade eine Gallia- oder Nicoprive-Kur[8] verordnet, seine Gesundheit ruinieren. Er verspürt in sich noch immer eine ungeheure Kraft. Er habe einmal, erzählt er France, eine Beerdigung verpaßt – nachdem er vergeblich versucht hatte, den Ort, an dem sie stattfand, mit dem Flugzeug zu erreichen – und sei statt dessen mit Jojo ins Bordell gegangen: »Immer noch in Topform, dein Vater!« lautet sein Kommentar.

Brel interessiert sich fürs Segeln, begeistert sich fürs Fliegen, möchte dem Lesen und Schreiben mehr Zeit widmen. Er brütet über einer Romanidee, der Geschichte eines Revolutionärs, der in der vordersten Reihe demonstriert und auf offener Straße erschossen wird – eines Revolutionärs, der im Grunde nicht weiß, warum er überhaupt da ist und an welcher Revolution er

8 Nikotinfreie Zigaretten und Antiraucher-Medikament

teilnimmt. Mit Arthur Gelin redet Brel oft über dieses Romankonzept, in dem sich sein eigenes Verhältnis zur Politik spiegelt.

Aber Jacques wird mehr Angebote von Filmregisseuren als von Verlegern erhalten. Denn sein zweites Ausdrucksmittel wird nicht die Schreibmaschine sein, sondern die Kamera.

Zu seinem bevorstehenden Abschied von der Bühne gibt er wochenlang Interview auf Interview, so als wollte er sich schon im voraus daran hindern, jemals wieder die Bretter zu betreten. Wie um sich selbst den Rückweg zu versperren, verkündet er überall, daß er aufhört.

Jetzt kann er nicht mehr umkehren.

Auf ähnliche Weise hat De Gaulle verbreitet, daß er mit dem Rauchen aufgehört habe. Man hat ihn dann auch nicht mehr mit einer Zigarette in der Hand gesehen. Eine erfolgversprechende Methode für Hochmütige.

Dem Schriftsteller Jean-Pierre Chabrol, zu dem er Vertrauen hat, sagt Brel: »Als ich anfing, wußte ich sehr wohl, daß ich das Zeug zum Star hatte. Nur die anderen wußten es nicht ... Ich habe so oft Tiefs erlebt ... Ich bin ein Nomade ...«[9]

9 »Format«, RTB, 30. Nov. 1966.

Ist er etwa in Versuchung, seßhaft zu werden?

Brel hat offiziell im Oktober 1966 auf der Bühne des ›Olympia‹ zum letzten Mal gesungen. So wollen es das kollektive Gedächtnis und der Mythos.

Die Premiere dieser letzten Konzertreihe wird

zu einem der herausragenden Ereignisse der Saison 1966-1967. Danach wird Bruno Coquatrix,
der Leiter des renommierten Varietés, Sänger
wie Enrico Macias, Claude François, Salvatore
Adamo, Marcel Amont oder Alain Barrière engagieren.

Das Programm, auf Hochglanzpapier ge-
druckt, wird von den Platzanweiserinnen zu einem unverschämt hohen Preis verkauft, und das
›Olympia‹ wird als das berühmteste Music-Hall-
Theater der Welt präsentiert. Was ist dagegen
schon die Radio City Music-Hall in New York?
In der Regel werden im flott aufgemachten Programm des ›Olympia‹ die Informationen über
die Show von den vielen Werbeanzeigen in den
Hintergrund gedrängt. Doch diesmal ist es anders. Georges Brassens zeichnet für die Einlei-
tung und für eine Hommage à Brel verantwortlich. Mit einem einzigen Satz faßt er die Karriere
Brels zusammen: »... Nicht die Leute von Fach
haben entschieden, sondern allein das Publikum.« Am Anfang habe er es schwer gehabt – mit
Canetti, der wohl an ihn geglaubt, aber für seine
Chansons keinen Sinn gehabt habe. Brassens
entwirft ein elegantes Porträt des Kollegen und
Ebenbürtigen: »Jacques Brel hat sich seit seinem
Bühnendebüt sehr verändert. Er war anfangs
eher nach innen gekehrt. Da nur wenige sich
damals für seine Chansons interessierten, war er
ein bißchen mimosenhaft. Ich kenne ihn sehr
gut, Brel – weil ich genauso war. Wenn der Erfolg sich einstellt, wird man offener ... Letztlich

glaube ich, daß Jacques Brel die Menschen liebt, auch wenn er etwas anderes erzählt. Ich bin davon überzeugt, daß er gerade jene besonders liebt, die er am heftigsten beschimpft. Er hat ein großes Herz, aber er tut alles, um es zu verbergen.«

Jacques beschimpft die Belgier im allgemeinen, als Abstraktum, und ist zugleich von ihnen besessen. Auch kann man ihm seine Großzügigkeit nicht absprechen. Er hilft Freunden und Unbekannten, wenn sie in Not sind, gibt zahlreiche Benefizkonzerte, ohne die Öffentlichkeit darüber zu informieren, dreht auf Jacques Danois' Bitte hin einen Werbefilm für die UNICEF. Von all diesen Gesten macht er nicht viel Aufhebens.

Obwohl Frauen einen Großteil von Brels Publikum ausmachen, haben Kritiker die Frauenfeindlichkeit seiner Chansons immer besonders hervorgehoben. Dazu Brassens: »… Ein Typ, der so zornig über Frauen redet, kann ihnen nur mit Haut und Haar ergeben sein. Vielleicht braucht er, am Rand seines Glücks, ein paar kleine traurige Geschichten. So machen wir es doch alle. Wir brauchen das. Es ist eine Art Spiel. Wir spielen einmal den Fröhlichen, ein andermal den Traurigen, und bald wissen wir nicht mehr, daß es ein Spiel ist …«

In seinen Liedern – geschrieben hat er etwa vierhundert, von denen die Hälfte im Papierkorb landete – schreit er seine Einsamkeit heraus. Dabei ist er von vielen Menschen umgeben. Es ist vor allem eine Botschaft, die sein Werk durchzieht: Man ist immer einsam, am tiefsten

VII.
KAPITEL

aber als Mann gegenüber einer Frau. Eigentlich eine Banalität, aber eine der Grundaussagen Brels. Im Hinblick auf diese reale oder phantasierte, erfahrene oder ersehnte Einsamkeit sagt Brassens nur: »Er braucht es offenbar, überall zu zeigen, zu sagen und herauszuschreien, daß er allein ist.«

Brassens, der sich bei seinen Konzertauftritten meist unbehaglich fühlt, formuliert den Unterschied zwischen sich und Brel so: »Auf der Bühne ist er frei und kann endlich tun, was er will.«

Im ›Olympia‹ ist es Tradition, daß die Wände der Stargarderobe mit Telegrammen dekoriert sind. Miche, die bei Brels letzter Premiere nicht dabei ist, telegrafiert: »Ein ganz süßer, herzlicher, zärtlicher *Cambronne*[10]«. »*Merde*«, das kleine Wort, das die bösen Geister beschwichtigt und Glück bringt, gehört einfach dazu. Die blaßblauen oder vergilbten Telegramme, die sich in den Schubladen Jojos stapeln, stammen von berühmten wie unbekannten Menschen, zeugen von Bewunderung und Zuneigung, sei sie aufrichtig oder nur gespielt. All diese Glückwünsche holen Brels Vergangenheit noch einmal an die Oberfläche. Schon vierzehn Jahre auf der Bühne – nur vierzehn Jahre.

Suzy Lebrun schreibt: »Ich werde heute abend nicht kommen, um Dich zu sehen, es werden zu viele Menschen um Dich herum sein. Aber ich bin in Gedanken von ganzem Herzen bei Dir. Ich bin wirklich deprimiert, seit ich erfahren habe, daß Du von der Bühne abtrittst. Was wird denn

10 Cambronne: französischer General, der einmal, aufgefordert, sich dem Feind zu ergeben, das Schimpfwort »merde« ausgesprochen haben soll. »Merde« wird auch oft als »mot de Cambronne« umschrieben, d. Üb.

[406]

werden? Es ermutigt mich nicht gerade, selbst weiterzumachen ... Komm doch abends vorbei auf ein Glas Wein und zum Plaudern, ich warte auf Dich. Ich umarme Dich, in Freundschaft.« Jacques wird nicht versäumen, im ›L'Echelle de Jacob‹ vorbeizuschauen:

»Da habe ich angefangen, da werde ich auch aufhören.«

Als Jean Corti nur wenige Tage vor Brels letzter Premiere sein Nachtlokal in Les Mureaux, einem Vorort von Paris, offiziell eröffnet, tritt der Sänger dort auf. Er ist der einzige Star, den Corti sich leisten kann.

Juliette Gréco telegrafiert: »Es geht mir gut, ich liebe Sie. *Merde*, *Cambronne*, zehn- und tausendmal *merde*.« Und Clairette aus Montréal: »Wir sind alle bei Dir. Also los! Und *merde*. Herzliche Grüße an Jojo. Und an Gérard. Zärtlichst ...«

Jacques sagt immer: »*Il faut aller voir, j'y vais.*« (»Man muß hingehen und gucken, ich gehe hin.«) An diesem Abend geht er ins ›Olympia‹, als würde er zum allerletzten Mal singen. Unter die Telegramme von Sängern wie Cora Vaucaire, Petula Clark, Salvatore Adamo oder Johnny Halliday mischen sich auch die der Showgeschäftshaie, der Agenten vor allem. Johnny Stark schreibt: »Es ist natürlich ein Triumph. Ich heule mit den Wölfen. Ich umarme Dich.« Und Mireille Mathieu: »Ich bewundere Sie so sehr, wie ich Sie liebe. Ich bin heute abend bei Ihnen, lassen Sie mich mit meinem Beifall zu Ihrem

VII.

Triumph beitragen ...« Félix, der Älteste des Marouani-Clans, der von einem großen Seereiseprojekt Brels gehört hat, schickt folgende Zeilen: »Kühner Matrose, halte das Ruder fest in der Hand, Du hast für die Zukunft noch Rückenwind genug.« Der Sänger Marcel Amont spielt auf Brels Passion fürs Fliegen an: »Los, Papa Golf, gute Winde und gute Fahrt!« Jacques hat in der Showszene von Reiseplänen gesprochen. Vier Jahre zuvor sang er schon von einer Insel – *Une île*:

> *... Eine Insel die wir noch bauen müssen*
> *Und die dann alle Träume festhalten könnte*
> *Die man zu zweit träumt*
> *Eine Insel*
> *Hier ist eine Insel, den Anker gelichtet,*
> *Die in unseren Augen schlummerte*
> *Seit den Pforten der Kindheit*
> *Komm*
> *Komm meine Liebe*
> *Denn dort fängt alles an*
> *Ich glaube an die letzte Chance*
> *Und du bist die die ich will*
> *Jetzt ist es Zeit zum leben*
> *Jetzt ist es Zeit zum lieben*
> *Eine Insel.*

Auch viele Zuschauer, alte und junge Fans, haben Telegramme und Briefe an Brel geschickt, anonym. Jemand, dessen Unterschrift unleserlich bleibt, schreibt: »Monsieur Jacques Brel, erholen

Sie sich gut, tun Sie das, wozu Sie Lust haben, doch kommen Sie bitte bald zurück, ich flehe Sie an im Namen all derer, die Sie bewundern.«

Einen Scheinabgang Brels wird es nicht geben. Davon sind die Platzanweiserinnen, die Bühnenarbeiter und die Barbedienung im ›Olympia‹ ebenso überzeugt wie die im ›Bobino‹ oder ›Alhambra‹: Er wird zum letzten Mal im Laufschritt auf die Bühne stürmen. Viele Zuschauer haben am Abend des 6. Oktober die Tageszeitungen gelesen. Die Journalisten zeigen sich skeptischer als das Publikum oder die Leute vom Showgeschäft. Die ganze Woche ist Jacques mit Interview-Fragen gelöchert worden:

»Meinen Sie nicht, daß Sie Ihr Publikum sozusagen bestrafen, wenn Sie jetzt die Bühne verlassen?«

»Wenn ich darauf mit ja antwortete, wäre das vollkommen idiotisch und obendrein arrogant. Wenn ich mit nein antwortete, würde das bedeuten, daß ich die Situation vollkommen verkenne ... Sie sehen, ich kann weder ja noch nein sagen.«

»Wie auch immer – Sie haben das Publikum nicht nach seiner Meinung gefragt?«

»Wie soll denn das gehen? Das ist doch wirklich nicht so einfach. Volksentscheide zu veranstalten ist De Gaulles Sache, aber Sie glauben doch nicht im Ernst, daß ich ...«

Die Presse von ›rechts‹ bis ›links‹ gibt sich bei dieser Gelegenheit ein Stelldichein. Auch wenn man die im Journalismus üblichen Verkürzungen

und Entstellungen berücksichtigt, läßt Jacques'
Ehrlichkeit zu wünschen übrig. Er habe, behauptet er, sich heimlich davonmachen wollen, und
dementiert durchaus fundierte Gerüchte.

»Ich wollte mich eigentlich auf Zehenspitzen
davonschleichen. Ich war überhaupt nicht darauf
aus, daß man meine Entscheidung zum Ereignis
aufbauscht. Jemand hat meine Pläne ausgeplau-
dert, und so mußte ich sie bestätigen. Davon abgesehen scheint es mir völlig normal, nach fünfzehn Bühnenjahren aufzuhören. Das Gegenteil
wäre ja abnorm. Warum? Um im Einklang mit
mir selbst zu sein. Ich will nicht tricksen, will
mich nicht für meine Arbeit schämen müssen. Es
ist mir wichtig, auf welche Art und Weise ich
meine Funktion erfülle. Das Publikum hat seine
Würde. Man darf ihm weder schmeicheln noch
es für dumm verkaufen. Manche Leute haben
gesagt, ich sei angewidert vom Sängerjob. Das
stimmt nicht ... Andere beteuern, mein Abgang
werde eine Leere in der Chansonszene hinterlassen. Ich bin da ganz anderer Meinung. Es gibt
ein paar junge Sänger, denen ich im Wege stand,
ohne es zu wollen, und die jetzt ungestört mit
ihrem Talent hervortreten können.«

Kurzum: Brel schleicht sich auf Zehenspitzen
davon, während er laut seinen Abgang verkündet.
Er vereinfacht die Dinge. Sein Abschied wird
eine Leere hinterlassen, aber auch für andere
Platz schaffen. Als man ihn bittet, seine Nach-
folger zu nennen, weicht er aus und räumt ein,
viele Namen nicht zu kennen. Im Lauf seiner

Karriere hat er sich die Bühnenauftritte seiner Konkurrenten selten angeschaut. Doch höflichkeitshalber erwähnt er zwei Sänger, die für dieselbe Saison an das ›Olympia‹ verpflichtet worden sind und nach ihm auftreten werden: »Die Sänger, die groß herauskommen werden, sind vor allem diejenigen, die das Publikum spontan in ihr Herz schließen. Nehmen Sie den Erfolg von Adamo oder Enrico Macias: Den muß man in erster Linie ihrer Freundlichkeit und Offenheit zuschreiben. Die Leute fühlen sich in ihrem Alltagsleben so betrogen, so hintergangen! Sie brauchen dringend ein wenig Herzenswärme.«

Ob man sie mag oder nicht: Adamo und Macias haben zum Publikum eine Art Liebesbeziehung, während Brel es vor allem beunruhigen und verstören will.

Jacques, der seine alten Freundschaften pflegt, hat für seine letzten Auftritte im ›Olympia‹ Edouard Caillau als Ansager engagiert, der extra aus Brüssel gekommen ist. Ein chinesischer Jongleur, russische Akrobaten, eine polnische Jazzband, das neue Ballett von Arthur Plasschaert und Michel Delpech – als *vedette américaine* – wirken im ersten Teil des Showprogramms mit. François Rauber, im Smoking, dirigiert das Orchester, am Klavier sitzt Gérard Jouannest. André Dauchy ersetzt am Akkordeon Jean Corti, während der treue Philippe Combelle das Schlagzeug und Sylvette Allart die Ondes Martenot bedienen. Der Bassist ist Max Jourdain.

Zu Brels letzter Premiere hat die Leitung des

VII.
KAPITEL

›Olympia‹ für ein erlesenes Publikum gesorgt. Die Abendroben rascheln, die Crème de la crème der Pariser Varieté-, Theater- und Kinoszene, die alten und neuen Stars füllen den Saal: Catherine Deneuve, Jean Marais, Jean-Pierre Aumont und Anouk Aimée, Bernard Blier, Jean-Claude Pascal und Suzanne Flon … Robert Hirsch vertritt die Comédie-Française. Françoise Sagan im Leopardenmantel und Mick Micheyl im Nerz ziehen die Blicke auf sich. Ansonsten werden die Schriftsteller vermißt. Und auch Brassens fehlt: Premieren, Generalproben, Vernissagen waren nie seine Sache.

Eine Dreiviertelstunde braucht Jacques, um fünfzehn Chansons zu singen, darunter seine größten Erfolge wie *Mathilde, Amsterdam, Les Bigotes, Ces gens-là*. Obwohl er es wirklich nicht nötig hätte – nicht einmal, um seine nächste Platte auf den Markt zu bringen –, präsentiert er ganz neue Texte. *Le Cheval* ist eine Selbstparodie: Man hat Jacques Brel lange genug eingebleut, er habe ein Pferdegesicht.

Ich war wirklich viel glücklicher
Viel glücklicher als ich damals ein Pferd war
Und ihren Landauer zog Madame
Durch die Straßen von Bordeaux schöne Madame
Aber du wolltest daß ich dein Liebhaber würde
Du wolltest sogar daß ich meine Stute verlasse
Ja, ich war nur ein Pferd aber du hast davon profitiert
Aus Liebe zu dir habe ich meine Stute weggebissen.
Und mich seitdem in all den Nächten

In deinem Bett aus weißem Satin
Nach meiner Stute gesehnt
Nach meinem Stall und meiner Stute ...

Das frühe *Chanson de Jacky, Mon Enfance, Fils de...*, *La Chanson des vieux amants* kreisen thematisch um die Kindheit, Brels Goldenes Zeitalter: kein Wunder bei jemandem, der von ›geraubten Träumen‹ geradezu besessen ist. Der typische Brel-Ton blitzt auf, als er, mit großem Aufwand an Grimassen, das satirische Remake eines Chansons singt, in dem er sowohl die Homosexuellen als auch die Flämischsprechenden aufs Korn nimmt:

Ich hol mir meine Bonbons wieder
Weißt du Germaine es tat mir zu weh
Als du mir diese Sachen
Über meine langen Haare gesagt hast
Eine blöde und brutale Trennung
Ich hol mir meine Bonbons wieder
Jetzt bin ich ein anderer Kerl
Und wohne im Hotel George V.
Ich habe den Brüsseler Dialekt verloren
Übrigens hat niemand mehr diesen Akzent
Außer Brel im Fernsehen
Ich hol mir meine Bonbons wieder ...[11]

11 Les Bonbons 67.

Brel macht sich lustig über sich selbst, seine Witze, sein ›Image‹.

Am Premierenabend dauert der Applaus zwanzig Minuten. Viele Zuschauer hoffen auf eine

VII.

Zugabe. Doch Jacques Brel, der gleichsam einen chirurgischen Eingriff durchführt, kann sich einen unsauberen Schnitt nicht leisten. In Frankreich wird niemand je sagen können: Ich habe Brel an einem Abend zweimal dasselbe Chanson singen hören.

An den folgenden Abenden, vor einem Publikum, das zwar weniger exquisit ist, aber dafür mehr zahlt, wird er sich nicht anders verhalten. *Je maintiendrai*, ich bleibe dabei, lautet seine Devise. Vor der Pariser Prominenz verbeugt er sich mehrmals, glücklich lächelnd, in Socken und Bademantel.

An das breite Publikum aber richtet er, der am Anfang oder Ende eines Konzerts so gut wie nie geredet hat, folgende Worte:

»Ich danke Ihnen, denn das hier rechtfertigt für mich fünfzehn Jahre Liebe ...«

Liebe von wem zu wem? Vom Publikum zu Brel, oder umgekehrt? Warum diese Leidenschaft? Brel gebärdet sich als Verwundeter, der zu seinen Bewunderern sagt: Ich bin unglücklich mit euch, Glück gibt es nicht, teilen wir also unsere Niederlagen miteinander. Unter den Saiten, die er auf seiner Gitarre anschlägt, klingt die des Masochismus und der Verzweiflung am kräftigsten. Sie wird verstärkt durch den Text und besänftigt durch die Musik.

Nach der Premiere drängt sich das mondäne Publikum in den Gängen. Alle wollen Brel in seiner Garderobe aufsuchen. Madeleine Renaud, die Grande Dame des Theaters, die nur bei ganz besonderen Anlässen aus dem Haus geht, flüstert ihm zu:

»Der Abschied vom Theater ist niemals endgültig.«

»Man kann nicht dauernd seine vorletzte Premiere wiederholen«, erwidert Jacques, der erschöpft in einem Sessel liegt.

Im Stimmengewirr und Geklirr der Champagnergläser erklärt er jedem, der es hören möchte, er werde weiterschreiben. Er werde sich an andere Themen heranwagen. Man möge ihn nicht mißverstehen, er will weder mit dem Liedermachen noch mit der Schallplattenproduktion noch mit den Fernsehauftritten aufhören. Was er schreiben wird – außer Chansons? Vielleicht einen Roman, ein Musical ... Er wird nachdenken, sich Zeit nehmen, der Zeit Zeit lassen. Er will aus seiner Rolle, aus der ihm von den anderen zugeteilten Rolle schlüpfen. Weil Jacques den Brel, den Brel der anderen, manchmal nicht ausstehen kann. Während er spricht, trinkt er Bier.

Ein paar ihm nahestehende Menschen konnten am Premierenabend nicht dabeisein. Beispielsweise seine Töchter, die sich auf dem Balkon des ›Olympia‹ mit einer Darbietung für das Normalpublikum begnügen müssen. Jacques duldet die Gegenwart seiner Familie bei einer Premiere ohnehin nur selten.

Kurz vor Brels letztem Auftritt im ›Olympia‹ läßt Suzanne Gabriello bei einer Freundin ihre Vergangenheit Revue passieren. Die Dame, der sie ihr Herz ausschüttet, spielt die Versucherin: »Warum rufst du denn nicht Jacques im ›Olympia‹ an? Er hat doch Telefon in der Garderobe.«

Zizou ruft tatsächlich an.

»Wie geht es dir?« fragt Jacques, sogleich Feuer und Flamme.

»Sehr gut. Ich würde gern vor deinem Abschied mit dir anstoßen ...«

»Natürlich, sofort. Wir treffen uns in der Bar Romain neben dem ›Olympia‹.«

»Nein, ich will deine Clique nicht sehen, weder Charley noch Jojo. Ich will dich allein sehen. Ich werde aber nicht allein sein.«

Sie verabreden sich im *La Cloche d'Or*, einem Lokal in der Nähe von Pigalle, wo Künstler gern dinieren. Im ersten Stock kann man sich in Ruhe unterhalten. Vor kaum zehn Jahren haben Jacques und Zizou dort oft Zuflucht gefunden.

Suzanne Gabriello erscheint in Begleitung von Nicole Piers. Jacques setzt sich neben Zizou. Zärtlich lehnt er seinen Kopf an ihre Schulter. Er spielt Theater: als Komödiant ist er ehrlich, als Tragöde unehrlich. Zu Nicole sagt er mit weicher Stimme:

»Weißt du, ich werde niemals aufhören, diese Frau zu lieben.«

Nach Suzannes Aussagen werden sie, nachdem Nicole sich verabschiedet hat, noch lange miteinander plaudern und den Rest der Nacht zusammen verbringen.

Jacques Brels ›zweite Ehe‹, die mit Sophie, geht in die Brüche.

»Ich bin feige, ich kann keine Frau verlassen,« erzählt er jedem, der es hören will – und das sind viele.

Aber er weiß sehr gut, wie er sie alle wiederfindet, seine Frauen, wenn es darauf ankommt.

Im Februar 1967 sitzen wir mit Jojo in einer Bar in der Rue de Tilsitt, in der Nähe der Metrostation Etoile. Jacques Brel versucht, für mich sein Leben zu resümieren.[12] Er versichert mir, wie er es auch gegenüber Emmanuel d' Astier de la Vigerie[13] getan hat, er habe ›Handelsrecht‹ studiert. Er sagt zwar nicht ausdrücklich, daß er eine Hochschulabschluß hat, aber er gibt es zu verstehen. Hat der große Brel es nötig, sich mit akademischem Flitter zu behängen, der ihm nicht zusteht?

Ohne Haß und mit einer Spur von Sehnsucht erinnert er sich an seine Kindheit und seine Familie: »Ich bin in einer sicherheitsbedürftigen Bourgeoisie aufgewachsen, die sehr sparsam mit Geld umgeht, die wenig lacht. Doch sie besitzt eine Arbeitsmoral, die ihr eine gewisse Würde verleiht.«

Was bedeutet es für ihn im Jahre 1967, Belgier zu sein? »Das kann man nicht erklären. Es ist wie mit Erdbeeren. Erklären Sie mir, was Erdbeeren sind. Es sind jedenfalls keine Melonen. Belgiersein? Das ist weder traurig noch lustig. Im übrigen fühle ich mich mehr als Flame denn als Belgier. Belgien ist nichts als ein geographischer Begriff.«

Formeln wie »Ich mag keine intellektuellen

12 Für ein Porträt, das im Nouvel Observateur erscheinen soll.

13 L' Evénement, März 1967.

VII.

Wichser« und »Ich habe die Schwäche zu glauben, daß ...« führt er unablässig im Mund.

Er weigert sich, über seine Brüsseler Familie zu sprechen, und erwähnt nur, daß Madame Romain Brel eine *zineke* ist. Er buchstabiert: »Z-I-N-E-K-E, das heißt zur Hälfte flämisch, zur Hälfte wallonisch und in Brüssel geboren.«

Brel bringt das Gespräch auf *Aden-Arabie*, das Pamphlet Paul Nizans, das Sartre 1960 mit einem Vorwort versehen hat, und zitiert daraus den ersten, berühmt gewordenen Satz: »Ich war zwanzig Jahre alt. Ich werde niemanden mehr behaupten lassen, es sei das schönste Alter im Leben.« Hat Nizan ihn zu *L'Age idiot* inspiriert? »Ja, sicherlich ein wenig«, erwidert er auf meine Frage.

> *Das idiotische Alter, zwanzig Lenze*
> *Wenn der Bauch vor Hunger brennt ...*
> *Und man glaubt man wäscht sich das Herz*
> *Wenn man sich bloß die Hände wäscht*

Wir reden von Politik. Jojo nickt, als Brel erklärt, es sei unmöglich, kein Linker zu sein.

Wir kommen auf Algerien, Marokko, Indochina, auf Mendès und auf das Jahr 1954 zu sprechen:

»Ich mag den Ausdruck eigentlich nicht, aber es muß ungefähr zu diesem Zeitpunkt gewesen sein, daß mir die Bedeutung des Politischen klar wurde.«

Kurz nach unserem Treffen wird er für Pierre

Mendès France singen, der in Grenoble kandidiert. Brel sieht glücklich aus. Serge Reggiani, Jacques Martin, das Orchester von Roland Douatte – auf dem Programm stehen Werke von Ravel und Debussy – beteiligen sich an der Veranstaltung.

Kurz zuvor hat Brel mit Waldeck Rochet, dem gutmütigen Generalsekretär der französischen kommunistischen Partei (PC), zusammen gegessen: »Ich mag Waldeck Rochet. Er ist robust, bodenständig. Ich mag auch die PC, aber die PC ist der Vergangenheit zugewandt. Ich bin eher für die PSU.«

Brel insistiert: »Mendès ist der einzige Politiker, der die Sprache der Zukunft spricht.«

Nach seinen Auftritten im ›Olympia‹ kommt Brel noch sechs Monate lang seinen vielen Verpflichtungen nach: In Montreal gibt er vom 25. März bis zum 9. April 1967 insgesamt sechzehn Solokonzerte. Er zieht dabei alle Register – vom kleinen bis zum großen Chanson, vom intimen Arrangement bis zur sinfonischen Dimension. Die Quebecer fragen sich wie die Franzosen, woraus er diesen Überschwang und diese Ausdauer bezieht, wie er so viel Gelächter, so viele Tränen und kraftvolle Zärtlichkeit aus dem Hut zaubern kann.

Auch auf dem amerikanischen Kontinent erzählt Brel sein Leben. Schreiben, schreiben, schreiben: Dieses Thema kehrt immer wieder, wenn man ihn über seine Zukunftspläne befragt. Er habe zwar viel erreicht, aber nicht alles getan,

VII.
KAPITEL

was er wollte und konnte, um sich selbst zu verwirklichen und zu verstehen, um sich selbst zu ›erschaffen‹. In einem Chanson aus dem Jahre 1957 heißt es:

> *... Damit in uns, stärker als die Sehnsucht,*
> *Der unglaubliche Wunsch aufsteigt sich selbst zu erschaffen*
> *Und man dem sinnlosen Ruhm*
> *Das tiefe Glück vorzieht und die stille Freude.*[14]

14 J'en appelle

Wie kann er neue Ausdrucksformen finden? Brel spürt die Kluft zwischen dem, was er tun möchte, und dem, was er vollbracht hat. Vergrößert sie sich?

Jacques, dessen Vorliebe für schneidige Sprüche bekannt ist, redet nicht um den heißen Brei, sondern verschanzt sich selbstsicher hinter seiner unausgegorenen Argumentation: »Ich meine, daß die Kluft sich vergrößert – nicht weil bereits formulierte Projekte nicht verwirklicht werden, sondern weil neue Wünsche entstehen. Parallel zu dem, was man unternimmt, um den Graben zuzuschütten, tut und denkt man unwillkürlich Dinge, die ihn vertiefen. Davon abgesehen glaube ich, daß die Kluft, die bei mir vor zehn Jahren bestand, jetzt vollkommen zugeschüttet ist. Doch leider werde ich dabei wahrscheinlich bis zu meinem Tod immer zehn Jahre im Verzug sein.«[15]

15 Le Devoir, Montréal, 1. April 1967

1967 singt er:

> *... Ich war wirklich viel glücklicher*

Viel glücklicher als ich damals ein Pferd war
Und dich auf meinem Rücken trug, Madame
Durch den Wald von Fontainebleau, schöne Madame
Aber du wolltest daß ich dein Bankier wäre
Du wolltest sogar daß ich zu singen anfange
Ich war nur ein Pferd aber du hast das ausgenutzt
Aus Liebe zu dir bin ich zum Variété gegangen
Und seitdem in all den Nächten
Wenn ich »verlaß mich nicht« singe
Vermiss ich meinen Stall
Und mein Schweigen von damals ...[16]

16 Le Cheval.

An wen denkt er bei diesem Lied?

An Sophie, an Miche, an andere Frauen? Natürlich an alle!

In Montreal trifft sich Jacques jeden Abend mit Clairette. Er erzählt ihr von seiner Müdigkeit. In Briefen und Postkarten kehrt er schreibend zu seiner Jugend zurück. Aus Kanada telegrafiert er Suzy Lebrun: »Das Künstlerleben nähert sich dem Ende. Bis bald. In Freundschaft.« An Georges Pasquier: »Liebe Grüße und bis bald. Jacques.«

Schluß mit dem überfüllten Terminkalender, Schluß mit dem Hotelzimmerdasein! Er habe das alles nie gewollt, sagt er. Es fehlt gerade noch, daß er den Beweis führt, er habe nur ein einfacher Beamter werden wollen. Clairette ist nicht die einzige, der er anvertraut: »Ich werde niemals auf das Schreiben verzichten können. Ich könnte aber problemlos mit dem Singen aufhören. Übrigens, du siehst: gesagt, getan.«

VII.
KAPITEL

Jacques setzt ›tun‹ gleich mit ›sein‹. ›Haben‹ konjugiert er nur in der Vergangenheitsform.

Oft sagt er zu seinen Töchtern: »Im Leben geht es darum, zwischen dem Verb ›sein‹ und dem Verb ›haben‹ zu wählen.«

Er singt:

> *... Weh dem der das Verb sein*
> *Dem Verb haben vorziehen kann*
> *Ich kenne seine Verzweiflung.*[17]

17 Chacun sa Dulcinéa (= Jedem seine Dulcinea), aus L'Homme de la Mancha.

Der allerletzte Auftritt Brels findet im Frühling statt.

18 Le Moribond

> *... 's ist schwer wenn man im Frühling stirbt du weißt*[18]

Diese letzte Tournee wird traditionsgemäß zur gastronomischen Exkursion. Auf keinen Fall darf man sich in Tours den *brochet au beurre blanc* oder in Roanne die Pasteten des ›Troisgros‹ entgehen lassen. Das Abschiedsessen veranstaltet Jacques in Caen.

Als Conférencier für die Tourneeveranstaltungen holt man wieder Caillau. Vielleicht versucht Jacques die Atmosphäre seiner Brüsseler Anfänge im ›La Rose Noire‹ wieder heraufzubeschwören, wo er nicht nur sang, sondern auch Witze erzählte: Brel findet, so scheint es, zu Bérel, dem Kleinkunstdarsteller, zurück.

Beim allerletzten Auftritt Brels in Frankreich, am 16. Mai 1967 in Roubaix, herrscht düstere Stimmung. Aber Jacques weiß seine Gefühle in der Öffentlichkeit zu zügeln. Barclay, Marouani, seinen ganzen ›Hofstaat‹ muß er unter erheblichem Kraftaufwand überzeugen, daß alles an diesem Abend genauso abläuft wie sonst auch. Die ›Delta Rhythm‹ Boys, eine amerikanische Band, die Brel für den ersten Programmteil immer gern engagiert hat, wirken verwirrt. Jacques hat damals noch nicht *Allons il faut partir* geschrieben. Aber diese Zeilen begleiten ihn schon seit langem:

> *Nun heißt es gehen*
> *Nur sein Herz mitnehmen*
> *Und nur das*
> *Aber woanders einkehren ...*

Nach dem Konzert in Roubaix wird Brel die Truppe nicht mehr zum Umtrunk abschleppen. Es wurde schon vorweg alles abgesprochen: Gérard Jouannest fährt mit seiner Frau gleich nach Paris zurück.

In Roubaix, auf der Bühne seines letzten Auftritts, ging Jacques nach jedem Chanson zum Klavier, wischte sich, mit dem Rücken zum Publikum, den Schweiß vom Gesicht und flüsterte dabei Gérard zu: »Es ist das letzte Mal.«

VIII. KAPITEL

VIII. KAPITEL

DON QUIJOTE

Jacques, Jojo und Gérard stellen in den Jahren 1967 und 1968 gern ihre Aversion gegen De Gaulle zur Schau. Aus der Sicht der Linken wird der Mai 1968 ›die studentische Revolution‹, aus der Sicht von Raymond Aron ›die unauffindbare Revolution‹ hervorbringen. Jedenfalls werden die Ereignisse nicht dazu führen, daß die Zielsetzungen von Studenten und Arbeitern im Sinne Sartres miteinander verschmelzen.

Seinen eigenen Mai 1968 hat Brel bereits ein Jahr zuvor erlebt, als er in Roubaix der Bühne des einsamen Langstreckensängers den Rücken kehrte. Inzwischen kriselt es auch in seiner ›Zweitehe‹ mit der diskreten Sophie.

In Brüssel verteidigt er die französische Studentenbewegung vor seinen Töchtern Chantal, France und Isabelle, fünfzehn, dreizehn und acht Jahre alt.

»Das alles ist ganz wichtig«, sagt er.

Dennoch verliert Jacques ziemlich bald das Interesse an den Maiereignissen. Zwischen seinen privaten und seinen öffentlichen Äußerungen gibt es einige Widersprüche. Am 13. Mai nimmt er an einer Demonstration zwischen der Place de la République und der Place Denfert-Rochereau teil. Auch Gérard Jouannest hat sich in den Zug der Demonstranten eingereiht. Aber Brel kommt fluchend nach Hause: »Es wird den Bach runtergehen. Es ist absoluter Schwachsinn.«

Die Sorbonne, das Odéon-Theater, die Bastille zu stürmen lohnt sich also doch nicht?

Jacques verkehrt nicht in den Protestkreisen der Prominenz, während sich Raymond Devos, Bruno Coquatrix und viele andere regelmäßig bei Juliette Gréco und Michel Piccoli in der Rue de Verneuil treffen, wo heiß diskutiert wird. Thema: Es wäre doch Zeit, sich um die Durchschnittskünstler zu kümmern. Um die Jongleure, die Conférenciers. Die Stars haben doch so übertrieben hohe Gagen, daß die weniger bekannten Kollegen nicht anständig honoriert werden können ... »Ich meine, wir sollten unsere Gagen zur Hälfte mit den anderen teilen«, schlägt jemand vor. Allgemeine Empörung. Ein Star ist ein Star, ein unerreichbarer Stern, der nach einer Sonderbehandlung verlangt.

Jacques setzt seine Unterschrift unter kein Manifest. Zum einen ist er nicht hundertprozentig von der Sache überzeugt, zum anderen will er sich als Belgier nicht in französische Angelegenheiten einmischen und fühlt sich zur Zurückhaltung verpflichtet. Er hat nicht den Humor der Situationisten, die das Quartier Latin mit eher poetischen als politischen Parolen beschmieren. Aber Brel freut sich, daß die Dinge in Bewegung kommen. Für ihn stellt Bewegung an sich schon einen Wert dar. Daß etwas geschieht, ist immerhin etwas. Bei den Raubers mäkelt Jacques an den Franzosen herum, die seiner Meinung nach im Begriff sind, ihre Chance zu verpassen.

Françoise weist ihn zurecht: »Sie sind doch nur ein Sänger. Sie haben gar nicht das Recht ...«

Als er am 19. Mai an einer von Jean Serge für Europe 1 produzierten Sendung teilnimmt, zeigt Brel mehr Gespür für die Situation. Zwar widerspricht er nicht dem, was er seinen Freunden gegenüber geäußert hat, aber er spielt ein wenig den Demagogen, wie es viele damals in ehrenwerter Absicht taten:

»Ich bin mit den Studenten im großen und ganzen zufrieden«, sagt Brel mit ernster Stimme. »... Ihre Befürchtungen sind insgesamt absolut berechtigt ... Inhaltlich gesehen haben sie vollkommen recht ...«

Mit diesem Inhalt ist Brel einverstanden, sofern er das allgemeine, unüberschaubare Programm der Gesellschaftsveränderung betrifft. Von den spezifischen Problemen der Studenten, von ihrer Kritik an Vorlesungen oder Prüfungsverfahren, von ihrer Forderung nach Interdisziplinarität hat er keine Ahnung, und auch Jojo klärt ihn nicht darüber auf. Ihn beschäftigt nur, was für ein Spiel die Kommunisten spielen.

In der Öffentlichkeit hütet sich Jacques, sich über die Formen des Studentenprotests auszulassen. Jean Serge versucht, das Gespräch auf das Terrain ›Reinigung durch Gewalt‹ zu bringen. Brel weicht aus und kommt auf das Thema ›Studenten‹ zurück: »Die sind dabei, sich über sich selbst zu wundern ... Es ist doch nicht schlecht, oder? Nein, es ist wirklich nicht übel ... Ich mag sie ... Man muß ihren Mut begrüßen.«

Jacques wundert sich gern über sich selbst und fast genauso gern über andere.

Studenten – ob Franzosen oder Belgier – hat er nie besonders gemocht. Ein paar Begegnungen mit jungen Leuten im Universitätsmilieu von Brüssel endeten mit Mißverständnissen. Brel singt zwar gern vor Studenten, doch es liegt ihm nicht, mit ihnen zu diskutieren. Brüsseler Studierende teilen Guy Brunydonckx, der einen Brel-Abend für sie organisiert hat, ihre Enttäuschung mit: Jacques Brel sei zweifellos ein großartiger Sänger, aber sein Denken sei ziemlich verschwommen. Sein virtuoser Umgang mit dem Paradox gehe auf Kosten der kulturellen Reflexion.

In der Europe-1-Sendung von Jean Serge schwelgt er wieder an den schönen Klischees des Wonnemonats '68:

»Die Studenten durchleben seit vier oder fünf Jahren zum ersten Mal Ängste, die die Arbeiterklasse seit zwei Jahrhunderten kennt ... Ein Hochschulabschluß ist keine Lebensversicherung mehr. Die Angst ist endlich allen gemeinsam ... Aber ich erzähle hier vielleicht nur dummes Zeug ...«

Wie auch immer die Analyse der Ereignisse des Mai 1968 ausfallen mag: Die Interessen und Ziele der studentischen Avantgarde – und Nachhut – sind nicht dieselben wie die der Arbeiter, Gauchisten, Kommunisten, Sozialisten oder Gewerkschaften. Jacques' Gespür für Situationen ist meist treffsicherer als seine Fähigkeit, sie rational zu erfassen. Er nimmt Brüche und Ungleichzeitigkeiten durchaus wahr.

Über die Studenten sagt er: »Sie werden siegen ... weil sie die jüngeren sind.«

Für Brel ist der Student eine unvollständige, ja behinderte Persönlichkeit: »Student zu sein ist nichts als eine entsetzliche Krankheit: Man ist kein Kind mehr und noch kein Erwachsener.« Brel, hätte er studiert, hätte sich jedenfalls so gefühlt. Die zunehmende Radikalisierung der Jugend nimmt er einfach zur Kenntnis. »Sie haben recht, alles in Frage zu stellen.«

Er hat sich auch in Frage gestellt und brauchte dafür nicht auf den Mai 1968 zu warten.

Während eines Aufenthalts in den Vereinigten Staaten hat Miche die Gelegenheit gehabt, das Musical *Man of La Mancha* zu sehen. Sie ist beeindruckt. Mit der Schallplatte zum Bühnenwerk im Gepäck kehrt sie nach Brüssel zurück und versucht, Jacques an ihrer Begeisterung teilhaben zu lassen. Er zeigt sich nicht besonders angetan.

Wenn Brel in New York ist, schaut er sich Musicals an, was er in Paris oder Brüssel nur selten tut. Das Genre fasziniert ihn ebenso, wie es ihn befremdet. In New York regt ihn *Cabaret* so auf, daß er während der Pause weggeht. Für ihn, der die deutsche Besatzung aus erster Hand erlebt hat, dürfte der Aufstieg der deutschen Nationalsozialisten nicht so leichtfüßig-fröhlich wie in dem amerikanischen Musical behandelt werden. Außerdem bevorzugt er Musicals mit einem Hauch Tragik.

Er bleibt weitgehend unberührt von der Welle der Polit- und Protestsongs, die damals mit Bob Dylan und Joan Baez die Vereinigten Staaten überschwemmt. Was ihn nicht daran hindert, das Können dieser Sänger zu bewundern.

Im Februar 1967 sieht er eine Aufführung des *Man of La Mancha* – nicht des Musicals, sondern des gleichnamigen Theaterstücks mit Musik.

Um die gleiche Zeit wird Brel selbst zum Thema eines amerikanischen Musicals, das den sonderbaren, wie von Marguerite Duras inspirierten Titel trägt: *Jacques Brel is alive and well and living in Paris*. Dieser Titel paraphrasiert einen im Nachkriegsamerika kursierenden Spruch, der sich auf die Nazi-Größen bezog, die bei den Nürnberger Prozessen nicht auf der Anklagebank saßen. Wo waren sie denn alle geblieben? Hitler lebt, hieß es dann, ist wohlauf und wohnt in Buenos Aires.

In Paris möchte Mort Shumann Brels Chansons, von denen er sehr angetan ist, eigens für dieses Musical ins Englische übersetzen. Mort kennt Julian Aberbach, der mit den ›Editions

Pouchenel‹, also mit Miche, hin und wieder Verträge abschließt.

Jacques Brel is alive ... ist eine Collage aus Chansons[1] von Jacques, in der Tradition des amerikanischen Kabaretts hübsch montiert.

Doch Brels Chansons sind nicht in erster Linie hübsch.

Die Darbietung ähnelt einem Musical ohne Libretto. Sie läuft im ›Village Gate‹, in Greenwich Village nur schleppend. Die beiden einflußreichsten New Yorker Zeitungen, die *New York Times* und die *New York Post*, verreißen das Bühnenwerk bei seiner Uraufführung, und die Produzenten verlieren pro Woche zweitausend Dollar. Clive Barnes, ein Kritiker der *Times*, dem Brel in der Carnegie Hall gefallen hatte, besucht eine Sonntagsvorstellung. Die New Yorker Kritik wird daraufhin ihre Meinung revidieren.

Das Spiel der Darsteller besticht durch Präzision, das Bühnenbild durch äußerste Sorgfalt. Aber der Stil und der Satzrhythmus Brels lassen sich kaum ins Englische übertragen. Das Wunder einer gelungenen Übersetzung ereignet sich äußerst selten. Man braucht kein Anglist zu sein, um nachzuvollziehen, wie das Brelsche Soufflé in sich zusammenfällt, wenn in der Fremdsprache die Konsonanten aufgeweicht werden.

Ein paar Beispiele:

MADELEINE
Ce soir j'attends Madeleine
J'ai apporté des lilas

1 Les Flamandes, Seul, Madeleine, J'aimais, Mathilde, La Bourrée du célibataire, Les Timides, La Mort, Les Filles et les chiens, La Chanson de Jacky, La Statue, Les Désespérés, Amsterdam, Les Toros, Les Vieux, Marieke, Bruxelles, La Fanette, Quand on n'a que l'amour, Le Tango funèbre, Les Bourgeois, Jef, Au suivant, La Valse à mille temps.

J'en apporte toutes les semaines
Madeleine elle aime bien ça
> *I'm waiting for Madeleine*
> *In front of the picture show*
> *Every night at half past ten*
> *Madeleine, she loves that so*

LES FILLES ET LES CHIENS
Les filles
C'est beau comme un jeu
C'est beau comme un feu ...
> *The girls*
> *Are as fast as a game*
> *Are as bright as a flame ...*

TANGO FUNEBRE
Ah je les vois déjà
Me couvrant de baisers
> *Ah, I can see them now*
> *Clutching a handkerchief*

Nach seinem schwierigen Start wird das Musical immerhin vier Jahre in den Vereinigten Staaten laufen. Eric Blau, der das ganze Unternehmen in die Wege leitete, hat bald das investierte Geld wieder erwirtschaftet. Das Musical wird insgesamt dreieinhalb Millionen Dollar einbringen. Etwa zwanzig Schauspielertruppen tingeln damit durch die USA, von Philadelphia bis Los Angeles, von San Francisco bis

Washington, von Boston bis Palm Beach, wo ein empörter amerikanischer Bürger im roten Smoking sich in seinem Sitz aufrichtet und brüllt: »*You, son of bitches, you dirty bastard!*«[2] Als Hurensohn beschimpft zu werden – das paßt vortrefflich zu Brel.

2 Eric Blau: Jacques Brel ist alive and well and living in Paris, E. P. Dutton, New York, 1971.

Das amerikanische Publikum liegt Brel zu Füßen. Man singt seine Chansons in Synagogen und Kirchen, auf Friedensmärschen. Die *Bible Society*, die das Alte und Neue Testament druckt und vertreibt, wählt das Chanson *Quand on n'a que l'amour* als musikalisches Emblem für ihre Internationale Bibelwoche.

Das Musical verkauft sich über die Grenzen Amerikas hinaus: Allein in Johannesburg wird es mehr als dreihundert Vorstellungen geben! Die Tourneen führen die Schauspieler und Sänger auch nach Skandinavien. In drei Ländern wird man dem Kostümzauber nicht erliegen: in Großbritannien, wo Brel nie besonders beliebt war, im französisch- wie englischsprachigen Kanada, wo man die Originaltexte zu gut kennt, um von den Übersetzungen nicht enttäuscht zu sein, und in Frankreich, wo man ›seinen‹ Brel konzentriert und ohne Firlefanz schätzt und eine weibliche Interpretation von Chansons wie *Jef* völlig ablehnt.

Ein Brel-Chanson ist gesalzen, gepfeffert und gezuckert. Manche amerikanische Version hinterläßt nur einen faden süßstoffähnlichen Nachgeschmack.

Aberbach hat Brel zur Premiere ins ›Village Gate‹ eingeladen.

»Was machen wir?« fragt Miche.

»Wir gehen jetzt nicht hin. Wenn es gut läuft, dann ist es prima. Wenn es ein Flop ist, wird man das Ganze in acht Tagen sowieso vergessen haben. Also warten wir ein bißchen.«

Miche, die New York liebt, ist drei Monate später dort. Nach ihrer Rückkehr erstattet sie Bericht: ein amerikanischer Brel-Abklatsch – aber die Aufführung sei viel besser als die Plattenaufnahme. Alles laufe wie am Schnürchen, da die Amerikaner großartige Profis seien. Nur echter ›Brel‹ komme nicht dabei heraus.

Jacques wird sich seine amerikanische Seligsprechung erst ein Jahr nach deren Uraufführung ansehen. Er bleibt höflich, zeigt aber keine übermäßige Begeisterung. Seine Chansons gehören nun allen und jedem. Er fühlt sich wie eine Henne, die eine Ente ausgebrütet hat. Der Seligsprechung folgt die Kanonisation – so überwältigend ist der Erfolg in den Vereinigten Staaten.

Zum fünften Jubiläum des Musicals geben fünfunddreißig Sänger, aus zehn amerikanischen Truppen rekrutiert, eine glanzvolle Sondervorstellung in der Carnegie Hall. Brel, Gast hinter den Kulissen, wirkt etwas befangen: »Man hat den Eindruck, schon gestorben zu sein ... oder ein alter, uralter Herr. Ist das ein Nachruf?«

Am Ende der Vorstellung steigt er auf die Bühne. Er bleibt sich selbst und seinen Prinzipien treu und weigert sich zu singen. Aber er bedankt sich mit ein paar Sätzen. Er könne nicht vergessen, daß unter den Soldaten, die am Ende des Krieges sein Land befreit hätten, auch Amerikaner gewesen seien. Und er fügt zwei englische Wörter hinzu: »*Thank you*«.

Er wird gebeten, Gründe für den unglaublichen Erfolg von *Jacques Brel is alive...* zu nennen. Was soll er antworten? »Die Amerikaner mögen mich, weil ich kein Amerikaner bin. Sie würden Brassens genauso mögen.«

Aber Jacques ist trotzdem gerührt.

Mit Miche, Gérard und Charley geht er während dieser New Yorker Woche jeden Abend aus. Er sieht sich sogar *Pelléas et Mélisande* in der Oper an, dann *Jésus Christ Superstar*, das er ausgezeichnet findet. In einem Keller klatschen sie den Darstellern von *The Fantastics*, einem hinreißenden kleinen Musical, begeistert Beifall.

Inzwischen hat sich Jacques Brel auf ein neues großes Abenteuer eingelassen. In New York hat er fünfmal den *Man of La Mancha* gesehen. Der Autor, Dale Wasserman, hat bereits *Die Kraft und die Herrlichkeit* und *Die Geschichte Eichmanns* für das Fernsehen, *Die Wikinger* und *Kleopatra* für den Film bearbeitet. Außerdem hat er das Bühnenstück *Einer flog über das Kuckucksnest*[3] verfaßt, dessen Verfilmung zum Welterfolg wurde.

Wasserman, der regelmäßig zwischen Kalifornien und Spanien pendelt, erfährt 1959 aus einer Madrider Zeitung, er befinde sich gerade in Spanien, um *Don Quijote* für die Bühne oder den Film zu bearbeiten.[4] Das amüsiert ihn, weil er das große Werk des Cervantes nie gelesen hat. Er nimmt die Falschmeldung zum Anlaß, diese Wis-

3 Nach dem Roman von Ken Kesey

4 Man of La Mancha, a musical play, mit einem Vorwort von Dale Wasserman versehen, Random House, New York, 1966.

senslücke endlich zu schließen. Nach der Lektüre des zweiten Bandes ist er überzeugt, daß die Romanvorlage sich weder für die Bühne noch für den Film eignet. Wasserman arbeitet ein neunzigminütiges Fernsehprojekt aus. Das Ergebnis ist allerdings weit entfernt von dem ›totalen Theater‹, das er anstrebt. Die Ausdrucksmittel des Fernsehens bleiben zu sehr dem Naturalismus verhaftet. Der Regisseur Albert Marre, mit der Opernsängerin Joan Diener verheiratet, bemerkt: »Ihr Theaterstück ist wundervoll, aber machen Sie lieber ein Musical daraus.«

Dale Wasserman beherzigt den Vorschlag und beginnt sogleich mit der Arbeit, unterstützt von Albert Marre, dem Komponisten Joe Darion und Mitch Leigh, der auf Oper und Jazz gleichermaßen spezialisiert ist.

Wasserman möchte, wie Brel, eine moderne musikalische Tragödie kreieren. Er sucht nach einer Theaterform, die den gängigen Strömungen des absurden Theaters, der schwarzen Komödie und des ›Theaters der Grausamkeit‹ entgegengesetzt werden könnte, und er will die spezifische Atmosphäre von Cervantes, das Harte und das Empfindsame, adäquat wiedergeben. Es geht Wasserman nicht um eine reduzierte Fassung des *Don Quijote*. Im Grunde versucht er schon das, was Carlos Saura 1983 mit der Bearbeitung der Oper und Novelle *Carmen* für den Film gelingen wird: einen in Musik gesetzten Roman bühnengerecht zu präsentieren.

Bei Jacques Brel kehrt das Thema Musical seit

Jahren immer wieder. Doch bevor er sein eigenes Musical schreibt, wird er ein fremdes auf die Bühne bringen: *L' Homme de la Mancha*. Das Rittertum ist für Brel so etwas wie eine Abteilung des Wilden Westens. Don Quijote ist, wie er selbst, ein Rebell und einsamer Träumer, ein Narr. Und das Paar Don Quijote und Sancho Pansa mag ihn an ein anderes, vertrautes erinnern: Jacques und Jojo. Gern sagt er: »Ein Don Quijote steckt doch mehr oder weniger in uns allen. Ich liebe Abenteurer, besonders diejenigen, die sich bis ans Ende ihrer Hoffnungen hinauswagen.«

Jacques schwärmt nicht so sehr für den Roman wie für die Figur des Don Quijote selbst. Damit bestätigt er Vladimir Nabokovs Meinung, dieser Roman zähle zu den literarischen Werken, die ihre Bedeutung möglicherweise mehr aus ihrer enormen Verbreitung als aus ihrem eigentlichen künstlerischen Wert beziehen. Man habe es mit »einem literarischen Helden zu tun, der allmählich den Kontakt zu dem Buch verliert, aus dem er stammt, der sein Heimatland und das Arbeitszimmer seines Schöpfers verläßt, um nach seinen Irrfahrten in Spanien durch Zeit und Raum zu reisen.«[5]

Trotz seines internationalen Renommees erhält Brel nicht ohne weiteres die Aufführungsrechte. Er setzt sich mit den zuständigen Amerikanern in Verbindung und erklärt, daß er auf keinen Fall die Hauptrolle des Musicals übernehmen wolle. Die Amerikaner zögern. Der Export

5 Lectures on Don Quichotte, Harcourt Brace Jovanovich, New York, 1984.

angelsächsischer Musicals nach Frankreich hat sich, ungeachtet ihres Inhalts, fast immer als Verlustgeschäft erwiesen. *Boy-Friend, Deux Anges sont venus, Le Jour de la tortue* wurden zu totalen finanziellen Pleiten. Die Franzosen gehen lieber ins Théâtre du Châtelet. Annie Cordy schlägt sich in *Hello Dolly* ganz wacker. *Le Violon sur le Toit (A Fiddler on the Roof)* wird sich nicht sehr lange auf dem Spielplan halten können. Das Genre Musical ist in Paris kein Renner. »Wenn die Franzosen ›Musical‹ hören, dann denken sie sofort an ›Operette‹. In einem Musical treibt die Gesangsnummer die Handlung voran, in der Operette jedoch nicht«, erläutert Brel.

Die amerikanischen Verhandlungspartner, die die Rechte am *Man of La Mancha* besitzen, fordern Brel auf, ein paar Probeübersetzungen vorzulegen, und verpflichten ihn, die Hauptrolle zu spielen – vorausgesetzt, er könne singen. Jacques, etwas verwundert, erklärt sich dennoch bereit zu einem Probesingen. »Die kennen ihren Job«, sagt er. »Für die ist nichts selbstverständlich. Jetzt verstehe ich, wie sie zu Profis werden.«

Mit Jean-Jacques Vital, der sich als Produzent anbietet, fliegt Brel nach Los Angeles. Wie ein Berufsanfänger singt er im dreitausendfünfhundert Personen fassenden Riesensaal des ›Music Center‹ vor dem Autor des Bühnenstücks und dem Librettisten. Die Herren ziehen sich zur Beratung zurück. Brel wird akzeptiert, unter einer Bedingung: Albert Marre soll die Regie der französischen Fassung übernehmen.

Jacques macht sich an die Bearbeitung. Sophie, immer im Hintergrund, hilft eifrig mit.

Brel will das Stück zuerst in Brüssel vorstellen. Maurice Huysmans, der Leiter des Théâtre de la Monnaie, der das Musical am Broadway gesehen hat, ist begeistert und unterstützt das Projekt nach Kräften. Ohne seinen Einsatz und staatliche Förderungsmittel wäre *L'Homme de la Mancha*, allein schon des teuren Bühnenbilds wegen, nie zustande gekommen.

Mit der ihm eigenen Mischung aus Hochmut und Bescheidenheit verwandelt sich Brel unter der Anleitung von Albert Marre in einen lernwilligen Schüler. Er schickt Stück für Stück seiner französischen Bearbeitung in die Vereinigten Staaten, nimmt sich die Kommentare und kritischen Äußerungen zu Herzen, die leider nicht alle scharfsinnig genug sind.

Zu den Proben, die im Sommer 1968 im Pariser Théâtre des Champs-Elysées stattfinden, erscheint Jacques stets pünktlich.

»Es ist genau wie 1953 am ›Trois-Baudets‹. Wir arbeiten wie die Tiere«, sagt Brel. Albert Marre wirkt äußerlich ruhig, beinahe phlegmatisch, aber er weiß genau, was er will.

Jacques legt großen Wert auf sein neues Berufsleben. Für seine amerikanischen Verhandlungspartner ist er freilich nichts als ein Varietésänger. Sie haben in die Brüsseler Inszenierung des *Homme de la Mancha* nur deshalb eingewilligt, weil Brel Belgier ist und dies in ihren Augen eine gute Voraussetzung für einen Erfolg in der belgischen Hauptstadt darstellt. Das Brüsseler Experiment könnte als Sprungbrett für Paris dienen. Am Abend der letzten Brüsseler Vorstellung wird Marre das Ensemble warnen: Die Aufführungen seien in Belgien nur deshalb so gut gelaufen, weil man sich in Jacques Brels Heimat befinde. Was heißen soll: Brel wird es woanders nicht so leicht haben.

Ursprünglich hatte Jacques die Französin Françoise Giret für die weibliche Hauptrolle der Dulcinea vorgesehen. Nachdem sie ein paar Wochen geprobt hat, übergibt Marre die Rolle seiner Frau, Joan Diener. Die Proben bringen die Mitwirkenden an den Rand der Erschöpfung: Marre läßt jede Szene fünfzig- bis hundertmal wiederholen. Nicht selten erwartet ein Zettel voller handgekritzelter Regieanweisungen die Sänger in ihrer Garderobe.

Joan Diener, die durch ihre exotische Schönheit besticht und gern die große Diva mit Sonnenbrille mimt, hat in der amerikanischen Version des Musicals die Dulcinea gespielt. In Paris oder Brüssel kennt sie niemand. Ihre Stimme ist prachtvoll. Ihr Französisch, das nicht so miserabel ist, wie manche behaupten, läßt jedenfalls zu wünschen übrig: Dreimonatige, damals noch nicht einmal honorierte Proben können die Unvollkommenheiten ihrer Aussprache nicht beseitigen. Bei den Duetten und Chören fällt es besonders auf: Diener singt *lay* statt *les*, *chôôôses* statt *choses* und *day* statt *de* …

Jacques, der bisher immer allein hinter dem

Mikrophon gestanden und gesungen hat, lernt jetzt eine neue Facette seines Berufs kennen. Eine Partitur kann er zwar immer noch nicht lesen, doch alle müssen zugeben, daß er gut zurechtkommt. Die Partien der verschiedenen Instrumente kann er ohne weiteres nachvollziehen.

Auf Brels Anregung hin hat man Dario Moreno für die Rolle des Sancho Pansa engagiert. Damals hat der Sänger den Höhepunkt seiner künstlerischen Laufbahn schon hinter sich. Seine Tenorstimme, die nach wie vor Gold wert ist, gibt er seit geraumer Zeit für leichtverkäuflichen Schund her. Aber immerhin hat Dario einst Offenbach gesungen. Außerdem liebt er das gute Essen und Trinken, vor allem orientalische Süßigkeiten, und hat sich zu einem perfekten Sancho gerundet.

François Rauber dirigiert das Brüsseler Orchester tadellos. Die musikalische Bearbeitung stammt aus den USA. Die Amerikaner kämpfen erbittert um jede Note. In der Inszenierung Marres ist das Orchester fester Bestandteil des Bühnenbildes. Da die Bühne im Brüsseler *Théâtre de la Monnaie* nicht groß genug ist, um die Musiker aufzunehmen, werden sie auf zwei Logen verteilt: acht auf der einen, sieben auf der anderen Seite. Das ist für den Dirigenten eine ebenso kuriose wie schwierige Situation. Rauber steht auf der rechten Seite der Bühne. Die Musiker, die sich dort befinden, befolgen seine Anweisungen mit leichter Verzögerung, während die anderen sie quasi vorwegnehmen müssen.

Gérard Jouannest ist nicht dabei: Es gibt keine Klavierpartie in diesem Musical.

Die Brüsseler Aufführung von *L' Homme de la Mancha* ist ein Kraftakt mit ungewissem Ausgang. Daß die Eintrittskarten auf dem Schwarzmarkt gehandelt werden, garantiert noch keinen Erfolg.

Jacques' Part ist nicht schwieriger als die einstündige One-Man-Show, mit der er jahrelang durch die Welt gezogen ist. Aber der Rhythmus des Bühnenwerks und sein ästhetisches Gleichgewicht ruhen allein auf der Doppelfigur des Cervantes und Don Quijote, die er verkörpert. Auch muß Brel jeden Abend dieselben Nummern absolvieren. Bei dieser kollektiven Arbeitsform ist er weder allein noch frei: Er kann sich nicht mehr leisten, je nach Lust und Laune, wie einst in Avignon, Tel-Aviv oder Chicoutimi, langsamer oder schneller zu singen. Er muß Sänger bleiben und gleichzeitig Theaterschauspieler sein, muß seine Texte sprechen, ohne in Pathos zu verfallen, mit seinen Partnern zusammen singen und sich in eine klare und doch komplizierte Inszenierung einfügen.

Auf der Hauptbühne sieht man den gewölbten Saal eines Gefängnisses, finstere Ecken und Nischen, ein Kellergeschoß, das die Schauspieler über eine Treppe erreichen können, die herauf- oder heruntergezogen werden kann. Auf der linken Seite der Bühne brennt ein durch Gitter geschütztes Feuer. Auf der rechten klafft eine Öffnung. Als Dale Wasserman seinen Text schrieb, versuchte er, ihm den freien Charakter einer langen Improvisation zu verleihen. Das Stück wird ohne Pause gespielt und dauert anderthalb Stunden. Wasserman hat in seine Musicalfassung nur wenige Originalszenen aus dem Roman aufgenommen, etwa die mit dem Gastwirt, der Don Quijote zum Ritter schlägt, oder die mit Doktor Carrasco.

Jacques Brel, der Don Quijote und Cervantes abwechselnd spielt, schlüpft als einziger Darsteller auf der Bühne von einer Rolle in die andere. Die ganze Handlung ist auf ihn, Joan Diener als Dulcinea-Aldonza und Dario Moreno als Sancho ausgerichtet. Brel vollbringt eine schauspielerische Leistung, die selbst von denen bewundert wird, denen die Musik zu dünn oder zu wenig melodisch und der Text allzu dürftig und grobschlächtig erscheint.

Um älter zu wirken, hat Brel abnehmen müssen und sich die Haare wachsen und bleichen lassen. Die Schminke hebt die Falten hervor, die das ungeschminkte Gesicht des Jacques Brel bereits prägen. In New York waren schon drei Schauspieler in der Rolle des Don Quijote-Cervantes zu sehen: Ferrer hat sie in spanischer, Kiley in konventioneller Manier, Mitchell à la Shakespeare gestaltet. Jacques investiert in dieselbe Rolle mehr Liebe und Torheit, mehr Emotion und Ekstase als seine Vorgänger. *Variety*[6], das Journal des amerikanischen Showbusineß, das über jeden Verdacht der Schleichwerbung erhaben ist, versichert: »Weit davon entfernt, ein

6 13. Nov. 1968.

schwacher Abklatsch der amerikanischen und englischen Produktionen zu sein, besitzt diese ›gallische‹ Version des Stückes von Wasserman, Leigh und Darion alle Vorzüge eines Originals: Vielleicht übertrifft sie sogar die Londoner Fassung durch die größere Sensibilität, mit der sie offensichtlich erarbeitet worden ist.« Auch wenn *Variety* bemerkt, daß der gallische Don Quijote keine sonderlich kraftvolle Stimme hat, wird eingeräumt: »... Die belgische Produktion verfügt mit Brel über einen Star von außergewöhnlichem Format.«

Jacques spielt nicht Don Quijote-Cervantes, er verwandelt sich in die Figur, die er darstellt. Er ist im Grunde kein Schauspieler, er wird nur eins mit den Figuren, die ihm ähnlich sind. Er muß selbst ihre Gefühle empfinden. In den Augen der Amerikaner hat sich Jacques Brel, der Interpret ›moderner und sarkastischer Balladen‹, zu einem ›großartigen Tragöden‹ entwickelt. Brel will sein Publikum verführen, indem er sich selbst treu bleibt und seinen eigenen Phantasien und Zwangsvorstellungen, denen er im Text Wassermans wiederbegegnet ist, das Äußerste zu entlocken versucht. Der Inhalt des Bühnenwerks ist dünn. Brel muß in seiner Darbietung vor allem die Sanftmut und die Einsamkeit, die Großherzigkeit und den ritterlichen Irrsin des Don Quijote – »die zum Modell erhobene Parodie«, wie Nabokov sagen würde – zum Ausdruck bringen. Für dieses Werk gilt das gleiche wie für seine Chansons und später für seine

Filme: Wo Brel sich nicht völlig hingibt und zum Einklang mit sich selbst findet, muß er scheitern.

Brels unkorrigierte Übersetzung[7] des amerikanischen Originalmanuskripts verfälscht manches. Er schreibt: »Miguel de Cervantes ist hochgewachsen und hager. Er ist ein Adliger, von der Kraft seines Humors beseelt, ein fünfundvierzigjähriger Mann[8], doch zu seinen wesentlichen Eigenschaften gehören kindliche Naivität, eine Neugier, die sich umfassend und unermüdlich auf das Schicksal des Menschen richtet, und eine schon fast selbstzerstörerische ...« So sieht sich Jacques selbst. Er ist noch keine vierzig Jahre alt und immer noch fieberhaft auf der Suche nach den realen oder imaginierten Attributen der Kindheit. Seine Neugier ist unermeßlich, er will aufrichtig sein, und oft gelingt es ihm sogar, ohne daß er sich je damit zufriedengäbe. Er ist mit einem gewaltigen Kreativitäts- und Selbstzerstörungspotential begabt und besitzt die seltene Fähigkeit, andere zugrunde zu richten. Und er hat sich immer schon gern älter gemacht.

Gleich bei der ersten Szene des Musicals denkt man unwillkürlich an den Menschen Brel. Sitzend schminkt sich der Darsteller für die Rolle des Cervantes. Brel hat einige lange Textpassagen gekürzt. Zwar teilt er die Ansicht, daß »der Mensch der Mörder des Menschen ist«, aber er hat diesen Satz gestrichen.

Sancho verwendet Formeln wie »warten tut not«, die Brel auf die Palme bringen. Jacques

7 Fondation Brel.

8 Im amerikanischen Text steht »vierzigjähriger«.

wartet nicht. Als der Gefängnisdirektor den Schriftsteller fragt, ob er ein Dieb oder ein Betrüger sei, erwidert Brel-Cervantes:

»Ach, nichts dergleichen ... nichts so Spannendes ... Ich bin ... ich bin beinahe ein Dichter.«

Bei den Proben wie bei den Vorstellungen kann Brel niemanden täuschen. Was er da mit packender Kraft und naiv anmutender Offenheit singt, betrifft ihn selbst:

> *... Ein Ritter fordert dich heraus*
> *Ja ich bin's, Don Quichote*
> *Der Herr von la Mancha*
> *Stets zu Diensten der Ehre*
> *Denn ich habe die Ehre ich zu sein*
> *Der furchtlose Don Quichote*
> *Und in mir singt der Wind der Geschichte*
> *Was übrigens heißt schon Geschichte*
> *Wenn sie mich nur zum Ruhm bringt ...*

In der Figur der Aldonza-Dulcinea, der echten Hure und falschen Prinzessin, erblickt er sein eigenes Doppelbild, seine Karikatur der Frau. Nicht nur die Frauen des Jacques Brel, ob sie Miche, Suzanne oder Sophie heißen, sondern auch Brel selbst stellen die Frage der Aldonza an Don Quijote: »Warum will er sein Leben verbrennen?«

> *... Warum macht er das alles?*
> *Warum macht er das?*

Warum warum sieht er die Rose wachsen
Dort wo sie nicht wachsen wird?...
Warum bin ich ganz gerührt?
Warum sagt er daß er die Geschichte ist?
Nichts gleicht all dem was er hofft ...
Warum seine Augen und warum sein Fieber? ...

Das Bühnenstück strotzt vor Sentenzen, die Jacques selbst in seinem Alltag benutzt. So ruft einmal der kniende Don Quijote aus:

»Liebe an deiner Gegenwart nur den Teil, der Zukunft bedeutet.«

Oder auch: »Ich möchte dieser Welt ein wenig Grazie schenken.« Und weiter: »Ich sehe die Schönheit, die Reinheit, ich sehe die Frau, die jeder Mann heimlich in seinem Herzen trägt.«

Cervantes, sich auf der Bühne in Don Quijote verwandelnd, deklamiert: »Wenn das Leben selbst wahnsinnig ist, wer könnte da sagen, wo die Verrückheit lauert. Ist es nicht schon verrückt, allzu vernünftig zu sein? Ist es nicht verrückt, immer gut zu funktionieren und die Macht zu haben? Ist es nicht äußerst verrückt, das Leben so zu sehen, wie es ist, und nicht so, wie es sein sollte?«

Auch das ist Jacques Brel pur.

Wie im ersten Teil des Romans von Cervantes verkleidet sich Doktor Carrasco als Spiegelritter. Er schreit:

»Schau, Don Quijote, schau in den Spiegel der Wirklichkeit. Betrachte die Dinge so, wie sie sind. Schau. Was siehst du? Einen kecken Ritter?

VIII.
KAPITEL

Nein, nur einen alten Narren ... Einen traurigen Narren aus dem Maskenspiel ... Bewundere ihn nur, den alten Clown. Es ist höchste Zeit, dir einzugestehen, daß deine edle Herrin *(es handelt sich hier um Aldonza, die Don Quijote für Dulcinea hält)* nur eine Hure, dein Traum ein Alptraum und dein Hirn ein einziger Brei ist!«

Alles echter Brel. Die Doppelfigur des Don Quijote-Cervantes ist wie maßgeschneidert für Brels Maßlosigkeit. Wenn Brel sich auch oft verkennt, so erkennt er sich doch in dieser Gestalt wieder. Bei einigen Abstrichen an Professionalität und Nuancierungskunst, Tiefgründigkeit und Humor könnte man ihn mit Pierre Brasseur vergleichen, als dieser den *Kean*[9] in der glanzvollen Dumas-Bearbeitung von Sartre darstellte.

Brel-Don Quijote-Cervantes rührt in der letzten Szene des Musicals ans Erhabene. Er zittert, leidet, stirbt. Und träumt dabei – böse Zungen sagen: ›faselt‹ – vom »unerreichbaren Stern«.

> *Einen unmöglichen Traum träumen*
> *Den Abschiedsschmerz in sich haben*
> *Brennen von einem möglichen Fieber*
> *Reisen wohin niemand reist*
> *Lieben bis zum Zerreißen*
> *Lieben, sogar zu sehr, sogar schlecht,*
> *Versuchen ohne Schutz und Schirm*
> *Den unerreichbaren Stern zu erreichen ...*

Genauso sieht sich Jacques.

9 Kean oder Désordre et Génie: Komödie von Alexandre Dumas. 1953 bearbeitete Jean-Paul Sartre das Stück. Regie führte der Schauspieler Pierre Brasseur, der auch die Rolle des Kean spielte. (Uraufführung im Herbst 1953 in Paris), d. Üb.

> *Was sind schon meine Chancen*
> *Was ist schon die Zeit*
> *Oder meine Verzweiflung …*

Brel will:

> *In Verzweiflung geraten*
> *Für das Gold eines Liebeswortes...*

Es gibt wohl kaum etwas Brel-Typischeres als den Schluß des berühmten Liedes von der *Quête*, der ritterlichen Suche nach Vervollkommnung:

> *… ein Unglücklicher*
> *Brennt noch, selbst wenn er alles verbrannt hat*
> *Brennt noch, sogar zu sehr, sogar schlecht*
> *Bis er sich vierteilt um ihn zu erreichen*
> *Um ihn zu erreichen den unerreichbaren Stern.*

Viele Chansonhelden aus Brels bester Produktionsphase, von *Jef* bis zum Liebhaber der *Mathilde*, vom *Moribond* bis zum Betrogenen in *La Fanette*, könnten in dieses Lied einstimmen.

Daß man sich stellenweise an die christliche Passionsgeschichte erinnert fühlt, liegt durchaus in der Absicht der Inszenierung. In Amerika sagte Albert Marre über die Zuschauer von *Man of La Mancha*:

»Sie schauen sich kein Bühnenstück an, sondern machen eine religiöse Erfahrung.«

Brel hat zwar im Gegensatz zu Don Quijote keinen Sinn für den christlichen Sündenbegriff, aber er teilt seine vollkommen idealistische Lebensanschauung.

Jacques Martin, der Brel seit seinen Anfängen kennt und bei einer Pariser Vorstellung dabei war, wagt sogar folgende Äußerung: »Es war schwindelerregend. Ein phantastisches Erlebnis ... Brels Lebensweg hat manches mit dem eines Heiligen gemeinsam und könnte dem des Père de Foucauld ähnlich sehen: Der erste Teil spielt sich bei Maxim's, der zweite in Tamanrasset ab.«

Übertreibt Martin nicht ein wenig?

In Belgien und in Frankreich läßt sich das Publikum auf Brels neues Experiment bedingungslos ein, während die Kritik sich etwas zurückhaltender gibt.

Die Übersetzung der nicht gesungenen Textteile ist Brel mißlungen. Die amerikanische Vorlage wirkt kraftvoller. Andererseits hat er den Text von einem Übermaß an Archaismen befreit und ihn damit ganz absichtslos im Sinne der Inszenierung verbessert und modernisiert.

Der Schriftsteller und Kritiker Jean Dutourd mag weder das Stück noch die Musik noch das Libretto. Für ihn ist das Ganze nur ein diffuser Klangbrei. Brels Phrasen kann er nicht ertragen, am wenigsten die berühmteste: »*Rêver un impossible rêve* ... Einen unmöglichen Traum träumen.« Zu Recht weist Dutourd auf einige Sinnentstellungen hin. Wo es im Original eindeutig um Schachfiguren geht, übersetzen Jacques und Sophie *bishop* und *castle* mit ›Bischof‹ und

›Schloß‹ – anstatt mit ›Läufer‹ und ›Turm‹. Es war längst bekannt, daß Jacques sowohl mit der flämischen als auch mit der englischen Sprache Probleme hatte, aber Schach spielen konnte er! Bei der Übersetzung des Librettos wurde schlicht gepfuscht. Begreift man auch, daß Dutourd über ›*Doné Couiroté*‹, Brels Aussprache des Namens ›Don Quijote‹, die Marre womöglich von ihm verlangt hat, erbarmungslos herfällt, so verwundert es doch, daß er Rosinante vermißt. Denn Wassermans *musical play* hat sich nie als eine Zusammenfassung des Romans von Cervantes verstanden. Die Kritik von Dutourd trifft Brel jedenfalls hart. Neun Jahre später wird er, nachtragend wie ein Elefant, sich in einem Lied rächen:

> … *Ich folge dem Schönsten, ich geh auf die Jagd*
> *Ich streife von Palast zu Palast*
> *Um dort das große Los zu finden*
> *Das nur auf meinen Gnadenstoß wartet*
> *Verrückt soll sie sein wie ein Transvestit*
> *Entblößt von alten Vorhängen*
> *Und doch flüchtig*
> *Sie würde mich seit eh und je erwarten*
> *Umringt von Schlangen und Pflanzen*
> *Zwischen den Büchern von Dutourd*[10]

10 Knokke-le-Zoute.

Jahrelang wird der gemäßigt liberal-konservative Jean Dutourd eine Lieblingszielscheibe der französischen Linken sein.

Allerdings übersieht Brel in Dutourds Artikel

eine Bemerkung, die sich als unverhohlene Huldigung an den Schauspieler deuten läßt: »Bleibt
die darstellerische Leistung. Ich fand sie wirklich
sehr gut – was im übrigen die Dürftigkeit des
Bühnenwerks nur noch stärker hervortreten
läßt.«[11]

11 France-Soir,
15. Dez. 1968.

Erst bei den Übersetzungen der Lieder findet
Jacques sein Talent als Textdichter wieder. Die
französischen Fassungen übertreffen bei weitem
die amerikanischen Lieder von Joe Darion. Brel
versteht sein Fach.

Zum Vergleich die englische Version und die
deutsche Übersetzung eines Textauszugs:

Hear me now, oh thou bleak and unbearable world
Thou art base and debauched as can be;
And a knight with his banners all bravely unfurled
Now hurls down his gauntlet to thee

Hör zu, unerträgliche Welt
Es reicht, du bist zu tief gefallen
Du bist zu grau, du bist zu häßlich
Abscheuliche Welt
Hör zu
Ein Ritter fordert dich heraus.

In Brüssel wird *L'Homme de la Mancha* zum
Theaterereignis des Herbstes 1968. Die Ehema-
ligen der *Dramatique Saint-Louis* und der *Franche
Cordée* treffen nach den Vorstellungen auf einen
abwesend wirkenden, erschöpften Jacques Brel:
»Ich bin erledigt. Ich gehe schlafen.«

Der gute Abbé Dechamps versucht nicht einmal, sich ihm zu nähern: »Er war von einem Hofstaat umgeben, der den Zugang zu ihm vollkommen versperrte.« Jacques lebt in einer Welt, die mit der des Priesters nichts gemein hat. Auch die Bruyndonckx sind anwesend, Brel hat für sie gute Sitzplätze besorgt.

L'Homme de la Mancha wird im Pariser Théâtre des Champs-Elysées von Januar bis Mai 1969 gegeben. Zwischen den Brüsseler und Pariser Vorstellungen liegt ein tragisches Ereignis: Dario Moreno, der sich ein paar Tage in der Türkei erholen wollte, bricht auf dem Flughafen von Istanbul zusammen und stirbt.

Er hatte dem Sancho eine urwüchsige Zärtlichkeit verliehen. Bourvil soll seinen Part übernehmen, aber Bourvils Erscheinung eignet sich nicht für die Rolle. Brel wendet sich an Robert Manuel, einen Schauspieler der Comédie-Française. Der sagt zu, probt ein paar Tage und zieht sich sehr achtbar aus der Affäre. Da er nicht singen kann, werden einige Lieder durch gesprochene Passagen ersetzt.

In einem Pariser Theater hat man selten ein so bunt zusammengewürfeltes Publikum gesehen: Alle Gesellschaftsschichten sind vertreten. Und in Jacques' Garderobe stapeln sich die Telegramme. »Unsere Gedanken werden heute abend Don Quijote begleiten. Wir umarmen Dich ganz zärtlich«, schreiben Miche und die Töchter, während Maurice Chevalier folgende Zeilen schickt: »Ihr Schneider ist ein glücklicher Mann, denn Sie hören mit dem Wachsen nicht auf. Voller Bewunderung.« Aus Kalifornien melden sich Simone Signoret und Yves Montand: »Heute morgen denken wir ganz besonders an Sie und umarmen Sie herzlich.« Und Juliette Gréco schreibt traditionsgemäß: »Im Wort ›amitié‹ gibt es ein ›a‹ wie ›amour‹ und ein ›m‹ wie ›merde‹. Wir sind alle bei Ihnen und glauben an Sie.«

Weniger klassisch, aber ein beredtes Zeugnis für Brels Beliebtheit sind die Telegramme des Bühnenarbeiters Fernand und der Platzanweiserinnen vom Théâtre de la Monnaie: »Von ganzem Herzen bei Ihnen.«

Das belgische Königspaar wohnt, halb inkognito, einer Pariser Vorstellung des *Homme de la Mancha* bei. Sie statten Jacques einen Besuch in seiner Garderobe ab. Brel findet Baudouin zwar ›sympathisch‹, doch er lehnt eine Einladung in den Palais de Laeken ab.

Am Ende des Stücks geht Jacques als letzter die Treppe in der Mitte der Bühne hinunter – den Zuschauern entgegen. Stürme der Begeisterung, anhaltender Riesenapplaus. Ein Crescendo nach Brel-Manier. Am Fuß der Treppe kniet er mit dem Rücken zum Publikum vor Joan Diener nieder, als ob er sagen wollte: »Dieser Beifall ist für Sie.«

Galant ist er und ein Ausbund an geheuchelter Bescheidenheit!

Anfang Februar muß Jacques ein paar Tage Pause einlegen. Er sieht entkräftet und abgemagert aus. Es ist von einer Magen-Darm-Infektion, Fieber und Vergiftung die Rede. Jacques läßt ein Blutbild machen: Er hat zu viele weiße Blutkörperchen. Das Wort ›Leukämie‹ kursiert in einigen Blättern. Nichts als Gerüchte. Jacques hat sich mit Austern den Magen verdorben, und seine Leber ist etwas angegriffen.

Diese Zwangspause kostet das Theater, den Produzenten, die Schauspieler und Versicherungen eine Unmenge Geld. Aber Jacques kommt seinen Verpflichtungen bald wieder nach. Die letzte Vorstellung findet am 17. Mai 1969 statt. Die Nachfrage ist unverändert groß.

Brel hat schon wieder neue Pläne und verspürt vor allem das Bedürfnis, sich nach dieser gewaltigen Anstrengung auszuruhen.

Der Pariser *Homme de la Mancha* mit seinen unvorhergesehenen Zwischenfällen ist in finanzieller Hinsicht kein Erfolg. Joan Diener fordert ein Honorar für das zweiwöchige Intervall zwischen den Brüsseler und den Pariser Vorstellungen. Zweihunderttausend Zuschauer und Einnahmen von einer halben Milliarde alten Francs werden gezählt. Auch wenn Joan Diener und Jacques Brel sonntags gespielt hätten, wäre das Unternehmen kaum ein rentables Geschäft geworden. Jean-Jacques Vital soll außerdem jeden Abend einen Teil der Einnahmen im Kasino verspielt haben.

Jacques hat inzwischen einen Filmvertrag unterschrieben. *L' Homme de la Mancha* kann nicht mehr aufgeführt werden. Jean-Jacques Vital, der mit weiteren dreihundert Vorstellungen gerechnet hatte, ist empört und prozessiert gegen Charley Marouani, der als Jacques' Agent die Situation mit zu verantworten hat.

Das Abschiedsessen verläuft nicht gerade fröhlich. Die Abwesenden kann man nicht übersehen: Vital hat sich ins Ausland abgesetzt, während Joan Diener ihren Gatten pflegt, den angeblich rasende Zahnschmerzen plagen.

»Laßt uns nicht den ersten Stein auf Jean-Jacques werfen. Er wäre noch imstande, ihn zu verkaufen«, sagt Brel böse.

Business is business. Jacques' amerikanische Vertragspartner schlagen ihm vor, *L'Homme de la Mancha* in Quebec vorzuführen. Jacques sagt ab und kostet seine Ablehnung aus. Er hat die Ansprüche von amerikanischer Seite wie auch die Forderungen einiger Schauspielergewerkschaften satt. Viele Mißverständnisse trennen Franzosen und Amerikaner. Jacques Brel und Charley Marouani haben den französischen Produktionsmitarbeitern mitgeteilt, daß die amerikanischen Forderungen nicht erfüllbar seien. Daraufhin schickt Albert Marre am 16. August 1969 einen Brief an die Agentur ›Tavel et Marouani‹, zu Händen Charley Marouani. Er verteilt Kopien des Schreibens an alle Franzosen, die an dem phantastischen Theaterunternehmen beteiligt waren. In dem Brief heißt es:

... »Uns wurden die Kopien der Briefe gezeigt, die Sie an die Mitglieder der Truppe geschickt haben und in denen die Verantwortung für die Einstellung der Produktion allein uns zugeschoben wird, da wir angeblich zu hohe Forderungen gestellt haben ... Ich sehe ein, daß es bequemer ist, uns die ganze Verantwortung aufzubürden, aber Sie müssen zugeben, daß die Wahrheit erheblich verdreht werden mußte, damit wir als Schuldige hingestellt werden konnten. Trotzdem sollen Sie wissen, daß wir nach wie vor alles tun werden, was in unserer Macht steht, damit die Produktion weiterläuft ...«

Die Verantwortung liegt zweifellos auf beiden Seiten, ebenso wie die Verbitterung. Doch es gibt Schlimmeres. Großer Dummheit und kleinen Konkurrenzkämpfen in der damaligen französischen Schallplattenindustrie ist es zu verdanken, daß keine Aufnahme des Musicals mit Jacques Brel und Dario Moreno existiert. Während Brel weiterhin an Barclay gebunden war, stand Moreno damals bei Philips unter Vertrag. Als *L'Homme de la Mancha* bei Barclay aufgenommen werden sollte, verbot Morenos Plattenfirma die Mitwirkung. François Rauber versuchte, den Streit zwischen Barclay und Philips zu schlichten. Vergeblich: Moreno durfte bei der Plattenaufnahme, die vom 23. bis 27. November 1968 stattfand, nicht dabeisein. Ein Kleinkrieg, der um so absurder erscheint, als Philips-Phonogram später Barclay aufkaufte.

L'Homme de la Mancha, das Musical oder vielmehr die musikalische Tragödie, der er gern zu einem ruhmreicheren Bühnenschicksal verholfen hätte, bleibt in Brels Leben nur ein großartiges Zwischenspiel.

12 Allons, il faut
partir, Chanson
d'Adélaide,
Chanson de
Christophe, La
Leçon de géo-
graphie,
Récitatif lunaire,
Chanson de
Victorine,
Différents lunai-
res, choeurs,
Chanson de
Victorine,
Chanson de
cow-boy,
Chanson de
Christophe
Pops cow-boy,
Final.

1970 schreibt er Lieder[12] für das Kinderstück *Voyage sur la lune* von Jean-Marc Landier, für das François Rauber die Musik komponiert. Aber das Unternehmen ist schlecht geplant und koordiniert, es gibt keine konkrete Zusammenarbeit zwischen den Beteiligten. Jacques schickt wohl seine Texte nach Brüssel, ist aber bei den Proben des Märchenspiels nicht anwesend. Er arbeitet ins Blaue – für ein Stück, das noch im Entstehen ist. Die Grundidee gibt auch nicht viel her: Wenn man ein netter, ehrlicher Sänger ist, dann kommt man im Leben weiter, aber sobald böse Menschen und Marktinteressen auftauchen, geht es bergab. Die Figuren des Stücks landen auf dem Mond und wollen dort eine vollkommene Welt aufbauen, doch bald säen sie wieder Zwietracht und Chaos, wie sie es schon auf der Erde getan haben. Jacques wird in dem Film *Mon oncle Benjamin* auf das hübsche Scherzo Raubers zurückgreifen, das auf einer Melodie Brels basiert.

Der Aufwand ist beträchtlich. Das ganze Orchester des Théâtre de la Monnaie mit etwa vierzig Musikern, mit Posaunen, Hörnern, Trompeten und Holzblasinstrumenten wird eingespannt. Brel schlägt die Melodien vor, François entwickelt die Arrangements, schreibt die Ballett- und Begleitmusik, wird einen ganzen Monat im Theater arbeiten. Der Choreograph wird einmal ausgewechselt. Das Bühnenbild ist immer noch nicht fertig, als Jacques endlich auftaucht. Ihm und Rauber gelingt es nicht, die Chansons in das Stück zu integrieren. Der Countdown beginnt, die Karten sind ausverkauft, die Plakate hängen schon überall, der Termin für die Premiere wird auf den 29. Januar 1970 festgesetzt.

»Dafür gebe ich meinen Namen nicht her«, sagt Jacques zu Miche. Am 27. Januar: Krisensitzung. Maurice Huysmans, der Direktor des Théâtre de la Monnaie, stimmt mit Rauber und Brel überein: »Sie haben recht, es ist zu schlecht.«

Am 28. Januar wird das Stück abgesetzt. Jacques kommt für einen Teil der Kosten auf. Die belgische Presse ist erzürnt. Inwieweit kann Brel für die Pleite zur Verantwortung gezogen werden? Er hat versäumt, das Unternehmen von Anfang bis Ende zu verfolgen und zu betreuen. Durch die Arbeit an einem Kinderstück hoffte er, wieder einmal, seine Kindheit zurückzugewinnen, aber das Märchenspiel erinnert mehr an eine Pfadfinderidylle als an die typisch Brelschen Themen. Brel hat auch zu viele andere Projekte im Kopf. Er schiebt das Schreiben seiner musikalischen Tragödie wie auch seines Romans immer wieder auf.

In einem Arbeitsheft notiert er ein paar Sätze für ein künftiges Musical:[13]

»Die Alten

oder Das Recht auf Lügen.

Ort: In einem Altenheim, am Heiligabend.

Kranke, die sich schon lange kennen.

Alte – 3 Frauen und 3 Männer.

Sie haben sich ihr Leben schon 100 x gegenseitig erzählt.

13 Archiv Mme Jacques Brel.

VIII.

Ein etwas ruppiger Krankenpfleger und eine Ordensschwester.

Ein neuer Kranker taucht auf, den man sein Leben erzählen läßt.

Natürlich lügt er, und jedesmal wird einer der anderen ihm seine Lüge unter die Nase reiben.

Seine Lebensgeschichte ist eine lange Liebesgeschichte.

Und immer wieder werden wir auf dieselbe Frau stoßen und auf die gleiche unmögliche Liebe.

Man braucht außerdem eine Geschichte, die die 6 + 1 Kranken + den Krankenpfleger + die Ordensschwester miteinander verbindet.

Die Geschichten werden von denselben Darstellern gespielt.«

Brel beabsichtigt, frühere und neue Chansons in sein geplantes Musical aufzunehmen:

»Lieder. Ein paar frühere wie:

Les Vieux

Amsterdam.

Neue wie:

Si vous croyez que c'est drôle de passer Noël …

On ne se méfie jamais assez des gens laids.«

Brel bewahrt seine Manuskripte, Skizzen und Hefte nicht sorgfältig auf. Vielleicht wird man eines Tages bei seinen ehemaligen Lebensgefährtinnen, in einem Möbellager oder anderswo, weitere Entwürfe zu jenem Projekt entdecken, das er mit dem Titel *Les Vieux* versehen hatte. Wie auch immer: Brel hätte gern mit dem Genre der ›musikalischen Tragödie‹, in dem er einmal als Darsteller Triumphe gefeiert hatte, weiter experimentiert. Aber er wird diesen Traum nie verwirklichen können.

Mit *L'Homme de la Mancha* hat Brel in seiner Sänger- und Darstellerkarriere einen weiteren Sieg errungen, und bei *Voyage sur la lune* ist er einem Fiasko knapp entgangen. Er tritt ohne Bitterkeit von der Bühne ab. Und läßt – nur vorläufig, glaubt er – Musical und musikalische Tragödie hinter sich. Er könnte ein Lied aus *Voyage sur la lune* vor sich hin summen:

> *Nun heißt es gehen*
> *Ohne Haß und ohne Vorwurf*
> *Die Taschen voller Träume*
> *Den Kopf voller Blitze*
> *Ich möchte den Hafen verlassen*
> *Ich bin im Alter der Eroberungen*
> *Fortgehen ist ein Fest*
> *Bleiben wäre der Tod*

Brel alias Don Quijote sucht sich neue Windmühlen, die es zu bekämpfen oder erst zu erfinden gilt.

IX. KAPITEL

IX. KAPITEL

FILMSCHAUSPIELER

Innerhalb von sechs Jahren spielt Brel in zehn Filmen. Eine beachtliche Leistung, wenn man sich an seine Erschöpfungszustände während der Aufführungen des *Homme de la Mancha* erinnert.

Erste Filmerfahrungen als Amateur hat er schon 1956 gesammelt, als er an dem zehnminütigen, in fünf Nächten gedrehten Kurzfilm *La Grande Peur de monsieur Clément* mitwirkte. Der belgische Regisseur und Produzent Paul Deliens legt ihm damals ein Drehbuch zum Überarbeiten vor. Brel schickt von Paris aus genaue Anweisungen, selbst der Standort der Kameras wird vermerkt. Die Handlung ist naiv: Monsieur Clément, ein belgischer Bourgeois, betritt das ›Roi d'Espagne‹, eine Brasserie auf der Brüsseler Grand-Place. Zwei Freunde begleiten ihn, die sich alsbald verabschieden.

»Eure Weiber warten!« ruft Clément aus, der von Jean Nergal, dem späteren Leiter des Théâtre du Parc, gespielt wird.

[467]

Weiber – das ist ein Ausdruck, den Jojo und Jacques gern benutzen.

In der Brasserie träumt Clément vor sich hin. »Diese Figur wiurde von einem jungen Musiker namens Jacques Brel erdacht«, verkündet zu Beginn eine Off-Stimme.

In dieser schwarzweißen ›Phantasie‹ vermischt sich das Wirkliche mit dem Imaginären. Als Gangster verkleidet kommen die Freunde Cléments zurück und verfolgen ihn quer durch die Brasserie. Dann nehmen sie ihre weichen Hüte ab und enthüllen ihre wahre Identität. Alle drei Männer lachen und entfernen sich unter dem Laternenlicht der Grand-Place, während Cléments Stimme aus dem Off deklamiert: »Deshalb wartete Germaine an diesem Abend vergeblich auf mich.« Jacques spielt die Rolle eines Kumpels von Clément mehr schlecht als recht: Er grimassiert wie ein Pennäler in der Schulaufführung.

Jojo Pasquier hat Bedenken. »Ob Filmen wohl für Jacques das Richtige ist?« fragt er Paul Deliens.

Der Kurzfilm hat Längen, die Verfolgungsszenen hätten gestrafft werden müssen. Aber man mußte mindestens zehn Minuten durchhalten, um an den Kurzfilmpreis heranzukommen! Wie auch immer: Techniker und Darsteller haben sich während der Dreharbeiten köstlich amüsiert.

Wie Deliens hat Brel die Mängel dieses Experiments schnell erkannt. Er verspricht Deliens, ein Chanson für den Film zu schreiben, wenn das Resultat allzu miserabel ausfällt. Doch sein Wort

wird er nie einlösen. Er verspricht sich nichts davon, daß der Film in den Kinos gezeigt wird. *La
Grande Peur de monsieur Clément* wird auch nie öffentlich vorgeführt. Deliens muß finanzielle Ein-
bußen hinnehmen. Brel ist durchaus fähig, Freunden erst zu helfen und sie dann im Stich zu lassen.

Schon damals liebäugelt er mit dem Film, auch
wenn er etwas anderes behauptet. Er spricht von
seinen Lieblingsthemen: den fidelen Männer-
freundschaften, den ›Weibern‹, die sich an den
Mann klammern, auf ihn warten und ihn unterdrücken.

1956 steht der Erfolg für den Sänger bereits in
Aussicht. »Es wird bestimmt nicht lange anhalten«, sagt Brel beschwichtigend zu Deliens. Früh
freundet er sich mit dem Gedanken an, irgendwann mit der Bühnenkarriere aufhören zu müssen, und kann sich vorstellen, Programmgestalter
bei der RTB zu werden. Er schlägt Deliens eine
Weltreise zu Schiff vor. Der Freund soll die Kamera schwenken, während Jacques auf der Gitarre klimpern und ab und zu Vorträge halten will.

Brel spricht von fernen Inseln.

Zwischen seinem achtunddreißigsten und
vierundvierzigsten Lebensjahr wird er pausenlos
arbeiten – als Filmschauspieler, Theaterdarsteller
und Regisseur. Er spielt in folgenden Filmen, von
denen er bei zweien Regie führt:

1967: *Les Risques du métier*
  (Regie: André Cayatte)
1968: *La Bande à Bonnot*
  (Regie: Jean Fourastié)

1969: *Mon oncle Benjamin*
  (Regie: Edouard Molinaro)
1970: *Mont-Dragon*
  (Regie: Jean Valère)
1971: *Les Assassins de l'ordre*
  (Regie: Marcel Carné)
  Franz
  (Regie: Jacques Brel)
1972: *L'Aventure, c'est l'aventure*
  (Regie: Claude Lelouch)
  Le Bar de La Fourche
  (Regie: Alain Levent)
1973: *Le Far West*
  (Regie: Jacques Brel)
  L'Emmerdeur
  (Regie: Edouard Molinaro)

Man muß die Filme mit Brel – und vor allem die beiden Filme *von* Brel, *Franz* und *Le Far West* – so betrachten, wie man seine Liedertexte liest. Der Themenkreis seines Chansonwerks findet in Brels filmischen Arbeiten seine Entsprechung. So durchlebt er seine Prediger- und Weltverbessererperiode mit den Regisseuren Cayatte und Carné, während er sich bei Molinaro und Levent als Witzbold, Lebemann und Schürzenjäger austoben kann. Mit Fourastié und Valère läßt er sich dann auf politische Inhalte mit zynischem Unterton ein. Seine schwarze Periode wiederum illustrieren Brels eigene Arbeiten. Und zuletzt schlüpft er in die Rolle eines schüchternen Träumers in Molinaros *L'Emmerdeur*.

  Nur wenige berühmte Sänger haben sich geweigert, vor der Kamera zu stehen. Brel setzt hier eine alte Tradition fort. Elvis Presley pflegte zu sagen: »Sänger kommen und gehen, aber als guter Schauspieler kann man sich länger halten.«[1] Fred Astaire, Judy Garland, Dean Martin, Gene Kelly, Sammy Davis Jr.: Die Liste der Sänger, die in den Vereinigten Staaten von der Bühne zur Leinwand überwechseln, ließe sich beliebig verlängern. In Großbritannien werden die Beatles nach ihren Fernsehauftritten schnell zu Kinostars. Und welcher französische Sänger, von Brassens und Bécaud abgesehen, könnte der Versuchung widerstehen, sich schauspielerisch zu betätigen? Maurice Chevalier, Tino Rossi, Edith Piaf, Mouloudji, Serge Gainsbourg, Charles Aznavour, Johnny Halliday, Annie Cordy, Dalida, Sylvie Vartan, Jacques Dutronc, Joe Dassin, Julien Clerc, Alain Souchon, Eddy Mitchell und allen voran Yves Montand haben diese fast unvermeidliche Parallelkarriere mehr oder minder erfolgreich absolviert. Aber keiner von ihnen war wie Brel darauf versessen, selbst Regie zu führen.

Im Taumel der vielen Dreharbeiten kommt Jacques kaum noch dazu, Chansons zu schreiben – es sei denn für Filme. 1967 und 1968 meldet er bei der SACEM achtzehn Titel, von denen einige als Kostbarkeiten gelten dürfen: *La Chanson des vieux amants, La... la... la, Mon enfance, Mon père disait, J'arrive, Je suis un soir d'été, Vesoul.* Dann folgt eine lange Pause. Erst 1977 wird er wieder einen wichtigen Titel melden.

Für den Darsteller Brel ist sein Aussehen von

1 Albert Goldman, Elvis, un phénomène américain (Ein amerikanisches Phänomen), Robert Laffont, 1982.

Vorteil, sein Charme, der von überholten klassischen Schönheitsidealen weit entfernt ist. Am
Anfang seine Kinolaufbahn verkündet er:

»Es ist einfacher, ein anderer zu sein als man
selbst.«

Aber Brel wird als Filmschauspieler nur dort
gut sein, wo die dargestellte Figur wenigstens
teilweise mit seiner eigenen Person im Einklang
steht.

Er begreift schnell, was die Komplexität einer
Filmproduktion ausmacht. Die Finanzierung ist
dabei ein wesentliches Problem; dafür bringt die
kollektive Arbeit Vorteile mit sich.

Jacques besitzt keineswegs das, was man Kino-
kultur nennen würde, und hat auch keine film-
technischen Vorkenntnisse. Er ist nur ein wenig
öfter ins Kino als in die Oper gegangen, hat
Chaplin liebengelernt und schätzt Filme wie *If*,
Bondartchouks *Waterloo* oder Feyders *Kermesse
héroique*. Seine Zusammenarbeit mit sieben
grundverschiedenen Regisseuren läßt sich als
eine Art lange Lehr- und Probezeit auffassen.
André Cayatte verkörpert dabei den Moralprediger, Marcel Carné den alten anerkannten
Profi, Claude Lelouch das Allroundtalent, das
auch die Kamera selber bedient, und Jean Valère
den etwas chaotischen Ästheten. Alain Levent,
ein Freund von Jacques, ist von Hause aus
Kameramann. Dazu kommen Jean Fourastié und
Edouard Molinaro, zwei junge Profis.

Betrachten wir Jacques' Filme im Vexierspiegel seines Lebens.

Der alte Cayatte, kein Freund stilistischer Innovationen, wendet sich an Brel, als er *Les Risques du métier* drehen will. Seine Filme, einfach gestrickt, sind Schulbeispiele eines missionarischen, moralisierenden Kinos.

Brel macht sich an die Lektüre des von André Cayatte und Armand Jammot verfaßten Drehbuchs. Es stützt sich auf eine Publikation[2] zweier Pariser Anwälte: Simone und Jean Cornec schildern in ihrem Werk Fälle von Lehrern, die von ihren Schülern unsittlicher Annäherungsversuche bezichtigt werden. Seit langem zieht Cayatte beherzt gegen Irrtümer der Justiz zu Felde. Die Figur des Volksschullehrers Jean Doucet, der von seinen in ihn verliebten Schülerinnen ins Gefängnis gebracht wird, spricht Jacques sehr an. Die Anschuldigung und Inhaftierung Doucets geben Brel wie Cayatte die Gelegenheit, einmal mehr über die ›Bullen‹ herzufallen. Jacques übertreibt etwas, wenn er behauptet: »Es war wie ein Schock, wie Liebe auf den ersten Blick. Dieser Volksschullehrer, das war doch ganz und gar ich, deshalb habe ich sofort die Rolle übernommen … Ich war so froh, sie interpretieren zu dürfen! Ich hatte auch nicht den Eindruck, ein Schauspieler zu sein, der irgendeine Rolle spielt. Ich war dieser Mann. Ein ängstlicher, schüchterner Mann, der sich nicht traut, sich aufzulehnen, der durch Schüchternheit in eine entsetzliche Geschichte hineingerät. Denn ich auch bin schrecklich schüchtern, obwohl es normalerweise niemand merkt.«

2 Les Risques du métier, Sudel, 1959. Neue Ausgabe: Des preuves (Beweise), Des livres pour vous, 1969.

Brel fügt noch hinzu: »Das einzige, was mich gestört hat, war, daß ich während der Dreharbeiten kein Publikum hatte. Die Filmtechniker sind mit ihren Aufgaben viel zu sehr beschäftigt, als daß sie ... einem Schauspieler Aufmerksamkeit schenken könnten. So habe ich mich ganz allein gefühlt. Sänger, die an ein Publikum gewöhnt sind, das immer aufs Wort reagiert, sind viel eitler als Schauspieler.«

Doch der fertige Film kommt nicht an das heran, was das Drehbuch in Brels Augen versprach. »Es ist ein großer belgischer Film«, vertraut er Danièle Heymann an – aus seinem Munde der Gipfel der Beleidigung.

Jacques sieht die Widersprüche der Handlung, vielleicht auch, obwohl Cayatte sich auf eine juristische Ausbildung berufen kann, die Unstimmigkeiten im Drehbuch. Hat sich Doucet an einem der Mädchen vergriffen oder nicht? Der Untersuchungsrichter versucht, die Vorgänge zu rekonstruieren, aber die Polizisten sind dabei nicht anwesend. Der Richter gebärdet sich autoritär, weist die Protagonisten zurecht und legt ihnen die Antworten in den Mund. Auch das brutale Verhör, dem sich die Kinder unterziehen müssen, scheint wenig glaubwürdig. Will man eine Kampagne gegen Justizirrtümer einleiten, muß man auf dem Boden der Realität bleiben. Die Mädchen, die in *Les Risques du métier* ihre Spiele treiben, sind keine Poetinnen. Ihre Träume verkehren sich in Lügen und Wahnvorstellungen.

Jacques muß, wie damals in der *Dramatique Saint-Louis*, vor allen anderen den Ton treffen, der das Stück trägt. Die ganze Filmhandlung stützt sich auf ihn. Die Szene, wo Doucet entkleidet mit seiner Frau im Bett liegt, mag er – wohlerzogen, wie er ist – nicht gerne spielen. Den bescheideneren Part der tapferen Gattin übernimmt die Schauspielerin Emmanuelle Riva. Brels bewältigt seine Rolle überdurchschnittlich, mehr als ergreifend. Auch in den Textpassagen, in denen er Haltung bewahren muß, spürt man seine Heftigkeit, seinen inneren Aufruhr, wenn er seine kindliche Hauptanklägerin anschreit:

»Du schmutzige Göre! Läufst durch die Gegend mit einem Foto von mir in der Tasche!«

Oder wenn er laut über sich selbst und das schreckliche Mädchen nachdenkt: »Entweder bin ich völlig verrückt geworden, oder sie lügt.«

Doucet und Brel, die Figur und der Darsteller, verschmelzen miteinander.

Les Risques du métier lockt ein breites Publikum an, während die Kritik den Film mürrisch aufnimmt. Jacques zieht sich glimpflich aus der Affäre, läßt gar die Herzen der Zuschauer höher schlagen. In dieser für ihn maßgeschneiderten Rolle wirkt er natürlich – zu natürlich vielleicht. Als Schauspieler erlebt er jedenfalls keine Bauchlandung.

In *La Bande à Bonnot* verkörpert er den Autodidakten und Anarchisten Raymond la Science und kann in seinem Faible für das neunzehnte Jahrhundert und idealisierte Anarchisten à la Jojo

schwelgen. Raymond la Science wird als großzügiger, rührender Theoretiker hingestellt. Die
Dreharbeiten finden vor Mai 1968 statt. Jacques
arbeitet gleichzeitig an den Chansons für das
Märchenspiel *Voyage sur la lune*.

La Bande à Bonnot läuft im November 1968 in
einem gleichsam postrevolutionären Klima an, in
dem sich 1848 und 1968 miteinander vermischen. Jacques mag diese zu poetischen Figuren
stilisierten Anarchisten, die gegen die Gesellschaft opponieren. Er vergißt dabei, daß die sogenannte Bande eine Menge Unschuldige auf
dem Gewissen hat. Brel hatte schon immer den
unbestimmten Traum, eine Regierung hochgehen zu lassen – oder zumindest, wie drei Jahre
zuvor, den Stadtrat von Lüttich. Die ›Bonnot-
Bande‹ hätte um ein Haar den Sturz der Regierung Poincaré herbeigeführt. In einem Interview erklärt Brel:

»Es waren eben richtige Männer.«

Kerle, mit anderen Worten.

Ein paar Widrigkeiten stärken die Solidarität
zwischen Regisseur und Darstellern: Das Team
bekommt in bestimmten Pariser Arrondissements keine Drehgenehmigung, und für Jugendliche unter achtzehn wird der Film verboten. In
der Zusammenarbeit mit Fourastié kann Brel
seinen Wunschtraum, sich gegen die Gesellschaft aufzulehnen, noch einmal aufflackern lassen. Raymond la Science ist nicht Don Quijote.
Aber einige Textstellen sind Brel wie auf den
Leib geschrieben. Am Tor einer Fabrik, die noch

schäbiger aussieht als die Kartonagenfabrik Vanneste & Brel, hält er eine Rede an die Arbeiter:

»Eure Fabrik ist Euer Gefängnis ... Die Arbeitgeber sind sich einig, sie sind ein einziger Kopf und ein einziger Arsch.«

Oder: »Ich kann nicht mehr mit ansehen, wie man Menschen in die Knie zwingt.«

Und: »Es gibt so viele, die schon längst gestorben sind und es noch nicht einmal wissen.«

Weil das Drehbuch eine Bordellszene beinhaltet, begibt sich das ganze Team nach Brüssel, an die Porte de Namur – was Jacques besonders beglückt. An einer anderen Stelle muß Raymond la Science in einer Pariser Brasserie so tun, als ob er Brüsseler wäre.

Im langen Mantel, mit steifem Kragen, Schnurrbart und einer Nickelbrille, macht Jacques eine großartige Figur. Er hat für das neunzehnte Jahrhundert ein tieferes Gespür als für das zwanzigste, spricht zwangloser von Anatole France als von Camus oder Sartre.

Während der Dreharbeiten vertraut er sich Jacqueline Thiédot an, einer großen Blondine, die eine ausgezeichnete Cutterin ist: »Das Varieté ist eine phantastische Berufsschule.«

Hält er sich für einen guten Filmschauspieler?

»Ich habe keine Ahnung. Ich habe keinen von meinen Filmen gesehen, bis auf den ersten, *Les Risques du métier*, und das war aus reiner Neugier. Nein, im Ernst: Meine Fresse anderthalb Stunden lang auf einer großen Leinwand anzuglotzen, das geht über meine Kräfte.«[3]

3 L'Express, 20. Juli 1970.

Er übertreibt. Er geht sicherlich weder in die großen Kinos der Champs-Elysées noch in die kleinen im Quatier Latin, aber er mustert das Filmrohmaterial sehr aufmerksam. Er entwickelt eine freundschaftliche Beziehung zu dem Kameramann Alain Levent. Nach einer Vorführung von *La Bande à Bonnot* steht er auf, durchquert den Raum, geht auf Levent zu und ruft mit der unverwechselbaren Brelschen Theatralik: »Monsieur, wenn ich meine Arbeit so gut machen würde wie Sie, wäre ich ein glücklicher Mann!«

Levent, ein rundlicher, jungenhafter Typ mit widerspenstigen Locken und Begeisterung im Blick, ist bereit, Brel bis ans Ende seiner Filmabenteuer zu begleiten. Er erfindet Bilder von großer Schönheit. Fourastié und Levent lassen Stadt- und Landszenen miteinander abwechseln, die hübschen Villen und die Kreidefelsen von Dieppe mit Trambahnen und Autos der Jahrhundertwende. In der grandiosen Schlußszene umzingeln achthundert Zuaven[4] mit Maschinengewehren das Haus, in dem Bonnot mit eigenem Blut seine letzten Worte niederschreibt. Daß dieser Mann im Alleingang den Institutionen standhält, ist so recht nach Brels Geschmack.

4 Soldaten der franz. Auswahlinfanterie in türkischer Tracht

Wenn er sich außerhalb des Bildfeldes befindet, dann hält er sich in der Nähe der Kamera auf. Viele Schauspieler möchten gern wissen, wie sie gefilmt werden, ob in Großaufnahme oder Halbtotale. Die wenigsten fragen jedoch, wie Brel, warum dieses oder jenes Objektiv benutzt wird, wie ein Teleobjektiv funktioniert, warum man mit kurzer Brennweite mehr Tiefenschärfe erreicht, wie man durch höheren Blendenwert zum selben Ergebnis kommt ... Oft wissen das alles nicht einmal die Regisseure.

Jojo ist mit dem Film zufrieden. Auch Anarchisten sind schließlich Revolutionäre, ganz gleich, wie Kommunisten und Sozialisten darüber denken mögen.

Die beiden Filmemacher, mit denen Jacques sich am tiefsten verbunden fühlt, sind Edouard Molinaro und Claude Lelouch. Er arbeitet zweimal mit Molinaro und einmal mit Lelouch.

Molinaro, genannt Doudou, ist ein schüchterner Mensch, der alles mit äußerster Sorgfalt tut, ob er spricht, den Drehplan vorlegt oder seine Kameraeinstellungen vorbereitet. Lelouch, eher Autodidakt, ist extrovertiert, eloquent und kann hervorragend improvisieren. Jeder Beleuchtungstechniker weiß, daß Lelouch, ob er nun einen Super-8- oder einen Normalfilm benutzt, seine Kamera nicht gern aus der Hand gibt.

Ende der sechziger Jahre entwickelt Molinaro zusammen mit Alphonse Boudard das Drehbuch für einen Kriminalfilm. Beide denken an Jacques, aber die Rolle paßt aber nicht zu ihm. Trotzdem möchte Jacques mit Molinaro arbeiten. Bei diesem liegt, seit Jahren unberührt, eine Bearbeitung von Claude Tilliers Roman *Mon oncle Benjamin* auf dem Arbeitstisch. Die darin beschriebene Welt hat etwas mit Flandern zu tun. Brel kennt den Roman bereits, als Molinaro ihm die Bearbeitung zu lesen gibt. Der Film kommt zustande, weil Brel ein Star ist. Viele Filme können nur mit einem Aushängeschild realisiert werden. Damals ist es noch nicht *en vogue*, Kostümfilme über das achtzehnte Jahrhundert und den Geist der Revolution zu drehen. Brel ist an dieser Produktion nicht nur als Schauspieler beteiligt, sondern wirkt auch an der Adaptation der literarischen Vorlage mit. Innerhalb eines Nachmittags wird im Häuschen Molinaros am Rande des Forêt de Rambouillet der Stoff noch einmal umgearbeitet und neu zusammengefügt. Der Regisseur staunt nicht wenig über das sichere Gespür des Sängers für die Erfordernisse des Films.

»Die Leute, die vom Varieté kommen«, sagt Molinaro, »zumindest die besten unter ihnen, bringen eine genaue Kenntnis des Publikums mit, sie pflegen ja den direkten Kontakt zu ihm, was oft schwierig genug ist. Sie legen manchmal eine Hellsicht an den Tag, über die wir Regisseure und Autoren nicht verfügen.«

Die Rolle des Onkel Benjamin darf als Jacques' beste schauspielerische Leistung betrachtet werden. Benjamin, das ist Jacques. Und Jacques wird zu Benjamin, dem anarchischen Landarzt, der sich prügelt und die Leute provoziert, der mit den Mädchen schäkert und sich um die Armen kümmert, gegen die Mächtigen rebelliert, gern ißt und trinkt und das Leben genießt. Brel, der Schürzenjäger und Romantiker, schlüpft mühelos in die Haut des Helden Benjamin. Der Film ist von einer Rabelaisschen Fröhlichkeit beseelt, die bis in die Sterbeszenen hineinreicht. Benjamin, ein Arzt voller Tatkraft und Menschlichkeit, liebt seinen Beruf. Er behandelt die Ärmsten der Armen, fernab von bürgerlichen Konventionen und am Rande des Gesetzes. Der ganze Film ist in ein flämisches Ambiente getaucht, mit Festlichkeiten, Jahrmärkten und üppigen Gelagen. Benjamin-Brel hat eine lebhafte, farbige Sprache: Wie Cyrano de Bergerac kämpft er mit dem Wort und mit dem Degen. Abgesehen von seiner Vorliebe für deftige Zoten ist der muntere Benjamin ein gutmütiger Frührevolutionär. Wenn er den Hintern eines Grafen küssen muß, wird er sich dafür zu rächen wissen.

»Ich will nicht als Landarzt enden, die Welt ist groß!« ruft Benjamin aus.

Brel will nicht als Schauspieler enden. Benjamin singt Brel:

Das Herz gestützt auf die alten Freunde
Sterben um zu sterben
Ich möchte sterben vor Zärtlichkeit
Denn aus Liebe sterben heißt nur zur Hälfte sterben
Ich möchte mein Leben sterben lassen bevor es alt ist
Zwischen den Hintern der Mädchen und den Bäuchen der Flaschen.

»Spielen heißt nicht leben, sondern sein«, sagte Jean Epstein, während für Frank Capra »jeder Schauspieler den Höhepunkt seines Könnens erreicht, wenn er sich selbst in einer Figur ausdrücken kann, die ihm ähnlich sieht wie ein Bruder.«[5]

5 Edgar Morin, Les Stars, Editions du Seuil, Paris, 1972.

Alle Voraussetzungen für einen ausgezeichneten Film sind erfüllt: Alain Levent ist für die Kameraführung, François de Lamotte für die Ausstattung verantwortlich, François Rauber und Jacques Brel schreiben die Filmmusik und drei Chansons.

Die Außenaufnahmen werden in der Gegend um Vézelay bei wunderschönem Wetter gedreht. Abends sitzen fünfzehn bis zwanzig Personen an Jacques' Tisch. Levent und Brel diskutieren manchmal bis Sonnenaufgang.

Jacques vertraut Alain einen bisher geheimen Plan an: er will Regisseur werden.

Jacques besitzt damals bereits ein Flugzeug. Wenn man ihn am Drehort nicht braucht, dann setzt er sich in die Maschine und fliegt davon. Natürlich haben die Produzenten gar keinen Sinn für solche Kapriolen. Wenigstens ist Jacques bei Lloyds in London versichert. Während der Dreharbeiten verunglückt Molinaros Frau, Fluglehrerin von Beruf, mit ihrem Flugzeug. Jacques zeigt Edouard sein Mitgefühl. Und er fühlt wirklich mit ihm.

Privat und öffentlich wiederholt Jacques, wie gut ihm der Film gefällt:

»Es handelt sich um eine Art Chronik à la Diderot, in der sich eine wütende Lebenslust ausdrückt.«

Jacques hat Sophie verlassen. Er hat sie gegen Marianne ausgetauscht, an die er jetzt heitere Briefe schickt.

»Weißt Du, ich habe wie ein kleiner Junge

einfach Lust, viele schöne Dinge zu tun, nur um Dich zum Staunen zu bringen.

Du mußt wissen, daß Du meinem Leben neuen Antrieb gibst.

Der Ausdruck meiner Liebe ist meine Arbeit.

Denn so, denke ich, sollte ein Mann lieben.

Zum ersten Mal liebe ich ›in Freiheit‹, ich meine damit, daß Du nicht meine Sklavin bist und ich nicht Dein Sklave.

Ich glaube, das gibt es ganz selten, daß die Liebe einen so großen Hunger nach Freiheit weckt. Ich finde es schön.«

Bei seinem nächsten Film, *Mont-Dragon*, in dem er als Hauptdarsteller mitwirkt, greift er direkt in die Regiearbeit ein. Der Regisseur, Jean Valère, tut sich mit Entscheidungen schwer, feilt allzu lange an den geplanten Einstellungen, während Schauspieler und Techniker auf ihn warten. So ergreifen Brel und der Kamerachef Levent die Initiative. Sie machen Vorschläge, die Valère wohl oder übel annimmt. Das Verhältnis zwischen Hauptdarsteller und Regisseur ist spannungsgeladen.

»In dieser Szene sieht man nur Jacques' Rücken«, bemerkt Levent.

Worauf Valère erwidert: »Aber Alain, Sie haben nichts begriffen! Der Rücken, das ist das Leben!«

Keine Sekunde lang wirkt dieser degradierte Offizier mit seinen Haudegenallüren glaubwürdig, dieser schnurrbärtige steife Darmont, der Montaigne und den Marquis de Sade zitiert und

das Gestüt eines Schlosses beaufsichtigt, in dem
Frau und Tochter seines ehemaligen Obersten
leben. Brel ist in dieser Rolle unerträglich. Darmont mag sich auf Valmont reimen, doch nicht
auf Brel. Das exquisite Naschwerk der Perversion
bekommt ihm schlecht. Die schweren Wand-
teppiche und Holzverkleidungen, die Landschaften um Mende sind prachtvoll, aber leider gibt es
keine Szene, die frei von Schwulst wäre. Das
Gewagte wirkt unfreiwillig komisch. Der gestie-
felte Brel-Darmont umkreist bei Nacht die Gattin des Obersten, Germaine de Boisménil, von
Françoise Prévost so gut wie möglich gespielt,
die nackt und mondlichtbeschienen auf einem
Pferd sitzt.

Brel stottert seinen Text. Prévost-Germaine
haucht mit ätherischer Stimme:

»Hören Sie gern Musik?«

Brel-Darmont:

»Trompete, Madame.«

Warum hat Brel sich darauf eingelassen, diese
Karikatur eines bildungsbeflissenen, sexbeses-
senen Leutnants zu verkörpern? Im wirklichen
Leben – unter Kumpanen, bei einem Saufabend
mit Jojo oder auch bei einer Zufallsbegegnung,
mit der er zwei oder drei Liebesnächte verbringt
– mag er zuweilen den Wüstling spielen, mit
seiner Belesenheit prahlen, Macho-Tiraden aus
dem Ärmel schütteln und verächtlich auf alles
und alle herabblicken.

In gewissen Kreisen der Musikszene gilt ein
wenig ›Perversität‹ als chic. Jacques sagt einmal

zu seiner Tochter France: »Es gibt nichts Schöneres als zwei Frauen, die es miteinander treiben.« Aber dieses Milieu hat er schnell abgehakt.
Brel interessiert sich für Darmont, obwohl ihn
nichts mit diesem Valmont-Abklatsch verbindet.
Darmont ist nur ein schwerfälliger, angeberi-
scher Libertin. Brel ist im wirklichen Leben viel
eher Romantiker.

In *Les Assassins de l'ordre* geht die Justiz nicht
wie in den *Risques du métier* als Siegerin hervor.
Jacques sitzt diesmal mitten im System – in der
Rolle des Untersuchungsrichters Lebel, der davon überzeugt ist, daß Polizisten einen kleinen
Ganoven zu Tode geprügelt haben. Am Ende der
von vornherein abgekarteten Sache werden die
schuldigen Polizisten freigesprochen, und der
Strafverteidiger, von Charles Denner höchst sa-
tanisch gespielt, macht mit einem einzigen Satz
den Richter darauf aufmerksam, daß die Ereignisse des Mai 1968 an ihm nicht spurlos vorbei-
gegangen sind: »Auch ich habe *Don Quijote* gelesen.«

Das Privatleben des Richters Lebel erinnert
ein wenig an das von Brel. Madame Lebel tritt im
Film nicht auf. Lebt er getrennt, ist er geschie-
den?

Er hat eine Geliebte und einen Sohn. Der
bewundert ihn und spricht von ihm so, wie
Chantal, France oder Isabelle von Jacques sprechen könnten:

»Mein Vater«, sagt er, »zieht alle Dinge durch,
die er anfängt.«

Auch die Auseinandersetzungen zwischen Lebel und seinem Sohn schmecken verdächtig nach denen zwischen Brel und seinen Töchtern. Ob der gewissenhafte Untersuchungsrichter dem Druck seiner Vorgesetzten nachgeben werde, die die Affäre totschweigen wollen? fragt der Sohn.

»Ich lasse mir jedenfalls nicht von einem kleinen Arschloch wie dir vorschreiben, was ich zu tun habe«, gibt Lebel zurück.

Nach der Konfrontation findet die Versöhnung à la Brel statt: Der Richter geht mit seinem großen Sohn einen trinken, wie Brel seinerzeit nach einem Streit mit Tochter Chantal tanzen ging.

In Marcel Carnés Film arbeitet Brel mit sensibleren Schauspielerkollegen als in *Les Risques du métier*. Als Polizeikommissar gibt Michael Lonsdale – mit einem bitteren Zug um den Mund und Augenbrauen wie Stacheldraht – einen ernst zu nehmenden Partner ab.

Jacques beurteilt die Figur des Lebel ziemlich treffend:

»Ein Untersuchungsrichter, der ein bißchen wie ein verspäteter Pfadfinder wirkt.«[6]

Die gute alte *Franche Cordée* läßt wieder einmal grüßen.

Claude Lelouch lädt Brel zu einem Gespräch in sein Büro in der Avenue Hoche 13 ein.

»Ich hätte eine Rolle für Sie in meinem nächsten Film.«

»Wunderbar.«

[486]

»Ich lasse aber die Schauspieler das Drehbuch nie vorher lesen.«

»Das ist auch viel besser so.«

»Ich werde Ihnen die Geschichte erzählen.«

»Das brauchen Sie nicht. Ich möchte einfach sehen, wie Sie arbeiten.«

»Brel ist der einzige Schauspieler, der gleich so unumwunden mit mir geredet hat«, notiert Lelouch. »Die anderen interessieren sich immer für ihre Rolle, für die Handlung. Niemals habe ich beim ersten Kontakt mit einem Schauspieler ein so kurzes Gespräch erlebt.«

Brel übernimmt zum ersten Mal die von ihm bisher verschmähte Rolle eines Ganoven. *L'Aventure, c'est l'aventure*, ein beachtlicher Publikumserfolg, zählt nicht zu Lelouchs besten Arbeiten.

Claude hat zunächst Jean-Louis Trintignant im Kopf, als er das internationale Gangstersortiment zusammenstellt, das mit spektakulären Aktionen wie der Entführung Johnny Hallidays oder des Papstes seinen Wirkungskreis erweitern will.

Für die Koordinierung der Koproduktion ist Alexandre Mouchkine zuständig.

»Geben Sie mir irgendeine Rolle – was Sie wollen«, sagt Jacques.

Die Schauspieler werden üblicherweise von ihren Agenten und Impresarios vermittelt. Brel ist so begierig darauf, Lelouch bei der Arbeit zuzusehen, daß er auf diese Formalität verzichtet. Er hatte, bevor er das Büro in der Avenue Hoche betrat, bereits einen festen Entschluß gefaßt:

»Ich habe vor, mich während der Dreharbeiten dumm zu stellen«, sagt er zu Lelouch. »Ich weiß, daß Sie Leute brauchen, die vollkommen offen und verfügbar sind. Ich habe schon davon gehört, wie Sie drehen. Ich werde hundertprozentig verfügbar sein. Sie können mit mir machen, was Sie wollen.«

Wie könnte man einem so bescheidenen Schauspieler widerstehen? Regisseur und Darsteller treffen sich zu einer zweiten Arbeitssitzung. Jacques weiß, daß es kein Zurück mehr gibt, sobald er den Vertrag unterzeichnet hat. In seinem Privatleben gibt er, milde ausgedrückt, seinen wechselnden Gelüsten nach. Aber wenn es um berufliche Dinge geht, ist sein Ja oder sein Nein unumstößlich. Anfangs findet er das Drehbuch recht amüsant. Gefilmt wird in verschiedenen Ländern, was beträchtliche Finanzmittel verschlingt. Technisches Personal und Schauspieler reisen zwecks Dreharbeiten in den Vereinigten Staaten, in Frankreich, Italien und in der Karibik herum. Eine Gruppe junger Frauen, für kleinere Rollen verpflichtet, wird am 17. November 1971 nach Antigua eingeflogen. Zu ihnen gehört auch die achtundzwanzigjährige Maddly Bamy. Diese hochgewachsene, kurzhaarige Schönheit aus Guadeloupe ist biegsam wie eine Liane, von ansteckender Fröhlichkeit, überaus attraktiv. Eine Handvoll Schauspieler – Brel ist dabei – empfängt die Damen auf dem Flugplatz. Maddly steigt mit der Produktionssekretärin zu Jacques in den Wagen.

»Ich habe nur ihn gesehen. Und er hat mich gesehen«, sagt sie später.

Während der Dreharbeiten bilden sich oft Paare, die sich meist schnell wieder trennen. Jacques und Maddly werden ein Paar. Sie ist heute noch fest überzeugt, daß Jacques zu ihr gesagt hat: »Wenn ich dich nehme, dann für immer.«

Gerücht und Legende hin oder her: Es wäre nicht das erste Mal, daß Jacques eine Frau *en passant* vernascht. Auch wenn Maddly, eigentlich Hélène Bamy, nicht mehr von seiner Seite weicht, pflegt Brel weiterhin seine brieflichen und sonstigen Kontakte zu all den anderen Begleiterinnen seines Lebens.

Jacques ist weder Tristan noch Romeo und Maddly, mit all ihren Vorzügen und Fehlern, weder Isolde noch Julia. Sie verbreitet die Version des *coup de foudre*, der gegenseiten Liebe auf den ersten Blick. Jacques' Persönlichkeit und die Tatsachen lassen keinen Zweifel daran, daß diese Liaison komplizierter verlief, was freilich nicht die tiefe Zuneigung in Frage stellt, die Jacques und Maddly später miteinander verband. Während der Dreharbeiten von *L'aventure, c'est l'aventure* sind sie jedenfalls glücklich.

Maddly ist mit ihrer Mutter und ihren vier Geschwistern 1953 aus Pointe-à-Pitre nach Paris gekommen. Der Vater, in der Zuckerrohrbranche tätig, bleibt auf den Antilleninseln. Madou, seine Frau, und die vier Kinder wohnen zuerst in Longjumeau, dann bis 1962 in Rueil. Maddly absolviert eine Hauswirtschaftsschule, besucht den

Cours Fides und das Gymnasium Molière. Sie besteht ihren BEPC, eine Art Mittlere Reife, lehnt
es aber ab, bis zum Abitur zur Schule zu gehen.

Sie arbeitet als Hostess bei einem Produzen-
ten, spielt ein bißchen Klavier, wird für eine klei-
ne Nebenrolle in einem Film engagiert, in dem
Eddie Constantine debütiert. Maddly, deren
Bruder Eric Chansons für Johnny Halliday komponiert, verkehrt fleißig im Show- und Film-
milieu. Sie probiert alles aus: Fernsehen, Theater
und Ballett. Sie übernimmt den Part der Sklavin
Lili in Jean-Christophe Avertys *La Case de l'oncle
Tom*, eine kleine Rolle im Film *Madly*, mit Alain
Delon und Mireille Darc, und in Claudels Stück
Le Soulier de satin in der Inszenierung von Jean-
Louis Barrault. Man sieht sie im Fernsehen in
der Krimiserie *Les Cinq dernières minutes*. Und sie
gehört zu den Girls, die Claude François bei
seinen Bühnenauftritten tänzerisch begleiten,
nachdem ihr Bruder Eric sie 1968 dem bekannten Sänger vorgestellt hat. Sie hatte immer
den verschwommenen Wunsch, »Künstlerin zu
werden ... Das war ziemlich unausgegoren«, gesteht sie. Unter anderem denkt sie sich eine ge-
tanzte Modenschau für die Präsentation von
Prêt-à-porter-Kollektionen aus. Delon rät ihr,
sich zu diesem Zweck mit einer eigenen Gesellschaft selbständig zu machen. ›Maddly Pro-
ductions‹ wird aus der Taufe gehoben, verharrt
jedoch in einem Schlummerzustand. Als Maddly
Jacques begegnet, kennt sie Paul Ankas Lieder
besser als die von Brel.

Lelouch hat sein Team gewarnt: Man dreht keinen ernsten Film, sondern eine Komödie, in der Ganoven sich reinzuwaschen versuchen, indem sie politische Ziele vorschieben. Jacques nimmt seinen Part bei weitem nicht so ernst wie seine Schauspieler- und Gangsterkollegen Lino Ventura, Charles Denner, Aldo Maccione und Charles Gérard. Die vier interessieren sich für ihre Rollen. Jacques interessiert sich für einen Film von Lelouch.

Jacques heitert Lino Ventura auf, vor allem dann, wenn Lelouch genial improvisiert. Eines Sonntags, als das ganze Team Drehpause hat, geht Maccione mit tänzelndem Schritt den Strand entlang, schlenkert mit den Armen, scheint sich selbst nachäffen zu wollen. Eine glänzende Idee! findet Lelouch und bittet sogleich die fünf Schauspieler, im Gänsemarsch an ein paar Sonnenanbeterinnen vorbeizustolzieren.

Ventura hat keine Lust, aber Brel reißt ihn mit. Lelouch beschließt, die Szene allein zu filmen, da sein Toningenieur nicht dabei ist. Hätte man diese Sequenz unter normalen Umständen gedreht, wäre sie nie so extravagant ausgefallen. Selbst Ventura und Denner sind wie ausgeflippt. Die Schauspieler denken überhaupt nicht daran, daß Lelouch diese Szene in den Film einbauen wird. Bei Dreharbeiten gibt oft ein einziger Schauspieler den Ton an. Hier ist es Brel. Für Lino ist Jacques ein Genie und ein Freund. Lelouch begreift sehr wohl, welchen Einfluß Brel auf Ventura hat.

IX.
KAPITEL

Aus Antigua schreibt Jacques an Marianne:

»Wir schuften hier wie die Irren, 16 Stunden pro Tag, und es ist heiß! Zum Glück ist die Bande total in Ordnung ...«

Und weiter:

»Das Team ist ziemlich toll. Alles geht drunter und drüber, aber mit Lelouch klappt es sehr gut.

Dies ist eine ziemlich komische Insel: Wir trinken Meerwasser, und das Mehl kommt direkt aus Montreal, außerdem hat der Innenminister verlangt, in dem Film mitzuspielen!

Der Stundenplan ist ganz schön hart, jeden Morgen um halb sechs aufstehen, Dreharbeiten bis 17 Uhr, anschließend Vorbereitung für den nächsten Tag. Lelouchs Technik ist unglaublich, von einer wahnsinnigen Präzision, die gleichzeitig einen großen Freiraum läßt.«

Was den Grundton des Films betrifft, äußert Jacques gewisse Zweifel. Lelouch ist der Meinung, daß man im Jahre 1971 alles auf die Politik zurückführen müsse. Gangster sind gewöhnlich gut informiert; wenn sie Grips haben, können sie sich die Politik zunutze machen. Denn juristisch werden Attentate, Flugzeugentführungen und andere Verbrechen, die unter dem Deckmantel eines politischen Ideals geschehen, nicht wie normale Straftaten behandelt.

In Südamerika sind Entführungen tägliche Realität. Jacques fühlt sich in diesem Klima unbehaglich. Sein politisches Interesse hat im Vergleich zu früher stark nachgelassen. Die gigantische Farce, die *L'Aventure, c'est l'aventure* vorführt, verunsichert ihn und auch Jojo. Immerhin hat Jean-Louis Trintignant wegen der ›Moral‹ des Films die Rolle abgelehnt, die Jacques jetzt spielt.

Wenn Jacques und Claude miteinander reden, philosophieren sie nicht, sondern tauschen sich über filmtechnische Fragen aus. Jacques schlägt – rein zufällig, versteht sich – eine Belgier-Szene vor. Langhaarig, mit einer dicken Zigarre zwischen den Zähnen, improvisiert er einen Gag in dem von der Gangsterbande entführten Flugzeug. Brel bestellt mit glückseligem Grinsen bei der Stewardeß gleich mehrere Gläser Champagner und sagt: » Ich verdiene siebzigtausend Francs ... aber belgische.« So schmuggelt er eine seiner privaten Lieblingsnummern auf die Leinwand. Jacques als Gangster verkündet: »Wenn ich die Männer liebe, dann nur deshalb, weil sie keine Frauen sind.« Und Lelouch verbürgt sich dafür, daß der folgende Dialog von Jacques stammt. Auf die Frage »Was ist das, ein Mann?« antwortet er: »Das ist eine Frau, die nie weint.«

L'Aventure, c'est l'aventure wird bei den Filmfestspielen in Cannes vorgestellt. Jacques fährt mit Claude zum Festival:

»Du wirst sie sehen, all die Idioten, die nichts begreifen! Das Normalpublikum wird sich da wie von selbst hineinfinden. Es ist so glasklar. Die Intellektuellen werden nichts verstehen. Die Arschlöcher werden sich riesengroß vom Rest abheben, man wird sie ganz deutlich sehen können.«

Das breite Publikum kann Lelouch folgen, die

Kritik nicht. Wenn Jacques mit Jojo, Miche oder Marianne spricht, wirkt er nicht mehr so enthusiastisch. Auf einmal mag er weder den Film noch seine Rolle. Tatsächlich hätte *L'Aventure, c'est l'aventure* nicht von Fellini, Bergman, Godard, Bresson oder Duras gedreht werden können!

Aber während der Dreharbeiten hat Jacques einen Mann kennengelernt: Lino Ventura.

Zwischen den beiden entwickelt sich eine Freundschaft. Der scheue Ventura gibt nicht so leicht etwas von sich preis:

»Freundschaft läßt sich nicht in Worte fassen ... Für mich bedeutet sie eine Begegnung auf dem Lebensweg. Mit Jacques Brel war es wie mit Gabin oder Brassens.«[7]

7 »Première Magazine«, RTB, 12. Mai 1978.

Brel, das Multitalent, wechselt einfach von einem Beruf in den anderen. Schauspieler zu sein heißt für ihn in erster Linie, nicht mehr zu singen. Der Filmschauspieler Ventura, mit dem zugeknöpften Gesicht und der starren Kinnpartie, ist zu Recht oder zu Unrecht im Teufelskreis der ewigen Gangster- und Bullenrollen gefangen. Weil Jacques selbst kein rechtes Verhältnis zu Väterlichkeit und geordneter Lebensführung findet, fühlt er sich privat zu dem Familienvater Lino Ventura hingezogen.

L'Aventure, c'est l'aventure führt das Team bis nach Guadeloupe. Der Drehplan verlangt zwar nicht Maddlys Anwesenheit, aber sie folgt Jacques. Er erzählt ihr von seiner Familie in Brüssel und von Marianne. »Sie müssen sich nur ein wenig organisieren. Lassen Sie sich ruhig Zeit. Es ist alles nicht schlimm«, erwidert sie. Zurück in Frankreich, organisiert sich Jacques, denn darin hat er Übung. Zu Jojo und Alice Pasquier sagt er, Maddly sei ihm lästig.

Trotzdem: Bei der Verfilmung von *L'Aventure, c'est l'aventure* heißt Brels großes und einzig wahres Abenteuer Maddly Bamy.

Jacques Brel hat nur entfernte Ähnlichkeit mit dem Trapper Van Horst, den er Alain Levent zuliebe in *Le Bar de La Fourche* verkörpert. Van Horst spaziert durch ein Quebec der Jahrhundertwende, begegnet dort einem Jüngling, trifft sich mit einer ehemaligen Mätresse wieder und muß sich gegen eine perverse junge Frau zur Wehr setzen. Das Drehbuch ist ziemlich fad. Die kanadische Kulisse wird in der Bretagne aufgebaut.

Levent hat Regieambitionen. Für die Rolle des Van Horst kommt ihm sofort der großmäulige Brel in den Sinn. Aber schon bald fühlt sich Levent überfordert, spielt nach drei Drehtagen mit dem Gedanken, alles hinzuwerfen. Brel ist von vornherein unzufrieden. Die Adaptation, die er für mißlungen hält, möchte er überarbeiten und verbessern, ihr sein eigenes Gepräge aufdrücken. Aber dafür ist es zu spät. Zu allem Überfluß regnet es ununterbrochen. Wenn er nach Paris kommt, beklagt er sich, zum Beispiel bei der Cutterin Jacqueline Thiédot: »Es sieht ganz schlecht aus.«

Die nicht nachlassenden Regenfälle verursachen in der natürlichen Landschaftskulisse Überschwemmungen, die im Drehbuch nicht vorgesehen waren: »Wir drehen in Kanalarbeiterstiefeln«, scherzt Jacques.

Die Beziehung zwischen Brel, dem etablierten Star, und Levent, dem Regiedebütanten, gestaltet sich schwierig.[8] Levent hat mit seinem Erstlingswerk nicht ins Schwarze getroffen. Das Drehbuch bleibt in einem ewigen Anfang stekken. Levent hat schon bei dreißig Filmen als Kameramann mitgewirkt, aber für Regie und Montage zeigt er kein Talent.

Brel hat obendrein an seinen Filmpartnern, vor allem an dem jungen Mann, einiges auszusetzen. Die junge Frau dagegen, die noch nie auf der Leinwand zu sehen war, besitzt eine starke Ausstrahlung: »Den Typ kann man vergessen! Aber das Mädchen ist großartig!«

Es handelt sich um eine gewisse Isabelle Huppert.

Das Ganze endet überraschenderweise nicht mit einem finanziellen Desaster: Hunderttausend Kinobesucher werden gezählt. Durch die Vermittlung von Marouani hat Jacques eine Gage in Höhe von siebenhunderttausend neuen Francs erhalten. Georges de Beauregard wäre sogar bereit, bis auf eine Million hochzugehen. *Le Bar de La Fourche* mutet eher trist-verregnet als poetisch an. Selbst Van Horsts Chanson, das Jacques für den Film geschrieben – oder verpfuscht – hat, zeugt von der Einfallslosigkeit, die diesen Streifen von Anfang bis Ende prägt:

8 Zumal Brel damals schon *Franz* gedreht hat. Siehe Kapitel X.

Von Rotterdam nach Santiago
Von Amsterdam bis Warschau
Von Krakau bis San Diego
Von Drama zu Drama
Vergeht das Leben
So nach und nach
Von Herz zu Herz
Von Angst zu Angst
Von Hafen zu Hafen
Zeit einer Blüte,
Und man schläft ein
Zeit eines Traums
Und man ist tot …

Brel liest weder Krimis noch Comics. Aber seine Briefe an Marianne sehen manchmal aus wie Comicblätter *(siehe nächste Seite)*.

L'Emmerdeur (Die Filzlaus) wird seine letzte Filmrolle sein. Brel ähnelt zeitweise dieser Figur des François Pignon, die er darstellt – einem Träumer und Fettnäpfchenspezialisten auf der Suche nach seiner Frau. Der Gangster Félix Milou, von Lino Ventura verkörpert, bildet seinen Gegenpart.

Sein zweiter Film mit Brel als Hauptdarsteller fällt Molinaro nicht so leicht wie *Mon oncle Benjamin*. Brel spielt einen unglücklich Verliebten:

»Ich liebe dich, Louise, Du weißt doch, daß ich dich liebe.«

Das kommt Jacques sehr hübsch über die Lippen. Aber der Rest überzeugt nicht. Brel identifiziert sich problemlos mit der Herzens-

Brief an Marianne

brecherseite Pignons, die er ja selber so gut kennt, aber er bewegt sich linkisch, fühlt sich einfach nicht in seinem Element in Szenen reinsten Boulevardtheaters. Der Film wirkt künstlich, konstruiert. Er wurde in der Tat vom Produzenten und Drehbuchautor Francis Weber um das Schauspielerpaar Brel-Ventura herumgebaut. Der Mann, der vier Jahre zuvor die Passion Christi, oder doch zumindest den Tod Don Quijotes, auf der Bühne dargestellt hat, eignet sich nicht fürs Lustspiel. Man muß ihm ständig auf die Sprünge helfen. Er verabscheut die Gags mit geplatzten Rohren, die waghalsigen Spaziergänge auf den Dächern, die mißglückten Selbstmordversuche im Klosett: »Ich habe den ganzen Tag auf einer Klobrille verbracht! Eine beispiellose Geschmacklosigkeit!« sagt er zu Jacqueline Thiédot.

Diesmal ist es Ventura, der Brel unter die Arme greift. Er ermutigt ihn, allerdings vergeblich, dieses Boulevardstück realistisch anzupacken.

»Es geht. Sei du selbst. Entspann dich, spiel ganz ruhig. Versuch nicht, Lacher zu erzwingen.«

Ventura – seine Augen glänzen schwärzer denn je in der vernarbten Visage – schreitet in der Rolle eines hartgesottenen Kerls hochmütig durch den Film. Brel kommt nicht vom Fleck. Pignons Gestalt fehlt es wohl an präzisen Konturen. Molinaro glückt es dennoch, aus Jacques eine Mischung aus Verzweiflung, Zärtlichkeit und Fragilität herauszuholen. Er hasse diesen Film, sagt Brel zu Miche, Jojo, Marianne und anderen. Aber er ist zu höflich, um Molinaro seine Enttäuschung mitzuteilen.

Die beiden Filme von Molinaro, in denen Jacques mitgewirkt hat, sind kommerzielle Erfolge. Aber Jacques mißt die Qualität eines Films nicht an der Besucherzahl.

L'Emmerdeur wird der letzte Spielfilm bleiben, in dem Brel als Darsteller auftritt. Davor hat er zwei eigene Filme gedreht, in denen er ganz er selbst sein konnte.

Von 1967 bis 1973 arbeitet Jacques Brel hauptsächlich als Schauspieler und Filmschaffender. Nebenbei meldet er bei der SACEM etwa zwanzig neue Chansontitel. Er will nicht bluffen, will sich nicht ständig wiederholen. Er hat es nicht nötig, Lieder herunterzuleiern, um zu überleben. Im Gegenteil!

Einen nüchternen, doch unwiderlegbaren Beweis für Brels Popularität und die Anhänglichkeit des Publikums liefert die Auflistung seiner Einkünfte aus dem Verkauf seiner (französischen) Kassetten und Schallplatten zwischen 1965 und 1977. In diesen Summen, angegeben in neuen französischen Francs, sind Rundfunkantiemen sowie diverse weitere Gagen des Sängers nicht enthalten.

Jahr	Philips	Barclay
1965	21 610	99 050
1966	24 294	300 000
1967	39 384	183 251
(Abschied von der Bühne)		
1968		179 568 (gesamt)

1969	25 328	220 708
1970	18 563	194 170
1971	25 554	73 071
1972	40 905	115 523
1973	65 017	223 119
1974	101 100	258 490
1975	133 141	326 655
1976	245 788	674 134
1977	364 754	890 562[9]

9 Diese Zahlen wurden von den Firmen Philips und Barclay – mit der Genehmigung von Mme Jacques Brel, Chantal Camer-man-Brel, France Brel und Isabelle Brel – mitgeteilt.

Diese Zahlen verdeutlichen, daß Jacques Brels Kassetten und Platten sich nach dem Ende seiner Bühnenkarriere besser verkaufen als in der Zeit davor. Derart finanziell abgesichert kann Brel sich unbekümmert in die Filmregie stürzen, die für jemanden, der sich mit gewissen ästhetischen Ambitionen trägt, stets ein Abenteuer bedeutet.

X. KAPITEL

X. KAPITEL

BREL ALS REGISSEUR

Marianne lebt weit weg von Paris, während Maddly eine Wohnung im neunten Arrondissement, in der Rue de la Tour-d'Auvergne, bezieht. Jacques behält sein Zimmer, vielleicht als eine Art Talisman, in der Cité Lemercier und kauft ein geräumiges Apartment in Neuilly, in der Rue Edouard-Nortier 51. Dort stellt er einen Tisch auf und ein neues Fernsehgerät, das er nie anschaltet.

Der Alltag tötet die Liebe. Das wird dem von Frauen umschwärmten Brel jetzt klar. Eine späte Entdeckung! Er werde keine ›dritte Ehe‹ eingehen, sagt er. Marianne hat dafür Verständnis, und die räumliche Entfernung erhöht nur die Intensität ihrer Begegnungen mit Jacques.

Maddly wohnt in Paris. Für sie steht fest, daß Brel der Mann ihres Lebens ist. In Alice und Jojo Pasquier findet sie keine Verbündeten. Maddly hat ein paar Trümpfe in der Hand: Ihre Jugend und nicht zuletzt ihre Fröhlichkeit. Sie bringt

X.
KAPITEL

1 »Si tu étais le bon
Dieu« (Wenn du
der liebe Gott
wärest), TF1,
Regie: Eric Le
Hung, 1983.

Jacques zum Lachen. Aber sie hat ihn nicht zu *Franz*, seinem schönsten filmischen Abenteuer, inspiriert – wie in einer Fernsehsendung[1] behauptet wurde, in der offensichtlich die Chronologie von Brels Leben durcheinandergeriet: Den Film, den er schon seit langem im Kopf hat, dreht Brel bereits im Juni 1971 an der belgischen Küste, während er Maddly erst im November desselben Jahres kennenlernt.

Brel hat sich über *Franz* in der Bar der Filmstudios in Boulogne-Billancourt mit Jacqueline Thiédot länger unterhalten. Damals spielte er den Untersuchungsrichter in *Les Assassins de l'ordre*.

Der Entwurf für die Regie ensteht im Februar 1971 auf Guadeloupe, wo Jacques, Miche und Isabelle, im Hotel ›Caravelle‹ einquartiert, ihren Urlaub verbringen. Er steht nach zehn Uhr auf, während Mutter und Tochter bereits auf dem Weg zu den Plantagen oder dem Vulkan Soufrière sind. Jacques, der nicht gut schwimmen kann, badet ein wenig, sonnt sich, liest Zeitung, aber vor allem will er mit der Arbeit an seinem Film vorankommen. Er verfaßt interessanterweise kein Exposé, was unüblich ist, sondern einzelne, aufeinanderfolgende Szenen, als wären es Chansons oder Tableaus.

»Es geht um zwei verkrachte Existenzen, beide keine Schönheiten, zwei Versager, die sich lieben«, erläutert er Miche.

Franz ist ein Low-Budget-Film: hundertdreißig Millionen alte französische Francs. Er wird in

Belgien gedreht, vorwiegend an der Küste, an Schauplätzen, die Jacques vertraut sind. Jacques mag seinen Produzenten Michel Ardan, den er bereits bei den Dreharbeiten zu *Les Assassins de l'ordre* als Carnés Finanzverwalter schätzen lernte: Damals kümmerte er sich rührend um die Schauspieler, schmierte sogar Brote für das ganze Team. Einen so liebenswürdigen Produzenten hatte Jacques vorher noch nie erlebt.

Brel, der bei *Franz* die dreifache Funktion des Drehbuchautors, Hauptdarstellers und Regisseurs innehat, beteiligt sich finanziell zu fast zwei Dritteln an der Produktion. Er legt Alain Levent ein dreißigseitiges Treatment vor. Innerhalb weniger Tage werden die Drehorte bestimmt. Der Kameramann wirkt bei den Filmvorbereitungen mit. Er verbringt mit Brel mehrere Monate in dessen Heimat.

Die Frage, die Brel beschäftigt und die den ganzen Film durchzieht, formuliert er im Gespräch mit Tochter France:

»Warum belügt ein Mann eine Frau? Um ihr den Hof zu machen?«

In Brüssel befragt er Miche und alle drei Töchter. Haben sie mehr Phantasie, mehr Vorstellungsvermögen als er?

Aufgrund seiner Charakteranlage, der Art seiner Intelligenz und Sensibilität hat Brel durchaus etwas von der Hilflosigkeit und Unsicherheit des ›kleinen Mannes‹. Levent entdeckt in Brel die Urwüchsigkeit des Benjamin und zugleich die Fragilität des Helden von *Franz*.

X.
KAPITEL

Seit seiner Kinderzeit kennt Jacques den sechzig Kilometer langen Küstenstreifen zwischen Ostende und Knokke mit Häfen, Dünen und Stränden wie seine Westentasche.

Er trifft dort Franz Jacobs wieder, der mit seiner Lebensgefährtin Zozo über die Bar ›The Gallery‹ in der Nähe des Casinos gebietet.

Franz, gleichsam eine Negativbiographie, beginnt mit einem Chanson Brels, *Les Désespérés*. Mit ihrer samtigen, nuancenreichen Stimme interpretiert es Lisbeth List auf niederländisch sehr überzeugend. Brel läßt seine Lieder gern, wie hier, mit einem Verb beginnen, am liebsten ohne Personalpronomen:

Sie halten sich an der Hand und wandern schweigend
In den erloschenen Städten die der Sprühregen im
Gleichgewicht hält
Hallen nur ihre Schritte, geträllert Schritt für Schritt
Sie wandern schweigend die Verzweifelten
Sie haben ihre Flügel verbrannt, sie haben ihre Zweige verloren
So schiffbrüchig daß der Tod weiß aussieht
Aus Liebe kehren sie zurück sie sind aufgewacht
Sie wandern schweigend die Verzweifelten
Und ich kenne ihren Weg weil ich ihn gegangen bin

In dem ganzen Lied sind der Mann und der Sänger Jacques Brel gegenwärtig, bis zur Schlußzeile:

Schweigend vergißt man die die gehofft haben.

Zwischen 1951 und 1953 hatte Brel, damals noch Optimist und Idealist, sozusagen seine rosa Periode. Seine romantisch-realistische ›graue‹

Phase dauert von 1953 bis 1967. Der ›schwarze‹, pessimistische Brel zeigt sich erst in *Franz,* wo er, wie früher in seinen Chansons, scherzhafte und melancholische Hiebe nach allen Seiten austeilt. *Franz* bedeutet für Brel eine ähnliche Herausforderung wie eine Konzerttournee. Der Film wird zuerst *Les Moules,* dann *Léon* heißen und schließlich, dem Freund Franz Jacobs zu Ehren, den Titel *Franz* tragen: »Ich hatte doch versprochen, dir ein Chanson zu widmen. Jetzt hast du deinen Film«, sagt Jacques.

Die Mittelmäßigkeit, die Absurdität der Aufrichtigkeit wie der Lüge faszinieren Jacques seit jeher. Zusammen mit Paul Andréota hat er das Drehbuch erarbeitet, eine erfundene Geschichte mit strengem Handlungsaufbau. Die Beamten Léon, Pascal, Arnaud, Antoine und Serge machen einen Rekonvaleszenzurlaub in der ›Pension du Soleil‹ an der Nordseeküste. Brel spielt Léon, den geduckten kleinen Mann und erfindungsreichen Lügner auf der Suche nach Liebe. Seine Mutter beherrscht ihn aus der Ferne. Täglich schreibt er ihr, die Briefe befördern seine siebenundzwanzig Brieftauben. In der Pension tauchen unerwartet zwei Frauen auf: Catherine, eine hübsche, herausfordernd sinnliche Blondine, wird von Danièle Évenou gespielt. Die etwas ältere, dunkelhaarige Léonie, von der Sängerin Barbara verkörpert, gibt sich als ätherische Idealistin und geht fleischlichen Versuchungen lieber aus dem Wege. Léon hält sich in dem Genesungsheim auf, weil er an Albuminurie erkrankt ist. Die anderen kleinen Beamten, die dort zu Gast sind, machen sich einen Spaß daraus, Léon zu quälen. Er verliebt sich in Léonie.

Léon fliegt einerseits auf Catherines Busen, andererseits auf Léonies Ziererei. Den Damen erzählt er, er sei mit einem gewissen Franz, der schon längst tot sei, als Söldner in Katanga gewesen. Schließlich glaubt er selbst daran. Franz, das Phantom, ist der Mann, der Léon gern wäre. Als er für Léonie in einem Bunker eine afrikanische Kampfszene darzustellen versucht, behauptet er sogar, dort verwundet worden zu sein. Léonie ist außer sich. Sämtliche Chansonthemen Brels werden in diesem Film miteinander verwoben: die Zärtlichkeit, die man nicht entbehren kann, die unmögliche Liebe, die Verzweiflung, die Dummheit, die Unvermeidlichkeit des Scheiterns, der Tod. Und das Lachen:

»Ein bißchen Spaß«,« sagt Léon, »liebe ich über alles. Es tut so gut.«

Die Streiche, die ihm Antoine, Serge, Arnaud und Pascal spielen, sehen jenen zum Verwechseln ähnlich, die Jojo und die Musiker während der Tourneen bevorzugten: Catherine wird nackt in Léons Bett geschmuggelt, er findet eine tote Taube in seiner Tischserviette und dergleichen mehr. Linkisch, unbeholfen leidet Léon vor sich hin und schweigt.

Doch die Figur des Léon ist in sich nicht ganz stimmig: Anfangs legt er eine extreme Naivität und am Ende einen übertriebenen Scharfblick an den Tag. In 105 Minuten faßt Jacques das Leben zusammen, das er geführt hätte, wenn er in Belgien geblieben wäre – mit dem Unterschied, daß er nicht beim Finanzamt, sondern in der Kartonagenfabrik Vanneste & Brel gearbeitet hätte. Er ist auf seinen Tourneen, diesen sängerischen Marathonläufen, so vielen Durchschnittsexistenzen begegnet. Kleine Beamte, die dieser Gruppe von Rekonvaleszenten gleichen, hat er in französischen Unterpräfekturen und belgischen Kleinstädten zuhauf gesehen.

Arnaud, Pascal, Antoine und Serge sind Inkarnationen des Mittelmaßes, und sie repräsentieren Brels Menschenbild im Jahre 1971. Sie reden über Geld, obwohl sie keins haben, beschäftigen sich mit armseligen Beförderungsfragen. Léon hat sich damit abgefunden, sich seiner herrschsüchtigen Mutter bedingungslos zu unterwerfen. Sie wird gespielt von Simone Max, der imposanten, umwerfenden Brüsseler Actrice und Kleinkunstdarstellerin. Die Mutter also platzt herein und befiehlt dem Sohn, unverzüglich nach Hause zurückzukehren, weil er es sich sowieso nicht leisten könne, eine Ehefrau zu unterhalten. Léon gehorcht. Und sagt noch zu Léonie:

»Meine Mutter, das ist eine Klassefrau ...«

Und weiter: »Man darf mit der Zärtlichkeit nicht so leichtsinnig umgehen. Mama sagt immer, Liebe verwandelt sich nach und nach in Zärtlichkeit.«

Mangel an Zärtlichkeit: ein Brelsches Leitmotiv.

X.

Dazu äußert sich Léon-Jacques:

»Mit Männern klappt es, aber mit Frauen ...«

Hier ähnelt Léon Jacques.

»Mama hat mich praktisch großgezogen.«

Auch das trifft auf Jacques zu. Léonie fragt Léon: »Wie finden Sie das, wenn Sie mit mir spazierengehen?«

»Es macht mich stolz.«

Stolz war Brel zweifelsohne, als er mit Catherine Sauvage spazierengehen durfte.

Léonie macht Léon eine Szene und stimmt schließlich mit Léons Pensionsfreunden überein: »Sie sind ein Arschloch.«

Im übrigen rechtfertigt er Léonies Verachtung, diese Mischung aus Spießbürgergetue und Snobismus: »Was ich vor allem mag, ist Ouahgner (Wagner).«

Die Figur des Franz stirbt, und es ist, als würde dadurch auch Brel ein wenig sterben. Léon gibt reihenweise Kommentare zur Lage des Menschengeschlechts ab. Männer, sagt er, hätten vor allem ›Angst‹.

Die autobiographische Dimension des Films, wenn auch erst auf den zweiten Blick erkennbar, läßt sich nicht leugnen. In jenen Jahren mag Jacques sich immer noch nicht festlegen, wandert von Wohnung zu Wohnung, träumt davon, ein Haus im Baskenland zu besitzen. Léon spricht von dem Refugium, das er irgendwann gern erwerben möchte. »Wo stellen Sie sich dieses Haus vor?« fragt Léonie.

»In Texas,« sagt Léon.

Ein paar Züge des imaginären Franz stammen von Franz Jacobs selbst. Seine stattliche Erscheinung und seine Körperkraft lassen Brel ins Schwärmen geraten. Jacob hat zwar nicht als Söldner in Katanga gekämpft, aber immerhin den Koreakrieg mitgemacht. Léon bewundert den männlichen, kampflustigen Franz, der zwei Liter Whisky pro Tag schlucken kann: »Franz, das ist ein Kerl! Zwei Liter Whisky pro Tag!«

Franz Jacobs ist in der Tat an der ganzen belgischen Küste dafür bekannt, daß er bis zu fünfzig Whisky in einer Nacht hinunterkippen kann.

Léon hat, wie der junge Jacques, eine Pfadfinderseite. Er glaubt an das Gute und das Böse, und er geht in seiner Leidenschaft auf. Während Catherine für die Sinnlichkeit steht, ist Léonie nichts als eine Kleinbürgerin, die so tut, als würde sie Léon lieben, während sie in Wirklichkeit nur darauf wartet, wieder zu Mann und Kind zurückzukehren. Eine Schlampe, wie alle anderen.

Als Léon Léonie zum Essen einlädt, trägt sie eine blonde Perücke. Glauben Frauen, sich zu verschönern, indem sie sich auf diese Weise verkleiden?

Brel schlüpft ein wenig in jede seiner Figuren. Der blonden Catherine legt er einen Lieblingsspruch des Privatmanns Jacques in den Mund:

»Sprich mit meinem Arsch, mein Kopf ist krank.«

Und wie der Sänger Brel gesteht Léon:

»... Wenn man Angst hat, dann könnte man kotzen.«

Der Regisseur macht sich über den Sänger lustig. »*L'amour, toujours l'amour* ...«, posaunt der betrunkene Léon.

Als ob Jacques sagen wollte: Ich weiß, was ein Chanson ist. Immer dasselbe, und am idiotischsten ist der Refrain.

Léon uriniert neben einem Kumpel:

»Du bist Belgier,« sagt der.

»Woran siehst du das?« fragt Léon.

»Du machst es vorsichtig.«

Der Regisseur Brel läßt Léon sagen: »... Belgien ist ein Brachland, wo Minderheiten sich um zwei Kulturen streiten, die es nicht gibt.«

Beim Montieren wird Brel die Sequenz beibehalten, aber diesen Satz unhörbar machen.

Brel schöpft seine Einfälle unmittelbar aus dem Alltag, aus seinen Erlebnissen im Jahre 1971. Eine Filmszene zeigt, wie Léon allein im Bett liegt, eine Taube in der Hand hält und dabei einen ergreifenden Monolog spricht. Der wird bei den Dreharbeiten den Regisseur und Hauptdarsteller zum Weinen bringen!

»Ich liebe dich, ich liebe dich«, sagt Léon.

»Ich glaube, ich habe niemals etwas anderes getan, als dich zu lieben.

Du wußtest es nicht ...

Ich wußte es auch nicht.

Dennoch mußte ich dir begegnen.

Du bist zu schön für mich.

Vielleicht habe ich kein Recht darauf, die Sonne selbst zu besitzen ...

Du bist ein solches Geschenk.

Ich habe noch nichts getan, um dich zu verdienen.

Ich existiere, das ist alles.

Du dagegen …

Ich liebe dich … ich liebe dich …

Es ist das erste und das letzte Mal …

Denn wenn ich dich geliebt haben werde, wie ich dich liebe, dann werde ich ausgebrannt sein wie Asche.

Ich möchte alles wissen, um dir alles beibringen zu können, alles besitzen, um dir alles zu geben. Möchte dir Wärme, Zärtlichkeit, Verehrung schenken.

Du bist meine wunderbare kleine Sonne.

Ich liebe dich, ich liebe dich, ich liebe dich.

Du wirst es sehen … ich liebe dich.«

Hier spricht Brel als Mann: »Du bist zu schön für mich, ich habe kein Recht auf Liebe.«

Jenseits der Leidenschaft, der Wunden, der Verzweiflung und der Hoffnung entdeckt man das Wunderbare, die Liebe als Asche. Und vor allem: Die bedingungslos geliebte Frau, die man nicht verdient, bleibt ein Geschenk.

Aus dem Hotel in Blankenberge, wo das ganze Team sich einquartiert hat, schreibt Jacques im Juli 1971 während der Dreharbeiten zu *Franz* an Marianne, die ›Sonne‹ seiner Briefe:

»Du bist die ganze Zeit bei mir, Du hilfst mir, Du tröstest mich, und oft singt Dein Lachen in meinem Kopf – was für ein Geschenk!«

Der Monolog von Léon-Jacques ist zweifellos an Marianne adressiert.

X.
KAPITEL

In der Rolle der Léonie ist Barbara fast genauso bemerkenswert wie Jacques als Léon. Sie hat
ihre Karriere als Sängerin in Belgien begonnen.
Jacques ist von ihrem Talent und ihrer Ausdauer
beeindruckt: »Barbara ist eine prima Frau«, sagt
er oft. »Sie hat einen Spleen, aber einen ganz
hübschen. Wir sind so ein bißchen verliebt, seit
langem.«

Jacques hat Barbara gewarnt und Levent seine
Anweisungen gegeben: »Léonie ist häßlich.«

Die Gesichtszüge Barbaras sollen auf keinen
Fall retuschiert werden: »Siehst du«, sagt der Regisseur zum Kamerachef, »so von der Seite – mit
der Adlernase: so will ich es haben.«

Michel Ardan, der Produzent, hätte für die
Rolle lieber Annie Girardot engagiert. Aber Jacques wollte Barbara mit ihrer ausgeprägten Erscheinung und ihren etwas ausgeflippten Karten-
legerinnen-Allüren. Man hätte ihm Marilyn
Monroe oder Catherine Deneuve anbieten können und noch fünfhundert Millionen dazu, er
hätte alles glatt abgelehnt.

Er schont und beschützt seine Kollegin Barbara, hilft ihr, stärkt ihr Selbstvertrauen:

»Guten Tag, Diva … Du wirst sehen, es wim-
melt hier von Leuten, wie bei den Tourneen.
Aber es gibt drei wichtige Typen. Du folgst ihren
Anweisungen. Das ist alles.«

Diese drei Männer sind Jacques, der Regisseur,
Alain, der Kamerachef und Armand Marco, sein
Assistent. Dazu kommt noch Roger Delattre, der
Beleuchter, auf den man auch sehr achten muß.

Barbara eignet sich gut für den Part der Léonie, der Träumerin und Betrügerin. Léonie könnte singen wie Barbara:

Ich bin
die geheimnisvolle …
Gottesanbeterin
nicht schön nicht gut
ich liebe niemanden
und gehen vorüber
Bonjour.²

2 Ni belle ni bonne

Danièle Évenou gibt als Catherine ein perfektes sorgloses Flittchen, das Gegenstück zu Léonie, noch verdorbener als sie, eine veritable Schlampe. Léonie wiederum ist eine gewiefte kleine Lügnerin, die sich zu verstellen weiß, während Catherine sich zügellos im Bett austobt. Kurzum: zwei oberflächliche Weibsstücke. Barbara spielt die Léonie natürlich bis affektiert, kokettiert mit ihren langen Armen und langen Augenwimpern. Sie macht sich in der Rolle wirklich gut. In den Kostümen, die Jacques für sie ausgewählt hat, ist sie – allen Anweisungen des Regisseurs zum Trotz – sogar schön, vor allem in ein paar markanten Szenen des Films, beim Strandspaziergang mit Léon oder auf der Fahrradtour an den Kanälen entlang.

Die Szene mit dem Strandsegler ist charakteristisch für Brel: Léon braucht genau die Herausforderung, die Jacques beim Segeln oder Fliegen erfährt. Das Erkunden der eigenen physischen Grenzen wird bei ihm großgeschrieben. Brel ist zwar nicht schmächtig, doch auch nicht athletisch gebaut. Es kommt vor, daß ein behaarter Kraftprotz ihn beeindruckt. Eigens für *Mon oncle Benjamin* und *Mont-Dragon* hat er reiten gelernt. Léon aber kommt weder mit dem Strandsegeln noch mit dem Radfahren zurecht. Bei ihm jagt eine Pleite die andere.

Es gibt in *Franz* Sequenzen von filmgeschichtlicher Bedeutung: Der in einer Scheune gedrehte Hahnenkampf zum Beispiel, der sich vor Zuschauern in Frack und Zylinder zuträgt, erinnert an die expressionistische Handschrift eines Murnau. Franz Jacobs, natürlich, aber auch Jojo und Edouard Caillau werden hierfür als Statisten engagiert.

Brel ist kein Cineast, aber er hat sich ein paar Dinge gemerkt, etwa die Benutzung des Hubschraubers bei langen Travellings über der Nordsee oder dem Flachland. Der Musiker Brel versteht sich darauf, Wagner oder einen Walzer von Rauber in den Film einzubauen, während Brel, der Belgier, auf Akkordeon und Drehorgel zurückgreift.

Bevor er mit der Arbeit an seinem ersten Film begann, hat er zu Levent und Jacqueline Thiédot gesagt: »Ich bin mir nicht sicher, ob ich das kann. Wenn es nicht geht, müßt ihr es mir sagen.«

Schon nach einer Woche steht für das Technikteam fest, daß es an Brels Vorgehensweise wenig auszusetzen gibt. Selbst Molinaro und Lelouch, die am Set eintreffen, teilen diese Ansicht.

Der Regisseur Brel braucht keine zwei Stunden, um den Kamerastandort zu wählen, und die Frage der Objektiv- und Bildausschnittwahl hat er vorweg geklärt.

Was die Beleuchtung betrifft, fühlt er sich zwar nicht in seinem Element, doch ist er imstande, seine Vorstellungen im Hinblick auf bestimmte Lichteffekte zu vermitteln. Genauso ging er als Sänger mit seinen musikalischen Ideen um, die dann Gérard Jouannest oder François Rauber verwirklichten.

Als einer der ersten Europäer bedient sich Jacques bei seiner Filmarbeit eines Videogeräts, das er in einem kleinen Renault 4 installiert. Mit der neben der Filmkamera installierten Videokamera wird die Probe einer Szene aufgenommen. So kann der Regisseur sehen, was er zu drehen beabsichtigt, und das Resultat einschätzen. Jacques gewinnt auf diese Weise an Selbstsicherheit. Ardan hat zuerst Einwände, weil die Videoausrüstung viel Geld kostet. Doch dadurch wird auch Filmmaterial eingespart.

Alain überzeugt Jacques, daß man nicht mit zwanzig Beratern zugleich arbeiten darf. Ein Regisseur kommt meist mit sieben oder acht Einstellungen aus. Claude Chabrol braucht nur zwei, Robert Bresson über dreißig. Und Jacques Brel? Drei bis vier. Ein weiterer Vorteil der Arbeit mit dem Videogerät: Brel braucht nicht die Vorführung des Rohmaterials abzuwarten. Jacques will in seinem Film einen Farbenreichtum entfalten, der an die frühe niederländische

Malerei erinnern soll. Mit der Wahl des Träger-
materials riskiert er einiges. 1971 ist die Qualität
des Kodakfilms zwar großartig, stellt aber unseren Regiedebütanten nicht zufrieden. Levent
verwendet sowohl Kodak als auch Gevaert, ein
belgisches Fabrikat, das damals wie der italie-
nische Ferraniacolor-Film noch entwicklungsbedürftig ist. Jacques versucht, eine samtene Kühle
zu erzeugen, die er schließlich mit dem Gevaert-
Film erreicht. Er muß sich gegen Ardan durchsetzen, der die Meinung vertritt, daß der Film
nach sechs Monaten wie die Negative aus einer
Sofortbildkamera vergilbt oder braun sein wird.

Ardan, der anfangs enthusiastisch war, gerät in
Panik, als er die ersten Sequenzen sichtet. Parallel zu *Franz* produziert er einen Film mit viel
Klamauk: Claude Zidis *Les Bidasses en folie* mit
den Charlots. Ardan sagt wiederholt zu Brel:
»Ich mache einen ganz tollen Film. Alles läuft
wie am Schnürchen. Aber ihr wißt überhaupt
nicht, wo es langgeht.«

Ardan nimmt Jacques beiseite:

»Hör mal zu. So kann es nicht weitergehen.
Wir müssen Molinaro als eine Art technischen
Berater zur Hilfe holen. Er wird herkommen,
und niemand wird es erfahren. Du kannst dich
dann ganz auf deine Rolle konzentrieren, und er
wird Regie führen.«

Jacques ist am Boden zerstört.

»Das tut verdammt weh«, sagt er zu Levent,
der ihm zum Durchhalten rät.

»Mach dir nichts daraus, Jacques. Das Material, das wir bis jetzt gesichtet haben, ist doch prima.«

Sie drehen zu dieser Zeit gerade die schöne Szene, in der Léon und Léonie auf dem Fahrrad an einem Kanal entlangfahren, unter Pappeln in einer weiten, flachen Landschaft. Ardan beruhigt sich allmählich. Molinaro wird im Vorspann als technischer Berater erwähnt, doch Doudou beteuert, daß Jacques sehr gut allein zurechtkommt.

Der Gevaert-Film kann nur in Belgien entwickelt werden. Anderswo weiß man das Material nicht zu behandeln. Dassonville, der Direktor eines Fotolabors, das einem kleinen Brüsseler Unternehmen angegliedert ist, ruft nach der Entwicklung der ersten Spule die Cutterin Jacqueline Thiédot an:

»Kommen Sie noch vor Jacques hierher, und sehen Sie sich das an. Es ist wunderschön! Wir haben es ganz farbenfroh und brillant hingekriegt.«

Das Fotolabor hat sich wahrhaftig die größte Mühe gegeben: Aus der Nordsee ist die Südsee geworden! Jacques gerät in Rage. Nach einer erneuten Behandlung der Negative kommen endlich die ersehnten Beige- und Grautöne zum Vorschein.

Jacques verausgabt sich als Schauspieler und Regisseur genauso wie früher als Sänger. Und wie damals während der Tourneen sieht er seine Frauen und Töchter ungern bei den Dreharbeiten. Doch Brüssel liegt wenig mehr als eine

X.
KAPITEL

Autostunde vom Drehort entfernt, und er kann Miche, Chantal, France und Isabelle schlecht verbieten, ihn hin und wieder zu besuchen. Die älteste Tochter ist zwanzig, die jüngste dreizehn Jahre alt. Die achtzehnjährige France sucht das Gespräch mit dem Vater.

Jacques liebt das Improvisieren:

»Bei Dreharbeiten gibt man immer große Diners. Ich lade alle Frauen, die an meinem Film mitwirken, zum Essen ein.«

Von Barbara bis zum Scriptgirl Sylvette Baudrot, einer patenten, männlich wirkenden Frau in gelber Öljacke, hat Jacques sie alle in einem Restaurant bei Brügge versammelt. Auch Alice Pasquier ist dabei.

Georges Pasquier ist längst nicht mehr der schwungvolle, heitere Jojo. Er ist schwer erkrankt und begleitet Jacques nur noch selten.

Spätnachmittags trudelt Brel mit seiner Clique in Franz Jacobs' Bar in Knokke ein. Jacques zu Ehren schluckt Franz seine fünfundfünfzig Whisky und raucht seine Tagesration von hundert Zigaretten.

»Du säufst zuviel«, sagt Jacques. »Du wirst noch Ärger damit kriegen.«

Vor Zozo und Franz kehrt Brel wieder einmal den Brelschen Kerl heraus. Er verträgt immer noch Mengen von Maes Pils (Alkoholgehalt acht bis neun Prozent), provoziert und verführt mit unverhohlenem Vergnügen. ›The Gallery‹ ist keine Bar für verkrachte Existenzen. Hier trifft sich die vornehme Gesellschaft der belgischen

Nordseebäder, Mediziner, Industrielle, Diamantenhändler aus Antwerpen. Alain Levent staunt, als ihm ein Mann in jenem familiären Ton, der in belgischen Cafés und Bars spontan aufkommt, seine beiden Begleiterinnen vorstellt: »Hallo! Guten Tag! Wie geht's? Meine Frau, meine Geliebte …«

Ein paar Tische weiter redet eine mit Schmuck beladene Dame pausenlos von ihren Besitztümern: Ich habe dies, ich habe das, ich habe …

»Und ich habe meinen Arsch«, fügt Jacques laut hinzu.

Eine Gruppe von fünfundzwanzig Fläminnen fällt in die Bar ein. Sie werfen Brel unfreundliche Blicke zu. Er beschließt, sie mit seinem Charme zu besänftigen, und spendiert eine Runde Black Russian, eine stramme Mixtur aus Wodka und Kaffeelikör. Und bald singt Brel mit den verzückten Damen:

> *… Wenn die Flämin tanzt dann spürt sie nichts*
> *keinen Schauder. So gehts jeden Sonntag*
> *Wenn die Flämin tanzt dann spürt sie nichts*
> *Denn die Flämin zeigt niemals Gefühl*
> *Und sie tanzt nur weil sie dreißig ist*
> *Mit dreißig ja da müssen alle sehn:*
> *Alles geht gut – wie oft man Mutter ist*
> *Wie schwer im eignen Feld die Ähren stehn*
> *Brave Tochter ihren Eltern stets …*

Lelouch trifft mit Ventura am Drehort ein. Jacques und Lino haben den ganzen Tag etwas zu lachen. Der Kontakt ist hergestellt. Ein paar Monate später werden sie bei den Dreharbeiten zu *L'Aventure c'est l'aventure* erneut zusammentreffen.

Jacques ist seiner Aufgabe als Regisseur vollkommen gewachsen: Der Arbeitsplan sah zehn Wochen Dreharbeiten vor, und nach neun Wochen ist alles im Kasten.

Die Schwierigkeiten fangen erst mit der Montage an. Trotz der Hilfe von Jacqueline Thiédot kommt Brel am Schneidetisch nicht so gut zurecht wie beim Drehen. Jacques gleicht einem Kind vor einer großen Auswahl von Buntstiften. Er weiß wohl, daß Rot rot ist und Gelb gelb, doch wie sich Rot zu Gelb verhält, sieht er nicht. Der Film dauert 105 Minuten, hat sehr schöne Bilder, tritt aber gelegentlich auf der Stelle. Jacques hätte ihn um zwanzig Minuten kürzen können, ohne seine Aussagekraft zu schwächen.

Franz ist ein großartiger Film mit Schwächen, wie ein glänzender Aufsatz mit Rechtschreibfehlern. Bestimmte Längen sind durchaus vertretbar und gewollt, andere weniger. Jacques will gleichsam seine Leinwand vollmalen, es gelingt ihm schlecht, eine Sequenz zu straffen. Während man aber als Betrachter eines Gemäldes Zeit hat, jedes Detail zu genießen, entzieht sich die flüchtige Filmsequenz der eingehenden Betrachtung.

Brel jedenfalls scheint mit dem Endergebnis zufrieden zu sein.

Franz läuft am 1. März 1972 in Paris im Kino ›Marivaux‹ an. Er wird danach im ›Publicis-

Saint-Germain‹, im ›George-V‹, im ›Paramount-Elysée‹ und im ›Alpha-Argenteuil‹, später auch in Brüssel gezeigt. In den Zeitungen prangt ein Zitat von Lelouch: »Einen Filmemacher, der bei jeder Einstellung ein Risiko eingeht, so etwas hat man seit zehn Jahren nicht mehr gesehen.«

Siebzigtausend Besucher sind zu wenig. In Paris klingen die Kritiken ganz anständig. Man räumt ein, daß Brel einen eigenen Ton, eine persönliche Handschrift habe. Es gelingt ihm aber nicht, ein breites Publikum für seinen filmischen Stil einzunehmen. Nur wenige Zuschauer können die Welt des Sängers im Blick des Regisseurs wiederentdecken. Gerade die Bewunderer seiner Chansons mäkeln an den Mißgriffen in *Franz* herum. Doch im großen und ganzen wird ein Stück Autorenkino gewürdigt – ein ambitionierter Film, trotz seines unentschiedenen Schwankens zwischen Innerlichkeit und Surrealismus. Jacques, der nicht mit einem Sensationserfolg gerechnet hat, gibt sich damit zufrieden. Er kann auf jeden Fall weitermachen. Auf Léons Nachttisch liegt ein Buch, dessen Titel ins Auge springt: *Le Far West* (Der Wilde Westen).

Durch den Achtungserfolg seines Erstlings ermutigt, wird Brel sechs Monate nach dessen Vorführung in den Pariser Kinos seinen zweiten Spielfilm in Angriff nehmen. *Franz* läuft in Brüssel im März 1972 an. Im August beginnt Jacques mit den Dreharbeiten zu *Far West*.

Jacques hat bereits während der Dreharbeiten zu *Franz* mit Miche über sein neues Filmprojekt gesprochen: »Du wirst die Produzentin dieses Films sein.« Und Miche hat wie gewöhnlich geantwortet:

»Ich weiß doch nicht, wie so was geht ...«

Worauf Jacques erwidert:

»Das macht nichts. Die anderen wissen es auch nicht.«

Sie hatten ein ähnliches Gspräch von der Gründung der ›Editions Pouchenel‹. Miche organisiert also die Abteilung Filmproduktion. Das Budget dieses zweiten Films beläuft sich auf vierzehn Millionen belgische Francs, das heißt zweihundert Millionen alte französische Francs. Es wird auch nicht überschritten. Miche hat eine schottische Seite und gibt nur aus, was sie einnimmt. Brel und das belgische Kultusministerium beteiligen sich mit dreiundsiebzig, Lelouch – aus purer Freundschaft – mit siebenundzwanzig Prozent am Gesamtbudget von *Far West*. Trotz der Bemühungen und der dauerhaften guten Laune des Regieassistenten Paul, Sohn von Jacques Feyder, herrscht bei den Filmvorbereitungen und am Drehort ein ganz anderes Arbeitsklima als bei *Franz*. War Brel während der Drehs zu seinem ersten Film entspannt und stets zum Scherzen aufgelegt, zeigt er sich hier oft düster, manchmal gar diktatorisch und ruppig. Hin und wieder hat er Wutausbrüche.

Zu Jacqueline Thiédot sagt er:

»Ich werde mich doch nicht von einem Produzenten herumkommandieren lassen. Ich bin der Boß hier. Ich kann machen, was ich will.«

Der Produzent ist Miche, und Miche heißt soviel wie Jacques.

Wie bei *Franz* geht er das Drehbuch mit Paul Andréota durch, ohne jedoch jedes Detail zu besprechen. Die Originalfassung läßt einiges offen, begnügt sich mit vagen Angaben: »Sechsunddreißig, die zweite. Tag, draußen. Hauptstraße des Lagers. Der Sturmangriff auf den Goldtransport durch Peters Bande (sofort schneiden).« Oder mit sehr lapidaren Hinweisen: »Zweiunddreißig. Nacht, draußen: Alle Lagerbewohner sitzen vor dem Goldhaufen und schweigen.«

Franz hielt sich eng an die Originalversion des Drehbuchs und war bis ins letzte durchdacht. Zwischen seinem ersten und zweiten Film hat Brel mit Lelouch zusammengearbeitet und dessen Improvisationen schätzen gelernt. Nur ist nicht jeder Claude Lelouch, und auch improvisieren will gekonnt sein.

Franz schildert eine Welt gesetzter Erwachsener. Für Jacques aber erreicht der Mensch erst dann eine gewisse Wahrheit und Tiefe, wenn er die Welt der Kinder für sich wiederentdeckt und mit ihr Kontakt aufnimmt. Denn träumen können nur Kinder – das behauptet er jedenfalls, seit er sechzehn ist. In *Far West* hat er versucht, eine Erwachsenenwelt zu erfinden, die von den Träumen der Kindheit noch zehrt. 1964 stellt ihm Jean Clouzet folgende Frage:

»Wenn Sie auf das Thema Kindheit zu sprechen kommen, dann erwähnen Sie oft das Wort ›Far West‹ ... Wie sah Ihr ganz eigener Wilder

3 Jacques Brel,
Poésie et chan-
sons, Seghers,
1967.

Westen aus, als Sie ein Kind waren?«[3] Jacques ruft aus:

»Aber ich habe doch nie einen Wilden Westen gehabt. Er wurde mir gestohlen. Oder genauer: Er wurde mir nicht gegeben. Man hat ihn mir in dem Augenblick weggenommen, als man mir davon erzählte und ihn mir vage versprach. Auf dieselbe Art und Weise verspricht man uns doch den Weihnachtsmann und läßt uns glauben, daß die Liebe ewig sei, bis man uns eines Tages offenbart, daß es sich nur um einen Scherz handelte. Als ich klein war, hat man versäumt, mir zu sagen, daß alles nur ein Scherz war. Heutzutage haben die Kinder eine solche Sehnsucht nach dem Wilden Westen, daß sie sich alle mehr oder weniger als Cowboy verkleiden. Aber es gibt keinen Wilden Westen mehr.

Es gibt nur noch Fabrikgelände, Ampeln, Bullen und am Ende die Rente. Ich hätte gern einen echten Wilden Westen erlebt, aber das ist leider unmöglich. Und darin liegt sicherlich der Grund dafür, daß ich zeitweise vollkommen am Ende bin. Ich weiß sehr wohl, daß die Welt nicht mehr in böse und gute Menschen aufgeteilt ist. Es gibt keine Indianer mehr. Es gibt nur Leute, die mal Indianer, mal Buffalo Bill sind. Vielleicht waren meine ersten Lieder deshalb kompromißloser. Weniger zurückhaltend als meine neueren.«

In *Franz* verschreibt sich Jacques einem Realismus, den er bis zum Naturalismus treibt. In *Far West* geht er durch den Spiegel der Wirklichkeit hindurch und setzt auf die reine Phantasie: »Es geht um einen Traum«, sagt er.⁴ »Ich habe mich für Figuren entschieden, die fünfundvierzig sind, alles Leute, die Sicherheit, Vorsicht und dergleichen ablehnen ...«

4 »Le Carrousel aux images« (TV-Sendung, 1973).

Und so klingt die Botschaft des Films, wenn Brel sie zur Gitarre singt:

Die Kindheit,

Wer kann uns sagen wann das zu Ende ist,

Wer kann uns sagen wann das beginnt

Unbedacht ist es nicht

Es ist alles was nicht geschrieben steht

Die Kindheit

Wer hindert uns sie zu leben

Sie endlos immer wieder zu leben

Zu leben bis die Zeit wieder ersteht

Und den Schluß des Buches zu zerreißen

Die Kindheit

Wer legt sich auf unsere Falten

Um alte Kinder aus uns zu machen ...⁵

5 L'Enfance.

Die Geschichte, die Jacques mit der Filmkamera zu ›schreiben‹ versucht, ist ziemlich konfus. Die Protagonisten – Jack, Gabriel, Lina⁶, Marcelin, Frankie, Peter und Margaret Van Cleff, Julius, Danièle und der Südstaatler – sind Belgier. Als Cowboy, Trapper, Indianer oder Soldat aus dem Sezessionskrieg verkleidet, folgen sie Jacques, der sie in den Wilden Westen ihrer Kindheit und ins Heilige Tal, nach Herstal bei

6 Lina: weibliche Form von Lino?

Lüttich, führen wird. Auf dem Weg in diesen artifiziellen Wilden Westen begegnet Jacques einer gelähmten jungen Schwarzen. Ein Mann, von Maddlys Bruder Eric Bamy gespielt, will die im Rollstuhl sitzende Frau entführen. Zu dieser Figur ist Brel von Maddly inspiriert worden. Aber Jacques' Gefährten möchten auch nach Gold graben. Aus einer Kohlenzeche zaubern sie eine Wildweststadt: Sie sägen und hobeln, schleppen schwere Balken, bauen einen Saloon, basteln aus einer alten Lokomotive ein Dampfroß wie aus einem Edelwestern.

TRANS PACIFIC

kann man auf dem Kessel lesen.

Die Rolle des Helden Jack wird selbstredend von Jacques gespielt. Steht in der Originalfassung des Drehbuchs überall ›Jack‹, wird er im Film einfach Jacques genannt.

Der autobiographische Hintergrund dieser Filmproduktion wird noch klarer in ein paar Szenen des Originaldrehbuchs, die nicht gedreht oder nicht montiert werden. Der Cowboy Jacques landet im Gefängnis. Die Häftlinge stellen sich zum Appell vor ihren Zellen auf. Der Wächter (Sequenz 41), beim Cowboy angelangt, schreit: »Brel, Jack?«

In einer weiteren Sequenz wird Brel an einem Sessel festgebunden. An seinem Kopf sind Elektroden angebracht, die mit Kabeln an einen Elektroenzephalographen angeschlossen sind. Ein Psychiater, von Claude Lelouch gespielt, befragt ihn:

»Wenn ich ›Napoleon‹ sage, was empfinden Sie?«

Jack: »Nichts!«

Arzt: »Wenn ich ›Bonaparte‹ sage, was empfinden Sie?«

Jack: »Auch nichts ...«

Arzt: »Wenn ich ›Don Quijote‹ sage ...«

Jack: »Ach! Ich mochte ihn ...«

Arzt: »Sie mochten ihn? ...«

Jack: »Ja ... Ich habe versucht, Don Quijote zu sein.«

Arzt: »Und das ist jetzt vorbei?«

Jack: »Ja, wegen der Frauen.«

Arzt: »Wegen der Frauen?«

Jack: »Ja, sie wecken einen ja immer auf ...«

Don Quijote geistert durch den Film. Aber die flüchtigen Anspielungen bleiben für die, die *L'Homme de la Mancha* nicht gesehen haben, unverständlich. Während einer Schlägerei tritt Jacques – mit Schild und Lanze, Bart und Schnurrbart aus Watte – als Don Quijote auf. Ein Fakir hat Jack, dem Cowboy, die Fähigkeit übertragen, Mauern durch bloßes Berühren zum Einstürzen zu bringen. Brel karikiert sich selbst. Aus seinem Film soll eine Art modernes Märchen, ein Potpourri aus Buffalo-Bill-, Nick-Carter-, Mormonen-, und Science-fiction-Szenerie werden. Mit Alain Levent bleibt Jacques diesmal auf Distanz. Er ist nicht mehr so offen für seine Rat- und Vorschläge. Er überschätzt seine eigenen Fähigkeiten.

»Etwas nagte an ihm«, sagt Levent später.

Die folgende Szene ist dem gesamten Team unvergeßlich geblieben:

Jacques bewegt sich auf einen Hubschrauber zu, der am Rande einer Autobahn gelandet ist. Ein Seil umschlingt sein Handgelenk. Der Hubschrauber startet, hebt ab, Jacques hängt zwölf Minuten lang in der Luft. Er wollte sich partout nicht durch einen Stuntman vertreten lassen, wie es die Vorsicht eigentlich geboten hätte. Als er wieder unten ist, sieht er kreidebleich aus.

Immer muß Brel sich selbst übertreffen, ob im Leben, auf der Bühne oder auf der Leinwand.

Wenn etwas dazwischenkommt, reagiert Brel gereizt. Danièle Évenou, die er wieder engagiert hat, spielt den Part einer Kokotte der Jahrhundertwende. Zu diesem Zweck muß sie in eine enge Korsage schlüpfen und, Brüste und Bauch zur Schau stellend, an der gaffenden Männerbande vorbeistolzieren. Aber Danièle Évenou ist schwanger und hat Jacques nicht eingeweiht:

»Diese Schlampe!« ruft er aus. »Stellen Sie sich das vor: Sie kommt reichlich spät an, weckt mich auf und sagt: ›Jacques, ich bin schwanger, aber man sieht noch fast gar nichts!‹«

Andererseits weiß Brel sich äußerst charmant zu benehmen, wenn es darauf ankommt. Zum Beispiel, als er für seinen Film ein großes modernes Gebäude benötigt. Auf dem Weg in den Wilden Westen begegnet die Bande einem Geschäftsmann – Michel Piccoli in einer Nebenrolle –, der sie in indianischem Federschmuck vor einem Hochhaus empfängt. Jacques hat sich in den Kopf gesetzt, die Szene in Brüssel vor dem Sitz der CBR *(Ciments et Briqueteries réunis)* an der Chaussée de la Hulpe zu drehen.

Die Versicherungsgesellschaft *Royale Belge* erteilt dem Regisseur die Drehgenehmigung. Das Filmteam dreht also vor der CBR. Am nächsten Tag jedoch meldet die Versicherungsgesellschaft Protest an: Eine solche Szene kann sie nicht durchgehen lassen. Wenn Brel sich darüber hinwegsetzt, muß er mit einer Schadenersatzklage rechnen. Jacques begibt sich in Begleitung seines Rechtsanwalts, Roger Lallemand, zur CBR, deren Direktion nicht gerade aus Poeten besteht. Brel, in Jeans und Blouson, schimpft und schmeichelt in einer Tour. Von der Provokation bis zur Herzlichkeit, von der Leidenschaft bis zur Kühle: er zieht alle Register und führt schließlich die Lösung des Problems herbei. Die CBR gibt nach. Lallemand braucht nicht einmal einzuschreiten.

Brel neigt zu Selbstüberschätzung und Eitelkeit. Vor Levent prahlt er gern:

»Hast du diese Einstellung gesehen? So etwas könnte man in Frankreich nicht machen!«

Die unbeholfene Montage läßt den Film zusammenhanglos wirken, aber ein paar großartige, traumähnliche Szenen prägen sich ein: die Truppe, die über die Kohlenhalden wandert, der Fußmarsch der verkleideten Helden auf der Autobahn.

Der Film gerät völlig aus den Fugen, als böse Indianer die Gebäude der Traumstadt sprengen.

X.
KAPITEL

... Die Erwachsenen sind Deserteure
Alle Bourgeois sind Indianer ...[7]

singt Jacques. Überflüssige, manchmal groteske Szenen werden dem Originaldrehbuch aufgepfropft und verwirren die eigentliche Geschichte: der Cowboy Jacques, in die gelähmte Lina verliebt, kämpft mit dem gespenstischen Eric, der die junge Frau entführen will. In *Far West* läßt sich Brel von seinen poetischen Einfällen lenken, aber auch zum Größenwahn hinreißen. Er möchte alles mögliche ausdrücken und zugleich alle Spuren verwischen.

Der Film hätte zweifelsohne an Homogenität gewonnen, wenn Brel diese Exotentruppe, die einen Kindheitstraum verwirklicht, mit mehr Humor geschildert hätte.

Die Bande gräbt nach Gold und findet auch welches. Jacques beschließt, es an den König der Belgier zu verschenken, und geht mit Lina zum Königsschloß. Die Szene wird im imposanten Bau des Brüsseler Justizpalastes gedreht. Unvermittelt werden Gags eingeschoben, die einen Mißklang erzeugen: Die beiden Liebenden werden von drei nacheinander erscheinenden Gerichtsvollziehern und dann vom König selbst begrüßt. Alle tragen die Züge des ersten Gerichtsvollziehers.

Gerichtsvollzieher-König: »Ja, ich weiß, aber es sind Ferien, verstehen Sie ... Wir vertreten uns gegenseitig ... Wir sind eine große Familie ... Nun, worum geht es denn?«

Ferner eine Szene in Buñuelscher Manier: Im
›Präsidiumssaal‹ warten alte, mit Spinngeweben
bedeckte Minister auf die neuesten Nachrichten
über das Gold. Jacques und Lina sind in den
Wilden Westen zurückgekehrt und finden das
Lager leer. Die Mitglieder der Bande sind mit
dem unheilbringenden Gold geflüchtet. Die
Moral: Geld verdirbt alles. Man darf zwar
Goldsucher sein, doch unter keinen Umständen
welches finden.

> ... *Die Kindheit*
> *Das ist das Recht zu träumen,*
> *Noch und noch zu träumen,*
> *Mein Vater war ein Goldsucher,*
> *Das Schlimme ist, daß er welches gefunden hat ...*

Das Ende des Films entfernt sich weit vom
Wilden Westen und der märchenhaften Stimmung. Von Panzern, Maschinengewehren und
schweren Geschützen umzingelt, sterben Lina
und der Cowboy im Kugelhagel.

Für diese bombastische antimilitaristische
Schlußszene hat Jacques Brel die belgische
Armee und Gendarmerie um Unterstützung
gebeten. In Belgien, in den Vereinigten Staaten
und anderen Ländern mit demokratischer Tradition – Frankreich macht hier eine Ausnahme –
stellen Staat, Verwaltung und Verteidigungsmi-
nisterium den Filmemachern auch solche Mittel
zur Verfügung, um Kritik an der Gesellschaft zu
äußern, die von diesen Institutionen verkörpert
wird.

X.
KAPITEL

In der Originalfassung des Drehbuchs hatte sich Jacques einen poetischeren, überzeugenderen Schluß ausgedacht: Jacques, Lina und Gabriel durchritten »in atemlosem Tempo eine prachtvolle, klassische Westernlandschaft: Canyons, Flüsse, Kakteen, endlose Ebenen: der einzig wahre Wilde Westen – endlich erreicht.«

Lina ist schweigsamer als der Cowboy. Er schiebt sie in ihrem Rollstuhl durch eine Stadt. Sie fängt an zu sprechen, als sie an einer roten Ampel warten müssen. Hier stößt man wieder auf die bekannte Brelsche Symbolik: Der Mann – Jacques – bewegt sich, die Frau – Lina – ist unbeweglich und lähmt dadurch den Mann.

»Frauen sind anders, nicht wahr?« sagt der Cowboy. »Was sie vor allen Dingen beschäftigt, ist die Frage der Sicherheit. Der Mann ist ein Nomade, er ist dazu gemacht, nachzusehen, was auf der anderen Seite des Hügels ist. Und dann verfängt er sich im Spiel der Frau.«

Die Ampel zeigt rot.

Lina:

»Ich liebe dich.«

Die Ampel zeigt grün. Sie setzen sich wieder in Bewegung. Jacques tut, als hätte er nichts gehört, und fährt fort:

»Und dann legt die Frau ein Ei. Dagegen ist an sich nichts einzuwenden, es ist in Ordnung, aber man muß ein bißchen Stroh unter das Ei legen, also geht der Mann Stroh holen, und bald müssen auch Mauern errichtet werden, um das Ei gegen den Wind zu schützen.«

Brel hat hier einen Witz Gauguins wieder aufgegriffen: »Ich werde demnächst Vater eines
Halbgelben werden; meine reizende Dulcinea
hat sich zum Legen entschlossen …[8]«

Lina wiederholt:

»Ich liebe dich …«

Die Ampel springt auf Grün, und sie gehen
weiter.

Jack:

»… Und eines Tages, wenn es regnet, muß der
Mann ein Dach bauen, um das Ei zu schützen …«

Die Ampel zeigt rot.

»… Dann muß er dieses Haus befestigen und
instand halten, damit noch seine Kinder und
Kindeskinder darin wohnen können. So macht
die Liebe aus einem freien Menschen einen Sklaven.«

Ende 1973 teilt Brel sein Liebesleben unter
Maddly, Marianne und Miche auf. Heute be-
hauptet Maddly gern, daß Marianne damals für
Jacques nicht mehr zählte.

Im Mai 1972 wird Jacques zum Protagonisten
einer wahren Boulevardkomödie – Jojo und Alice
Pasquiers Warnungen haben nichts genützt.
Marianne wird mit Jacques von der Polizei beim
Ehebruch ertappt und Brel in einen Scheidungs-
prozeß verwickelt. Er macht gute Miene zum
bösen Spiel und schenkt den Polizisten ein Gläschen ein.

Im Juni 1972 schreibt Jacques an Marianne:

»Wir werden ›zu zweit‹ sein.

8 »Lettre à
Monfreid«, in:
Oviri, écrits d'un
sauvage,
»Idées«,
Gallimard, 1974.

X.
KAPITEL

Ich habe schon das Gefühl, daß Du entspannter bist, und es ist doch wunderbar so.

Weißt du, ich glaube, man sollte die Kinder nicht in das ganze Drama einbeziehen. Sie könnten dann glauben, es wäre etwas Alltägliches. Kommt das Drama in ihrer Kindheit nicht vor, werden sie später überzeugt sein, daß es erfunden ist. Und dadurch werden sie ihm auch mit Respekt begegnen, denn ein Drama muß man respektieren.

Scheiße, ich bin ja viel zu schwermütig – angesichts eines so großen Glücks!«

In seinen Briefen an Marianne malt sich Jacques als Chinesen.

»Ich bin Chinese«, sagt er oft im Kreis seiner Freunde. Darunter versteht er, daß die Menschen aus dem Westen ihn nie ganz fassen können. Man weiß ja nie, was die anderen denken. Jedenfalls wird man den anderen nur ein liebenswürdiges Bild von sich präsentieren wollen. Ich lächele zwar nicht, aber Sie werden nie wirklich wissen, was ich denke![9]

Die Scheidungsangelegenheit wird nicht publik gemacht. Marianne ist überzeugt, daß Jacques' Popularität sich in für sie negativer Weise auf das Urteil der französischen Richter auswirken wird. Jacques fühlt sich weiterhin mit Marianne sehr verbunden und steht ihr während des Prozesses bei. Sie wird nicht am Drehort von *Far West*, im belgischen Herstal, erscheinen. Sie bleibt in Frankreich, wo sie lebt.

Aber Maddly wird nach Herstal fahren.

9 Brel spielt auf den unergründlichen Chinesen in zwei verschiedenen Texten an: In *Le Dernier Repas* und in *Les F...* Der Chinese verkörpert für ihn Feinheit und Zurückhaltung. Es ist unhöflich, sich aufzudrängen und seine Seelenzustände schamlos auszubreiten. Doch Brels Affinität zum Orient wird niemals über diese Betrachtungen hinausgehen.

Lüttich liegt ebenso nahe bei Brüssel wie Knokke. Zum ersten Mal bekommt eine Tochter von Brel eine Geliebte des Vaters zu Gesicht. Die beiden Ältesten – Chantal ist zweiundzwanzig, France zwanzig Jahre alt – wissen jetzt, daß Jacques, wenn er sich nicht in Brüssel aufhält, nicht alleine lebt. Aber sie hatten bis dahin noch keine Gelegenheit, der ›zweiten‹ oder ›dritten‹ Frau von Brel zu begegnen. France taucht einmal unangemeldet an einem Drehort bei Brüssel auf und findet ihren Vater mit Maddly Bamy in einer Cafeteria. Sofort spürt sie die Komplizenschaft zwischen ihrem Vater und dieser fremden Frau. Jacques, verlegen, stellt die Damen einander vor. France irritiert Jacques' zerknirschtes Gesicht. Es gibt doch keinen Grund, das Ganze so tragisch zu nehmen!

Jacques hat seinen Töchtern nie anvertraut, daß Miche nicht die einzige Frau seines Lebens ist. Im Gespräch mit ihnen benutzt er mit besonderer Vorliebe diese Formulierung:

»Alle Frauen sind Schlampen! Bis auf eure Mutter. Sie ist eine Heilige!«

Das ist reine Rhetorik und durch und durch übertrieben. Jacques und Miche haben ihre Vereinbarungen. *Our way of life*, sagen sie immer noch. Miche ist allenfalls eine Heilige, wenn es um Organisation, Arbeitsmethoden und gegenseitige Toleranz geht.

Jacques hat Jojo und Maddly ins Hotel zurückbringen lassen und versucht, France mit feurigen Tiraden einzuwickeln. Es klingt, als wolle er sich für Maddlys Anwesenheit entschuldigen. Er legt den Arm um die Schultern seiner Tochter, es ist seine zärtlichste Geste.

»Weißt du, France, deine Mutter ist eine prima Frau. Aber mit dieser anderen Frau ist es ganz großartig im Bett. Es ist einfach phantastisch.«

France versichert, daß sie das alles gar nicht stört. Ihr war Maddly nur auf den ersten Blick unsympathisch. Ihr Rock war zu kurz.

Zu Marianne und anderen sagt Jacques: »Wenigstens France hat einen Schimmer davon, was läuft.«

Seine Töchter hätten ihn bitter enttäuscht, behauptet Brel mehrfach. Die Frage, ob er sie enttäuscht hat, stellt er sich nicht.

Während der Montage von *Far West* in der Pariser *Société industrielle de sonorisation* schwankt Jacques zwischen Euphorie und Depression. Zu Jacqueline Thiédot sagt er: »Ich habe etwas ganz Anständiges gemacht ... Aber vielleicht ist doch alles Scheiße.«

Jeder schöpferische Mensch erlebt den Übergang von der Begeisterung zur Enttäuschung, wenn er an dem gerade vollendeten Werk herumschneiden muß. Bei einem Filmemacher wird dieses Problem durch die Komplexität seiner Arbeitsumgebung noch verstärkt. Die synchronisierten Sequenzen werden am Schneidetisch gesichtet, werden vor- und zurückgespult. Neben der Cutterin hängen Bild- und Tonstreifen vom Tisch. Soll man diese Bildeinstellung hinzufügen und jene entfernen? Mehr als jede andere Kunst verlangt das Filmemachen eine Fähigkeit zur Synthese, die Jacques nur sporadisch besitzt.

Jacques fliegt mit Maddly auf die Antillen.

Als er zurückkommt, plagen ihn Zweifel. Er blickt nicht mehr durch.

»Als wir die Dreharbeiten abgeschlossen hatten, wollte ich den Film nicht mehr fertig machen«, sagt er zu Jacqueline Thiédot.

Er wirkt glücklicher, wenn er in einem kleinen Zimmer neben dem Schneideraum an der Filmmusik arbeitet. Er sucht nach Melodien, klimpert auf seiner Gitarre, faßt wieder etwas Mut.

»Wenn *Far West* gut ankommt, machen wir weiter. Meine Schubladen sind voll mit Drehbüchern. Ich habe schon einen Antrag auf Einnahmenvorschuß bei der entsprechenden Kommission gestellt.«

In einem Brief von Jacques an Marianne heißt es: »Mit dem Film geht alles klar. Ich erkläre Dir alles später.«

Die Arbeit am Film läuft nicht gut, aber Brel kann die Gründe dafür nicht nennen. Er ist zufrieden mit bestimmten, von Levent in Eastmancolor und Panavision gedrehten Szenen. Herrlich, die Bisonjagd, bei der der Jäger Pelz und Maske trägt.

Der Film vertritt Belgien im Mai 1973 bei den Filmfestspielen von Cannes. Die Konkurrenz ist ernst zu nehmen: Marco Ferreris *La Grande Bouffe* steht im Wettbewerb. Am Tag vor der Vorführung ist Jacques Brel zu Gast in Jacques Chancels Sendung *Radioscopie*.

»Und wenn Sie nun schön gewesen wären?«
säuselt Chancel.

»Ich glaube, dann hätte ich keine Karriere gemacht.«

Die Gesprächspartner reden über Schmerz
und über Scham. Chancel fragt Brel, welche
Ungerechtigkeit für ihn die offensichtlichste sei.

»Das Verhalten der Erwachsenen gegenüber
Zehn- oder Fünfzehnjährigen.«

»Haben Sie Angst vor der morgigen Entscheidung?«

»Oh«, sagt Jacques, und nach einer winzigen
Pause: »Nein!«

Auf dem Filmfestival spricht man nur von
Ferreris Werk. *Far West* wird am nächsten Tag in
einer Atmosphäre diffuser Feindseligkeit vor-
gestellt. Franz Jacobs hat extra die Reise von
Knokke nach Cannes gemacht, um sich Jacques'
Film anzusehen. Er liebt den klassischen und den
Italo-Western, und er schimpft: »*Far West* ist
völliger Schwachsinn.«

In der Filmstadt Cannes wird über *Far West*
ein vernichtendes Urteil gefällt. Jacques Brel ist
enttäuscht, ja niedergeschlagen: »Sie haben
nichts verstanden«, sagt er immer wieder.

Claude Lelouch und Arlette Lindon, eine seiner Mitarbeiterinnen, sind gekommen, um Brel
zu unterstützen. *Far West* erweist sich als ein to-
tales Fiasko. Der schwerkranke Jojo ist genauso
unglücklich wie Jacques. Gegen Kritiker, die den
Film ignorieren oder verreißen, wird *Far West*
nicht ankommen.

Brels Freunde haben in dieser Situation nicht den Mut, ihn auf die Schwächen seines zweiten Spielfilms hinzuweisen. Keinem Autor oder Regisseur fällt es leicht, Kritik sofort zu akzeptieren. Wer mit Brels Leben vertraut ist, wird in *Far West*, diesem ungeschickt verschnürten Paket, etwas wie Zärtlichkeit, Poesie und Phantasie entdecken, wird die Obsessionen des Sängers und des Privatmenschen Brel darin wiederfinden, der die Bürokratie, die Monarchie, den Staat, die Politiker, die Polizei, die Armee, die Kirche und sogar das Gesundheitswesen an den Pranger stellt.

Man kann aber vom Publikum nicht verlangen, daß es sich in Brels Lebensgeschichte auskennt und sich seinen Film über seine Biographie erschließt.

Jacques wird außerdem das Opfer eines geläufigen Phänomens: Die Kritiker warten immer gespannt auf den zweiten Versuch eines Künstlers, sei er Schriftsteller oder Regisseur. Ein einziger Fehler genügt ihnen dann, um ihn in Stücke zu reißen.

Jacques ruft Maddly an. Mit ihr zieht er sich, völlig entkräftet, für sechsunddreißig Stunden in ein Zimmer des Hotels ›Normandie‹ in Deauville zurück. Wie entsetzlich trübe sieht diesmal das Seebad aus!

Maddly behauptet, daß Lelouch Jacques im Stich gelassen hat, indem er in den Vorschlag einwilligte, seine finanziellen Anteile aus dem filmischen Unternehmen zurückzuziehen. Lelouch besitzt aber noch immer Rechte an dem Film, die er 1982 mit Miche, der Produzentin, per Vertrag erneuert hat. Entweder sind Maddlys Erinnerungen verschwommen, oder Jacques hat die Umstände dramatisiert.

Far West zeigt einmal mehr, daß Jacques eine Kamera handhaben und Schauspieler dirigieren kann. Aber es gelingt ihm nicht, eine Erzähl-struktur aufzubauen. Ein Film ist in erster Linie eine Geschichte und nicht einfach ein langes Chanson, wie Jacques glaubt. Von einem an-spruchsvolleren Drehbuchautor hätte er das lernen können.

In *Far West* werden Begräbnis- und Hochzeits-szenen gezeigt, lauter Riten, die Jacques viel bedeuten, wie auch die belgischen Rituale in *Franz:* Sandburgenwettbewerbe, Strandsegeln Hahnenkämpfe.

Die beiden Filme Brels haben darüber hinaus gemeinsame Themen: die lebensnotwendige Männersolidarität und den Verrat der Frauen als ihr unvermeidliches Pendant. Düster ist die Grundstimmung von *Far West:* Allein das Träu-men gelingt, während ansonsten nur von Nieder-lagen erzählt wird. Léon aus *Franz* scheitert in der Liebe, die Protagonisten von *Far West* bei ihrer Suche nach dem Paradies. Die Dummheit verhext die Welt, und das Geld zerstört alles. In *Far West* löst sich die Bande von Schwärmern nach der Entdeckung des Goldes auf, und die rosafarbene Kindheit wird auf einmal grau. Beide Filme enden mit dem Tod: Léon wählt den

Freitod in den Meereswellen; Jacques und Lina werden erschossen. Jacques stellt fest, daß der Wilde Westen niemals existiert hat. Die Figuren seines zweiten Films sind Erwachsene, die Kinder geblieben sind.

Etwa ein Jahr vor den Dreharbeiten zu *Far West* sagte Brel in einem Interview:[10] »Ich glaube, ein Mann verbringt sein ganzes Leben damit, den Träumen seiner Kindheit nachzujagen.

Genauer gesagt: Ich glaube, daß ein Mann mit sechzehn oder siebzehn Jahren ein fertiger Mensch ist. Er hat schon all seine Träume geträumt. Er kennt sie zwar nicht, aber sie sind durch ihn hindurchgegangen. Und im Grunde weiß er bereits, ob er Lust auf Glanz, auf Sicherheit oder auf Abenteuer hat. Er weiß es nicht ganz genau, aber er hat schon ein Gefühl für die Dinge des Lebens entwickelt, so wie er den Geschmack von Schokolade oder Kohlsuppe gekostet hat. Und er verbringt sein ganzes Leben damit, seine Träume zu verwirklichen. Ich glaube, mit siebzehn Jahren ist ein Mann schon tot. Oder er könnte ohne weiteres sterben. Ich für meinen Teil weiß jedenfalls, daß ich heute eher Momente des Staunens in die Wirklichkeit zu überführen versuche als die Träume, die ich hatte, bis ich ungefähr zwanzig war. Mit vierzig wird man sich dessen bewußt. Darin liegt ein weiteres Problem. Mit vierzig begreift man es, vorher nicht. Jetzt weiß ich einfach, daß es so ist. Vielleicht werde ich mit sechzig eine andere Wahrheit entdecken.«

Brel besingt eine abstrakte Kindheit. Aber

liebt er Kinder? »Die Kinder gehen uns auf den Geist!« Diesen Satz läßt er aus *Far West* herausschneiden. Gehört Jacques zu jener Art Männern, die im Alltag ihre Kinder zwar wohl oder übel lieben, sie aber eigentlich nicht ertragen können?

Jacques verarbeitet noch den Mißerfolg seines zweiten Films, als er in diesem trüben Mai des Jahres 1973 unter Molinaros Regie mit den Dreharbeiten zu *L'Emmerdeur* beginnt. Seine Laune ist den Umständen entsprechend schlecht.

Nicht eine zweite Karriere hat er sich von der Filmarbeit versprochen, sondern ein zweites Leben. Er hätte einen Film machen wollen, dessen Hauptfigur ein Flugzeug gewesen wäre. Darüber spricht er mit Marianne. Er will nicht etwa Lindbergh oder eine Romanfigur von Saint-Exupéry spielen. Er hätte eine bescheidene Gestalt verkörpert, die zur heroischen Zeit der ersten großen Flugabenteuer mit einer kleinen Maschine den Atlantik überquert.

Claude Lelouch hatte vor, die männliche Hauptrolle von *Le Mariage* mit Jacques zu besetzen. Der Film zeigt ein Paar an seinem Hochzeitstag, dann zwanzig und vierzig Jahre später. Drei Epochen, drei Etappen einer Geschichte, die Jacques auf symbolischer Ebene bereits durchlebt hat. Er hat kurz gezögert, als Lelouch ihm die Rolle des Mannes anbot, die schließlich Rufus übernahm: »Claude, bist du sicher, daß du den Film in zwei Wochen fertig drehen kannst?«

Auch 1974 schlägt Lelouch Jacques vor, als Drehbuch-Koautor mit ihm zusammenzuarbeiten. Denn Jacques besitzt die Fähigkeit, sich mühelos in einen Filmstoff hineinzuversetzen. Doch Brel lehnt ab: »Ich habe im Augenblick ein Problem, Claude – mein Schiff.«

Jojo ist schwerkrank, aber Lelouch weiß nichts davon.

Jacques hat sich also ›woanders‹ umgesehen, hat vor und hinter der Kamera gestanden. Heute erinnert sich das Kinopublikum allenfalls an den Schauspieler, der von diversen Regisseuren mehr oder weniger gut eingesetzt wurde. Selbst die Fans des Sängers wissen oft nicht, daß er zwei Spielfilme gemacht hat. Und wieviel Eigensinn, wieviel Energie und Zähigkeit hat er darauf verwendet!

Jacques, der 1967 seine Sängerkarriere aufgegeben hat, verläßt 1973 die Filmwelt und kehrt somit seinem zweiten Leben den Rücken. Sechs Jahre zuvor, bei seinem Abgang von der Varietébühne, hatte er seinen Wunsch nach Ruhe verkündet. Die Jahre zwischen 1967 und 1973 waren mit Arbeit überfrachtet, und Jacques hat den ersehnten inneren Frieden nicht gefunden. Man erinnert sich an *Vers la sérénité*[11], einen Text des Dichters Henri Michaux, den Brel nicht besonders schätzte:

11 La Nuit remue, Gallimard, 1935.

»Wer diese Welt nicht annimmt, baut in ihr kein Haus. Er friert, ohne daß ihm kalt ist. Ihm ist warm ohne Hitze. Fällt er Birken, so ist es, als ob er nichts fällte, doch die Birken liegen da, auf dem Boden, und er empfängt den vereinbarten Lohn, oder auch nur Schläge. Er empfängt die Schläge wie ein sinnloses Geschenk und geht seines Weges, ohne sich zu wundern.«

Brel hat nicht nur Schläge empfangen. Während er mit berechtigtem Stolz noch von der Popularität zehrt, die er als Sänger genoß, macht ihn der Ruf, den er sich als Schauspieler erworben hat, eher verlegen. Er wundert sich allerdings, als Filmemacher nicht anerkannt zu werden. Mit dem Schiff und dem Flugzeug wird er sich in zwei neue Leben stürzen. Er wird lernen, auf dem Ozean und am Himmel seine Position zu bestimmen, in Europa und in weiter Ferne, und er wird versuchen, seinen eigenen Standort zu ermitteln. Immer dringender sucht er nach einer Insel:

> *... Hoffnungsvoll wie eine Wüste*
> *Liebkost von einer Regenwolke*
> *Komm*
> *Komm meine Liebe*
> *Dort gibt es sie nicht diese Verrückten*
> *Die uns die langen Strände vorenthalten*
> *Komm meine Liebe*
> *Laß uns fliehen vor dem Gewitter*
> *Jetzt ist es Zeit zum leben*
> *Jetzt ist es Zeit zum lieben*[12]

12 Une île.

XI. KAPITEL

XI. KAPITEL

LEIDENSCHAFTEN

... Ich weiß, obwohl ich noch von dir nichts weiß,
Daß auch für dich mein Herz nur Beute sein wird,
Weil jeder Fluß gefesselt und zu Stein wird,
Hört er den Teich, wie er murmelt ganz leis ...

Ich weiß, es wird auch dieses nächste Mal
Den nächsten Sommer nicht ganz übersteh'n
Die Zeit, die Straßen miteinander geh'n,
Sie dauert doch nur eine Kreuzung lang ...[1]

1 Le Prochain
Amour

Jacques liebt immer noch mehrere Frauen gleichzeitig, aber vor allem hat er den Eindruck, von den Frauen ausgenutzt worden zu sein.

1973 belügt er sie alle und vielleicht auch sich selbst und teilt sich unter Marianne, Miche und Maddly auf. Er lügt genausogut wie Victor Hugo, Sartre und viele andere. Sind diese Lügen entschuldbar? Wenn jemand ein Geständnis ablegt, dann verschafft er sich ein gutes Gewissen, indem er die Wahrheit ausspricht, die den anderen verletzt. Jacques hat über sein bewegtes

Liebesleben keine Theorie entwickelt. Er hat niemals gesagt, daß eine dieser Frauen für ihn unentbehrlich sei, während die anderen nur eine zweitrangige Rolle spielten. Er braucht sie alle.

In seinem Werk verbarrikadiert er sich in einem dualistischen System, das Männer und Frauen zu Widersachern macht. Als Filmemacher hat er vor allem Schlampen wie Léonie oder Catherine geschildert, neben denen nette Mädchen wie Lina kaum ins Gewicht fallen.

Von der Sentimentalität bis zur Denunzierung zieht der Sänger alle Register und kommt lange vor dem Filmemacher zu dem Schluß, daß das Glück der Zweisamkeit nie von Dauer sein kann. Als Mensch fühlt sich Brel zerrissen zwischen seinem Streben nach Glück und seinem hellsichtigen Wissen um dessen Scheitern, das auf jede Eroberung unvermeidlich folgt.

Monique Watrin notiert: »Brel wird im Grunde der Frau niemals verzeihen, daß sie ihm das Tor zum Paradies nicht geöffnet hat.« Auch daß sie ihn nicht in den Wilden Westen zu führen vermochte, wird er ihr ein Leben lang ankreiden. Um 1967 herum gelangt Brel zu der Überzeugung, daß die Liebe, vor allem die eheliche Liebe, ein Betrug und ein Mythos ist. Brel sucht so etwas wie die chemische Formel der vollkommenen Liebe: emotionales und intellektuelles Verständnis, Rückhalt im Alltags- und Berufsleben, Sinnlichkeit und totale persönliche Entfaltung. Weil es diese Formel nicht gibt, wird Brel von nun an viel von Zärtlichkeit reden. Die empfindet er besonders »... für alte Menschen, für Hirten, für Freunde wie Jef, Fernand oder Jojo, für sein flaches Land und für die Marquesas-inseln, während seine Feindseligkeit gegenüber der weiblichen Welt mit den Jahren stetig wächst.«[2]

2 Monique Watrin, Dieu et le sens de la vie dans la chanson contem-poraine (Gott und der Sinn des Lebens im zeit-genössischen Chanson), Metz, 1978; La Quête du bonheur chez Jacques Brel, Strasburg, 1982.

> *... Nein, Jef, bist nich allein!*
>
> *Man schämt sich, wenn man sieht,*
>
> *Wie die schon alle grinsen.*
>
> *Wir haun hier ab, komm mit.*
>
> *Na nu komm, Jef, komm, komm ...[3]*

3 Jef

Brels Auffassung von der Liebe wird immer tragischer und höhnischer zugleich. Die Frau erstarrt zur Hure, zum Engel, zur Sklavin. Die meisten Brel-Heldinnen sind Feindinnen, die den Mann um seine Männlichkeit bringen. Des-halb ist oft behauptet worden, daß Brel in seinem Privatleben wie in seinem Werk ein Frauenfeind gewesen sei.

Wenn er in Interviews aufgefordert wird, sich dazu zu äußern, tut Brel nichts, um diese pau-schale Einschätzung aus der Welt zu schaffen. Hat er sich selbst in die Rolle des Frauenfeinds hineinmanövriert, der allmählich zum Men-schenfeind wird?

Brel setzt überall noch eins drauf, ob er nun in Frauenzeitschriften oder im Rundfunk zu Wort kommt, ob er von Marcelle Auclair für Radio Luxemburg und *Marie-Claire* befragt wird oder von dem Dostojewski-Spezialisten Dominique

Arban für *France Inter*. Im Ton eines Provo-
kateurs, der zugleich der eines Bekenners ist,
erklärt er:

»Geduld und Zärtlichkeit sind die Feindinnen
der großen Liebe ... Die große Liebe ist ein
Feind der Gesellschaft. Diejenigen, die ihr zum
Opfer fallen, werden zerstört. Heillos.«

Denkt er an Sophie und seine ›zweite Ehe‹, die
zehn Jahre dauerte?

Brel verallgemeinert gern:

»... Wie oft habe ich das gehört: ›Ich brauche
dich mehr, als du mich brauchst ... Ich liebe dich
mehr, als du mich liebst ...‹ Alle Frauen neigen
zu solchen Äußerungen, es scheint, als täte es
ihnen gut, so etwas zu sagen und zu denken, so
daß man kaum wagt, ihnen zu widersprechen ...,
es ist, als wäre Liebesleid für ihr seelisches
Gleichgewicht unentbehrlich ...«

Brels Frauen brauchen ihn gewiß mehr, als er
sie braucht. Brel fährt fort: »Diese totale Hingabe ist in meinen Augen eine Scheintugend.
Vielleicht schockiert Sie das, aber ich kann diese
zur Großmut erhobene Unterwerfung der Frau-
en einfach nicht ertragen: Ich habe ihm alles
gegeben ... Ich bin ihm ganz ergeben ... Im
Grunde ist das nur Faulheit.«

In Wirklichkeit weiß Jacques die Unterwerfung sehr zu schätzen. Miche liefert dafür das
beste Beispiel. Sophie beklagt sich, Miche geht
mit mehr Diplomatie vor, aber beide fügen sich.

Brel spielt Komödie mit einer gekonnten Mischung aus theatralischer Pose und Ehrlichkeit:

»Ich mag Frauen nicht besonders, weil sie in gewisser Weise den Feind verkörpern. Ihre Anbeter merken nicht, daß sie der Feind sind. Ich bin kein Frauenhasser, aber ich mißtraue ihnen zutiefst, ich mißtraue ihnen, weil ich den Schmerz, das Zahnweh verabscheue, und Leiden nützt einem sowieso nichts ... Nach meinen Erfahrungen mit Frauen denke ich, daß Männer sich wie Katzen zwischen ihnen bewegen sollten ... Immer schön zusehen, wohin sie ihre Pfoten setzen ... Der Mann ist am Anfang voller Illusionen. Ach, in Wirklichkeit ist der Mann verrückt. Für uns Männer ist die Frau ein Mysterium! Ich gebe es gerne zu, für mich ist die Frau genauso unergründlich wie die Dreieinigkeit ... Zunächst verstehe ich immer rein gar nichts. Ein Jahr später versuche ich noch einmal zu verstehen, aber meist gelingt es mir nicht. Ich verstehe vielleicht zwei oder drei kleine Dinge ... Bestenfalls kann ich feststellen, ob man mir weh tun wollte oder nicht ... Das muß ein urmännlicher Reflex sein, diese Angst, daß eine Frau versucht, einem weh zu tun. Der Mann ist ein sehr sensibles Wesen ...«

Ob er wirklich glaube, es gäbe Frauen, die Männer vorsätzlich verletzen, fragt ihn Marcelle Auclair. Brel macht einen kleinen Rückzieher:

»... Der Mann wird dazu getrieben, das zu glauben. Er kann nicht nachvollziehen, was in der Frau vorgeht, und so leidet er. Was die Frau tut, was sie sagt, alles verletzt ihn, es kommt ihm nicht in den Sinn, daß es aus Versehen oder

XI.

Unbeholfenheit geschehen könnte. Denn er weiß, daß er, wenn er einer Frau weh tut, dies vorsätzlich tut … Der Mann verletzt absichtlich, dessen bin ich mir sicher!«

… Zu Pferde auf dem Liebeskummer
Um gebührend seine Wiederkehr zu feiern
Und die ganze heilige Familie wird da sein
Und mir die Chansons noch einmal vorsingen
Die ich so geliebt habe
Man braucht so nötig Chansons
Wenn man wie zwanzig aussieht …[4]

4 Quand maman reviendra.

Alle Männer, behauptet Jacques, seien davon überzeugt, daß ihre Mütter irgendwann eine große Liebe erlebt hätten. Der Gedanke gefällt Marcelle Auclair, und diese Gelegenheit läßt Brel sich nicht entgehen. Mit ernster Stimme redet er weiter:

»… Ich beobachte das seit langem und kultiviere selbst gerne diesen Mythos … Ich habe vor gar nicht so langer Zeit meine Mutter verloren und mich eines Tages dabei ertappt, daß ich sagte: ›Diese Frau, meine Mutter, hat ein entsetzlich farbloses Leben geführt, aber sie muß irgendwann eine große Liebe gehabt haben …‹ Und ich spüre, daß ich dabei bin, ganz behutsam eine Legende um meine Mutter zu spinnen, ich werde gar nicht anders können …«

Brel ist kein großer Freud-Kenner, doch er ahnt, daß die Mutter-Sohn-Beziehung nicht einfach ist. Dominique Arban erklärt er, ohne mit der Wimper zu zucken: »Frauen haben Angst, sie können nichts dafür. Verstehen Sie mich bitte richtig. Ich stelle fest, daß Frauen Angst haben, ich glaube es wirklich, ich bin sogar völlig davon überzeugt. Ein Mann, der den schiefen Turm von Pisa zum ersten Mal sieht, begeistert sich für seine Schönheit, während eine Frau sich fragt, ob er nicht eines Tages einstürzen wird.«

Und wenn Jacques selber Angst hätte? Wenn er gar seine Angst auf andere projizierte? Dominique Arban versucht, ihn von seinen Verallgemeinerungen abzubringen. Ist er nie einem Mann begegnet, der gesagt hat: Der Turm von Pisa wird einstürzen? Jacques weicht aus: »Doch, doch, aber verstehen Sie mich bitte richtig, es gibt mehr Frauen, als man glaubt, die so denken.«

Das sei keine Antwort auf die gestellte Frage, erwidert Ardan. Brel ist entrüstet: »Aber natürlich! Sie behaupten, daß Frauen von Träumen beherrscht werden, daß sie mehr Träume haben als Männer. Ich sage Ihnen: nein. Ein Traum, der in der Angst wurzelt, ist kein Traum mehr, sondern ein Alptraum … Denn es stimmt einfach, daß Frauen Angst haben.«

Hat Jacques Brel vor Frauen Angst gehabt und nicht nur Schüchternheit ihnen gegenüber empfunden? Die Menschen, die ihm nahestanden, seine Freunde und Weggefährten sind unterschiedlicher Ansicht:

Die Cutterin Jacqueline Thiédot:

»Meistens sagte er entsetzliche Dinge über alle Frauen, die er kannte.«

XI.
KAPITEL

Der Schauspieler Jacques Martin, der Brels Aufstieg miterlebt hat:

»Die Frauenfeindlichkeit läßt sich ohne weiteres erklären: Es handelt sich um eine Abrechnung des Sohnes mit der Mutter.«

Die Journalistin Danièle Heymann, die Brels Entwicklung aufmerksam verfolgt hat:

»Er hatte Angst, nicht geliebt zu werden. Er hat sich unangenehm bis widerwärtig verhalten – wie jemand, der Angst hat, eine Ohrfeige zu bekommen. Wenn du klein bist, dann beißt du sofort.«

Die Sängerin Juliette Gréco, die für Brel ein ›Kerl‹ war:

»Er liebte Frauen auf eine ganz verzweifelte Weise – wie ein Verrückter. Aber Jacques war ein *homme à hommes*, ein Männer-Mann.«

Gérard Jouannest, der ihn zwanzig Jahre lang als Pianist und Mitarbeiter begleitet hat:

»Er mochte die Frauen gerne – obwohl man das Gegenteil behauptet hat. Aber er hatte Angst vor ihnen, er hatte Angst, eingefangen zu werden.«

Claude Lelouch, der Regisseur, der den Menschen hinter der Maske des Schauspielers entdeckt hat: »Er hatte Angst vor Frauen. Es war ganz eindeutig. Jacques hatte auch vor Aufnahmeprüfungen Angst. Er hat mir einmal gesagt, daß nichts in der Welt ihn tiefer in Schrecken versetzen würde als eine Frau. Aber er hatte auch Angst, auf die Bühne zu gehen.«

Jacques hat jedenfalls sehr verschiedene Frauen kennengelernt. Er gehörte nicht zu jenen Männern, die unbewußt stets nach derselben Frau suchen und sie auch immer wieder finden.

Der Chirurg Arthur Gelin, dem Jacques sich anvertraut hat:

»Das ist ein Problem, über das wir häufig diskutiert haben. Er nahm die Frauen nicht allzu ernst. Aber er mochte sie sehr. Er empörte sich darüber, daß Männer sich gegenüber ihren Frauen auf vielfache Art selbst verleugnen. Er konnte nicht mit ansehen, daß Männer von ihren Frauen klein gemacht werden. Auch nicht, daß Frauen in der Öffentlichkeit schlecht von ihren Ehemännern oder Geliebten sprechen. Er schätzte den Mann im vollen Besitz seiner Würde. Die bloße Vorstellung, ein Mann könne zulassen, daß eine Frau sich ihm gegenüber aggressiv verhält, war ihm unerträglich. Ein immer wiederkehrendes Thema war bei ihm: Man muß das, was einem weh tut, von sich fernhalten, es sich aus den Augen schaffen, man kann so etwas nicht gebrauchen, das Leben ist viel zu kurz ... Er war davon überzeugt ..., daß die seelischen, emotionalen Vorgänge bei Männern und Frauen nicht dieselben sind, daß die Hemmungen des Mannes und sein Schamgefühl mit der Schamlosigkeit der Frauen kontrastieren.«

> *... Doch man hat gut reden, doch man hat gut reden:*
> *Das soll eine Warnung mir sein!*
> *Man hat gut reden, man hat gut reden, –*
> *es tut so gut verliebt zu sein ...[5] .*

5 Le Prochain Amour.

Marianne, eine seiner Lebensgefährtinnen, sagt: »Ich glaube, er empfand gegenüber Frauen eine gewisse Schüchternheit. Aber frauenfeindlich war er nicht. Ihm war nur etwas bange, wenn er sich Frauen näherte.«

Jacques bekennt, daß er, bevor er sich Marianne erklärte, einen kräftigen Schluck Whisky getrunken hat – wie ein Schuljunge. Brel war in seinem Privatleben lange nicht so frauenfeindlich wie in seinen Liedern oder Filmen.

Niemand hat je behauptet, Jacques Brel hätte in seiner Jugend oder später mit der Homosexualität geliebäugelt, wie es einige berühmte Schauspieler, Schrifsteller oder Journalisten getan haben. Es wäre zu simpel, von seinen oft derben Attacken gegen Homosexuelle oder von seinem Kult der Männerfreundschaft auf eine latente Homosexualität zu schließen.

Jacques benimmt sich zumeist äußerst höflich, sogar ritterlich. Was er über sich selbst, über andere und speziell über Frauen sagt, hat fast immer eine zweite und dritte Bedeutungsebene, die man nicht außer acht lassen darf. Als er Alice Pasquier und Jojo beauftragt, ein paar Sachen aus dem Appartement in der Rue Darreau zu holen, wo er Sophie zurückgelassen oder vielmehr verlassen hat, macht er die sarkastische Bemerkung: »Immerhin bin ich es, der die meisten Schlafzimmer bezahlt hat.«

Nicht nur die Frauen im allgemeinen kritisiert er, sondern auch seine eigenen, und er macht oft, wie Sartre, bei der einen die andere schlecht und umgekehrt. Aber auch für Brel gibt es Grenzen: Andere dürfen an seinen Frauen nicht herummäkeln. Jojos bissige Art, ihn vor Maddly zu warnen, schätzt er überhaupt nicht.

Jacques nimmt sich zwar das Recht heraus, sich über Miche zu beklagen. Aber wenn jemand eine abfällige Bemerkung macht, weist Brel ihn sogleich zurecht, wie es in einem Brüsseler Restaurant geschah, in das er Miche zum Essen eingeladen hatte. Sie kam von den Bahamas zurück, wo ein gerade aufgedeckter Immobilienskandal für Schlagzeilen sorgte. Ein Gast erkannte Jacques. Überzeugt, daß Madame Brel auf den Inseln schmutziges Geld angelegt hatte, sprach er sie an: »Ach! Sie haben auch die Finger in dieser Schweinerei auf den Bahamas! Es ist eine Schande! Ein Riesenschwindel!«

Darauf Miche: »Aber nein, überhaupt nicht. Ich war dort nur zum Vergnügen, auf einer Erholungsreise.«

Jacques hebt den Blick von seinem Teller, seine Augen funkeln böse:

»Ich bin der Mann von Madame. Erkennen Sie mich?«

»Ja, guten Tag, Monsieur Brel.«

»Und was haben Sie an meiner Frau auszusetzen?«

»Gar nichts. Es war nur so – aus Betroffenheit. Man hat uns hereingelegt.«

Jacques erhebt die Stimme:

»Sie sind aber auch zu dämlich, Monsieur! Wenn ich Ihnen sage, daß meine Eier Melonen sind, und wenn ich Ihnen eine Scheibe davon serviere, wird es Ihnen womöglich noch schmekken!«

Der andere zeigt keine Reaktion. Jacques, voller Spott:

»Im übrigen brauchen Sie ja dieses Geld gar nicht, da Sie es angelegt haben. Also können Sie auch darauf verzichten, Sie machen daraus sowieso nichts.«

Der Biedermann verabschiedet sich höflich. Jacques ist mit seinem kleinen Auftritt zufrieden: »Man kann ihnen alles ins Gesicht sagen! Alles! Man sollte es noch viel weiter treiben! Morgen besucht dieser Kerl seine Freunde und wird lauthals behaupten: Ich habe den Abend mit Brel in der Taverne du Passage verbracht. Er war ganz reizend!«

Es kommt vor, daß Brel sich Frauen gegenüber außerordentlich feinfühlig verhält. Nach der totalen Pleite von *Far West* – nur zwanzigtausend Kinobesucher wurden gezählt – bucht Jacques für Arlette Lindon und Jacqueline Thiédot, die stets vom Reisen träumen, eine Urlaubsreise. Hätte er das auch für einen Mann getan? Seinem Freund Céel hat er im Lauf der Jahre immerhin ein paar Kreuzfahrten spendiert.

Im Alltag benimmt sich Brel kaum frauenfeindlich. Dennoch fällt es ihm leichter, sich in einer reinen Männerwelt zu bewegen.

Seine antifeministischen Tiraden gründen sich eher auf Überzeugungen als auf Erlebnisse. Seine Erfahrung mit Jojo bestätigt ihn darin, daß

Freundschaft die Liebe überdauert. Brel gefällt sich darin, den Frauenfeind zu spielen. »Ich bin Frauen gegenüber ein Schlappschwanz«, wiederholt er hartnäckig, ohne direkt zuzugeben: »Ich bin ein Scheißkerl.« Es ist eben einfacher, das Sprüchlein von den ›Schlampen‹ herzusagen, als sich mit der eigenen Macke zu befassen. Obgleich Brel diese immer wieder deutlich spürt.

Brel wünscht sich die Liebe als eine endlose Leidenschaft. An Marianne schreibt er, und es klingt wie ein Bekenntnis zu einer neu entdeckten Sinnlichkeit: »Mit Dir liebe ich zum ersten Mal in Freiheit.«

Jacques will sich seine Polygamie nicht recht eingestehen, auch wenn er sich von der Vorstellung löst, daß die Liebe eine Falle sei:

... Von Falle zu Falle hast du mich gehalten
Von Zeit zu Zeit hab ich dich verloren ...[6]

6 La Chanson des vieux amants.

In aufgeräumter Stimmung sagt er einmal zu Jacqueline Thiédot:

»Ich hätte gerne vierzig Frauen und viel Geld, um ihnen alles schenken zu können, was sie sich auf der Welt wünschen.«

Brels Tochter France, noch immer fasziniert von ihrem Vater, ist gesprächiger geworden. Zwischen Arthur Gelin, Jacques und France kommt es in Brüssel zu folgendem Wortwechsel:

»Und du, France, welches Lied deines Vaters magst du am liebsten?« fragt Arthur.

»*Heureux* (Glück).«

XI.
KAPITEL

Glück ist. zu singen für ein Kind
und es zu führen seinen Weg
Wenn Worte dazu nicht nötig sind ...

Arthur:

»Im Grunde liebst du ja deinen Vater, France.«

Sie ist kühn genug, zu antworten:

»Ich weiß wohl, daß ich in Jacques verliebt bin. Papa weiß es übrigens auch. Nicht wahr?«

Die Tochter hat sich ihrem Vater zugewendet, der lächelt:

»Natürlich weiß ich das.«

Jacques findet jetzt besseren Kontakt zu France und auch zu Chantal, der Ältesten, die selbständiger ist als ihre jüngere Schwester. Auf der Durchreise in Paris verbringt France einen Abend mit ihrem Vater. In Brels Jaguar fahren sie zu einer Discothek in Versailles. Der gelbliche Nebel auf der Autobahn macht Jacques unruhig und gereizt. France, die sich nicht mehr in Schweigen hüllt, sondern wie ihr Vater zur Provokation neigt, will von Jacques wissen: »Welches Gefühl magst du am liebsten auf der Welt?«

»Eine Frau unter mir zu haben, die kurz vor dem Höhepunkt eine ganz bestimmte Bewegung mit den Augen macht.«

»Welcher Frauenvorname könnte dir auf deinem Sterbebett einfallen?«

»Ich glaube, es wird kein Frauenvorname sein, sondern einfach das Wort ›Frauen‹.«

Ein paar Jahre zuvor hat er gesungen:

... Dann geht in Flammen auf,
Was ich als Kind getrieben,
Ein Traum wird ausverkauft,
Die Hoffnung, die geblieben.
Man nimmt nichts weiter mit
Aus diesen letzten Flammen
Als Hyazinthenduft
Und einen Mädchennamen ... [7]

7 Le Dernier Repas

Im Verhältnis zu seinen ältesten Töchtern kann Jacques ohne weiteres von eisiger Distanz zu einer – für ihn – köstlichen Vertrautheit wechseln.

Mit der Fliegerei kommt Brel am 30. August 1964 durch Zufall in Berührung. Jacques gibt ein Galakonzert in Biarritz. Am nächsten Tag muß er in Charleville zum Abschluß des von RTL veranstalteten Radrennens Paris–Luxemburg singen. Für die Entfernung empfiehlt sich ein Flugzeug: Charles Marouani mietet für Jacques und seine Musiker zwei kleine Viersitzer.

Gegen Mittag warten die beiden Maschinen auf dem Flugplatz Parme-Biarritz auf Brels Team. Die eine wird Flugkapitän Paul Lepanse steuern, ein heiterer, lebenslustiger Mann, der nach zwölfjährigem Dienst in der Aéronavale jetzt bei Bréguet und Sud-Aviation als Testpilot beschäftigt ist. Jacques Brel, Gérard Jouannest und Jean Corti steigen in das Propellerflugzeug vom Typ Gardan. Jojo, der das ganze Tournee-material schleppen muß, wird mit dem Auto nachkommen. Lepanses Flugzeug startet gegen

13 Uhr bei trübem Wetter und erreicht eine Geschwindigkeit von zweihundertfünfzig Stundenkilometern. Gegen 17 Uhr landet es in Charleville, wo Jacques gemeinsam mit Jacques Martin auftreten wird.

Der Gardan fliegt zuerst durch eine dicke Wolkendecke und dann hoch über den Wolken. Jacques sitzt rechts von Lepanse, auf dem Platz des Kopiloten. Jouannest wird im Flugzeug immer schlecht.

Die Flughöhe beträgt zweitausend Meter. Lepanse spürt Jacques' Begeisterung. Dessen Hände werden ungeduldig. Der Pilot erklärt dem Sänger das Abc der Flugzeugführung: wie man das Flugzeug auf Kurs hält, wenn sich die Flughöhe stabilisiert hat.

»Da oben, das ist eine andere Dimension. Man muß sich ihr durch Auf- und Abwärtsbewegungen anpassen. Es geht darum, das Schlingern zu vermeiden und die Mitte zu finden, den neutralen Punkt, von dem die stabile Lage des Flugzeugs abhängt.«

Ein wunderbares Bild für die Balance à la Brel: Jacques braucht in seinem Leben das Gefühl, das Gleichgewicht zu verlieren, um es dann wieder suchen und finden zu können. Nur so fühlt er sich in Bewegung und damit lebendig.

Die Fliegerei stellt ein permanentes Risiko dar. Ein Flugzeug am Boden ist zu nichts nütze. Ein Brel, der irgendwo fest verankert ist, lebt nicht mehr.

Lepanse breitet seine Karte aus, erklärt, wie

man sich anhand von Kartenmaterial und Lichtsignalen orientiert, wie man aber auch vom Faktor Zeit und vom Kraftstoffverbrauch abhängig ist. Herumtrödeln kommt genausowenig in Frage wie ein Abstecher nach Reims mit kleinem Spaziergang um die Kathedrale. Diese Mischung aus Disziplin und Freiheit reizt Brel.

Er genießt den Flug in vollen Zügen:

»Es ist einfach toll ... Es macht Spaß.«

Paul Lepanse läßt ihn die Steuerung übernehmen. Bei bedecktem Himmel sind sie abgeflogen, aber auf dem Rückflug haben sie schönes Wetter. Zwischenlandung in Blois: Sie besichtigen ein paar Loire-Schlösser. Über einem Dorf bei Nantes grüßt Lepanse seine Frau mit akrobatischen Flugfiguren. Die Maschine landet in Bayonne. Jacques, der impulsive Praktiker, faßt den Entschluß, fliegen zu lernen. Er erklärt: »Ich wäre niemals Sänger geworden, wenn ich Blériot hätte sein können.«

Fliegen bedeutet für den Sänger zunächst einmal Zeitgewinn. Er könnte sich durchaus leisten, ein Flugzeug zu mieten, aber er möchte unbedingt seine eigene Maschine steuern. In seinen verrücktesten Launen läßt sich immer ein System entdecken. Lepanse macht Werbung und Öffentlichkeitsarbeit für sein Unternehmen und schließt bei Gelegenheit gern ein Geschäft ab. Brel ein Flugzeug verkaufen! Das wäre etwas! Lepanse will Brel das Fliegen nach der französischen Methode beibringen.

Der Unterricht findet unregelmäßig statt, nur

in den Tourneepausen. Der Flugschüler Brel zeigt unermüdlichen Lerneifer. Er ruft an:

»Paul, hast du jetzt Zeit? Wir treffen uns zum Essen in Toussus-le-Noble. Und dann machen wir einen kleinen Ausflug, ja? Um 15 Uhr muß ich in der Rue Cognacq-Jay sein, ich habe eine Fernsehsendung.«

Brel kann aus Zeitgründen den Theoriekurs nicht besuchen. Deshalb erteilt ihm Lepanse Privatunterricht und gibt ihm Lehrbücher zu lesen. Jacques lernt schnell, wie man ein Flugzeug in Gang setzt, wie man es vor dem Start überprüft, nach der Checkliste für außen und innen. Er lernt, wie man abhebt und die speziellen Anweisungen für jeden Flugplatz befolgt, wie man mit Vollgas startet, wie man in zweihundert oder dreihundert Metern Höhe die Geschwindigkeit drosselt, um den Platz in einer Quadrat- oder Rechteckfigur zu umfliegen, und wie man dann zur Landung ansetzt. Wie mit einem Pferd in der Reitbahn, so muß man mit dem Flugzeug auf der Start- und Landebahn üben.

In den sechziger Jahren lernen viele wohlhabende Leute fliegen, zum Vergnügen oder aus Gründen der Zeitersparnis. Vor dem Zweiten Weltkrieg war die Fliegerei in Frankreich sogar eine Art Volkssport. Aber es wird noch einige Zeit dauern, bis in gewissen Kreisen das Flugzeug so selbstverständlich geworden ist wie das Segelboot.

Jacques war nie gut in Mathematik. Aber bei der Fliegerei sind eher Geometrie, Trigonometrie und Mechanik gefragt als Algebra. Ist das Flugzeug aus Holz oder aus Metall, wie hoch ist die Nutzlast? Ich nehme drei Kumpel mit, die nicht viel wiegen, und dann muß ich noch mich selbst dazurechnen … Der Wetterbericht. Dieses flache Gelände. Mein Steigungswinkel. Meine Flugroute. Der Bewegungsablauf. Jetzt geht es nicht mehr um Höhe, sondern um die Beförderung von einem Ort zum anderen. Mal ist die Höhensteuerung wichtiger und mal die Seitensteuerung …

Paul Lepanse findet Jacques für die Fliegerei hochbegabt – und das hat nichts mit seiner Sympathie oder Bewunderung für den Sänger zu tun. Lepanse hat mehr als fünfhundert Flugschüler ausgebildet. Bei Brel ist es nicht nötig, zweimal dieselbe Anweisung zu wiederholen. Ein Lehrer wünscht sich, daß der am Vortag durchgenommene Stoff am nächsten Tag bekannt ist und angewendet wird. Das ist bei Jacques fast immer der Fall. Hat er einen Handgriff zu spät ausgeführt, korrigiert er sich sofort selbst:

»Ach ja, ich habe vergessen …«

Jojo hat Spaß am Fliegen, das Segeln hingegen wird er nicht mögen. Sooft er kann, fliegt er mit Jacques und Paul, und er wird auch seinen Pilotenschein machen.

In der Regel werden die Anfänger nach dreizehn oder vierzehn Flugstunden allein in die Luft entlassen. Nach sieben Stunden bemerkt Lepanse zu Jojo: »Ich werde es Jacques nicht sagen, aber er ist praktisch schon soweit, der Idiot!«

Brel darf nach zehn Flugstunden allein fliegen. Er kauft für etwa fünf Millionen alte Francs das erste Gardan-Modell. Damals kostet ein Mittelklassewagen ungefähr sechshunderttausend Francs. Jacques' erstes Flugzeug ist ziemlich ' gut ausgestattet, es verfügt über ein Bordfunkgerät, ist jedoch nicht auf den Einbau elektronischer Navigationsinstrumente eingerichtet, wie sie Linienflugzeuge besitzen. Es hat noch keinen Funkkompaß, sondern einen altmodischen zum Ablesen. Jacques' ›Gardan Horizon‹, in gebrochenem Weiß, heißt FBLPG: France Bravo Lima Papa Golf.

Jacques liebt die kameradschaftliche Atmosphäre auf den Flugplätzen, in Toussus-le-Noble oder im Übungszentrum von Brétigny, die Unterhaltungen an der Bar, die Fachdiskussionen unter Piloten. Saint-Exupéry ist in Brels Leben wieder gegenwärtig. Jacques ist von Flugzeughallen und Flugzeugen genauso fasziniert wie ein Kind von Schaufenstern voller Spielzeuge. Er hält sich nicht mit den Übungen in der ›Reitbahn‹ auf, die die meisten Flugschüler lange beschäftigen, sondern lernt – eine ideale Voraussetzung – das Fliegen, während er seinem Beruf nachgeht.

Mit den Flugstunden hat er im August 1964 begonnen. Bereits ab Oktober macht er kleine Flugreisen. Am 17. landet er in Château-Thierry, am 20. in Straßburg, am 21. in Colmar. Am 24. Oktober läßt er sich für eine Fernsehsendung vor einem Flugzeug filmen ...

Nicht nur das Beherrschen einer Technik, sondern auch der Rausch der immer von neuem überwundenen Angst ist ausschlaggebend für seine Flugleidenschaft. Nach seinem ersten Pilotenschein macht er bald den zweiten, der ihn zur Beförderung von Privatpersonen befähigt. Die Lizenz muß man zusammen mit den Flugzeugpapieren vorlegen, in Brüssel, Stuttgart oder anderswo. Sie erteilt einem die Befugnis, je nach Flugzeugtyp eine bestimmte Anzahl von Passagieren zu befördern.

Brel behält seinen Papa Golf drei Jahre, bis April 1967. Er will sich noch weiter qualifizieren, will lernen, nach den *Instrument Flight Rules* (IFR) zu fliegen.

Brel ist eine Zeitlang versucht, auch noch das Segelflugzeug auszuprobieren, aber er verzichtet darauf: »Wenn ich damit anfange, dann höre ich nie mehr auf. Das Segelflugzeug ist wie eine Droge. Steige ich da hinein, komme ich nicht mehr runter.«

Brel wählt seine Passionen sorgfältig aus.

Er landet in der Nähe von Hyères, auf dem Militärflugplatz von Cuers. In diesem kleinen Flugverband wird auch Miche ein paar Flugstunden nehmen. Die Brels besitzen damals ein Appartement im Lavandou.

Nimmt Brel Passagiere an Bord seines Flugzeugs mit, seine Frau, seine Lebensgefährtinnen, seine Töchter, verlangt er von ihnen – und auf seinem Boot wird es nicht anders sein – eine gewisse Disziplin. Sie sollen die verschiedenen

Phasen des Fluges aufmerksam verfolgen. Er hat eine herrische Art, auf den Höhenmesser, das Anemometer oder den Kompaß zu deuten: »Wozu dient das? Wozu braucht man das?«

Er schätzt es, wenn sein Passagier das Flugzeug zumindest in der Luft halten kann. Er tut so, als wollte er sich ein Moment ausruhen:

»Du hältst das Flugzeug, während ich schlafe. Kommt eine Wolke, dann fliegst du drüber oder drunter ... Dort ist ein Zeiger ... Und mit dem Hebel dort kannst du steuern.«

Doch Brel schläft nur halb. Die Gardan ist ein kleiner Flugzeugtyp, der sich bei ruhigem Wetter ziemlich leicht fliegt. Aber die Steuerung ist anstrengend: Man muß ständig Berechnungen anstellen, schreiben, Kontakt mit den Kontrolltürmen herstellen.

Brels Töchter und Sophie mögen diesen Sport nicht so sehr wie Marianne oder später auch Maddly, die in Genf an Bord einer Twin Bonanza fünf Stunden und fünfzehn Minuten Unterricht bei dem Piloten Michel Perregaux nehmen wird.

Jacques hat mit seinem zweiten Flugzeug einen größeren Sicherheitsspielraum, weil es Höhenwechsel erlaubt, mit denen man die Vereisungszonen umgehen kann. Denn wenn die Flügel von einer Eisschicht bedeckt sind, ist es, als ob man eine Nähmaschine statt eines Flugzeugs steuern müßte.

Brel kennt die meisten Flugplätze Frankreichs. Zum Üben fährt er öfter nach Nîmes, Marignane oder Montpellier als nach Nizza, wo der Himmel von kleinen Privatmaschinen wimmelt, die den Linienflugverkehr stören.

Jacques kauft sein drittes Flugzeug, eine Wasmer, im November 1969: Es handelt sich um einen hübschen Viersitzer, mit dem Irina Pélissier den Atlantik überquert hat. Lepanse staunt. Mit der Wasmer wechselt Jacques, was das Flugmaterial betrifft, von Metall zu Holz und Segeltuch. Die Wasmer erreicht eine Fluggeschwindigkeit von dreihundert Stundenkilometern. Lepanse hatte sich vorgestellt, Brel würde ein amerikanisches Modell kaufen, eine Bonanza vielleicht oder sogar ein zweimotoriges Flugzeug, auf jeden Fall eines aus Metall. Warum zum Teufel will er ausgerechnet eine Wasmer 421? In Issoire wird der Typ Wasmer von etwa fünfzig Arbeitern in Handarbeit hergestellt.

»Diese Fabrik macht mich ganz nostalgisch«, sagt Brel. »Es ist einfach rührend, wie sie schuften. Ich muß ihnen doch eine Freude machen, ich muß sie ermutigen, diese Jungs. Die hantieren da mit ihren kleinen Holzstücken, um ein Flugzeug zu bauen. Ich finde es wunderbar.«

Jacques findet nur zu gern etwas wunderbar. Beharrlich besucht er schlechtgehende Restaurants, um ihren Inhabern auf die Sprünge zu helfen. Andererseits ist er ein solcher Feinschmecker, daß er ohne weiteres ins Flugzeug steigt, um bei Brazier in Lyon oder bei Troisgros in Roanne zu essen.

Für Gebirgsflüge ist Jacques nicht qualifiziert. Aber mit Lepanse kann er das Mont-Blanc-

Massiv überfliegen und zum Zeitvertreib die Berggipfel und Dörfer identifizieren. Schau, das ist der Vercors! Und dort liegt Saint-Pierre-de-Chartreuse!

Er ist mit den drei Flugplätzen Korsikas und fast allen bretonischen Flughäfen vertraut. Es macht ihm Spaß, über Belle-Ile zu fliegen.

Als er eine hohe Gage im schweizerischen Gstaad erhalten hat, sagt er zu Paul: »Wir können uns jetzt eine große Tour leisten!«

Brel macht seine erste längere Flugreise mit einem kleinen Flugzeug in Begleitung von Lepanse und André Dorfanis, einem ehemaligen Offizier und Bordmechaniker, der in Indochina war. Die drei Kumpel hinterlegen ihren Flugplan in Nizza, das sie am 10. Juni 1966 verlassen.

Nizza–Bastia–Neapel. Neapel–Brindisi–Athen. In Athen verbringen sie zwei Tage. Am 14. Juni fliegen sie nach Rhodos. Die Kulturstätten werden, wie immer bei Jacques, rasch abgehakt. Am 16. Juni: Rhodos–Nikosia–Kreta. Dann Beirut: In der libanesischen Hauptstadt, die damals zweifellos die zivilisierteste und entspannteste Stadt im Nahen Osten war, bleiben sie vier Tage. Während dieser Reise fallen Jacques Strophen und Refrain eines Chansons ein. Er summt vor sich hin: ... *pièges, sortilèges, cortège...*

> *... Oh, meine Liebe*
> *Meine süße meine zärtliche meine wunderbare Liebe*
> *Vom frühen Morgen bis zum späten Abend*
> *Lieb ich dich immer noch weißt du ich liebe dich ...*[8]

8 La Chanson des vieux amants.

Das klingt fast wie Aragon, gesungen von Jean Ferrat. Dem Interpreten gelingt es, von der Schwäche des Textes und den Herz-Schmerz-Reimen abzulenken.

In Beirut trifft sich Jacques mit Show-Leuten, ehemaligen Entertainerinnen aus dem Cabaret ›Byblos‹ in Saint-Tropez, dem Direktor des Casinos. Politische Aktivisten sind nicht darunter. Brel hat sich in den Kopf gesetzt, nach Israel zu fliegen. Es ist nicht einfach, von einem arabischen Land aus nach Israel einzureisen. Man braucht dafür eine Sondergenehmigung. Brel hat es immer gereizt, tun zu dürfen, was anderen verwehrt bleibt. Paul kümmert sich um die Formalitäten, aber der Antrag wird abgelehnt. Daraufhin peilen sie die türkische Küste an, überfliegen das anatolische Hochland. Am 24. Juni: Ankara–Istanbul. Am 26.: Istanbul–Saloniki. Am 27.: Saloniki–Korfu. Dann Korfu–Neapel, Neapel–Bastia, Bastia–Calvi, Calvi–Cannes. Jacques hat wahrhaftig keinen Baedeker im Kopf. Wen interessieren schon Moscheen, Kirchen, Museen, Kathedralen? Die Lebensweise der Italiener, Griechen oder Türken spricht ihn dafür um so stärker an.

Lepanse lebt in Südfrankreich. Jacques' Flugzeug ist in Cannes-Mandelieu stationiert, und Lepanse sorgt für die Wartung. Jacques leiht ihm gelegentlich seine Maschine, um zum Beispiel Jacques Martin oder Johnny Halliday irgenwohin zu fliegen.

Mit der Wasmer, die dreißig Liter Kraftstoff

pro Stunde verbraucht, kann man ziemlich lange in der Luft bleiben und hat somit einen guten Aktionsradius. Aber Jacques will mehr, wie immer. So kauft er eine Baron Beechcraft B 55 mit zwei Motoren von je 260 PS, fast ein kleines Linienflugzeug. Noch weiter, noch höher hinaus, weg von Belgien, von Frankreich, von den Journalisten zieht es unseren Jonathan Livingstone.

In allem, was er anpackt, ob Chanson oder Fliegerei, will Jacques noch professioneller sein als die anderen Profis.

Im Herbst 1969 erkundigt er sich bei der Genfer Fliegerschule Les Ailes nach einer IFR-Ausbildung. Die Gebäude dieses Privatinstituts, eines der letzten seiner Art in Europa, liegen in der Nähe des internationalen Flughafens Cointrin. Für den Direktor Ernest Saxer, der aus der deutschsprachigen Schweiz stammt, ist Brel ein Flugschüler wie alle anderen. Das Lehrprogramm der Fliegerschule läßt relativ viel Spielraum für individuelle Bedürfnisse. Die Ausbildung dauert zehn Wochen.

Brel kommt verspätet an. Er wird der Gruppe von Jean Liardon zugeteilt.

Der Waadtländer Liardon, Jahrgang 1941, ist von Hause aus Architekt, ein ruhiger, methodischer Typ. Sein Vater ist Generalinspektor des *Office fédéral de l'air suisse.* Tradition verpflichtet: Nachdem Liardon seinen Wehrdienst als Unteroffizier bei der Luftwaffe abgeleistet hat, wird er Ausbilder in der Zivilluftfahrt.

Liardon gibt Brel ein paar Stunden Privatunterricht und ist zunächst sehr skeptisch. Wenn ein Geschäftsmann den Kurs belegt und dann nach der vierten Unterrichtseinheit aufgibt, kann man in der Regel damit rechnen, daß er wenigstens ein Flugzeug samt Piloten mieten wird. Bei einem Star ist das nicht so sicher. Solche Leute haben nie Zeit, sie kommen und gehen. Liardon verhält sich seinen Schülern gegenüber distanziert.

Brel holt seinen Rückstand auf, meldet sich für die Theorieprüfung im März 1970 und besteht gleich beim ersten Mal. Er besucht eine durchschnittliche Klasse, mit ihm pauken zwei Franzosen, ein Grieche und zwei Schweizer. Wie die anderen Prüfungskandidaten hat er schon zahlreiche Flugstunden hinter sich. Hier wird kein Blödsinn gemacht wie auf Tourneen oder im Institut Saint-Louis. Brel ist ein sehr guter Flieger, aber er bleibt der Künstler, der Außenseiter. Man muß ihn ausdrücklich darauf hinweisen, daß er die Funkmeldung eines Bodenkontrolleurs einfach nicht verstanden und daß dieser keineswegs gestottert hat, wie Brel behauptet.

Daran gewöhnt, Befehle zu erteilen, will er sich hier disziplinieren lassen und gehorchen. Das ist hart für ihn. Noch schwerer fällt es ihm, sich die technischen Kenntnisse anzueignen. Wie kompliziert so ein Düsentriebwerk ist! Und erst recht der IFR-Flug! Es erfordert viel mehr technisches Wissen, sich von elektronischen Navigationsinstrumenten zu einem Flughafen leiten zu lassen, als nach Sicht zu fliegen.

Im Anschluß an den Theorieunterricht verbringt Jacques siebzehn bis neunzehn Stunden
am Flugsimulator. Jeweils danach geht er ins ›Le
33‹, das Restaurant gegenüber der Fliegerschule,
und trinkt ein Glas an der Bar: »Ich werde mit
meinen Besoffenen einen heben!« sagt er.

... Die Liebe ist kein As, das sticht.

Das war einmal, das war – man lacht.

Das war – ach, das versteht ihr nicht.

Die Snobs, die Bummler aus der Nacht ...[9]

9 Les Paumés du
petit matin.

Gestrandete Existenzen, Greise und ein paar
Penner verkehren nachmittags im ›Le 33‹.

Brel hilft jenen, die wie er davon besessen sind,
›etwas anderes‹ zu machen, sich ›woanders‹ um-
zusehen.

Als ein französischer Feuerwehrmann, der am
selben Kurs teilnimmt, aus finanziellen Gründen
seine Ausbildung nicht beenden kann, übernimmt Brel die Kosten: »Die Rechnung geht auf
mich.«

Um einen Schüler, der sich mutlos durch die
Kurse schleppt, kümmert er sich auf seine ganz
persönliche Art: »Komm, wir fahren zusammen
nach Brüssel.«

Als sie dort sind, reden sie miteinander, amüsieren sich, gehen ins Bordell. Liardon beteuert,
daß Brels Schützling nach seiner Rückkehr wie
verwandelt wirkt. Er besteht die Pilotenprüfung,
genau wie der Feuerwehrmann.

Mein Kumpel, mein Bruder, mein Sohn, du

sollst ein richtiger Mann werden ... Das ist schon beinahe die angewandte Moral eines Rudyard Kipling.Wer will, der kann, denkt Jacques. Die Fliegerei ähnelt dem Sängerberuf: Arbeit und Ausdauer – und manchmal das Glück, einem Mann wie Brel zu begegnen, dem Kameraden und Waffenbruder, der einen bis zum Ziel begleitet.

Dritter Teil des Unterrichtsprogramms: IFR-Flüge mit der zweimotorigen Beechcraft B 55. Jacques nimmt die Sache in Angriff. Am 17. April trägt Liardon in seinem Heft hinter dem Namen Brel das Wort ›Check!‹ ein. Jacques besteht seine Prüfung. In Knokke, an der Bar von Franz Jacobs, wird er später im Scherz damit angeben und ein paar Wetten gewinnen: »Ich kann eine Boeing oder eine DC 10 fliegen!«

Das stimmt und stimmt auch wieder nicht. Die IFR-Lizenz ist die Qualifikation für den Instrumentenflug und Voraussetzung für die Tätigkeit des Berufspiloten. Der Inhaber kann eine Stellung als Kopilot bei einer kleinen Fluggesellschaft erhalten oder auch bei einer großen, wenn er noch jung ist. Er darf bei jedem Wetter und auch nachts fliegen. Die Lizenz ist so etwas wie eine allgemeine Reifeprüfung in Navigation. Man erwirbt damit die Erlaubnis, ein- und mehrmotorige Flugzeuge aller Typen zu steuern, für die man einen Flugschein besitzt. So muß man, um eine Maschine vom Typ Boeing 747 oder DC 10 fliegen zu dürfen, an einem speziellen Technik- und Übungsprogramm teilnehmen.

Jacques macht den Kopilotenschein für den Lear Jet. Er unternimmt mit Liardon kleine Ausflüge, die ihn, wie Liardons Bordbuch dokumentiert, oft in die Nähe der Stadt führen, in der Marianne lebt. Jacques hat das Niveau eines Profipiloten erreicht. Nicht selten reduziert er die Fluggeschwindigkeit, um zu Liardon zu sagen:

»Ach, ist das schön! Schau doch, wie schön es ist!«

Er liebt es, Pläne zu schmieden. Er schlägt einen ›Coup‹ vor, wie er sich ausdrückt, einen Trip nach Spanien, Algerien, Tunesien, Korsika. Seine Töchter haben daran kein Interesse. Jacques beklagt sich bitter bei Liardon: »Ich habe die Nase voll von der Familie, ich habe es satt, mich als Kapitalisten beschimpfen zu lassen!«

Dabei hatte er doch schon alles vorbereitet. Er mag so gern organisieren, eine Sache vorantreiben, die Führung übernehmen. Und nun wagt man, ihm zu widersprechen. Und in was für einem Ton! Er bietet Chantal und France eine Reise mit dem Lear Jet bis Marrakesch an. La Mamounia!

»Nein«, sagen die beiden, »wenn wir nach Marrokko fahren, dann nur mit Rucksack und eigenem Geld!«

Jacques reagiert gekränkt. Dennoch haben seine Töchter den Eindruck, daß ihre Antwort ihn im Grunde freut. Jacques wird schließlich, um Chantal und France zu bestrafen, mit Miche und Isabelle nach Guadeloupe fliegen. Diese Jugend verhält sich unbegreiflich, einfach abscheulich!

Irgendwann im Jahre 1971 ißt Jacques mit Jojo, Alice und ihrer Schwester Laetitia, die Antiquitätshändlerin ist, in einem Restaurant in Rueil-Malmaison.

»Würden Sie sich freuen, Laetitia, wenn Sie jetzt verreisen könnten?«

»Ja.«

Jojo sieht abgespannt aus.

»Ich möchte vor allem Jojo auf andere Gedanken bringen. Und wenn wir alle zusammen wegfahren würden?«

Die anderen glauben, daß Jacques Witze macht. Doch am nächsten Tag sagt er zu Laetitia, die er kaum kennt: »Ich habe alles arrangiert. Wir fliegen alle zusammen nach Guadeloupe.«

Die Reisegäste, Alice und Jojo Pasquier, Laetitia und ihre Tochter, Jean Liardon, seine Frau Janine und Maddly, erhalten von Jacques die Anweisung: »Sommerkleider, Bikinis, nur das Nötigste.« Der Lear Jet hat nicht viel Stauraum. Um mit dem Treibstoff auszukommen, muß die nördliche Route über Paris, Prestwick in Schottland, Keflavik in Island und Narssarssuaq in Grönland geflogen werden. Jacques ist der Kopilot. Weil Ledoux, der Pilot, im letztgenannten Ort den Kompaß für das Fahrgestell beschädigt, findet sich die leichtbekleidete Truppe auf einmal bei minus fünfzehn Grad und einer Windstärke von achtzig Stundenkilometern in der eisigen Luft Grönlands wieder. Das Flughafengebäude, das Brel und seine Freunde nur mit Mühe erreichen, können sie eine ganze Weile nicht verlassen. Auf dem Bildschirm im Warteraum sehen sie sich mehrmals *Singing in the Rain* an – damals ist die Video-Technik noch nicht über die ganze Welt verbreitet. Was für ein Talent, dieser Gene Kelly!

Das benötigte Ersatzteil wird eingeflogen. Via Portland, Wilmington und Nassau landen die Urlauber in Pointe-à-Pitre. Sechs Tage verbringen sie auf der Geburtsinsel von Maddly. Jacques ist entzückt, Jean findet das Hotel ›Caravelle‹ ausgezeichnet. Doch rundherum herrscht bitterste Armut. Und Jojo ist krank. Jeder weiß, daß es Krebs ist, aber keiner spricht darüber. »Er ist nicht mehr der Jojo von früher, der Jojo der Tourneen«, sagt Jacques zu Jean.

Es wurde kolportiert, Jacques hätte in Erwägung gezogen, Pilot in Afrika zu werden, sogar Söldner – der Linken? Es heißt auch, die Sabena hätte ihm einen Pilotenposten angeboten. Aber man wird mit vierundvierzig Jahren nicht mehr Kopilot in einem Verkehrsflugzeug. Keine seriöse Linienfluggesellschaft – weder die Sabena noch die Air France noch die UTA – wäre jemals auf so eine Schnapsidee gekommen.

1973 äußert Jacques den Wunsch, Ausbilder in der Fliegerschule Les Ailes zu werden. Jean Liardon erklärt sich bereit, ihn einzuarbeiten. Aber seine Kollegen sträuben sich. Ein Star, ein Künstler, der Ausbilder werden will? Wäre er überhaupt streng genug? Das Projekt wird aufgegeben.

Zwischen 1968 und 1978 wird Brel sich insgesamt fast ein Jahr in der Schweiz aufhalten. Wenn er allein reist, quartiert er sich in kleinen Hotels wie ›L'Escale‹ ein, das in der Nähe der Fliegerschule Les Ailes liegt. Manchmal mietet er ein Appartement in der Stadt, wo Marianne ihn besuchen kommt.

Mit Maddly oder Miche bezieht er ein Zimmer im direkt am See gelegenen Hotel ›Beau Rivage‹ oder im ›Président‹.

Jacques wird Pate von Maud, der Tochter von Jean Liardon. Liardon verblüfft Jacques. Ein Typ, der sich genausoviel bewegt wie er, oder sogar mehr. Die Leidenschaft für die Bewegung ist das Bindemittel dieser Freundschaft. Jean löchert Jacques nicht mit Fragen nach seiner Vergangenheit. Er hat Verständnis für Brels Leben und nimmt es so, wie es ist. Jacques denkt daran, sich in der Schweiz niederzulassen, weil man ihn dort in Ruhe läßt. Unter den Piloten hat er viele nette Kumpel. Außerdem wird in Genf Französisch gesprochen, und die Verkehrsverbindungen sind äußerst günstig. Brel schätzt die schweizerische Arbeitsmoral. Und er hat Lust, seine Begeisterung für die Fliegerei mit Gleichgesinnten zu teilen. Vier Sprachgemeinschaften leben in diesem kleinen Land relativ friedlich zusammen. »Hier«, sagt Jacques zu Liardon, »prügelt man sich nicht um Sprachprobleme.«

Die Schweiz, das ideale Refugium, ist für Jacques Brel so etwas wie ein zweites Belgien, das seine Spaltungen überwunden hat. Zwar kann man den Eidgenossen ihren Erfolg nicht absprechen, aber Brel betrachtet sie mit reichlich verklärendem Blick.

10 L'Ostendaise

*Ich mache eine Zwischenlandung
für einen Abstecher ...*[10]

Jacques ist kein gehetzter Mensch – er liebt es nur, in Bewegung zu sein. Er mag weder schlafen noch sich ausruhen. Und selten hat er einen Tag damit verbracht, die Decke anzustarren. Als Varietékünstler arbeitet man sonntags in der Regel mehr als an anderen Wochentagen: Man gibt ein bis zwei Matineen und dazu noch eine Abendveranstaltung. Schlafen hält Brel für Zeitverschwendung. Er will ununterbrochen wach und tätig sein und glaubt auch, daß er dazu in der Lage ist.

1967 kauft sich Jacques mit einem Freund zusammen ein Schiff. Mit Marianne und Sophie machen die beiden mehrere Kreuzfahrten. Während einer dieser Reisen, im Jahr 1970, verwandelt sich die Freundschaft zwischen Jacques und Marianne in eine leidenschaftliche Liaison. Sophie und Mariannes Ehemann sind äußerst irritiert. Wer könnte es ihnen verdenken?

Jacques will einmal mehr ›woanders hinschauen‹. Es ist mit dem Segeln nicht anders als mit dem Singen, dem Filmemachen oder Schauspielern: Der erwachsene Mann in ihm muß sich stets selbst überwinden wie damals der *Ketje* Jacky, der auf dem Pflaster der Chausseen und dem Asphalt der Avenuen von Brüssel bis zur Erschöpfung in die Pedale trat. Jacques will sich

beweisen, daß er Dinge tun und auch durchhalten kann. Er sagt: »Ich habe mir so viele Wünsche verkniffen, daß ich jetzt voll dazu stehen
will.«

Oder, mit derselben Überzeugung: »Ich habe
Lust, etwas anderes zu machen als das, was ich
schon kann.«

Eine Zeitlang genießt er die Freuden des
Wassersports und die Erleichterung, nicht mehr
als Star verfolgt zu werden, unerkannt und
unbemerkt zu bleiben. Jacques liebt die eigen-
tümliche Stimmung in den Häfen. Mit dem
Schiff und dem Flugzeug hat er zu einer Art seß-
haftem Nomadentum gefunden.

Das ist einer der Gründe, die ihn von Sophie
entfernen und zu Marianne hinführen: Sophie
kann weder Schiffe noch Flugzeuge leiden. Marianne, sportlicher und durchtrainierter, mag beides.

Brel haßt Dilettantismus und verausgabt sich
in allem, was er unternimmt. Segeln bedeutet für
ihn nicht nur eine Form der Freiheit, mit der er
dem Land, dem festen Boden entkommt. Er will
sich auch hier wieder beweisen, daß er, wie auf
der Bühne und im Cockpit, professionelles Niveau erreichen kann.

Unterdessen sucht er die Nähe seiner Töchter.
Was geht in ihnen vor? Chantal ist aufsässig. Brel
findet, daß die Jugend zu Recht rebelliert. Könnte Chantal nicht ein Praktikum in New York
machen? Daß Marianne Sozialarbeiterin ist, hilft
Brel, seine Tochter France zu verstehen, die eine

entsprechende Ausbildung begonnen hat. Isabelle, die jüngste, redet wenig. Brel sieht darin ein Zeichen überdurchschnittlicher Intelligenz.

Eigentlich müßte er begriffen haben, daß er die verlorene Zeit mit seinen Kindern nicht wieder einholen kann. Trotzdem will er etwas dagegensetzen. Im Sommer 1973 lädt er seine drei Töchter zu einer Segeltour nach Frankreich und Italien ein. Er nimmt sich endlich Zeit, sie anzuschauen, aber er hört ihnen noch immer nicht zu.

Chantal, France und Isabelle nehmen während dieses Urlaubs belustigt zur Kenntnis, daß ihr Vater außerhalb Belgiens zwischen zwei Frauen, Marianne und Maddly, hin- und hergerissen ist. An einem Nachmittag sonnen sie sich an Deck und hören dabei Musik. Unten telefoniert Jacques mit Marianne. Die Töchter können das Gespräch über den Transistor mithören. Er verabredet sich mit einer Frau namens Gladys. Am Abend im Hafen erscheint er frisch rasiert und parfümiert und sagt mit gespielter Nachlässigkeit: »Heute abend gehe ich aus.«

Am nächsten Tag kehrt er zurück und sieht aus wie ein Mann, der sich wohl fühlt.

Er sucht den Kontakt zu seinen Töchtern, die längst keine Kinder mehr sind. Im selben Jahr hält sich France zur Feier ihres zwanzigsten Geburtstags im italienischen Otranto auf. Jacques schickt ihr aus Paris ein sonderbares, überaus egozentrisches Glückwunschtelegramm:

»Stelle mit größter Freude fest, daß ich nicht allein alt werde. Ich umarme Dich – Der Alte.«

Jacques Brel ist damals vierundvierzig.

Mit seinen Töchtern führt er hin und wieder ›Gespräche‹, wie er in gutem Glauben diese Monologe zu nennen pflegt. Doch jenseits der gesprochenen Worte sind Vater und Töchter in einer Komplizenschaft der Gefühle, der Blicke und des Schweigens miteinander verbunden.

Mit boshaftem Vergnügen ergeht sich Jacques in Tiraden gegen die Jugend. Daran sieht man, daß Brel tatsächlich gealtert ist. Amerika gibt es nicht mehr, versichert er. Jetzt fliegt man zum Mond! Die Jugend hat keine Träume, keine Ambitionen mehr, die jungen Leute sind nicht mehr das, was sie einmal waren! Sie tun nichts mehr. France und Chantal protestieren. In irgendeinem italienischen Hafen läßt er wieder eine seiner übertriebenen Attacken los. France warnt ihn, sie wolle es nicht mehr hören. Auf Provokation antwortet Jacques gern mit Provokation. Also stimmt er erneut das Lied von der schrecklichen, abscheulichen, erbärmlichen Jugend von heute an. Daraufhin steht France auf und geht spazieren. Jacques schweigt. Die Reaktion seiner Tochter gefällt ihm, da er rebellische Temperamente schätzt. Wer wird in diesem Zweikampf gewinnen, France oder Jacques?

Das Familiensegeln ist nur von kurzer Dauer. Brel ist ungeduldig, er hat es eilig. Jojo kann dem Segeln, diesem verschrobenen Sport, nichts abgewinnen. Wozu hat Jacques das nötig? Außerdem kann er sich nicht um Jojo kümmern, wenn er ständig unterwegs ist.

Brel taucht in Brüssel auf: »Was hältst du davon, wenn ich eine Weltumsegelung mache? Bist
du einverstanden?« fragt er Miche.

Die Frage ist so gestellt, daß sie keine ableh-
nende Antwort zuläßt. Jacques braucht nicht
Miches Erlaubnis, sondern ihre emotionale Unterstützung. Für Brel ist Miche die vierte Tochter, die Älteste, aber auch seine Schwester und
seine zweite Mutter. Wenn Jacques ›nein‹ sagt,
fügt sich Miche brav. Keine Feministin dürfte auf
die Idee kommen, Miche, die Virtuosin des Ja-
sagens, für besondere Verdienste um die Sache
der Frau auszuzeichnen.

Jojo fühlt sich immer kränker. Er lehnt sich
gegen Jacques' Projekt auf: Daß er segelt, ist
schlimm genug, aber muß es gleich um die ganze
Welt sein?

Ende 1973 trainiert Brel an Bord eines gechar-
terten Segelschulschiffs mit fünf Mann Besatzung gezielt für seine Reise. Zum ersten Mal
wird er den Atlantik überqueren. Seine Briefe an
Miche drücken seine Freude an diesem Seeaben-
teuer aus. Auch seine Absichten kann man klar
aus den Zeilen herauslesen. Aus Las Palmas
schreibt er am 18. November 1973:

»Und das Schiff liegt auf der Reede!

Meine liebe Miche,

nach neun Tagen Seefahrt bei trübem und
kaltem Wetter sind wir jetzt in Las Palmas, einer
häßlichen, schmutzigen und christlichen Stadt …

Die ›Korrig‹ ist wirklich ein gutes Schiff, und
die Männer, die mich begleiten, sind so, wie sie

sind, doch im großen und ganzen ist alles in Ordnung ...

... Aber in Gibraltar hatte ich keine Nachricht
von Dir.

Du bist sicher froh, in einem zivilisierten Land
zu sein – ohne Benzin und sonntags autofrei! ...«

Miche befindet sich in Belgien, während die
Ölkrise die Welt erschüttert. In Brüssel herrscht
Sonntagsfahrverbot für Privatautos. Wie schön
ist diese Stadt dort, wo der Immobilienboom sie
nicht verhunzt hat, wenn der Autoverkehr ruht.
Die Rue de la Montagne zum Beispiel!

»Es scheint Dir und den Kindern gut zu
gehen, das ist schön. Im übrigen hast du immer
das verkörpert, was in meinem Leben am besten
gelaufen ist.

Da die Winde momentan vollkommen ungün-
stig sind, wissen wir noch nicht, wann wir los-
fahren werden, aber ich fände es idiotisch, hier
weiter herumlungern zu müssen.

Im Hafen liegt eine zentimeterdicke Öl-
schicht, und man braucht Passierscheine, um an
Land gehen zu dürfen (ich war noch nicht dort).«

Las Palmas de Gran Canaria ist spanisches
Territorium. Jacques hat sich wie viele westliche
Schriftsteller und Künstler geschworen, unter
Francos Diktatur nie einen Fuß auf spanischen
Boden zu setzen.

»Ich bin gerade ein bißchen müde, aber sonst
topfit.

Weißt Du, das Segeln paßt so gut zu mir. Es ist
sehr hart, aber es passiert wenigstens etwas. Ich

weiß immer noch nicht, was ich danach machen werde, aber im Augenblick bin ich in Frieden mit mir selbst, und niemanden sehen zu müssen, ist eine wunderbare Belohnung.«

Auf hoher See ist Brel weit weg von seinen Frauen, weit von den Menschen und von einer Welt, die ihn enttäuscht. Den Mißerfolg seines zweiten Films hat er nicht richtig verkraftet. Seine gespielte Frauenfeindlichkeit verwandelt sich allmählich in echten Menschenhaß. Für ihn gibt es auf der Welt zwei Sorten Menschen: solche, die sich bewegen, und solche, die nicht vom Fleck kommen. Er, der auf dem Ozean segelt, bleibt in Bewegung:

> *... Es gibt zwei Arten von Zeit*
> *Die Zeit die wartet*
> *Und die Zeit die hofft*
> *Es gibt zwei Arten von Leuten*
> *Die Lebenden ...*
> *Und ich bin auf See.*[11]

11 L'Ostendaise.

Ich und die anderen!

»Es ist vielleicht nicht ganz unwichtig, daß Ihr, Du und die Mädchen genau wißt, wie groß meine Liebe, meine Zärtlichkeit und mein Respekt für Euch sind. Und wie sehr dieses aufregende Leben mich verbraucht hat, das die Kräfte eines normalen Menschen einfach übersteigt.

Siehst Du, ich bin sehr froh darüber, keinen Sohn zu haben, ich wüßte wirklich nicht, was ich ihm sagen sollte.

Mit den Mädchen wage ich es gerade noch,

über die Liebe zu sprechen, weil ich denke, daß
darin ihre biologische Funktion besteht. Vor einem Sohn aber würde ich nichts herausbringen,
weil ich selbst viel zu verwirrt bin, um in einem
jungen Mann irgend etwas erwecken zu können.

Ich glaube, alt sein heißt: die Last der anderen
nicht mehr tragen zu können.

Ich trage mich selbst!«

Zwanzig Jahre nach seiner Ankunft in Paris ist
der vertrauensvolle, komplizenhafte Ton seiner
Briefe an Miche unverändert geblieben. Auch die
Form der Briefe erinnert an die Anfänge von
Brel, als er in Paris für seine in Belgien zurück-
gebliebene Frau Tagebuch führte:

»19. November

Schlechtes Wetter, so daß wir aller Voraussicht
nach erst in zwei Tagen den Hafen verlassen und
Barbados um den 15. Dezember erreichen werden.

Was das Schiff betrifft, habe ich mich noch
nicht endgültig entschieden, aber ich glaube, ich
werde es doch tun.«

Er trägt sich mit dem Gedanken, ein Segelschiff zu kaufen, und bittet Miche, sich über alle
damit zusammenhängenden Formalien zu erkun-
digen. Im selben Brief schreibt er:

»20. November

Wir sind immer noch hier, aber es soll morgen
in aller Frühe weitergehen.

Es wird sich vielleicht alles in die Länge ziehen, aber ich muß unbedingt dorthin und
schauen, wie es ist.

Ich schreibe Dir von dort aus ...«

Hingehen und schauen: eine schon lange während, sich unablässig erneuernde Besessenheit. Frieden finden: ein alter Wunschtraum. Verbraucht sein: seine letzte und tiefe Überzeugung.

»Ich umarme Dich, ich umarme Euch alle drei.

Zärtlichst

Bis bald, meine Schöne

Dein alter Jacques.«

Um seine Müdigkeit zu beschreiben, benutzt Jacques oft das Wort *se racrapoter*. Seinen Sinn für Wortschöpfungen hat er nicht verloren. Und er hat die selbstauferlegte Herausforderung wieder einmal angenommen. Als er Barbados endlich erreicht hat, schreibt er an viele Freunde und natürlich auch an Miche, seinen Anker. 21. Dezember:

»Meine Miche

Es ist soweit. Der Atlantik liegt hinter uns!

Siebenundzwanzig wunderbare Tage der Einsamkeit und der erfolgreichen Arbeit.

Jetzt weiß ich auch, daß ich ein eigenes Schiff besitzen werde und daß es sich lange in der Welt herumtreiben wird.«

Jacques hat seinen Entschluß gefaßt. Er rechnet damit, daß seine Frau inzwischen Kataloge und sonstiges Material über Schiffstypen sowie die erforderlichen Formulare zusammentragen und sie ihm bei seiner Rückkehr nach Belgien vorlegen wird. Miche verkörpert immer noch die Versorgungsinstanz.

»Weißt Du, ich komme vermutlich um den 20. Januar herum zurück und würde Euch an einem Abend gern alle sehen, denn ich vermisse Euch ziemlich!

Habe auch einen ganz süßen Brief von France erhalten, der mir große Freude gemacht hat.

Ich werde ihr in ein paar Tagen antworten, denn wir fahren schon morgen früh weiter. Eigentlich bin ich sehr gut in Form. Sehr mager geworden, aber in froher Stimmung.

Sobald alles nicht so leicht ist, bin ich ganz glücklich und ausgeglichen.

So eine Überfahrt läßt sich kaum beschreiben, ich werde es Dir dann erzählen.

Bis bald, meine Schöne,

ich umarme Dich und wünsche Euch allen schöne Weihnachten und ein gutes neues Jahr.

Ich denke sehr an Euch.

Euer Alter, der Euch liebt

Jacques.«

Daß man auf See abmagert, ist nichts Ungewöhnliches. Jacques denkt nicht an eine Krankheit. Eine Atlantiküberquerung im Segelboot kostet einfach viel Energie, fertig. Wenn er sich auch seelisch verbraucht fühlt, vertraut er doch auf seine physischen Kräfte. Jacques Brel ist schließlich immer wieder auf die Beine gekommen.

In jenem süßlich-melancholischen Ton, in den Einsame oft verfallen, schreibt er an Marianne am 23. Dezember von der Insel Grenada aus: »Seltsam, daß ich überhaupt keine Lust verspüre, an Land zu gehen. Ich bleibe lieber in einer ruhigen Ecke im Hafen, als mich unter die Menschen zu mischen.

Außerdem muß ich zugeben, daß ich abends vollkommen kaputt bin, denn es gibt auf so einem Schiff eine Menge zu tun. Wenn ich am Ruder stehe, rede ich oft in Gedanken mit Dir.

... Eines weiß ich ganz sicher, diese Reise tut mir wahnsinnig gut.

Es ist nicht leicht (das liebe ich), es ist hart (das liebe ich) und es ist wunderschön (das liebe ich).

Kurzum: Es geht mir ziemlich gut ...«

Erinnert er sich jetzt an seine frühen Chansons, an das, was er sich damals nur halb eingestand?

Und ich liebe niemanden mehr
Und niemand liebt mich mehr
Ich werde nirgends mehr erwartet
Ich warte nur auf den Zufall
Mit geht's gut ...[12]

2 Je suis bien.

Diesmal wird er Weihnachten nicht zusammen mit Miche und seinen Töchtern in ihrem Haus bei Saint-Pierre-de-Chartreuse verbringen. Er kann höchstens davon träumen. 1965 hat Brel dort einen alten Schafstall gekauft, der fünf Kilometer vom Dorf entfernt liegt, und Miche hat ihn zum Chalet umbauen lassen: ein großer Raum und eine Küche im Erdgeschoß, zwei Schlafzimmer im ersten Stock. Seit der Einweihung des Hauses zu Weihnachten 1967 pflegt Jacques jedes Jahr am 24. Dezember dort anzukommen, beide Arme voll mit Geschenken und Delikatessen. Dort hat er sein geliebtes Barometer, die Penduluhr, den Sessel im Louis-XIII.-Stil.

Er fährt nicht Ski, sondern baut vor dem Haus eine Bar aus Eis, an der er seine Freunde zum Aperitif einlädt.

Für Weihnachten, das christliche Fest, bereitet er mit großer Sorgfalt seine heidnischen Rituale vor. Man verkleidet sich – das eine Jahr als Marokkaner, das nächste als Russe. Wenn alles fertig ist, schreitet die Familie Brel, angeführt von Jacques, die Treppe hinunter. Nach zwei oder drei Tagen reist Jacques wieder ab.

Auf Barbados weiß er noch nicht, daß er Saint-Pierre niemals wiedersehen wird.

An Miche schreibt er von der Insel Union aus: »28. Dezember, nachmittags, an Bord

Nur ein paar Zeilen unter dem warmen Regen.

Vor einer Stunde in einer kleinen Bucht mit gefährlichen Untiefen angekommen. Ich bin immer noch ein wenig erschöpft, aber ansonsten fühle ich mich prächtig.

Auf dem Schiff finde ich die Freiheit und die Disziplin, die ich so schätze.

Ich weiß, daß ich wieder aufbrechen werde. Und wenn ich noch weiter wegfahren kann, werde ich es tun, um mich noch weiter von den Menschen und von einer Lebensform zu entfernen, die ich wirklich zu farblos und zu mittelmäßig finde.

Ich komme zwischem dem 15. und 20. Januar zurück und werde mich dann auf die Suche nach einem guten Schiff machen.

Ich erzähle Dir dann von all diesen Dingen, die mich beschäftigen. Ich umarme Dich und die Kinder.

Ihr fehlt mir.

Bis bald – Der Alte.«

Jacky, der Grand Jacques, *Petit Papa Pitouche* gehören der Vergangenheit an. Der »alte Jacques« wird jetzt schlicht zum Alten.

Auf den Antillen begegnet Jacques einem Belgier, einem segelnden Robinson. Vick, ein bärtiger, warmherziger Industrieller, reist mit Claude, seiner zweitältesten Tochter.

Sie ist die einzige Frau auf Vicks Schiff.

Vorläufig.

XII. KAPITEL

XII. KAPITEL

DIE ÜBERQUERUNG DES ATLANTISCHEN OZEANS

D u hast vor, lange und weit wegzufahren. Also solltest du ein paar Dinge in deinem Leben in Ordnung bringen.«

Auf Anraten seines Brüsseler Freundes, des Rechtsanwalts Jacques Delcroix, verfaßt Brel am 7. Januar 1973 ein kurzes Testament.

Jacques setzt Miche als Universalerbin ein. Nach dem damals geltenden Gesetz hätte er als belgischer Ehemann seine Frau enterben und ihr sogar das Nutzungsrecht entziehen können. Inzwischen ist das belgische Recht in diesem Punkt geändert worden.

»Niemals werde ich Miche im Stich lassen. Diese Frau hat mich am Anfang meiner Karriere ernährt«, vertraut Jacques in jenem Jahr Jean Liardon an.

Anfang 1974 hat er eine Entscheidung getroffen. Er wird aufbrechen, diese ihm unerträglich gewordene Welt verlassen.

XII.
KAPITEL

Hör mir zu
Armselige Welt, unerträgliche Welt
Es ist genug, du bist zu sehr heruntergekommen
Du bist zu grau, zu häßlich
Du abscheuliche Welt ...[1]

1 L'Homme de la
Mancha.

Brel hat das Gedicht *Amers* von Saint-John Perse gelesen. Darin findet er jenen endlosen Inseltraum wieder, der auch Paul Gauguin, Victor Segalen und viele andere in die Ferne lockte.

Brel wünscht sich, seine berufliche Vergangenheit zu vergessen. Seine Bindungen zu Marianne, Maddly, und Miche, den drei Frauen, die ihm so viel bedeuten, will er einerseits abbrechen, andererseits auch wieder nicht. Jedenfalls träumt er vom Aufbruch.

Im Januar 1974 ruft Brel seine eben über zwanzigjährige Tochter France mit feierlicher Miene zu sich. Sie absolviert noch immer ihre Ausbildung als Sozialarbeiterin und ist gerade in einem Heim für junge Arbeiter beschäftigt. Jacques verkündet, daß er nach dem Abendessen mit ihr sprechen möchte. Die übrigen Mitglieder der Familie werden hinausgeschickt. Im Salon der Wohnung in der Brüsseler Avenue Winston-Churchill haben Vater und Tochter ihr sorgfältig inszeniertes Gespräch unter vier Augen. Jacques sagt zu France: »Ich habe vor, mir ein Schiff zu kaufen oder bauen zu lassen.« Dann erzählt er, daß er eine fünfjährige Weltumsegelung plant. Ob France ihn begleiten wolle? Hin und wieder würden auch andere Frauen an Bord kommen, darunter Miche.

France zweifelt keinen Augenblick daran, daß er auf Marianne anspielt. Jacques fügt hinzu: »France, gib mir noch nicht sofort deine Antwort. Überleg es dir gut.«

Warum France und nicht Chantal oder Isabelle? Die zweiundzwanzigjährige Chantal hat schon ihren künftigen Mann, den Stadtplanungsingenieur Michel Camerman, kennengelernt. Isabelle, fünfzehn Jahre alt, hat die Schule abgebrochen und mit einer Ausbildung als Arzthelferin begonnen.

France ist hingerissen. Um den Ernst der Sache zu unterstreichen, gießt Brel sich und seiner Tochter einen Cognac ein. Ein bloßes Ritual, denn Jacques weiß, daß France keinen Alkohol mag. Außerdem kann er Frauen, die trinken, nicht ausstehen.

Ein paar Tage später treffen sich die beiden im Brüsseler Restaurant ›Le Meiser‹. Dort willigt France offiziell in das Angebot des Vaters ein.

»Wir haben Januar«, sagt Jacques. »Ich fahre mit deiner Mutter noch einmal nach England, um mir Schiffe anzusehen. Wenn ich am letzten Februartag keins gefunden habe, lasse ich eines bauen ... Sobald das Schiff fertig ist, fahren wir los. Es wird *dein* Schiff sein ...«

Am letzten Februartag entdeckt Brel in Antwerpen sein Traumschiff. Am selben Abend, in Brüssel, spürt France, die von Vorahnungen viel hält, daß sie ihre Eltern aufsuchen muß.

Jacques liegt auf dem Sofa im Salon und betrachtet die an die Wand gehefteten Pläne:

»Komm, schau dir dein Schiff an. Es ist phantastisch. Guck, hier ist deine Kajüte und dort ist meine.«

Die ›Askoy II‹ hat Hugo Van Kuyk entworfen, ein Schiffsnarr, der in Antwerpen als Architekt tätig ist. Das Schiff trägt den Namen einer kleinen norwegischen Insel gegenüber von Bergen. Selten wird ein Schiff umbenannt, das soll Unglück bringen. Die ›Askoy‹ wird also die ›Askoy‹ bleiben. Jacques erwirbt sie für die stolze Summe von fünfhundertfünfzigtausend neuen Francs. Sie funkelt von lackiertem Holz und blankgeputztem Messing, und sie ist mit keinem anderen Schiff zu vergleichen, so wie Brel keine Ähnlichkeit mit den meisten anderen Menschen hat. Der stählerne Rumpf ist an einigen Stellen um sieben Millimeter verstärkt. Aus dem weißgestrichenen Deck ragen ein zweiundzwanzig Meter langer Mast und der Besanmast in die Höhe. Das siebzehn Meter lange, zweiundvierzig Tonnen schwere Schiff ist nicht mit einem hydraulischen Ruder ausgerüstet. Das Riemenscheibensystem sieht wunderbar aus, ist aber nicht leicht zu handhaben.

Eine automatische Steuerung wird installiert, aber sie funktioniert nur zeitweise, und man muß doch am Ruder stehen. Überall schimmert das polierte Teakholz. Brel hat in der Kajüte am Heck ein großes Bett einbauen lassen. Ein paar Stufen führen zum Achterdeck. Die Messe, der

Speiseraum, ist sehr geräumig. Gegenüber der Kajüte des Kapitäns, wo France untergebracht wird, liegt das Badezimmer. Ein paar Schritte weiter die Gästekajüte und die mit einem Kühlschrank und zwei Petroleumbrennern gut ausgestattete Kombüse. Im vorderen Teil des Schiffes befinden sich die Mannschaftsräume. Die ›Askoy‹ ist ein prächtiges, aber kein modernes Schiff. Sie hat keine Bullaugen, sondern Fenster, und das Cockpit, wo sich auch das Ruder befindet, ist ungeschützt.

Am Sonntag, dem 19. Mai, hört Brel um 20 Uhr die Nachrichten im Radio und erfährt, daß Valéry Giscard d'Estaing bei der französischen Staatspräsidentenwahl mit 50,8 Prozent der abgegebenen Stimmen gesiegt hat. Brel ist über die Niederlage François Mitterrands, des Kandidaten der Linken, genauso enttäuscht wie Jojo und brummt vor sich hin: »Es soll diesmal wohl noch nicht sein.«

Brel gibt keinen Kommentar ab, weder zur Person des Siegers noch des Besiegten. Maddly, die keine ausgeprägten politischen Überzeugungen besitzt, hat im engeren Kreis um Giscard d'Estaing verkehrt, und so verzichtet Jacques darauf, den neuen Präsidenten schlechtzumachen. Allerdings sagt er manchmal mit einem gezwungenen Lachen: »In Begleitung eines Politikers fällt man mehr ins Auge als neben einem Sänger.«

Jacques verlangt, daß alle das Schiff steuern lernen und die Namen sämtlicher Gegenstände kennen, die sich an Bord einer Jacht befinden. Auch die Bedeutung der kleinen Flaggen und die Einrichtung des Maschinenraums sollte den Passagieren geläufig sein. Wenn Brel ein Lehrbuch durchstudiert hat, gibt er es an seine Tochter weiter, der das gar nicht paßt, weil sie für ihre Sozialarbeiter-Ausbildung noch einige Praktika ableisten, eine Examensarbeit schreiben und Prüfungen ablegen muß.

France stellt zwar fest, daß Maddly sich an den Reisevorbereitungen beteiligt, weiß aber immer noch nicht, daß die schöne Frau aus Guadeloupe sie begleiten wird. Im Hinblick auf die ›Damen‹, die im Lauf der Reise auftauchen sollen, läßt Jacques France weiterhin im unklaren.

Als Marianne und Maddly nach Antwerpen kommen, um die ›Askoy‹ zu bewundern, nimmt Jacques France beiseite: »Sag Maddly bloß nicht, daß ich gestern nach X. gefahren bin. Erzähl ihr, daß ich mit deiner Mutter in Perpignan war.«

Was soll das alles? France vermutet, daß Jacques nach X. gefahren ist, um Marianne zu treffen und sie zu bitten, sie auf seiner Reise zu begleiten. Miche weiß noch nicht, welche Rolle Maddly in Jacques' Leben spielt. Marianne hätte Jacques gerne begleitet, aber sie will in der Nähe ihres Sohnes bleiben, der bei seinem Vater lebt. Marianne verliert zuerst ihren Sohn wegen Jacques. Jetzt wird sie Jacques zum Teil wegen ihres Sohnes verlieren.

Am 1. Juni veranstalten die drei Töchter Brels an Bord der ›Askoy‹ ein kleines Fest zum Hochzeitstag ihrer Eltern. Anwesend ist auch Conan, ein Besatzungsmitglied, dem Jacques bei seiner ersten Atlantik-Überquerung begegnet ist.

Die Atmosphäre ist gespannt. Jacques und Chantal, beide sehr aggressiv, streiten sich. Jacques, der immer sagt, man müsse ›woanders hinschauen‹, hätte eigentlich allen Grund, mit seiner ältesten Tochter zufrieden zu sein: Sie hat in einem Krankenhaus in einer Station für Krebskranke gearbeitet, ist drei Monate lang allein und mit nur wenig Geld durch die Vereinigten Staaten gereist. Aber Jacques stellt ihr keine einzige Frage. Er ignoriert sie vollkommen. Gegen Ende der gemeinsamen Mahlzeit stimmt sie die alte Leier an: »Trotz allem muß man sagen, daß du immer ein schlechter Vater gewesen bist.«

Chantal hat Kurse in Psychologie belegt und wendet nun das Gelernte an. Im Wesentlichen ist es dies, was sie Jacques mitzuteilen hat: Wenn ich an emotionalen Störungen leide, sind meine Eltern daran schuld. Man hat mir zuwenig Zuwendung gegeben. Ich lutsche heute noch am Daumen, weil meine Mutter mich nicht oft genug auf den Arm nahm. Und du als Vater warst praktisch nicht vorhanden.

Isabelle und France schweigen. Miche ist am Boden zerstört. Conan weiß nicht, wie er sich verhalten soll. Jacques steht auf und geht zu France, die in der Kombüse Kaffee kocht: »Ihr müßt weggehen, weil ich sonst ausraste. Ich will sie nicht schlagen, sie ist meine Tochter. Aber ich hätte Lust, sie ins Wasser zu schmeißen.«

France versucht ihren Vater zu besänftigen: »Ist in Ordnung, wir gehen.«

Die Töchter und die Mutter fahren mit dem Wagen nach Brüssel zurück. Miche weint. Jacques bleibt auf dem Schiff. Als der Volvo vor ihrer Brüsseler Wohnung anhält, sagt Miche:

»Ich setze euch jetzt ab. Ich übernachte heute nicht hier.« Ihre Töchter können es nicht fassen. Zum ersten Mal in ihrem Leben schläft Miche in Brüssel außer Haus. Sie wird die Nacht allein in einem Sessel des Büros der ›Editions Pouchenel‹ in der Rue Gabrielle verbringen.

An diesem 1. Juni 1974 hat Chantal ihren Vater zum letzten Mal stehend gesehen.

»Was deine Mutter betrifft«, sagt Jacques einige Tage vor ihrer gemeinsamen Abreise zu France, »weiß ich immer noch nicht, ob sie ein kleines Mädchen ist, das die große Dame mimt, oder eine große Dame, die das kleine Mädchen spielt.«

Jacques hat einen Segelkurs und Fernlehrgänge belegt und erhält am 1. Juli 1974 in Ostende seinen Segelschein ›mit Auszeichnung‹. Der Schein wird offiziell auf den 13. September datiert.

Brel verschiebt seine Abreise, denn Jojos Gesundheitszustand verschlimmert sich. Bevor er wegfährt, möchte Jacques ihn unbedingt noch sehen, ihm telegrafieren, ihn anrufen. Ein Zwischenfall bei der Post in Antwerpen: Jacques muß sich mit einem flämischen Postbeamten auseinandersetzen, der kein Französisch spricht oder so tut, als würde er diese Sprache nicht verstehen.

Am 1. Juli schreibt Jacques an Jojo:

»Mon Jojo Tendre,

Du kennst das Theater mit dem Telefon in Antwerpen, also schreibe ich Dir lieber ein paar Zeilen.

Zuerst einmal hoffe ich, Du bist in Topform und springst wie ein junges Reh! Hier denken wir alle sehr an Dich und möchten Dich an Bord wiedersehen! Du wirst sehen, das Schiff wird langsam zu einem richtigen Schiff, und Deine Kajüte ist jetzt für ein paar schöne Touren fast fertig ausgerüstet. Heute abend bin ich ganz froh, weil ich die Prüfungen bestanden habe (Trefferquote 75 %).

Siehst Du, die alten Knacker sind immer noch zu etwas zu gebrauchen.

Habe Céel gesehen, ihm geht es gut wie immer, er läßt herzlich grüßen.

Morgen laufen wir aus – bis Freitag nachmittag –, und ich hoffe, bereits am Samstag abend in Paris bei Doudou zu sein (gemeint ist hier Maddly. O.T.).

Ich komme Dich noch besuchen, wenn es nicht zu spät wird.

Das wär's. Du siehst, es geht weiter.

Die ganze Mannschaft umarmt Dich und Alice ganz herzlich.

Ich freue mich, Dich wiederzusehen.

Sei auch von mir umarmt.

Und wahrscheinlich bis Samstag – Jacques«.

Jojo hat Maddly gegenüber große Vorbehalte. Er mißtraut ihr. Aber meint er es wirklich

XII.
KAPITEL

nur gut mit Jacques, oder ist seine Freundschaft allzu besitzergreifend? Er wolle nicht mit ›Weibern‹, sondern allein mit France um die Welt reisen, sagt Jacques zu Alice und Jojo. Frauen gebe es bei Bedarf in den Häfen immer noch genug.

Jacqueline Thiédot erklärt er: »Ich habe die Nase voll. Ich langweile mich. Ich haue ab. Sie können mich alle! Die Familie, und überhaupt ... Ich gehe weg und nehme nur France mit.«

In Wirklichkeit wird er mit France und Maddly wegfahren. Am Tag der Abreise schreibt Brel mehrere Briefe:

»24. Juli, frühmorgens

Meine Miche,

es ist soweit, ich fahre, wir laufen in einer Stunde aus.

Das Wetter ist katastrophal.

Aber wir werden vor Breskens warten, bis es sich bessert. Der Wagen ist da, die Schlüssel liegen im Handschuhfach.

Ich bin völlig fertig, France auch.

Wir werden uns zuerst ein bis zwei Tage ausschlafen.

Bei Regen läßt es sich hier an Bord ganz gut pennen. Sobald wir die Herren Engländer grüßen dürfen, sage ich Dir Bescheid.

Auf Wiedersehen, meine Miche, sei glücklich, lebe!

Ich danke Dir für alles.

Vor allem dafür, daß Du so bist, wie Du bist.

Ich schreibe Dir bald einen längeren Brief.

Ich umarme Dich und Isabelle auch.

Man muß leben. Bis bald – Der Alte«.

Ebenfalls aus Antwerpen, von der ›Askoy‹, richtet er an Marianne die folgenden Zeilen:

»… Ich bin wieder hier, nachdem ich in Paris Jojo besucht habe (hin und zurück per Auto, eine verdammt lange Strecke).

Jojo scheint es wirklich besser zu gehen.

Habe seinen Onkel Doktor (einen neuen) gesehen, der ganz optimistisch ist.

Ich gebe zu, ich atme auf …«

Jacques gelingt es, jede Frau glauben zu lassen, daß sie in seinen Augen einmalig ist. Und in gewissem Sinne ist jede auch einmalig – Maddly, Miche oder Marianne.

Brel möchte Antwerpen endlich hinter sich lassen. Aber er fühlt sich so müde, daß er beschließt, für drei Tage in einer Krümmung der Schelde, unweit der Häfen von Breskens und Vlissingen, zu ankern. Niemand geht an Land. Die Mannschaft betrachtet die dreißig Meter entfernten Kühe, die auf der Wiese weiden. Wie auch immer: Jacques Brel ist zu seiner großen Reise aufgebrochen.

Die ersten Reisetage verlaufen ohne Zwischenfälle, trotz der extrem schlechten Witterung, der Kälte und der großen Schiffe, zwischen denen die ›Askoy‹ sich durchlavieren muß. Während der Überquerung des Ärmelkanals lösen Jacques und ein Matrose einander am Ruder ab. Später wird jedes Mannschaftsmitglied in den Wachdienst einbezogen.

Die ›Askoy‹ erreicht die englische Küste. Auf den Scilly-Inseln wird ein Matrose ausgewechselt. Jacques verteilt die Aufgaben. France übernimmt das Frühstück, Maddly die anderen Mahlzeiten.

»Nur weil wir auf See sind, brauchen wir noch lange keinen Schweinefraß zu essen«, brummt Jacques. Er hat sogar seinen Schnellkochtopf mitgenommen.

Er beauftragt France, sich um das Petroleum und den Brennspiritus zu kümmern, weil er weiß, daß sie vor allem entflammbaren Zeug eine Heidenangst hat. Auf den Scilly-Inseln interessiert sich Jacques für einen Priester, der auf seinem Schiff Entziehungskuren anbietet.

In den Häfen verschickt er viele Briefe.

Aus der Mavagissey-Bucht, nah bei Falmouth, schreibt er am 31. Juli an Marianne:

»... France gewöhnt sich allmählich an das Schiff und die See. Sie zeigt, wie ich finde, einen gewissen Mut, ohne darüber ein Wort zu verlieren. Denn es ist im Moment wirklich kein Zuckerschlecken ...«

Er teilt Marianne seine Seelenzustände mit, obgleich er das bei anderen verabscheut:

»... Gegen den Verschleiß zu kämpfen ist eine sinnlose Sache, aber ich weiß kein anderes Mittel, um ein Quentchen Talent und Frieden wiederzufinden. Tatsächlich gehe ich auf See, wie man sich aufs Schlachtfeld begibt. Ich lehne es ab, mich als besiegt zu betrachten.«

Von wem, von was besiegt? Von sich selbst?

Am 15. August ist es wieder Miche, der er auf den Scilly-Inseln sein Herz ausschüttet:

»Wir sind jetzt wirklich mittendrin!

Ziemlich übles Wetter, aber es ist trotzdem schön. Das Schiff ist sehr gut durchdacht, und wir tun wirklich, was wir können, damit es einigermaßen läuft.

Mit France geht es von Tag zu Tag besser, und ich habe den Verdacht, daß sie auf der ›Askoy‹, wo sie sich für alle Dinge interessiert, ziemlich glücklich ist.

Wir meiden möglichst die Häfen und die überlaufenen Ankerplätze, und so fühle ich mich von einer großen Stille umgeben.

Ich habe vor, die Scilly-Inseln in etwa zehn Tagen zu verlassen, um dann die Azoren anzupeilen, die nach meiner Schätzung in 12 bis 15 Tagen zu erreichen sind.

Ich habe erfahren, daß Du die Quarzteile für mein Radio bekommen hast ...«

Mit dem Funk gibt es an Bord eines Schiffes ständig Probleme.

»... ein wenig kaputt, wie immer, aber zufrieden und von der Welt weit entfernt – was gar nicht schlecht ist. Ich hoffe, Du bist topfit, und würde mich freuen, Dich in Las Palmas zu sehen ...«

Diesmal unterschreibt er mit: »Der alte Seemann«.

Jacques hat sich mit Miche und anderen in Las Palmas verabredet. Am 20. August schreibt er ihr wieder:

XII.

»*Bonjour Ma Miche*

Deinen Brief gut erhalten.

Und sehr froh, daß Du in Hochform bist.

... ich weiß, daß Jojo die Klinik verlassen hat und daß es ihm besser geht.

Ansonsten haben wir endlich schönes Wetter, und wenn nichts dazwischen kommt, fahren wir morgen in Richtung Azoren ...«

Trotz seiner Abneigung gegen die englische Sprache findet Jacques großen Gefallen an den Inseln vor der Südküste Englands.

»... France wirkt glücklich und mit sich und der Welt zufrieden.

Was ich ganz in Ordnung finde.«

Jacques, der alles Mechanische verabscheut, egal ob es sich um Schiffe oder Flugzeuge handelt, muß sich nun doch mit Motoren befassen.

Und wieder an Miche:

»... Ich hoffe immer noch, Dich im November mit Céel in Las Palmas zu sehen, und wünsche Dir ein süßes Leben ...

Ich umarme Dich und Isabelle.

Dein Alter, der jetzt wieder losfährt und 1220 Seemeilen (vierzehn Tage Fahrt) vor sich hat.«

Jacques hinterfragt sein Talent, seine Talente. Aber niemals vergeht ihm die Lust, Chansons zu schreiben. Vor der Küste von Cornwall entsteht eins seiner letzten Chansons:

Nehmt eine Kathedrale
Und gebt ihr ein paar Masten
Einen Bugspriet, weite Spanten

Wanten und Fallreepe
Nehmt eine Kathedrale
Mit hohem Gewölbe und breitem Schiff
Eine Kathedrale um
Außenklüver und Großsegel zu spannen
Nehmt eine Kathedrale
Aus der Picardie oder aus Flandern
Eine Kathedrale die sich
Von Priestern ohne Stern verkaufen läßt
Eine Kathedrale aus Stein
In der es nicht mehr lieber Gott heißen wird
Zieht sie quer rüber
Bis dahin wo das Meer aufblüht
Setzt lachend das Segel
Und braust nach England …[3]

3 La Cathédrale.

Ein ebenso langer wie seltsamer Schaffensprozeß: Zwanzig Jahre zuvor hatte Jacques in einem bisher unveröffentlichten Lied das Thema bereits gestreift, das er nun auf See wieder aufgreift.

… Wir werden Kathedralen bauen
Und ihnen Segel setzen
Wir werden Kathedralen bauen
Um dort unsere Liebesgeschichten zu feiern …[4]

4 Toi et moi.

Hat er *Le Plat Pays* in nur acht Tagen geschrieben, so brauchte er einundzwanzig Jahre, um *La Cathédrale* zu vollenden.

Auf See fühlt sich Jacques zwar weiterhin mit seinen alten Lieben Miche und Marianne verbunden, feiert aber vor allem seine neue Liebe zu Maddly.

Auf den Scilly-Inseln stellt er zwei Engländer ein, um seine Matrosen zu ersetzen, und plaudert mit Fischern, die ihm geholfen haben, seinen Anker aus einem Telefonkabel zu befreien. Brel hat Conan spontan, aus einer Laune heraus, angeworben. Aber Conan macht einen Fehler: Er spricht nur von Frison-Roche und der Wüste. Jacques kann diese unzeitgemäßen Obsessionen nicht ertragen.

»So ein Arschloch! Die Sahara!«

Zwischen der englischen Küste und den Azoren ist die Stimmung an Bord der ›Askoy‹ gut. Jacques hat eine leichte Grippe. Und der kleine englische Matrose muß an Land gesetzt werden, weil er seekrank ist. Auch France muß sich übergeben, und sie leidet darunter um so mehr, als Maddly und Jacques davon verschont bleiben.

Die ›Askoy‹ erreicht die Azoren. Maddly und France gehen einkaufen. Aus Paris kommt ein Telegramm. Maddly ruft Alice Pasquier an: Jojo ist gestorben.

Brel geht Maddly auf dem Kai entgegen. Und sie muß ihm mitteilen, daß Jojo tot ist, der Mann, den er am meisten geliebt hat. Ein paar Wochen zuvor hatten die Ärzte, diese Dreckskerle, ihn beruhigt: Jojo ginge es viel besser. Maddly und Jacques kehren zusammen zur ›Askoy‹ zurück. Den Einkaufswagen mit dem Proviant vor sich herschiebend, folgt France ihnen mit dem Gefühl, vollkommen überflüssig zu sein. Eigentlich

hätte sie Jacques die grausame Nachricht über-
bringen und ihm das zeigen wollen, was so viele
seiner Lieder ausdrücken: Zärtlichkeit und Zuneigung. Sie hätte sich gewünscht, ihren Vater zu
trösten. Der aber sucht Trost bei Maddly.

Jacques beschließt, allein zu Jojos Beerdigung
zu fahren. Die beiden Frauen bleiben auf dem
Schiff. »Maddly, du bist jetzt die Chefin des
Schiffes.« Dieser Satz Brels trifft France ins
Herz. Die ›Askoy‹ gehört also nicht ihr allein,
sondern auch Maddly! Jacques hat das Schiff erst
der einen, dann der anderen zum Geschenk gemacht.

Die Frauen verstehen sich ansonsten gut. Jacques bemüht sich auch eifrig darum. Er lobt
France gegenüber Maddlys Vorzüge: »Sie kann
wunderschön tanzen und ist immer zum Spaß
aufgelegt. Der Durchbruch war für sie nicht
leicht, aber sie hat sich stets ihre Würde bewahrt.
Sie ist vierfacher Abstammung, von weißen,
asiatischen, schwarzen und indianischen Vorfahren. Bei solchen Mischungen kommt was Tolles
heraus, körperlich wie geistig.«

Und Maddly erklärt er, was für ein mutiges
Mädchen France sei.

Jacques verabredet sich auf den Azoren mit
Vick, dem segelnden Industriellen. Er taucht in
Begleitung seiner Tochter und einer Gefährtin
namens Prisca auf. Zwei Männer, zwei Töchter,
zwei Geliebte.

Am 3. September trifft Jacques in Paris ein, um
an der Beerdigung von Georges Pasquier teilzu-

XII.
KAPITEL

nehmen. Jojo ist an Prostatakrebs und einem Darmverschluß gestorben.

In Paris trifft sich Jacques mit Marianne. Sie ahnt, daß die Trennung bevorsteht.

Sie sind mehr als zweitausend

Und ich sehe nur zwei von ihnen

Der Regen hat sie scheint's

Einen mit dem anderen verschmelzen lassen

Sie sind mehr als zweitausend

Und ich sehe nur zwei von ihnen

Sie reden ich kenne sie

Er wird ihr sagen ich liebe dich

Die wird ihm sagen ich liebe dich

Ich glaube sie sind dabei

Sich nichts zu versprechen

Die zwei sind zu mager

Um Lügner zu sein ... [5]

5 Orly.

Am Vorabend der Beisetzung führt Jacques von Paris aus ein stundenlanges Telefongespräch mit Miche in Brüssel. Er ist so verzweifelt, daß er nicht auflegen kann. Jojo sei für ihn wichtiger gewesen als irgendeine Frau. Er sei mehr als ein Bruder gewesen. Er habe mit Jojo mehr Zeit als mit irgend jemand anderem verbracht. Während der Trauerfeier flüstert er Jojos Schwägerin zu:

»Der nächste bin ich.«

Er und Alice Pasquier begleiten Jojos Sarg nach Saint-Cast in der Bretagne. Brel hat so oft von Toten gesungen, die nur in seiner Phantasie existierten:

Wenn man bedenkt daß Fernand tot ist
Wenn man bedenkt daß er tot ist Fernand
Wenn man bedenkt daß ich da hinten allein bin
Wenn man bedenkt daß er da vorne allein ist
Er in seinem letzten Sarg
Ich in meinem Nebel
Er in seinem Leichenwagen
Und ich in meiner Wüste ...[6]

6 Fernand.

Der Tod von Georges Pasquier wird Jacques Brel zu dem wohl einzigen Chanson inspirieren, in dem jede Zeile autobiographischen Charakter hat:

... Jojo
Ich verlaß dich am Morgen
Für düstere Geschäfte
Unter ein paar Säufern
Herzamputierten
Die die Hände zu weit aufhalten
Jojo
Ich kehre nirgendwo heim
Ich zieh mir unsere Träume an
Waise bis zu den Lippen
Aber glücklich zu wissen
Daß ich dir bereits folge ...[7]

7 Jojo.

Chantal hat am 9. September geheiratet. Bevor er mit dem Schiff Antwerpen verließ, hatte Jacques ihrem Verlobten Michel Camerman gesagt: »Passen Sie gut auf Chantal auf, sie ist ein sehr sensibler Mensch.«

XII.
KAPITEL

Brel erteilt gerne Ratschläge, die er selber nicht befolgt. Zu Chantal hat er gesagt: »Heiraten ist eine Sache, die man unbedingt vermeiden muß.«

Chantal und Michel haben sich inoffiziell im algerischen El Oued, in der Nähe der Sahara, das Jawort gegeben. Nach der offiziellen standesamtlichen Trauung in Brüssel findet eine kleine Feier im engen Familienkreis statt. Jacques ist nicht anwesend. Er hat eine geniale Begabung für Verstöße, Fauxpas und Mißverständnisse.

Er reist auf die Azoren zurück, wo er Vick, dessen Tochter und Prisca wiedersieht. Er würde eine kleine Liaison zwischen Vick und France durchaus begrüßen. Claude, Vicks Tochter, will das väterliche Schiff verlassen und nach Europa zurückkehren. Die beiden Schiffe segeln gemeinsam nach Madeira.

Dort verabschiedet sich France, denn sie muß in Belgien ihre Examensarbeit abgeben. Sie wird nachkommen, wenn die ›Askoy‹ in Las Palmas vor Anker geht. Jacques gibt ihr Anweisungen:

»Nach deinem Aufenthalt in Brüssel gehst du Alice besuchen. Du bittest sie, so bald wie möglich auf die ›Askoy‹ zu kommen. Ich habe Jojo immer gesagt, daß Alice für mich wie eine Schwester sei und daß dieses Schiff auch ihres ist.«

Kurzum: Dieses Schiff gehört allen. Alice wird erst eine Woche nach France in Las Palmas eintreffen.

Brels Tochter zerbricht sich inzwischen den

Kopf: Miche, die wie vereinbart Anfang November auf die ›Askoy‹ kommen soll, weiß offensichtlich noch nicht, daß Maddly an Bord ist. Was tun? Alice ermutigt Brels Tochter, Charley Marouani anzurufen, der seit Jojos Tod für Jacques den Briefkasten spielt. »Ich werde Jacques telegrafieren, er soll Maddly rausschmeißen, damit Miche kommen kann«, sagt Charley.

Bei ihrer Ankunft in Las Palmas erwähnt France die heikle Angelegenheit nicht, sondern kündigt nur Alices Ankunft an.

»Ich fühle mich müde«, sagt Brel. »Ich fahre mit Maddly in die Berge und quartiere mich da zwei Tage in einem Hotel ein. Du paßt auf das Schiff auf. Es dürfte keine Probleme geben. Vick ist in der Nähe, um dir notfalls zu helfen.«

Die Verwirrung ist komplett.

Am 18. September schreibt Jacques an Marianne:

»… Ich bin ein Abenteurer, und deshalb versuche ich, im Abenteuer und in der Bewegung mein Gleichgewicht zu finden.«

Wohl wahr, aber auf der Suche nach dem eigenen Gleichgewicht kann Jacques nicht vermeiden, die anderen aus der Bahn zu werfen. Er fährt fort:

»Ich glaube, so einfach ist das und so primitiv. Ich habe keine Lust, ein altes, finsteres, verbittertes Arschloch zu werden.«

Von Marianne hat er sich getrennt, ohne ganz Schluß zu machen.

»… Bestimmt werde ich zurückkommen, ich

weiß aber noch nicht, wann und wohin. Das
versuche ich jetzt herauszufinden. Laß Dich
nicht täuschen – ich bin bei Dir.«

... Unendlich langsam
Trennen sich diese beiden Körper
Und zerfetzen sich
Während sie sich trennen
Und ich schwöre euch daß sie schreien
Und dann packen sie sich wieder
Werden wieder eins
Werden wieder das Feuer
Und zerfetzen sich wieder
Sie halten sich bei den Augen
Und zurückweichend
Wie das Meer bei Ebbe
Vollbringt er das Adieu
Er stammelt ein paar Worte
Hebt hilflos die Hand ...[8]

8 Orly.

Am 17. Oktober beziehen Jacques und Maddly
ein großes Zimmer im ›Parador National Las
Canadas Del Teide‹.

Er schreibt an Miche:

»Ich verbringe drei Tage in den Bergen, es tut
so gut, zu schlafen, einfach nur zu schlafen! Der
Boß hatte es dringend nötig!

Habe Deine Briefe erhalten ...

Alles läuft prima – nur das Schiff ist furchtbar
dreckig ...

(Du wirst wahrscheinlich mitten in den Rei-
nigungsarbeiten ankommen!)

Tut mir leid, aber ich muß vor der großen Überquerung noch einige kleine Dinge verbessern, um die Handhabung des Schiffes, die wirklich zu umständlich ist, etwas zu vereinfachen.

France ist seit ihrer Rückkehr völlig verändert! Traurig ist sie, ernst und abwesend. Ich weiß nicht, wen sie in Belgien getroffen hat (sie wollte mir nichts erzählen, aber entweder hat sie jemand ganz schön fertiggemacht, oder sie tut nur so, als hätte sie Probleme! Ich weiß nicht, aber sie ist jedenfalls ganz anders als vor ihrer Abreise nach Belgien) ...«

In Paris hat man France ein Bild von Maddly vermittelt, das der Brel-Tochter überhaupt nicht gefällt.

Jacques wird seine Besatzung los, will sie jedoch nicht ersetzen: »... Die beiden Engländer sind nach England zurückgefahren. Ich habe niemanden mehr, aber ich habe auch keine Lust, neue Leute einzustellen ...«

Freilich könnte die ›Askoy‹, schwierig zu manövrieren und ohne automatische Steuerung, durchaus eine größere Besatzung gebrauchen.

»... Weißt Du, ich wäre sehr froh, Dich an Bord zu sehen, und ich wünschte, Du könntest Dich hier wohl fühlen und Dich entspannen ...«

Jacques beauftragt Miche, Schinken und die berühmten nikotinfreien Zigaretten der Marke Gallia mitzubringen, außerdem zwanzigtausend Dollar. France verwaltet die Reisekasse, aber Jacques vermutet, daß das »keine gute Lösung« sei. Von France abgesehen hat er keine Sorgen:

»… Weißt Du, das Leben ist kurz, das spüre ich immer deutlicher. Ich umarme Dich ganz zärtlich und werde am 16. um acht Uhr da sein, um Dich zu empfangen …«

Hatte Brel ursprünglich die Absicht, Maddly im Parador von Miches Ankunft zu unterrichten? France und Alice mieten einen Volkswagen, um Maddly und Jacques dort abzuholen.

Jacques und Maddly nehmen auf dem Rücksitz Platz. Die Straßen auf den Kanarischen Inseln sind holprig, und Brel wird übel. Auf einmal stößt er einen Schrei aus: »Ich sterbe, ich sterbe!«

France tritt auf die Bremse. Alice weint. Die Frauen legen Jacques am Straßenrand hin. Er bleibt Brel, selbst in dieser mißlichen Lage: »Es tut mir aufrichtig leid, ich gehe euch bis zum Schluß auf die Nerven!«

Eine seltsame Gesellschaft: Alice, die Jojos Tod noch nicht verwunden hat, Maddly, die nicht weiß, daß Miche in Kürze ankommen soll, und France, die ihren Vater leiden sieht.

Er wird wieder zum Wagen gebracht. Sie fahren zum Hafen. France teilt Vick mit, daß ihr Vater ins Krankenhaus muß. Gottlob spricht Alice spanisch. Jacques wird unter dem Namen seines Vaters, Jacques Romain, in eine Klinik eingeliefert. Die Ärzte vermuten eine Tuberkulose. Maddly bleibt bei Jacques. France und Alice passen auf das Schiff auf. Miche wird nicht mehr erwähnt.

Die Ärzte pumpen Jacques mit Medikamenten

voll, und er beschließt, die Klinik heimlich zu verlassen.

Er will mit Maddly in die Schweiz fahren, um sich dort untersuchen zu lassen. France und Vick begleiten die beiden zum Flughafen.

»France«, sagt Jacques, »du bist ein anständiges Mädchen, aber es gibt nicht so viele anständige Männer. Es würde mich wundern, wenn dir einer über den Weg liefe.«

Alice flüstert er zu: »Es wäre schon gut, wenn bei meiner Rückkehr France mit Vicks Schiff weiterfahren und ich allein mit Maddly auf der ›Askoy‹ bleiben könnte.«

Jacques, in Lederjacke und Schirmmütze, sitzt ganz hinten im Bus, der ihn zum Flughafen fährt. Er sieht sehr entkräftet aus.

France ist Vicks Obhut anvertraut worden, aber darüber hinaus interessiert er sich nicht für sie. Sie kümmert sich um die ›Askoy‹ und liest in den dicken Medizinbüchern, die Jacques an Bord haben wollte. Für sie steht es bereits fest: Jacques hat Krebs. Vick versucht, sie vom Gegenteil zu überzeugen.

Jean Liardon erfährt über Funk von Freunden, daß Brel schwer erkrankt ist und in Kürze eintrifft. Liardon fährt in Begleitung des Arztes Louis-Henri France zum Flughafen Cointrin, um ihn abzuholen. Jacques will in der Schweiz untersucht werden, weil er glaubt, daß man ihm dort eher die Wahrheit über seinen Zustand sagen werde.

Louis-Henri France, ein ehemaliger Schüler

der Fliegerschule Les Ailes, arbeitet in Genf im ärztlichen Bereitschaftsdienst. Liardon und er müssen nach der Landung des Flugzeugs eine gute halbe Stunde auf Jacques warten, weil er kaum gehen kann. Von Maddly gestützt, muß er alle hundert Meter eine Sitzpause machen.

In der Bereitschaftsdienststation wird Brel untersucht. Eine Biopsie und eine Lungenendoskopie bestätigen die Röntgendiagnose, bei der ein kleiner Tumor im oberen Teil des linken Lungenflügels lokalisiert worden ist.

Jacques kehrt noch einmal nach Las Palmas zurück, um nach seinem Schiff zu sehen. Die ›Askoy‹ solle in Porto Rico ankern, meint er. Der Jachthafen sei für France angenehmer als Las Palmas mit seinen vielen Frachtern. Am 5. November fährt Brel wieder nach Genf.

»Ich habe Krebs«, sagt er zu Liardon. »Ich weiß noch gar nicht, was ich machen soll … Aber kein Wort darüber, zu niemandem.«

Der treue Charley Marouani besucht ihn in Genf. Jacques erhält einen Anruf seines Bruders Pierre, der gerade Liebeskummer hat. »Gut, wir fahren nach Brüssel«, beschließt Brel.

Am Abend des 5. November treffen Jean Liardon, Jacques und Maddly in Brüssel ein. Pierre schüttet Jacques sein Herz aus. Der hört zu, aufmerksam und liebevoll. Dann nimmt er Maddly beiseite: »Bitte sag es ihm für mich …«

Bis drei oder vier Uhr früh wird er mit Liardon Whisky trinken. Trotzdem fliegen sie noch am selben Morgen nach Genf zurück. Er wolle, erklärt er Liardon, auf keinen Fall so geschwächt und hilflos wie Jojo enden. Arthur Gelin, der Chirurg und Freund, soll sich um seinen Fall kümmern.

In all diesem Hin und Her von Flugzeugen erfährt Miche durch Marouani, daß sie nicht auf die Kanarischen Inseln zu reisen braucht, daß aus den sonnigen Urlaubswochen nichts wird. Sie erhält ein Telegramm von France: »Ankunft Jacques. Notfall. Krank.«

Auf dem Flughafen Zaventem bei Brüssel wird sie einen schwerkranken Mann abholen und bei dieser Gelegenheit seine Begleiterin Maddly kennenlernen, von der sie bis dahin nichts wußte, trotz aller Übereinkünfte unter dem Motto *our way of life*.

Jacques trifft sich mit Arthur Gelin: »Also, ich habe Lungenkrebs.«

Und er verlangt von ihm, Miche sofort die ganze Wahrheit zu eröffnen.

»Beruhige dich. Zeig mir erst mal die Röntgenaufnahmen«, erwidert der Chirurg.

Gelin gehört zu denen, die Krebskranken nicht unbedingt die Wahrheit über ihren Zustand offenbaren wollen. Aber wenn Jacques es ohnehin schon weiß ... Brel gegenüber wiederholt er den Satz: »Es gibt nur Einzelfälle.«

Jacques und Maddly sind bei Miche zum Essen eingeladen. Auch Isabelle ist dabei. Am folgenden Tag organisiert Gelin ein Treffen mit Jacques und einem befreundeten Internisten. Sie besprechen den bevorstehenden operativen Eingriff.

Brels Tumor ist fünf Millimeter groß, ein ›kleiner‹ Krebs.

Brel stellt Bedingungen: Er lehnt es ab, zerstückelt und zum menschlichen Wrack degradiert zu werden. Ihm graut davor, wie Jojo zu enden. Vor allem will er noch den Atlantik überqueren. Wenn er später sowieso wieder unters Messer muß, dann soll man ihn jetzt in Ruhe lassen.

Er kommt in die Edith-Cavell-Klinik, in Gelins Abteilung. Am Vorabend der Operation bittet er den Freund, ihn nach seiner Sprechstunde zu besuchen. Als Gelin erscheint, sagt er:

»Mach die Tür zu. Ich habe eine Flasche Champagner im Kühlschrank. Wir werden jetzt ein Glas zusammen trinken. Ich möchte nicht an deiner Stelle sein.«

Nach Arthur wird Miche am Bett ihres Mannes sitzen. Am 15. November schreibt Jacques an France, die auf der ›Askoy‹ geblieben ist:

»Meine France,

wie ergeht es Dir allein auf Deiner Askoy?

Ich hoffe, daß Du es in Porto Rico ruhig und bequem hast.

Es ist ein Ort, an den ich mich gern erinnere und der Dir gefallen müßte, denn es ist dort ja ziemlich belebt und voll von lustigen Leuten.

Mich hält man eine Weile in der Edith-Cavell-Klinik fest. Maddly wird Dich auf dem laufenden halten und, wenn es länger dauern sollte, Dich kurz besuchen.

Aber ich glaube nicht, daß das Ganze sich in

die Länge ziehen wird. Mein alter Körper ist noch ziemlich robust.

Ich hoffe, daß Du nicht allzuviel Ärger mit dem Schiff hast und es gut pflegst, damit es in Topform ist, wenn ich wiederkomme.

Das wär's, meine France, ich vermisse Dich und denke sehr an Dich. Sei ganz zärtlich umarmt. Dein alter Jacques.

Grüß Vick herzlich von mir, wo auch immer er ist, notfalls per Funk, und sag ihm, ich weiß nicht, wie ich ihm für alles danken soll.«

Jacques Brel wird am 16. November 1974 von dem Chirurgen Charles Nemry operiert. Gelin assistiert ihm.

Der Eingriff dauert anderthalb Stunden. Der obere Teil des linken Lungenflügels wird entfernt. Ein Pathologe überprüft, ob ›alles beseitigt‹ ist. Die Ärzte beraten sich anschließend mit Kollegen aus Brüssel und Nordfrankreich über eine eventuelle Weiterbehandlung mit Chemotherapie und Bestrahlungen. Die Antwort lautet: nicht erforderlich.

Der Lungenkrebs ist, wenn man das so ausdrücken darf, kein ›guter‹ Krebs, statistisch gesehen sogar einer der schlimmsten. In jener Zeit lagen die Heilungschancen bei etwa 25 Prozent. Jedoch spielen bei Jacques einige Faktoren eine günstige Rolle: Das Lymphsystem ist nicht befallen, und es bestehen keine Metastasen.

Als er in der Intensivstation wieder zu sich kommt, sagt Brel zu Gelin: »... At-Atlantik.«

Brel hat bisher immer alles, was er vorhatte, zu

Ende geführt. Nach der Operation hat er starke Schmerzen, was auch Nemry bestätigt. Trotzdem will er nicht auf sein Projekt verzichten. Und er will sich nicht damit abfinden, auf andere angewiesen zu sein.

Chantal und Isabelle haben erst nach der Operation erfahren, daß ihrem Vater ein bösartiger Tumor entfernt worden ist.

Die psychologische Reaktion von Krebspatienten auf ihre Krankheit variiert von Fall zu Fall. Jacques gehört nicht zu denen, die behaupten: Ich zeige zwar alle Symptome einer Krebserkrankung, aber ich habe keinen Krebs. Er reagiert auch nicht wie der Journalist Pierre Viansson-Ponté, der mit dem Krebsforscher Léon Schwartzenberg ein Buch zum Thema ›Aufklärung von Krebspatienten‹ publiziert hatte und dann Schwartzenberg nicht anhören wollte, als der ihm offenbarte, daß er an Krebs erkrankt war.

Brel erklärt: »Ich bin viel kränker, als man mir zu verstehen gibt.«

Man belügt und betrügt ihn! Jacques gerät immer wieder in Streit mit den Ärzten, beschimpft sie, schleudert den Krankenschwestern seine Hausschuhe an den Kopf, brüllt, man solle ihn endlich in Ruhe lassen, er wolle allein sterben. Alles in allem gibt er einen merkwürdigen Rekonvaleszenten ab.

»Ich bin am Ende. Es ist aus«, sagt er zu Miche. »Man wird mich mit den Füßen voran aus diesem Etablissement heraustragen.«

Seine Tochter Chantal kann sich des Ein-

drucks nicht erwehren, daß sich der Tragödie ein
wenig Komödie beimischt. Brel kann sich dem
Klinikpersonal gegenüber auch ganz reizend verhalten. Mit Charles Nemry unterhält er sich über
das Segeln und das Fliegen. Wie natürlich, offen
und warmherzig dieser Brel doch ist! Maddly
betreut Jacques voller Hingabe. Als er einmal mit
Miche allein ist, flüstert er ihr zu:

»Entschuldige, es tut mir leid, dir ihre Gegenwart aufzuzwingen.«

Ein andermal sagt er zu Miche, als sie gerade
Maddly am Krankenbett abgelöst hat:

»Ich hoffe, jemand war lieb zu dir.«

»Ja«, erwidert sie.

Am nächsten Tag teilt Jacques seinem Freund
Gelin mit: »Sie hat einen Liebhaber!«

Arthur tadelt Miche: »So etwas sagt man einem Kranken nicht.«

In dieser seltsamen Situation legt Brel eine
naive Dreistigkeit an den Tag.

Jacques möchte nicht, daß seine Erkrankung
publik wird. Er fürchtet sich vor den Journalisten
und vor allem vor den Fotografen.

Sobald er aber stehen und gehen kann, flaniert
er in den Fluren der Klinik. Äußerst unauffällig
gekleidet, in einem leuchtend orangefarbenen
Morgenmantel, plaudert er mit Krankenschwestern und Patienten und verschlingt überall Un-
mengen von Kuchen. Er wünscht sich Anonymi-
tät und tut nichts, um sie zu bewahren. Zu
seinem großen Erstaunen sickert die Nachricht
von seiner Erkrankung durch. Miche rät ihm, zu-

sammen mit Arthur Gelin eine Pressekonferenz abzuhalten. Er soll sagen: Ich bin operiert worden, es geht mir gut, ich breche wieder auf. Brel lehnt den Vorschlag kategorisch ab. Als ein Boulevardblatt verkündet, er läge im Krankenhaus auf dem Sterbebett, gerät er in Rage.

1967 hat er geschrieben:

> *Wenn ich alt bin werde ich unerträglich sein*
> *Außer für mein Bett und meine dürftige Vergangenheit*
> *Mein Hund wird tot sein, mein Bart erbärmlich*
> *All meine Nutten haben mich dann im Stich gelassen ...*[9]

9 La ... la ... la ...

Keine seiner Frauen ist eine Hure, und keine hat ihn im Stich gelassen. Er ist von Freunden umgeben. Charley Marouani beispielsweise besucht ihn oft in Brüssel.

Die Genesungszeit verbringt er im Brüsseler ›Hilton‹, das wahrhaftig kein geeigneter Ort ist, um von der Presse unbehelligt zu bleiben. Einige Journalisten möchten sich mit Brel treffen, ihn vor allem fotografieren.

Brel rappelt sich allmählich wieder auf. Er will seine Reise fortsetzen, verspricht aber, sich noch bis Februar auszuruhen. Am 12. Dezember schreibt er an seine Tochter:

»*Bonjour ma France,*

... ich habe mich über Deinen Brief sehr gefreut! Auch darüber, daß Du bis zu Hals in der Malfarbe steckst!

Ich habe endlich die Klinik verlassen ...

Bin noch erschöpft, und das Schreiben strengt mich ziemlich an.

Wir werden am 22. um 10.30 Uhr aus Madrid ankommen (Flug 001).

Ich freue mich schon sehr darauf, Dich am Flughafen umarmen zu können. Ich kann es kaum erwarten, dort zu sein.

Ich umarme Dich, meine France, und ich finde, daß Du wirklich Glück hast, dort unten zu sein. Denn hier ist es beschissen, nicht mehr und nicht weniger.

Bis bald – Dein alter, etwas beschnittener, aber noch lebender Vater.«

Marianne gegenüber bleibt Brel sachlich:

»Es handelt sich tatsächlich um einen bösartigen Tumor, und die Zukunftsaussichten sind nicht berauschend ...«

In Madrid ist Jacques viel zu müde, um El Greco im Prado zu bewundern.

Er ist kaum wiederzuerkennen, als er mit Maddly auf den Kanarischen Inseln landet. Für France sieht er wie ein lebender Toter aus. Alice Pasquier, Jojos Witwe, ist bereits nach Paris zurückgekehrt. Jacques macht France Vorwürfe: Sie hätte sie nicht wegfahren lassen sollen. Auch hat France angeblich zuviel Geld ausgegeben. Dabei hat sie sich nur von Nudeln ernährt ... France ist ratlos. Maddly sagt leise: »Mach dir nichts daraus. Er ist nicht mehr derselbe.«

Am 29. Dezember schreibt er an Arthur Gelin:
»Lieber Arthur,

nun habe ich wieder mein Schiff, die Sonne und das Meer. Morgen fahre ich los.« Wollte er sich nicht noch ausruhen?

»Einen Monat lang Ruhe, Meer und Stille. Ich hoffe, Du bist in guter Form, heiter und glücklich. Ich schwöre Dir, Glücklichsein hat die absolute Priorität.

Du weißt, dieses Schiff gehört auch Dir...«

Die ›Askoy‹ gehört allen und niemandem.

Die Priorität duldet bei Brel keinen Aufschub: Jeder muß jetzt auf der Stelle sein Glück einfordern.

»... Sobald ich die Antillen erreicht habe, teile ich Dir mit, wo wir uns genau befinden. Aber bis März ist es nicht mehr lang. Wir hoffen, Du wirst ein paar Wochen bei uns verbringen. Ich glaube, es könnte reizvoll sein, auf den Inseln ein wenig herumzustreifen, weit weg von all den Idioten und finsteren Gestalten ...«

Am folgenden Tag, sechs Wochen nach seiner Operation, macht sich Jacques Brel mit Maddly Bamy und France Brel auf, den Atlantischen Ozean zu überqueren. Diese Überquerung im Segelboot ist heute nichts Ungewöhnliches mehr. Aber damals, mit zwei Frauen und einem Frischoperierten in einem schwer zu steuernden Schiff, hatte das Unternehmen durchaus etwas Selbstmörderisches.

Was weiß man von dieser Atlantik-Überfahrt?

Daß die entfesselten Naturelemente ihr eine Shakespearesche Dimension verliehen, während das Beziehungsgeflecht an Bord sie in die Untiefen einer Racineschen Tragödie zu stürzen drohte ...

Es gab vier Zeugen. Gott spricht nicht mehr.

Jacques Brel auch nicht. Bleiben France Brel und Maddly Bamy, die sich in ihrem Buch kaum darüber äußert.

Maddly spielt nur kurz auf Frances Verhalten an, das die Traurigkeit ihres Vaters verursacht haben soll: »Er sagte mir: ›Ich habe Kummer.‹ Und dieser Kummer kam daher, daß seine Tochter während der ganzen Überfahrt schlecht gelaunt war und und später mit irgendwelchen Zufallsbekanntschaften herumzog.«[10]

10 Maddly Bamy, Tu leur diras, Grésivaudan, 1981.

Auf dem Atlantik hat Jacques eine Rolle nach Maß, oder besser: eine Rolle, die seiner Maßlosigkeit entspricht.

France hüllt sich in Schweigen und schmollt. Auf den Kanarischen Inseln hat sie, allein oder bei Freunden, sich wochenlang ausgeweint. Bei der Abreise aus Antwerpen hatte sie geglaubt, wenn schon nicht die Chefin, dann zumindest die erste Frau an Bord zu sein. Aber Maddly hat, mit Jacques' Zustimmung, den ersten Platz auf dem Schiff erobert.

France stellt fest, daß ihr Vater immer reizbarer wird. Er regt sich über alles auf und gibt ihr die Schuld. »Schau, das Echolot funktioniert nicht mehr. Du hast bei den Malerarbeiten nicht aufgepaßt.«

Vielleicht wird Jacques' Empfindlichkeit, die an sich verständlich und seinem geschwächten Zustand zuzuschreiben ist, von France überbewertet. France hat den Eindruck, eine Art Militärdienst zu leisten, bei einem älteren Paar als Mädchen für alles und als Sündenbock engagiert zu sein. Sie steigert sich weiter in ihren Groll hinein. Um Miche zu schonen, wollte sie verhindern, daß Maddly nach Brüssel mitfuhr. Warum mußte sie als Jacques' Tochter sich um das Schiff kümmern?

Jacques wiederum hält France für teilnahmslos. Dabei versucht sie nur, möglichst undramatisch zu wirken.

»Was genau hattest du eigentlich?«

»Krebs.«

»Ach so! Und du bist operiert worden, und jetzt ist es vorbei.«

Jacques brummt:

»Ja, es ist vorbei.«

Was für ein gefühlskaltes Ungeheuer, diese France! Sie kann kein Mitleid empfinden, geschweige denn weinen. Jacques treibt seinen Menschenhaß auf die Spitze:

»Du kannst dir nicht vorstellen, was für Arschlöcher mir da über den Weg gelaufen sind! Ich war von allem enttäuscht! Die Welt ist einfach durch und durch verdorben!«

Er beschimpft das ganze Universum.

Und arbeitet nebenbei an ein paar Chansons. Denkt er dabei schon an andere, die voll dunkler Ahnungen sind?

... Ich denke noch einmal an Beleidigungen
An alte Feinde
All das kümmert mich nicht mehr
Sollte ich etwa erwachsen werden
Das wäre gut

Ich höre nur mein Herz aus Stein
Heute abend mache ich keinen drauf
Spiel auch nicht die Schöne und das Tier
Selbst meine Falten sind mir egal
Mir geht's gut
Und ich verschwinde
Mir geht's gut
Ich habe kein Gewissen ...[11]

11 Je suis bien.

France kann die beiden anderen Passagiere der ›Askoy‹ kaum noch ertragen. Ihr Vater, der seit Antwerpen darauf besteht, von ihr mit ›Jacques‹ angeredet zu werden, läßt sich von dieser Frau pflegen, die er ›Doudou‹ nennt. Und Maddly sagt ebenfalls ›Doudou‹ zu Jacques. Doudou hier, Doudou da, von morgens bis abends. Doudous sind Greise, denkt die einundzwanzigjährige France. Sie zeigt keine Spur von Mitgefühl, sondern mauert sich in feindseliges Schweigen ein. Siebenundzwanzig Tage dauert die Überfahrt, bei rauher See und widrigen Winden, die Wellen sind bis zu zehn Meter hoch. Brel hat die kürzeste und schwierigste Route gewählt, durch die Sargassosee. Die Spannungen auf der ›Askoy‹ werden von Tag zu Tag greifbarer. Schon an Land, auf einem Bauernhof in der Provence oder in einem limburgischen Gutshaus, wo auch immer, wäre die Stimmung unerträglich gewesen. Auf hoher See, wo die körperliche Ermüdung durch den Wachdienst dazukommt, verdichten sich die feindseligen Gefühle. Die Zusammenhänge sind allen klar: Einer ist zuviel an Bord. Die

Verschlossenheit von Jacques und France schafft eine Situation, die bald außer Kontrolle gerät.

Die geringste Geste wird verdächtig, jedes Wort zur verletzenden Waffe.

Jacques kann grausam sein, wenn er glaubt, einen Witz zu machen. Er hält mitten im Satz inne:

»Spreche ich nicht zu schnell für dich, France?«

»Nein. Warum?«

Jacques wendet sich Maddly zu:

»Die Belgier sprechen doch langsamer als die Franzosen.«

Manchmal redet er einfach dummes Zeug: »Wißt ihr, wie man auf flämisch sagt: Mein Herr, ich bitte höflich um Entschuldigung, hätten Sie die Güte zu wiederholen, was Sie mir mitteilen wollten? Man sagt: *Wade!*«

Einmal bittet er France um einen Pastis. Seine Tochter serviert ihm einen Ricard. Dann geht sie in den Maschinenraum, um wie jeden Tag das Stromaggregat zu ölen. »Sag mal, hat dieser Pastis nicht einen komischen Geschmack?« fragt Jacques. Und Maddly antwortet: »Ich weiß, France paßt überhaupt nicht auf. Ihr ist alles egal. Sie hat kein frisches Wasser genommen.«

France ist inzwischen völlig verstummt. Und sie ist immer noch seekrank. Wenn sie sich nicht gerade übergibt, dann macht sie ein böses Gesicht. Sie schließt sich selbst aus und fühlt sich dabei wie ein Eindringling.

Jacques Brel, der die Nächstenliebe lange genug schlechtgemacht hat, wünscht sich eine fürsorglichere, liebevollere Tochter. Hat er das als heldenhafter schwerkranker Mann nicht verdient?

Die ›Askoy‹ erreicht die Insel Martinique im Januar 1975. Jacques beschließt, in Fort-de-France zu ankern. Aber die Ankerkette ist blockiert. Bei der Generalüberholung auf den Kanarischen Inseln ist sie zu dick mit Farbe verkleistert worden. France ist schuld. Jacques schickt sie an Land, um Brot zu holen.

Sie entdeckt eine farbenreiche, pulsierende, wimmelnde Stadt. Welch ein Kontrast zu dem, was sie gerade siebenundzwanzig Tage lang auf See erlebt hat! Sie schlendert durch die Straßen. Als sie abends zum Schiff zurückkehrt, erwartet sie ihr Vater: »Hör zu, France. Wenn du nicht ein anderes Gesicht machen willst, dann kannst du gehen.«

»In Ordnung. Ich überlege es mir. Ich sage dir morgen Bescheid.«

Sie braucht ein wenig Ablenkung. In einem Hafen lassen sich schnell Kontakte knüpfen. France wird hier und dort auf ein Glas eingeladen. Sie bedauert, daß Vick noch nicht aufgetaucht ist, mit dem sie in Fort-de-France verabredet waren.

Gegen drei Uhr morgens ist sie wieder auf der ›Askoy‹. Auf dem Tisch liegt ein Zettel von Jacques, ohne Unterschrift: »Du verläßt morgen das Schiff.« France liegt die ganze Nacht wach und weint. Am nächsten Morgen steht sie auf, macht Frühstück. Der Zettel ist vom Tisch verschwunden.

France packt ihre Tasche. Ihr Entschluß steht fest. Sie geht. Aus der Traum von einer Weltreise mit Jacques. Brel ist nicht mehr ihr Vater. Ihr Vater ist nicht mehr ›Papa‹. Aber ist er das je gewesen?

An diesem Morgen fragt Jacques mit unglücklichem Gesicht: »Also, was machst du nun?«

»Ich verlasse das Schiff«, antwortet France.

Sind Jacques und France Opfer eines riesengroßen Mißverständnisses? Es ist sehr wahrscheinlich, daß Jacques zuerst den Zettel auf den Tisch gelegt und ihn später, seinen Wutanfall bereuend, wieder weggenommen hat.

Jedenfalls hört France ihn sagen:

»Dann aber sofort. Wir fahren mit dem Motorboot.«

France weint in Maddlys Armen: »Ich gehe ohne Zorn.«

Maddly tröstet sie: »Mach dir nichts daraus. Das wird schon wieder. Im Augenblick ist er einfach sehr empfindlich.«

France vertraut Maddly an: »Sag ihm vor allem, daß ich es ihm nicht übelnehme. Ich gehe, weil es hier nicht mehr auszuhalten war ... zu dritt auf diesem Schiff ...«

Jacques bringt seine Tochter zum Landungssteg. Er will den Motor des Bootes nicht einschalten und rudert. Der Brustkorb tut ihm bei jeder Bewegung weh. Er verzerrt das Gesicht. Und stimmt wieder sein Klagelied über die Kinder und die Jugend im allgemeinen an.

Die jungen Leute seien alle gleich, er habe drei

Arschlöcher gezeugt, er wolle seine Töchter nicht mehr sehen, mit ihnen sei wirklich alles schiefgelaufen.

Sie legen an der Landungsbrücke an. France muß ein paar Formalitäten erledigen. Sie darf sich als Belgierin drei Monate ohne Visum in Fort-de-France aufhalten. Sie verfügt über tausend belgische Francs und etwa siebzig neue französische Francs.

Aus Verzweiflung und weil sie ihm zeigen möchte, daß sie keinen Groll gegen ihn empfindet – zumindest glaubt sie es –, sagt sie noch:

»Komm, ich gebe dir ein Bier aus.«

»Nein, ich habe keine Lust darauf.«

France, die zweifelsohne gedacht hatte, daß noch etwas zu retten war, gibt auf:

»Also dann sage ich dir auf Wiedersehen.«

»Ich sage dir nicht auf Wiedersehen. Ich sage dir adieu. Denn ich weiß, daß ich dich nie mehr wiedersehen werde.«

Es soll sich tatsächlich so zugetragen haben. Das hat Jacques bestätigt. Aber gab es nicht auch bei diesem Dialog ein Mißverständnis? France hat vielleicht gedacht: Mein Vater will mich nie wiedersehen. Während Jacques seinerseits nur überzeugt war, daß er bald sterben werde. War das der Abschied eines Mannes, der sich für todgeweiht hält?

Brel arbeitet seit längerer Zeit an mehreren Chansons, die er erst in den folgenden drei Jahren fertigstellen wird. Die letzte Strophe des Liedes *Sans exigences*, dessen ersten Entwurf Marianne zu Gesicht bekommen hat, scheint die Trennung von France vorweggenommen zu haben:

> *... Sie ist fort*
> *Wie die Vögel fortfliegen*
> *Deren Aufflattern man erst geliebt hat*
> *Und am Tag an dem sie ihre Flügel öffnen*
> *Zu entdecken daß sie sich gelangweilt haben in unseren Händen*
> *Sie ist fort wie in die Ferien*
> *Seitdem hängt der Himmel ziemlich tief*
> *Und ich vergehe vor Gleichgültigkeit*
> *Und sie glaubt in Liebe zu baden.*

Brels Lebensfreude mag teilweise eine Verzweiflung kaschieren, die sich wiederum gern als Gleichgültigkeit tarnt.

France bleibt auf der Insel Martinique, verbringt ein paar Nächte in verlassenen Autos, macht flüchtige Männerbekanntschaften. Sie hält immer noch an der Hoffnung fest, ihrem Vater helfen zu können. Da sie maschineschreiben kann, findet sie schnell einen Job in einer Bank. Sie ist fest davon überzeugt, daß ihr Vater sehr bald sterben wird. Jeden Tag sieht sie die ›Askoy‹ an ihrem Ankerplatz. Jeden Tag schreibt sie Jacques Briefe, weiß aber nicht, ob er sie je erhalten hat. Maddly kann sich daran nicht erinnern. Mag sein, daß France die Briefe erfunden hat oder daß sie täglich verlorengegangen sind. Oder Jacques hat sie bekommen, ohne Maddly davon zu erzählen. Oder Maddly hat ihm die Post einfach nicht ausgehändigt.

Vick erscheint und ergreift Jacques' Partei. »Ich hoffe, ich werde dich einmal unter erfreulicheren Umständen wiedersehen«, sagt er zu France, als er ihr zufällig begegnet.

France schreibt an Miche. Sie hat eine Notunterkunft gefunden, schläft auf einem Haufen Segel bei der Familie Pichard, die sie gleich am Tag ihrer Ankunft auf Martinique kennengelernt hatte. Yves Pichard macht Aushilfsarbeiten auf der ›Askoy‹, so daß Jacques eigentlich wissen müßte, wo seine Tochter sich aufhält.

France sagt sich: Verdammt, man kann das nicht so laufen lassen. Ich gehe aufs Schiff. In einem Dingi nähert sie sich der ›Askoy‹ bis auf fünf Meter. Da hört sie Maddlys Stimme: »Nein, France, Jacques möchte dich lieber nicht sehen.«

Brels Tochter schickt ihrer Mutter ein Telegramm und kauft sich ein Flugticket nach Paris, wo sie am 9. März 1975 landet. Miche, die France in Orly abholt, scheint um zehn Jahre gealtert.

»Wir waren fünf Mann an Bord. Der Kapitän, der erste Offizier, die Tochter des Kapitäns und zwei Matrosen. Jetzt gibt es nur noch den Kapitän und seinen ersten Offizier«. So faßt Maddly in ihrem Buch *Tu leur diras* die veränderte Situation auf der ›Askoy‹ zusammen.

Jacques und Maddly segeln an den Küsten der Antillen-Inseln entlang. Arthur Gelin ist inzwischen angekommen. Sie fahren mit ihm nach Fort-de-France zurück. Jacques, stets vollendeter Gastgeber, kümmert sich um sein Wohl:

»Wir werden erst einmal volltanken und uns

mit Lebensmitteln eindecken. Aber da brauchst du nicht mitzukommen. Maddly wird dich fahren. Am besten mietest du dir einen Wagen, machst es dir in deinem Hotelzimmer bequem. Und bis morgen abend besichtigst du die Insel.«

Die ›Askoy‹ und Vicks Schiff fahren nebeneinander her. Gegen 16 Uhr meldet sich Jacques: »Wie wär's mit ein paar Crêpes? Und dazu ein kleiner Chablis oder Sancerre ...«

Mittags wird im Cockpit gegessen, abends in der Messe. Einen Monat lang kreuzen sie zwischen den Inseln. Sie ankern vor Moustique, wo Prinzessin Margaret von England für Schlagzeilen sorgt, und vor St.-Lucia, wo Jacques einen Seemann anheuert und wieder entläßt, weil er das Schiff nicht manövrieren kann und Bauchschmerzen hat.

»I would to go home«, sagt der Mann.

»Einverstanden. Er soll nach Hause gehen. Ich zahle ihm sein Flugticket und sein Gehalt.«

In einer Kneipe am Meer, in der die Inselaristokratie zu verkehren pflegt, hat Arthur einen Tisch für drei Personen reserviert. Polizisten aus St.-Lucia sprechen ihn an: Der Seemann behauptet, ohne Bezahlung entlassen worden zu sein. Die Polizisten wollen Arthur auf die ›Askoy‹ begleiten. »Sie kommen mir nicht auf das Schiff«, erklärt Jacques.

Arthur verhandelt mit der Polizei. Jacques ist bereit, ein Gehalt für anderthalb Monate und das Flugticket nochmals zu bezahlen.

»Das ist der Preis für den Frieden, Arthur! Ich

will sie auf keinen Fall an Bord meines Schiffes haben. Sie werden mir nur Ärger bringen.«

Auf den Grenadine Islands kostet ein Kilogramm Langusten ganze zwei Francs. Vick zerschneidet die lebendigen Tiere und grillt sie auf dem Deck.

Arthur kennt Maddly schon. In seinen Augen ist sie eine tüchtige, mutige Frau. Ein Muster an Liebenswürdigkeit, Geduld und Hingabe. Hübsch, kräftig, körperlich gut trainiert und immer lächelnd, ist sie für Jacques eine wirkliche Stütze. Und Brel ist ihr Pygmalion.

Er kann sehr freundlich und zugleich bestimmt sein: »Maddly, wärst du so lieb ...«

»Du Negerin!« sagt er zuweilen im Scherz.

Jacques ist kein pflegeleichter Mann. Gelegentlich macht ihm Maddly kleine Szenen, läßt ihrem Unmut freien Lauf.

»Ach, sie oder eine andere ...«, sagt Jacques einmal zu Arthur.

Maddly hat sich Brel mit Haut und Haar verschrieben. Vielleicht hat sie nicht immer Verständnis dafür, daß Jacques alles andere als ein einfach strukturierter Mensch ist. Ihre grenzenlose Bewunderung und Zuneigung lassen sie manche seiner Auftritte wörtlich nehmen und seine tendenziell ironische Lebenshaltung vergessen. »Ich bin froh, keine Töchter mehr zu haben«, hat er eines Tages erklärt. Aber in Wirklichkeit leidet er darunter und klagt Arthur unentwegt seine Not. Hat Maddly Jacques möglicherweise eingeredet, er solle seine Töchter

nicht wiedersehen, weil sie ihm nur weh tun würden? Das wäre jedenfalls das klassische Verhalten
einer Geliebten.

Maddly und Jacques, die sich in ihre Symbiose
wie in einen Kokon eingesponnen haben, schützen sich vermutlich vor Umwelt, Familie und
Freunden, indem sie sich nach außen hin, bewußt oder unbewußt, ein wenig aggressiv verhalten. Jacques traut niemandem mehr, wenn auch
sein Lebenshunger und seine geistige Frische
intakt geblieben sind, und er lehnt es ab, über
Krebs und Tod zu sprechen. Dabei spukt der
Gedanke an den Tod schon so lange in seinem
Kopf herum:

> *... Jetzt will ich Spaß!*
> *Jetzt will ich Tanz!*
> *Nun amüsiert euch doch wie wild!*
> *Jetzt will ich Spaß!*
> *Jetzt will ich Tanz!*
> *Wenn man mit mir die Grube füllt!*[12]

12 Le Moribond.

Mit Arthur kann Brel essen, trinken und diskutieren. Ihm hat er erzählt, wie France das
Schiff nach ihrer Ankunft auf Martinique verlassen hat. Seine Version des Vorfalls unterscheidet sich allerdings wesentlich von der seiner
Tochter. Zu Arthur sagt er: »Ich habe alles
gemacht. Als ihr schlecht war, habe ich ihr Tee
und Toast ans Bett gebracht. Aber als wir in Fort-
de-France ankamen, wachte sie auf und sagte:
›Toll! Meine Freunde erwarten mich, ich gehe an

Land!‹ Darauf sagte ich: ›France, hör zu, ich kann nicht mehr, ich bin todmüde, ich möchte mich eine Woche in einem Hotel ausruhen.‹ Darauf sie: ›Kommt nicht in Frage.‹ Und ich: ›Überleg es dir. Wenn ich morgen dein Gepäck an Deck sehe, schließe ich daraus, daß du dich von uns verabschieden willst.‹«

Jacques bestätigt, daß er zu seiner Tochter ›adieu‹ und nicht ›auf Wiedersehen‹ gesagt hat.

France und Miche trösten einander in Brüssel. Miche schreibt an Jacques einen Brief voller Vorwürfe. Wie konnte er seine Tochter nur so behandeln! Jacques schickt seine Antwort aus Halifax. Und stellt sich so dar, wie er gern wäre und in seiner Phantasie auch ist:

»15. April im Jahr der Ungnade

Liebe Miche,

Dein letzter Brief war nicht gerade ein Geschenk, und ich hielt es für besser, mit meiner Antwort ein wenig zu warten.

Wir gehen seit fünfundzwanzig Jahren einen gemeinsamen Weg. Wir kennen uns doch ein wenig, es wäre dumm, uns zu Wutausbrüchen hinreißen zu lassen.

Ich weiß, daß Du eine Frau bist, und Du weißt wohl, daß ich kein Friseur bin.

Gewiß hat mich das Leben verbraucht, und die Langmut hat mich müde gemacht.

Gewiß hatte ich überhaupt kein Talent zum Ehemann und Vater.«

Geht es hier nicht vor allem um seine väterlichen Talente?

»Gewiß bin ich – trotz schwerer Krankheit – noch gesund genug, um nicht wie ein Bourgeois zu leben.

Gewiß bin ich meinen Töchtern über den Weg gelaufen, ohne ihnen je wirklich zu begegnen, aber ich habe es versucht. Das ist meine feste Überzeugung.«

Hat er es wirklich versucht?

»Doch von ihnen ist mir nichts entgegengekommen, nichts Echtes oder Warmherziges, nichts Zärtliches, kein bißchen, gar nichts!«

War Jacques ein blinder oder ein einäugiger Vater?

»Es stimmt auch, daß ich von Frauen, von ihren Spielen und ihren Verweigerungshaltungen nichts verstehe.«

Dann umreißt Brel seine Ehe in ein paar Sätzen:

»Du kämpfst Dich durch das Leben, Miche, während ich es mit Leidenschaft erfülle!

Du gibst ihm Beständigkeit, und ich jongliere mit ihm.

Wer von uns beiden hat recht?

Du sicher nicht, aber ich bestimmt auch nicht! Nun?

Laß uns Schutz im Lächerlichen suchen und Heilung in dem Respekt, den wir voreinander haben.

Ich habe immer schon gewußt, wie Frauen auf geistreiche Ideen kommen, aber ich habe erst jetzt entdeckt, wann das bei Männern der Fall ist: ein bißchen Tod genügt, oder auch nur eine

Ahnung von ihm, seine Erscheinung oder sein Schatten!

Und das alles weckt in mir eine gewaltige Lachlust, von der die Welt völlig ausgeschlossen bleibt – diese bitterernste, schwachsinnige Welt, mit der Du vielleicht ein wenig Umgang pflegen mußt.«

Jacques hat etwas gegen Miches Freunde und auch dagegen, daß sie viel ausgeht. Hätte er sie mehr geliebt, wenn sie sich zu Tode gelangweilt hätte und einsam geblieben wäre?

Weiter heißt es:

»Miche, Dir erlaube ich, mich zu hassen. Aber mir selbst verbiete ich es.

Trennungen sind idiotisch! Sie nützen nur den Männern! Genauso wie die Kultur! Sie ist das Gedächtnis der Idioten, die keine Erfindung zustande bringen!«

Und dann klingt es beinah wie ein Chanson:

»Ich bedauere nur eins: Deinen Kummer!

Ich selbst habe einen einzigen Kummer: meine Töchter!

Ich habe nur eine Tochter: das bist Du!

Ich meine, daß ich das Recht habe, lieber auf See als im Wohnzimmer zu krepieren. Deshalb will ich ein wenig zu weit gehen.«

Eine selbstmörderische Bemerkung.

»Es fällt mir nicht leicht, Dir alles zu sagen, Du weißt so wenig von mir!

Und ich weiß auch so wenig von Dir.

Du bist das, was von mir dort drüben geblieben ist.

Ich bin das, was von mir am Leben geblieben ist.

Du hast unrecht, und ich habe nicht recht.

Du hast von mir das erwartet, was niemandem je zuteil wurde. Gott weiß, wie ich geliebt habe – und Du weißt wen!

Ich bin müde, bin fünfzehn Jahre alt ...

und ich habe keine Kinder, meine Kinder sind hundert Jahre alt, und sie haben keinen Vater, denn ihr Vater ist fünfzehn.«

Brel weiß sehr gut, daß er einem prächtigen Jugendalter nie entwachsen ist.

Die allerersten Feindinnen des Sängers waren fünfzehnjährige kleine Betrügerinnen.

»Mir ist die Lust vergangen, mich so tief herabzulassen, daß ich ihre Gipfel berühren kann.

Ich umarme Dich und beschütze Dich von weitem, mein Name ist Jacques Brel und ich scheiße auf alle Arschlöcher.«

Das ist Brel, wie er leibt und lebt: ehrlich und unaufrichtig, überspannt und unprätentiös zugleich. Das Leben und die Krankheit haben ihn nicht verändert. Er bleibt unbesiegt und unbesiegbar, führt weiterhin seine Unternehmen zu Ende, schreckt vor Abrechnungen mit anderen und sich selbst nicht zurück, spielt gerne den Märtyrer und gefällt sich in theatralischen Posen. Elegant und anspruchsvoll, hoffnungsvoll und verzweifelt – so will er sich sehen. Er möchte mit der Brüsseler Brel-Familie brechen, aber er schafft es nicht. Was für Rechte nimmt er sich heraus, gemessen an seinen Verfehlungen! Wer allerdings wollte das einem Künstler übelnehmen, der versucht, eine schwere Krankheit zu überwinden, und der sich der Suche nach Glück und Frieden verschrieben hat?

> *... Sie haben vergessen daß sie einst*
> *Von einem Fest zum anderen schifften*
> *Auf die Gefahr aus Leibeskräften*
> *Feste zu erfinden die es nie gab*
> *Sie haben die Tugenden vergessen*
> *Von Hunger und Nordost*
> *Als sie in zwei Koffern schliefen*
> *Ja und wir meine Schöne*
> *Wie geht's?*
> *Wie steht's?*[13]

13 L'Amour est mort.

Warum ist Brel an Krebs erkrankt? Gewiß hat die Krankheit bei ihm einen günstigen Nährboden vorgefunden: Er rauchte jahrelang mehrere Schachteln Zigaretten am Tag, und er mutete seinem Körper Höchstleistungen zu.

Man kann aber auch vorsichtig spekulieren. Einige Literaturwissenschaftler behaupten, der Dichter John Keats habe sich seine Tuberkulose ebenso ›gesucht‹ wie Oscar Wilde seine Verurteilung durch ein Gericht. Sartre wußte, daß er mit den Medikamenten, die er einnahm, sein Gehirn langsam zerstören würde. Hat auch Brel sich seine Krankheit sozusagen selbst gesucht?

Er wiederholt jedenfalls, daß er sich verbraucht fühlt. Warum, von wem, durch was? Verbraucht im Labyrinth seines Privatlebens. Aber auch der berufliche Mißerfolg von *Far West* sitzt ihm in den Knochen, und Jojos Tod hat ihn tief getroffen. Das alles führt ihn gesundheitlich an jene Grenze, mit der sich Krebsspezialisten und Psychologen beschäftigen.

Das, was Jacques mit einem Kinderwort ›Kummer‹ nennt, setzt ihm auf jede erdenkliche Weise zu. Er mußte aufbrechen und alle Brücken hinter sich abbrechen. Er ist hart, sogar grausam seiner Familie oder seinen Freunden gegenüber. Manchmal merkt er es, aber oft ist er unbekümmert wie ein kleiner Junge. Zumindest bleibt er sich selbst treu. Er sucht immer noch nach dem Wilden Westen, nach einer Insel, und bei Maddly sucht er die Synthese von Liebe und Kameradschaft. Maddly wird seine letzte Mätresse, Gebieterin in jedem Sinne: Sie beschützt und besitzt ihn, ist Geliebte und Gefährtin in einem.

Jacques liebt das schöne, abgenutzte Wort *copain*. Mit dem Kumpel teilt man nicht nur sein Brot, sondern die kostbaren Dinge des Lebens.

XIII. KAPITEL

XIII. KAPITEL

EINE INSEL

... Es gibt zwei Arten von Zeit
Die Zeit die wartet
Und die Zeit die hofft
Es gibt zwei Arten von Leuten
Die Lebenden
Und die auf See ...[1]

1 L'Ostendaise.

Brel ist auf See und hofft, weiterzuleben. Aber ihn beschäftigt eine unschöne Geschichte in Porto Rico, die auf den Kanarischen Inseln ihren Anfang nahm.

Dort traf er auf einem Spaziergang zufällig Antoine, den ehemaligen Sänger, der Seefahrer, Fotograf und Journalist geworden ist. Sie kamen ins Gespräch, Brel lud Antoine ein, Antoine machte von ihm ein paar Aufnahmen und bat dann Maddly, ihm ein Negativ zu geben, auf dem er mit Brel zu sehen war. Er würde nichts erzählen, versprach er in einem etwas zu geschwätzigen Ton. Antoine aber verkaufte anschließend die Fotos, wobei er überall die Nachricht von Brels

Erkrankung verbreitete. Dieser Vorfall hat Brel in seiner Überzeugung bestätigt, von den Pressefotografen rücksichtslos verfolgt zu werden.

Vor der Fahrt durch den Panamakanal spielt Jacques mit dem Gedanken, sich auf Guadeloupe niederzulassen. Maddly besitzt dort ein Grundstück. Und er mag die Familie seiner Gefährtin, vor allem Madou, ihre Mutter.

Doch auf den Antillen ist ihm zuviel Trubel. Jacques zieht es weiter. Er fühlt sich hin- und hergerissen zwischen dem Wunsch, diese Weltreise fortzusetzen, und dem langgehegten Traum, sich auf einer Insel niederzulassen:

> *… Eine Insel*
>
> *Eine Insel die die Anker lichtet*
>
> *Und die seit den Pforten der Kindheit*
>
> *In unseren Augen schlummerte*
>
> *Komm*
>
> *Komm meine Liebe*
>
> *Denn dort fängt alles an*
>
> *Ich glaube an die letzte Chance …[2]*

Brel ist erschöpft, er hat das Bedürfnis, irgendwo zu ankern, er braucht eine Pause.

Nach einem heftigen Briefgefecht mit Miche schließt Brel mit seiner Brüsseler Familie endlich Frieden. Er studiert gleichsam eine heitere Rolle ein. Keine Vorwürfe, keine Anklagen mehr. Am 12. Juni 1975 schreibt er an Miche:

»Heute abend bin ich ganz allein mit dem Meer und Tausenden von Vögeln über meinem Kopf und einem ganz kleinen Stück Erde.

Das Ende der Welt! ...

Seit wir Europa verlassen haben, ist das, glaube ich, der erste friedliche Abend.«

Diesen absoluten, vielleicht unerreichbaren Frieden, diese vollkommene Ruhe des Herzens hatte er weder auf dem Atlantischen Ozean noch auf den Antillen gefunden.

»... Du mußt wissen, es gibt keinen einzigen Tag, an dem ich nicht an Dich denke und von Herzen hoffe, daß Du Dich in Deiner Haut wohl und entspannt fühlst. Ich empfinde für Dich zuviel Respekt und Zärtlichkeit, um Dir nicht ein bißchen mehr Süße des Lebens zu wünschen!«

In aller Stille bringt Brel die Beziehung zu seiner ›vierten Tochter‹ wieder ins Lot. Mit Chantal, France oder Isabelle ist das nicht so einfach.

»... Ich denke auch an die Kinder, aber da fehlt mir wirklich jedes Verständnis.

... Du wirst nicht vom Leben verschont, ich auch nicht. Aber nur dadurch spüren wir doch, daß wir lebendig sind.

Denn ich finde immer noch, daß die Menschheit kaum lebt, und mein letzter Aufenthalt in Europa hat mich darin nur bestätigt.«

Das schreibt ein Genesender, der von einer verblüffenden Energie strotzt.

Allein mit Maddly überquert Jacques innerhalb von neunundfünfzig Tagen den Pazifik. Sie meiden die Galapagosinseln, weil dort ein totalitäres Regime herrscht, aber Jacques hat auch keine Lust, einen Umweg über die Osterinsel zu machen. Die ›Askoy‹ kommt siebzehn Tage lang

kaum voran. Wo ist der Wind geblieben? Das
Schiff dümpelt im ›schwarzen Loch‹, einer allzu
stillen Zone des Stillen Ozeans.

Nie ist Jacques Brel so allein und von der Welt
abgeschnitten gewesen. Hier hat er endlich Zeit,
zur Ruhe zu kommen und nachzudenken. Hier
fühlt er sich nicht mehr von Journalisten, Schma-
rotzern und falschen Freunden verfolgt. So wie
Kinder ein Tier begraben, veranstalten Maddly
und Jacques für den auf großer Fahrt verstorbenen Kanarienvogel César eine feierliche Seebe-
stattung.

Details dieser Pazifik-Überquerung könnte
man aus dem Bordbuch erfahren, das Maddly
eifersüchtig hütet.

Hat Jacques das Gefühl, sein Leben in Ordnung zu bringen?

Man kann nur hoffen, daß er, dauerhaft oder
flüchtig, jenen Frieden empfindet, der einen
Menschen zuweilen erfüllt, wenn er seine Angehörigen und seine Probleme weit hinter sich
gelassen hat. Brel bereitet sich langsam auf ein
seßhaftes Leben vor, das er sich wünscht und zu
verdienen glaubt.

Die ›Askoy‹ peilt Französisch-Polynesien an.
Jacques könnte vor Tahiti anlegen, wie es die
meisten Segler tun. Aber er zieht es vor, zu den
Marquesasinseln zu fahren. Die ›Askoy‹ kommt
im November 1975 in der Bucht von Tao-Ku an
und ankert vor Atuona, dem Hauptdorf der Insel
Hiva Oa. Für Jacques und Maddly ist diese Insel
zuerst nur eine Etappe auf ihrer Reise. Sie haben

sich nicht ausreichend mit Proviant eingedeckt und wollen das auf Hiva Oa nachholen. Am 12. Dezember schreibt Jacques an Alice Pasquier:

»… Vielen Dank, das Paket ist gut angekommen, und es ist nach zwei Monaten Seefahrt sehr schön, wieder einmal ordentlich essen zu können.

Ich hoffe, es geht Ihnen prächtig.

Ich würde mich freuen, von Ihnen zu hören.

Darf ich Sie erneut um ein Paket bitten – mit Trüffeln (am liebsten von Chez Fauchon, etwa fünfzehn Dosen), Kuskus (Ferrero ist der beste, bitte zehnmal, dann noch zehn Kartons Hirse) und zehn Dosen Gänseleberpastete – bitte auch welche aus den Landes dazu, etwa fünf Dosen.

Nochmals danke und bis bald. – Jacques.«

Brel entwickelt Geschmack daran, auch auf See mindestens so gut wie in Europa zu speisen, wenn nicht besser.

Jacques läßt sich noch nicht auf Hiva Oa nieder. Er will woanders den Anker werfen. Der Notar Marcel Lejeune, Geschäftsmann und Grundbesitzer auf Tahiti, bietet ihm ein wunderschönes Stück Atoll an, das nur eine Flugstunde von der Insel Tahiti entfernt ist. Weißer Sand, hundertfünfzigtausend Kokospalmen. Doch Brel mag weder Lagunen noch Korallenriffe, noch die flachen Landschaften des Tuamotu-Archipels. Auch das mondäne Leben der Hauptstadt Papeete beeindruckt ihn nicht.

Brel hält sich zunächst mit Unterbrechungen auf der Insel Hiva Oa auf, die neununddreißig

Kilometer in der Ost-West- und neunzehn in der Nord-Süd-Richtung mißt und eine spröde, etwas melancholische Schönheit ausstrahlt. Als Brel dort auftaucht, hat sie nicht mehr als tausendzweihundert Einwohner, darunter kaum hundert Weiße, die dort *Popaa* genannt werden.

Die Insel ist ein schwarzer Basaltblock, der mit dem Feani- und dem Ootua-Berg, seinen imposanten, etwa tausend Meter hohen Gipfeln steil aus dem Meer emporragt. Selbst wenn die Sonne glüht, bleiben Wolken an den Spitzen hängen, die sie fast wie verschneite Berge aussehen lassen. Rote Lateritstreifen bedecken hier und da die Küste. Strände sind rar, der Sand ist dunkel. Gewaltige Wellen branden gegen die schroffen Felsen.

Vom Schiff oder vom Flugzeug aus gesehen wirkt Hiva Oa nicht mehr so wild und rauh: Von weitem leuchten die riesigen, hellen Farnflächen, dazwischen vereinzelt rote Mangobäume. Nach Regenfällen zeichnen die Wildbäche ein silbriges Linienmuster auf die Insellandschaft. Hiva Oa ist nur über den Flughafen Faaa auf Tahiti zu erreichen, in etwa zehn Flugstunden. Im Westen erstreckt sich der Pazifische Ozean bis nach Amerika. Man kann sich die isolierte Lage der Marquesasinseln am besten vorstellen, wenn man eine Karte von Europa über die von Französisch-Polynesien legt: Papeete ist von Hiva Oa so weit entfernt wie Moskau von Paris.

Bis 1972 gab es noch keinen Flugverkehr zwischen Tahiti und den Marquesas. Nur Frachter,

poetisch ›Schoner‹ genannt, verbanden nach einem unregelmäßigen und unvorhersehbaren
Fahrplan die Inseln mit dem Rest der Welt. Sie
hießen ›Tapora III‹, ›Tamari‹ oder ›Tuamotu‹.

Hiva Oa liegt räumlich wie zeitlich weit entfernt von der Welt, die Brel verhaßt ist. Das
kommt ihm entgegen, denn er will von ihr durch
sehr viel Raum getrennt werden und die Zeit
nutzen.

Zwischen dem Feani- und dem Ootua-Berg
hat man einen kleinen Flughafen gebaut. Um
von dort aus das Dorf Atuona zu erreichen, wo
zwei Drittel der Inselbewohner leben, muß man
im Jeep einen holprigen, kurvenreichen, lehmi-
gen Weg entlangfahren, der wie ein Dschungel-
pfad durch das Gebirge führt.

Gegenüber den nächstgelegenen Inseln wie
Tahuata, Motane oder Fatu Hiva ist Hiva Oa mit
ihrem Flugplatz im Vorteil. Auf diesem größten
und fruchtbarsten Eiland der Marquesas über-
zieht die hohe Luftfeuchtigkeit die Pflanzen mit
einem immerwährenden Glanz und nimmt Insulanern wie Touristen den Atem. Solche klimati-
schen Bedingungen sind für einen schwer lun-
genkranken Menschen wie Brel nicht gerade
empfehlenswert.

Das Dorf Atuona, das als ›Hauptstadt‹ von
Hiva Oa fungiert, liegt am Ausgang eines der
neun tiefen Täler der Insel. Es wird nach dem
Namen seines dynamischen Bürgermeisters und
Alleinherrschers Guy Rauzy auch ›Rauzy-Ville‹
genannt. Nur ein paar hundert Meter vom Tao-

Ku-Strand entfernt, hat Atuona sogar asphaltierte Straßen vorzuweisen. Notdürftige Pisten, die bei Regen unbefahrbar werden, verbinden sämtliche Ortschaften der Insel mit der ›Hauptstadt‹.

Selbst der siebzehn Kilometer von Atuona entfernt liegende Flughafen – Jacques hat das auf dem Kilometerzähler seines Jeeps genau kontrolliert – wirkt wie das Ende der Welt. Wie alle Inseln Französisch-Polynesiens lebt Hiva Oa von der staatlich subventionierten Kopraproduktion. Überall ist die Luft vom süß-säuerlichen Geruch der aufgebrochenen Kokosnüsse gesättigt.

Auf den Marquesasinseln empfindet Jacques zum ersten Mal in seinem Leben so etwas wie ein Naturgefühl. Nach kurzen Erkundigungen mietet er im Juni 1976 ein bescheidenes Häuschen. Es steht in der Nähe des Polizeigebäudes, auf dessen Dach die französische Fahne flattert, unweit der beiden Lebensmittelgeschäfte von Atuona. Der eine Laden, der von Michel, ist in einem prächtigen Holzbau im Kolonialstil untergebracht. Die massiven, modernen Villen des Dorfes, in denen sich die etwa vierzig *Popaa* – Gemeindebeamte, Ärzte und Lehrer – eingerichtet haben, sind lange nicht so hübsch wie die traditionellen Behausungen der Polynesier, wenn man einmal von den Wellblechdächern absieht, die zum Auffangen des Regenwassers dienen und hier wie überall in Afrika oder Asien die einheimische Architektur entstellen.

Das Haus von Maddly und Jacques liegt in etwa zwanzig Meter Höhe und wird vom Passatwind angenehm gekühlt. Fünf Minuten braucht man zu Fuß, um von dort den Friedhof zu erreichen, wo sich heute Brels Grab befindet. Unweit davon ruht Gauguin. Bewunderer haben die kleine Statue ›Oviri‹ von seinem Grab entwendet.

Brel hat seinen Wohnverhältnissen nie viel Bedeutung beigemessen. Selbst wenn es nicht leicht ist, in Atuona ein Domizil zu finden, hätte er sich etwas Besseres aussuchen können. Einschließlich Terrasse hat das Haus eine Wohnfläche von weniger als fünfzehnmal fünfzehn Metern: ein großer Salon, ein Büroraum, ein Schlafzimmer, eine Küche, ein Badezimmer. Das sogenannte ›Schwimmbecken‹, das Brel bauen ließ, ist nur eine große runde Wanne. Um das Haus herum wächst eine Fülle von Bäumen, Blumen, Pflanzenarten. Überall leuchten weißer Hibiskus, rosa und rote Jasminsträucher, Zitronen neben Avocados und Mandarinen. Es duftet überall nach Jasmin. Brotfruchtbäume mochte Jacques nicht. Um sich gegen die anderen Dorfbewohner abzuschirmen, hat er Kokospalmen angepflanzt, die einen schützenden Vorhang bilden.

Zweihundert Meter trennen das Haus von der Dorfkirche. Wie nie zuvor in seinem Leben hat Brel den Gottesdienst in Hörweite.

Täglich hört er die Insulaner im Chor singen:

Ia Hano te enata
I te Eukaritia
A titii te mikeo
A ue i te Etua.[3]

3 Bevor wir das Abendmahl empfangen, werfen wir unsere Sünden ab und flehen zu Gott

Die üppige Fauna von Hiva Oa ist genauso schön und seltsam wie ihre Flora. Außerdem laufen Pferde, Ziegen, Ochsen, Schweine, Katzen und Hühner frei herum. In Strandnähe flattern kleine Mücken, *nonos* genannt, die man lieber totschlagen sollte. Wird man gestochen, ist es empfehlenswert, sich wegen der drohenden Entzündungsgefahr nicht zu kratzen.

Wie alle Einwohner von Hiva Oa verwenden Jacques und Maddly viel Zeit darauf, ihr Alltagsleben zu organisieren. Man weiß nie genau, ob und wann der Schoner mit den Versorgungsgütern ankommen wird. Vielleicht haben die Matrosen unterwegs gemeutert und sich an unvorsichtigen Touristinnen vergriffen, oder sie weigern sich, die bestellten Lebensmittel und Benzinkanister abzuladen.

Jacques pflanzt Blumen und Gemüse und hat angeblich dazu beigetragen, daß die Flaschentomate auf Hiva Oa eingeführt wurde.

Weil er sich bewegen muß, fährt er mit seinem Jeep durch die Gegend. Die polynesische Kultur interessiert ihn wenig. Allenfalls nimmt er sie zum Vorwand, die katholische Kirche anzuprangern, die auf Hiva Oa, mehr noch als auf den anderen Marquesasinseln, einen beträchtlichen Einfluß ausübt und für die Abschaffung bestimmter Elemente der traditionellen sakralen Architektur der Einheimischen verantwortlich ist.

Jacques hält an der Idee eines Goldenen Zeitalters der Marquesasinseln fest, das er in seiner Phantasie dem völlig repressiven und dekadenten

Verhalten der Missionare und Priester gegen-
überstellt. Er unterhält seine Gäste mit abge-
droschenen Geschichten über die beiden Frauen
des Bischofs, der zu Gauguins Zeiten im Amt
war.

Brel vergißt dabei, daß die polynesische Kultur, die zweifellos von Kolonialherren, Priestern
und Verwaltungsbeamten unterdrückt wurde,
vor allem auf eine mündliche Tradition zurück-
geht. Das einzige Buch in der Sprache der Insulaner und vielfach das einzige Werk, das man
weit und breit in deren Häusern finden kann, ist
die Bibel.

Trotz seines militanten Antiklerikalismus
nimmt Brel Kontakt zu den Ordensschwestern
von Cluny auf. Sie leiten damals die Sainte-
Anne-Schule, die bedeutendste Bildungsstätte
für Mädchen auf den Marquesasinseln. Zwar
bleibt Brel sich selbst treu und verabscheut weiterhin die römisch-katholische, apostolische Kirche als Institution, aber gegen ihre irdischen
Vertreter hat er nichts. Vor den Schülerinnen
von Sainte-Anne hält er kleine Vorträge über
seine verschiedenen Berufe, während Maddly als
Alternative zum Hauswirtschaftsunterricht einen
Tanzkurs anbietet.

Manche behaupten, Brel habe das Kino auf
Hiva Oa eingeführt. Aber vor seiner Ankunft gab
es dort schon zwei bescheidene Kinosäle. Der
eine, 1958 eröffnet, war mit einem 8-Millimeter-
Schmalfilmprojektor, der andere, seit 1970 in Be-
trieb, mit einem 16-Millimeter-Projektor ausge-

stattet. Mit diesen altertümlichen Apparaten wurden Filme wie *La Belle et la Bête* von Jean Cocteau vorgeführt. Jacques bringt den Fortschritt auf die Marquesasinseln, indem er Atuonas unverwüstlichen Bürgermeister Guy Rauzy anstachelt, in der Nähe des Fußballplatzes eine große Leinwand aufzubauen.

Brel empfiehlt, nicht allzu verschrammte Filme zu zeigen und – womit schon viel gewonnen ist – die Spulen in der richtigen Reihenfolge einzulegen.

Am 8. Oktober schreibt Jacques an Claude Lelouch:

»Lieber Claude,

ich dachte daran, Europa einen Blitzbesuch abzustatten, aber dann fehlte mir der Mut, ins Graue zu fahren. So schreibe ich Dir aus der Ferne, um Dir zu sagen, daß das Leben immer noch schön ist und nicht aufhört, anzufangen!

Was will man mehr?

Ich hoffe, Du bist in explosiv-heiterer Form.

Und ich möchte Dich ohne Umschweife um einen Rat bitten.

Ich lebe, wie Du weißt, auf einer Insel mit noch nicht mal dreitausend Einwohnern. Die haben hier gar nichts. Weder Fernsehen noch Zeitungen noch Radio (Tahiti ist zu weit entfernt).«

(Der Bürgermeister von Atuona träumte damals davon, bis 1983 tausendfünfhundert Einwohner auf der Insel zu haben, um zusätzliche Subventionen zu erhalten.)

»Nur das Kino kann ihnen beim Träumen helfen.

Die 16-mm-Filme sind reinster Kitsch. Deshalb möchte ich ihnen einen Saal für Normalfilmprojektion einrichten.

Kannst Du mir sagen, an wen ich mich wegen der Projektoren, der Installation und vielleicht auch der Filme (wie teuer?) wenden soll?

Ich danke Dir im voraus und aus der Ferne.

Man kann doch diese Leute nicht in ihrer Rückständigkeit schmoren lassen!

Ich umarme Dich wie einen Bruder.

Bis bald. Brel.«

Das antiquierte Kino der Priester kann beim Wettbewerb mit dem 35-Millimeter-Projektor nicht mithalten und verliert seine Kunden. Hat Brel auf diese Weise zur Säkularisierung der Insel beigetragen? Wohl kaum. Die Einrichtung eines lokalen Fernsehsenders und vor allem die Verbreitung von Videorecordern in Atuona wird das Kino ohnehin nicht überleben.

In einem Chanson aus jener Zeit, für das er sich vom Akkordeon gespielte Walzer-, Musette-, Tango- und Bossa-Nova-Rhythmen vorstellt, schreibt Brel:

Wärst du der liebe Gott
Dann würdest du Bälle geben
Für die Bettler

Du,
Wärst du der liebe Gott

Dann würdest du nicht sparen
mit blauem Himmel

Aber du bist nicht der liebe Gott
Du bist viel besser
Du bist ein Mensch

Du bist ein Mensch
Du bist ein Mensch[4]

4 Le Bon Dieu.

Greift er im Jahre 1976 auf seine Einfälle aus den fünfziger Jahren zurück?
Damals hieß es:

… Wenn all das wahr wäre
Dann würde ich ja sagen
Oh, gewiß würde ich dann ja sagen
Weil all das so schön ist
Wenn man glaubt daß es wahr ist.[5]

5 Dites, si c'était vrai.

Es kommt vor, daß Brel einen Satz mit den Worten beginnt: »Wenn Gott will …«

»Aber es gibt doch keinen lieben Gott!« unterbricht ihn Maddly.

Regelmäßig besucht Brel die Ordensschwestern: Mutter Rose, Schwester Stanislas, Schwester Claire, Schwester Elisabeth, Schwester Maria. Bei der letzteren, einer Spanierin, erkundigt er sich stets in spöttischem Ton nach Francos Gesundheit.

Als ihm auf der Insel Ua Huka der Pater André Darielle in seiner Soutane über den Weg läuft,

ruft Brel aus: »Noch ein Curé! Es gibt hier überall Curés!« Wer ist denn dieser überdrehte Typ?
denkt der Priester. Dann erkennt er Brel. Sie
schließen Bekanntschaft.

Als er Darielle auf dem Weg zur Post wiederbegegnet, formt Brel mit seiner rechten Hand
einen Revolver, wie zu Jojos Zeiten:

»Peng, peng, peng!«

»Was ist denn mit dir los?« fragt der Pater.

(Auf den Marquesas duzt man sich.)

»Ich fresse jeden Morgen einen Priester. Ich
bin Jacques Brel.«

Von der Terrasse seines Hauses sieht Brel den
Briefträger in Begleitung eines Mannes in Zivil.
Er ruft ihnen zu: »Grüß euch, ihr Päderasten!«
Der Begleiter ist Monsignore Hervé-Marie Le
Cléach, Bischof der Marquesasinseln.

Gegenüber einer Ordensschwester, einem
Pfarrer oder dem Polizisten Alain Laffont trägt
Brel einen rüden Atheismus zur Schau. In der
Gesellschaft von André Darielle, den er partout
nicht Pater nennen will, wirkt er entspannt und
sympathisch. Er stellt ihm Fragen, die um Gott
kreisen. Die Antworten interessieren ihn nicht.
Diese Gespräche versiegen schnell. Dann spricht
Jacques vom Glück, Pater André von der Liebe.

»Ach! Die Liebe …« sagt Brel. Seiner Meinung nach findet der Priester nicht die richtigen
Worte für die wahre, die göttliche Liebe. Der
Gottesbegriff beschäftigt ihn noch immer, auch
wenn er im Lied *Le Bon Dieu* den Menschen wieder hoch über Gott stellt. Jacques Brel hat ein-

gesehen, daß er nicht Gott sein kann. Er gibt sich damit zufrieden, den Ordensschwestern zu helfen und sich wie zu *Franche Cordée*-Zeiten ein wenig sozial zu betätigen. Er kauft ein Flugzeug, mit dem er ab und zu eine schwangere Frau, ein krankes Kind, einen Arzt von einer Insel zur anderen transportiert oder die Post nach Ua Pou befördert, die sonst vierzehn Tage auf Hiva Oa liegenbleiben würde.

Brel beschließt, die ›Askoy‹ zu verkaufen.

Um den Kontakt zum ungeliebten Frankreich nicht ganz zu verlieren, blättert er in *Le Point* und *Le Canard Enchaîné*. Allerdings kann er sich nicht mehr für Politik begeistern. Jojo ist nicht mehr da, um ihn auf dem laufenden zu halten und ihn anzuspornen. Wenn er Maddly seine Erinnerungen diktiert oder das Chanson *Jaurès* verfaßt, bleibt er auf der politischen Linie seiner Generation und schwenkt nicht, wie so viele andere, auf liberale Ansichten um. Brel hat sich von der politischen Aktualität losgelöst und käut die Vergangenheit wieder. Die Arbeiterklasse, die er meint, ist die von gestern:

> *... Man kann nicht behaupten daß sie Sklaven waren*
> *Und dann daß sie gelebt haben*
> *Wenn man so besiegt abzieht*
> *Es ist hart die Enklave zu verlassen*
> *Und doch blühte die Hoffnung*
> *In den Träumen die*
> *Den Wenigen in die Augen stiegen*
> *Die es ablehnten*

Bis ins Alter zu kriechen
Ja lieber Herr und Meister
Warum haben sie Jaurès getötet? ...⁶

Er bestellt Bücher in der Hachette-Buchhandlung auf Tahiti. Er liest, manches mehrmals, berät Maddly, bildet ihren Geschmack, empfiehlt ihr Alphonse Daudets Werke wegen des Stils, Maupassant wegen des Wortschatzes und La Bruyère wegen der Gedanken.⁷

7 Tu leur diras.

Viel Zeit widmet er dem Kochen, seiner neuesten Obsession. Er hat oft Gäste zum Abendessen und achtet noch mehr als früher in Brüssel auf die Einhaltung der Rituale.

Auf seine Weise hat er die Tradition des großen polynesischen Festmahls, des *tamaara*, wieder aufgegriffen, nur daß er keine zwanzig Personen an seinem Tisch versammelt. Hin und wieder empfängt er seine Gäste in einem rotschwarzen Frack. Dabei erinnert er an jene Figur aus Somerset Maughams *The Outstation*, die sich mitten im Dschungel sorgfältig zurechtmacht, um allein zu dinieren und genüßlich die *Times* zu lesen.

In Atuona ist Jacques alles andere als einsam. Er verkehrt in drei verschiedenen Kreisen. Zum ersten gehören jene Inselbewohner, zu denen er ein distanziertes Verhältnis pflegt: der Bürgermeister Guy Rauzy, der Briefträger, der Lebensmittelhändler Michel, der zwischen seinen Dosen- und Pfannenbergen thront und von den Müßiggängern des Dorfes umgeben, ist, die kleinen Beamten, mit denen Jacques des öfteren zu tun hat, und vor allem Matira, Jacques' und Maddlys Putzfrau, Vertrauensperson und Hausmeisterin in einem.

Mit ein paar Insulanern ist Brels Verbindung fast körperlicher Natur. Ihr Naturell, vielleicht ein wenig zu legendenumwoben, hat es ihm angetan. Was ihn nicht daran hindert, wütend zu werden, wenn einige ihn auszubeuten versuchen, weil sie wissen, daß er Geld hat. Wie alle Europäer, die in einem exotischen Land leben, in den Tropen oder unterhalb des Äquators, durchläuft er verschiedene Gefühlsphasen. Zuerst werden die Eingeborenen vergöttert, dann erzeugt ihr Lebensrhythmus bei den an westliches Tempo gewöhnten Abendländern zunehmende Gereiztheit. Zu Brels Zeiten besitzt noch kaum ein Marquesas-Insulaner eine Armbanduhr. Jacques, der immer eine trägt, weiß die Pünktlichkeit der Einwohner von Atuona zu schätzen: Sie richten sich nicht nach dem sogenannten ›polynesischen Viertel‹, das in der Regel sechzig Minuten dauert.

Unter den *Popaa*, den weißen Einwohnern der Insel, wählt Brel seine Bekannten mit Bedacht aus. Wie in Europa, so hat er auch hier seinen eigenen Kopf. In gewissen Fällen kann man das verstehen. Ein Arzt mit dem Beinamen ›*Contreplaqué*‹ – ›Sperrholz‹ – zum Beispiel redet ihn an: »So, Brel, Sie haben also Krebs? Dann sind Sie ja schon überfällig.« Einige Lehrer und auch dieser Arzt möchten den Sänger näher kennenlernen.

Sie laden ihn ein, aber er lehnt sehr entschieden ab.

Marc Bastard ist der Mittelpunkt des dritten Kreises, der beste Freund Brels auf Hiva Oa. Kennengelernt hat er ihn kurz nach seiner Ankunft in Atuona: Mit seinem Sohn Paulo und zwei jungen Insulanerinnen fischte Bastard an Bord seiner Ketsch. Eine Ketsch mit belgischer Flagge! Das war damals eine Seltenheit. Der Polizist Laffont ruft Bastard zu: »Jacques Brel lädt Sie zu einem Glas auf sein Schiff ein.« Und Jacques öffnet eine Magnumflasche seines Lieblingswhiskys mit den Initialen J & B. Maddly schenkt einem der Inselmädchen eine Armbanduhr.

Bastard spielt täglich Tennis und fährt jedesmal an der Bucht vorbei, in der die ›Askoy‹ vor Anker liegt.

»Sie brauchen nur zu hupen«, sagt Brel. »Ich hole Sie mit dem Dingi ab.«

Marc und Jacques sehen sich oft, zeitweise jeden Tag, später mindestens zehnmal im Monat. Bastard hat einen kugelrunden Kopf mit hoher Stirn. Er ist ein warmherziger, gebildeter Mensch, 1919 in Paris geboren, also zehn Jahre älter als Brel. Lange Zeit wird er sein einziger ebenbürtiger Gesprächspartner auf Hiva Oa bleiben.

Bastard schreibt Krimis unter dem Pseudonym Marc Audran und verfaßt auch Drehbücher. Fünfzehn Jahre hat er bei der Marine gedient. 1964 war er bereits in Französisch-Polynesien zu

Besuch: Sein jüngerer Bruder, der Kapitän zur See Pierre Bastard, ist auf Tahiti Kommandeur einer Division von Avisos. Marc kommt 1970 auf Hiva Oa an. Damals sucht er Arbeit, und es kommt ihm sehr gelegen, daß einer der Lehrer der Sainte-Anne-Schule gerade gekündigt hat. Bastard unterrichtet Englisch, später Mathematik für die Sekundarstufe, und heiratet eine junge Polynesierin. Brel hat Paulo, Marcs Sohn, sehr liebgewonnen. Wieder einmal interessiert er sich für anderer Leute Kinder mehr als für seine eigenen.

Bastards Frau verläßt ihn, während er sich auf einer Europareise befindet.

> *... Gewiß es gibt unsere Niederlagen*
> *Und dann ganz zum Schluß den Tod*
> *Der Körper neigt schon den Kopf*
> *Verwundert noch zu stehen*
> *Gewiß verlieren die untreuen Frauen*
> *Die ermordeten Vögel*
> *Und unsere Herzen ihre Flügel*
> *Aber, einen Freund weinen sehen ...* [8]

8 Voir un ami pleurer.

Marc bleibt mit seinem Sohn allein. Wie soll man diesen Jungen erziehen, der zur Hälfte Europäer und zur anderen Polynesier ist? Wäre es nicht besser für ihn, in Europa aufzuwachsen? Brel erklärt dem Freund, daß man sich über seine Kinder nicht allzu viele Illusionen machen sollte. Jacques schließt mühelos von sich auf andere und vom Besonderen auf das Allgemeine. Mit Bastard unterhält er sich nie über Miche und kaum über seine Töchter. Er behauptet, Chantal habe ihn 1974 im Krankenhaus besucht und nur gefragt, ob es ihm einigermaßen gut gehe. »Ja«, habe er geantwortet. Worauf sie sich mit einem knappen »Auf Wiedersehen« von ihm verabschiedet habe. So nimmt Brel seine Kinder wahr, oder so will er sie wahrnehmen. Chantal ihrerseits erinnert sich, daß sie mit einem Rosenstrauß zu ihrem Vater kam und eine Stunde lang mit ihm plauderte.

Er lädt Bastard oft zum Essen ein:

»Bestell irgendein Gericht bei mir.«

»Hähnchen à la Newa«, schlägt Marc vor.

»Das ist zu kompliziert, aber ich habe noch Gänseleberpastete.«

Jacques legt sich mit der Bürokratie an. Ob in der Abteilung des Gouverneurs im fernen Papeete oder in den Diensträumen des Verwalters der Marquesasinseln in Taiohae: Man kümmere sich nicht genug um die Probleme von Hiva Oa und den anderen Inseln! Wie ist es möglich, daß die Einwohner von Fatu Hiva nur einmal im Monat ihre Post erhalten? Er, Jacques Brel, will sie künftig einmal pro Woche aus seinem Privatflugzeug mit einem Fallschirm abwerfen. Aber das bleibt ein Projekt unter vielen ...

Er erzählt Bastard, wie der Mond über dem Flugplatz leuchtet, wenn er nachts mit Maddly dort spazierengeht und nebenbei die Lufttemperatur notiert. Diese Mischung aus praxisorientierter Genauigkeit und Poesie kommt bei Brel immer wieder vor.

Brel diskutiert gern über die Autoren, die er in seiner Bibliothek versammelt hat: von Molière bis Malraux, von Kipling bis Joyce. Man findet dort Hugos *Choses vues*, Faulkers *Schall und Wahn*, André Bretons *Nadja* oder *Napoléon III* von André Castelot, aber auch, was man weniger erwarten würde, Ezra Pounds *ABC des Lesens* oder Hegels *Grundlinien der Philosophie des Rechts*. Besonders geliebt und mehrfach gelesen hat Brel Stevensons *Schatzinsel* und *L'Ile* von Robert Merle. Die *Péritani*, die Britannier, und ihre tahitianischen Gefährten des achtzehnten Jahrhunderts bei Merle haben durchaus Ähnlichkeit mit den *Frani*, den Franzosen, und den *Popaa* des zwanzigsten Jahrhunderts. Die Einwohner von Hiva Oa, vor allem in den kleinen Dörfern, töten ein Wildschwein nur dann, wenn sie Fleisch brauchen. Die Weißen aber veranstalten heute wie vor zweihundert Jahren große Jagden, bei denen sie ein Blutbad unter den Tieren anrichten. Die polynesischen Jäger in Atuona sind von dieser Krankheit bereits angesteckt.

Jacques begeistert sich auch für Henry Miller.

Was seinen Sängerberuf betrifft, bleibt er selbst Marc Bastard gegenüber äußerst zurückhaltend. Sie sprechen über die Marquesasinseln:

»Ich habe den Eindruck, daß sie dich nicht inspirieren«, sagt Marc.

Jacques schreibt das Chanson *Les Marquises*. Und er macht nicht den Kardinalfehler, den Text mit Musik von den Marquesasinseln zu unterlegen.

... Der Regen kommt waagrecht in heftigen Böen
Ein paar alte Schimmel die Gauguin trällern
Und in der Flaute wirde das Wetter still
Bei den Marquisen ...
Und in der Ferne die Bußgesänge der Hunde
Und ein paar Pas de deux und ein paar Tanzschritte
Und die Nacht ist sanft und der Passatwind bricht sich
An den Marquisen[9]

9 Les Marquises.

Eine fast zu schöne, aber wahre Geschichte: Dieses Lied hat Brel einmal für eine junge blinde Frau zur Gitarre gesungen, die bei einem Krankenhausaufenthalt in Paris seine Chansons zum ersten Mal gehört hatte und davon begeistert war. Marc hatte auf ihren Wunsch die Begegnung mit dem Sänger arrangiert.

Brel vertraut dem Freund an, daß er schlecht schläft. Er spricht vom Tod, zeigt Bastard das Buch *Changer la mort* von Léon Schwartzenberg und Pierre Viansson-Ponté. »Siehst du, ich lerne sterben.« Im Chanson heißt es nur:

... Soll ich dir sagen daß Stöhnen sich nicht ziemt
Bei den Marquisen ...[10]

10 Ebenda.

Noch immer ergeht sich Jacques in antimilitaristischen Tiraden. Als die Trieux, ein Schiff der nationalen Marine, vor Hiva Oa anlegt, wird Bastard an Bord eingeladen. Er schlägt Brel vor, ihn zu begleiten. Die Besatzung bejubelt den Sänger. Brel ist glücklich. Noch immer haßt er Institutionen wie die Kriegsmarine, aber nicht die Menschen, die ihnen dienen.

Er wird sogar mit einem Offizier eines Transportschiffes korrespondieren und später mit Maddly auf diesem militärischen Dienstfahrzeug eine Tour zu den nördlichen Marquesasinseln unternehmen, nach Hatutu und Eiao.

Auch im Gespräch mit Bastard streift Brel das ewige Thema ›Gott‹.

»Es ist nichts dahinter«, behauptet Jacques.

Aber Bastard hat den Eindruck, daß er sich unablässig mit dieser Frage beschäftigt.

Brel haßt die Religion, und vor allem haßt er den Gebrauch, den die Menschen davon machen. Zum Beispiel die Art, wie Priester und Pastoren die Einwohner Polynesiens zum christlichen Glauben verführten, indem sie sich deren Liebe zum Gesang zunutze machten. Freilich hatte das keine schwerwiegenden Folgen, denn die Geistlichen haben zwar die Sakramente auf die Marquesas gebracht, aber nicht den Glauben. Die Insulaner glauben weiterhin an ihre Geister.

Bastard bewundert die Beziehung zwischen Jacques und Maddly. Nie hat er zwei Menschen gesehen, die sich so sehr lieben. Durch die Straßen von Atuona gehen sie Hand in Hand. Ist Maddly nicht in seiner Nähe, wirkt Jacques wie verloren.

Er wird ungeduldig, wenn sie zum Schoner geht, um die Pakete abzuholen. Die Ankunft des Frachtschiffes ist ein großes Ereignis auf Hiva Oa. Das Entladen dauert seine Zeit, der Bürgermeister hat noch keinen Kai bauen lassen. Die Ladung muß auf schmalen Beibooten befördert werden. Warum braucht Maddly heute nur so lange?

Marc und Jacques stellen fest, daß sie gemeinsame Freunde haben, darunter den Unterhaltungskünstler Jean Rigaux. Soll man ihn nicht nach Hiva Oa kommen lassen? Eine ›Olympia‹-Darbietung auf den Marquesasinseln, das wäre etwas!

Maddly mischt sich in Jacques' Gespräche mit Marc kaum ein. Sie hält sich zurück, liest das, was Jacques ihr empfohlen hat, und zeichnet ein wenig.

Hin und wieder nimmt Jacques den Freund mit auf einen Rundflug. Der Flughafen von Ua Pou ist bei Piloten nicht beliebt, weil die Landebahn an einem Ende durch eine Bergkette begrenzt ist, so daß man sich hier bei der Landung nicht verschätzen darf. Einmal, als sie sich im Anflug befinden, schreit Brel:

»Scheiße! Da steht ein Pferd auf der Landebahn!«

Es gelingt ihm gerade noch, das Flugzeug zu wenden.

Jacques besucht die Ordensschwestern in der Sainte-Anne-Schule, leiht ihnen seine Stereoanlage und hilft ihnen, eine für die Schule zu beantragen. Wenn sie an seinem Haus vorbei den Weg hinaufgehen, ruft er ihnen einen Gruß zu. Sie tuscheln über seine Lebensgefährtin, er schweigt von seiner in Europa lebenden Familie. Hat er sie ad acta gelegt?

Brel treibt immer noch seine Späße mit Schwester Maria, der Spanierin:

»Wissen Sie, wie Salazar gestorben ist?« Die Spanier glaubten, es sei Krebs gewesen, und sie sagten: ›Der arme Krebs.‹ Als sie erfuhren, daß Salazar sich den Oberschenkel gebrochen hatte, weil er von einem Stuhl gefallen war, schrien sie: ›Schickt uns mal den Stuhl rüber!‹«

Manchmal lädt er Mutter Rose, Schwester Stanislas und Schwester Elisabeth zum Essen ein. Sie beten ihn an und halten ihn für einen integren Mann, der seine Ängste verbirgt, oder gar für einen Gläubigen, der es selbst noch nicht begriffen hat.

Michel Gauthier, ein unkomplizierter, aufgeschlossener Mann, ist Pilot bei Air Polynésie und fliegt die Strecke Faaa–Atuona. Er begegnet Jacques Brel zum ersten Mal am 31. Juni 1976 auf dem Flughafen von Faaa. Die Strecke zwischen Tahiti und den kleineren Inseln von Französisch-Polynesien wird mit Twin Otters zurückgelegt, die neunzehn Passagiere befördern können.

Ein Schwarm Journalisten belagert an diesem Junitag das Flugzeug. Gauthier weiß, daß Brel ein Star ist. Er kennt sogar ein paar Chansons von ihm, ohne zu ahnen, daß Brel sie geschrieben hat.

»Soll ich die Presse verscheuchen?«

»Das wäre nett«, sagt Jacques.

Gauthier und Brel lernen sich in Takapoto auf dem Tuamotu-Archipel näher kennen, wo sie zwischenlanden. Später werden die Fokkers von Air Polynésie einen Zwischenstop in Terre Déserte machen, dem Flughafen von Nuku Hiva.

Die beiden Männer unterhalten sich während des Flugs:

»Sie scheinen sich auszukennen. Fliegen Sie etwa auch?« fragt Gauthier.

»Nein, das ist vorbei«, erwidert Jacques.

»Sie können doch mit mir wieder trainieren … und Ihre Lizenz erneuern.«

Jacques kauft sich eine Twin Bonanza, die über drei Vorder- und fünf Rücksitze verfügt, und tauft sie auf den Namen ›Jojo‹. Das Flugzeug, eine Maschine vom Typ Beechcraft D 50, Baujahr 1956, kann er auf Tahiti erwerben, er braucht dafür nicht nach Frankreich oder in die USA zu reisen. Brel, der unter der Hitze und der stickigen Luft leidet, installiert einen kleinen Ventilator. Flugstunden nimmt er bei Gauthier. Im polynesischen Funknetz ist nun oft sein Chanson FODBU zu hören:

»Hier Fox Oscar Delta Bravo Uniform.«

Dieses Flugzeug entspricht genau den Bedürfnissen Brels. Als die Beechcraft auf den amerikanischen Markt kam, gab es noch nicht so viele Flughäfen wie heute, und deshalb wurde besonderer Wert auf die Treibstoffökonomie gelegt. Vollgetankt kann die ›Jojo‹ sechseinhalb Stunden fliegen.

Der neunundzwanzigjährige Jean-François Lejeune, Sohn des Notars Marcel Lejeune, lernt Brel ebenfalls 1976 kennen. Der braungebrannte, sehr amerikanisch wirkende junge Mann hat an der Business School von Mellow Park studiert.

Als Präsident und Chefpilot von Air Tahiti verfügt er über eine kleine Flotte von Piper Aztec. Auch er trainiert Brel. In Begleitung des Sängers Henri Salvador, der gerade seine Frau verloren hat, landen sie auf Tupai, dem Traumatoll des Notars Lejeune, und auf dem nördlichen Teil des Tuamotu-Archipels, auf den Inseln unter dem Winde. Sie üben nachts in Faaa, wo ein Pilot mit den gleichen Problemen konfrontiert wird wie in Roissy oder Los Angeles.

Gauthier und Lejeune, die miteinander befreundet sind, freunden sich auch schnell mit Brel an. Wenn die beiden Piloten in Faaa landen, holt Jacques sie hin und wieder ab. Es ist jedesmal ein Fest. Und manchmal läßt er sie auch in sein Inneres blicken.

»Wie geht es dir?« fragt Gauthier.

»Weißt du, mit mir wird das nichts mehr. Ich habe höchstens noch zwei oder drei Jahre.«

»Ach komm, es geht doch.«

Brel unterbricht ihn:

»Ja, mach dir nichts daraus! *Mort aux cons!* Nieder mit den Arschlöchern!«

> *... Jojo*
> *Du erzählst mir lachend*
> *Wie schlecht es dir geht*
> *Ich sage dir: Nieder mit den Arschlöchern*
> *Die noch größere Arschlöcher sind als du*
> *Aber gesünder ...*

Jean-François und Michel sind der Ansicht, daß Jacques ein ausgezeichneter Pilot ist, ge-

schickt und diszipliniert, auch wenn er nicht auf
eine zwanzigjährige Erfahrung als Verkehrsflie-
ger zurückblicken kann. Die Verwaltung der Zivilluftfahrt der Insel Tahiti erkennt jedenfalls seinen schweizerischen Pilotenschein an.

Michel, Jean-François und Jacques treffen sich
oft. Die Fliegerei ist ihr Lieblingsthema. Michel
erzählt von seinen Abenteuern und Mißge-
schicken im Kongo oder in Gabun. Jacques hat
eine weitere Institution entdeckt, die er anpran-
gern kann: die Verwaltung der Zivilluftfahrt.
Überall auf der Welt findet Brel einen institutionellen Aufhänger für sein Geschimpfe.

Zwischen Hiva Oa und Tahiti fliegt es sich
nicht leicht. Die Höchstgeschwindigkeit der ›Jojo‹
beträgt dreihundert Stundenkilometer. Der Au-
topilot ist stets defekt, und die fünf Stunden am
Steuerknüppel dauern eine kleine Ewigkeit.
Wenn man von Tahiti aus startet, muß man zwischenlanden, in umgekehrter Richtung kommt
man ohne Zwischenstop aus. Während der Re-
genzeit, der kleinen im Juni, Juli und August und
der großen im November, Dezember und Januar,
prasselt es heftig auf die ›Jojo‹. Jacques ist über
Funk mit mehreren Stationen verbunden, und
bei sehr schlechtem Wetter darf er auf anderen
Flugplätzen notlanden. Aber die Wetterberichte
sind unregelmäßig und ungenau. Hier gibt es
keine Funksteuerung für die Piloten wie zwischen Marseille und Paris oder Paris und New
York. Man hat eine Strecke von siebenhundert-
fünfzig Seemeilen bei einer maximalen Flughöhe

von viertausend Metern ganz allein zu bewältigen. In diesen ungeheuren Weiten des Pazifischen Ozeans kann man Tausende von Kilometern fliegen, ohne ein anderes Flugzeug oder ein Schiff zu Gesicht zu bekommen.

Die Markierung des Flughafens von Atuona reicht fünfzig Kilometer weit. Man darf sie nicht verfehlen.

Jacques bringt Maddly bei, mit dem Steuerknüppel zu lenken. Aber könnte sie wirklich landen, wenn er plötzlich einen Schwächeanfall hätte? In Genf vielleicht, aber in Atuona? Auf einer Piste, die so uneben ist wie die Fläche eines Flugzeugträgers?

Wenn er seine Pilotenfreunde empfängt, die seinen Eisschrank bis zum Rand mit Proviant aus Tahiti gefüllt haben, zeigt Jacques sich meist entspannt, zu Scherz und Spott aufgelegt, aber mitunter auch etwas schüchtern, ja sogar schamhaft. Er und Maddly sind ein hinreißendes, rührendes Paar – so zumindest empfinden es Michel und Jean-François. Letzterer betrachtet Jacques als eine Art Vater oder Mentor.

Dann ist da noch Jean-Michel Deligny, ein sehr korpulenter Mann, der gern rosa Latzhosen trägt. Er war früher einmal als Gitarrist und im Verlagswesen tätig. Seit 1970 ist er in Papeete Rundfunkmoderator und -produzent bei RFO (*Radio-France Outre-mer*). 1976 besucht er den Sänger Carlos, einen Kindheitsfreund, in einer Klinik auf Tahiti.

»Gestern hat Brel mir Austern mitgebracht«, sagt Carlos. »Er wird gleich vorbeikommen.«

Bald darauf erscheinen Maddly und Jacques. Sie essen alle zusammen Pizza und trinken acht Flaschen Wein. Brel und Deligny freunden sich sofort an. Jacques schwärmt von den Marquesas und verrät seine musikalischen Vorlieben: »Spiel uns doch mal Schubert im Radio!« Und tatsächlich wird eine Zeitlang in Delignys Sendung Schubert zu hören sein. »Für Jacquot«, kündigt der Moderator an. Schubert von den Marquesas – das macht die Hörer stutzig. Deligny streut ein Gerücht aus, das Brel entzückt: Schubert hätte sein berühmtes Forellenquintett bei einem Aufenthalt auf den Marquesasinseln komponiert! Auf den Streich fallen viele herein.

Brel verkauft die ›Askoy‹ für sieben Millionen polynesische Francs, etwa dreihundertfünfzigtausend neue französische Francs. Kurz darauf kauft sich Michel Gauthier ein Segelschiff.

»Du Blödmann!« sagt Brel. »Hättest du mir das vorher gesagt, hätte ich dir meins gegeben! Außerdem bist du wirklich blöd, denn auf See ist es vollkommen öde!«

Jacques Brel ist die Lust vergangen, die Meere zu befahren. Er hat gesehen, wie es dort ist, das genügt.

Er hat sich beides angeschaut, die Bühne und den Ozean:

> *… Du wolltest Hamburg sehen*
> *Und wir waren in Hamburg*

XIII.
KAPITEL

Ich wollte Antwerpen sehen

Wir waren noch einmal in Hamburg

Aber ich sage dir

Weiter fahre ich nicht

Aber ich warne dich

11 Vésoul. *Nach Paris fahre ich nicht ...*"

1976 fliegt Jacques nach Europa. Er hält sich in Paris auf und fährt wegen einer medizinischen Kontrolluntersuchung zweimal nach Brüssel. Miche und Jacques essen zusammen im ›Churchill‹. Er schenkt seiner Frau ein goldenes Kettchen. Röntgenaufnahmen vom Brustkorb und Bronchienabstriche, eine Tomographie und eine Bronchoskopie lassen keinen Rückfall erkennen. Das ist zumindest die Ansicht des Chirurgen Charles Nemry. Maddly fragt Arthur Gelin nach seiner Meinung. Der weicht freundlich aus, auch Jacques gegenüber. Wie Nemry besteht er auf der Notwendigkeit regelmäßiger Kontrollen: Brel soll sich alle sechs Monate einer solchen Untersuchung unterziehen. Aber er wird sich weigern.

Brel ist niemand, der leichtfertig mit seinem Leben spielt. Was denkt er? Daß es ihm gut geht? Daß er sein Lebenskapital verbraucht hat? Daß die Medizin machtlos ist? Es ist typisch für ihn, daß er die Mißverständnisse, die zwischen ihm und den ihn behandelnden Ärzten bestehen, nicht aus der Welt schafft, sondern eher zementiert. Dem Freund und Chirurgen Arthur Gelin, der ihn operiert hat, müßte er dankbar sein, aber er nimmt ihm und seinem Kollegen Nemry vermutlich übel, daß sie das Medikament noch nicht entdeckt haben, das vielleicht eines Tages den Krebs besiegen wird. »Zu erkennen, daß der Arzt kein Gott ist, tut sehr weh, denn es gelingt uns nicht, die Vorstellung eines über uns herrschenden, heilenden Gottes aufzugeben«, schreibt Guido Ceronetti in seinem Buch *Das Schweigen des Körpers*.

France besucht ihren Vater in der Klinik. Sie bringt eine Rose und einen Kuchen mit. Jacques erzählt Maddly seine Version der Begegnung:

»France hat mir gesagt: ›Ich wußte doch, daß wir uns wiedersehen würden‹. Ich habe ihr nicht einmal einen Stuhl angeboten.«

France kann sich an jenen Satz nicht erinnern. Aber ihr Vater hat sie tatsächlich nicht gebeten, Platz zu nehmen. Und sie war etwas befremdet von seinem Schnurrbart und seinem volleren Gesicht.

Jacques unternimmt eine kleine Pilgerfahrt zu den Orten seiner Kindheit und in die Gegend, wo er *Franz* gedreht hat. An einem regenerischen Abend taucht er in Knokke bei Franz und Zozo auf. Er raucht und trinkt nicht mehr. Seine düstere Laune irritiert die beiden. Er schlägt ihnen vor, sich auf den Marquesasinseln niederzulassen. Wenn er seine alten Freunde nicht mehr aufsuchen kann, dann sollen sie doch zu ihm kommen.

»Ihr seid Dummköpfe. Verkauft doch einfach alles!«

Zozo würde nicht nein sagen. Aber Franz! Er

hängt zu sehr an seinem Fernsehgerät und könnte niemals mit den Hühnern zu Bett gehen, wie
Jacques es auf den Marquesas tut. Und Zozo
würde Franz nie verlassen.

In Paris trifft Brel bei seinem Agenten Charley
Marouani den Regisseur Edouard Molinaro. Als
sie später zusammen die Straße entlanggehen,
hält plötzlich ein Taxi vor ihnen an. Der Fahrer
steigt aus, läßt seinen Kunden einfach sitzen und
geht auf Jacques zu:

»Monsieur Brel, ich liebe Sie. Ich bewundere
Sie so sehr. Wann stehen Sie denn wieder auf den
Brettern?«

»Was die Bretter betrifft«, antwortet Jacques
mit einem Lächeln, »ich glaube, man hat ganz
andere für mich vorgesehen!«

Molinaro hat das Gefühl, daß Brel bewußt mit
dem Gedanken an den Tod spielt. Er möchte das
Bild eines Menschen vermitteln, der weiß, daß
seine Tage gezählt sind. Seine gute Laune, sein
Scherzton wirken etwas aufgesetzt. Seine Theatralik hat er nicht abgelegt. Die Reaktionen der
Leute auf seine Selbstinszenierungen erheitern
ihn. Der Krebskranke verfügt über eine gewaltige, unschlagbare Waffe gegen die Gesunden:
seine Krankheit.

1976 bittet Brel den Finanzberater Paul Mer-
celis, die Verwaltung seiner Geschäfte in Brüssel
zu übernehmen. Somit entzieht er Miche die
Rechte, die er ihr ein Vierteljahrhundert lang
eingeräumt hatte, und auch die dazugehörigen
Pflichten. Brel hat das Gefühl, daß alle ihn aus-

beuten und daß sein Geld knapp wird – was der Realität nicht entspricht. Seine Ressentiments und seinen Groll gegen die Frauen im allgemeinen und gegen Miche im besonderen sublimiert er gewissermaßen in dem kühnen, aggressiven Chanson *Les Remparts de Varsovie*:

Madame führt ihren Hintern auf Warschaus Wall spazieren
Madame führt ihr Herz auf den Schüreisen ihres Wahnsinns spazieren
Madame führt ihren Schatten auf den großen Plätzen Italiens spazieren

Ich finde, Madame lebt ihr Leben
Madame führt die Beweise ihrer Schlaflosigkeit im Morgengrauen spazieren
Madame führt ihre Seelenzustände und Schrullen zu Pferde spazieren
Madame führt ein Arschloch spazieren, das versichert daß Madame
                                                    hübsch ist
Ich finde Madame hat aufgetischt

Während ich jeden Abend
Ablage bin in Alcazar …

In Paris besuchen Jacques und Maddly den Admiral Bastard in der Villa Scheffer im sechzehnten Arrondissement. Marc hatte Brel die Adresse seines Bruders Pierre und seiner Schwägerin, der Gräfin Ginette, gegeben. Brel erzählt, daß sie dreimal das Taxi wechseln mußten, um den Fotografen aus dem Weg zu gehen. Damals ist ein Foto von Brel viel Geld wert. Seit seiner Operation gelingt es dem Sänger dennoch ziemlich gut, sich vor der Presse zu schützen.

Brel haßt Paris nach wie vor:

XIII.
KAPITEL

... Gewiß, die Städte
Verbraucht von jenen fünfzigjährigen Kindern
Unsere Unfähigkeit ihnen zu helfen
Und unsere Liebschaften die Zahnweh haben
Gewiß, die Zeit die zu schnell läuft
Diese Métros voll Ertrunkener
Die Wahrheit die uns ausweicht
Aber, aber einen Freund weinen sehen ... [12]

12 Voir un ami
pleurer.

Admiral Bastard erkundigt sich nach seinem Bruder Marc. Jacques scherzt: »Marc lebt in dem guten Glauben, daß er seinen Sohn erzieht und daß er mit ihm Gespräche führt.«

Nach Hiva Oa zurückgekehrt, liegt Jacques ständig auf der Lauer nach neuen Freundschaften, so als müsse er, von seinen Freunden und Bekannten in Europa getrennt, sich ein neues Beziehungsnetz aufbauen.

Marc lädt seinen Freund Raymond Roblot, einen Winzer aus Burgund, nach Hiva Oa ein. Roblot, eine urwüchsige, massive Erscheinung, hat noch nie von Henry Miller oder Hegel gehört. Sein Thema sind Weine. Brel ist begeistert von ihm. Roblot hat eine Haushälterin und Geliebte namens Suzanne, die er nicht auf die Marquesas mitnehmen wollte. Vom Postamt in Atuona schicken Jacques und Marc ihm ein Telegramm, das Suzannes Ankunft ankündigt. Der dicke Mann platzt beinahe vor Wut, und Jacques hat seinen Spaß. Er erklärt dem interessierten Raymond, wie er es anstellt, in der Erde von Hiva Oa weiße Rüben zu züchten. Trotzdem sind Auseindersetzungen und gar Schimpfkanonaden an der Tagesordnung. Roblot entrüstet sich über die *bougnoules* (Schimpfwort für Nordafrikaner), die angeblich »die Luft Dijons verpesten«.

Für Marc und andere Gäste bereitet Jacques feierlich die sogenannte Präsidentensuppe zu, die Bocuse für Giscard d'Estaing kochte, als dieser einmal die großen französischen Küchenchefs im Elysée-Palast empfing: eine Entenconsommé mit Trüffelscheiben im Hefeteig. Deshalb besteht Jacques eigensinnig darauf, sich Trüffel nach Hiva Oa schicken zu lassen. Man muß die Dinge des Lebens kosten und sie mit anderen teilen, bis zum Ende. Rührend und ein wenig lächerlich wirkt diese gleichsam metaphysische Küche eines Jacques Brel, der Stunden vor seinen Kupfertöpfen und seinen Saucen verbringt. Essen heißt: beweisen, daß man lebt.

Was Brel nicht will ...:

> ... In Ehren sterben
> Und strotzend von Geld
> Erstickt unter Blumen
> Als Denkmal sterben
> Belanglos sterben
> In einem Kräutertee
> Zwischen einem Medikament
> Und einer welkenden Frucht ...[13]

13 Vieillir.

Hitze und Trägheit, Sonne und Schreiben erfüllen Brels Tage auf Hiva Oa. Er findet poetische Bilder für das Klima der Insel, die

Magie des Regens, die Psalmen der Polynesier:

> *... Aus dem Abend steigen Lichter auf und stille Orte*
> *Die immer größer werden und der Mond kommt näher*
>
> *Und das Meer zerreißt, unendlich gebrochen*
> *von den Felsen die wirre Vornamen annehmen ...*[14]

14 Les Marquises.

Trotz Jacques' pessimistischer Prognosen
bleibt Michel Gauthier davon überzeugt, daß sein
Freund gute Heilungschancen hat. Er leidet zwar,
aber er schmiedet Pläne. Eine Ursache seiner
Krankheit ist ihm inzwischen bewußt: »Zwanzig
Jahre lang habe ich vier Packungen Zigaretten
pro Nacht geraucht«, gesteht er Gauthier.

Wenn Jacques und Maddly in Papeete sind,
besuchen sie ihre Freunde Jean-François Lejeune, Jean-Michel Deligny und Michel Gauthier. Sie machen sich über Deligny lustig, der
eine Schwäche für dicke Autos hat.

»Stell dir vor«, sagt Jacques zu Maddly, »dieses kleine Arschloch hat einen Mercedes 280 SL.
Ich hatte nie was Größeres als einen Thunder-
bird.«

Jacques vereinfacht sein Leben, so wie ein Phi-
lologe für Studienanfänger einen schwierigen
Text ein wenig glättet. Er hat offenbar vergessen,
daß er früher einen Jaguar fuhr.

Im Gespräch mit Deligny äußert sich Jacques
über seine in Brüssel lebende Familie sehr
lakonisch: »Nur Arschlöcher.«

Brel vertraut Jean-Michel, der sein berufliches Leben und seine Freundschaften klar voneinander trennt. Deligny ist der letzte, der Journalisten und Fotografen auf Jacques Brel hetzen würde.

Ob Maddly Jacques mehr oder minder bewußt dazu antreibt, mit seiner Familie zu brechen? Zeigt sie das typische Verhalten einer Geliebten gegenüber der legitimen Familie ihres Partners? Die Kinder des geliebten Mannes sind oft gefährlicher als die Ehefrau. Maddly behauptet gern, daß alles wieder ins Lot kommen werde. Er ist mit ihr glücklich und sie mit ihm. Warum sollte man das Leben dieses Überlebenden auf Zeit unnötig komplizieren? Maddly hat die Fähigkeit, den Beziehungen zwischen den Geschlechtern das Dramatische zu nehmen. Als offizielle Geliebte des Sängers, die letzte und mittlerweile auch einzige, hält sie sich für die rechtmäßige Madame Jacques Brel. Krankenschwester, gelegentlich Kopilotin, Mechanikerin, Kumpel: Sie hat in diversen Funktionen Brel beweisen können, daß Frauen nicht immer so kompliziert, so böse, so teuflisch sind, wie er sie gerne sieht und in seinen Liedern geschildert hat.

»Jacques' Familie hat ihn nie verstanden«, sagt Maddly oft.

Brel hat jedenfalls alles getan, um sie davon zu überzeugen. Für die Familie in Brüssel, die seinen Wunsch nach Distanz respektiert, ist sie Geliebte und Männermörderin zugleich. Sie beschützt Jacques und schützt sich dabei selbst. Man kann Brels Bockigkeit, seine dumpfe Aggressivität gegenüber seiner Ehefrau und seinen Töchtern nachvollziehen. Jedoch wird er trotz der stetigen, wenn auch diskreten Präsenz des Todes in seinen Gedanken an seinem ursprünglichen Testament nichts ändern, obwohl gewisse Leute ihn dazu überreden wollen. In seinem heftigen Drang, die Brücken hinter sich abzubrechen, geht er ohnehin schon weit genug. Isabelle, seine jüngste Tochter, war gerade vierzehn Jahre alt, als er 1974 Antwerpen auf der ›Askoy‹ verließ. Inzwischen hat er ihr nur einmal zum Geburtstag gratuliert, während sie ihm ein Dutzend Briefe geschrieben hat, auf die er nie antwortete. Oder hat er sie nicht erhalten?

Am 3. März 1976 schickt er seiner Tochter Chantal, die mit ihrem Mann Michel eine Reise um die Welt macht, folgende Zeilen: »Chantal, meine Tochter, ich bin froh, zu spüren, daß Du dich ›wohl in Deiner Haut‹ fühlst. Ich freue mich zu sehen, wie Du beginnst, die Welt ›einzuatmen‹. Und in Deinen beiden Briefen sagst Du mir lauter nette Dinge. Nun … Das Reisen tut Dir offenbar gut, und ich glaube, Dein Mann muß ganz in Ordnung sein, wenn er Dich zum Reisen anregt. Ich weiß, daß Miche Euch besuchen wird. Ich hoffe, sie wird Euch beide in Hochform vorfinden. Und wer weiß, vielleicht werden sich unsere Wege eines Tages wieder kreuzen … Es wäre schon lustig, sich am anderen Ende der Welt wiederzusehen. Ich umarme

Dich, meine Schöne, sei schön und jung und glücklich. Dein Alter.«

Mit diesem Brief versucht Brel, den heftigen Streit auszulöschen, der in Antwerpen, kurz vor seiner Abreise, zwischen ihm und seiner ältesten Tochter ausbrach. So versöhnt er sich mit einem – veränderlichen – Bild, das er sich von sich selbst macht.

Brels Müdigkeit wächst. Er fühlt sich zwischen Todesphantasien und Lebenswillen hin- und hergerissen. Er kauft dem Vater von Guy Rauzy ein Stück Land ›auf Lebenszeit‹ ab und plant, sich darauf ein prächtiges Haus bauen zu lassen. Das Grundstück liegt in der Nähe des Flughafens auf einer Anhöhe. Von dort aus hat man einen herrlichen Ausblick über die ganze Bucht, den Strand vor Atuona und die kleine Insel Motu Anake, die einem versteinerten U-Boot gleicht. Hier, inmitten der wuchernden Vegetation, der Farne und Pandanen, könnte Jacques, dem das Atmen immer schwerer fällt, Erleichterung im frischen Luftzug finden. Dem Freund Michel Gauthier zeigt er das von Tannen umgebene Grundstück: »Ist das nicht schön, der Wind in diesen Bäumen?«

Brel richtet sich in seinem dritten Beinahe-Eheleben ein und beantragt 1977 bei den polynesischen Behörden das ständige Wohnrecht auf Hiva Oa.

Nach einer kurzen Europareise schreibt er an Jean-François Lejeune:

»Danke für Deinen Brief.

Leider bin ich zu blöd, um die beiden Funk-
geräte auszubauen. Aber ich werde Michel Gauthier darum bitten, der demnächst hier Urlaub
macht, und er wird sie Dir dann geben. Übrigens
bin ich der Meinung, daß sie von sehr guter
Qualität sind und daß es nicht verkehrt wäre,
noch eins davon zu kaufen.

Das Flugzeug funktioniert immer noch prima
(von den Ölstandmessern abgesehen, die dringend ausgewechselt werden müssen, und von
einem Leck am Kühler des rechten Motors).

… Was das Grundstück betrifft, ist es mir so
gut wie unmöglich, Deinen Vater (Lejeune senior ist einer der wenigen Notare in Französisch-
Polynesien, O.T) anzurufen – zuviel los bei der
Post. Aber ich hoffe, im Mai in Papeete zu sein,
und dann werde ich das erledigen.

So, ich hoffe, Du bist ganz fit und hast den
Kopf voller Flugzeuge. Hier ist das Leben wie
immer friedlich …

Bis bald.

Jacques«.

Für seinen jungen Freunde ist Jacques nicht
›der Alte‹ …

Brel beschließt jetzt oft seine Briefe mit »bis
bald« – als wären seine Jahre, Monate, Wochen,
Tage und Stunden von nun an gezählt. Oder will
er mit diesen Worten seinen Briefpartnern zu
verstehen geben, daß er sich ihnen nahe fühlt?

Die Marquesasinseln, wo er sich für immer
niederlassen will, bedeuten Jacques viel. Er dagegen spielt für die Insulaner kaum eine Rolle,

weder kennen sie seine Chansons, noch mögen sie seine Musik. Nur Schüler haben Texte von ihm in ihren Schulbüchern gelesen, vor allem *Le Plat Pays* ist ihnen ein Begriff.

Arthur Gelin besucht Jacques im Februar 1977. Er wird von seinem Freund königlich empfangen – Jacques holt ihn mit seinem Privatflugzeug auf Nuku Hiva ab, der letzten Station vor Hiva Oa, er bringt eine Flasche Champagner und Gänseleberpastete mit.

Ein Fest feiern heißt für Brel, Gäste zu bekochen. Er hat zwei Gefrierschränke mit mehreren hundert Litern Fassungsvermögen, und er hat zwei Küchenhilfen. Was er unter seinem Ventilator zubereitet, fasziniert ihn. Seine Menüs wären eines erstklassigen Restaurants würdig: Rebhuhncanapés, Bœf en Gelée, hausgemachte Pasta. Zum Frühstück gibt es selbstgebackene Brötchen und Croissants. Von der Küche aus kündigt er die verschiedenen Gerichte laut an, aber die Gäste werden gebeten, sie selbst abzuholen. Und immer wieder zweifelt er:

»Schmeckt es überhaupt?«

Mittwochs muß zum Abendessen die spitzenbesetzte Tischdecke aufgelegt werden, und man diniert bei Kerzenschein.

> *… Auf die Gefahr Feste zu erfinden*
> *Die es nie gegeben hat …*[15]

15 L'Amour est mort.

Brel lacht, tanzt, spielt den Clown, faulenzt, fährt seinen Freund Arthur mit dem Jeep spazieren, macht mit ihm und Maddly sonntags ein Picknick. Er lächelt, wirkt heiter und glücklich.

Arthur untersucht Jacques oberflächlich, betastet den Brustkorb und die Lymphknoten … Jacques weigert sich, nach Los Angeles zu fahren, um sich einer längst fälligen Kontrolluntersuchung zu unterziehen. Ist es Resignation? Oder Optimismus? Die Überzeugung vielleicht, daß er, Brel, den Krebs besiegen wird? Oder eher die Gewißheit, daß alles im Grunde verlorene Mühe ist? Er murrt leise vor sich hin, nimmt selbstverordnete Säfte und Medikamente ein.

Arthur kehrt nach Europa zurück. Jacques schreibt ihm:

»April 1977

Nach Deiner Abreise wurde uns das Herz schwer … Man sollte nur mit lachenden Frauen und mittellosen Herren verkehren … Weißt Du, seit dreißig Jahren singe ich, um nichts mehr hören zu müssen … Mein Haus, meine Hütte oder meine Bruchbude wird immer auch die Deine sein, und selbst wenn wir einmal alt, krank und arm sind, können wir dort jederzeit die zahllosen Idioten dieser Welt auslachen …«

Immer noch fest davon überzeugt, daß die Frau den Mann ausbeutet, schreibt er am 30. Mai 1977 an Arthur:

»Ja, ich glaube, daß man all diese eitlen, nervtötenden Weibsbilder, die sich nur um den eigenen Arsch drehen, zum Teufel jagen sollte … Hier ist es wie immer friedlich, wir sind glücklich und wachsam, ich schreibe viel, ich weiß nicht

recht, ob es die Sache wert ist, aber ich schreibe ...«

Brel arbeitet an mehreren Chansons. Zuerst
hat er sich ein zwei Oktaven umfassendes Tasteninstrument bestellt, dann Rhythmusgeräte, darunter einen ›Cantorum 44‹, der eine Vielfalt von
Rhythmen erzeugen kann: Walzer, Tango, Polka,
Swing, Slowfox, Slow-Rock, Shake, Rumba,
Bossa Nova.

Brel trägt sich auch mit dem Gedanken, ein
Buch zu schreiben. Zu Maddly sagt er:

»Der Titel würde lauten: Wie man ein Lied
schreibt. Aber ich würde mich weder über Musik
noch über das Varieté noch über Chansons
verbreiten. Es wäre eine Sammlung von etwa
zehn Novellen, die von meinem Leben handeln
würden, von Dingen, die ich gemacht habe. Es
hätte etwas mit dem Leben zu tun ...[16]«

Früher redete er von einem Roman. Jetzt begnügt er sich mit Novellen.

Er schickt Arthur eine Tonbandkassette mit
ein paar Titeln für eine geplante Langspielplatte.

Am 30. Mai 1977 wendet sich Brel an Gérard
Jouannest:

»Da ich natürlich nicht sofort krepieren
möchte, scheidet mein alter Körper noch eine
gewisse Aktivität aus, also werde ich (vielleicht)
ein paar Dummheiten aufnehmen, die nur ich
verstehe. Bestimmt ist das Ganze nicht sonderlich interessant, aber ich brauche dringend Deine
Dienste. Ich werde mich im September in Europa aufhalten, um mit Dir mindestens ein paar

16 Tu leur diras.

Tage zu proben, wenn das möglich ist, und dann noch einmal im Oktober für die Aufnahme. Es soll jedoch auf keinen Fall Dein Leben durcheinanderbringen. Kannst Du mit Charley Marouani Kontakt aufnehmen und mir per Brief Bescheid sagen, ob Du in dieser Zeit mit mir arbeiten könntest? Ich umarme Dich, und bis bald. Der alte Brel.«

Jacques schreibt realistische Chansons à la Brel:

> *… Und mein Pferd das trinkt*
> *Und ich der es betrachtet*
> *Und mein Durst der darauf achtet*
> *Daß sie sich nicht sieht*
> *Und die Quelle singt*
> *Und die Erschöpfung*
>
> *Steckt mir das Messer ins Kreuz*
> *Und ich spiele den*
> *Der ihr Gebieter ist*
> *Irgendwo werde ich erwartet*
> *Wie man einen König erwartet*
> *Aber ich werde gar nicht erwartet*
> *Seitdem weiß ich schon*
> *Daß man zufällig stirbt*
> *In einem großen Schritt…*[17]

17 La Ville s'endormait.

Im Juni desselben Jahres schreibt er erneut an Arthur:

»Wir leben hier glücklich wie immer, unter einem Regen, der nun schon fast einen Monat anhält. Doudou näht Kleider und ich wage es, ein paar Chansons zu fabrizieren, die von Flamen handeln und die mich umgehend ins Brüsseler St- Gilles-Gefängnis bringen dürften. Ich bitte um Orangen, Orangen und nochmals Orangen, danke. Wir umarmen Dich ganz herzlich.«

Die Einwohner der Marquesas haben ihre bösen Geister, die berühmten *Tupapau*. Jacques hat seine freundlichen Geister. Er vergißt seine alten Freunde nicht, auch nicht die entferntesten. Am 15. Juli 1977 schreibt er an Céel, den er Anfang der fünfziger Jahre in Brüssel kennengelernt hat. Dieser Brief ist optimistisch und pessimistisch, ehrlich und unehrlich zugleich. Jacques weiß bereits, daß er nach Europa reisen wird, ohne einen Abstecher nach Brüssel zu machen, und möchte den Freund dennoch nicht enttäuschen:

»Lieber Charles,

es war mir eine besondere Freude, den Brief mit Deinen Neuigkeiten zu erhalten und festzustellen, daß Deine Feder flink geblieben ist.

Und daß der Geist immer noch so wach ist. Ja, ich halte das für ein sehr gutes Zeichen, und auch ich frage mich: ›Warum nicht noch hundert Jahre weiter so?‹

Was mich betrifft: es geht.

Sicher bin ich auf einmal ganz schön gealtert, und ich überlebe als ein sehr angegriffener Mann.

Aber auf diesen Inseln, wo die Einsamkeit vollkommen ist, habe ich eine Art Frieden gefunden.

Ich wohne in einem ganz kleinen Holzhaus

im Wald, das von Blumen umgeben ist, und schreibe.

Ich denke oft an Dich, und natürlich werde ich Dir Bescheid sagen, wenn ich doch nach Belgien fahre.

Von weitem umarme ich Dich ganz herzlich.

Dein alter Freund Jacques ...

PS: Dein Kriegsabzeichen habe ich immer noch, es liegt gerade vor mir.«

Jacques hat auf die Marquesasinseln ein paar Erinnerungsstücke aus Europa mitgenommen – darunter diesen Orden von Céel und einen kleinen Elefanten aus Elfenbein, der seinem Vater Romain gehörte.

Obwohl er an der Qualität seiner Arbeiten zweifelt, hat Jacques ein Datum für die Aufnahme der auf Hiva Oa fertiggestellten Chansons festgelegt. Im Juli telegrafiert er Arthur Gelin: »*Mort aux cons!* Ich umarme Dich. September ist nicht mehr weit.

Die Doudous.«

Auf Hiva Oa schließt sich für Brel der Kreis: Er kann dort seine Kindheit neu finden und erfinden. Die Ordensschwestern der Sainte-Anne-Schule erinnert ihn an die Nonnen seiner Brüsseler Kinderjahre, während seine Kontakte zu den hiesigen Pfarrern so etwas wie eine Parodie der Beziehungen des *Ketje* Jacky zu den Lehrern des Instituts Saint-Louis sind. Und wenn er mit der ›Jojo‹ fliegt, wird der Saint-Exupéry der *Franche Cordée*-Zeit wieder heraufbeschworen. Brels Wilder Westen ist ein Wilder Osten.

Er ist aufrichtig und spielt Theater, beides zugleich, und besitzt dabei das wunderbare Alibi der Krankheit. Er hat ein feines Gespür dafür, wie man sich selbst und anderen gegenüber das Wahr-Lügen praktizieren kann. Er erzählt Maddly von einem Musical-Projekt. Gewiß wäre es wieder eine Tragödie geworden, und die Hauptrolle hätte Dario Moreno übernommen, wäre er nicht nach den Brüsseler Aufführungen von *L'Homme de la Mancha* gestorben.

»*Les Vieux* würde es nicht heißen«, sagt Jacques. »Aber ich dachte dabei an Leute, die alt sind und ihr Leben neu erfinden … Weil der Alte lügt wie ein Verrückter. Er erfindet seine Jugend, alle Dinge seines Lebens neu. Er lügt nicht, sondern er erfindet neu, er schmückt aus …«

Jacques Brel fühlt sich alt, verbraucht und angegriffen. Wie oft hat er gelogen, ausgeschmückt, neu erfunden! Auf den Marquesas hat er beim Schreiben immer wieder seine Kindheit und Jugend gespielt und nachgespielt:

> *… Die Kindheit*
> *Die sich auf unsere Falten legt*
> *Um alte Kinder aus uns zu machen*
> *Da sind wir nun wieder junge Liebhaber*
> *Das Herz ist voll, der Kopf ist leer,*
> *Die Kindheit, die Kindheit …*[18]

18 L'Enfance.

Er faßt in siebzehn Chansons sein ganzes Leben zusammen.

In dieser exotischen Kulisse hat auch Maddly

ihre Kindheit auf Guadeloupe wiedergefunden.

Brel, erneut zum Aufbruch bereit, unterrichtet Gérard Jouannest, François Rauber, Eddie Barclay, Charley Marouani und Marcel Azzola von seiner baldigen Ankunft in Paris.

> *... Ich komme, gewiß doch ich komme*
> *Habe ich denn je etwas anderes getan als zu kommen ...*[19]

19 J'arrive.

»Es gibt ein paar Dinge, die mir seit fünfzehn Jahren durch den Kopf gehen.« So äußert er sich vor Maddly über das, was er aufnehmen will.

Diese ›Dinge‹ sind seine ewigen Themen: die Liebe, die Freundschaft, Belgien, die Reue, der Zweite Weltkrieg, die Lebensbedingungen der Arbeiter, die Trennung, die vergehende Zeit, Gott, der mehr für die Menschen tun müßte, das Altern. Sie bedrängen ihn, diese Dinge, und das wird er noch einmal mit schier übermenschlicher Energie vorführen.

Jacques Brel ist gealtert. Als Mann, als Mensch ist er verbraucht. Aber der Sänger Brel ist noch nicht, wie man in diesem Metier sagt, am Ende.

XIV. KAPITEL

XIV. KAPITEL

EINE LETZTE LP

I n den Vereinigten Staaten wird Jacques Brel im März 1977 für sein Chanson *Le Moribond* mit der goldenen Schallplatte ausgezeichnet, die er auch schon für *Ne me quitte pas* erhalten hatte. Was die Würdigungen seines Chansonwerks und die internationale Anerkennung betrifft, ist Jacques zwar übersättigt, aber noch nicht wunschlos glücklich. Das Gerücht geht um, daß dieser einsame schwerkranke Mann auf den Marquesasinseln langsam vor sich hin stirbt. Viele malen sich Hiva Oa in den fröhlichen Farben Tahitis aus. Wenige wissen, wie abgelegen die kleine Insel ist und daß eine erhabene Melancholie ihre Atmosphäre prägt.

Jacques Brel will ihnen allen zeigen, daß der Grand Jacques, wie gealtert auch immer, noch lebt. In seinem Haus in Atuona spielt er Michel Gauthier seine Arbeitskassette vor:

»Willst du Brel hören? In Ordnung. Du sagst mir dann, was du davon hältst, ja?«

Michel ist hell begeistert:

»Du änderst daran doch nichts mehr, oder?«

»Du bist ein Idiot. Du hast keine Ahnung. Man muß noch ein Orchester drunterlegen.«

In Papeete ist Deligny an der Reihe. Jean-Michel, ein unverbesserlicher Rock-Fan, kann mit Brels Chansons nur bedingt etwas anfangen.

»Warum, zum Teufel, widmest du Jaurès ein Lied?«

»Warum denn nicht?« erwidert Brel.

Brel macht sich auf den Weg nach Europa. Jean Liardon hat er seine Ankunft mit den rätselhaften Worten angekündigt: »Ich habe einen Pianisten gefunden.« Auf den Ansichtskarten, die er von unterwegs an seine Freunde schickt, kommt seine Sehnsucht nach Hiva Oa zum Ausdruck. In ironischem Ton schreibt er am 17. August aus Los Angeles an Marc Bastard:

»Kaum habe ich Hiva Oa verlassen, schon bereue ich es. Der hoteleigene Polizist hat mich gerade aufgefordert, meine Tür abzuschließen, es könnte sonst jemand mit einem Revolver ins Zimmer eindringen. Eigentlich wartete ich auf meine bestellten Getränke, aber jetzt ist mir der Durst vergangen. Laß Dich umarmen.«

Kurz darauf, diesmal aus Martinique, wendet sich Jacques an Jean-François Lejeune:

»Guten Tag,

ich hoffe, Du bist in Hochform.

Ich bewege mich langsam (so langsam wie möglich) in Richtung Europa.

Bis bald. Jacques le Brel.«

Brel nähert sich dem europäischen Kontinent mit tiefem Mißtrauen.

In Paris versteckt er sich in einem kleinen Hotel in der Rue Chalgrin, in der Nähe der Place de l'Etoile. Mit seiner Arbeitskassette taucht er bei François Rauber auf, der unweit vom Arc de Triomphe in der Rue Leroux wohnt. François Rauber, Gérard Jouannest, Charley Marouani haben sich dort versammelt, um sich mit Maddly und Jacques die neuen Brel-Chansons anzuhören. Brel ist nervös, er hängt an allem, was er geschrieben hat, und die Auswahl für die Platte fällt ihm nicht leicht. Jouannest findet die Melodien reichlich monoton. Aber François Rauber kann das Ganze ausschmücken. Vergleicht man die Arbeitskassette mit der fertigen Aufnahme, wird die Leistung von Gérard und François deutlich, ohne daß Brels Talent dadurch in Frage gestellt würde.

Jacques' Stimme hat nachgelassen. Die Stimmbänder sind ein Muskel. Je mehr man ihn benutzt, desto besser funktioniert er. Wenn ein Sänger aufhört zu singen, verliert er nach und nach seine Qualitäten. Aber wenn er wieder zu üben beginnt, kann die Stimme schon nach einer Woche ihre Kraft zurückgewinnen.

François schreibt die Arrangements. Gérard arbeitet mit Jacques bei Juliette Gréco in der im sechsten Arrondissement gelegenen Rue de Verneuil. Er begleitet den Sänger am Steinway-Flügel. Für das Lied *Vieillir* gibt es noch keine Musik, noch nicht einmal als Entwurf:

> *... Sterben kann man an Freudenschauern*
> *Oder indem man sich auflöst*
> *Sterben kann man am Lotterleben*
> *Oder indem man platzt*
> *Man kann den Löffel abgeben*
> *In der Nacht seines hundertsten Geburtstags*
> *Als Greis mit Donnerstimme*
> *Von ein paar Frauen aufgerichtet*
> *An die große Bärin genagelt*
> *Man kann seinen letzten Zahn ausspucken*
> *Während man »Amsterdam« singt*
> *Sterben, das ist gar nichts*
> *Sterben, das ist was Rechtes*
> *Aber altern ... oh, altern! ...*

Les Marquises, Jaurès, La ville s'endormait, die auf Brels Kassette schon mit einer Gitarrenbegleitung versehen sind, erfordern weniger Arbeitsaufwand. Für das Lied *Les F...* benutzt Brel eine Samba von Joe Donato, einem südamerikanischen Musiker. Die Akkordeonisten Azzola, Baselli und Roussel werden bei zwei Chansons eingesetzt.

Niemand außer Arthur Gelin weiß, daß Jacques bei der Gréco probt. Frühmorgens taucht er dort im Laufschritt auf und verschwindet dann genauso schnell wieder. Juliette Gréco wird während der drei ersten Probentage nicht erscheinen.

»Wo steckt Gréco?« fragt Brel.

Auf einmal steht sie da, eine Flasche Wein in der Hand. Bordeaux für Jacques, der ihn nicht mehr trinken darf. Sie findet sein Gesicht blaß und aufgedunsen.

Er schenkt ihr das Lied *Voir un ami pleurer* und besteht darauf, daß sie das Chanson noch vor ihm für ihre neue Langspielplatte aufnimmt. Jacques behält seinen polynesischen Lebensrhythmus bei und zwingt alle, um acht Uhr mit der Arbeit im Tonstudio zu beginnen. Charley Marouani ist bei den Aufnahmen anwesend. Aber Brel sagt zu Jean Liardon: »Charley steht nicht mehr dahinter.«

Eddie Barclay hat für zwei Monate ein Studio in der Avenue Hoche reserviert. Zwischen ihm und Brel, der ursprünglich in der Schweiz proben wollte, ist die Stimmung gereizt. Barclay ist nur bei einer einzigen Aufnahme zugegen. »Du fängst morgens zu früh an«, bemerkt er. »Dann komm doch vorbei, bevor du ins Bett gehst«, erwidert Jacques. Brel und dem Orchester von François Rauber wird das Studio B zugewiesen, im Studio A feilt die Sängerin Isabelle Aubret an einem Playback.

Brel nimmt nicht mehr als zwei Chansons pro Arbeitssitzung auf. Dieser Mann hat zum Atmen schließlich nur noch einen Lungenflügel. Doch wie früher sind selten mehr als drei Takes pro Lied nötig. Wie viele Sänger können das von sich behaupten? Bei Brel ist manchmal schon die erste Aufnahme perfekt, wie beim Chanson *Les Marquises*. Jacques kann höchstens drei Stunden hintereinander singen. Das wissen alle: die Musiker, die Tontechniker, die ebenfalls anwesende

Sägnerin Barbara, Jean Liardon und Raymond Roblot, der zum ersten Mal seinem Sängerfreund bei der Arbeit zusieht und aus dem Staunen nicht herauskommt.

Im Tonstudio herrscht eine angespannte, besorgte Stimmung, wenn auch freundschaftlicher Natur, die Jacques nicht entgeht. Er versucht, die Atmosphäre mit Witzen aufzulockern, von der Sorte: »Seid bloß vorsichtig, Leute, ihr wißt doch, was mit mir passiert ist.« Die Situation hat etwas Unwirkliches.

Jacques kann immer noch alle zum Lachen bringen. Der Akkordeonspieler Marcel Azzola berichtet, daß Brel physisch verändert war, aber nichts von seinem Talent als Sänger und als Komiker eingebüßt hatte.

»Das Ganze noch einmal, aber nur einmal. Leute, ihr müßt mich entschuldigen, aber ich habe nur noch einen Blasebalg«, sagt er nach der ersten, ungültigen Aufnahme von *Knokke-le-Zoute*. Und kriecht plötzlich unter den Flügel: »Hat hier jemand eine Lunge gesehen?«

Als er die siebte Strophe von *Vieillir* singt, können alle nur mit Mühe ihre Ergriffenheit verbergen:

> ... Sterben am Hanswurst spielen
> Um die Wüste zu glätten
> Sterben vor dem Krebs
> Durch Entscheidung des Schiedsrichters ...

Zu Miche und seinen Töchtern hält er immer noch Abstand. Unter dem Vorwand, daß er viel zu tun hat und sich in Paris nicht länger als unbedingt nötig aufhalten will, weigert er sich, ein Treffen mit ihnen zu arrangieren. François Rauber versucht, ihm einen Schubs in Richtung Brüssel zu geben. Jacques bleibt unbeugsam. Miche und France schreiben ihm Briefe, aber man weiß nicht, ob er sie bekommen hat? Brel versucht, das prekäre Gleichgewicht zu bewahren, das ihn gerade noch aufrecht hält. Es ist anzunehmen, daß er mit Angst und Verzweiflung kämpft. Fürchtet er, zusammenzubrechen? Belgien ist ja nicht nur das Land, in dem seine Familie lebt – es ist voller Erinnerungen. Auf Chantal ist er nicht mehr böse, er hat ihr ein paar versöhnliche Zeilen geschickt: »Ich weiß, ich bin ein Idiot, ich weiß es, ja, ja, ich bin ein Idiot.«

Auch die gute Clairette Oddera hat kein Glück mit Brel. Als sie aus Montréal anruft, muß sie sich von François Rauber vertrösten lassen: »Er schickt Ihnen dicke Küsse. Er wird Ihnen schreiben.«

Im Hause der Raubers glänzt Brel mit Auftritten von absurder Komik. Er trifft sich auch bereitwillig mit Arthur Gelin, bei Juliette Gréco und anderswo. Mit Maddly werden sie zum Diner im *Grand Véfour* empfangen. Sie beschließen den Abend in einem Nachtclub, der Champagner fließt in Strömen. Maddly sieht in ihrem weißen Spitzenkleid hinreißend aus.

Brel verheimlicht selbst Arthur Gelin seine Pariser Adresse, um zu verhindern, daß dieser in Versuchung gerät, sie seiner Familie weiterzugeben. Falls jemand herausfindet, wo Brel sich versteckt, will Jacques nicht argwöhnen müssen, daß sein Freund ihn verraten haben könnte. Der Chirurg redet auf ihn ein, er solle sich gründlich untersuchen lassen. Aber Brel weigert sich. Oft hat er Arthur gefragt, wie seine Überlebenschancen nach einem Rückfall stehen würden, und Gelin, seiner Strategie getreu, hat stets geantwortet:

»Eins zu eins. Aber diese Chance hast du dann hundertprozentig.«

Trotz seiner Müdigkeit geht Brel mit Maddly in Paris viel aus. Michel Sardou will er nicht treffen, aber mit Serge Reggiani verabredet er sich in einem renommierten Restaurant. Jacques stellt, wie es seine Gewohnheit ist, ein prachtvolles Menü zusammen, das Reggiani nicht zu würdigen weiß: »Ich trinke nicht mehr, ich esse nicht mehr. Für mich bitte Nudeln und Mineralwasser.«

Jacques ist enttäuscht. Reggiani mache ihn sowieso nervös, bekennt Brel, weil er vor allem von Reggiani spreche. Brel trifft Brassens bei Lino Ventura. Georges und Jacques unterhalten sich über den Tod. Der abergläubische Lino sträubt sich dagegen: »Hört auf damit! Man soll nicht den Teufel an die Wand malen!«

Jacques, Maddly, ihre Mutter, ihre Schwester Evelyne und Raymond Roblot sind bei der Gräfin und dem Admiral Pierre Bastard zum Essen eingeladen. Jacques erscheint dort mit Filzhut und Sonnenbrille. Die Gräfin hat ein chinesisches Menü bestellt. Der Abend mißlingt.

Jacques und Maddly sind ziemlich angeheitert, denn es gibt etwas zu feiern. Jacques hat an diesem Tag das letzte Chanson seiner letzten Platte im Tonstudio aufgenommen. »Nie ist meine Stimme so schön gewesen«, erklärt er beim Essen.

In den Augen seiner Gastgeber wirkt er ganz fit. Nur einen Augenblick wird er ein wenig düster: »Heute hat man mir zum ersten Mal ein unsittliches Angebot gemacht ...«

Maddly unterbricht ihn: »Ach, reden wir nicht davon ...«

Handelt es sich um die Vermarktung seiner Platte? Oder um Dissonanzen zwischen ihm und seinen Kollegen? Mit Menschen, die er nicht gut kennt, redet er nicht gern über seine Arbeit. Heute abend ist er vor allem zufrieden, und er hat Grund dazu.

Fünf Lieder (*Avec élégance, Mai 1940, Sans exigence, L'Amour est mort, La Cathédrale*) und zwei Sketche (*Le Docteur* und *Histoire française*) hat er ausgemustert.

Die Sketche muten wie eine Rückkehr zu seinen Anfängen an; sie erinnert an die Zeit vor 1953, als er auf Kleinkunstbühnen auftrat und nicht nur sang, sondern auch Geschichten erzählte. Die *Histoire française* macht sich über Franzosen und Belgier, über Jacques und das Lied *Les Bonbons* lustig.

Unmittelbar nach den Sitzungen im Mischstudio fliegen Jacques und Maddly nach Sizilien, um sich von den Pariser Strapazen zu erholen.

Am 15. Oktober schreibt Brel aus der Villa Igiea in Palermo an Gérard Jouannest: »Lieber Gérard, ich möchte Dir hiermit für Deine Altenbetreuung danken. Du warst unersetzlich, und Du hast immer so nett gelächelt. Das gibt es so selten, daß man sich davor ganz tief verneigen muß. Wegen Männern wie Dir und Frauen wie Juliette erscheint es mir geradezu ungezogen, früh zu sterben. Ich umarme Euch beide herzlich. Le Brel.«

Ende Oktober kehrt er nach Paris zurück. Er fühlt sich in dieser Stadt höchst unwohl. Nur deshalb, weil er, wie er auf einer Postkarte an Marc schreibt, ständig »die Journalisten auf den Fersen« hat? Man weiß nicht, ob er damals mit sich selbst zufrieden war oder ob er als Chansonprofi an der Qualität seiner Arbeit zweifelte. Von seiner fernen Insel hatte er sechzehn Chansons und zwei Sketche mitgebracht, die freilich nicht genügten, um ein Doppelalbum zu produzieren. Zu Barclay sagt er, daß er irgendwann eine weitere Platte aufnehmen werde. Er trage noch jede Menge Material für Chansons mit sich herum, versichert er.

Auf dieser Platte jedenfalls, die seine letzte bleiben wird, entfaltet Brel eine großartige Heftigkeit und eine außerordentliche Zärtlichkeit. Er hört sich noch die Endfassung an, das letzte Stadium vor der Pressung. Es ist gut geworden, sehr gut. Dann flieht er aus Paris, ergreift die Flucht vor dem Showgeschäft, den Fotografen und dem Schatten des früheren Jacques Brel. Er

1 Histoire française

[714]

will zu seiner Insel zurück. Am Anfang seines Pariser Aufenthalts hat man ihn noch in Frieden gelassen. Maddly schreibt auf einer Postkarte an Marc: »Noch gönnt man uns ein wenig Ruhe, wie dieses alte Foto zeigt. ›*Plus tard, plus triste*‹, wie man bei mir zu Hause sagt: Je später, desto trauriger. Wir umarmen Dich. Maddly.«

Und Jacques fügt hinzu:

»Ich werde langsam verrückt. Bis bald. Jacques.«

In den ersten Briefen, die er 1953 aus Paris an Miche schickte, sprach er auch vom Verrücktwerden. Jetzt sind die Journalisten, vor allem die Fotografen hinter ihm her: Brel konnte in der Avenue Hoche, wo er seine Platte produzierte, schwerlich unbemerkt bleiben.

An Marc schreibt er noch:

»Puh! Die Platte ist fertig. Wir ruhen uns ein bißchen aus, bevor wir die Rückreise antreten. Immer von Journalisten verfolgt! Eine höchst angenehme Sache! Ich zähle die Tage, die uns von Hiva Oa trennen. Bis bald. Wir umarmen Dich. Jacques und Doudou.«

Jacques und Maddly fliegen mit Jean Liardon in die Schweiz, dann nach Burgund, um Roblot zu besuchen. Mit dem unkomplizierten Roblot und dessen Gefährtin genießt Brel wieder das Leben und die Tafelfreuden.

»Hallo Marc, Ich bin hier mit dem dicken Raymond und Madame Suzanne. Ich muß Dir sagen, daß Raymond immer bescheuerter wird. Nun, wir kommen bald an.«

XIV
KAPITEL

Brel spielt Liardon seine Platte vor und gibt ihm dazu einen Tip: »Wenn du wissen willst, ob ein Lied gut ist, mußt du es dir immer wieder anhören. Wenn es dir langweilig wird, dann ist es nicht gut.«

»Welche Lieder dieser Platte magst du selbst besonders gerne?« fragt ihn Liardon. Jacques weicht aus. Er sagt nur, daß *La Cathédrale* eigentlich »ganz gut« sei, aber »noch nicht ganz auf den Punkt gebracht«. Das ist es wirklich nicht.

»Obwohl ich auf meiner Insel gedacht habe, *La Cathédrale* sei wirklich gelungen.«

Zu seinen unveröffentlichten Chansons bemerkt er:

»Diese Vollidioten! Sobald ich tot bin, werden sie sich darauf stürzen.« Die meisten seien aber für eine Veröffentlichung noch nicht geeignet, sagt er zu Liardon. Über die zwölf Lieder seiner letzten Platte fügt er hinzu: »Das ist ein Ganzes, eine Einheit.« Dann sagt er merkwürdigerweise: »Die Fliegerei kommt darin vor, die Krankheit ...«

Auf die Krankheit spielt er in *Vieillir* an. Aber die Fliegerei?

Zur Überprüfung seines Durchhaltevermögens begleitet Brel den Vater von Jean Liardon auf seinen Kunstflügen. Drehungen, Loopings, Rückenflug und andere akrobatische Figuren bis zum sogenannten Himmelman, einem halben Überschlag, einer Spezialität der Jagdbomberpiloten im Ersten Weltkrieg: Brel hält sich wacker.

Jeanine Liardon hat für die Liste der Liberalen Partei als Beraterin der Gemeinde Nyon kandidiert und ist gewählt worden. Politisch ist das gewiß nicht Brels Richtung; man kann sich eher vorstellen, daß er den Linkssozialisten und Dritte-Welt-Fachmann Jean Ziegler gewählt hätte. Trotzdem schenkt er Jeanine zur Feier ihres Erfolgs einen großen Kuchen mit einem roten Herz in der Mitte, auf dem geschrieben steht: »Ich wähle liberal.«

Jacques erneuert seinen Pilotenschein und seine Jet-Lizenz. Er hofft, am 20. November wieder in Papeete zu sein. Jean-François Lejeune bittet er, sein Flugzeug so herzurichten, daß es »fünfzig Stunden fliegen kann«.

Jacques und Maddly entscheiden sich für die Rückreiseroute über Indien und verbringen ein paar Tage in Tunesien. Jacques vergißt seine europäischen Arbeitskollegen nicht. Am 27. Oktober schreibt er aus La Marsa an Marcel Azzola:

»… Endlich komme ich dazu, Dir für die tolle Arbeit zu danken, die Du für mich geleistet hast. Ich hoffe, ich werde nochmals das Vergnügen haben, mit Dir Plattenaufnahmen zu machen. Sehr herzlich. J. Brel.«

Brel kann ebenso freundlich und feinfühlig wie grob und abweisend sein.

Das Reisen als Tourist war Jacques schon immer zuwider. Nach seinem ruhigen, geordneten Leben in Atuona ermüden ihn die großen Städte um so mehr, vor allem Bangkok, dieser monströse Auswurf von einer Stadt, mit seinem unerträglichen Verkehrschaos. Um Thailand wirklich zu entdecken, muß man sich von der Hauptstadt entfernen. In dem Flugzeug, das ihn nach Hongkong führt, schreibt er an Marc Bastard: »Eigentlich war unser Aufenthalt in Paris, und in Frankreich überhaupt, entsetzlich traurig.« Und dann, aus lauter Vorfreude auf seine Insel, auf das Wiedersehen mit den Ordensschwestern und dem Bürgermeister, sogar auf den Schatten des verstorbenen Pater Gabriel in den Straßen von Atuona, setzt er seinen Brief in Versen fort.

Hongkong schreckt Jacques genauso ab wie Bangkok. Am 24. November schreibt er von dort an Arthur Gelin:

»... *Nom de Dieu de nom de Dieu*, Arthur, um Gottes Willen! Die Erde ist rund, mehr auch nicht. Es gibt Großstädte wie Sand am Meer, aber das schaurige Gefühl bleibt überall gleich.«

Wie grauenhaft sind die Wolkenkratzer von Hongkong! Aus dem Hotel ›Mandarin‹ schreibt Brel auch an Miche. Ein Brief vom 22. November:

»Diese schon ›pazifischen‹ Zeilen sollen Dir sagen, daß ich mich langsam in Richtung Hiva Oa bewege.

Aber ich werde dort erst in drei bis vier Monaten ankommen, denn diesmal schaue ich mir unterwegs einiges an.

Ich hoffe, Du bist in Hochform und relativ sorgenfrei.

Habe einen komplizierten Brief von Chantal erhalten ... Jedenfalls bin ich froh, daß sie sich

ein Kind leistet: Es wird ein Junge! Die Finanz-
lage müßte bald in Ordnung kommen.

Ich bin von den Plattenaufnahmen sehr müde
und hoffe, ich werde ein paar Monate nur schlafen können.

Ich umarme Euch alle vier.

Der alte Brel.«

Am übernächsten Tag schickt er Miche eine
Postkarte:

»... Ich denke ganz oft an Dich. Sei von weitem herzlich umarmt ...«

Als er sich in Europa aufhielt, wollte er Miche
und seine ›Kinder‹ partout nicht umarmen. Warum? Wem die Zukunft versperrt und die Gegenwart trostlos erscheint, für den ist die Last der
Vergangenheit allzu schwer zu tragen. Dem hart-
näckigen, unbegreiflichen Schweigen folgen nun
Anwandlungen von Zuneigung und Zuwendung.

Als Brels letzte Platte auf den Markt kommt,
gibt es allerlei Ärger. Brel mag das von der Firma
Barclay in Auftrag gegebene und von Alain Marouani gestaltete Cover nicht, die vier Buchstaben B R E L vor blauem Wolkenhimmel. Er
widmet François Rauber ein Exemplar: »Für
Dich, François, mit Stolz, Demut und Zärtlichkeit.« Im übrigen wird er sich nach dem Erscheinen dieser Platte keineswegs demütig und
zartfühlend verhalten.

Bevor er Paris verläßt, hat er mit Barclay eine
kurze Unterredung: »Versprich mir, daß du nicht
irgendwelche Schallplattengeschäfte, Super-

märkte, Journalisten oder Rundfunksender bevorzugt informierst oder belieferst.«

Brel hat keine Interviews gegeben. Wider Willen hat er damit die Entstehung einer Aura des Geheimnisvollen um die Platte herum begünstigt. Eddie Barclay und seine Werbeabteilung sehen sich vor ein fast unlösbares Problem gestellt: Wie kann Brels Platte überall in Frankreich zur gleichen Zeit in den Handel kommen, und wie können alle Journalisten gleichzeitig informiert werden?

Barclay erlaubt sich, die mit Brel getroffene Vereinbarung in einem Punkt zu brechen: Die Wochenzeitungen und -zeitschriften werden vorher benachrichtigt, damit sie – unter Einhaltung der Sperrfrist – über die Platte berichten können. Einige werden zur Hörprobe geladen, die wie eine sakrale Handlung zelebriert wird. Barclay und seine Mitarbeiter haben wohl das unglaubliche Werbepotential der von Brel gestellten Bedingungen gewittert: Wenn ein internationaler Star ›kein Wort‹ verlauten lassen will, dann gewinnt dieses Schweigen einen außerordentlichen Klang. Die Firma Barclay entwickelt eine Strategie für den ersten offiziellen Verkaufstag: Die Platten werden in Container geschafft, die mit Zahlenschlössern versehen sind. Die Firma läßt diese Container in ganz Frankreich ausliefern und engagiert ein Dutzend Aushilfstelefonistinnen. Am Donnerstag, dem 17. November 1977, genau um 12 Uhr 51, schwört Eddie Barclay, wird die LP an die Rundfunksender gegeben. Zur gleichen Zeit wird den Geschäften die Zahlenkombination telefonisch verraten. Am nächsten Tag ist der größte Teil der Platten verkauft. Die Geheimniskrämerei – manche sprechen auch von Schwindel – läßt die Vorbestellungen in die Höhe schnellen: Eine Million Platten sind geordert, noch bevor die LP auf den Markt kommt. Den Rekord hielten damals Pink Floyd mit neunhundertneunzigtausend Stück, freilich auf dem gesamten Gebiet der Vereinigten Staaten.

Barclay hat keine Plakate drucken oder Lithos machen lassen: Er gibt keinen einzigen Pfennig für Werbung aus. Man wirft ihm vor – allen voran Brel – einen der raffiniertesten Werbecoups in der Geschichte der Schallplattenindustrie gelandet zu haben.

Barclay ist eben keine lautere Ordensschwester aus Atuona, sondern ein knallharter Showgeschäftsmann.

Jacques hört sich in Atuona französische Radiosendungen an und tobt vor Wut. Warum eine Million Exemplare, fragt er Maddly, warum nicht dreihunderttausend? Außerdem kursiert das (falsche) Gerücht, daß Brel eine Milliarde französische Francs für die Krebsforschung gespendet habe.

Brel, der eigentlich keinen Wirbel wollte, hat mit seinen Bedingungen selbst den Sprengsatz gelegt. Noch in Hiva Oa erreichen ihn die Wellen der Barclayschen Aktion.

Ob es uns paßt oder nicht, wir leben im Zeitalter der Werbung. Barclay hat für die Verbraucher, die im Falle Brels überwiegend Bewunderer sind, einen großartigen Köder ausgelegt.

Eddie Barclay schenkt Jacques ein kleines Radiogerät, an dem dieser gleich etwas auszusetzen hat: Man könne damit nicht einmal Frankreich empfangen. Das Verhältnis zwischen Brel und Barclay bleibt fortan gestört, ›Vertrag auf Lebenszeit‹ hin oder her. Jacques ergeht sich in gewaltigen Schimpfkanonaden gegen Barclay und in kleineren gegen seinen Agenten, Charley Marouani. Der hat unglückseligerweise das Plattencover abgesegnet, das Alain, ein Mitglied des berühmten Marouani-Clans, entworfen hat. Dabei hatte Brel in Paris das Cover gesehen und eine andere Version – in Schwarz – ausdrücklich abgelehnt. Jacques, nie um einen Spruch verlegen, sagt zu Barclay: »Du kannst Alain Marouani ausrichten, daß er den Himmel nicht gepachtet hat.«

Auch das Foto auf der Innenseite der Plattenhülle – ein bärtiger, lächelnder Brel in Nahaufnahme – gefällt ihm nicht. Er hätte sich lieber von Jean-Michel Deligny, seinem Freund aus Papeete, fotografieren lassen.

Jacques' Briefe aus dieser Zeit klingen ernst. Aus Hiva Oa schreibt er am 23. Dezember 1977 an Céel:

»Lieber Charles, nun bin ich gerade aus Europa zurückgekehrt und finde Deinen Brief vom Juli vor ... Auch ich denke oft an Dich. Im Grunde bin ich ja gar nicht so weit weg! Eigentlich hatte ich vor, von Frankreich aus einen kleinen Ausflug nach Belgien zu machen, aber da die Journalistenmeute ständig hinter mir her war, habe ich darauf verzichtet. Ich habe den Eindruck, daß Europa nur noch vom Geld und von der Angst beherrscht wird!

Ich wäre froh, wenn ich mich getäuscht hätte. Lieber Charles, ich würde Dich so gerne ganz einfach an mein Herz drücken. Deine Briefe sind immer ein Lichtblick, und ich weiß das zu schätzen, glaube mir.

Bis bald. Ich umarme Dich.

In Freundschaft, Jacques.«

In Atuona findet Jacques zu seiner Heiterkeit und zu seiner Traurigkeit zurück. Er schreibt und liest viel. In Henry Millers Essay *Wenn man achtzig wird* sind einige Passagen markiert. Von Brel, der nie die Angewohnheit hatte, in seinen Büchern herumzukritzeln? Auf jeden Fall von jemandem, der ihn sehr gut kannte. Denn man findet ihn in diesen hervorgehobenen Sätzen wieder, so wie er sich wahrscheinlich damals in ihnen wiederfand:

> »... Was mir an Zukunft noch bleibt, ist von meiner Vergangenheit bestimmt ... Es gibt ein Sprichwort: Sage mir, mit wem du umgehst, und ich werde dir sagen, wer du bist ... Ich war mein Leben lang mit Menschen aus ganz verschiedenen Milieus befreundet. Ich hatte und habe Freunde, die gar nichts Besonderes sind, und gerade sie gehören zu meinen besten. Ich war mit Kriminellen befreundet und mit den vielgeschmähten Reichen. Meine

Freunde haben mich am Leben erhalten, mir Mut gemacht,
weiterzukämpfen, und mich dabei oft bis zu Tränen
gelangweilt ...«

Soviel zu Freunden und Bekannten.

»... Freundschaft mit Frauen halten zu können,
insbesondere mit der Frau, die man liebt, ist für
mich das Höchste, was man erreichen kann ...«

Eine Huldigung an Maddly und andere?

»... Der echte Weise, ja selbst der Heilige schert sich
nicht um Moralbegriffe. Über solche Erwägungen ist er
hinaus. Er ist ein freier Geist ...«

Jacques will frei sein.

»... Die Kunst mag Therapie sein, wie Nietzsche
behauptet, doch sie ist es nur indirekt.«

Was für ein prächtiges Therapeutikum, diese
letzte Platte!

»... Wirklich gebrechlich, geradezu lebende Leichname
sind die Spießer mittleren Alters, die in ihrem bequemen
Fahrwasser auf Grund gelaufen sind und nun entweder
meinen, der Status quo würde ewig weitergehen, oder
sich so davor fürchten, er könnte aufhören, daß sie sich
in ihren geistigen Luftschutzbunker verkriechen und dort
alles weitere abwarten ...«

Nieder mit dem Klein- und Großbürgertum!

»... Die Fähigkeit, jemanden zu verehren, ohne unbedingt in seine Fußstapfen zu treten, scheint mir sehr wichtig ...«

Brel hat keinen Meister gehabt.

»... Was man so Bildung nennt, scheint mir der größte Blödsinn und jeder geistigen Entwicklung abträglich ...«[2]

Jacques Brel war stets extrem in seinen Ansichten.

»... Ein kurzes, vergnügtes Leben ist weit besser als eines, das mit Angst, Vorsicht und ärztlicher Überwachung verlängert wird.«

Das ist genau die Devise, nach der Jacques lebt.

»... Ein Mensch, der sich selbst ernst nimmt, ist verloren.«[2]

Trotz seines Sinns für Humor und Situationskomik hat sich Brel oft ernst genommen ...

In Belgien schlägt *Les F...*, ein Chanson auf Brels letzter Platte, wie eine Bombe ein.

Ihr Herren Flamen zwei Dinge habe ich euch zu sagen
Zu lang laßt ihr mich braten
Und euch den Wind von hinten geben um Autobus zu werden
Da seid ihr nun Akrobaten aber wahrhaft nicht mehr

2 Henry Miller: »Wenn man achtzig wird.« In: »Reise in ein altes Land«, List 1976

Nazis im Krieg und Katholiken unter sich
Ständig schwankt ihr zwischen Gewehr und Meßbuch
Euer Blick geht in die Ferne euer Humor ist blutleer
Wenn es auch Straßen in Gent gibt die in beiden Sprachen pissen
Du siehst wenn ich an euch denke dann möchte ich daß nichts
verloren geht
Ihr Herren Flamen ihr könnt mich mal …

Flämische Studenten ziehen mit einer Klage vor Gericht. Im belgischen Parlament wird eine Anfrage eingebracht. Warum hat Jacques diesem Schmählied im Sambarhythmus nicht den vollständigen Titel *Les Flamigants* gegeben? Wenn er danach gefragt wird, entgegnet er von oben herab:

»Man darf doch nicht grob werden.«

Ist *Flamingant* demnach ein obszönes Wort? Brels Haß auf die Flämischsprechenden erreicht in *Les F…* seinen Höhepunkt. Sein Talent als Interpret ist unstrittig, aber inhaltlich ist er hier über das Ziel hinausgeschossen. Man kann, um es noch einmal zu sagen, den flandrischen Nationalismus nicht auf den Extremismus in der flämischsprechenden Bevölkerung reduzieren. Auch in Brels europäischem Freundeskreis finden viele, daß er es sich zu leicht macht, wenn er von den fernen Marquesasinseln aus seine Feinde mit Schimpfwörtern beschießt. Gewiß sind die belgischen Sprachengesetze verwirrend, wenn nicht absurd: Hier wird Flämisch unterrichtet, dort Französisch und in einer Enklave noch Deutsch. Aber die flämische Sprache mit ihrer rauhen Klangfülle und ihrem Reichtum an Nuancen ist alles andere als ein ›Bellen‹ oder ›Rülpsen‹. Wie schon in seiner Jugend, so ignoriert Brel auch in den siebziger Jahren die Geschichte Flanderns. Gewiß kann man bedauern, daß es in Gent keine französischsprachige Universität mehr gibt. Trotzdem muß man den flämischen Extremismus im historischen Zusammenhang sehen. Es stimmt, daß man in Belgien Flämischsprechenden mit faschistoiden Neigungen begegnen kann, aber man trifft dort auch wallonische Autonomisten, die privat oder öffentlich ihre Verachtung für die Flamen zum Ausdruck bringen. Das flämische Volk wurde in seinem eigenen Land sozial und wirtschaftlich benachteiligt und unterdrückt, und heute revanchiert es sich dafür. Das Problem des flandrischen Nationalismus ist das einer Kultur, die gerade noch vor dem Untergang bewahrt wurde, und sollte nicht in einem Lied, so mitreißend es auch sein mag, derartig vereinfacht werden. Wenn man Brel für dieses gesungene Pamphlet tadelt, lächelt er oder lacht sogar, und er sagt:

»Ich habe recht.«

Das erinnert an den Kommunistenführer Laurent Casanova, der einmal im Pariser ›Vel' d'Hiv'‹ losbrüllte:

»Es ist wahr, und zwar deshalb, weil ich es Ihnen sage!«

Zwar ist *Les F…* nur ein Lied, und Brel ist nur ein Chansonsänger. Aber er will immer noch provozieren, die Welt in Erstaunen setzen. Und

wie ihm das gelingt! Der Lärm ist bis nach Atuona zu hören. Ganz schön was los, oder? Brel ist
noch nicht am Ende! Nicht einmal mit Marc
Bastard vermag Jacques die belgische Problematik sachlich zu diskutieren. Tief in ihm lebt noch
immer jenes Überlegenheitsgefühl, das manche
Brüssler gegenüber ihren Landsleuten aus Nieu-
port, Ostende oder Brügge empfinden, mit dem
sie aber auch den Einwohnern von Tournai,
Charleroi oder Lüttich begegnen.

Wie weit ist Brel damals von Europa, ja selbst
von Tahiti entfernt! Als der Aufruhr um seine
Platte verebbt, kehrt seine Heiterkeit zurück. Am
27. Januar 1978 schreibt er aus Hiva Oa an Jean-
Francois Lejeune:

»Eine Sache scheint mir ziemlich klar. Ich will
es einmal so ausdrücken: Auf den Marquesas entspannt sich der Körper, und der Geist ist freier
als in Papeete. Also sollst Du wissen: Wenn Du
Lust oder das Bedürfnis verspürst oder sonstige
gute oder schlechte Gründe hast, kannst Du jederzeit herkommen und Dich hier wie zu Hause
fühlen, in meiner lieblichen Hütte mit Doudou
und Mozarts Geflüster. Ein Hauch von Zärtlichkeit schwebt über unserer Behausung.

Und wenn Du, so etwas kommt ja vor, ein wenig Frieden oder auch nur Abstand suchst, dann
ist unser Haus immer für Dich offen.

Von ganzem Herzen, J. Brel.«

Wie zartfühlend geht er mit seinen neuen
Freunden um, aber wieviel Groll und Haß bringt
er manchen seiner alten Bekannten in Europa

HERMAN MELVILLE
MARDI
UND EINE REISE DORTHIN
Übersetzt von Rainer G. Schmidt

Im Kapitel »Das Weiß des Wals« aus »Moby Dick« schildert Melville seine erste, fassungslose Begegnung mit dem Albatros, dem weißen Vogel, der dem fast gleichaltrigen Baudelaire zum Symbol des Dichters wurde, der, auf Deck, unter Menschen, lächerlich plump, in der Luft königlich brilliert. »Mardi« ist noch nicht »Moby Dick«. Aber es ist, den Höhenflug probend, die mitreißende und bewegende »Reise dorthin«.

Brigitte Kronauer, Frankfurter Allgemeine Zeitung

Das Scheitern aber ist sehr viel spannender als jenes mittlere Gelingen, dessen Zeugen wir allzuoft sind. Denn es bezeugt ein modernes Scheitern, das den unauflösbaren Ambivalenzen Rechnung trägt. Vollkommener ist Melville nur in »Moby Dick« gescheitert. Und gescheitert sind Kafka, Musil, Jahnn, Poe und einige andere der Großen.

Ulrich Greiner, Die Zeit

ISBN 3-928398-44-X · 1100 Seiten · 2 Bände im Schuber · DM 84,-

ACHILLA PRESSE VERLAGSBUCHHANDLUNG 1997
HAMBURG · BREMEN · FRIESLAND

Inhaltsverzeichnis

entgegen! Und wie erbarmungslos fällt er über Flandern her, das doch ein Teil von ihm selbst ist. Dabei hat er seine Liebe zu diesem Land so oft verkündet und auch bewiesen. So wie er andernorts den Don Quijote mimte, hat er sich den Flamen gegenüber gern in der Rolle des Til Uilenspiegel gesehen. Ist ihm entgangen, daß der Volksheld aus Damme für *alle* Geusen zwischen Gent und Brüssel eintrat, als diese sich im sechzehnten Jahrhundert gegen die spanische Herrschaft auflehnten?

Jacques hat offenbar kein Verständnis für die Empfindlichkeiten bestimmter Volksgruppen. Ob er den Extremismus der *Flamingants* von den berechtigten Forderungen der Flamen nicht unterscheiden kann? Er verbarrikadiert sich hinter vorgefaßten Meinungen. Für ihn scheinen Talent und Exzeß einander zu bedingen.

Brel nimmt sein polynesisches Landleben wieder auf. Jacques und Maddly, mittlerweile so etwas wie Honoratioren von Hiva Oa, werden im Januar 1978 auf einem Patrouillenboot der französischen Marine, das vor Atuona ankert, von Paul Cousseran empfangen. Er ist als Haut-Commissaire für Französisch-Polynesien zuständig. Zu seinem Vorgänger hatte Brel ein schlechtes Verhältnis. Jacques und Maddly erscheinen orientalisch gewandet, in weißen Gandouras. Cousseran und Brel verstehen sich auf Anhieb und gehen bald zum ›du‹ über. Der Regierungsbeamte besichtigt Gauguins Grab auf dem Friedhof von Atuona und macht auf dem Rückweg

einen Besuch bei Brel. Der fängt sofort an, die Verwaltung zu kritisieren. Er wirft die Frage auf, ob es richtig gewesen sei, den Inseln eine gewissen Autonomie zu gewähren. Die Behörden in Papeete kümmerten sich nicht genug um Hiva Oa, auf Tahiti habe man die Bewohner der Marquesas einfach vergessen. Von den schlechten Verkehrsverbindungen bis zu den Versorgungsschwierigkeiten spult Brel den ganzen Katalog der Forderungen und Klagen ab. Es sei nicht normal, daß auf der Insel nur so wenige Kinder eine Brille trügen, anderswo seien es doch bis zu dreißig Prozent. Man müsse einen Augenarzt herschicken. Die Klassenräume seien viel zu schlecht beleuchtet. Und die Zähne der kleinen Mädchen bedürften dringend eines Kieferorthopäden! Cousseran muß zugeben, daß Brel in allem recht hat.

In das Labyrinth der polynesischen Politik ist Jacques nicht eingedrungen, und er hat sich auch nicht mit Einzelheiten der Geschichte von Hiva Oa beschäftigt. Aber er sorgt sich um den kulturellen Fortschritt auf der Insel. Er überzeugt Cousseran von der Notwendigkeit der audiovisuellen Kommunikationsmittel und drängt ihn – da er, Brel, ja schon das Kino ›gestiftet‹ hat –, einen Fernsehsender auf Hiva Oa installieren zu lassen.

Alle drei Monate fliegt Jacques nach Tahiti. Wenn er spätnachmittags mit der ›Jojo‹ nach Papeete unterwegs ist, in der Einsamkeit des Himmels, den leuchtend orangefarbenen Sonnen-

untergang zu seiner Rechten, muß er ausgedehnte Wolkenbänke durchqueren. Oft macht er einen Zwischenstop auf dem Atoll von Rangiroa.

Auf Tahiti, wo er sich eigentlich nicht besonders wohl fühlt, besucht er seine Freunde. Er, der
sich in Frankreich von gesellschaftlichen Anlässen fernhielt, nimmt hier an offiziellen Veranstaltungen teil, meidet allerdings den Kontakt zu
Lokalgrößen, die für ihre Star-Empfänge bekannt sind. Als der Staatssekretär Paul Dijoud
sich im Haus von Paul Cousseran die Ehre gibt,
verirren sich Jacques und Maddly auf der weit-
läufigen Rasenfläche. Jacques nimmt auch die
Einladung zu einem Diner bei Cousseran an –
und maßregelt seinen Gastgeber, weil der raucht.
Die Strafpredigt trifft ins Schwarze, der Haut-
Commissaire verzichtet auf seine Zigarette.

Langweilt sich Brel ein wenig auf Hiva Oa? Er
würde es nie zugeben. Der Kokon, in den er sich
eingesponnen hat, besteht zu gleichen Teilen aus
Einsamkeit und intensiven menschlichen Kon-
takten. Er nimmt jede Gelegenheit wahr, neue
Menschen kennenzulernen, unter dem Vorwand,
»zu sehen, wie es bei den anderen ist«. Zweifellos
hängt er an der dörflichen Atmosphäre von
Atuona, mit Hahnengeschrei und Hundegebell
und den eleganten Sturzflügen rotschnabeliger
Amseln in der üppigen Inselflora. Ist er womöglich zum Gefangenen des Bildes geworden,
das er sich vom Insulanerleben und von sich
selbst gemacht hat? Als er sich 1967 von der
Bühne zurückzog, hat er öffentlich verkündet,

daß es für ihn keine Umkehr geben werde. Könnte er die Marquesas verlassen, ohne sich selbst untreu zu werden, nachdem er überall verbreitet hat, wie glücklich er sich dort fühlt?

Maddly, in ihrer ausgewogenen Mischung aus weiblichen und männlichen Eigenschaften, hat Brel die Integration in Atuona erleichtert, indem sie das Dorf mit einem Netz von Freundschaften und Bekanntschaften überzog. Auch sie ist ja Insulanerin, und von Guadeloupe her kennt sie die Verhaltensregeln, die man auf einer Insel beachten muß. Ein Verstoß gegen den herrschenden Kodex, und das Leben kann sehr unangenehm werden.

Was wäre Jacques ohne Maddly? Er hängt sehr an ihr und fürchtet vielleicht zuweilen, daß sie ihn verlassen könnte. Sie hat auch ihre Launen, knallt schon mal die Tür hinter sich zu und schmollt. Absichtlich oder unbewußt entfernt sie Jacques Brel von seinen Wurzeln. Und zweifellos hat sie wesentlichen Anteil an der Entfremdung zwischen ihm und seiner Brüsseler Familie. Von Liebe, Freundschaft und Hingabe einmal abgesehen: Eine Geliebte kann ebenso besitzergreifend sein wie eine Ehefrau, und sie kann ebenso zur Übertreibung neigen wie eine Witwe.

Am 2. Februar 1978 schreibt Jacques an Miche, als wäre er nur ein wenig im Verzug mit seiner Korrespondenz, als hätte er nicht ›vergessen‹, sie und die Töchter in Brüssel zu besuchen:

»Hoffentlich findet Dich mein Brief in guter Form vor und nicht ganz vereist von der fürch-

terlichen Kälte, die im Augenblick bei Euch herrscht. Ich hoffe, auch den Mädchen geht es gut ...«

Dann ist von Geld die Rede, von Steuern und von der finanziellen Zukunft der Familie.

»Auf jeden Fall bist Du es, die nach meinem Tod meine paar Immobilien und sämtliche Urheberrechte erben wird. Das heißt natürlich, Du und die Mädchen ...«

Brel beklagt sich beiläufig darüber, daß er die Brüsseler Telefonrechnung bezahlen muß. Noch einmal kommt er auf die Zukunft zu sprechen:

»... Dank der letzten Platte (verdammt, man hätte sie nicht idiotischer vermarkten können) werdet Ihr mit Sicherheit ein paar Jahre keine Not leiden.

Ich umarme Euch alle vier und würde mich freuen, von Dir zu hören.

Der Alte.«

Obwohl er sich von Europa scheinbar ganz gelöst hat, hält sich Jacques über die politischen Ereignisse auf dem laufenden, indem er die Radionachrichten hört und Wochenzeitschriften liest. Die Idee, noch eine Platte zu machen, hat er nicht aufgegeben. Am 28. März 1978 schreibt er an Gérard Jouannest:

»... Na, wie geht es Dir, Du junger Lump? Hast Du das Chaos mitgekriegt, das dieses Arschloch von Barclay veranstaltet hat, als die Platte herauskam? Ich habe meine böseste Feder gezückt und ihm erklärt, was man alles nicht tun sollte. Dir schreibe ich, um Dir zu sagen, daß ich

immer noch auf ein paar kraftvolle Kompositionen von Dir warte, damit sich mein erschlaf-
fendes Genie wieder über die verblüffte Menge
ergießen kann. Denn ich bin dabei, noch ein paar
ehrliche Klagelieder zu verfassen.«

Weil die französiche Linke gerade die Parlamentswahlen verloren hat, fügt er hinzu:

»Übrigens: der Linken ein Bravo, ein aufrich-
tiges Bravo. Nun wird Frankreich endlich belgisch! Ich umarme Dich und die Gréco und alle,
die Du liebst. Bis bald.«

In der Erstfassung des Chansons *Jaurès* hatte
Jacques, der das Herz und die Eingeweide immer noch auf dem linken Fleck hat, François
Mitterrand erwähnt. In jener Fassung fanden
sich auch zwei Zeilen mit einer allzu vordergrün-
digen Anspielung, die er dann gestrichen hat:

Ich war für Blum und Mendès,
Warum töteten sie Jaurès?

Jacques ist zu sehr Meister seiner Kunst, um
nicht zu wissen, wie vergänglich das Aktuelle ist.

Es entbehrt nicht der Pikanterie, daß seine
Lebensgefährtin Maddly 1974 im Umkreis von
Valéry Giscard d'Estaing gesehen wird und daß
sein bester Freund Marc Bastard sich seelenruhig
zu seiner rechten Gesinnung bekennt. Aber
Menschen sind für Brel wichtiger als Meinungen.

Für die Glückwünsche und Treuebekundun-
gen seiner Freunde und Bewunderer aus aller
Welt ist er immer noch empfänglich. Am 17.

April 1978 schreibt er zum letzten Mal an Clairette in Montreal:

»Meine liebe Clairette,

wie habe ich mich über Deinen Brief gefreut! Ich bin so froh, zu hören, daß es Dir gutgeht und daß meine letzte Platte Dir gefällt. Vor allem das Lied *Jojo*.

Ich denke an Dich da oben im Schnee, während wir hier 31 Grad im Schatten haben. Ich ziehe mich mit meiner lieben Doudou mehr und mehr von der Welt zurück. Europa vermisse ich nicht. Es war mir eine große Freude, François Rauber und Gérard Jouannest wiederzusehen, aber ansonsten muß ich bekennen, daß mir haufenweise Idioten und mittelmäßige Typen begegnet sind. Auch habe ich allzu viele kleine Ganoven und Bösewichter zu Gesicht bekommen …

Es freut mich, daß Danièle (Clairettes Schwester, O.T.) sich in ihrer Ehe wohl fühlt. Weißt Du, ich würde Euch so gern in Montreal wiedersehen. Und bei mir ist ja nichts unmöglich.

Auf Wiedersehen, Clairette, ich umarme Dich und alle, die Du liebst. Ganz fest umarme ich Dich, und bis bald … Dein alter Jacques.«

Edouard Caillau, ein Weggefährte von Jacques aus frühen Zeiten, arbeitet als Geschichtenerzähler und Conférencier im Brüsseler Kabarett ›Au Gaity‹, das zwischen dem Théatre de la Monnaie und der Place de Brouckère liegt. Ob Brel sich an die endlosen Abende erinnert, die er dort verbrachte, wenn er sich in der belgischen Hauptstadt aufhielt? Jedenfalls schickt er dem

guten Caillau, als dessen Mutter gestorben ist, am 13. Juni 1978 diese warmherzigen Zeilen:

»Ich kann mir den Schmerz vorstellen, den der Tod Deiner Mutter Dir zugefügt hat. Ich erinnere mich noch sehr gut an sie, und Du hast recht, wenn Du sagst, daß sie nur aus Liebe bestand. Man konnte das in ihrem Gesicht lesen.

Die Liebe tanzte in ihrer Stimme, auch daran erinnere ich mich.

Brüssel ist sicherlich ganz grau, ganz traurig. An solchen Tagen wäre ich gerne dort.

Jedenfalls bin ich froh zu hören, daß Du Dich mit Arthur und Céel und den anderen triffst ... Vielleicht komme ich bald mal auf einen Sprung nach Europa herüber und habe dann das Vergnügen, Dich an mich zu drücken.

Ich träume ein bißchen, aber nicht nur.

Ich umarme Dich fest und denke sehr an Dich.

Bis bald.

In Freundschaft,

Dein alter Bruder

Jacques.«

In einem Chanson, das Brel aufgenommen, aber nicht auf seiner letzten Platte veröffentlicht hat, heißt es:

> *... Sie wissen daß sie immer Angst hatten*
> *Sie kennen ihr Maß an Feigheit*
> *Auf Glück können sie verzichten*
> *Von Verzeihen wissen sie nichts mehr*
> *Und*

Sie haben nicht mehr viel zu träumen
Aber sie lauschen ihrem tanzenden Herzen
Sie sind verzweifelt
Und zwar mit Eleganz.[3]

3 Avec élégance.

Wenn jemand, der auch Brels Kinder kennt, ihn in Atuona besucht und mit ihm unter vier Augen plaudert, fällt ihm sogleich auf, daß Jacques immer noch ›an seinen Töchtern leidet‹, um eine seiner Lieblingswendungen zu benutzen: Er redet ununterbrochen von ihnen.

Chantal und Michel Camerman-Brel bekommen ihr erstes Kind, eine Tochter. Chantal teilt ihrem Vater die Neuigkeit mit, und er antwortet ihr am 15. Juni:

»Liebe Chantal,

es freut mich sehr, Euch froh zu wissen, und wie gut, daß Mélanie für Euch ein Grund zum Feiern ist und daß es dort auf dem Land jetzt gerade so schön ist ... Wie gut auch, daß die Kleine den Frauen in der Familie ähnlich sieht, denn ich hätte ihr in dieser Hinsicht kaum etwas Gefälliges zu bieten gehabt ... Ich wünsche Dir, daß Du glücklich bist, ich umarme Dich und alle, die Du liebst ...«

Alle, die Du liebst? Wen meint er damit? Die übrigen Familienmitglieder? Jacques, der auf seine Weise sehr konventionell ist, hat sich den Familiensinn trotz allem bewahrt. Nun ist er Großvater geworden. Und niemand wird ihn dazu überreden können, sein Testament mit

irgendeinem Zusatz zu versehen, der seine gesetzliche Familie benachteiligen könnte.

Er schmiedet Pläne, denkt ans Reisen.

Im Juli geht es ihm so schlecht, daß er nach Papeete fliegen muß. Jacques und Maddly quartieren sich in ihrem alten Lieblingshotel ein, dem ›Tahiti‹. Jean-François Lejeune eilt sofort herbei. Zwischen zwei heftigen Hustenanfällen sagt Brel: »Siehst du, es ist doch aus. Du mußt mein Flugzeug verkaufen.«

Brel ruft noch Jean-Michel Deligny an, um sich dafür zu entschuldigen, daß er ihn jetzt nicht empfangen kann. Henri Revil, Arzt für Allgemeinmedizin und Leiter des Gesundheitsamts, untersucht ihn im Hotel und zieht Dr. Lucien Israel hinzu, einen Spezialisten für Krebserkrankungen, der seine Ferien auf Tahiti verbringt. Jacques hat beim Atmen starke Beschwerden und keucht, sein Gesicht läuft violett an. Auf Israels Rat hin willigt er ein, nach Paris zu fliegen.

Israel vertraut Paul Cousseran an:

»Es sieht sehr ernst aus. Seine zweite Lunge könnte draufgehen.«

Lucien Israel telefoniert mit seinen Pariser Kollegen. Jacques und Maddly besteigen das Flugzeug der UTA. Cousseran gibt Anweisungen: keine Fotografen, keine Journalisten. Trotzdem wird eine Foto in der Wochenzeitschrift *Paris-Match* erscheinen, die der Abreise Brels zwei Doppelseiten widmet. Aufgenommen wurde es von einem Angestellten des Haut-Com-

missariat, der daraufhin von Cousseran entlassen wird. In Papeete und Paris sagen die Journalisten: »So ein Foto muß Gold wert sein.«

Am 28. Juli landen Jacques Brel und seine Gefährtin in Roissy und fahren umgehend zum Hotel ›George V‹.

Chantal, von der Presse über die Ankunft ihres Vaters informiert, versucht, sich mit ihm zu verabreden. Sie ruft im Hotel an: »Hier wohnt kein Monsieur Brel.«

»Nehmen Sie bitte zur Kenntnis, daß ich seine Tochter bin«, erwidert sie der Telefonistin. »Warum sagen Sie mir, daß er nicht da ist? Ich würde Sie niemals verraten.« Die Telefonistin zögert einen Moment: »Ich sage es Ihnen, aber ich lege gleich auf. Jacques Brel ist bei uns.«

Als Krankenschwester weiß Chantal: Wenn ihr Vater, der vor drei Jahren operiert wurde, jetzt zurückkommt, dann ist es aus.

Sie nimmt den Zug nach Paris. An der Rezeption des ›George V‹ empfängt man sie unterkühlt: »Es gibt hier keinen Monsieur Brel.« Sie begreift, daß sie ihren Vater nicht sehen wird, und fährt nach Brüssel zurück.

Brel unterzieht sich einer Reihe von Untersuchungen in der Abteilung für Onkologie des französisch-moslemischen Krankenhauses in Bobigny. Man entdeckt einen Lungentumor von der Größe einer Pampelmuse. Brel ist seit 1976 nicht untersucht worden. Hätte er sich alle sechs Monate röntgen lassen, wäre der Rückfall früher erkannt worden.

Brel kann Arthur Gelin, der sich auf einer Spanienreise befindet, nicht erreichen. Dr. Israel schlägt eine Strahlentherapie vor, um den Umfang der Krebsgeschwulst zu reduzieren. Brel wird in die Hartmann-Klinik in Neuilly eingewiesen.

Er hat eine panische Angst vor den Journalisten und Pressefotografen, die nach solchen Geschichten geradezu lechzen und ihn förmlich umzingeln. In Bobigny schleichen sie überall herum, versuchen die Krankenschwestern zu bestechen, schlüpfen in weiße Kittel, dringen in Krankenzimmer ein, klettern auf Bäume. Ein Reporter schreckt nicht davor zurück, sich als Pfarrer zu verkleiden. Doch der Überwachungsdienst des Krankenhauses mit Catherine Adonis an seiner Spitze leistet vorzügliche Arbeit. Nicht einmal die schlechtbezahlteste unter den dort arbeitenden Putzkräften wird es wagen, Brel zu fotografieren.

»Die Journalisten warten auf das Foto von meiner Leiche«, sagt Jacques.

Brel hat *Paris-Match* mehrmals verklagt. Vorbei sind die Zeiten, da Jacques und Daniel Filipacchi Kumpel waren. Filipacchi, ehemals Moderator bei Europe I, leitet jetzt ›Cogedipresse‹, einen mächtigen Konzern, zu dem auch *Paris-Match* gehört.

Im September 1977 hat die Zeitschrift einen vierseitigen, mit zwei Fotos illustrierten Artikel über Brel veröffentlicht. Eines der Bilder zeigt einen bärtigen, bebrillten Brel in Cordanzug, mit

einem Gitarrenkasten in der linken Hand. Hinter ihm stehen François Rauber und Gérard Jouannest, der einen kleinen Schnurrbart à la David Niven trägt.

Im Oktober 1977 erscheinen wieder vier Seiten über Brel im selben Blatt. Nichts sehr Aufregendes: Maddly in Pelzjacke, dann Maddly in langem Kleid mit weißer Stola. Eine weitere Aufnahme zeigt Jacques und Maddly in der Brasserie ›La Lorraine‹, man sieht den Sänger von hinten, wie er sich heftig mit einem Fotografen streitet.

Am 11. August 1978 bringt *Paris-Match* erneut vier Seiten über Brel. Kurz vor dem Abflug, auf dem Flughafen von Faaa auf Tahiti, umarmt Brel Paul Cousseran. Der Kommentar lautet: »Brel stützt sich beim Gehen auf einen Stock. Er verläßt sein Hotelzimmer nicht mehr. Er will nicht zugeben, daß er nach Europa zurückgekehrt ist, um sich medizinisch behandeln zu lassen … Er konnte auf seiner fernen Insel ein paar ruhige, glückliche Jahre mit seiner Frau Maddly verleben. Ihr Haus: eine einfache Hütte mit fließendem Wasser als einzigem Luxus …« Brel fühlt sich provoziert.

Am 29. September veröffentlicht nun *Paris-Match* aufs neue vier Seiten über ihn mit einem doppelseitigen Foto. Das Bild ist unscharf, die Oberfläche körnig. Rechts sieht man einen weiß bandagierten Kopf. Überschrift: »Jacques Brel, der unsichtbare Mann«. Auf den folgenden Seiten geht es weiter: Jacques, hinter einer dicken Jacke versteckt, der Kopf mit Mullbinden um-

wickelt, oder im weißen Kittel auf den Arm eines Krankenpflegers gestützt. Überschrift: »*IL A LA PUDEUR DE SON GRAND COURAGE*«, sinngemäß: »Sein Mut ist ebenso groß wie sein Schamgefühl.«. Im Text wird Brel ein Satz in den Mund gelegt, den er angeblich einem Freund gegenüber geäußert hat: »Ja, ich habe Krebs.«

Auf diese Veröffentlichung reagiert Brel mit einem Wutanfall. Er beauftragt seinen Rechtsanwalt, Thierry Lévy, seine Interessen wahrzunehmen und dabei mit größtmöglicher Härte vorzugehen. Zwei frühere Prozesse waren unterschiedlich ausgegangen. Bei dem einen hatten Brels Familie und Maddly Bamy Recht bekommen, ihre Ansprüche auf Schadenersatz wurden anerkannt, und das Gerichtsurteil wurde in fünf Zeitungen bekanntgegeben. Bei dem anderen wies man ihre Klage ab.

Was die strittige *Paris-Match*-Ausgabe vom 29. September 1978 betrifft, erreicht Lévy, daß der Richter Pierre Drai, der in einer früheren Affäre zuungunsten Brels entschieden hatte, die Beschlagnahmung verfügt: Es liege in diesem Fall ein Eindringen in die Privatsphäre des Klägers vor, das den Charakter einer Verfolgung annehme ... Diese Dokumente seien so beschaffen, daß sie einen Zustrom von Neugierigen entfesseln könnten ... Es handle sich hier um eine unerträgliche und wiederholte Verletzung des Privatlebens einer kranken Person.

Die Beschlagnahmung der Ausgabe wird rein theoretisch bleiben. Fünfhundertsechzigtausend

Exemplare der Zeitschrift werden in der Provinz, sechzigtausend allein in Paris zum Verkauf angeboten. Der Gerichtsvollzieher Jacques Morin begibt sich zwar zu den Vertriebsstellen und veranlaßt dort, daß ein Rundschreiben an alle Lieferanten geschickt wird, die es an die Händler weiterleiten. Doch hätte man mindestens dreihundert Gerichtsvollzieher mobilisieren müssen, um auf diese Weise die Beschlagnahmung durchzusetzen. Brel wollte die Sache deshalb konsequent zu Ende führen, weil es in einer früheren Verhandlung mit *Paris-Match* zu einem Vergleich gekommen war, in dem die Zeitschrift sich ausdrücklich verpflichtet hatte, »künftig den Wunsch Jacques Brels zu respektieren, sein Privatleben vor der Öffentlichkeit streng geheimzuhalten«.

Die Zeitschrift verteidigt sich in der Ausgabe vom 6. Oktober in einem nicht unterschriebenen Leitartikel, der offenbar von den denkenden Köpfen des Blattes wie eine verschwenderisch belegte Pizza zubereitet wurde: Der Teig stammt vielleicht von Roger Théron, die Champignons von Jean Cau und die Tomatensauce von Léo Matarasso, dem kommunistischen Hausjuristen des Blattes.

»... Die Tugend derer, die uns maßregeln, hüllt sich in das Gewand einer Scheinsouveränität, mit dem moralischen Zeigefinger deuten sie auf uns vor Gericht und überlassen den Richtern die Aufgabe, eine Ethik der freien Presse zu definieren ... Nicht nur, daß dieses Bild, das im übrigen nicht mit einem Teleobjektiv aufgenom-

men wurde, keineswegs ›skandalös‹ ist – es faßt auch auf wunderbare Weise einen Augenblick von Leben, Kampf und Größe zusammen ... Und es geht weit über den Augenblick hinaus, weil es uns zum Nachdenken anregt. Jacques Brel ist außerdem, ob er will oder nicht, kein Mensch wie jeder andere.«

Es gebe kein Tabuthema, fährt das Editorial fort. Die Watergate-Affäre habe das hinreichend bewiesen. »In dem etwas bescheideneren Fall, der uns hier beschäftigt, stellt sich die Frage, ob über einen Sänger oder einen Schauspieler nur dann berichtet werden darf, wenn er eine neue Platte auf den Markt bringt oder in einem neuen Film spielt. Wir teilen diese Ansicht nicht ...« Das lange Editorial breitet weitere Argumente gegen die Entscheidung des Gerichts aus. Die Beschlagnahmung der Wochenzeitschrift habe überdies der Leserschaft zwei wichtige Interviews vorenthalten: In dem einen habe sich die berühmte Amerikanerin Barbara Walters mit Sadat und Begin unterhalten, in dem anderen sei Gaston Defferre zu Wort gekommen. Kurzum bedeute der ganze Vorfall den »Triumph unserer Zensoren«.

Diese Affären um den Sänger Jacques Brel weisen über ihren spezifischen Charakter hinaus auf ein allgemeines Problem der Moral und der Gesetzgebung hin, das man so formulieren könnte: Inwiefern kann der Schutz der Privatperson, den das Gesetz jedem Bürger gewährt, auf jene Personengruppe ausgedehnt werden, deren Beruf

darin besteht, in der Öffentlichkeit aufzutreten?
Wo genau verlaufen hier die Grenzen zwischen
›privatem‹ und ›öffentlichem‹ Leben?

Es gibt den Begriff der sogenannten impliziten
Zustimmung, der jedoch vage bleibt. Politiker
und Künstler suchen im allgemeinen die Öffentlichkeit. Einige ›tun Buße‹ und möchten dann
aus den Schlagzeilen verschwinden. Entsprechende Gerichtsverfahren enden oft mit einem
Vergleich. Für die Leserschaft vermischen sich
allmählich die Vorstellungen, die sie mit Publi-
zität einerseits und moralischer Integrität andererseits verbindet. Nicht wenige glauben, es sei
ebenso bewunderungswürdig wie erstrebenswert,
in einer Zeitung abgebildet zu werden. Bekannt-
heit ist beinahe zum Synonym für Tugend geworden. Politikern und Künstlern, aber auch
Verbrechern wird das Recht eingeräumt, mit
großformatigem Foto auf den Titelseiten der
Zeitungen zu erscheinen. Danach ist es freilich
leicht, entrüstet auf die Rechte am eigenen Bild
zu pochen, und genauso einfach ist es für die Ge-
genseite, sich hinter dem Recht auf Information
zu verschanzen. Schwer machen es sich nur die
Richter, die hier eine Entscheidung fällen sollen.

Wie kann man den Sänger, der sich einer
sechswöchigen Strahlen- und Chemotherapie
unterzieht, vor dem Jagdfieber der Journaille
schützen? Der Gehetzte muß sich verkleiden, um
einigermaßen unbehelligt zwischen Krankenhaus
und Therapieklinik pendeln zu können. Dr. Israel ist mit dem Ergebnis der Behandlung zufrie-

den: Der Tumor habe sich um neunzig Prozent zurückgebildet und sei nur noch »kastaniengroß«.

Brel atmet wieder besser, verschafft sich Bewegung, flucht auf Barclay und hat, als ewiger verhinderter Schriftsteller, stets sein Notizbuch dabei. Er vertraut Dr. Israel an, daß er gern seine Krankheitsgeschichte aufschreiben würde. Er will Literatur daraus machen, nicht etwa ein Chanson über den Krebs. Übrigens kann man sagen, daß seine Krankheit der letzten Platte ›eingeschrieben‹ ist. Der Kreis scheint sich zu schließen: Wie einst als Sechzehnjähriger will er jetzt, mit neunundvierzig Jahren, eine Art Novelle verfassen.

Brel stellt sich auf eine zweijährige Chemotherapie ein. Man könne damit, meint Lucien Israel, in einem derartigen Fall das Leben des Patienten um zwei bis vier Jahre verlängern. Sollte während dieser Zeit ein Durchbruch in der Krebstherapie erzielt werden, dürfe man weiter hoffen. Jacques wirkt euphorisch. Er kommt wieder zu Kräften, gewinnt seine Bewegungsfreiheit zurück. In Französisch-Polynesien kann die Behandlung nicht durchgeführt werden, und so ist sich Brel vielleicht schon darüber im klaren, daß er in Europa bleiben muß.

Jacques und Maddly besuchen Prunier, bei dem auch Claude Lelouch und Robert Hossein zu Gast sind. Sie sprechen über den Film *Les Uns et les autres*. Lelouch hat Brel lange nicht mehr gesehen. Jacques, bärtig, aufgedunsen und von der Krankheit gezeichnet, geht auf ihn zu:

»Claude!«

»Jacques!«

Brel spürt die Verwunderung und die Befangenheit des Regisseurs. Er weiß, wie verändert er aussieht. Aber er sagt:

»Das Leben ist schön!«

Dr. Israel möchte, daß Jacques in Paris bleibt. Der Krebsspezialist befürchtet eine Infektion oder eine Lungenembolie. Aber Brel will aus Paris flüchten. Die Fliegerei hat er bereits aufgegeben. In einem Brief vom 26. August 1978 schreibt Maddly an Jean-Francois Lejeune, daß Brel sich viel besser fühle und schon wieder einen enormen Appetit habe. Jacques fügt drei Zeilen hinzu:

»Vielen Dank, daß Du Dich um das Flugzeug kümmerst. Paris ist schrecklich, mit all den Journalisten und Nichtsnutzen. Ich bin ein wenig müde, aber es geht noch. Ich umarme Dich. Jacques.«

Maddly bittet Jean-Francois, Brel seine Sonnen- und Bifokalbrille nachzuschicken, die er in der linken Seitentasche der ›Jojo‹ vergessen hat. Sie und Jacques hoffen, daß das Flugzeug bald einen Käufer findet. Da Brel sich von seiner ›Jojo‹ getrennt hat, ist er offenbar entschlossen, in Europa zu bleiben. Denn es ist kaum vorstellbar, daß dieser ruhelose Mensch sich damit abfinden könnte, auf Hiva Oa festzusitzen und auf eine wöchentliche Flugverbindung nach Tahiti angewiesen zu sein.

Brel will sich drei Wochen in der Schweiz

erholen. Jean Liardon kommt mit seiner Privat-
maschine aus Genf und holt ihn am Flughafen Le
Bourget ab. Es ist ein kühler Morgen. Um den
Fotografen zu entkommen, versteckt sich Jac-
ques zwei Stunden lang auf der Toilette der
Transair. Genau das richtige, um sich zu erkälten.
»Es ist ein Wunder, daß ich noch lebe«, sagt er
zu Liardon.

Dank seiner guten Beziehungen zum Reich
der Kontrolltürme kann Jean Liardon einen
fingierten Flugplan erstellen lassen. Man verbreitet das Gerücht, daß Brel nach Mailand fliegt.
Trotzdem spüren ihn die Journalisten in Genf
auf, wo er im Hotel ›Beau Rivage‹ abgestiegen
ist. Kommt ihm bei all diesen Verfolgungsjagden
der Sinn für Prioritäten abhanden? Von den
Fotografen belagert und gequält, hört er auf, die
verordneten Antibiotika und Blutgerinnungs-
hemmer einzunehmen. Ein tragischer Irrtum?
Die Zusammenhänge bleiben unklar. Jacques war
Medikamenten gegenüber stets mißtrauisch, er
nahm höchstens einmal etwas gegen Zahnschmerzen. Aber warum hat Maddly ihn nicht
gezwungen, seine Arzneien zu schlucken? Sie
schmeckten ekelhaft, sagt sie später. Fraglich ist,
ob diese Mittel in Brels Krankheitsstadium überhaupt noch eine Wirkung gehabt hätten.

Vermutlich fühlte er seit langem, spätestens
seit der Atlantiküberquerung, eine selbstzerstörerische Kraft in sich. Thanatos! Und doch
siegte immer wieder Eros – »das Leben ist
schön«. Er ist weit herumgekommen. Hat er

vielleicht schon alles gesehen, was er sehen wollte, an Dingen, an Menschen und in sich selbst?
Es gibt für ihn kein ›woanders‹ mehr. Manche
Leute deuten das ›Vergessen‹ der Medikamente
als eine Art Selbstmord. *Le Vieux*, der Alte, ist
verbrauchter, kaputter denn je. Vor dem Sterben
hat er keine Angst, aber vor dem Altern …

Leben, überleben, aufbrechen. Am 24. September mietet Jacques in Genf einen Lear Jet,
den Liardon steuert. Zusammen mit Maddly
landen sie in der Nähe von Avignon, mieten
einen Wagen und verbringen den Tag damit, sich
ein halbes Dutzend Häuser im Département
Vaucluse anzusehen.

»Ich will mein eigenes Haus haben!« sagt Brel.

Wie viele Schwerkranke wünscht sich Jacques
zeitweise den Tod herbei (zumindest hat es den
Anschein), dann wieder will er leben. Auf Dr.
France, der ihn 1974 untersucht hatte, macht er
jetzt den Eindruck eines Menschen, der weiß,
daß es ›aus ist‹.

Zumindest weiß er, was es bedeutet, wenn er,
Jacques Brel, kein Flugzeug mehr steuern kann.
Er ist ja alles andere als ahnungslos oder naiv.
Ihm ist klar, daß ihm nur ein Aufschub gewährt
wird. Wie lange mag diese Galgenfrist noch
dauern?

Als sie wieder in Genf sind, verschlimmert sich
sein Zustand. Der Husten schüttelt ihn, er
keucht, beginnt zu phantasieren. Um drei Uhr
morgens ruft Maddly Liardon an. Er weigert
sich, Jacques ohne ärztliche Genehmigung nach

Paris zu transportieren. Der Anfall läßt ein wenig nach. Am frühen Nachmittag des 7. Oktober wird Brel in Liardons Maschine mit höchster Alarmstufe nach Paris zurückgeflogen. Im Flugzeug plaudert er mit dem begleitenden Arzt. Bevor er in den Krankenwagen steigt, der in Le Bourget auf ihn wartet, sagt er zu Liardon:

»Versprich mir, niemals krank zu werden.«

Er spielt immer noch seine Rolle – aber in welchem Stück, in welchem Roman?

»Er ist zu spät gekommen«, sagt Lucien Israel. »Röntgenaufnahmen und EKG-Befund lassen alle Symptome einer schweren Lungenembolie erkennen.«

Maddly wacht an seinem Bett, und Charley Marouani siebt die Telefonanrufe. Brel wirkt so heiter wie jemand, der seine Chancen verteidigt, ohne mehr zu verlangen. Unter der Sauerstoffmaske, am Heparin-Infusionsschlauch hängend, mit nur noch einem Lungenflügel, der schon halb verstrahlt ist, scheint der Alte, der große, der kraftvolle Jacques Brel ganz auf die Möglichkeit konzentriert, auch dieses Kap noch zu umschiffen. Die Pressefotografen sind nicht in Brels Zimmer vorgedrungen. Aber ein Mann, der dort eigentlich nichts zu suchen hat, kann sich am Sonntag morgen gegen sechs Uhr fünfzehn dem Sänger unbemerkt nähern: Roger F..., ein Bewunderer. Später, im Jahre 1983, erinnert er sich:

»Es war nicht gerade die feine Art, aber es handelte sich doch um einen Freund, der im Sterben lag ... Sein Mund verzerrte sich zu ei-

nem Lächeln, das mehr Grimasse als Botschaft war. Sein Gesicht war aufgeschwemmt, als hätte man ihn mit Cortison behandelt. Er ähnelte kaum noch dem Mann, dem ich einige Jahre zuvor in seiner Garderobe im Olympia-Theater meine Glückwünsche überbracht hatte. Ich könnte Ihnen nicht sagen, ob er litt, sein Mut war großartig. Eines wurde mir klar: Ich glaube, er weigerte sich, die letzte Hürde zu nehmen. Zwar hatte er oft verkündet, daß der Tod eine ganz natürliche Sache sei, aber in diesem Augenblick wies er ihn mit aller Kraft zurück, nicht um seiner selbst willen, sondern wegen der Menschen, die ihm nahestanden. Ich habe seine Hand angetippt und irgendeinen aufmunternden Spruch gesagt. Und er hat mir ein Lächeln geschenkt. Ich bin höchstens eine Minute bei ihm geblieben ...[4]«

Einer unter den Millionen namenloser Bewunderer.

Als man Jacques kurz die Sauerstoffmaske abnimmt, bittet er Catherine Adonis um eine Coca-Cola. In einem Moment der Selbstironie sagt er zu ihr:

»*Je ne vous quitterai pas.* Ich werde euch nicht verlassen.«

Am 9. Oktober 1978, um drei Uhr morgens, stirbt Jacques Brel im Zimmer 305 an Herzversagen.

In Frankreich wie in Belgien berichten Presse, Rundfunk und Fernsehen über Brels Tod. Retrospektiven, Zeugnisse von Kollegen und Freun-

4 Archives
Fondation Brel.

den versuchen, Leben und Werk des Künstlers zu rekonstruieren. Georges Brassens erklärt: »Ich glaube nicht, daß er gestorben ist. Wenn man Leute liebt, dann sterben sie natürlich, das heißt: sie gehen ein bißchen weg. Von all denen, die ich geliebt habe, ist keiner gestorben. Es wird für mich und seine Freunde leicht sein, Brel wieder zum Leben zu erwecken. Wir brauchen uns nur seine Platten anzuhören.«

Man spricht über Brels Tod mehr als über den des Clowns Victor Fratellini, der einen Tag später gestorben ist.

Serge Reggiani, weniger sentimental als der große Georges, faßt zusammen, wovon viele Kollegen aus dem Showgeschäft elf Jahre nach Brels letztem Bühnenauftritt überzeugt sind: »... Er war die perfekte Verkörperung dessen, was man aus dem Varieté machen kann, er war der Größte von uns allen.«

An dem Abend des 9. Oktober erscheint François Mitterrand, erster Sekretär der *Parti socialiste*, in der Fernsehsendung *Cartes sur table* und erklärt unter anderem, daß für die PS eine Kandidatur für die Präsidentenwahl noch kein aktuelles Thema sei. Er spricht von jenem Sieg der französischen Linken, den sich Brel auf seiner Insel noch herbeiwünschte. »Der Sieg wird erst dann möglich, wenn die PS zur großen Partei der Linken wird, denn die Franzosen sind nicht bereit, sich den Kommunisten auszuliefern ...«

Jacques Brel ist mit seinem Chansonwerk zum

festen Bestandteil des französischen Kulturerbes geworden. Doch nicht jeder trauert um den Sänger. Nur wenige Stunden nach seinem Tod hat in einer flämischsprachigen Region zwischen Brüssel und Lüttich ein Unbekannter an einen Brückenpfeiler geschrieben:

»Brel is dood, hourrah!«

Brel ist tot. Aber die Menschen, die das bedauern, sind zahlreicher als jene, die auf solche Weise ihren Groll und ihre makabre Genugtuung bekanntgeben.

Zwischen dem 5. und dem 11. Oktober findet in Buenos Aires ein internationaler Kongreß für Krebsforschung mit mehreren tausend Teilnehmern statt. Der Grundton ist pessimistisch. Brel ist an Lungenkrebs gestorben, und die Statistiken zeigen, daß die Zahl der Lungentumoren, nicht zuletzt wegen des weltweit zunehmenden Tabakkonsums, stetig wächst. Trotz der Vielfalt der Therapieformen sind die Überlebenschancen der Erkrankten bei einer Überlebensdauer von maximal fünf Jahren seit 1950 um kaum fünf Prozent gestiegen. Als Krebskranker war Brel ein Durchschnittsbürger.

Die Familie Brels wird benachrichtigt. Die Frau von Arthur Gelin ruft die älteste Tochter Brels am 9. Oktober um sechs Uhr morgens an. Von Holland aus, wo sie das Wochenende bei Freunden verbracht hat, fährt sie zu Miche nach Brüssel. Isabelle erreicht man in der näheren Umgebung von Brüssel, und France hält sich im Chalet in Saint-Pierre-de-Chartreuse auf. Pierre

XIV.
KAPITEL

Brel, Jacques' Bruder, erfährt die Nachricht aus dem Radio. Er geht an diesem Tag nicht zur Arbeit und läßt eine Mitteilung in der Kartonagenfabrik Vanneste & Brel verteilen: »Jacques ist gestorben. Für Sie und für mich wird es die Sache erleichtern, wenn wir die nächsten Tage verbringen, als wäre nichts geschehen.«

Jacques Brel wird im französisch-moslemischen Krankenhaus aufgebahrt. Sein Gesicht strahlt Ruhe aus. Er scheint, wie viele Tote, entspannt zu lächeln. Und es ist, als sagte er zu gewissen Leuten: »Ich habe euch jetzt hereingelegt.« Und zu anderen: »Ich gehe, ohne ganz unglücklich zu sein.« Oder: »Ich lächele euch ein letztes Mal zu.« Und auch: »Es ist nicht so schwer, im Herbst zu sterben.«

Es wimmelt jetzt von Journalisten und Fotografen. Das war vorauszusehen, und dennoch ist die Situation für die Freunde und Angehörigen Brels kaum erträglich. Sie stehen in der Bibliothek, auf der einen Seite Miche, ihre Töchter und einige Freunde, auf der anderen Maddly, Barbara, Henri Salvador … Weitere Verwandte und Menschen, die ihm nahestanden, versuchen in den Korridoren und im Souterrain des Krankenhauses der Presse auszuweichen, bevor sich alle in der Trauerkapelle um den noch offenen Sarg versammeln.

France weint nicht: »Er ist glücklicher da, wo er jetzt ist«, sagt sie. Bevor der Sarg geschlossen wird, werden alle den Raum auf Maddlys Wunsch verlassen, um sie mit dem Toten allein zu lassen.

Draußen werden Maddly und Miche fotografiert, als sie einander umarmen.

Professor Israel steht im weißen Kittel vor den Journalisten und erklärt, daß Jacques länger hätte leben können, wenn er sich früher hätte behandeln lassen. Angesichts der Statistiken fragt man sich, ob diese Behauptung zulässig, unvorsichtig oder aber äußerst kühn ist.

1974, vor seiner Operation in Brüssel, hatte Brel Anweisungen gegeben, was im Falle seines Todes zu tun sei. Er wollte damals eingeäschert werden und wünschte, daß man seine Asche auf dem offenen Meer oder über einem Flugplatz verstreute. Jetzt berichten Charley Marouani und Maddly Bamy, daß Jacques auf Hiva Oa begraben werden wollte. Miche und ihre Töchter erheben keinen Einspruch.

Obwohl Pierre und France Brel es gerne gesehen hätten, findet keine kirchliche Zeremonie statt. Maddly und Charley begleiten den Sarg vom Flughafen Le Bourget bis nach Atuona. In Papeete hat man Michel Gauthier über ihre Ankunft mit einer Linienmaschine der UTA informiert.

»Er war doch dein Freund, fliegst du ihn nach Hiva Oa?«

»Natürlich.«

So ist es Michel Gauthier, der Brels allerletztes Flugzeug steuert.

Bevor der Leichnam Brels auf Tahiti ankommt, muß Gauthier die Angebote vieler Wochenzeitschriften und Runfunksendern ab-

lehnen, die bereit wären, ihn für ein paar Fotos von der Beerdigung fürstlich zu entlohnen. Die Luftfahrtgesellschaft Air Tahiti weigert sich, Flugzeuge an die Presse zu vermieten. Trotzdem wird während der Beerdigung fotografiert. Ob lebendig oder tot – der Star verkauft sich teuer.

Marc Bastard überreicht Charley Marouani ein paar Kassetten.

»Jacques hat mich darum gebeten, sie dir zu geben. Maddly weiß nichts davon.«

Wo befinden sich diese Kassetten heute?

In den sechziger Jahren hatte Brel zu Paul Lepanse, seinem damaligen Fluglehrer, gesagt:

»Das Ganze wird in der Zuidersee enden, mit Pelerine, Stock und Hund – und kein Mensch am Horizont.«

> *... Schau Kleines, schau doch*
> *Da hinten in der Ebene*
> *Wo das Schilfgras steht*
> *Zwischen Himmel und Mühle*
> *Da ist ein Mann der fortgeht*
> *Und wir kennen ihn nicht*
> *Schau Kleines, schau doch*
> *Trockne deine Tränen*
> *Das ist ein Mann*
> *Der fortgeht*
> *Du kannst die Waffen wegräumen.*[5]

5 Regarde bien, petit.

Das Ganze endet unter den Jasminbäumen des malerischen, aber düsteren Friedhofs von Atuona, nicht weit von einer anderen berühmten

Grabstätte, der des Malers Paul Gauguin. Ein Dreivierteljahrhundert zuvor hatte auch er auf dieser Insel mit dem Tod gekämpft, mehr als zwei Jahre lang. Brel und Gauguin liegen in derselben Reihe, unterhalb der Missionarsgräber, die längst von Regengüssen verwüstet sind, mit ihren rostigen schmiedeeisernen Einfassungen und umgestürzten Grabsteinen. Anders als der Sänger hatte der Maler hier keine Freunde unter den Pfarrern und Polizisten.

Auf Brels Grab, einer der wenigen Ruhestätten, um die sich noch jemand kümmert, hat Maddly ein großes braunes Medaillon anbringen lassen, auf dem sie und Jacques dargestellt sind. Aber die Gesichtszüge, verzerrt und vergröbert, werden den beiden nicht gerecht.

XV. KAPITEL

XV. KAPITEL

SPUREN, 1984

Jeder Mensch hinterläßt Spuren des Glücks und des Unglücks – eine Persönlichkeit, ein schöpferischer Mensch wie Jacques Brel um so mehr.

Maddly, schön wie eh und je, pendelt zwischen Neuilly und Atuona, wo sie sich mehrere Monate im Jahr aufhält. Sie wohnt dort immer noch im selben Haus, unweit des Friedhofs.

Jedes Jahr am 9. Oktober veranstaltet sie ein kleines Fest an Brels Grab. Wie zuvor Sophie oder Marianne diktierte Jacques auch Maddly seine Einfälle. Sie hat daraus ein Buch zusammengestellt, und streckenweise lesen sich diese Notizen wie Chansons im Embryonalstadium:

> *Und ich bin fünfzehn und ich sterbe*
> *Ich hatte nicht die Zeit Zeit zu haben*
> *Ich hatte nicht die Zeit Kinder zu haben*
> *Und schon mehr vergangen als vergehend*
> *Von Verstorbenen zu Sterbendem*

XV.
KAPITEL

Bleibt mir nicht mehr die Zeit

Sechzehn zu sein

Ich hab hier meinen Freund

Er hat den Whisky und das Eis genommen

Und er sollte hier sein

Und ich werde dort sein

Es macht wirklich müde

Weißes Haar zu tragen

Und mit sechzehn zu sterben.[1]

1 Tu leur diras.

Maddly ist weder praktizierende noch gläubige Christin. Als sie in Atuona auf Jacques' Wunsch ihre Mutter zur Messe begleitete, tat sie das nur aus Höflichkeit und Freundlichkeit. Maddly glaubt an ein Jenseits, das mit dem christlichen nicht viel gemein hat. Sie übt sich im Tischrücken und beschäftigt sich mit der sogenannten ›Kommunikation durch Inkorporation‹. Sie stehe mit Jacques in ständiger Verbindung, versichert sie. 1984 hat sie ihr zweites Buch beendet. Ab und zu verfaßt sie rührende, wenn auch bescheidene Chansons. Die gelungensten sind bis ins Vokabular hinein von ihrem Leben mit Brel inspiriert.

In Brüssel hat die ruhige, ordnungsliebende Miche, die auf ihre Weise immer noch in Jacques verliebt ist, ihren inneren Frieden wiedergefunden. Sie verwaltet das Erbe, das er ihr hinterlassen hat: sein Gesamtwerk. Und läßt sich in die EDV einführen. Sie reist viel. Jacques, der die Reiselust erst in ihr geweckt hatte, fand ihre Kreuzfahrten stets scheußlich und zugleich interessant. Miche entdeckt immer noch neue Sei-

ten an dem schöpferischen Menschen, der ihr Mann war. Sie geht viel aus, verfolgt das literarische und musikalische Leben und die aktuelle Entwicklung des Films. Sie hat sechs Enkelkinder.

Chantal sammelt Aus- und Fortbildungen. Sie unterrichtet unter anderem an einer Schwesternschule. Meist lebt sie in der Ardèche, aber sie hält sich oft in Brüssel, Louvain-la-Neuve und Sri Lanka auf. Sie bedauert heute, ihren Vater auf den Marquesas nicht besucht zu haben.

Nachdem sie eine Zeitlang an der Berlitz School unterrichtet und später das Ensemble des Sängers Michel Fugain begleitet hat, ist France, die zweitälteste Tochter Brels, Verwalterin der ›Fondation Brel‹ geworden, die sie ins Leben gerufen und zum großen Teil auch selbst finanziert hat. Die Stiftung archiviert bibliographische und audiovisuelle Dokumente über Brel. Immer wieder versichert France, daß sie bald die Leitung der ›Fondation‹ abgeben wird. Man wirft ihr gelegentlich vor, von ihrem Vater immer noch besessen zu sein und nur durch ihn zu leben. Sie sucht weiterhin ihren Weg. Wie ihre Schwestern versucht sie, sich von ihm, den sie alle jetzt ›Jacques‹ nennen, zu lösen.

Isabelle hört sich immer häufiger die Chansons ihres Vaters an. Sie leitet eine Reitschule auf dem Lande, im südlich von Brüssel gelegenen Seneffe.

Die Töchter Brels sehen ihm ähnlich: Sie haben von ihm die nervösen Gesichtszüge, den

XV.
KAPITEL

energischen, eigenwilligen Ausdruck, die kräftigen Kiefer, die verschmitzten Augen. Sie haben sich alle drei mit dem Menschen und dem Star, mit Jacques und mit dem Vater versöhnt.

Suzanne Gabriello arbeitet immer noch im Showgeschäft.

Sophie hat sich allmählich von ihren Wunden erholt. Sie hat Jacques Brel sehr viel gegeben, und er hat sie sehr tief verletzt.

Brel wußte, daß manche Menschen niemals vergessen können:

> *... Nicht das ›Nie mehr‹, das ›Ewig‹ nicht,*
> *Nicht das ›Je t'aime‹, die Liebe nicht,*
> *Die man gepflückt, halbherzig, schal,*
> *Von Grau zu Grau, von Qual zu Qual,*
> *Die Lippen nicht, die in der Nacht*
> *Und manche Frau hat dargebracht*
> *Die morgens uns nur gehen ließ,*
> *Wenn es ›Auf Wiedersehen‹ hieß...*[2]

2 On n'oublie rien.

Marianne kümmert sich um ihren Sohn und arbeitet mit Behinderten. Sie hat am eigenen Leib erfahren, daß das Leben einem nichts schenkt. Mit einem Lächeln erinnert sie sich an den Mann, an ihre Begegnungen, an viele Chansons und an das letzte Wiedersehen mit ihm auf einem Flughafen:

> *... Und dann verschwindet er*
> *Verschluckt von der Treppe*
> *Und sie, sie bleibt da*

Das Herz über Kreuz, mit offenem Mund
Ohnen einen Schrei, ohne ein Wort
Sie kennt seinen Tod
Grad ist sie ihm begegnet
Da dreht sie sich noch einmal um
Und noch einmal
Ihre Arme hängen bis zur Erde …³

3 Orly.

Einige Tage vor seinem Tod war Brel mit einem Film beschäftigt, den der Vater von Jean Liardon in der Schweiz gedreht hatte: *Voltige mon rêve*. Aus Genf hatte Brel Gérard Jouannest angerufen und ihm gesagt, daß er gerne eine Musik zu diesen akrobatischen Kunstflügen schreiben würde: »Denk darüber nach. Wir sehen uns bald. Ich rufe dich an.«

Brel hatte einen Melodie im Kopf, die er im Stil von Pink Floyd bearbeiten wollte. Aber Jouannest hat Brel danach nicht mehr gesehen. Die erste Vorführung dieses Kurzfilms fand am Tag von Brels Tod statt. Gérard Jouannest und François Rauber haben die Filmmusik nach Themen von Brel komponiert.

Im Vorspann heißt es: »Musik von Jacques Brel.«

Gérard Jouannest hat sein Leben Juliette Gréco gewidmet. Er begleitet sie sozusagen am Flügel durch die ganze Welt.

François Rauber arbeitet weiter als Komponist und Arrangeur.

Jean Corti hat sich in Südfrankreich niedergelassen und spielt immer noch Akkordeon – wie

sein früherer Kollege Marcel Azzola, der mit der Gréco und Yves Montand auf Tournee geht.

Edouard Caillau steht jede Nacht als Conférencier auf der Bühne des ›Gaîty‹ in Brüssel. Alice Pasquier betreibt ein kleines Hotel in der Nähe von Rambouillet. Franz Jacobs und Zozo kann man am späten Nachmittag in ihrer Bar in Knokke antreffen.

Franz zieht sich früh zurück, geht nach Hause, schaltet den Fernseher ein. Meist schaut er sich Western und Kriegsfilme auf britischen Kanälen an. Wie viele Freunde Brels hat Franz Tränen in den Augen, wenn er von Jacques spricht. Und dann erzählt er von den schönen Zeiten, die sie miteinander hatten.

> *Mein Freund, schenk mir noch einmal ein*
> *Noch ein Glas und ich gehe*
> *Nein ich weine nicht*
> *Ich singe und ich bin fröhlich*
> *Aber ich habe Mühe ich zu sein*
> *Mein Freund, schenk mir noch einmal ein*
> *Mein Freund, schenk mir noch einmal ein ...*[4]

4 L'Ivrogne.

Céel ist 1983 gestorben. Auch Dessart, Jacques' Pate, ist tot. Maddly hat Michel Gauthier eine numerierte Flasche Armagnac aus dem Jahrgang 1939 überreicht: »Die wollte Jacques dir schenken.«

In Zandvoorde haben Marthe und Roger, zwei Alte aus der Familie Brel, gerade ihr Café aufgegeben. Sie werden die Ausstattung verkaufen,

darunter einen prachtvollen Bierzapfhahn aus Porzellan. Marthe kann sich noch sehr gut an Louis, Jacques Brels Großvater, erinnern: »Er sang gerne. Man singt gut, man singt viel in unserer Familie.«

In Zandvoorde werden inzwischen alle behördlichen Mitteilungen in flämischer Sprache verfaßt.

Das verschlafene Dorf mit seinen knapp achthundert Seelen ist einer größeren Gemeinde angegliedert worden. Zwischen dem Belfried von Ypern und den Schornsteinen von Tournai erstreckt sich das flache Land, *Le Plat Pays*. Im Mai dampft immer noch die Ebene, wenn die Bauern die weißen Plastikplanen und die Autoreifen wegnehmen, die winters die Dunghaufen vor der Kälte schützen. Hier und da wird ihr warmer Geruch durch den von Chemikalien verdrängt.

Der Weinbauer Raymond Roblot ertrank vor Atuona und wurde unweit von Gauguin und Brel beerdigt.

Beim Berufungsgericht von Angers schleppt sich 1984 immer noch ein Prozeß hin, bei dem es um einen Zeitungsartikel über Brel mit den dazugehörigen Fotos geht.

1974, kurz vor seiner Operation, hatte Brel mehrere Briefe geschrieben. Einen Monat nach dem Tod ihres Vaters erhielt France den, der für sie bestimmt war:

»Brüssel, den 14. November

Meine France,

XV.

danke, daß Du da bist, und danke für Deine Zärtlichkeit.

Du hast in diesen letzten Monaten so viel Sonne in das Leben Deines Vaters gebracht.

Ich hoffe, ich habe Dir eine Ahnung von einer Lebensweise vermittelt, die Du zwar von Deiner Kindheit her nicht kennst, die aber, wie ich meine, nicht die schlechteste ist.

Möge das Leben für Dich süß und schön sein.

Sei ganz lange und zärtlich umarmt.

Danke.

Jacques.

PS: Herzliche Grüße an Vic, und versuch mit Maddly in Kontakt zu bleiben.«

Diesen Brief hat Charley Marouani nach Brels Beerdigung aus Hiva Oa mitgebracht.

Über sein Leben hinaus bringt Jacques Brel Sonne und Zärtlichkeit in das Leben derer, die sich seine Chansons anhören. Sein Werk ist nicht in Vergessenheit geraten. Viele Sänger interpretieren seine Lieder. Barbara, Juliette Gréco, Simone Langlois zählen zu den ersten, die an ihn geglaubt haben. Später folgten Julien Clerc, Claude Nougaro, Petula Clark, Serge Lama, Isabelle Aubret, Jean-Claude Pascal, Nicole Croisille und sogar Yves Montand, der allerdings nur kurze Zeit mit Brel sympathisierte. Der große Yves und der große Jacques passen schlecht zusammen. Im angelsächsischen Raum, vor allem in den Vereinigten Staaten, haben viele Sänger auf Brel gesetzt: Frank Sinatra, Ray Charles, Neil Diamond, Shirley Bassey, Andy

Williams, Nina Simone, Judy Collins, Joan Baez, Tom Jones und selbst David Bowie, der für Brel kurz den Rock vernachlässigte. In Kanada bleibt Fabienne Thibault Brels überzeugendste Interpretin. Im deutschsprachigen Raum haben Michael Heltau und Klaus Hoffmann Lieder von Brel gesungen. Der Schauspieler und Sänger Hoffmann äußerte etwas voreilig: »Für mich ist Brel einer der größten europäischen Sozialisten. Seine Waffe war nicht das Gewehr, sondern die Liebe.«[5]

5 Paroles et Musique, Nr. 21, 21. August 1982

In Italien ›brelieren‹ Herbert Pagani, Bruno Lauzi und Giorgio Gaber, in Griechenland Georges Chakiris und in Katalonien Ramon Muns. Es sei hier erlaubt, daß ich mich zu meinem Faible für die Interpretationen der Niederländerin Lisbeth List bekenne. Vielleicht findet man in ihrer Stimme noch am ehesten die Wärme und Zärtlichkeit wieder, die für Brel charakteristisch ist.

Ich weiß nicht, wie die Nachwelt über Jacques Brel urteilen wird. Aber man darf wohl behaupten, daß er als Sänger, Liedertexter und Musiker zu den bedeutendsten dieser Mehrfachbegabungen im französischsprachigen Raum zählt, neben Georges Brassens, Barbara, Guy Béart, Léo Ferré, Félix Leclerc, Boris Vian und Gilles Vignault.

Brel erreicht zwar nicht die Plattenverkaufszahlen gewisser amerikanischer Sänger, die oft nur Interpreten und nicht wirklich schöpferisch sind, doch das Publikum, selbst das jüngere, das

ihn nicht mehr auf der Bühne erleben konnte, bleibt ihm treu.

Diese Anhänger und Bewunderer Brels fragen sich immer wieder, ob seine ›unveröffentlichten‹ Chansons eines Tages für sie zugänglich sein werden. Es handelt sich um fünf Lieder, die 1977 in Paris aufgenommen wurden: *Mai 40*, *Avec élégance*, *Sans exigences*, *L'Amour est mort*, *La Cathédrale*. Dazu kommen zwei im Brüsseler Dialekt gesprochene Texte: *Le Docteur* und *Histoire française*.[6]

Der Grundton dieser Chansons ist düster bis verzweifelt. Die auf Hiva Oa geschriebenen oder vollendeten Texte stehen in krassem Gegensatz zu der guten Laune und der Heiterkeit, die Jacques dort vor seinen Freunden an den Tag legte. Immer hat er in Chansons und Briefen mehr von seiner dunklen, ernsten Seite gezeigt als im Alltag.

Einige dieser Texte und Melodien sind ergreifend. Wie aus großer Höhe und aus weiter Ferne resümiert Jacques hier die finstersten Zeiten eines menschlichen Lebens – seines Lebens?

> *… Sie spüren den Hang,*
> *Schlüpfriger als zu der Zeit da ihr Körper schmal war*
> *Lesen in den Augen der hinreißenden Leute*
> *Daß die Fünfzig Provinz sind*
> *Und*
> *Verbrennen ihre sterbende Jugend*
> *Und tun als wären sie frei davon*
> *Sie sind verzweifelt*
> *Und zwar mit Eleganz …*[7]

6 Die Texte sind in *L'Oeuvre intégrale* erschienen (Robert Laffont, 1982).

7 Avec élégance.

Noch einmal beschwört er die böse, verderb-
liche Frau herauf – und erweist Gott seine spöt-
tische Reverenz:

> *... Erst Elend allein, dann Elend zu zweien*
> *Da hab ich angefangen zu Gott zu beten*
> *Aber man weiß nur zu gut daß er zu alt ist*
> *Und daß er nichts mehr in der Hand hat*
> *Ich hätte arrogant sein sollen*
> *Und zitternd vor Nachsicht*
> *Wagte mein Herz nicht mehr die Hand zu heben*
> *Als sie sah daß ich keine Ansprüche mehr hatte*
> *Meinte sie ich wollte nichts mehr ...*[8]

Es ist durchaus möglich, daß bei den Lebensgefährtinnen Brels noch weitere Chansons, Text-
oder Musikfragmente in Schreibheften oder auf
Tonkassetten zu finden sind.

Was die oben erwähnten fünf Lieder und die
beiden Geschichten betrifft, sind Madame
Jacques Brel und ihre Töchter sich darüber einig,
daß Brels Bewunderer ein Recht darauf haben,
sie zu hören, und daß sie deshalb vermarktet
werden dürfen. Außerdem, argumentieren die
Brels, konnte Jacques sehr schnell seine Meinung
ändern.[9] François Rauber, Gérard Jouannest,
Charley Marouani und Maddly Bamy vertreten
dagegen die Auffassung, daß Jacques jene
Chansons und Geschichten als unfertig einstufte
und sie deshalb, mit Ausnahme des Liedes *Sans
exigences*, das auf seiner letzten Platte beinahe *Les
Marquises* ersetzt hätte, nicht in Umlauf bringen

[771]

8 Sans exigences.

9 Ein Beispiel da-
für, wie schwan-
kend Brel in sei-
nen Äußerungen
und in seinem
Verhalten gegen
Ende seines Le-
bens war: Ge-
genüber
François und
Françoise Rauber
erklärte er, daß
die Rechte an
der Platte *Les
Marquises* auf
Maddly überge-
ben sollten. In
einem Brief an
Miche vom 2. Fe-
bruar 1978 be-
hauptete er das
Gegenteil, und
er ließ auch kei-
nen Notar in die
Hartmann-Klinik
kommen, um
sein Testament in
diesem Sinne zu
ändern. Miche
Brel sagt: »Hätte
er seinen
Wunsch auf ein
Stück Papier
gekritzelt, hätte
ich mich danach
gerichtet, auch
ohne notarielle
Beglaubigung«.
Natürlich hat Brel
auch Maddly
nicht in materiel-
ler Not zurückge-
lassen.

wollte. Die Chansonrechte gehören zu unterschiedlichen Anteilen sowohl der einen wie der
anderen Partei. Die Angelegenheit hat freilich
nicht nur einen juristischen Aspekt, sondern auch
einen emotionalen. Jeder versucht, ›seinen‹ Brel
zu verteidigen, und setzt sich für das ein, was er
für den letzten Willen des Sängers hält. Es geht
nicht primär um Geld, sondern ums Prinzip. Die
Brels können ihren Lebensunterhalt auch ohne
diese eventuellen Einkünfte bestreiten. Gérard
Jouannest und François Rauber wollen die Chansons, an denen sie ganz oder teilweise die Rechte
besitzen, nicht veröffentlichen, weil sie davon
überzeugt sind, daß keines dieser Stücke richtig
ausgegoren ist. Jede der beiden Parteien meint es
ehrlich. Eine Lösung des Problems wäre vielleicht, eine limitierte Auflage von Platten herzustellen, die man dann nur an Archive und Me-
diatheken verteilen würde, als Dokumentation
und zu Recherchezwecken. Aber in dieser Blütezeit der Medienpiraterie hätte man sie damit
zugleich dem Schwarzmarkt ausgeliefert.

Abgesehen davon, daß man die Chansons hin-
sichtlich ihrer Qualität und ihres Vollendungs-
grades unterschiedlich einschätzen und Brels
Absichten verschieden interpretieren kann, rührt
dieser Streit an das generelle Problem von post-
humen Werken, vertraulichen Tagebüchern und
Briefen, Fragmenten, unvollendeten Bildern und
Zeichnungen ... Was wollte der Künstler wirklich? Muß man seinen Willen respektieren, wenn
er zu einem tieferen Verständnis seines Œvres

führt? Muß man eine Frist wahren, bevor man Entwürfe, fertige oder unfertige Werke eines Künstlers gegen den Wunsch seiner Angehörigen der Öffentlichkeit preisgibt? Entsprechende Gesetze können weder die Frage der moralischen Verantwortung noch die Neugier der Forscher oder das Recht auf Recherche aus der Welt schaffen.

Wie auch immer: Diese fünf letzten Lieder, die ich überwiegend großartig finde, obwohl Musikwissenschaftler einiges daran bemängeln mögen, zeugen von einem erschreckenden Pessimismus. Ist dies die letzte Mitteilung Brels über sich selbst?

... Wissen daß man immer Angst gehabt hat
Sein Maß an Feigheit kennen
Auf Glück verzichten können
Nichts mehr von Verzeihen wissen
Und
Nicht mehr viel zu träumen haben[10]

10 Avec élégance.

Brel hinterläßt schöne Erinnerungen und schlimme Narben. Er bezauberte und fesselte die ihm Nahestehenden wie seine anonymen Bewunderer. Naiv und durchtrieben, verführerisch und aggressiv, bescheiden und hochmütig, kurzum voller Widersprüche – *»bourré de contrariétès«*, wie man im achtzehnten Jahrhundert sagte –, hat Jacques sich selbst und andere belogen, um kurz darauf, manchmal auch gleichzeitig, durch Ehrlichkeit zu entwaffnen.

XV.

Sogar seine Angehörigen sehen in ihm zuweilen so etwas wie eine mythische Erscheinung. Er hat besungen, was er gern gewesen wäre, und er hat sich selbst in unvergeßliche Gestalten projiziert.

Ohne Zweifel hat er geliebt. Aber hat dieser ewige, leidenschaftliche Jüngling, dem es nie gelang, ein Libertin zu werden oder zwanglos die freie Liebe zu praktizieren, jemals den Zustand wirklicher Verliebtheit gekannt? Vielleicht bei seiner ersten Frau, in einem Alter, wo die Liebe noch einfach scheint.

Er war ein Mensch der Extreme, dessen Inspirationsquellen Glück und Unglück hießen, Cowboy und Indianer im Zeitalter des Flugzeugs, und er fand sein Leben lang Erlösung in der Arbeit. Weder überwand er seine dualistische Weltauffassung, noch akzeptierte er sein Erwachsensein. Und darüber muß man froh sein. Brels Talent war nicht erwachsen. Er wollte das Unrecht in der Welt mit Lyrismen und Phrasen bekämpfen und schwankte zwischen d'Artagnan, Cyrano und Gavroche, auch wenn er sich vor allem als Don Quijote sah.

Viele Jahre eröffnete er sein Bühnenprogramm mit dem Lied *Madeleine*, später sang er es am Schluß. Diese realistische Romanze schildert einen ewigen Gehörnten, einen vom Leben Betrogenen, der selbst nach den schlimmsten Niederlagen noch die Kraft hat, immer wieder von vorne anzufangen.

... Heute abend hab ich auf Madeleine gewartet
Aber ich hab meinen Flieder weggeworfen
Wie jede Woche
Madeleine kommt nicht
Heute abend hab ich auf Madeleine gewartet
Mit dem Kino ist nichts mehr
Da stehe ich nun mit meinen »Ich liebe Dich«
Madeleine kommt nicht
Madeleine das ist meine Hoffnung
Madeleine das ist mein Amerika
Bestimmt ist sie zu gut für mich
Wie ihr Cousin Gaspard gesagt hat
Heute abend hab ich auf Madeleine gewartet
Schau da fährt die letzte Tram
Bei Eugène wird sicher gerade geschlossen
Madeleine kommt nicht ...

Ob gesund oder ›verbraucht‹, unbekannt oder berühmt – Brel ist stets im Aufbruch, auf der Suche nach einem unauffindbaren Wilden Westen, nach seiner Hoffnung, die viele Gesichter hat: eine letzte Liebe oder die Fliegerei, eine Bar in Lüttich oder ein Bordell, eine Diskussion oder eine vorgefaßte Meinung, ein Streich, ein Traum oder eine Torheit, eine Illusion, eine Begegnung oder ein Blick. Wie kaum ein anderer hat er sein reales und imaginiertes Leben immer wieder aufs neue gelebt und das Imaginäre ins Reale überführt.

Jacques Brel, der von jedem seiner Berufe völlig in Anspruch genommen war, hat mit seinem Schwung, seinem flämischen Ungestüm aber

auch Rollen gespielt. Ein professioneller Liedertexter weiß oft nicht mehr, ob er selbst oder
ein anderer in seinen Texten spricht. Wenn Brel
lautstark behauptete, alles sei ›völlig sinnlos‹,
dann spielte er sich selbst etwas vor. Er wußte
sehr wohl, daß er Komödiant und Tragöde in einem war. Und manchmal nahm er seine Masken
ab. Man kann ihm eine pathetische Dimension
nicht absprechen. Er haßte die Mittelmäßigkeit,
setzte auf den Willen und auf die Hoffnung genauso wie auf die Verzweiflung. Deshalb sprang
der Funke auf das Publikum über, deshalb hatte
er eine unglaubliche Bühnen- und zuweilen auch
Leinwandpräsenz.

Er hat vergeblich versucht, das Korsett des
Konformismus zu sprengen und die soziale Trägheit zu durchbrechen. Er hatte ein unbändiges
Bedürfnis, die eigenen Grenzen zu überschreiten
und sie doch aufrechtzuerhalten. Er wünschte
sich, frei zu sein, und er blieb es auch. Aber er
wollte sich zugleich den Heiligenschein des
Familienvaters bewahren und traditionelle Werte
verteidigen. Er mag das Bürgertum angeprangert
haben, er blieb, was immer er auch anrichtete,
ein Bürgersohn. Gewiß, er brachte alles hinter
sich ab und zog sich nach Hiva Oa zurück. Doch
tief in ihm lebte ein Stück Schaerbeek weiter,
das er bis 1953 noch mit kindlichen Augen,
später desillusioniert betrachtete. Brel wollte die
Großzügigkeit auf Erden. Er selbst war mit
seiner Zärtlichkeit großzügig gegen die einen,
knauserig gegen die anderen. Er war sich seiner

Fehler bewußt und wollte sie ablegen, wollte von ihnen wie von einer Krankheit geheilt werden. Jacques war auch Candide. Und Brel als Profi des Showgewerbes leistete sich die schönste Show von allen: sein Leben. Daß ein außergewöhnlicher Künstler in ihm steckte, der sein Handwerk verstand, hat er schon früh bewiesen. Seine Art von Intelligenz hatte mit Rationalität und Vernunft wenig zu tun. Sein Talent ging oft weit über seine Person hinaus. Er war ein Romantiker und ein Barockmensch, der weder zur Avantgarde noch zum Epigonentum gezählt werden wollte.

Wäre er besser beraten worden und nicht mit fünfundvierzig Jahren erkrankt, hätte er vielleicht ein großer Filmregisseur werden können. In den französischen Programmkinos läuft *Franz* viel zu selten. Jacques Brel war in erster Linie ein einmaliger Interpret, dann Chansonautor und schließlich ein origineller Musiker, auch ein neugieriger Musikforscher, den andere weniger berühmte Kollegen unterstützt und in Wort und Tat ermutigt haben. Aber dem Arrangeur oder Klavierbegleiter ergeht es im Dschungel des Konzertbetriebs wie dem Kameramann oder dem Tontechniker in der Welt des Films: Sind sie auch in ihrem beruflichen Umfeld geschätzt, werden sie doch vom Publikum leicht übergangen.

Der Akkordeonist im Hintergrund wird kaum mehr wahrgenommen als der Beleuchter. Durch Zufall ist Brel mehreren Profis aus dem Show-

geschäft begegnet, die seine Karriere geprägt haben. Er wußte sie an sich zu binden, mit vielen war er – trotz mancher Mißverständnisse und Unstimmigkeiten – bis zu seinem Tod befreundet.

Zumindest für einen Teil des Massenpublikums in aller Welt, jener unentschlossenen, unberechenbaren, manipulierten Menge, die zugleich empfindsam, romantisch und begeisterungsfähig ist, sind die Namen dreier Belgier ein Begriff: Simenon, Brel und Hergé. Eddy Merckx verschwindet allmählich aus dem kollektiven Bewußtsein, denn der Radrennsport ist für das zwanzigste Jahrhundert weniger repräsentativ als der gute Kriminalroman, der Comic oder das Chanson.

Auf der Linie 3 der Brüsseler Metro kann man an der Station ›Jacques Brel‹ aussteigen. Auf eine Magritte-Station wird man wohl länger warten müssen. Auch dürfte nach Georges Simenon viel eher eine Haltestelle benannt werden als nach Henri Michaux. Die Werte der Intelligenzia sind nun einmal nicht die des breiten Publikums.

Es ist ein eindeutiges Zeichen der Anerkennung, daß Anfang der siebziger Jahre Texte von Brel Eingang in die Schulbücher finden. In Frankreich wird er sogar einmal zum Abiturthema, und im März 1969 erscheint sein Name im berühmten Larousse-Lexikon.

Als Ausdruck von Ablehnung und Irritation hingegen können die Anspielungen auf den Sänger im *Alphabet des lettres belges de langue française*

gewertet werden, das 1982 veröffentlicht wurde. Ist Brel weniger bedeutend als Melot du Dy? Das wohl nicht, aber Chansonsänger fallen hier durch das Raster, selbst dann, wenn sie Hochschullehrer genauso begeistern wie wie Matrosen, Bauern, Bergleute und Stahlarbeiter. Die Intellektuellen stehen dem Publicityrummel, der die Stars umgibt und oft auch gefangenhält, mißtrauisch gegenüber. Brels absurd anmutende, politisch gefärbte Auftritte und seine unzähligen Provokationen haben viele von ihnen gegen ihn eingenommen.

Nur selten steigen Schriftsteller auf die Barrikaden, um sich für Chansons und deren Sänger einzusetzen. Pierre Mac Orlan, Boris Vian, Jean-Paul Sartre sind Ausnahmen. Und wenn Raymond Queneau, Jacques Lanzmann, Rezvani und Françoise Mallet-Joris für Juliette Gréco, Jacques Dutronc, Jeanne Moreau oder Marie-Paule Belle Chansontexte schreiben, dann sehen hochinformierte Leser – denn für viele Intellektuelle ist Kultur gleichbedeutend mit Lesen – darin einen netten Zeitvertreib, wenn nicht gar einen Ausdruck von Snobismus, schlimmstenfalls ökonomisches Zweckdenken.

Nun muß man einräumen, daß die Tricks der Showbranche, die sogenannten ›Arrangements‹ zwischen Rundfunksendern, Fernsehproduzenten und Plattenindustrie, oft einen üblen Nachgeschmack hinterlassen. Wie soll man den verdienten Erfolg von einem manipulierten unterscheiden?

XV.
KAPITEL

Nach Art eines Grandseigneurs, die er mehr als andere kultivierte, ist Brel durch diese Welt hindurchgegangen, hat sie erobert, oft zu Unrecht beschimpft und denunziert. Sein Abgang ist ihm hervorragend gelungen. Er hatte eine Tonart für die Freundschaft und mehrere für die Frauen, er sang von Zärtlichkeit und Tod, von Alten und Kindern.

Um Jacques Brel richtig einschätzen zu können, muß man, ob man seine Texte und seine Musik nun mag oder nicht, ihn einmal auf der Bühne erlebt haben. Im französischsprachigen Raum hat sich niemand auf den Brettern so verausgabt wie er. In gewissem Sinne darf man behaupten, daß er ›in Ausübung seines Berufes‹ gestorben ist. Was zählen schon einige Wochen Krankenhausaufenthalt angesichts so vieler Jahre geradezu tobsüchtiger Beweglichkeit und wilder Kreativität? Wer außer ihm hat es fertiggebracht, in nur fünfundzwanzig Jahren mit solcher Intensität Sänger, Filmemacher, Seefahrer und Flugzeugpilot zu sein? Sein Leben lang hat er Vorsicht und Unbeweglichkeit für Behinderungen gehalten und das auch überall laut verkündet. Seine Unvorsichtigkeit wiederum hat sich mancher List bedient, seine Stärke manche Schwäche hervorgebracht. Er ließ sich auch auf Kompromisse ein. Wer hätte bei dieser Lebensweise völlig darauf verzichten können?

Kurz vor seinem Tod hat Brel seinen letzten öffentlichen Schabernack gespielt. Auf der Rückseite der Kassette *Les Marquises* steht ganz am

Ende des Etikettentextes: »1. 2. 3. Auszüge aus dem Musical *Vilebrequin*«. Aber man wartet vergeblich auf einen Ton, es kommt gar nichts. Komplette Stille. Als man Eddie Barclay danach fragte, antwortete er:

»Ach ja ... das ist ein Musical, das Brel zusammen mit Barbra Streisand machen wird.« Und Jacques sagte: »Ich bin gespannt zu sehen, wie viele Leute *Vilebrequin* buchstabieren können! Mit einem oder zwei l ...?«

Das war Brels letzter Streich, ein Grinsen aus dem Jenseits, gleichsam der lautlose Widerhall jenes Gelächters, das der Grand Jacques ertönen ließ, wenn er seinen Hintern entblößte oder in der Kirche rauchte ... Er will, daß man lacht und tanzt, wenn er zu Grabe getragen wird! Ich bin nur ein Sänger, ein Hanswurst. Ich will euch zum Lachen bringen, aber unter Tränen.

Brel besuchte selten Museen, aber die Landschaften seiner Kindheit haben ihn tief geprägt. Er knüpft an den Empfindungsreichtum der niederländischen und flämischen Malerei an. In seinen Porträts setzt er auf seine Weise deren Tradition fort. *Marieke, Jef, Mathilde, Fernand, Madeleine, l'Ostendaise, Les Vieux* – all diese Figuren scheinen einem Gemälde von Pieter Brueghel dem Älteren oder James Ensor entstiegen zu sein. *Le Moribond* (der Sterbende) und der Greis aus *Mon oncle Benjamin* könnten Ehrengäste bei Brueghels ›Bauernhochzeit‹ sein. Wenn Brel von Landschaften singt, erinnert er viele Belgier an Jacob van Ruisdael.

Zu Jacques Martin hat er einmal gesagt: »Wäre ich Dichter, wäre ich Rimbaud, und wäre ich Komponist, wäre ich Mozart geworden. Ich bin weder das eine noch das andere. Ich bin Sänger.«

Für sein altes und neues Publikum bleibt Brel in erster Linie der Sänger, der er werden wollte und der er auf so großartige Weise geworden ist.

»*Et nous voilà ce soir*«, heißt es im Chanson *Mon enfance*, »da seid ihr nun heute abend«.

Da sind wir nun und gehen im Morgengrauen mit einem Walkman durch die Straßen und hören Brel, und nachmittags erwischen wir ihn kurz im Fernsehen, und nachts begegnen wir ihm im Rundfunk, und seine Platten und Kassetten begleiten uns je nach Bedarf. Uns – wen? Jugendliche, Männer und Frauen aus allen sozialen Schichten. Brel will für alle singen, und seine Botschaft kann alle erreichen. Brel war mit seinem Universaltalent eine Art Volksgenie.

»Ich bin ein Aspirin«, pflegte er bescheiden zu sagen, um den therapeutischen Effekt seiner Chansons, die schmerzstillende Wirkung diese⸍ eigentümlichen Verbindung von Wort und Mu⸍ sik zu beschreiben.

Wer kann *La Chanson des vieux amants*, *Le Plat Pays*, *Le Tango funèbre*, *L'Enfance* oder irgendein anderes Brel-Chanson zu seinem Lieblingslied erklären, ohne das sogleich zu widerrufen? Man schätzt an diesem die melancholische Stimmung und an jenem den Humor, man sehnt sich nach dem nächsten, das vom Scheitern erzählt, man

liebt ein anderes, weil es ein Glücksgefühl hervorruft oder verlängert.

Es gibt langsame und rasend schnelle Brel-Lieder, sehr lyrische und eher realistische, aber immer sind sie lebendig, voller Wärme, Zärtlichkeit, Härte und Sinnlichkeit, anrührend und skeptisch zugleich. Sie handeln von der Liebe, der geglückten und der gescheiterten, von der Freundschaft und vom Zorn, von der Angst vor der Gewohnheit, von den Regenschleiern der Einsamkeit und von der unbarmherzigen Sonne des Todes. Brels Texte können voller Scheu oder schamlos sein, viele sind von poetischer Originalität, andere spielen mit Gemeinplätzen und Refrains, aber sie alle halten unseren Niederlagen, unseren Hoffnungen und Versäumnissen den Spiegel vor. Sie bringen die Zeit zum Stillstand, die langsamer altert als wir selbst, und lassen die Erinnerungen vibrieren. Mit ihren Anklagen gegen Gott verärgern sie die Theologen, aber wenn sie von Kummer und Ängsten, von Wünschen und Verlusten und von der Verzweiflung erzählen, erkennt sich jeder von uns darin wieder.

Brel hat Chansonstrophen für alle Gemütszustände geschrieben. Es gibt eine Stunde für Mozart, eine für Rimbaud und eine für Brel, so wie es Tage für Cioran, für Tolstoi oder für den neuesten amerikanischen Krimi gibt. Wenn Brel von unserem Schmerz singt, besänftigt er ihn, und wenn er von unserer Freude redet, macht er sie größer. Er weckt das Bedürfnis, in tiefster Traurigkeit zu lachen und in heiterster Stim

mung zu weinen. Was Brel, der ewig Puber-
tierende, in seinem Leben als Privatmensch oder
als Künstler auch tut – am Ende schaut doch
immer der Erwachsene hinter dem Kind hervor.

Wenn wir uns auf ihn einlassen, auf seine
Kunst, uns schon mit den ersten Takten eines
Chansons zu packen, dann müssen wir ihn uns
dabei vorstellen, wie er schwitzend und mit den
Armen rudernd auf der Bühne oder im Tonstudio
steht. Dokumentationen von Brel-Konzerten
und einige seine Filme sind in Videotheken, den
neuen Musentempeln, erhältlich. Es ist zu hoffen, daß auch die Aufzeichnungen der Shows *Brel
à l'Olympia* und *Palmarès de Chansons* noch auf
den Markt kommen. Diese beiden Schwarzweiß-
filme geben den besten Eindruck von seinen Fähigkeiten als Interpret und von seiner professio-
nellen Haltung, und deshalb sollten sie künftigen
Generationen zugänglich sein. Wer keine Gelegenheit hatte, Brel auf der Bühne zu sehen, kann
hier einem Mann bei der Arbeit zuschauen, der
seinen Körper ebenso einsetzt wie seine Stimme
und seine Sprache.

Wenn man Brel im Kino oder im Fernsehen
erlebt, begreift man mindestens einen der Widersprüche, die ihn prägten: Diese Vitalität eines
Mannes aus dem Norden, der nach Süden zog,
der in Belgien geboren wurde und in Polynesien
starb, versöhnt die Klarheit des Verstandes mit
der Wärme des Herzens und läßt uns für einen
Augenblick glauben, daß wir nach den Sternen
greifen können. Was die Einflüsse betrifft, denen

dieses Volksgenie seine vielfältigen Begabungen verdankt, so muß man sich damit abfinden, daß nicht alles lückenlos begründbar ist. Erklären Sie mir, wie Belgien ist, erklären Sie mir, wie Erdbeeren schmecken! entgegnete mir Jacques Brel im Jahre 1967. Man kann es beschreiben, aber nicht erklären. Auch Brel läßt sich nicht ganz fassen. Begnügen wir uns damit, den Versuchungen des Mannes und den Versuchen des Künstlers nachzuspüren. Besinnen wir uns auf das Wesentliche, befassen wir uns vor allem mit seinem Werk, das uns seine Kreativität vergegenwärtigt. Jacques Brel hat Spuren hinterlassen, die uns noch immer Freude bereiten: einige der schönsten und ergreifendsten Chansons, die in französischer Sprache geschrieben wurden. Seine Musik sei nicht modern, heißt es zuweilen. Um so besser, denn Moden sind vergänglicher als manche Melodien.

Gleichsam wider Willen war Brel in seiner Zeit fest verankert. Er war nicht glücklich, aber heiter, und obwohl er von der Absurdität des Lebens überzeugt war, hat er immer wieder versucht, ihm einen Sinn zu geben. Darin jedenfalls war er ein Mensch des zwanzigsten Jahrhunderts.

Ein befreundeter belgischer Schriftsteller sagte zu mir: »Warum willst du dir die Mühe machen, Brels Biographie zu verfassen? Schreib doch einen Roman über ihn.«

Wäre aber eine von Jacques Brel inspirierte Romanfigur in ihrer Maßlosigkeit überhaupt glaubwürdig gewesen?

ANHANG

DIE BIBLIOTHEK VON JACQUES BREL

Mit der Abdruckgenehmigung von Maddly Bamy, die 1983 die Titel der Bibliothek von Brel in Atuona auflistete.

Louis Aragon, Louis: *La semaine sainte (1 und II); Le roman inachevé; Les voyageurs de l'impériale*

D'Astier de la Vigerie: *Sur Staline*

Marcel Aymé: *La tête des autres*

Nicolai Berdjajew: *Wahrheit und Lüge des Kommunismus*

Juan Bergo: *Afrika Korps*

Georges Blond: *Histoire de la flibuste*

Antoine Blondin: *L'Europe buissonnère*

Lucien Bodard: *Monsieur le consul; Le fils du consul*

La Bruyère: *Les caractères*

Dino Buzzati: *Le K.*

André Breton: *Das surrealistische Manifest*

Louis Bromfield: *La mousson*

Albert Camus: *Die Pest; Caligula*

Blaise Cendrars: *Au cœur du monde*

Alexis Carrel: *L'homme cet inconnu*

Louis Ferdinand Céline: *Reise ans Ende der Nacht*

Cervantes: *Don Quijote*

Gustave Cohen: *La grande clarté du Moyen Âge*

Colette: *La seconde*

Georges Courteline: *Les femmes d'amis*

Michel Cuzin: *Les oiseaux*

Alphonse Daudet: *Tartarin von Tarascon; Briefe aus meiner Mühle*

Charles Dickens: *David Copperfield*

Diderot: *La religieuse*

William Faulkner: *Die Freistatt*

Sigmund Freud: *Darstellungen der Psychoanalyse; Drei Abhandlungen zur Sexualtheorie*

La Fontaine: *Fabeln*

Romain Gary: *Les racines du ciel*

De Gaulle: *Memoiren*

André Gide: *L'immoraliste*

Jean Giraudoux: *Die Abenteuer des Jérôme Bardini; La menteuse*

Guillominat et Berné: *Les princes des années folles*

Sacha Guitry: *Memoiren eines Betrügers*

Hegel: *Grundlinien der Philosophie des Rechts*

Ernest Hemingway: *Haben und Nichthaben*

Hermann Hesse: *Der Steppenwolf*

Jean Hougron: *Je reviendrai à Kandara*

Aldous Huxley: *Schöne neue Welt*

Pascal Jardin: *La bête à bon Dieu*

Alfred Jarry: *König Ubu*

Joseph Kessel: *L'équipage*

Sören Kierkegaard: *Le traité du désespoir*

Armand Lanoux: *Les lézards dans l'horloge*

Claude Lévi-Strauss: *Traurige Tropen*

Henri Lefebvre: *Sprache und Gesellschaft*

Leprince-Ringuet: *Les atomes et les hommes*

Malcolm Lowry: *Unter dem Vulkan*

Maurice Maeterlinck: *Das Leben der Bienen*

Curzio Malaparte: *Die Haut*

Thomas Mann: *Tonio Kröger; Der Tod in Venedig*

Jacques Massarié: *Handbuch für Lebenskünstler*

André Malraux: *Die Hoffnung*

Guy de Maupassant: *Fettklößchen*

Somerset Maugham: *Auf Messers Schneide*

André Maurois: *Les silences du colonel Bramble*

Robert Merle: *L'ile*

Alfred Métraux: *L'ile de Pâques*

Henry Miller: *Virage à 80; Nexus*

Patrick Modiano: *Die Gasse der dunklen Läden*

Montaigne: *Essays*

Montesquieu: *Poetische Briefe*

Henry de Montherlant: *Die kleine Infantin*

Friedrich Nietzsche: *Zarathustra*

Paul Nizan: *Aden-Arabien*

Jean Paulhan: *Les incertitudes du langage*

Charles Péguy: *Notre jeunesse*

Edgar Poe: *Tous les contes*

Alexander Puschkin: *Werke*

E. M. Remarque: *Drei Kameraden*

Kardinal de Retz: *Memoiren*

Pierre Reverdy: *Plupart du temps*

Jean Rostand: *L'homme (3 Exempl.)*

Jacques Roumain: *Gouverneur de la rosée*

Jules Roy: *Le navigateur*

Bertrand Russel: *Wissenschaft und Religion*

Cornelius Ryan: *Der längste Tag*

Antoine de Saint-Exupéry: *Terre des hommes*

Jean-Paul Sartre: *Les mains sales*

Saint-John Perse: *Èloges; Amers*

Spinoza: *Ethik*

Stendhal: *Rot und Schwarz*

Robert Louis Stevenson: *Die Schatzinsel*

Solschenizyn: *Der Archipel Gulag*

L. Tolstoi: *Werke*

Henri Troyat: *Die große Katharina*

Paul Valéry: *Die Seele und der Tanz; Dialogue de l'Arbre; Eupalinos oder der Architekt*

Boris Vian: *Der Herzausreißer*

Simone Weil: *La condition ouvrière*

Virginia Woolf: *Ein Zimmer für mich allein*

Jean Ziegler: *Eine Schweiz, über jeden Verdacht erhaben; Sociologie et contestation*

Stefan Zweig: *Verwirrung der Gefühle*

Neben der *Odyssee*, *Tristan und Isolde* und einer Monographie über Blaise Cendrars befanden sich einige enzyklopädische Werke in seinem Haus z. B. über Astronomie, die Renaissance, den Film, Lateinamerika, Medizin, den Wilden Westen, das Segeln, den französischen Chanson und die Elektrotechnik. Desweiteren fanden sich Anthologien französischer Lyrik sowie eine französische Grammatik.

Eine zweite Liste hat Maddly Bamy angefertigt, die den Buchbestand Jacques Brels aus den Jahren 1974-1978 in Paris dokumentiert:

Louis Aragon: *Les communistes*

Raymond Aron: *Plädoyer für das dekadente Europa*

Marcel Aymé: *La Table-aux-crevés; Le Passe-Muraille; La Jument verte*

Simone de Beauvoir: *Alles in allem*

André Breton: *Nadja*

Albert Camus: *Napoléon III.*

Aimé Césaire: *Les Armes miraculeuses*

René Char: *Les Matinaux*

Joseph Conrad: *Taifun*

René Descartes: *Les Passions de l'âme*

Robert Desnos: *Corps et biens*

Charles Dickens: *Oliver Twist*

John Dos Passos: *Manhattan Transfer*

Maurice Duverger: *Introduction à la politique*

William Faulkner: *Schall und Wahn*

Gheerbrant: *Expédition Orénoque-Amazone*

André Gide: *L'immoraliste; Die Verliese des Vatikans; La Porte étroite*

Jean Giono: *Das Lied der Welt*

Günter Grass: *Hundejahre*

Hegel: *Grundlinien der Philosophie des Rechts*

Victor Hugo: *Choses vues*

Pascal Jardin: *Guerre après guerre*

James Joyce: *Ullysses*

Franz Kafka: *Der Prozeß; Das Schloß*

Joseph Kessel: *Schöne des Tages*

Rudyard Kipling: *Dschungelbuch*

Jean Lacouture: *Léon Blum*

Stéphane Mallarmé: *Gedichte*

André Malraux: *Antimemoiren*

Marcel Mauss: *Handbuch der Ethnographie*

Pierre Mendès France: *La Vérité guidait leurs pas*

Robert Merle: *Week-end à Zuydcoote; Un Animal doué de raison; Derrière la vitre; L'île; La Mort est mon métier*

Henry Miller: *Wendekreis des Krebses*

François Mitterrand: *La Paille et le Grain*

Molière: *Werke*

Montesquieu: *Vom Geist der Gesetze*

Henry de Montherlanr: *Les Célibataires*

Serge Moscovici: *Introduction à la psychologie sociale*

Ovide: *Liebeskunst*

Pascal: *Gedanken*

Ezra Pound: *ABC des Lesens*

Jacques Prévert: *Paroles*

Marcel Proust: *Du côté de Guermantes*

Jean-François Revel: *La Tentation totalitaire; Histoire de la philosophie occidentale*

Dominique Rolin: *Le Lit*

Jules Romains: *Les Copains*

Jean Rostand: *Aux Sources de la biologie*

Jean-Jacques Rousseau: *Die Bekenntnisse*

Saint-Just: *Ausgewählte Werke*

Jean-Paul Sartre: *Les Séquestrés d'Altona; Die Wörter*

Alexandre Solschenitin: *Le Croyant; Der Archipel Gulag; Krebsstation*

John Steinbeck: *Früchte des Zorns; Jenseits von Eden; Tortilla Flat, Von Mäusen und Menschen; Theater*

Han Suyin: *Le Premier jour du monde*

Rabindranath Tagore: *Gedichte*

Elsa Triolet: *Le premier accroc coûte deux cents francs*

Léon Trotzky: *La Revolution permanente*

Henri Troyat: *Grimbosq*

Paul Valery: *Tel quel; La Jeune Parque*

Boris Vian: *Der Schaum der Tage*

Pierre Viansson-Ponté: *Lettre ouverte aux hommes politique*

Bernard Volker: *Die Affäre Schleyer*

Stefan Zweig: *Joseph Fouché*

DIE CHANSONS VON JACQUES BREL

Die hier aufgelisteten 198 Chansons von Jacques Brel sind nicht unbedingt vollständig, und das Datum ihrer Entstehung ist nicht sicher, weil Brel häufig weder seine Briefe noch seine Chansons mit einem Datum versehen hat.

Accordéon de la vie (l') [1953].
Âge idiot (l') [1965].
Air de la bêtise (l') [1957].
A jeun [1967].
Aldonza [1968].
Allons il faut partir [1970].
Amants de cœr (les) [1964].
Amsterdam [1964].
Amour est mort (l') [1977].
Ange déchu (l') [1953].
Au printemps [1958].
Au suivant [1964].
Avec élégance [1977].
Aventure (l') [1958].

Baleine (la) [1965].
Ballade [1953].
Barbier (le) [1968].
Bastille (la) [1955].
Bergers (les) [1964].
Biches (les) [1962].
Bière (la) [1968].
Bigotes (les) [1962].
Blés (les) [1956].
Bonbons (les) [1964].
Bonbons 67 (les) [1967].
Bon Dieu (le) [1977].
Bourgeois (les) [1962].
Bourrée du célibataire (la) [1957].
Bruxelles [1962].
Buvons un coup [1970].

C'est comme ça [1953].
Caporal Casse-Pompon (le) [1962].
Casque d'or de Mambrino (le) [1968].
Cathédrale (la) [1977].
Ce qu'il vous faut [1956].
Ces gens-la [1965].
Chacun sa Dulcinéa [1968].
Chanson d'Adélaïde [1970].
Chanson de Christophe-Pops-cowboy [1970].
Chanson de cow-boy I [1970].
Chanson de cow-boy II [1970].
Chanson de Jacky (la) [1965].
Chanson de Sancho [1968].
Chanson de Van Horst (la) [1972].
Chanson de Victorine, différents lunaires et chœurs [1970].
Chanson de Victorine [1970].
Chanson de Zorino (la) [1969].
Chanson des vieux amants (la)

[1967].
Chanson sans paroles [1962].
Cheval (le) [1967].
Chevalier aux miroirs (le) [1967].
Clara [1961].
Colombe (la) [1960].
Colonel (le) [1958].
Comment tuer l'amant de sa femme [1968].
Cœurs tendres (les) [1967].
Crocodiles (les) [1963].

Dame patronnesse (la) [1959].
De deux vieilles notes [1953].
Demain l'on se marie [1957].
Départs [1954].
Dernier repas (le) [1964].
Désespérés (les) [1965].
Deux fauteuils (les) [1953].
Diable (le) [1953].
Dis-moi tambour [1958].
Dites si c'était vrai [1958].
Docteur (le) [1977].
Dors ma mie [1958].
Dulcinéa [1968].

Èclusier (l') [1968].
Enfance (l') [1973].

F... (les) [1977].
Fanette (la) [1963].
Fenêtres (les) [1963].
Fernand [1965].
Filles et les chiens (les) [1962].
Fils de [1967].
Finale (voyage sur la lune) [1970].
Flamandes (les) [1959].
Foire (la) [1953].
Fou du roi (le) [1953].
Gaz (le) [1967].
Gens (les) [1953].
Gloria [1968].
Grand Jacques [1953].
Grand-mère [1965].

Haine (la) [1953].
Hé! m'man [1967].
Heureux [1956].
Histoire française [1977].
Homme dans la cité (l') [1958].
Homme de la Mancha (l') [1968].

Il neige sur Liège [1965].

PERSONENREGISTER